PSIM과 MATLAB을 활용한
전력변환 제어기 설계

Power Electronics Controller Design
Using PSIM and MATLAB

PSIM과 MATLAB을 활용한

전력변환 제어기 설계

인 쇄 : 2023년 1월 3일 초판 1쇄
발 행 : 2023년 1월 9일 초판 1쇄

저 자 : 김일송
발행인 : 송 준
발행처 : 도서출판 홍릉
주 소 : 01093 서울시 강북구 인수봉로 50길 10
등 록 : 1976년 10월 21일 제5-66호

전 화 : 02-999-2274~5, 903-7037
팩 스 : 02-905-6729
e-mail : hongpub@hongpub.co.kr
http://www.hongpub.co.kr
ISBN : 979-11-5600-080-8(93560)

정 가 : 25,000원

이 교재는 2022년도 정부(산업통상자원부)의 재원으로 한국산업기술진흥원의 지원을 받아 수행된 연구임 (P0020614, 2022년 산업혁신인재성장지원사업)

PSIM과 MATLAB을 활용한

전력변환 제어기 설계

김일송 지음

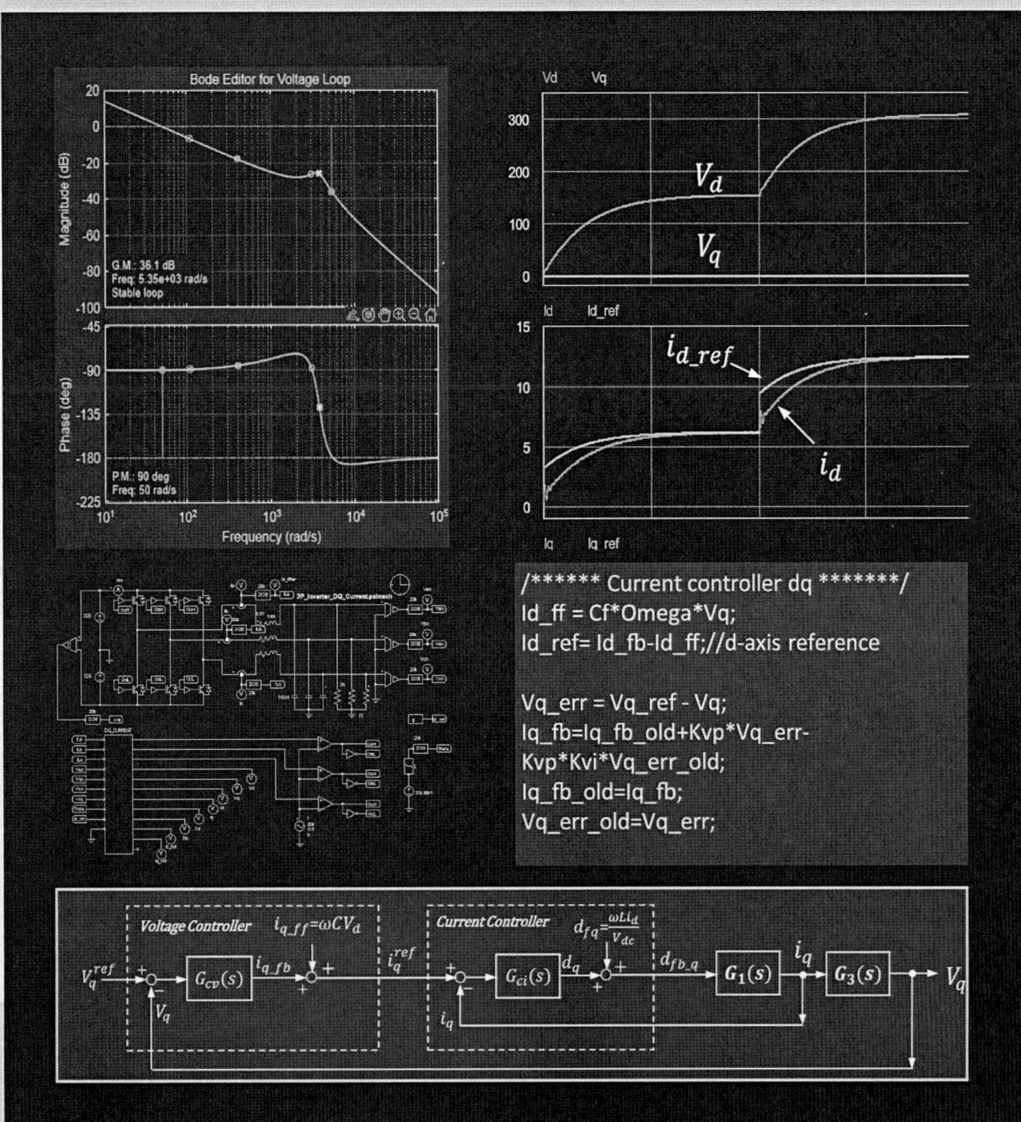

도서출판 홍릉

저자 소개

- 연세대학교 전자공학과 학사
- KAIST 전기및전자공학과 석사/박사
- 현재 한국교통대학교(충주) 전기공학과 교수
- 관심분야 : ESS, BMS, PCS 등

집필 후기

"제어기 설계"에 대한 느낌을 전력전자를 전공하는 석사과정 학생들이나 기업의 연구원들에게 질문하면 대부분 "어렵다", "복잡한 수학이 필요하다", "지루한 Gain tuning" 등의 답변이 나올 것이다. 제어기를 설계하기 위해서는 보통 논문을 보고 참조하게 된다. 그런데 논문에서 제시되는 방법들의 대부분이 매우 고난위도의 수학적 이론들을 보여주고 있다. 그 이유로는 논문의 성격상 제품화 기술보다는 학문적인 독창성(Originality)을 강조하기 때문일 것이다.

또한 동일한 전력변환 시스템에 너무 많은 제어 이론이나 설계 방법들이 제시되어 있기 때문에 어떠한 설계 방법들을 선택해야 하는지에 대한 어려운 점들과 컨버터, 인버터, 계통연계형 시스템, 모터등의 시스템들에 서로 다른 제어 방법들을 사용하고 있다는 점이다. 즉 적용 시스템이 변경될 때마다 제어 기법들이 서로 상이하기 때문에 설계 방법의 통일성을 확보하기 어려운 점도 있다.

사실 전력변환 시스템은 커패시터 전압과 인덕터 전류, 모터의 속도와 토크를 제어하는 것을 목적으로 하고 있기 때문에 제어기 설계의 근본 원리는 매우 단순하다. 대상 시스템의 목적에 맞도록 커패시터 전압과 인덕터 전류, 속도나 토크가 원하는 모양이 되도록 입력 duty를 만들어주면 되는 것이다. 따라서 시스템이 달라지더라도 동일한 설계 방법을 적용할 수 있다.

이 책의 집필 목적은 가장 간단한 제어이론을 적용하여 쉽게 제어기를 설계하는 방법을 제시하는 것이다. 복잡한 수학이나 이론이 필요없고, 전문적인 지식 없이도 쉽게 이해할 수 있도록 모델링->제어기설계->검증의 단계로 이루어져 있다. 복잡하고 어려운 제어기 이득 설계는 MATLAB SISOTOOL을 이용하여 자동화(Automation) 할 수 있고, 검증은 PSIM C-block을 이용하여 실제 하드웨어 적용시의 문제점을 미리 파악할 수 있도록 하였다.

머 리 말

PSIM을 이용한 전력변환 시스템 강의를 기업과 학교에서 10년 넘게 강의해 오면서, 가능한 쉽게 그러면서도 단일화된(Unified) 방법으로 설계를 할 수 있는 방법을 찾기 위해 고민해 왔다. 사실 논문이나 문헌들에 수백개의 제어기 설계 방법들이 제시되어 있고, 지금도 매년 새로운 방법들이 공개되고 있지만 실제 상용화 되고 제품에 채택되는 제어기법들은 1~2개에 불과할 것으로 보여진다. 이것은 논문과 상용제품이 서로 지향(志向)하는 방향이 다르기 때문일 것이다. 논문은 기존 방법과는 다른 새로운 참신성을 보여주는 것이 목적이기 때문에 보다 우수한 결과를 보여주는 것에 촛점이 맞추어져 있는 반면에, 상용제품은 신뢰성을 보여주는 것이 목적이기 때문에 동작의 안정성에 초점이 맞추어 설계가 보수적으로 이루어지기 때문이다.

또 하나는 제어기 설계의 통일성을 확보하고 싶었다. 예를 들어 컨버터, 인버터, 태양광 발전시스템, 직/교류 모터제어 등의 시스템마다 적용하는 제어기법들이 다르다는 점이 항상 마음에 걸렸었고, 가능한 모든 시스템에 적용할 수 있는 단일화된 설계 방법을 만들고 싶었다.

이 책은 이러한 고민을 담아 그동안 대학원에서 강의했던 내용과 재직자 인력양성센터에서 강의했던 내용들을 2년에 걸쳐 정리하고 편집하여 출판하게 되었다. 수식이나 용어의 통일성을 확립하고 시뮬레이션 회로와 해석의 일체화를 위해 저자 혼자서 모든 수식과 시뮬레이션 회로를 작성하고 검증하였다. 이 책이 지향하는 방향은 전력전자를 전공하는 석사과정생이나 기업의 R&D 연구원들에게 전력변환 시스템의 제어기 설계에 대한 Guideline 을 제시하기 위함이다. 즉 이 책에서는 복잡한 제어이론이나 최신 연구분야에 대해 다루지 않는다. 대신 학부과정에서 배웠던 가장 기본적인 이론 한 두개를 적용하여 실제 상용제품에 기본적으로 적용할 수 있는 설계 방법과 시뮬레이션 기법들을 제시함을 목표로 한다.

책의 수학적인 이론 내용은 매우 쉽다. 대상시스템의 L-C 2차 미분방정식에서 상태평균화 방정식을 수립한 후 입출력 전달함수를 계산하면 되고, 나머지는 PSIM과 MATALB Software를 사용하면 된다. 학부과정에서 제어공학과 전력전자 과목을 이수한 학생들은 쉽게 접근이 가능하다. 제어기 설계 방법은 학부수준의 제어공학 지식만 있으면 되고, 디지털 제어시스템에 대한 이해가 있으면 더욱 더 쉽게 시뮬레이션에 접근할 수 있다.

이 책에서 적용한 설계 방법은 다음과 같다. 설계자가 제어시스템 구조를 결정하고, 대상 전력변환시스템의 입출력 함수를 계산하면, 나머지 과정들은 MATLAB이나 PSIM으로 이루어진다. 즉 MATLAB에서 automatic gain tuning에 의해 제어기 설계가 이루어지고, PSIM schematic으로 회로 시뮬레이션을 수행하여 설계의 검증이 이루어지는 구조이다.

제어기 설계의 최종은 DSP와 같은 마이크로컨트롤러에 C-코드로 탑재되기 때문에 이 책의 대부분의 회로에는 PSIM C-block을 이용하여 시뮬레이션하였고, 시뮬레이션 회로의 모든 소스 코드가 공개되어 있다. 이 코드가 가장 최적화되어 있다고 볼 수는 없지만, 실제 상용품에 적용할 수도 있는 기본 코드이다. 이론에 바탕하여 설계된 회로를 저자가 직접 모든 시뮬레이션을 수행하여 코드의 정합성을 확인하였기 때문에 초보자도 책에 쓰여진 이론을 숙지하고 시뮬레이션을 직접 실행하면서 파형을 확인하면 책과 동일한 결과를 얻을 수 있다고 확신한다.

이 책은 크게 직류전력 변환과 교류전력변환 부분으로 구성되어 있기 때문에 대학원 두 학기의 코스웍을 필요로 할 것으로 여겨진다. 첫번째 학기에는 직류전력변환에 대한 컨버터, Solar converter, DC motor에 대한 내용으로 수업이 이루어지고, 두번째 학기에는 교류전력변환에 대한 단상/3상/멀티레벨 인버터, AC motor에 대한 내용으로 수업이 이루어진다면 책의 모든 내용을 다룰 수 있다.

전공지식의 정도를 넓이와 깊이로 표현한다면, 석사 초년 과정에서는 넓게 공부하는 것이 좋다고 생각한다. 현재 대한민국 산업계가 고도화되어 기술 발전 속도가 매우 빠르기 때문에 어쩔 수 없이 석사과정에게도 한 분야를 깊게 파도록 요구하는 것이 대학원의 현실이기도 하지만, 멀리 내다 보았을 때 처음 시작하는 단계에서는 가능한 모든 전력변환시스템에 대해 공부해 보고 동작 원리에 대해 근본적인 고민을 할 수 있는 기회를 제공하는 것도 좋은 인재 양성 방법의 하나라고 생각한다.

이 책이 좋은 논문을 쓰기 위한 지침서는 될 수 없지만, 전력변환 시스템의 제어기 설계에 대한 기본서(Guide book)가 되기를 희망하면서 저자의 소회(所懷)를 밝힌다.

2022. 여름 충주 연구실에서

책을 쉽고 통일성 있게 쓰기 위해 많은 고민을 했지만, 이론적인 오류나 설계 해석 방법에 대한 이견이 당연히 있을 수 있다고 생각합니다. 보다 완벽한 내용을 위해 오류나 수정 사항은 이메일 (iskim@ut.ac.kr)로 보내 주시면 개정판에 반영하도록 하겠습니다. 감사합니다.....

1.1 Contents

1. 서 론

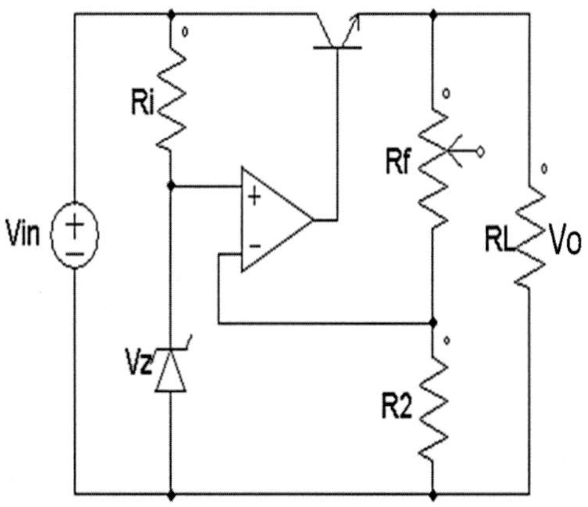

<Linear Regulator Schematic>

1.1 설계 방법 (Motivation)

전력 변환(Power Conversion)이란 원하는 출력 전압이나 전류를 얻어내기 위해 인덕터와 커패시터, 그리고 반도체 스위치와 다이오드를 사용한 회로를 말한다. 출력을 입력과 비교한 후 제어기로 반도체 스위치를 PWM(Pulse Width Modulation) 방법으로 ON/OFF를 반복하여 인덕터에 흐르는 전류값이나 커패시터 전압값을 원하는 값이 되도록 조절하는 것이다. 따라서 제어기 설계란 인덕터 전류, 커패시터 전압의 파형이 원하는 모양이 되도록 만들어 주는 것을 의미한다.

그림 1.1에 Buck 컨버터의 전압 제어 회로를 나타내었다. 커패시터 전압을 피드백하여 기준전압 50[V]와 비교하여 오차 전압을 생성하고, 전압제어기 $G_{cV}(s)$로 제어 듀티를 생성한 후 PWM하는 회로이다. 즉 전압제어기 $G_{cV}(s)$를 사용하여 커패시터 전압 파형이 원하는 조건에 맞도록 만들어 주는 것이다.

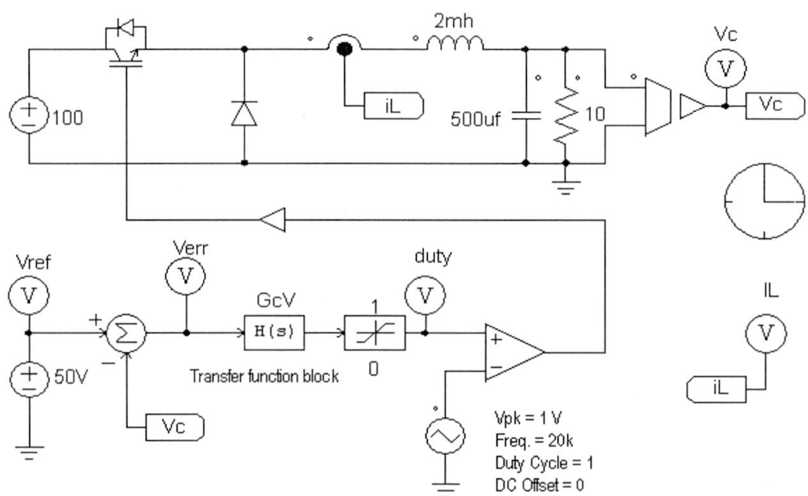

Figure 1.1 The schematic for the capacitor voltage control of the buck converter

제어기 $G_{cV}(s)$는 PI(Proportional-Integral) 비례-적분제어기를 사용하고, 주파수 표현 방식은 다음과 같이 주어진다.

$$G_{cV}(s) = \frac{K_p(s + K_i)}{s}$$

전달함수는 PSIM Library에서 *Elements → Control → Other function block → s-domain transfer function* 에서 찾을 수 있다. 전달함수 정의나 계수 입력 방법

은 Help를 참조하면 된다.

커패시터 전압 파형이 설계 사양(design specification)을 만족하도록 이득 K_p와 영점 K_i 값을 결정하는 것이 제어기 설계의 핵심이다. 설계 사양은 3 개의 조건으로 아래에 주어져 있다. 설계 사양을 만족시키는 PI 제어기 계수를 각자 설계해 보자.

- Zero Overshoot
- Zero Steady-state Error
- 상승시간(Rising time) : 0.2초

상승시간은 최종값의 10% 에서 90% 까지 상승하는 시간을 말한다.

즉 커패시터 전압의 정상 상태오차와 오버슈트가 없고, 5[V]에서 45[V] 까지 상승하는 시간이 0.2초가 되도록 하는 이득 K_p, K_i 값을 정하는 문제이다. 각자 시도해 보도록 하자. 실습을 독려하기 위해 설계된 이득값은 표시하지 않았다. 보통 가장 많이 시도하는 방법은 임의의 값을 입력하고 시뮬레이션 후 파형을 관찰하고, 다시 값을 변경하는 것이다. 설계 사양을 만족시키는 파형값이 얻어질 때까지 이 과정을 계속 반복한다.

이런 방법을 `Gain tuning` 이라 한다. 즉 많은 K_p, K_i 조합을 입력하여 시뮬레이션 한 후에 가장 설계조건에 근접한 조합을 결정하는 것이다. 이 방법은 많은 시간이 소모된다는 단점과 향후 설계 사양이 변경되거나 회로 파라미터가 변경되는 경우 처음부터 다시 장시간의 gain tuning을 해야 한다는 문제점이 있다. 더군다나 가장 큰 문제점은 이렇게 선정된 이득들이 가장 최적의 이득 값인지에 대한 확신을 가질 수가 없다는 점이다.

그림 1.2에 설계 조건을 만족시키는 제어기의 전압파형을 출력하였다. 커패시터 전압의 정상상태 오차와 오버슈트가 없고, 상승시간 0.2초를 만족시키는 것을 알 수 있다. 제어기 이득은 이 책에서 제시한 설계 방법에 따라 수학적 모델링과 MATLAB을 이용하여 계산되었다. 제시하는 방식의 장점은 단순하고 매우 쉽다. 또한 설계값들의 경계치와 안정(Stable) 범위에 대한 판단을 쉽게 할 수 있다.

보통 제어기 설계라 하면 복잡한 이론과 고 난위도의 수학적 기법을 필요로 한다고 생각하기 때문에 쉽게 접근하기 어려운 분야로 여겨져 왔다. 전력변환 시스템의 제어기 설계 방법에 대해서는 수 백편의 논문과 다양한 문헌들에 제시되어 있다. 하지만 복잡한 수학을 사용하거나, 토플로지에 따라서 설계 방법이 달라진다든지 (예를 들어 컨버터, 인버터, 신재생 변환장치, 모터제어) 등의 문제점이 있어서 전력전자를 전공으로 하는 학생이나 기업에서 관련분야에 종사하는 연구원들이 제어기 설계에 대한 이해와 체계를 세우는데 많은 노력과 습득 시간을 필요로 한다는 문제점들이 있었다.

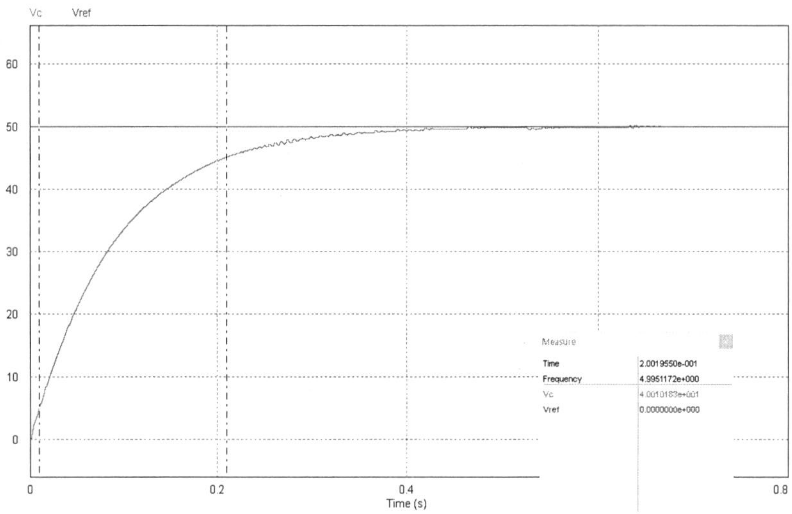

Figure 1.2 Capacitor voltage waveform which meets the design specification

이 책에서는 이러한 난점들을 해결할 수 있도록 단순하면서도 적용이 쉽고, 체계적인 설계방법에 대해 다룬다. 지나치게 이론적이고 복잡한 수학적인 내용은 배제하고 가장 단순화된 설계 기법을 적용하였다. 제어기 구조(Configuration)와 입출력 전달함수만을 설계자가 선정한 후에, 시간이 많이 소모되는 이득 결정과 시뮬레이션 검증은 상용 소프트웨어인 MATLAB과 PSIM에 맡겨서 누구나 쉽게 전력변환 장치를 만들수 있는 설계 가이드 라인을 제공한다. 이 기법의 적용 대상은 컨버터, 인버터, 태양광 전력변환 장치(PCS), 계통연계형 시스템, 멀티레벨 인버터, DC 및 AC 모터(Motor) 모두에 적용이 가능하며 일관적이고 단일화 된 설계 방법을 사용하여 시스템 설계의 통일성을 이룰 수 있다는 장점이 있다.

제어기 설계 과정(Controller Design Process)

Single loop로 구성된 feedback 제어기 구성의 예를 그림 1.3에 나타내었다. Buck 컨버터의 커패시터 전압제어기를 예로 들었다.

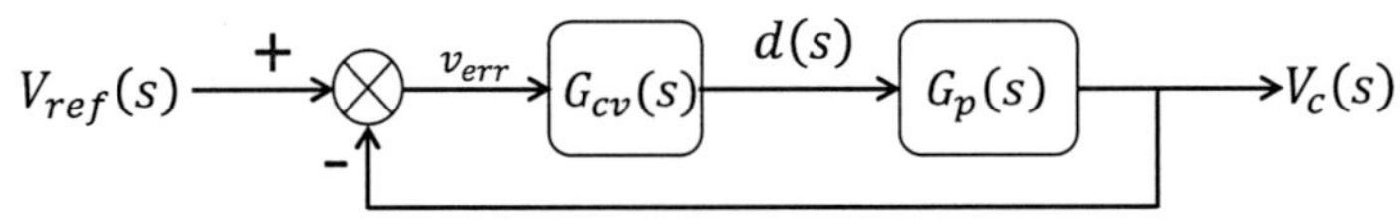

Figure 1.3 Configuration of the Voltage controller

Buck 컨버터의 입출력 전달함수는 $G_p(s) = \frac{V_c(s)}{d(s)}$ 로 주어지고, 전압 제어기 전달함수는 $G_{cv}(s) = \frac{d(s)}{V_{err}(s)}$ 로 표현된다. 폐루프 전달함수(T_F)는 다음과 같이 표현된다. 제어기 설계는 T_F 의 형태를 결정하는 것을 말한다.

$$T_F(s) = \frac{V_c(s)}{V_{ref}(s)} = \frac{G_{cv}(s)G_p(s)}{1 + G_{cv}(s)G_p(s)}$$

제어기 설계 조건은 두 가지 방법 중 하나를 선택할 수 있다.

첫 번째는 시간 영역 설계 조건을 이용하는 것이다. 시간 영역 설계 조건에는 오버슈트(overshoot), 상승시간(rising time), 안정시간(settling time) 등의 시간에 관련된 설계 인자를 사용한다. 입력 기준신호 V_{ref}에 step 이나 ramp 함수를 인가하고, Inverse Laplace 변환을 이용해 커패시터 출력전압을 시간의 함수인 그래프로 plotting한 후에 설계 사양과 부합되는 지를 알아보는 과정을 거치게 된다. 시간 영역 설계의 단점은 이득 설정을 하기 위한 복잡한 이론을 필요로 하며 고차 시스템(2차 이상)의 근사화로 인해 정확한 설계가 어렵다는 점이다. 따라서 이 책에서는 시간 영역 설계 방법을 사용하지 않는다.

두 번째는 주파수 영역 설계 조건을 이용하는 것이다. 주파수 영역 설계 조건에는 차단주파수(cut-off frequency), 위상여유(phase margin)등이 있다. 제어기 설계는 보데선도(bode plot)을 이용하여 차단 주파수와 위상여유를 계산한다. 이 기법은 자동화하기 쉬우며 MATLAB에서 Library 형태로 제공되기 때문에 자동이득 조정(automatic gain tuning)이 가능하다는 장점이 있다.

또한 double loop control 시스템에서는 제어기 2개가 직렬 연결되어 있기 때문에, 제어기 설계가 시간 영역에서는 매우 어렵지만 주파수 영역에서는 어렵지 않게 설계될 수 있기 때문에 이 책에서는 주파수 영역 설계를 적용하기로 한다.

그림 1.3의 커패시터 전압 제어기 구성을 보면, 주파수 영역 설계조건을 적용하기 위해서는 시스템 입출력 전달함수 $G_p(s)$를 알고 있어야 한다는 것을 알 수 있다. 이 전달함수의 입력은 duty $d(s)$이고 출력은 커패시터 전압 $V_c(s)$가 된다. 만약 제어대상이 인덕터 전류이면 시스템 입출력 전달함수의 출력이 인덕터 전류 $I_L(s)$가 된다.

따라서 주파수 영역의 제어기 설계과정은 시스템 입출력 전달함수 $G_p(s)$를 얻어내는 것으로부터 시작한다. 이를 위해 먼저 시스템 출력을 정해야 한다. 출력은 커패시터 전압일 경우 $V_c(s)$, 인덕터 전류일 경우 $I_L(s)$이다. 입력은 항상 duty $d(s)$가 된다. 이 책에서는 통일성을 위해 시스템 입출력 전달함수 $G_p(s)$를 다음과 같이 사용하고 있다. 출력이 인덕터 전류일때 $G_1(s)$, 출력이 커패시터 전압일때 $G_2(s)$ 로 명명하고 있는 것이 그 예이다.

다음 단계는 $G_1(s)$, $G_2(s)$를 얻어내는 방법이다. 전력변환 장치는 스위치 ON/OFF 상태에 따라서 등가회로가 달라지게 된다. 이러한 경우, 스위칭 1 주기 동안의 상태 평균값으로 커패시터 전압이나 인덕터 전류를 계산하는 방법을 사용하는 것이 유리하다. 물론 ON 시간 동안의 전압, 전류를 계산하고, OFF 시간의 전압, 전류를 계산하여 미분방정식을 풀면 정확한 값을 얻을 수 있지만 계산량이 너무 많고 수렴(convergence)의 문제가 생길 수도 있다. 따라서 어느 정도의 오차는 있지만 계산량이 적고 수렴의 문제에서 자유로울 수 있는 상태평균화 방정식(State-space averaging equation)을 사용하는 것이 일반적인 방법이다. 그 다음은 Laplace 변환을 통해 주파수 전달함수를 얻어내면 된다.

이렇게 계산된 입출력 전달함수와 제어기 함수(예제에서는 $G_{cv}(s)$)를 MATLAB을 실행시켜 설계 사양에 맞는 최적 이득값들을 얻어내게 된다. 이때 설계 사양은 차단주파수와 위상여유(phase margin)로 주어진다. MATLAB에서 제공하는 SISOTOOL Library를 이용하여 이득값을 자동으로 얻어 낸 후, bode 선도를 통해 주어진 설계 사양에 맞는지 확인한다. 시간영역에서의 응답특성을 보기 위해 페루프 전달함수에 Step 입력을 가하여 출력을 그래프로 plot 한다. 이것으로 MATLAB에서의 설계과정이 완료된다.

여기까지의 과정들은 모두 수학적인 해석과 설계를 통해 얻어진 내용들이다. 따라서 실제 회로에서도 동일한 파형이 보여지는지 확인하여야 한다. 이는 PSIM 시뮬레이션을 통해서 얻어지며 회로도(schematic)는 회로소자, 설계된 제어기 함수, PWM 구동회로로 이루어진다. SIMVIEW를 통해 전압, 전류 파형을 plot 한 후, MALAB 그래프와 비교하여 동일한 결과가 얻어지면, 수학적 설계과정과 회로적 검증과정이 일치한다고 볼 수 있어서, 설계의 적합성이 입증되었다고 할 수 있다.

또한, 실제 하드웨어에서는 제어기 함수가 DSP와 같은 마이크로 프로세서의 C-언어로 구현이 된다. 따라서 설계된 아날로그 제어함수를 digital 변환을 통한 C-block으로 시뮬레이션하는 과정을 제시하여 최종적인 제어기 설계단계를 마치게 된다.

이 책에서 제시된 전력변환 시스템들은 모두 이러한 단계를 따라 제어시스템을 설계하도록 구성되어 있다. PWM 방식을 사용하는 모든 topology에 적용이 가능하며 복잡한 수식이나 이론을 포함하고 있지 않기 때문에, 전력전자를 전공하려는 석사과정 학생들이나 제품 설계를 하는 기업의 연구원들에게 좋은 입문서라고 생각해도 된다.

전력변환 시스템의 개발 과정 (Design Process)을 아래와 같이 정리하였다.

1. Modeling & Controller Design
2. PSIM Simulation 으로 설계 검증
3. 시뮬레이션 코드(C 언어)를 Copy 하여 마이크로 프로세서 소프트웨어 부분에 Paste 하기(Ti DSP 경우 Code Composer Studio 사용)
4. 하드웨어에 download 하여 실행 후 결과 파형 관찰
5. 시뮬레이션과 실제 파형이 일치하지 않을 경우 파라미터, 제어기 설계 변경하여 2번 과정부터 다시 반복
6. 원하는 파형이 나오면 제품화 과정

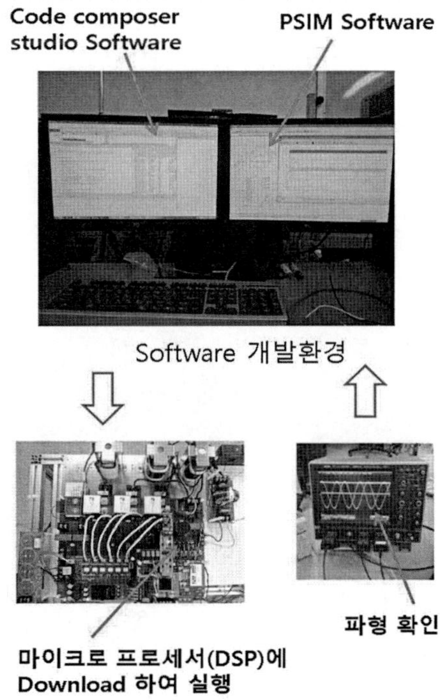

Hardware 개발 환경

1.2 기초 (수학,제어)

전기공학의 가장 기본적인 물리량은 전압[V]과 전류[A]이다. 전압의 개념은 댐에 있는 물의 압력(수압)으로 생각할 수 있다. 댐의 높이가 높으면 수압(전압)이 높아진다. 전류의 개념은 수류(물의 흐르는 양)으로 생각할 수 있다. 전류는 자연적으로 전압이 높은 곳(댐의 높이가 높은 곳)에서 낮은 곳으로 흐른다.

기본 물리량에서 파생되는 개념으로 저항[Ω], 전력[W], 전력량[Wh], 역률(power factor)을 생각할 수 있다. 저항은 (전압/전류)로서 전류의 흐름에 저항하는 양을 의미한다. 저항이 높으면 전류가 흐르기 힘들어 전류의 양이 적어지게 된다. 전력은 (전압×전류)로 전기가 하는 일(work)을 의미한다. 전력량(Wh)은 1 시간 동안 전기가 한 일을 의미한다. 다른 의미에서 보면 전력량은 1초 동안 전기가 한 일(전력)을 1시간(3600 sec)동안 더한 값이다. 역률은 전압과 전류의 위상차(phase difference)로 정의되며 교류에서만 사용된다.

기본 단위는 MKS(meter, kilogram, sec)를 사용한다. 전압의 단위는 Volt [V]이고 1 [KV] = 1000 [V], 1 [V] = 1000 [mV]이다. 전류의 단위는 Ampere [A]이고 1 [A] = 1000 [mA]이다. 저항의 단위는 Ohm [Ω]이고 1 [KΩ] = 1000[Ω]이다. 전력의 단위는 Watt[W]이고 1 [KW] = 1000 [W]이다.

단위 크기에 대해서 알아보자. 크기 순으로 나열해 보면 p(pico), n(nano), u(micro), m(mili), K (Kilo), M(Mega), G(Giga) 이다.

$\mathrm{p} = 10^{-12}$

$\mathrm{n} = 10^{-9} = 10^{-6} \times 10^{-3} = u \times m$

$\mathrm{u} = 10^{-6} = 10^{-3} \times 10^{-3} = m \times m$

$\mathrm{m} = 0.001 = 10^{-3}$

$\mathrm{K} = 1{,}000 = 10^{3}$

$\mathrm{M} = 1{,}000{,}000 = 1{,}000 \times 1{,}000 = K \times K = 10^{6}$

$\mathrm{G} = 1{,}000{,}000{,}000 = 10^{9} = 10^{6} \times 10^{3} = M \times K$

연립 미분방정식 풀이(Solving the Simultaneous differential Equation)

다음과 같은 연립방정식의 해(solution) x_1, x_2, x_3 를 구해보자.

$$12x_1 + 24x_2 - 5x_3 = 9$$
$$3x_1 - 42x_2 + 4x_3 = 40$$
$$2x_1 - 6x_2 - 3x_3 = 4$$

초등학교 과정에서 나오는 소거법을 사용할 수도 있지만, 시간이 많이 걸리고 일반적이지 않다. 또한 변수의 갯수가 늘어나면 사용이 어렵다. 가장 보편적인 방법은 행렬(matrix)을 이용하는 것이다. 위 수식을 행렬 방정식으로 표현하면 다음과 같다.

$$AX = B$$

$$A = \begin{pmatrix} 12 & 24 & -5 \\ 3 & -42 & 4 \\ 2 & -6 & -3 \end{pmatrix}, X = \begin{pmatrix} x_1 \\ x_2 \\ x_3 \end{pmatrix}, B = \begin{pmatrix} 9 \\ 40 \\ 4 \end{pmatrix}$$

시스템 행렬 A와 입력 행렬 B는 상수로만 이루어져 있다는 점에 유의하자. 변수행렬 X는 해를 얻기 위한 행렬이다. 해(solution)는 다음 관계식으로 얻을 수 있다.

$$X = A^{-1}B = inv(A)B$$

A^{-1}는 A의 역행렬(Inverse matrix)이다. 행렬방정식의 장점은 변수의 개수가 늘어나도 전혀 문제없이 해를 구할 수 있고, 역행렬은 MATLAB 소프트웨어 $inv(A)$ 로 쉽게 얻어낼 수 있다는 것이다.

다음은 대부분의 물리 현상이나 공학 문제로 주어지는 연립 미분 방정식의 해를 구하는 문제이다.

$$7\frac{dx_1}{dt} + 7x_1 + 14x_2 + 28x_3 = 35$$

$$3\frac{dx_2}{dt} + 9x_1 - 9x_2 - 30x_3 = 60$$

$$\frac{dx_3}{dt} + 3x_1 + 8x_2 + 12x_3 = 14$$

연립방정식의 형태와 비교해 보았을 때 변수행렬 X의 미분행렬이 추가된 점이 차이점이다. 해를 구하기 위해 먼저 미분행렬의 계수가 1이 되도록 방정식을 수정 후 정리하면 다음과 같다.

$$\frac{dx_1}{dt} + x_1 + 2x_2 + 4x_3 = 5 \quad \Rightarrow \quad \frac{dx_1}{dt} = -x_1 - 2x_2 - 4x_3 + 5$$

$$\frac{dx_2}{dt} + 3x_1 - 3x_2 - 10x_3 = 20 \quad \Rightarrow \quad \frac{dx_2}{dt} = -3x_1 + 3x_2 + 10x_3 + 20$$

$$\frac{dx_3}{dt} + 3x_1 + 8x_2 + 12x_3 = 14 \quad \Rightarrow \quad \frac{dx_3}{dt} = -3x_1 - 8x_2 - 12x_3 + 14$$

행렬 방정식으로 나타내면 다음과 같다.

$$\dot{X} = AX + B$$

$$\dot{X} = \frac{dX}{dt} = \begin{pmatrix} \frac{dx_1}{dt} \\ \frac{dx_2}{dt} \\ \frac{dx_3}{dt} \end{pmatrix}, X = \begin{pmatrix} x_1 \\ x_2 \\ x_3 \end{pmatrix}, A = \begin{pmatrix} -1 & -2 & -4 \\ -3 & 3 & 10 \\ -3 & -8 & -12 \end{pmatrix}, B = \begin{pmatrix} 5 \\ 20 \\ 14 \end{pmatrix}$$

공학수학에서는 state transition matrix를 이용해서 시간영역에서 직접 해를 구하는 방법을 사용하지만, 매우 복잡하고 X의 갯수가 많아지면 사용하기 어렵다. 이 방법보다 더 간단하고 일반적인 방법은 무었일까?

미분방정식은 시간(time) 영역의 방정식이다. 시간 영역에서의 해를 구하기가 어려운 경우에는 주파수(frequency) 영역으로 변환하면 좀 더 쉽게 해를 구할 수 있다. 라플라스 변환(Laplace Transform)은 시간과 주파수 영역간의 변환을 수행한다. 라플라스 변환을 연립 미분방정식에 적용하면 다음과 같이 $X(s)$의 값을 구한 다음 Inverse Laplace 변환을 통해 시간표현식을 쉽게 얻을 수 있다.

$\dot{X} = AX + B$ $\Rightarrow$ 양변 Laplace

$$sX(s) - X(0) = AX(s) + B \quad \Rightarrow \quad (sI - A)X(s) = X(0) + B$$
$$X(s) = (sI - A)^{-1}[X(0) + B]$$
$$x(t) = L^{-1}[\,X(s)\,]$$

회로방정식을 연립 미분방정식($\dot{X} = AX + B$)으로 표현하는 것을 상태공간 표현식(State-Space Representation)이라 한다. 상태변수(state variable) X는 미분방정식으로 표현가능한 물리량으로 정한다. 전력변환 시스템에서 상태변수는 어떤 소자의 상태값이 될 수 있을까 ?

전기소자는 인덕터(Inductor), 커패시터(Capacitor), 저항(Resistor) 그리고 다이오드

(Diode), 반도체 스위치(Switch)가 있다. 이 중에서 전류, 전압의 물리량이 미분방정식으로 표현되는 소자는 인덕터와 커패시터이다. 인덕터는 전류의 기울기에 따라 전압이 +/- 로 변화하게 된다. 즉 인덕터 전류가 선형적으로 증가하거나 감소할때 인덕터 전압의 부호가 (+)에서 (-)로 변화하게 된다. 이것은 인덕터 전류는 연속함수로서 미분가능하고, 인덕터 전압은 불연속이라서 미분 불가능이라는 의미이다. 인덕터 전압의 크기를 제어하기가 매우 어렵기 때문에 상태변수가 될 수 없다. 따라서 인덕터 전류를 상태변수로 정한다. 이것은 인덕터가 전류를 저장하는 소자이기 때문에 인덕터 전류를 상태변수로 정하여 표현하는 것이 당연하기 때문이다.

커패시터의 경우는 이와 반대이다. 커패시터는 전압의 기울기가 변할 때 전류의 부호가 바뀌기 때문에 커패시터 전류를 제어하기가 어려워 전압을 상태변수로 정한다. 커패시터가 전압을 저장하는 소자이기 때문에 커패시터 전압을 상태변수로 정하여 표현하는 것이 옳은 방법이다. 상태변수의 갯수는 인덕터와 커패시터 각각의 갯수로 결정된다. 예를 들어 회로에 커패시터가 2개, 인덕터가 1개이면 상태변수는 V_{c1}, V_{c2}, i_{L1}으로 3 개가 된다.

상태 변수가 결정되면 상태방정식을 수립한다. 이것은 상태변수의 미분과 상태변수 그리고 입력값으로 이루어진 미분방정식을 수립하는 것을 의미한다. 예를 들어 상태변수가 2개 있을 때 KCL(Kirchhoff's Current Law), KVL(Kirchhoff's Voltage Law)을 이용하여 다음과 같은 미분 표현식을 수립하는 것을 말한다.

$$상태변수1\ 미분 = 상수1 \cdot 상태변수1 + 상수2 \cdot 상태변수2 + 입력상수1 \cdot 입력$$

$$상태변수2\ 미분 = 상수3 \cdot 상태변수1 + 상수4 \cdot 상태변수2 + 입력상수2 \cdot 입력$$

출력 방정식(Output equation)은 상태변수들과 입력의 조합으로 표현된다. 즉

$$출력 = 상수5 \cdot 상태변수1 + 상수6 \cdot 상태변수2 + 입력상수3 \cdot 입력$$

상태공간 표현식은 State-space equation과 Output equation으로 이루어진다. 행렬형식으로 표현하면 다음과 같다.

$$\frac{dX}{dt} = AX + Bu$$

$$y = CX + Du$$

X : 상태벡터(state vector) $\frac{dX}{dt}$: 상태벡터 미분 y : 출력(output) u : 입력(Input)	A : 시스템 행렬(system matrix) B : 입력 행렬(Input matrix) C : 출력 행렬(Output matrix) D : 순방향 이득 행렬(Feedforward matrix)

회로를 상태공간 표현식으로 변환하는 예제를 풀어보자. 그림 1.4를 보면

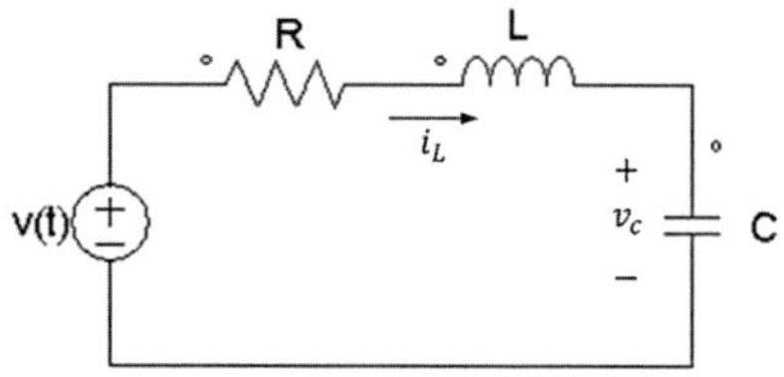

Figure 1.4 Example circuit 1

회로에 입력 $v(t)$과 R, L, C가 직렬로 연결되어 있다. 상태변수를 인덕터 전류 i_L, 커패시터 전압 V_c 로 선정하고 KCL, KVL을 적용하여 상태방정식 2개를 다음과 같이 작성한다.

$$KCL \text{ 적용} : i_L = i_c = C\frac{dV_C}{dt} \qquad \Rightarrow \quad \frac{dV_C}{dt} = \frac{1}{C}i_L$$

$$KVL \text{ 적용} : v(t) = R \cdot i_L + L\frac{di_L}{dt} + V_C \quad \Rightarrow \quad \frac{di_L}{dt} = -\frac{R}{L}i_L - \frac{1}{L}V_C + \frac{1}{L}v(t)$$

출력을 커패시터 전압이라고 가정하면 $y = V_C$ 이다. 상태공간 표현식으로 나타내기 위해 행렬형식으로 나타내면

$$\begin{pmatrix} \frac{di_L}{dt} \\ \frac{dV_C}{dt} \end{pmatrix} = \begin{pmatrix} -\frac{R}{L} & -\frac{1}{L} \\ \frac{1}{C} & 0 \end{pmatrix} \begin{pmatrix} i_L \\ V_C \end{pmatrix} + \begin{pmatrix} \frac{1}{L} \\ 0 \end{pmatrix} v(t)$$

$$y = V_C = (0 \quad 1) \begin{pmatrix} i_L \\ V_C \end{pmatrix} + 0 \cdot v(t)$$

상태방정식 행렬들은 다음과 같다.

$$A = \begin{pmatrix} -\frac{R}{L} & -\frac{1}{L} \\ \frac{1}{C} & 0 \end{pmatrix},\ B = \begin{pmatrix} \frac{1}{L} \\ 0 \end{pmatrix},\ C = (0 \quad 1),\ D = 0,\ X = \begin{pmatrix} i_L \\ V_C \end{pmatrix},\ u = v(t)$$

두 번째 예제를 풀어보자. 그림 1.5를 보면

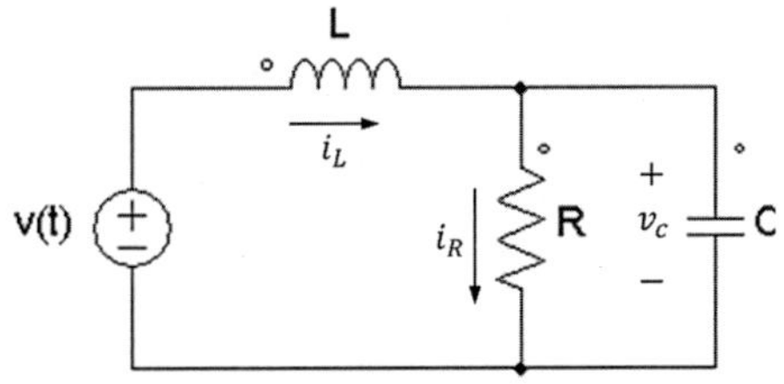

Figure 1.5 Example circuit 2

회로에 인덕터와 커패시터가 하나씩 있기 때문에 상태변수를 i_L, V_c로 선정한다. KCL, KVL을 적용하여 상태방정식을 2개 수립하면

$$i_L = i_R + i_c = \frac{V_C}{R} + C\frac{dV_C}{dt} \quad \Rightarrow \quad \frac{dV_C}{dt} = \frac{1}{C}i_L - \frac{1}{RC}V_C$$

$$v(t) = L\frac{di_L}{dt} + V_C \quad \Rightarrow \quad \frac{di_L}{dt} = -\frac{1}{L}V_C + \frac{1}{L}v(t)$$

저항에 흐르는 전류 i_R을 출력으로 정하면

$$y = i_R = \frac{V_C}{R} = \begin{pmatrix} 0 & \frac{1}{R} \end{pmatrix} \begin{pmatrix} i_L \\ V_C \end{pmatrix} + 0 \cdot v(t)$$

상태공간 표현식은 다음과 같이 표현된다.

$$\begin{pmatrix} \frac{di_L}{dt} \\ \frac{dV_C}{dt} \end{pmatrix} = \begin{pmatrix} 0 & -\frac{1}{L} \\ \frac{1}{C} & -\frac{1}{RC} \end{pmatrix} \begin{pmatrix} i_L \\ V_C \end{pmatrix} + \begin{pmatrix} \frac{1}{L} \\ 0 \end{pmatrix} v(t)$$

$$y = i_R = \begin{pmatrix} 0 & \frac{1}{R} \end{pmatrix} \begin{pmatrix} i_L \\ V_C \end{pmatrix} + 0 \cdot v(t)$$

상태방정식 행렬들은 다음과 같다.

$$A = \begin{pmatrix} 0 & -\frac{1}{L} \\ \frac{1}{C} & -\frac{1}{RC} \end{pmatrix},\ B = \begin{pmatrix} \frac{1}{L} \\ 0 \end{pmatrix},\ C = \begin{pmatrix} 0 & \frac{1}{R} \end{pmatrix},\ D = 0,\ X = \begin{pmatrix} i_L \\ V_C \end{pmatrix},\ u = v(t)$$

세 번째 예제를 풀어보도록 하자. 그림 1.6에서

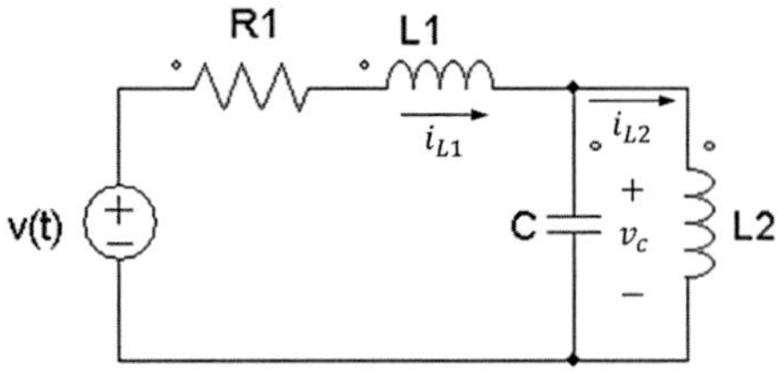

Figure 1.6 Example circuit 3

회로에 인덕터가 2개, 커패시터가 1개 있기 때문에 상태변수를 i_{L1}, i_{L2}, V_c로 선정한다. KCL, KVL을 적용하여 상태방정식을 3개 수립하면

$$i_{L_1} = i_C + i_{L2} \quad \Rightarrow \quad \frac{dV_C}{dt} = \frac{1}{C} i_{L1} - \frac{1}{C} i_{L2}$$

$$V_C = V_{L2} \quad \Rightarrow \quad \frac{di_{L2}}{dt} = \frac{1}{L_2} V_C$$

$$v(t) = V_C + L_1 \frac{di_{L1}}{dt} + v_R \quad \Rightarrow \quad \frac{di_{L1}}{dt} = -\frac{1}{L_1} V_C - \frac{R}{L_1} i_{L1} + \frac{1}{L_1} v(t)$$

행렬 형식으로 정리하면 다음과 같다.

$$\begin{pmatrix} \frac{dV_C}{dt} \\ \frac{di_{L1}}{dt} \\ \frac{di_{L2}}{dt} \end{pmatrix} = \begin{pmatrix} 0 & \frac{1}{C} & -\frac{1}{C} \\ -\frac{1}{L_1} & -\frac{R}{L_1} & 0 \\ \frac{1}{L_2} & 0 & 0 \end{pmatrix} \begin{pmatrix} V_C \\ i_{L1} \\ i_{L2} \end{pmatrix} + \begin{pmatrix} 0 \\ \frac{1}{L} \\ 0 \end{pmatrix} v(t)$$

상태방정식 행렬들은 다음과 같다.

$$A = \begin{pmatrix} 0 & \frac{1}{C} & -\frac{1}{C} \\ -\frac{1}{L_1} & -\frac{R}{L_1} & 0 \\ \frac{1}{L_2} & 0 & 0 \end{pmatrix},\ B = \begin{pmatrix} 0 \\ \frac{1}{L} \\ 0 \end{pmatrix},\ X = \begin{pmatrix} V_C \\ i_{L1} \\ i_{L2} \end{pmatrix},\ u = v(t)$$

스위칭 회로의 상태평균화 방정식

스위칭 회로는 스위칭 주기(T_s) 내에서 스위치 ON/OFF 상태에 따라 회로 구성이 달라지게 되어 회로의 상태방정식이 달라지게 된다. 한 주기내에서 서로 다른 상태를 가지는 회로방정식을 한 주기의 평균값으로 표현하는 것을 상태평균화 방정식이라 한다. 먼저 주기 평균(averaging)에 대해 정의해 보기 위해 아래 그림을 살펴보자.

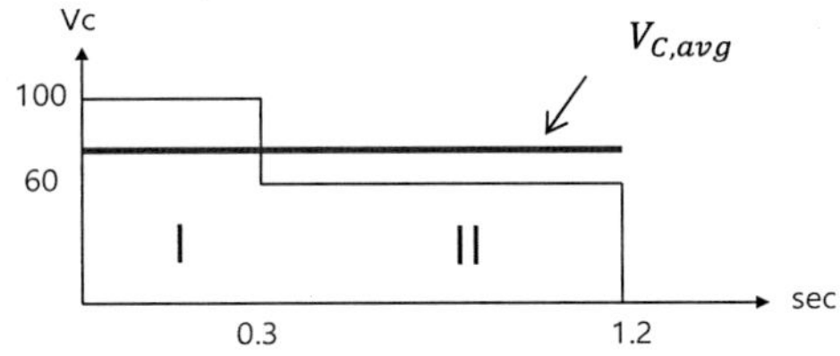

그림에서 커패시터 전압이 0.3초 동안은 100[V]이고 0.9초 동안은 60[V]인 주기 신호로 주어져 있을 때, 한 주기(1.2초) 동안의 평균 전압을 구해 보면 다음과 같다.

$$V_{C,avg} = \frac{I}{I+II}\cdot 100 + \frac{II}{I+II}\cdot 60 = \frac{0.3}{1.2}\cdot 100 + \frac{0.9}{1.2}\cdot 60 = 70[V]$$

다음은 여러 개의 상태변수들로 구성된 행렬의 평균값(A_{avg}, B_{avg})을 구해보자.

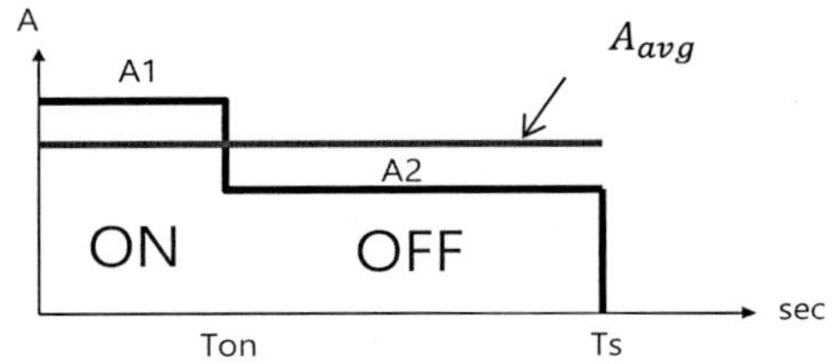

ON time (T_{on}) 구간의 A_1 행렬과 OFF time (T_{off}) 구간의 A_2 행렬로 이루어진 상태방정식들을 스위칭 주기(T_s)에서의 평균 행렬 (A_{avg})를 계산하는 수식은 다음과 같다.

$$A_{avg} = \frac{T_{on}}{T_s}\cdot A_1 + \frac{T_{off}}{T_s}\cdot A_2 = d\cdot A_1 + (1-d)\cdot A_2$$

$T_s = T_{on} + T_{off}$ 이고 $d = \frac{T_{on}}{T_s}$ 로 정의된다.

따라서 스위칭 회로의 상태평균화 방정식은 다음과 같이 표현된다.

$$\frac{dX}{dt} = A_{avg}X + B_{avg}u$$

$$y = CX + Du$$

선형화(Linearization)

함수(function)의 선형화와 행렬(matrix)의 선형화에 대해 알아보자.

a. 함수의 선형화

먼저 선형과 비선형 함수의 정의에 대해 알아보기 위해 그림 1.7의 그래프를 보자.

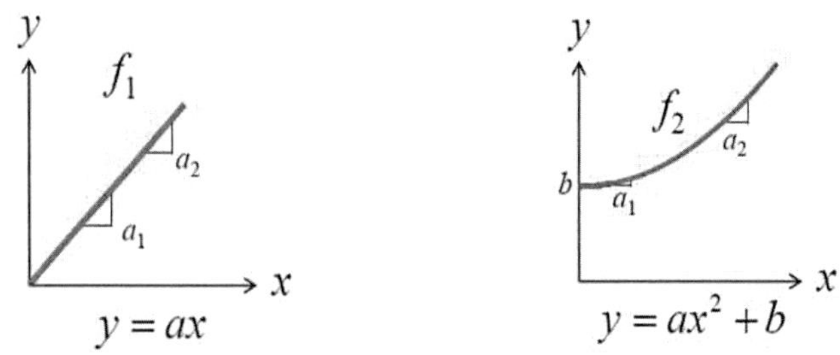

(a) 함수 f_1 (b) 함수 f_2

Figure 1.7 Linear function (f_1) and nonlinear function (f_2)

두 함수 f_1, f_2의 선형성을 알아보기 위해 기울기(slope)를 계산해보면 함수 f_1은 $a_1 = a_2$ 임으로 선형(linear)이고, 함수 f_2는 $a_1 \neq a_2$ 임으로 비선형(nonlinear)이다. 선형함수를 정의해보면 덧셈(Additivity)과 곱셈(Proportionality) 법칙이 성립하는 함수를 의미한다. 수학적 표현식으로는 아래의 법칙이 성립하면 선형함수가 된다.

덧셈 : $f(x + y) = f(x) + f(y)$
곱셈 : $f(k \cdot x) = k \cdot f(x)$

그림 (b)의 비선형 함수를 선형화(linearize)하는 방법에 대해 알아보자. x 의 범위에 따라서 기울기 a 가 변화하기 때문에 모든 x 범위에서 선형화 할 수 없고, 한 점(x_o)이나 좁은 범위에 한정하여 기울기 a_1을 가지는 일차함수로 선형화 할 수 있다. 그림 1.8 (a)에 이 과정이 나타나 있다. 여기에 offset DC 값 x_o , y_o를 더해준 선형화 함수 $\hat{y} = a_1\hat{x}$ 함수 (그림 b)를 얻을 수 있다. $\hat{x}$ 은 DC offset x_o를 가지는 변수이다. 이 과정을 소신호(small signal) 선형화라고 한다. 즉 대신호(large signal)인 DC 값(x_o,y_o) 범위에서의 선형화 모델이라는 의미이다.

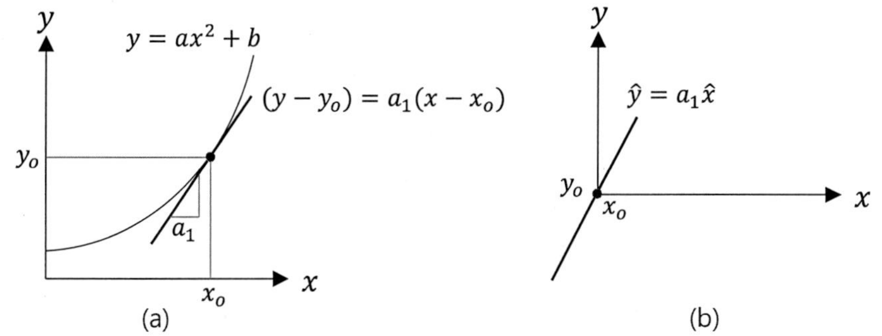

Figure 1.8 Linear expression of the nonlinear function (f_2)

또 다른 경우의 선형화의 예를 알아보자. 일차함수인데 offset 인 b값을 가지는 $y = ax + b$ 경우를 보자. 이 함수는 $y = ax + b$ 의 일차함수로 표현이 가능하고 기울기가 a 임으로 선형함수로 생각하기 쉽다. 선형함수의 정의에 대입해 보면

입력 x_1에 대한 출력 $y_1 = ax_1 + b$

입력 x_2에 대한 출력 $y_2 = ax_2 + b$

입력 x_1+x_2에 대한 출력 $y_3 = a(x_1+x_2) + b = ax_1 + ax_2 + b$

입력의 합에 대한 출력의 합 $y_1 + y_2 \neq y_3$ 임으로 덧셈 법칙이 성립하지 않는다.

곱셈 법칙을 대입해 보면 $y_1 = a(kx_1) + b$

$y_2 = k(ax_1 + b) = kax_1 + kb$

$y_1 \neq y_2$ 임으로 곱셈 법칙도 성립하지 않아서 선형함수가 아니다.

그러면 offset을 가지는 일차함수를 선형화하는 방법은 무엇일까? 바로 함수를 두개의 부분으로 나누는 것이다. 즉 직류(DC) 성분을 가지는 offset인 y-절편 b 와 원점을 지나는 기울기 a 를 가지는 교류 함수 $y = ax$로 분리시키면 된다.

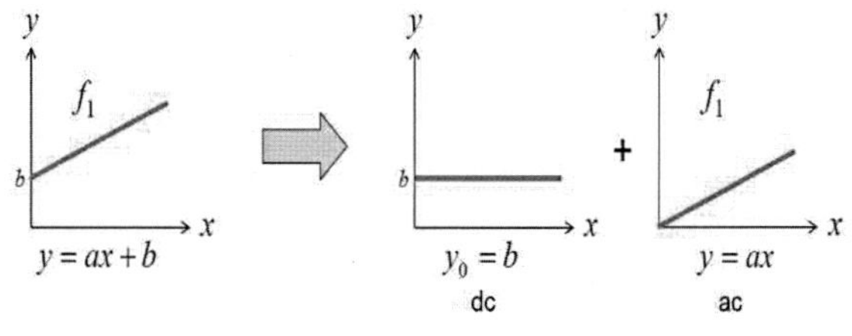

그러면 교류 성분의 함수 $y = ax$는 선형 함수가 된다.

b. 행렬방정식의 선형화

행렬시스템의 미분방정식이 $\dot{X} = AX + Bu$ 로 표현되고, A, B 행렬이 시간 불변의 상수(Constant)일때, 선형 시스템(linear system) 이라고 한다. 선형 시스템에서는 입력 u 에 선형적으로 비례하는 출력 X 를 얻어낼 수 있기 때문에 PI(Proportional- Integral) 와 같은 선형제어기를 사용할 수 있다.

이런 형태가 아니면 비선형 시스템(Nonlinear system)이 되고, 선형제어기를 사용할 수 없기 때문에, 복잡한 구조의 비선형 제어기를 사용하거나, 제한된 범위에서 동작되도록 선형화를 시켜야 한다. 이 책에서는 제한된 범위의 선형화에 대해 알아보기로 하자. 선형화는 Small-signal (소신호) 선형화와 Feed-forward (전향보상) 선형화가 있다.

먼저 Small-signal 선형화에 대해 알아보자. 전력전자 시스템에서 사용하는 회로 중에서 비선형으로 표현되는 boost 컨버터는 A, B 행렬이 상수가 아니고, 입력 u와 상태변수 X가 결합된 형태로 나타난다. 선형화는 각 행렬 변수를 직류(DC)와 교류(AC) 항으로 분리하여 직류로 이루어진 대신호 모델과 교류행렬로 구성된 소신호(Small signal) 모델로 각각 계산하는 것이다. 함수의 경우와 비교해 보면 대신호 모델은 DC 값(x_o, y_o)에 해당하고 소신호 모델은 $\hat{y} = a_1\hat{x}$ 에 해당한다. 자세한 수치적 계산 방법은 boost 컨버터 부분에 설명되어 있다.

다음으로 Feed-forward 선형화에 대해 알아보자. 행렬시스템의 미분방정식이 $\dot{X} = AX + Bu + F$ 로 표현되는 경우를 보자. 이때 A, B 행렬은 시간 불변의 상수행렬이다. 이 경우도 선형 시스템처럼 보이지만 F 로 인해 이 행렬방정식은 비선형 방정식이 된다. 선형화를 위해 입력 $u = u_{fb} + u_{ff}$ 로 분리하여 정리하면

$$u_{ff} = -\frac{F}{B} \quad \Rightarrow \quad \dot{X} = AX + Bu_{fb}$$

로 표현되어 선형 시스템이 되는 것을 알 수 있다. 이 때 입력 u_{ff}를 feed-forward 입력이라고 정의하며 상수 값을 가져야지만 feed-forward 선형화가 이루어질 수 있다.

그림 1.9에 일반적인 피드백 제어 시스템의 구성도를 나타내었다. 출력을 피드백하여 single loop 구성을 가지는 시스템으로 구성되어 있다. (a)는 일반적으로 사용되는 feedback 시스템으로 제어기(controller) 출력 ($d = d_{fb}$)가 Plant 전달함수(G)에 입력되는 구조이며, (b)는 feed-forward 시스템 구조로 피드백 제어기 출력 d_{fb}와 전향보상(예를 들어 0.5) 값 d_{ff}을 더하여 플랜트 입력($d = d_{ff} + d_{fb}$)이 되는 구조이다.

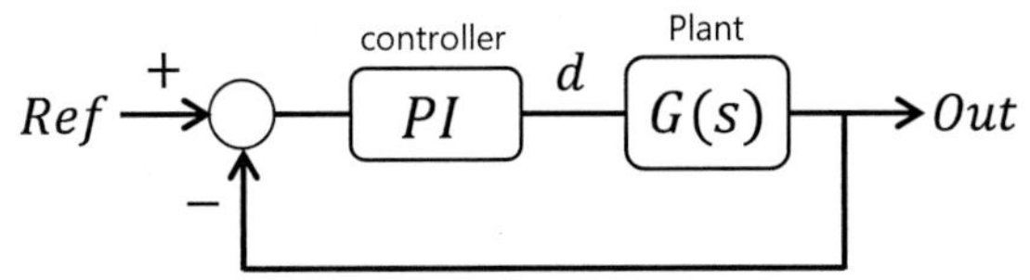

(a) General configuration

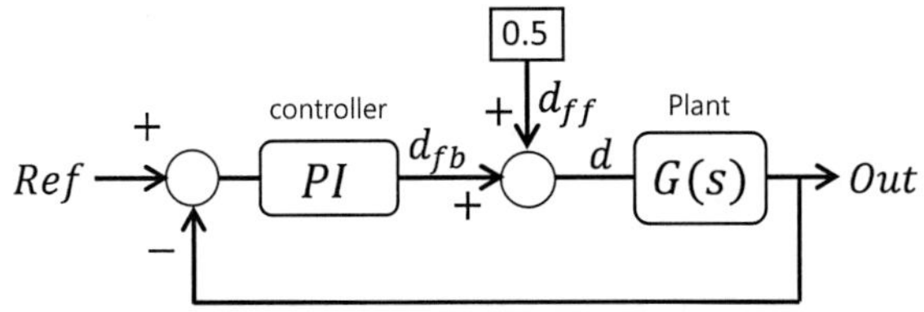

(b) Feed-forward configuration

Figure 1.9 The Configuration of the feedback control system

연속전류 모드(Continuous Conduction Mode)

인덕터에 흐르는 전류의 최소값 (I_{min}) 이 0 보다 클 때 연속전류모드(CCM : Continuous Conduction Mode) 라 한다. 만약 인덕터 전류가 0 이 되는 구간이 존재할 경우에는 불연속전류모드(DCM : Discontinuous Conduction Mode)라고 불린다. 각 모드에서의 전류 파형을 그림 (a), (b)에 나타내었다.

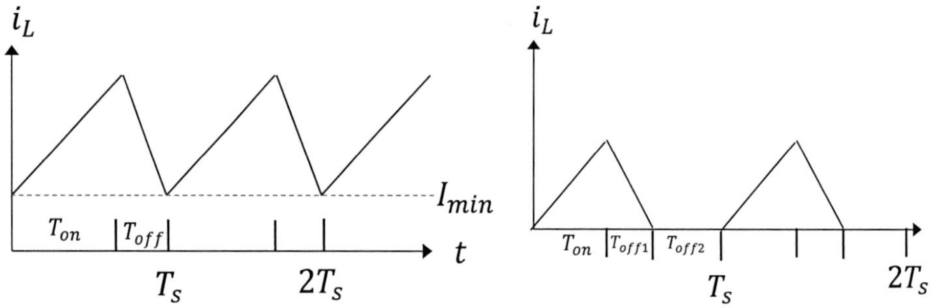

(a) CCM Mode (b) DCM Mode

그림에서 알 수 있듯이 CCM 의 한 주기는 T_{on} 과 T_{off}로 구성된다. 즉 매 주기마다 T_{on} 과 T_{off} 가 반복되게 된다. 이 경우 선형시스템인 상태평균화 방정식을 구하여 PI 제어기 설계가 가능하다.

반면에 DCM의 한 주기는 T_{on} 과 두 개의 off time (T_{off1} + T_{off2})으로 구성된다. 따라서 상태평균화 방정식을 적용하여도 비선형으로 상태방정식이 만들어지게 되어 PI 제어기 설계가 불가능해지게 된다.

따라서 이 교재에서는 연속전류모드(CCM)에 대해서만 다룬다.

또한 이 책에서 사용하는 PWM 기법은 고정 주파수 방식만을 다루기로 한다. 공진형에서 많이 사용되는 가변 주파수 방식은 다루지 않는다. PFM(Pulse Frequency modulation)을 적용할 경우 선형변조가 어렵고 설계 방법을 프로그램을 통해 자동화하기 어렵기 때문이다.

제어기 설계 과정(Controller Design Steps)

제어시스템은 그림과 같이 제어기와 Plant가 직렬로 연결된 구조로 되어 있다. 출력이 피드백 되어 기준입력과 비교하여 제어기 입력으로 작용한다.

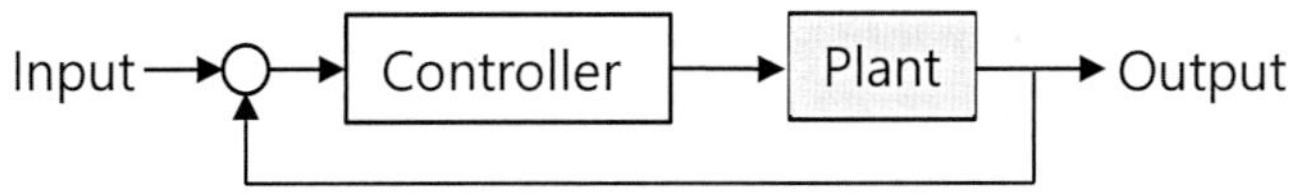

제어기를 설계하는 단계에 대해서 알아보자. 먼저 제어대상 Plant의 수학적 모델을 구축(establish)해야 한다. 이는 두 단계로 이루어진다.

1. Time domain model 수립: State space averaging model

$$\dot{X} = AX + Bu$$

$$y = CX + Du$$

2. Frequency domain model 수립: Transfer function

$$X(s) = (sI - A)^{-1}BU \quad \Rightarrow \quad \frac{Y(s)}{U(s)} = C(sI - A)^{-1}B$$

다음으로 선형제어기(Linear controller)를 설계한다. 대표적으로 PI(Proportional-Integral) controller를 생각할 수 있다. 수학적 표현식은 $G_c(s) = \frac{K_p(s+K_i)}{s}$로 주어진다. 설계는 이득 K_p, K_i가 원하는 설계사양을 만족하도록 선정하는 것이다. Time domain 설계조건 보다는 frequency domain 영역에서의 설계조건을 선정하기가 쉽기 때문에 주로 Cut-off frequency와 phase margin을 설계조건으로 사용하였다. 설계조건을 적용한 제어기 이득은 MATLAB의 SISOTOOL library를 사용하여 Auto-tuning에 의해서 자동으로 얻어진다.

제어기가 설계되면 검증과정이 필요하다. 설계 과정들은 회로를 수학적인 모델로 변환한 후에 주파수모델로 변환한 후에 제어기 이득을 선정하였다. 따라서 실제 회로에 제어기 함수를 적용하여 시간에 대한 파형으로 설계에 대한 검증을 하도록 한다. 회로 시뮬레이션은 PSIM을 이용하여 아날로그 제어기나 C-block을 사용한다. 시뮬레이션에서 만족할 만한 결과파형을 얻었으면, C-block으로 표현된 코드를 DSP의 프로그램 메모리(Flash memory)에 write하면 설계과정이 완료된다.

1.3 전기소자

전기소자는 전기로 동작되는 소자를 의미한다. 크게 수동소자와 능동소자로 분류할 수 있다. 수동소자는 출력의 형태를 변화시킬 수 없는 소자를 말하고 (2-단자 소자), 능동소자는 제어 입력을 이용하여 출력의 형태를 변화시키는 소자(3-단자 소자)를 말한다.

먼저 수동소자에 대해서 알아보자. 기본적인 물리량으로 전압, 전류가 있다. 도체에 전류가 흐르면 자기장(magnetic field)이 발생한다. 자기장의 세기는 전류의 크기에 비례한다. 전류를 증가하지 않고 자기장을 증가시키는 방법으로 코일을 페루프로 만들면 Ampere's Law (오른손 엄지 법칙)에 의해 자속이 코일내부로 집속되는 효과를 가져와 자기장의 세기를 증가시킬 수 있다. 또한 여러 번 코일을 감게 되면 turn 수에 비례하여 자속이 증가한다. 강자성체(ferro magnetic)를 중심으로 코일을 감게 되면 자속을 더욱더 집속 시킬 수 있다.

이와 같이 전류를 집속된 자속의 형태로 저장할 수 있는 소자를 인덕터(inductor)라고 한다. 회로적으로 표현하면 인덕터에 흐르는 전류를 i_L, 인덕터 양단 전압을 V_L이라 하면 전압, 전류의 관계식은 $V_L = L\frac{di_L}{dt}$로 주어진다. 그림 1.10에 인덕터 회로와 전압, 전류파형이 나타나 있다. 인덕터는 전류저장 소자이고, 전류의 기울기에 의해 전압이 결정된다. 전류가 연속적으로 흘러야 함으로(KCL 법칙) short 시켜서 보관한다. 파형을 보면 전류는 증감을 반복하는 연속 함수이고 전압은 부호가 변하는 불연속 함수이다. 따라서 상태공간 표현식에서 상태변수는 인덕터 전류가 된다.

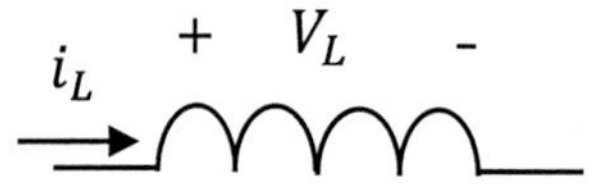

$$V_L = L\frac{di_L}{dt}$$

(a) Inductor circuit

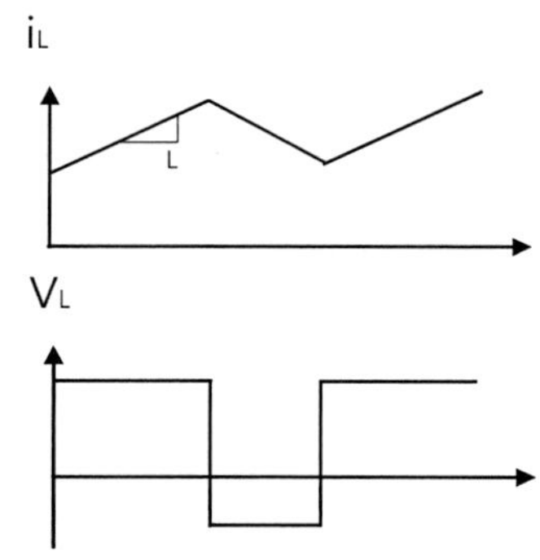

(b) Inductor current, voltage waveform

Figure 1.10 Inductor current and voltage waveform

인덕터와 반대의 경우를 생각해 보자. 평행한 기판에 전압을 인가하게 되면 정전하가 극판사이에 쌓이게 된다. 인가된 전압 크기에 비례하여 정전하의 양은 증가하게 된다. 회로적으로 표현하면 커패시터에 흐르는 전류를 i_C, 커패시터 양단 전압을 V_C라 하면 전압, 전류의 관계식은 $i_C = C\frac{dV_C}{dt}$ 로 주어진다. 그림 1.11에 커패시터 회로와 전압, 전류파형이 나타나 있다. 커패시터는 전압저장 소자이며 전압의 기울기에 의해 전류가 결정된다. 커패시터를 Open시켜서 전압을 유지한다. 파형을 보면 전압은 증감을 반복하는 연속 함수이고 전류는 부호가 바뀌는 불연속 함수이다. 따라서 상태공간 표현식에서 상태변수는 커패시터 전압이 된다.

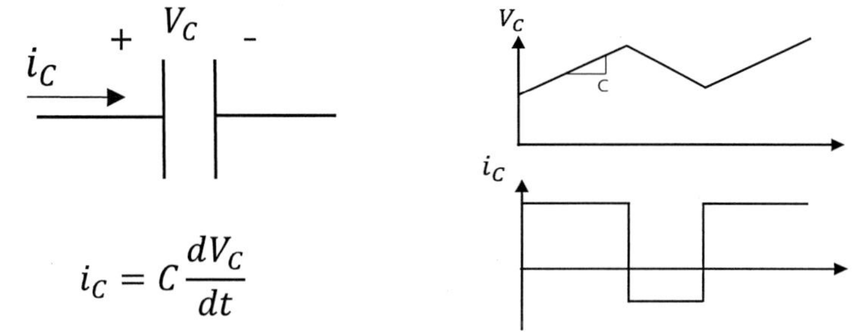

(a) Capacitor circuit (b) Capacitor current, voltage waveform

Figure 1.11 Capacitor current and voltage waveform

인덕터와 커패시터는 전류와 전압을 저장하는 소자이고, 전압과 전류가 미분의 형태로서 표현된다. 이에 반해 저항의 경우는 에너지를 소비하는 소자이고 전압과 전류의 비(ratio)로 결정된다. 따라서 저항의 전압, 전류는 상태변수가 될 수 없다.

(a) Resistor circuit (b) Resistor current, voltage waveform

Figure 1.12 Resistor current and voltage waveform

스위칭(Switching) 소자에 대해서 알아보자. 입력 조건에 따라 ON/OFF로 동작되는 대표적인 소자가 다이오드(Diode)이다. 다이오드는 Switch ON/OFF가 다이오드에 인가되는 전압 V_D에 따라서 자동으로 이루어지는 Automatic switch라 할 수 있다. 그림 1.13 (b), (c)에 다이오드 양단 전압 V_D 부호에 따라서 스위치가 닫힌 경우와 열린 경우에 대해 나타내었다. 스위치가 닫힐 경우 이상적인 경우 다이오드 전압 강하는 0 이지만, 실제로는 1[V] 정도의 전압 강하가 생겨서 도통시의 손실로 작용하게 된다.

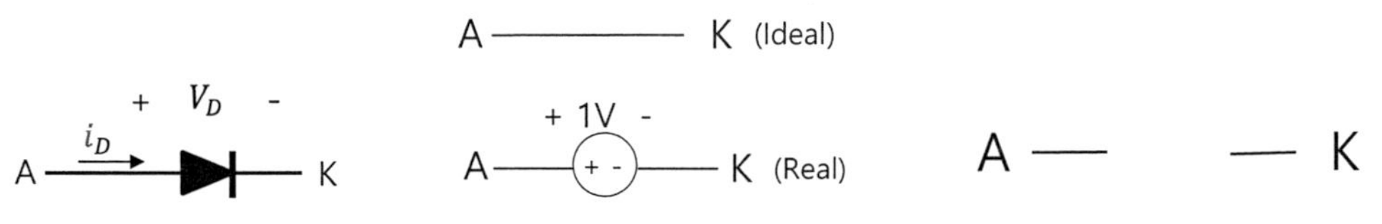

(a) Diode circuit (b) Switch Closed ($V_D > 0$) (c) Switch Open ($V_D < 0$)

Figure 1.13 Diode and switching characteristics

다이오드에 제어입력 단자를 추가하여 ON/OFF가 가능하도록 만들어진 소자가 BJT(Transistor), FET(Field Effect Transistor), IGBT(Insulated Gate Bipolar Transistor)이다. 소자의 개별 특성은 다르지만 제어입력 단자에 의해서 ON/OFF가 된다는 점은 모두 동일하다. 다음은 소자들의 Symbol과 제어 특성을 간단히 설명한다.

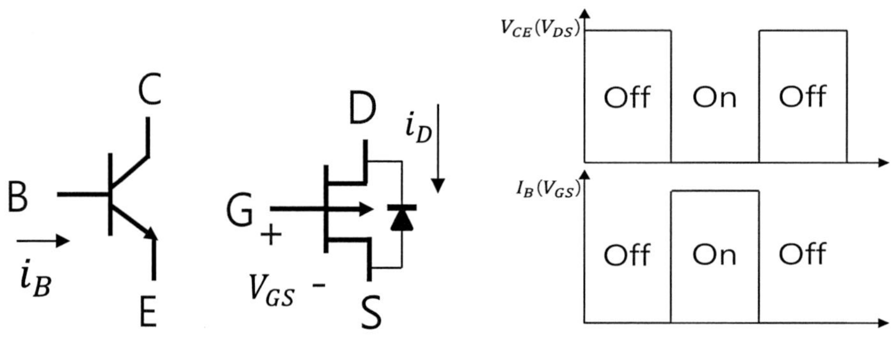

(a) Transistor Symbol (b) FET Symbol (c) Switching characteristics

Figure 1.14 Switching devices and their characteristics

R-L, R-C, L-C 회로

R-C 회로를 상태공간 표현식과 라플라스 변환을 이용하여 커패시터 전압을 계산해 보자. 회로는 커패시터 1개와 저항 1개로 구성되어 있기 때문에 상태변수는 커패시터 전압 V_c 로 선정한다. 상태방정식을 구성하면

$$i_c = C\frac{dV_c}{dt} \quad \longrightarrow \quad \frac{dV_c}{dt} = i_c = \frac{-V_c}{RC}$$

양변을 라플라스 변환하면

$$sV_c(s) - V_c(0) = -\frac{1}{RC}V_c(s) \quad \longrightarrow \quad \left(s + \frac{1}{RC}\right)V_c(s) = V_c(0) \quad \longrightarrow \quad V_c(s) = \frac{V_c(0)}{\left(s+\frac{1}{RC}\right)}$$

커패시터 전압 $v_c(t)$를 계산하기 위해 inverse Laplace 하면 다음을 얻을 수 있다.

$$v_c(t) = V_c(0) \cdot e^{-\frac{t}{RC}}$$

아래에 R-C 회로와 전압, 전류의 파형을 나타내었다. 커패시터 전압은 초기 충전 전압에서 지수함수적으로 감소하는 파형을 보여주고 있고, 방전 전류는 전압의 미분값으로 지수함수적으로 감소하고 있는 것을 알 수 있다.

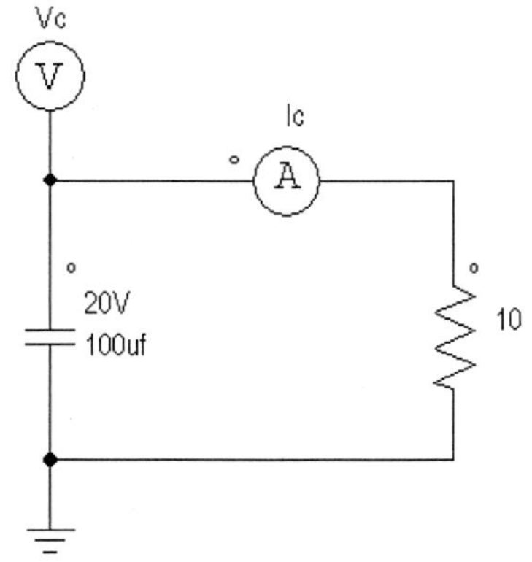

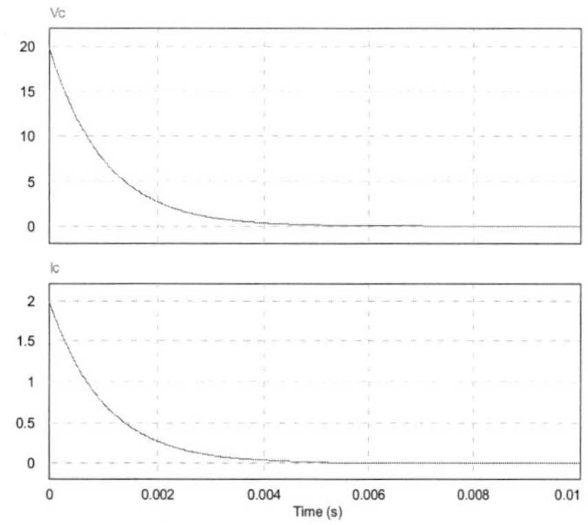

L-C 회로도 비슷하게 해석할 수 있다. 인덕터 전류 $i_L(t)$는 다음과 같이 표현된다.

$$i_L(t) = I_L(0) \cdot e^{-\frac{t}{RC}}$$

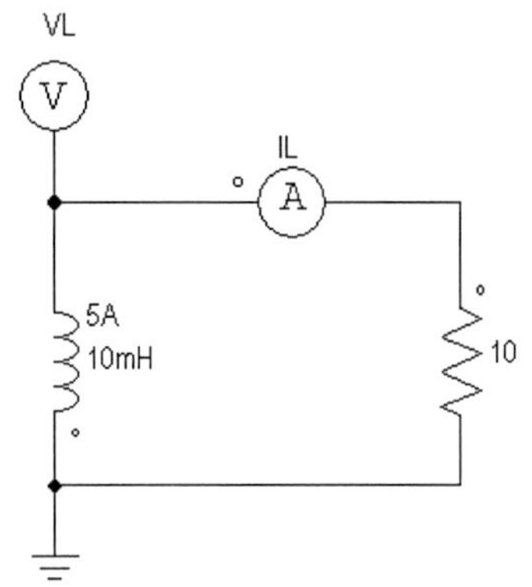

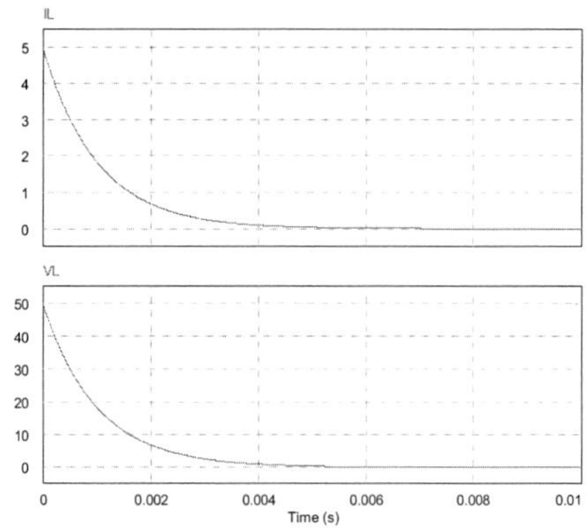

L-C 회로는 이와는 다른 결과를 가져온다. 회로는 커패시터 1개와 인덕터 1개로 구성됨으로 상태변수는 커패시터 전압 V_c 와 인덕터 전류 i_L로 선정한다. 2 개의 상태방정식을 구성하면

$$i_c = C\frac{dV_c}{dt} = -i_L = -L\frac{di_L}{dt} \quad \longrightarrow \quad \frac{dV_c}{dt} = -\frac{1}{C}i_L$$

$$V_c = v_L \quad \longrightarrow \quad \frac{di_L}{dt} = \frac{1}{L}V_c$$

상태공간 표현식으로 나타내면

$$\begin{pmatrix} \dfrac{di_L}{dt} \\ \dfrac{dV_C}{dt} \end{pmatrix} = \begin{pmatrix} 0 & \dfrac{1}{L} \\ -\dfrac{1}{C} & 0 \end{pmatrix} \begin{pmatrix} i_L \\ V_C \end{pmatrix}$$

행렬 형태로 표시하면 $\dot{X} = AX$ 이다. 라플라스 변환을 적용하면

$$sX(s) - X(0) = AX(s) \quad \longrightarrow \quad X(s) = (sI - A)^{-1}X(0)$$

$$(sI - A)^{-1} = \begin{pmatrix} s & -1/L \\ 1/C & s \end{pmatrix}^{-1} = \frac{1}{s^2 + 1/LC}\begin{pmatrix} s & 1/L \\ -1/C & s \end{pmatrix}$$

$$X(s) = \begin{pmatrix} I_L(s) \\ V_C(s) \end{pmatrix} = \frac{1}{s^2 + 1/LC}\begin{pmatrix} s & 1/L \\ -1/C & s \end{pmatrix}\begin{pmatrix} I_L(0) \\ V_C(0) \end{pmatrix}$$

초기 조건을 커패시터 전압이 충전되어 있는 상태로 설정하면, $I_L(0) = 0$ 임으로

$$I_L(s) = \frac{V_C(0)/L}{s^2 + 1/LC}$$

$$V_C(s) = \frac{V_C(0) \cdot s}{s^2 + 1/LC}$$

커패시터 전압 $v_c(t)$, 인덕터 전류 $i_L(t)$를 계산하기 위해 inverse Laplace 하면 다음을 얻을 수 있다. 삼각함수의 역 라플라스 변환 공식은 다음과 같다.

$$L^{-1}\left(\frac{s}{s^2+\omega^2}\right) = cos\omega t, \quad L^{-1}\left(\frac{\omega}{s^2+\omega^2}\right) = sin\omega t$$

$$i_L(t) = V_C(0) \cdot \sqrt{\frac{C}{L}} \cdot sin\omega t$$

$$v_c(t) = V_C(0) \cdot cos\omega t, \quad \omega = \frac{1}{\sqrt{LC}}$$

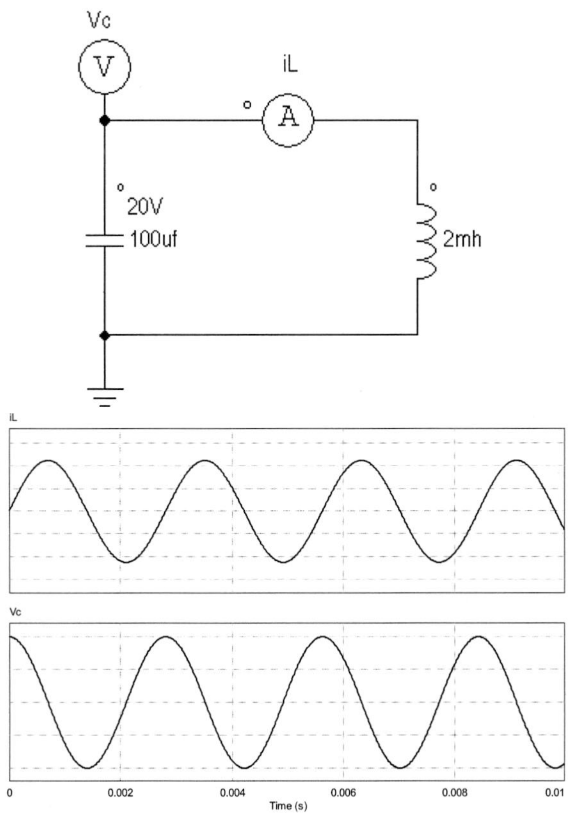

파형에서 주기 $T = 2.83[ms]$이다. $L = 2\ [mH], C = 100[uF]$을 공진주파수 ω 계산식에

대입하면

$2\pi f = \frac{1}{\sqrt{LC}}$, $T = 2\pi\sqrt{LC} = 2.83[ms]$로 계산식과 정확히 일치한다.

보통 전기소자는 내부저항 R이 있기 때문에 실제로는 감쇄비를 가지는 공진을 일으키게 된다. 공진 회로에 저항 R을 직렬 연결하여 시뮬레이션 하면 그림과 같이 감쇄(damping)을 가지고 공진하는 파형을 보여준다.

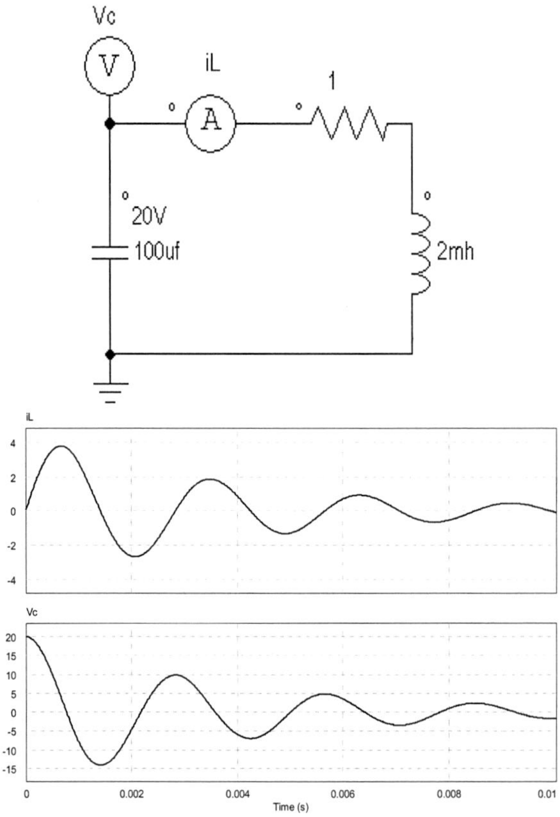

1.4 Linear와 PWM 방식

전력변환(Power Conversion)이란 입력되는 전압, 전류값과 출력되는 전압, 전류값이 다른 시스템을 의미한다. 단 이때 전력의 변화는 없다. 즉 입력전력과 출력전력은 동일하고 단지 전압, 전류의 형태만 변하는 시스템을 말한다. 입력전력(P_1) 과 출력전력(P_2)은 동일하기 때문에 다음의 관계식이 성립한다.

$$P_1 = V_1 \cdot I_1 = V_2 \cdot I_2 = P_2$$

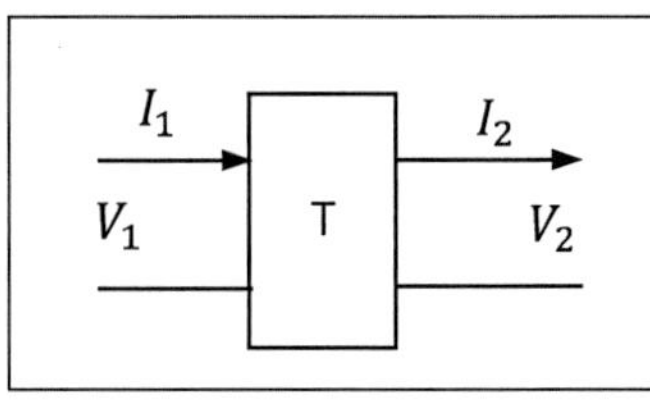

$$\frac{V_2}{V_1} = \frac{I_1}{I_2}$$

대표적인 소자로 교류 변압기(AC Transformer)가 있다. 변압기는 1차측과 2차측의 권선비($N_1 : N_2 = n$)로 전압, 전류를 변화시키는 소자이다.

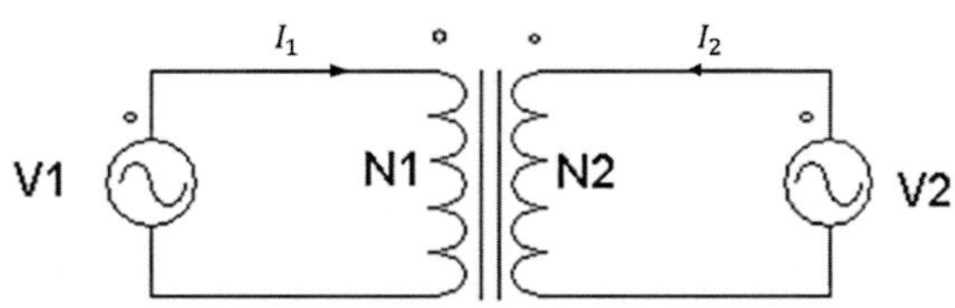

변압기는 권선비에 의해서 출력의 전압, 전류를 변화시킬 수 있지만, 턴 비가 고정되어 있어서 전압 가변이 어렵고, 교류에서만 적용할 수 있다는 단점이 있다.

직류 전력변환에 대해서 생각해 보자. 변압기는 교류에서만 동작하기 때문에 사용할 수 없다. 직류 출력 전압을 변화시키는 가장 단순한 방법은 전압 분압기(voltage divider)를 사용하는 것이다.

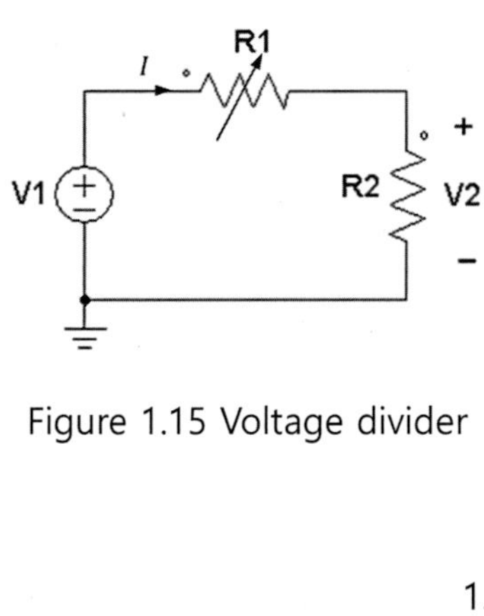

Figure 1.15 Voltage divider

출력전압 $V_2 = \frac{R_2}{R_1+R_2}V_1$으로 주어진다. 부하 저항 R_2가 주어지면 가변저항 R_1을 조절해서 출력전압 V_2를 원하는 값으로 만들어 줄 수 있다.

V_1	R_2	R_1	V_2	P_{R2}	P_{R1}	Efficiency
$100[V]$	$10[\Omega]$	$10[\Omega]$	$50[V]$	$250[W]$	$250[W]$	$50[\%]$
$100[V]$	$10[\Omega]$	$30[\Omega]$	$25[V]$	$62.5[W]$	$187.5[W]$	$25[\%]$
$100[V]$	$10[\Omega]$	$5[\Omega]$	$67[V]$	$444[W]$	$218[W]$	$67[\%]$

표에서 볼 수 있는 것처럼 R_1을 조정해서 원하는 출력전압을 만들어 줄 수 있다. 그러나 전력의 많은 부분이 저항에서 소모되기 때문에 출력으로 전달되는 전력은 낮아져 효율이 매우 좋지 않게 된다. 저항을 통해서 출력을 조절하는 방식을 Linear regulation 이라 한다. Linear(선형)의 의미는 선형영역에서 저항의 특징을 가지는 소자를 이용하기 때문이다. 이 특징을 가지는 소자는 Transistor, FET등이 있다.

Transistor(BJT)는 Base에 전류를 주입하면 Collector-Emitter사이에 전류가 흐른다. FET는 Gate-Source사이에 전압을 가하면 Drain-Source사이에 전류가 흐른다. 보통 전력전자 분야에서는 BJT나 FET를 ON/OFF 스위치로 사용한다. FET의 V_{GS}에 8V 이상 전압을 인가하면 ON되고 0V 이하 전압을 인가하면 OFF된다. 만약 2~5V 전압을 인가하면 어떻게 될까? 바로 이 전압 영역이 linear 영역이고 가변저항으로 작용한다. 즉 스위칭에 사용되는 게이트 전압보다 작은 전압을 인가하면 가변저항으로 동작하고 저항값은 인가전압에 반비례한다.

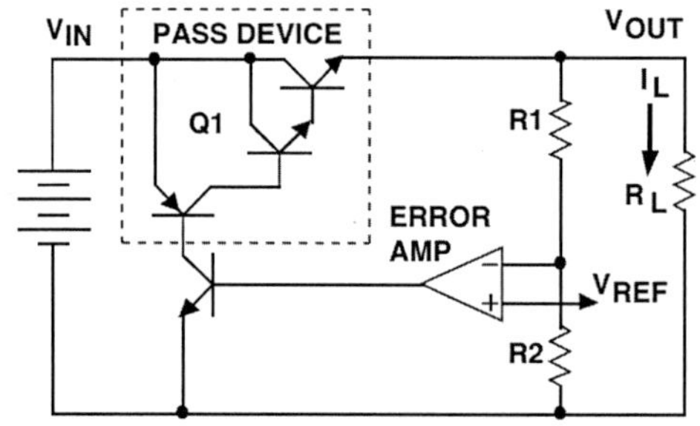

Figure 1.16 Circuit configuration of a typical linear regulator (NPN)

그림 1.16에 일반적인 linear regulator 구조를 보여주고 있다. 입력전원을 가변저항으로 작용하는 Pass device를 통해 분압하여 출력으로 전달한다. OP Amp.를 기준전압과 출력전압과의 오차증폭기로 사용하여 drive Transistor를 통해 Pass device의 base current를 조정하는 구조로 되어 있다. 그림에서는 pass device로 NPN을 사용하는 구성이다.

Pass device는 여러 형태를 가질 수 있다. 그림 1.17~1.18에 구성과 장단점을 나타내었다. 입력과 출력사이의 최소 전압차(drop out voltage) V_{min}가 존재하는데 pass device 구성에 따라 달라지기 때문에 application에 맞는 구성을 선택할 수 있다.

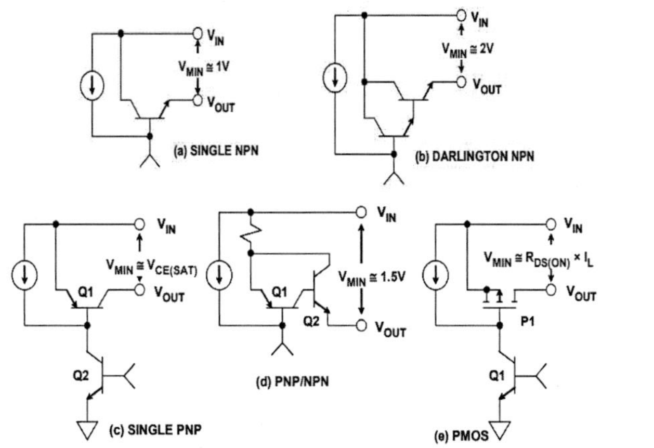

Figure 1.17 Pass Devices Useful in Voltage Regulators

A SINGLE NPN	B DARLINGTON NPN	C SINGLE PNP	D PNP/NPN	E PMOS
V_{MIN} ~ 1V	V_{MIN} ~ 2V	V_{MIN} ~ 0.1V	V_{MIN} ~ 1.5V	V_{MIN} ~ $R_{DS(ON)}$× I_L
I_L < 1A	I_L > 1A	I_L < 1A	I_L > 1A	I_L > 1A
Follower	Follower	Inverter	Inverter	Inverter
Low Z_{OUT}	Low Z_{OUT}	High Z_{OUT}	High Z_{OUT}	High Z_{OUT}
Wide BW	Wide BW	Narrow BW	Narrow BW	Narrow BW
C_L Immune	C_L Immune	C_L Sensitive	C_L Sensitive	C_L Sensitive

Figure 1.18 Pros and Cons of Voltage Regulator Pass Devices

그림 1.19에 BJT를 이용한 linear regulator 시뮬레이션 회로를 보여주고 있다. Transistor는 linear model을 사용한다. 모델은 `Elements→Power→Switches→npn transistor(3 states)`에서 찾을 수 있다. 이 모델은 linear 영역에서 동작됨으로 설정 파라미터에서 Current Gain beta (β) 값을 설정해 준다. 그림에서 두 개의 BJT가 사용되었는데 Pass devices로 사용하는 Power TR은 β가 높지 않기 때문에 보통 10~50 정도를 설정한다. 아래쪽의 current drive TR은 소형 BJT로 보통 β를 100 정도로 설정

한다. PSIM 회로에서 스위치 인터페이스용으로 사용하는 switch controller는 사용하지 않는다. OP-Amp를 사용하여 기준 전압 V_{ref}와 출력전압 V_o를 비교한 간단한 피드백 제어기 구성을 하였다. 이때 출력전압은 0.5로 scale down 됨으로 출력은 기준전압의 2배로 제어되게 된다. 즉 V_{ref}가 10V이면 출력전압은 20V가 나오게 된다.

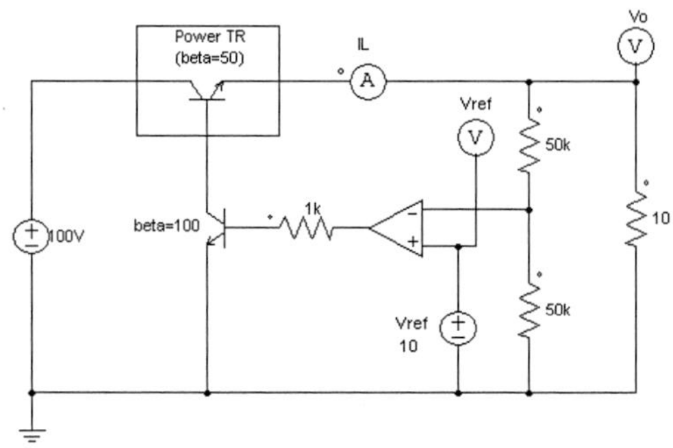

Figure 1.19 Linear Regulator circuit using BJT

Linear regulator는 효율이 낮고 여러가지 단점이 있기 때문에 그렇게 많이 사용되지는 않는다. 하지만 반드시 사용되는 분야가 있는데, 예를 들어 전자로드(electric load)를 들 수 있다. Sink로 구성하기 위해서는 저항으로 소모시켜야 하는데 저항을 모사할 수 있는 시스템은 linear regulator로만 만들 수 있기 때문이다. Power Transistor에서 최대 1[A] 정도 전류를 drive할 수 있기 때문에 보통 10개 이상 병렬로 연결해서 사용한다. 위의 회로를 시뮬레이션 해보고 V_{ref}를 변화시키면서 결과를 관찰해보자. 그리고 OP Amp에 제어 회로가 연결되어 있지 않는데 PI-제어기를 R-C 회로로 설계해 보도록 한다. 또한 Pass device를 FET로 설계해 보도록 하자.

직류 전력변환을 할 수 있는 Linear regulator 방식 대신 switching 방식에 대해서 알아보자. Pass device(BJT나 FET)를 saturation 영역에서 ON/OFF 스위치로 동작시키는 방식으로 무손실(lossless) 변환이다.

스위치 양단 전압을 V_{SW}, 흐르는 전류를 I_{SW}라 하고 control 입력에 의해서 제어된다고 하자. Control이 1일 때 스위치가 ON되고, 0일 때 OFF된다. ON 상태일 때 $V_{SW} = 0[V]$, $I_{SW} = I_{Load}[A]$이고, 스위치에서 소모되는 전력 $P_{SW} = 0[W]$이다. I_{Load}는 부하에서 소모하는 전류이다. OFF 상태일 때 $V_{SW} = V_{rev}[V]$, $I_{SW} = 0[A]$이고, 스위치에서 소모되는 전력 $P_{SW} = 0[W]$이다. V_{rev}는 스위치에 걸리는 역전압이다.

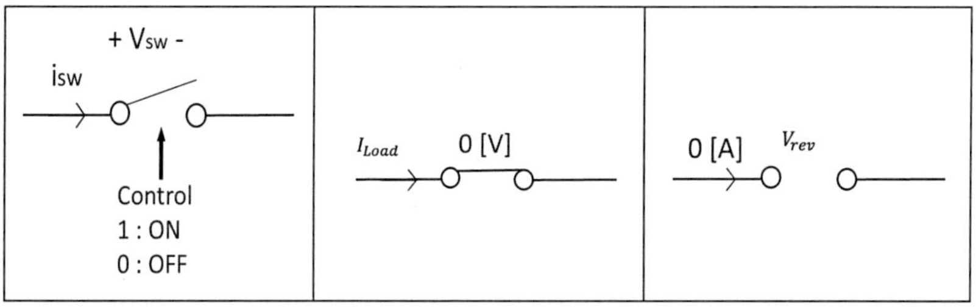

(a) Switch circuit (b) ON state (c) OFF state

Figure 1.20 Switch equivalent circuit and representation

따라서 Pass device를 saturation 영역에서 ON/OFF 스위치로 사용하게 되면 스위치 소모전력을 0[W]로 만들 수 있기 때문에 입력전력을 손실없이 원하는 출력형태로 변화시킬 수 있는 장점이 있다. 다만 출력전압이 스위치 상태에 따라서 V_{dc}와 0이 반복되는 펄스형태로 나타나게 된다는 문제점이 있다(그림 1.21 (a)).

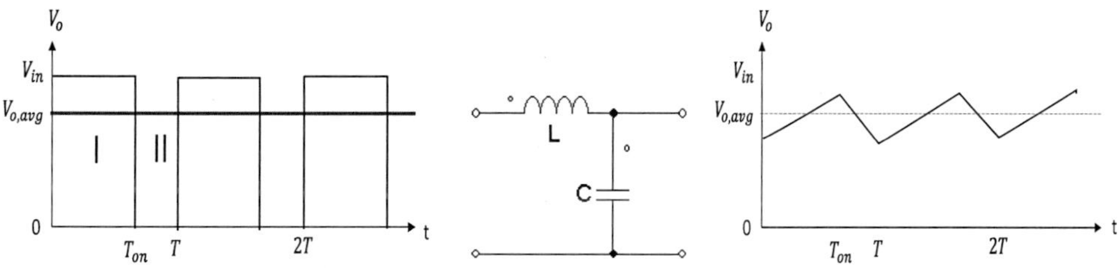

(a) switched voltage waveform (b) LC filter (c) Output voltage ripple

Figure 1.21 ON/OFF switch waveform and fileted output

따라서 그림 1.21 (b)와 같은 LC filter에 파형을 통과시키면 그림 (c)와 같은 리플을 가진 직류 전압을 얻을 수 있다. 펄스 파형의 평균 전압 $V_{o,avg}$는 다음 계산식으로 구할 수 있다.

$$V_{o,avg} = \frac{T_{on}}{T} * V_{in} + \frac{(T - T_{on})}{T} * 0 = \frac{T_{on}}{T} * V_{in} = d * V_{in}$$

시비율(duty ratio) $d = \frac{T_{on}}{T}$ 으로 정의하였다.

Pulsed 전압을 이용해서 출력전압을 조정할 수 있고 손실이 없는 전력변환을 할 수 있다는 것을 알 수 있었다. 출력전압은 펄스 폭(pulse width)을 조절함으로써 변화시킬 수 있고, 이것을 시비율로 정의하였다. 그러면 기준 전압 V_{ref}와 출력전압 V_o 를 비교하여 pulse 전압을 만드는 방법에 대해서 알아보자.

Linear regulator에서는 pass device의 저항을 조절하기 위해 Error Amp.를 사용하였다. 이제 Switching regulator에서는 pass device를 ON/OFF 시키기 위해 saturated된 Error Amp.를 사용한다. 즉 기준 전압 V_{ref}가 출력전압 V_o 보다 클 경우는 ON 신호를 발생하고, 반대의 경우는 OFF신호를 발생하여야 한다. 그리고 일정주기(T) 마다 자동으로 ON 되도록 한다. 이를 Constant-ON time 방법이라 한다. 반대로 Constant-OFF time 방법도 있지만 대부분 Constant-ON time modulation 방법을 사용한다. 이 조건을 구현하는 가장 단순한 방법은 비교기(comparator)를 사용하는 것이다.

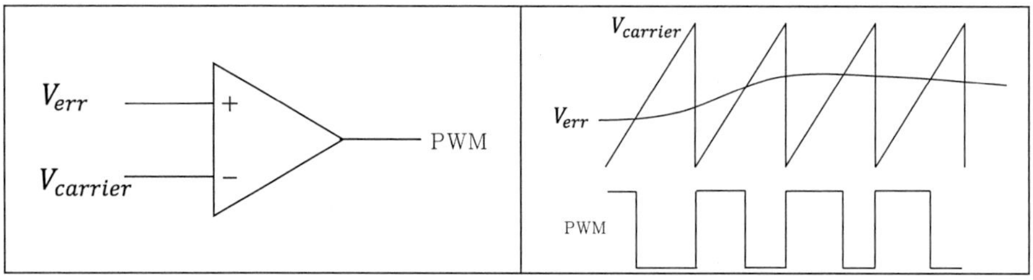

(a) Comparator signals (b) PWM waveforms

Figure 1.22 Pulse Width Modulation (PWM)

그림 1.22에 펄스폭 변조(PWM : Pulse Width Modulation) 방법을 그림으로 나타내었다. 비교기의 (+) 입력에 오차신호 ($V_{err} = V_{ref} - V_o$), (-) 입력에 삼각파 변조신호(triangular signal)를 인가하면 PWM 파형을 얻을 수 있다. 오차신호 V_{err}가 커지면 펄스폭이 넓어져서, 출력전압이 상승한다. 이것은 오차값 V_{err}를 감소시키는 효과를 가져오게 된다. 정상상태에서는 V_{err}가 0 이 되는 정상상태 듀티(steady-state duty) D가 존재하게 된다.

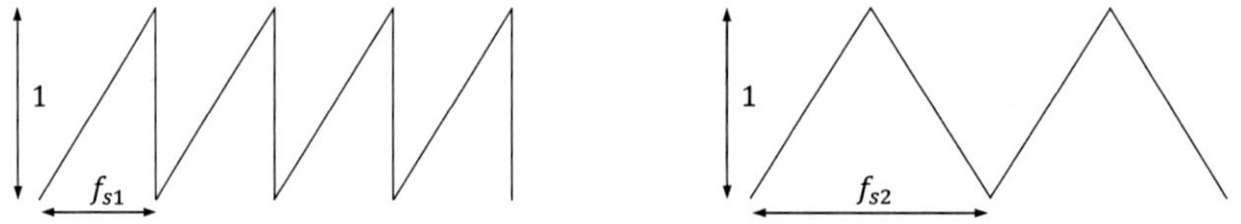

(a) unsymmetrical for converter (b) Symmetrical for inverter

Figure 1.23 Triangular waveforms

변조신호 $V_{carrier}$에 대해서 알아보도록 하자. 여러 형태를 가질 수 있으나, 컨버터와 같이 전압/전류가 단방향(uni-polar)으로 유지되는 경우(unsymmetrical)와 인버터와 같이 양방향(Bi-polar)으로 흐르는 경우(symmetrical)의 변조신호는 보통 다르게 설정한다. 그림 1.23에 두 경우의 변조신호 형태를 나타내었다.

PSIM으로 PWM 생성을 시뮬레이션 해 보도록 하자. 그림 1.24에 Converter 제어를 위한 PWM 회로의 예를 보여주고 있다. 비교기와 삼각파의 Library는 `Elements→Control→Comparator`, `Element→Source→Triangular`에서 찾을 수 있다.

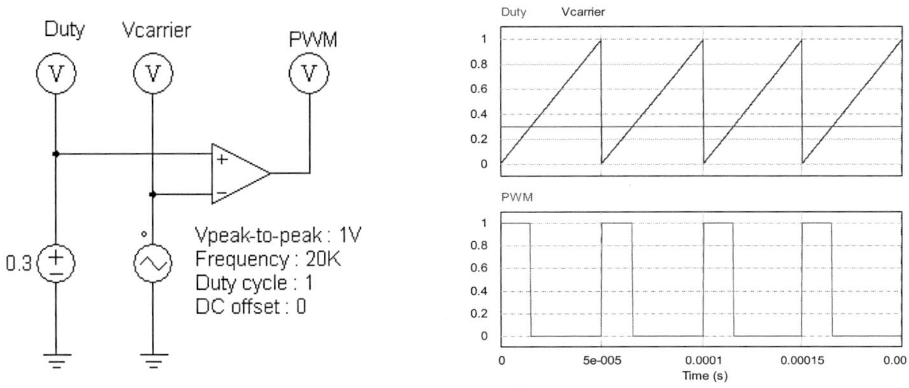

(a) Schematic (b) Waveform

Figure 1.24 PWM circuit and waveform for converter

인버터 제어를 위한 PWM 회로의 예를 그림 1.25에 나타내었다.

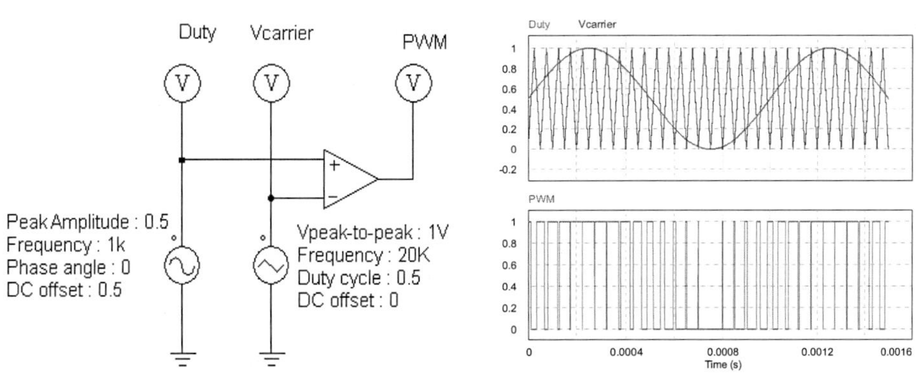

(a) Schematic (b) Waveform

Figure 1.25 PWM circuit and waveform for Inverter

1.5 Linear Power

a) Basic of the Linear Power

일정한 전압을 출력할 수 있는 가장 단순한 회로는 정전압 다이오드(Zener Diode)를 사용하는 것이다. 그림 1.26(a)에 Zener diode를 정전압원(voltage controlling device)으로 사용한 회로를 나타내었다. 일반적으로 Zener diode 순방향 전류(I_Z)는 10~20mA 범위에서 동작한다. 전류 제한 저항 R_i이 제너 다이오드에 직렬로 연결되어 있다. 고정 부하(R_L)가 연결되어 있는 경우 $I_L = \frac{V_Z}{R_L}$에서 고정 부하 전류를 얻을 수 있다. 전류방정식 $I_R = I_L + I_z$로 부터 I_R이 얻어진다. 따라서 다이오드 직렬 저항 $R_i = \frac{V_{in}-V_z}{I_R}$가 계산된다. 만약 부하가 변화한다면, $I_{L,min} + I_z < I_R < I_{L,max} + I_z$ 임으로, R_i의 최소, 최대값이 넓게 분포하게 되어 실제적으로 부하전류의 제약을 가져오게 된다. 이러한 회로는 실제 부하로 흘릴 수 있는 전류 최대값에 제한이 있는 단점이 있다. 이를 해결하기 위해 그림 (b)에 Pass transistor를 전류증폭(current boost)용도로 사용한 회로를 나타내었다. 전류증폭율 $\beta = \frac{I_L}{I_B}$임으로 $I_R = I_z + \frac{I_L}{\beta}$이 된다. 수식을 전개하면 $\frac{I_{L,min}}{\beta} + I_z < I_R < \frac{I_{L,max}}{\beta} + I_z$ 이 되어 I_R의 변동범위가 부하전류 변동에 비해 크게 변하지 않기 때문에 다이오드 직렬 저항(R_i) 최소, 최대 범위는 매우 작다. 따라서 부하 변동에도 안정된 동작을 할 수 있고, 부하에 제공 가능한 전류의 크기가 pass transistor 전류증폭율(β) 만큼 증가하는 장점이 있어서 실제 회로에 많이 적용되고 있다. 이때 출력전압 $V_o = V_z - V_{BE}$가 된다. V_{BE}는 트랜지스터 Base-Emitter 전압으로 0.6~0.7V 정도이다.

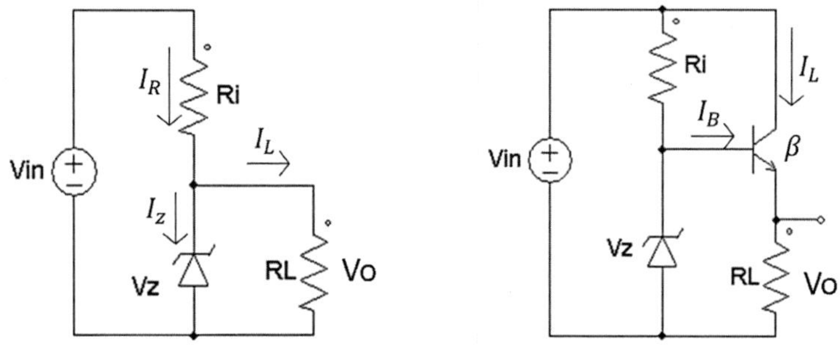

(a) Zener diode (b) Pass transistor with Zener reference

Figure 1.26 Constant voltage circuits using Zener diode

위 구조는 기본적으로 open loop로 동작한다. 부하 저항이 크게 변동될 경우 제너 다이오드의 순방향 전류(I_Z)가 변하면서 V_z값이 변동하게 된다. 이러한 단점을 극복하기 위해 피드백 제어 구조를 적용한 회로가 그림 1.27 (a)에 나타나 있다. 기준 전압인 V_z와 출력전압 V_o로 아날로그 피드백 회로를 OP Amp로 구현하였다. Op Amp (+) 단자로 흐르는 전류는 0 이기 때문에 I_Z는 항상 일정하여 V_z 값은 변하지 않는다. 따라서 출력전압 $V_o = V_z$가 된다. 이 회로는 OP AMP.가 부하전류를 공급하기 때문에 출력전류에 제한을 받게 된다. 보통 OP AMP의 최대 출력전류는 100 mA가 되지 않는다. 또한 최대 출력전압은 OP AMP 전원 전압의 최대값(보통 +34V)으로 제한되기 때문에 이보다 높은 전압 응용에는 적용할 수 없다. 그림 (b)에 가변 전원(adjustable power supply)을 만들기 위해 출력에 voltage divider 저항을 사용한 회로를 보여주고 있다. 출력전압 $V_o = V_Z(1+\frac{R_f}{R_2})$로 주어진다. 부하전류가 OP Amp 최대 출력전류로 제한되는 단점을 보완하기 위해 Pass transistor를 이용한 current boost 회로를 적용한 회로가 그림 (c)에 나타내었고, 출력 전압을 조정할 수 있는 회로를 그림 (d)에 나타내었다.

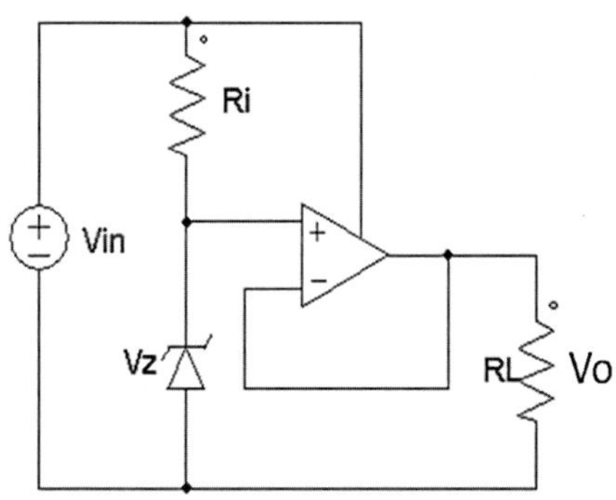

(a) Fixed voltage

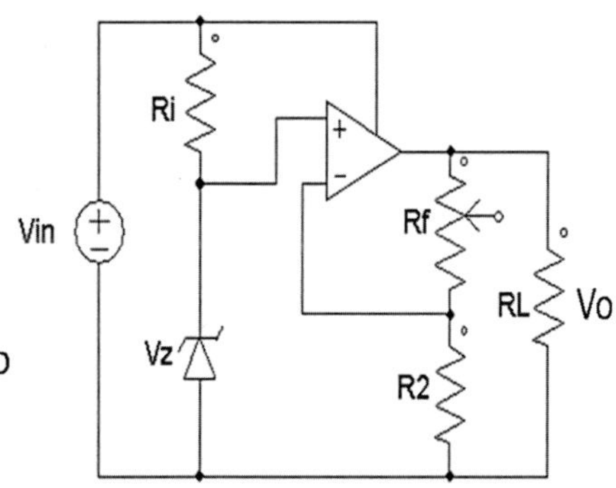

(b) Adjustable voltage

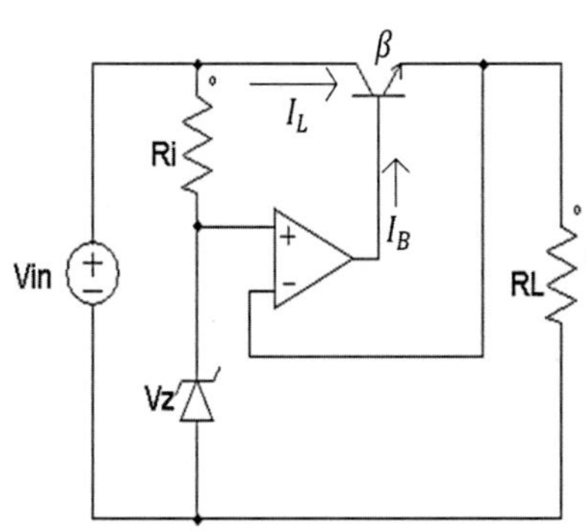

(c) Current boost using pass transistor

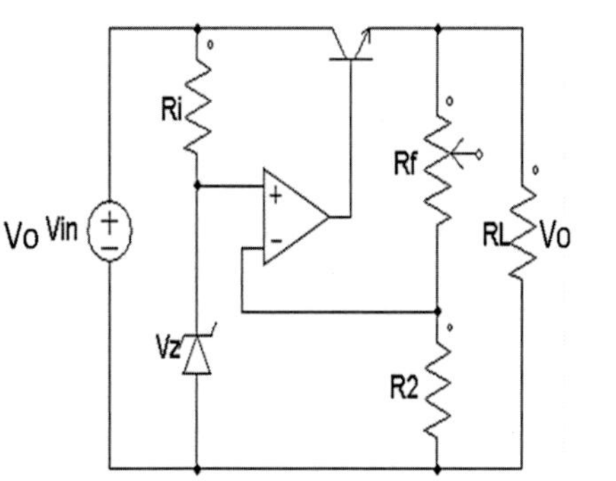

(d) Adjust voltage using pass transistor

Figure 1.27 The configurations of the linear power supply

지금까지 설명한 linear power supply 구조는 전류 용량을 증대시키는 방향으로 진화되어 왔다. 그림 1.28에 정리하였다. 시스템 복잡도와 전류용량이 A → B → C → D 순서로 커지게 된다.

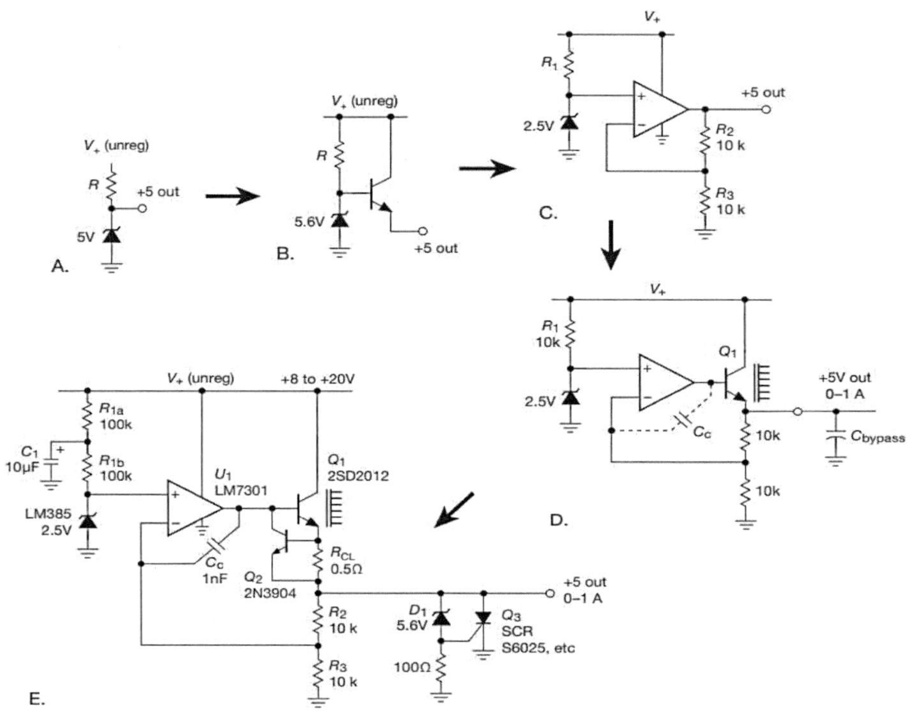

Figure 1.28 The evolutions of the linear power supply

지금까지 설명한 회로는 OP Amp에 공급되는 전원보다 큰 전압을 출력할 수 없는 단점이 있다. 즉 최대 출력전압은 +36 [V]정도이다. 40V 이상 전원을 출력할 수 있는 linear power 설계를 할 수 있는 방법에 대해 알아보자. 최대 출력전압 $V_{o,max} = V_{OPAmp} - V_{BE}$ 이다. 만약 OP Amp 전원의 ground를 출력 V_o에 연결하면 OP Amp 전위는 항상 출력 보다 높은 전압에 있게 된다. 이런 구성을 boot strapping이라 하며 높은 전압을 출력하는 용도로 사용한다. 단점으로는 OP Amp 전원공급을 위해 독립전원이 필요하다는 정도일 것이다. 그림 1.29에 출력전압을 OP Amp 전원 Ground에 boot strapping시킨 회로를 나타내었다.

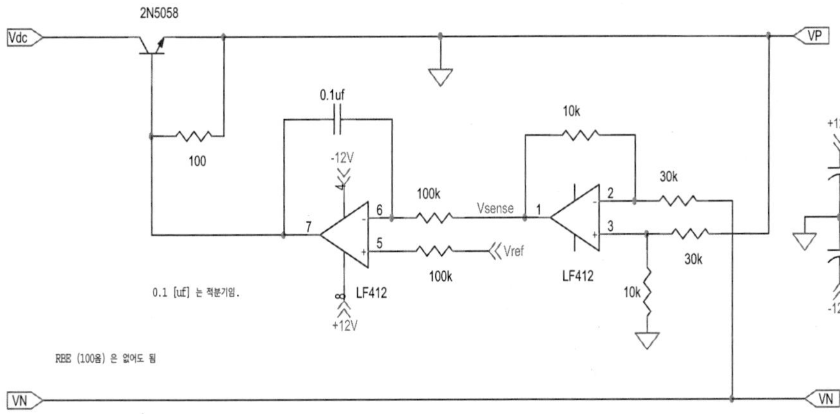

Figure 1.29 The high voltage linear power supply

b) Linear Regulator Simulation

1. Using Zener Diode

0.5[W]급 Zener diode의 forward current $I_{z,nominal} = 10[mA]$, $I_{z,max} = 20[mA]$, $I_{z,min} = 2[mA]$ 로 설정하자. 출력부하 변동시에도 I_z 가 20 [mA]가 넘지 않도록 직렬 저항 R_i 값을 선정해야 한다. 또한 최소 부하전류 $I_{o,min} = 0[mA]$ 와 최대 부하전류 $I_{o,max} = 20[mA]$를 설정하면 $R_L > 250[\Omega]$이 되어야 한다. 입력전압이 15~20[V]로 변동할 때 주어진 조건을 대입하면 $R_i > 500[\Omega]$이 된다. 따라서 최대부하전류 $I_{o,max} = 20[mA]$를 위해 $R_i = 500[\Omega]$을 선정한다. 부하저항 R_L은 250[Ω] 보다 커야 한다.

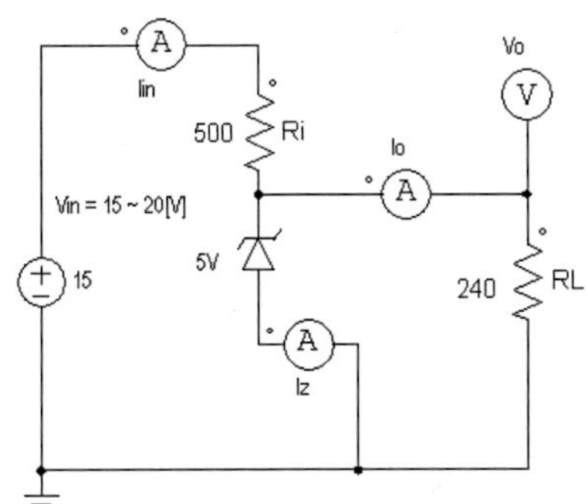

(a) $R_L = 500[\Omega]$, $R_L = 240[\Omega]$ 변경하여 출력전압 V_o=5[V] 유지 여부 확인. 이유 설명

(b) V_{in}=20[V] 일때 V_o=5[V]되기 위한 최소 R_L 계산 및 시뮬레이션

2. Using Transistor as Current amplifier

Transistor를 전류 증폭기로 사용한 구조로 Zener diode만 사용한 구조에 비해 트랜지스터의 전류증폭률 $\beta = 100$ 크기로 부하전류를 100배 정도 증가시킬 수 있다. 단 트랜지스터 Base-Emitter 전압 강하($V_{BE} = 0.7V$)를 보상하기 위해 제너 전압을 5.7V로 설정해야 한다.

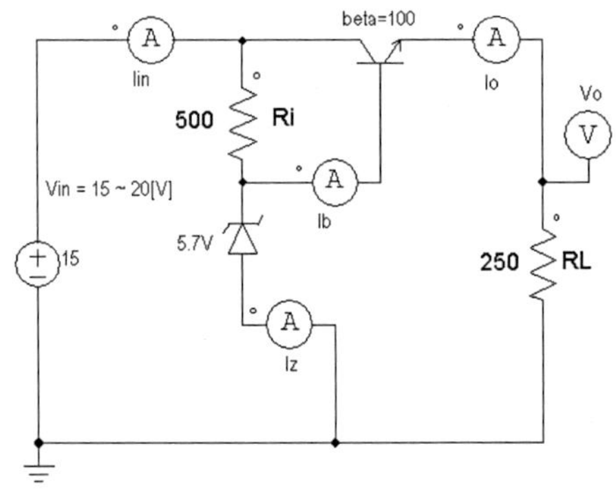

V_o=5[V] 유지할 수 있는 최소 부하저항 R_L을 계산으로 구하기

3. Using OP Amp.

앞의 구조의 단점은 V_{BE} 강하가 생기고, 출력전류 변동에 의해 I_Z가 변동하게 된다는 단점이 있다. 이를 보완하기 이해 OP Amp를 사용하여 feedback 회로를 구성하여 전압 안정도와 정상상태 오차를 개선하였다. 단점으로는 OP Amp의 최대 출력전류가 40 [mA] 정도 이므로 부하에 공급되는 최대전류도 40 [mA]로 제한된다는 점이다.

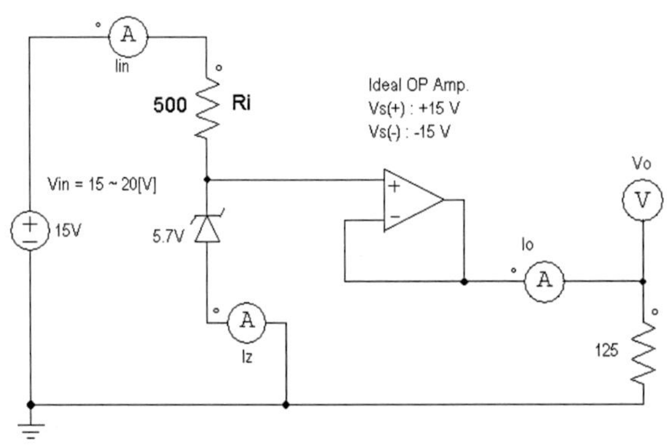

OP Amp의 (+) 단자에는 기준전압 $V_{ref} = 5.7[V]$, (-) 단자에는 출력전압 V_o가 연결되어 있다. 회로구성을 block diagram으로 그려보면 아래 그림과 같다. OP Amp의 open loop gain $A_V = 100{,}000$ 정도이다. 회로에서는 출력이 바로 (-) 단자에 입력됨으로 feedback gain $H = 1$ 이다.

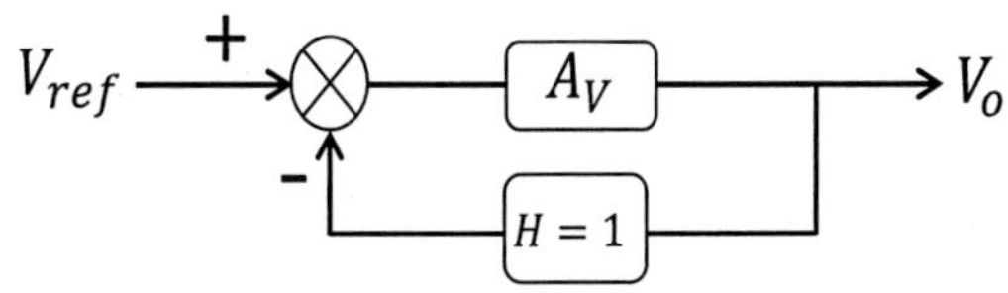

폐루프 전달함수를 계산해보면

$$\frac{V_o}{V_{ref}} = \frac{A_V}{1 + A_V H} = \frac{A_V}{1 + A_V} \approx 1$$

따라서 출력전압은 기준전압 5.7[V]가 됨을 알 수 있다.

4. Using OP Amp and Pass Transistor

출력전류 제약을 해결하기 위해 Pass transistor를 사용하여 회로를 구성하였다. OP Amp의 출력으로 트랜지스터의 base 전류를 공급하는 구조이다. 전류증폭율 $\beta = 100$ 임으로 최대 출력전류는 $40[mA] \cdot \beta = 4[A]$까지 부하에 공급할 수 있다.

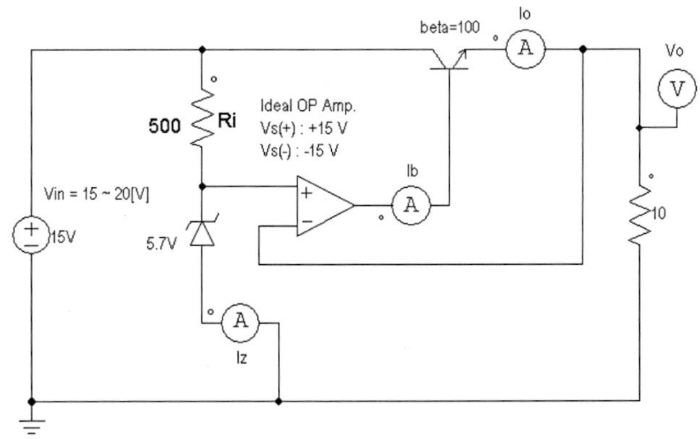

이 회로에서 주의깊게 보아야 할 부분이 있다. Bias 전압이 (+15V, -15V)이기 때문에 OP Amp에서 출력할 수 있는 최대 전압은 +15V이다. 트랜지스터 base-Emitter 전압 강하($V_{BE} = 0.7\text{V}$)를 더하면 출력전압으로 얻을 수 있는 최대 전압은 14.3[V]이다. 최대 출력전압을 높이기 위해 OP Amp를 선정할 때 Single supply OP Amp를 선정할 수 있다. 예를 들어 LM358은 0[V] ~ +32[V]까지 bias를 가할 수 있기 때문에 최대 출력전압

을 30[V]까지 낼 수 있다. 더 높은 전압을 위해서는 High voltage OP Amp중에서 rail-to-rail In/Out 특성을 가지는 OP Amp를 선정할 수 있다. 예를 들어 OPA2156, OP90, ... 등은 +36V까지 출력이 가능하지만 가격이 매우 비싼 단점이 있다.

만약 40V이상 예를 들어 200[V]의 출력을 가지는 Linear power supply를 설계하는 경우는 제시한 방법들을 사용할 수 없다. 좀 더 근본적인 설계 방법이 필요하다.

그림의 회로를 자세히 분석해 보면 Pass transistor의 base 전류를 OP Amp가 공급하는데 OP Amp의 ground와 전원 ground가 동일하기 때문에 Base 전위는 (+) bias 전압보다 커질 수 없다. 만약 OP Amp ground를 전원과 분리시켜서 pass transistor의 Emitter에 연결하면 출력전압이 OP Amp ground가 되고 base 전위는 출력전압의 크기에 상관없이 항상 높은 전위를 유지할 수 있어서 높은 전압 출력이 가능하다. 이 방법은 독립된 bias 전원이 필요하지만 저가의 OP Amp를 사용할 수 있고 높은 전압도 출력이 가능하기 때문에 가장 보편적으로 설계에 사용되고 있다.

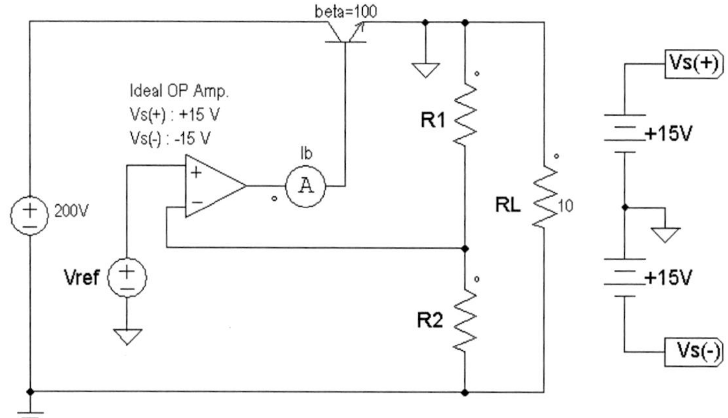

OP Amp (+)단자에 외부전원 기준전압 V_{ref}이 연결되었고 ground가 OP Amp ground와 동일하다. 또한 출력전압이 높기 때문에 값을 scaling down 하여 피드백 단자(-)에 연결하였다. 이 경우 feedback gain $H = \frac{R_2}{R_1+R_2}$ 이다. 폐루프 전달함수는

$$\frac{V_o}{V_{ref}} = \frac{A_V}{1+A_V H} \approx \frac{A_V}{A_V H} = \frac{1}{H}$$

따라서 $V_o = \frac{1}{H} V_{ref}$가 된다. 예를 들어 $H = \frac{1}{10}$ 이고, $V_{ref} = 5[V]$ 이면 출력전압 $V_o = 50[V]$가 된다.

PART – I
직류 전력 변환 시스템
(DC POWER CONVERSION SYSTEM)

■ DC/DC CONVERTER

2장. BUCK CONVERTER

3장. BOOST CONVERTER

4장. Bi-Directional CONVERTER

5장. 3-Level BOOST CONVERTER

■ SOLAR CONVERTER

6장. SOLAR SYSTEM

7장 SOLAR BOOST CONVERTER

8장 SOLAR BUCK CONVERTER

9장 Three-Level SOLAR BOOST CONVERTER

■ MOTOR

10. DC MOTOR

DC/DC CONVERTER

이번 장에서 다룰 DC/DC Converter 종류와 회로는 다음과 같다.

1. BUCK CONVERTER
2. BOOST CONVERTER
3. Bi-Directional CONVERTER
4. 3-Level BOOST CONVERTER

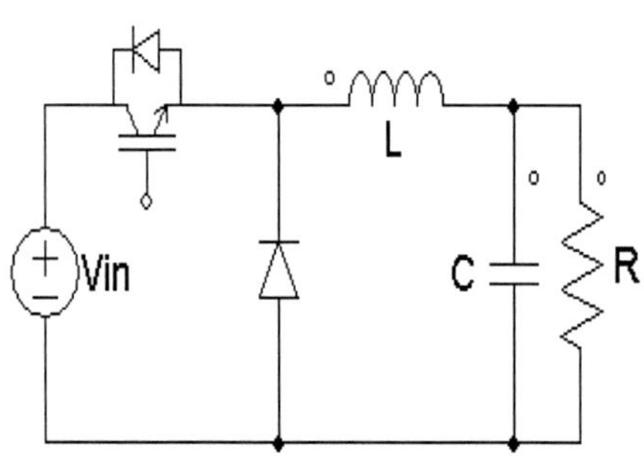

(a)Buck

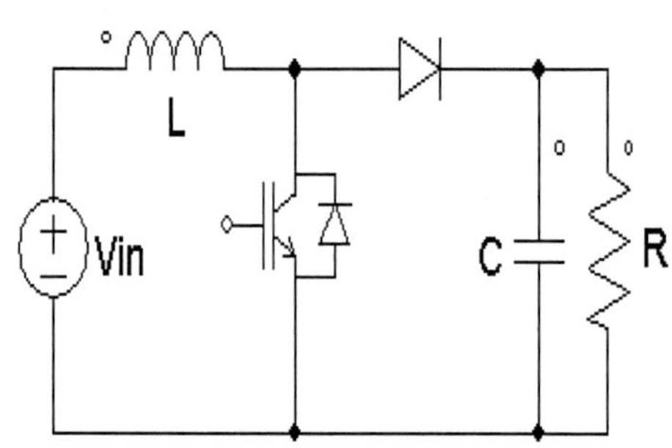

(b) Boost

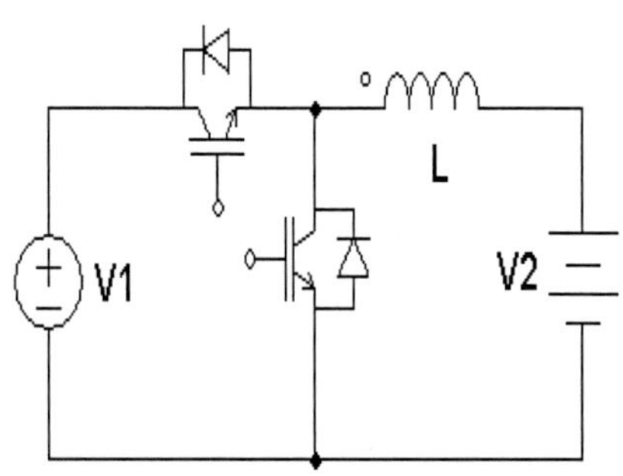

(c) Bi-directional

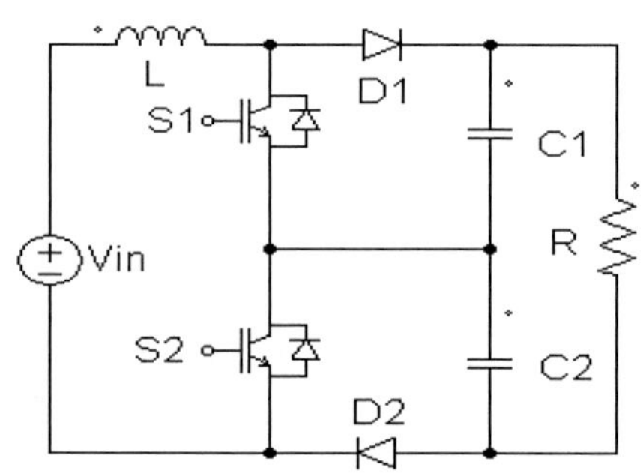

(d) 3-Level boost

2. BUCK Converter

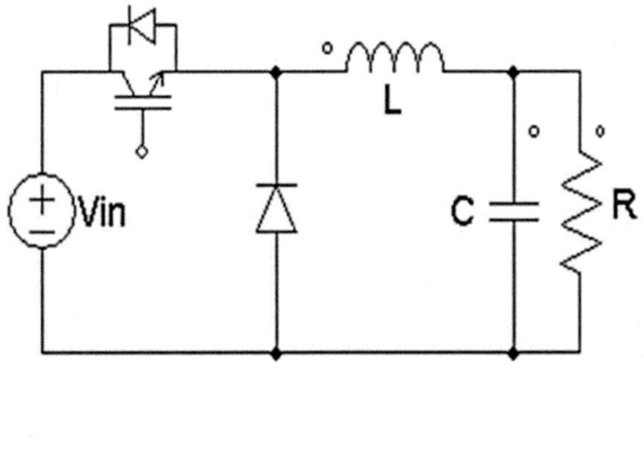

2.1 상태평균화 방정식과 전달함수

스위치 ON/OFF 상태에 따른 Buck converter의 등가회로는 다음과 같다.

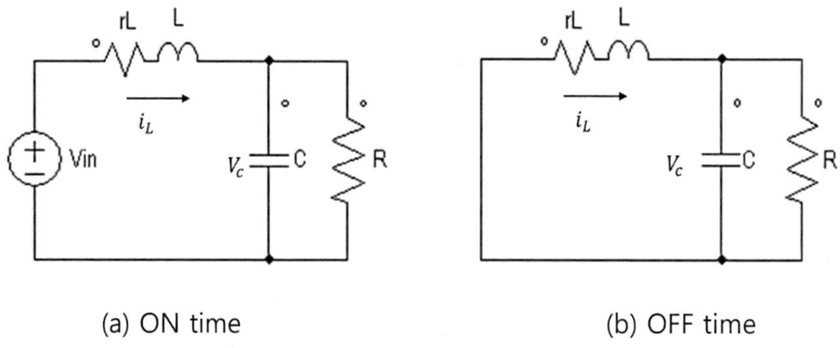

Figure 2.1 Equivalent circuit of the buck converter

상태공간 표현식은 다음과 같이 주어진다.

ON-time	OFF-time
$V_{in} = r_L i_L + L\frac{di_L}{dt} + V_C$ $i_L = C\frac{dV_C}{dt} + \frac{V_C}{R}$ $\begin{pmatrix} \frac{di_L}{dt} \\ \frac{dV_C}{dt} \end{pmatrix} = \begin{pmatrix} -\frac{r_L}{L} & -\frac{1}{L} \\ \frac{1}{C} & -\frac{1}{RC} \end{pmatrix} \begin{pmatrix} i_L \\ V_C \end{pmatrix} + \begin{pmatrix} \frac{1}{L} \\ 0 \end{pmatrix} V_{in}$ $= A_1 \begin{pmatrix} i_L \\ V_C \end{pmatrix} + B_1 \cdot V_{in}$	$r_L i_L + L\frac{di_L}{dt} + V_C = 0$ $i_L = C\frac{dV_C}{dt} + \frac{V_C}{R}$ $\begin{pmatrix} \frac{di_L}{dt} \\ \frac{dV_C}{dt} \end{pmatrix} = \begin{pmatrix} -\frac{r_L}{L} & -\frac{1}{L} \\ \frac{1}{C} & -\frac{1}{RC} \end{pmatrix} \begin{pmatrix} i_L \\ V_C \end{pmatrix} + \begin{pmatrix} 0 \\ 0 \end{pmatrix} \cdot V_{in}$ $= A_2 \begin{pmatrix} i_L \\ V_c \end{pmatrix} + B_2 \cdot V_{in}$

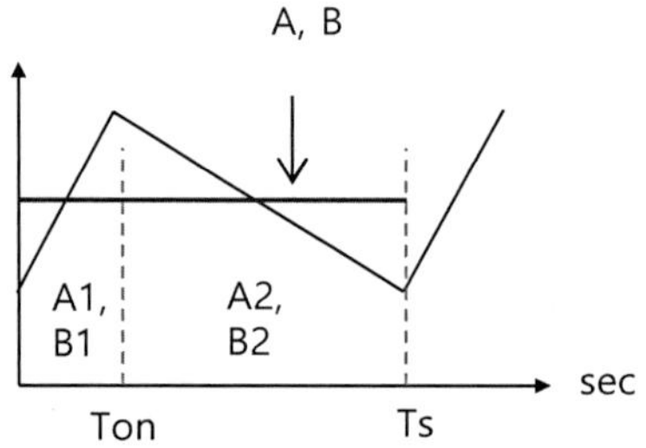

Figure 2.2 State averaging matrix for one switching time

한 스위칭 주기에서 ON time과 OFF time을 duty에 관한 수식으로 나타내면 다음을 얻을 수 있다.

$$\frac{T_{ON}}{T_S} = d, \quad \frac{T_{OFF}}{T_S} = \frac{T_S - T_{ON}}{T_S} = (1-d)$$

상태평균화 행렬 방정식을 얻기 위해 평균화 행렬을 계산하면

$$\mathrm{A} = \mathrm{A_{avg}} = \frac{(A_1 \cdot T_{ON} + A_2 \cdot T_{OFF})}{T_S} = A_1 \cdot d + A_2 \cdot (1-d)$$

$$= \begin{pmatrix} -\frac{r_L}{L} & -\frac{1}{\mathrm{L}} \\ \mathrm{C} & -\frac{1}{\mathrm{RC}} \end{pmatrix} \cdot d + \begin{pmatrix} -\frac{r_L}{L} & -\frac{1}{\mathrm{L}} \\ \mathrm{C} & -\frac{1}{\mathrm{RC}} \end{pmatrix} \cdot (1-d) = \begin{pmatrix} -\frac{r_L}{L} & -\frac{1}{\mathrm{L}} \\ \mathrm{C} & -\frac{1}{\mathrm{RC}} \end{pmatrix}$$

$$\mathrm{B} = \mathrm{B_{avg}} = \frac{(B_1 \cdot T_{ON} + B_2 \cdot T_{OFF})}{T_S} = B_1 \cdot d + B_2 \cdot (1-d)$$

$$= \begin{pmatrix} \frac{1}{L} \\ 0 \end{pmatrix} d + \begin{pmatrix} 0 \\ 0 \end{pmatrix} \cdot (1-d) = \begin{pmatrix} \frac{1}{L} \\ 0 \end{pmatrix} \cdot d$$

BUCK Converter 상태평균화 방정식은 다음과 같이 주어진다.

$$\begin{pmatrix} \frac{di_L}{dt} \\ \frac{dV_C}{dt} \end{pmatrix} = \begin{pmatrix} -\frac{r_L}{L} & -\frac{1}{L} \\ \frac{1}{C} & -\frac{1}{RC} \end{pmatrix} \begin{pmatrix} i_L \\ V_C \end{pmatrix} + \begin{pmatrix} \frac{V_{in}}{L} \\ 0 \end{pmatrix} d$$

행렬 형태로 나타내면

$$\dot{X} = AX + Bu$$

$$X = \begin{pmatrix} \frac{di_L}{dt} \\ \frac{dV_C}{dt} \end{pmatrix}, \quad A = \begin{pmatrix} -\frac{r_L}{L} & -\frac{1}{L} \\ \frac{1}{C} & -\frac{1}{RC} \end{pmatrix}, \quad B = \begin{pmatrix} \frac{V_{in}}{L} \\ 0 \end{pmatrix}, \quad u = d$$

시간 영역 해석은 시간에 따른 파형을 보여줄 수 있으나, 주파수 영역에서의 응답 특성을 보여주지 못하기 때문에 전달함수를 이용하여 주파수 영역 해석을 수행한다. 시스템 행렬의 역행렬을 미리 계산하면

$$(sI - A)^{-1} = \begin{pmatrix} s + \frac{r_L}{L} & \frac{1}{L} \\ -\frac{1}{C} & s + {}^{1}/_{RC} \end{pmatrix}^{-1} \cong \frac{\begin{pmatrix} s + {}^{1}/_{RC} & -1/L \\ 1/C & s + \frac{r_L}{L} \end{pmatrix}}{s^2 + (\frac{1}{RC} + \frac{r_L}{L})s + \frac{1}{LC}}$$

(1) 출력이 인덕터 전류 i_L 인 경우

$$\frac{Y(s)}{U(s)} = \frac{I_L(s)}{d(s)} = C(sI - A)^{-1}B = \frac{\frac{V_{in}}{L}(s + \frac{1}{RC})}{s^2 + (\frac{1}{RC} + \frac{r_L}{L})s + \frac{1}{LC}} = G_1(s)$$

(2) 출력이 커패시터 전압 V_C 인 경우

$$\frac{V_C(s)}{d(s)} = C(sI - A)^{-1}B = \frac{\frac{V_{in}}{LC}}{s^2 + (\frac{1}{RC} + \frac{r_L}{L})s + \frac{1}{LC}} = G_2(s)$$

(3) 인덕터 전류 대 커패시터 전압의 전달함수는 위 두 식을 이용하면

$$\frac{V_C(s)}{I_L(s)} = \frac{1/C}{s + (1/RC)} = G_3(s)$$

전달함수들을 이용하여 다음과 같은 제어기 구성을 할 수 있다.

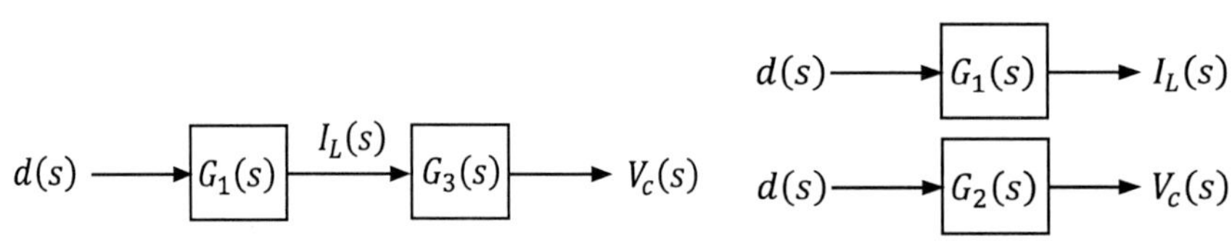

(a) Double-loop configuration (b) Single-loop configuration

Figure 2.3 Controller configuration using transfer functions

제어기에 대해 알아보도록 하자. 제어란 출력(Output)을 피드백 받아서 기준값(Reference)과 같아지게 만드는 기법이다.

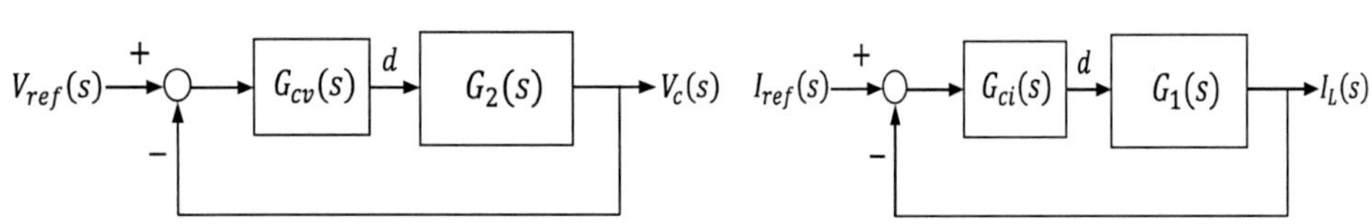

(a) Voltage mode control ($V_{ref} = V_C$) (b) Current mode control ($I_{ref} = I_L$)

Figure 2.4 Single Loop Control Architecture

오차는 기준값에서 출력을 뺀 값으로 negative feedback을 사용하고 있다. 전력변환 시스템에서 사용되는 구조는 크게 Single loop 구조와 Double loop 구조로 나누어진다. 그림 2.4에 Single loop 제어기 구조를 보여주고 있다. 제어 대상이 전압이면 voltage mode이고 전류이면 current mode control 구조이다.

Double loop 제어기 Architecture는 그림 2.5와 같다. 외부 루프(Outer loop)에 전압제어기가 있고, 내부 루프(Inner loop)에 전류 제어기가 있는 구조이다. 전압제어기의 출력이 전류 제어기의 기준입력(reference)가 되는 구조로서 Cascade 구성으로 되어 있다. Outer loop의 전압제어기는 느린 응답특성(Slow Dynamics)을 가지고 있고 Inner loop의 전류제어기는 빠른 응답특성(Fast Dynamics)을 가지고 있다.

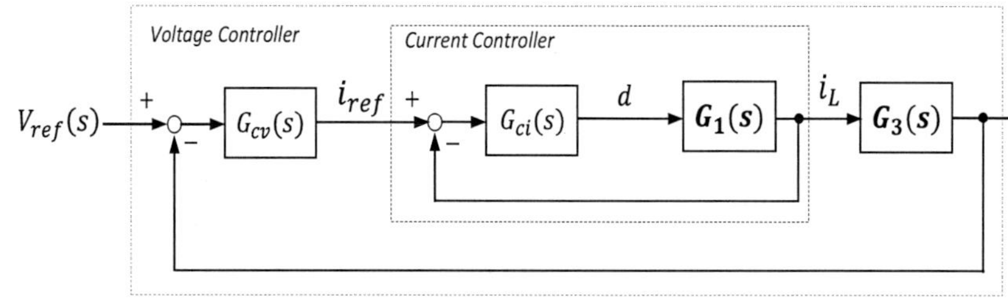

Figure 2.5 Double Loop Control Architecture

문제는 제어기간의 간섭을 피하기 위해 응답속도의 차이를 두어야 하는데, 정확한 수치 데이터를 제시하기가 어려운 점이다. 일반적으로(Rule of thumb) 10배 정도의 대역폭 차이를 두면 제어기 간 간섭이 없이 서로 독립적으로 동작할 수 있을 것으로 여겨지고 있다. 두 제어기의 출력은 정상상태에서 다음의 조건을 만족해야 한다.

$$(V_{ref} = V_C)\ and\ (I_{ref} = I_L)$$

제어기 이득을 결정하는 것은 쉽지 않다. 일반적으로 반복적인 gain tuning에 의해 적정한 이득들을 설정하지만 최적의 이득이라고 말할 수는 없다. 특히 PI 제어기를 사용할 경우 double loop 제어기에서는 4개의 이득 조합(전압, 전류 2개씩)을 결정해야 하는데, 이는 결코 쉽지 않다. 따라서 체계적이고 보편적인 제어기 설계 방법을 적용할 필요가 있다.

이 책에서는 주파수 영역의 bode 선도를 이용한 안정도 해석 방법을 적용하여 설계인자(Parameter)로 위상여유(phase margin) 과 차단주파수(cut-off frequency)를 사용한다. 위상여유는 시간영역의 Overshoot와 관련 있고, 차단주파수는 Rising-time과 관련이 있다. 주파수 영역 설계를 적용한 이유는 MATLAB Auto tuning library를 적용하기 쉽기 때문이다. 설계 인자들을 만족시키는 제어기 이득은 MATLAB SISOTOOL을 이용하면 자동으로 계산된다.

SISOTOOL 사용법

SISOTOOL 사용법은 MATLAB help에 있는 document나 *Youtube*를 보면 자세히 설명되어 있다. 먼저 제어 시스템 구조(Architecture)를 결정해야 한다. SISOTOOL→ Architecture 편집→Control Architecture 선택→총 6개의 Architecture 중에서 선택

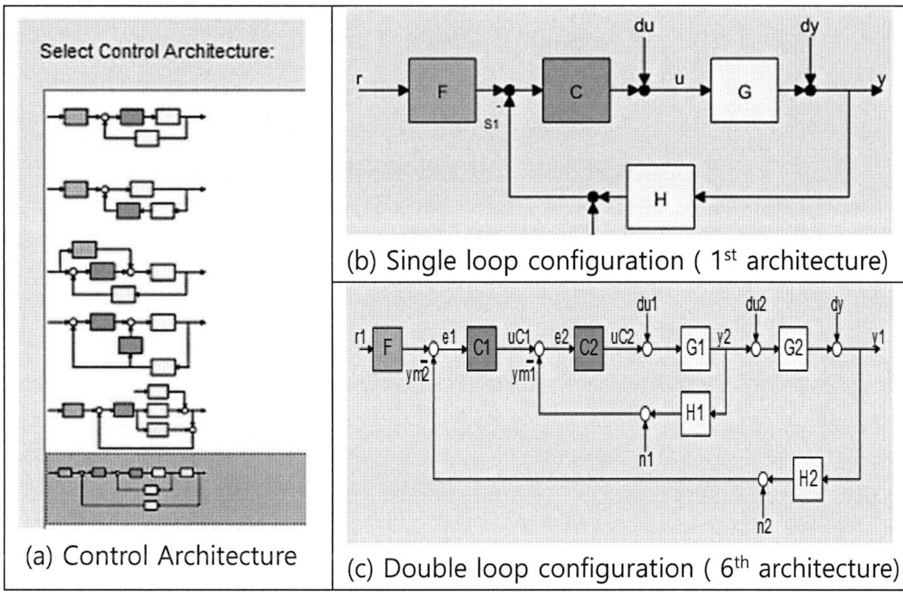

(a) Control Architecture

(b) Single loop configuration (1st architecture)

(c) Double loop configuration (6th architecture)

Figure 2.6 Control architectures used for sisoinit

이중 Single loop 구조는 1번이고 Double loop 구조는 6번이다. Control architecture는 sisoinit(1) 이나 sisoinit(6) 명령어로 지정한다. 먼저 Single loop 구조에 대한 설명이다. 다음 각 Block에 맞는 전달함수를 입력한다. 각 Block 명칭은 다음과 같다.

F : 전방향이득(Forward Gain)

C : 제어기 함수(Controller Transfer function), *for example,* $G_{cv}(s)$

G : Plant 함수(Plant Transfer function), *for example,* $G_2(s)$

H : Feedback 이득으로서 default가 1이 설정됨으로 따로 설정할 필요없음.

`s=tf('s');`
`num=[4167 138900];`
`den=[0.06 1 3750];`
`G1=tf(num,den);`
`Kpi =1; Kii =1; % temporaily set`
`Gci = Kpi*(s+Kii)/s;`
	`%sisotool Current Single loop`
	`T=sisoinit(1);`
	`T.F.Value = 11.0;`
	`T.G.Value = G1;`
	`T.C.Value = Gci;`
	`sisotool(T);`

SISOTOOL을 이용하여 제어기 이득(gain)을 자동으로 계산(auto tuning)하기 위한 예제를 나타내었다. 앞의 m-file을 실행한다. 이 책에서 사용하는 PI 제어기의 수학적 표현식은 $G_c = \frac{K_p(s+K_i)}{s}$ 으로, 이 형식을 zero/pole/gain 표현이라 한다. MATLAB SISOTOOL에서는 다양한 형태의 제어기 표현식을 제공하고 있기 때문에 option 사항으로 적절한 제어기 표현식을 선택하여야 한다. SISOTOOL을 실행하면 나오는 화면에서 기본 설정을 클릭 -> 옵션(option)을 클릭하면 보상기 형식(Compensator)을 선택할 수 있는 화면이 나타난다. 여기서 영점/극점/이득(zero/pole/gain)을 선택하면 된다.

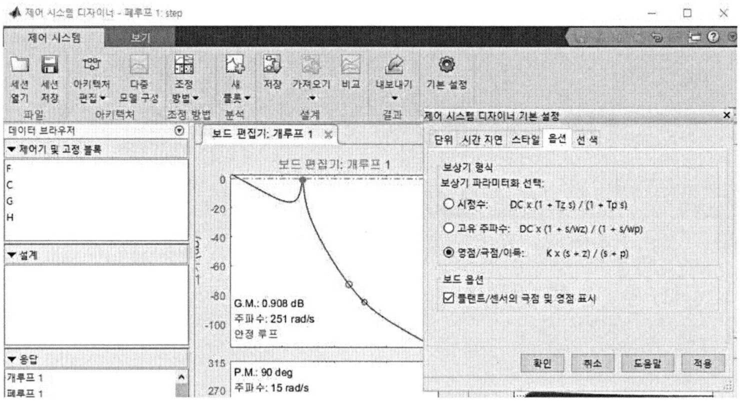

조정방법 → PID 조정(자동조정)을 선택하면 그림 (a)가 나타나고, 사양 → 조정방법 : 강인응답시간 선택 → 제어기 유형 : PI 선택 → 설계 모드 : 주파수 선택 → 대역폭(rad/s)과 위상여유(deg)를 설정한다. 예를 들어 대역폭을 2400, 위상여유를 60으로 설정한 후 보상기 업데이트를 클릭한다.

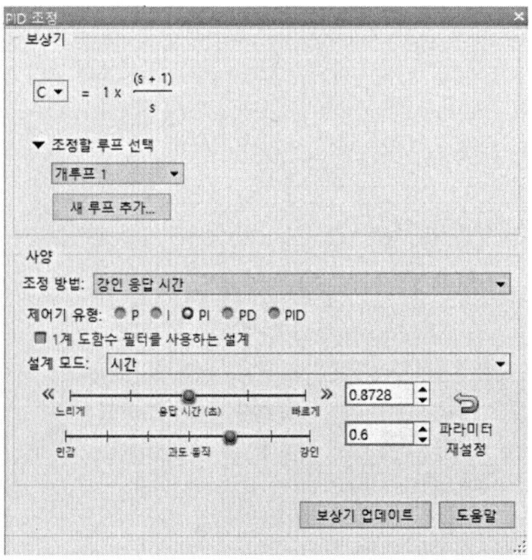

(a)

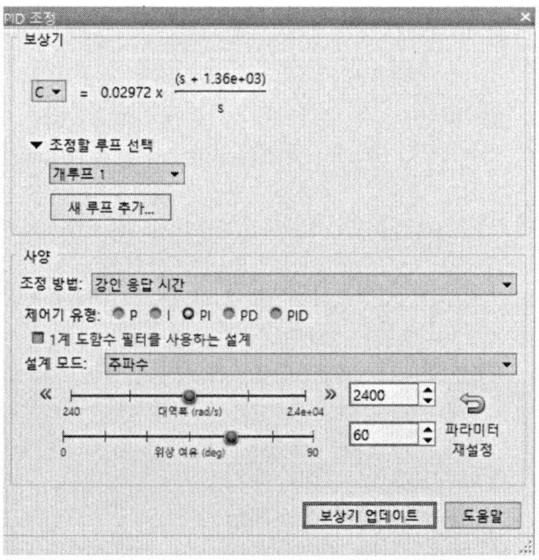

(b)

보상기 이득은 제어기 블록 $C = 0.02972 \times \frac{(s + 1.36e+03)}{s}$ 으로 나타난다. 설계된 제어기 이득은 제어시스템 디자이너 화면에 나타나며 보데 선도에서 Phase margin = 60 [deg], 차단 주파수 = 2400 [rad/s]임을 확인하여 설계가 적절함을 볼 수 있다. 또한 근궤적을 보면 모든 개루프 극점이 좌반면에 위치함으로 시스템이 안정(stable)함을 알 수 있다.

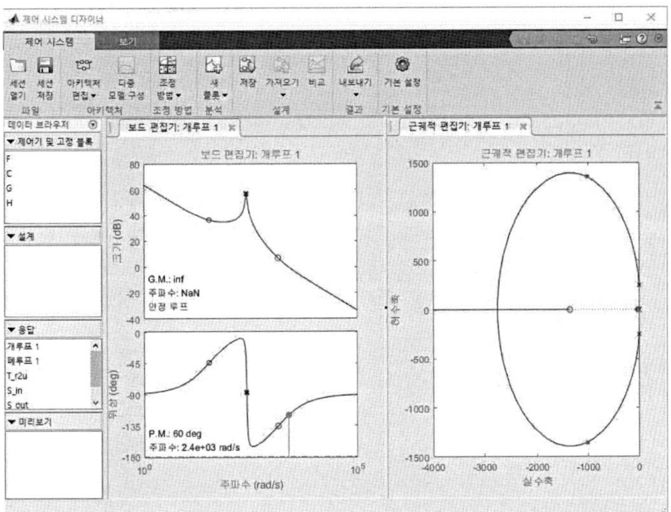

시간영역에서의 폐루프시스템의 계단응답(step response) 그래프를 보기 위해서 new plot → new step → 플로팅할 응답특성 : 폐루프 1을 선택 → plot을 클릭한다.

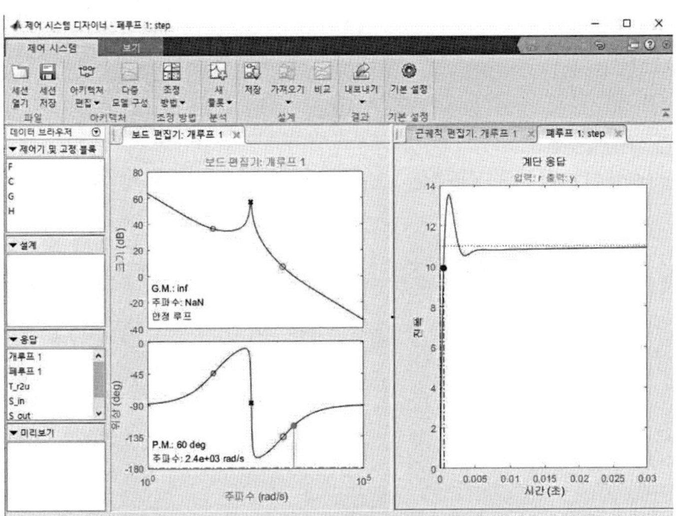

Double loop 제어기 이득을 구하는 방법에 대해서 알아보자. Double loop 제어기를 위한 Control Architecture는 6번임으로 sisoinit(6) 명령어로 지정한다. 다음 각 Block에 맞는 전달함수를 입력한다. 각 Block 명칭은 다음과 같다.

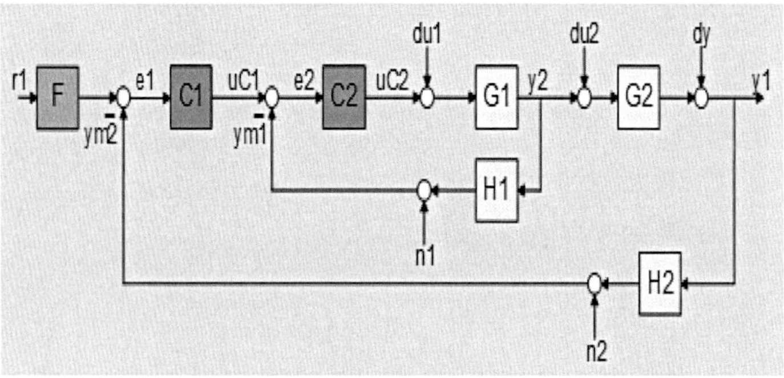

F : 전방향이득(Forward Gain)

C_1 : 전압 제어기 함수(Voltage Controller), $G_{cv}(s)$

C_2 : 전류 제어기 함수(Current Controller), $G_{ci}(s)$

G_1 : Inductor to Control function, $G_1(s)$

G_2 : Capacitor voltage to Inductor current function, $G_3(s)$

$H_1(s)$: Current feedback 이득으로서 default가 1이 설정됨으로 따로 설정할 필요없음.

$H_2(s)$: Voltage feedback 이득으로서 default가 1이 설정됨으로 따로 설정할 필요없음.

PI 이득조정(자동조정) 방법은 single loop와 동일하다. 먼저 전류제어기(C_2) 이득을 먼저 결정하고, 다음 전압제어기(C_1)의 이득을 결정한다. 이때 변화된 전압제어기 이득에 의해 전류제어기의 응답특성이 변화할 수 있기 때문에 위의 과정을 두 세번 정도 반복하여 실행한 후 두 제어기의 차단주파수와 위상여유가 설정인자와 일치하는지 bode 선도에서 확인한다.

2.2 제어기설계 (Controller Design)

a. Voltage Controller (Single loop)

커패시터 전압 V_C를 제어하기 위한 전압 제어기 구성은 다음과 같이 주어진다.

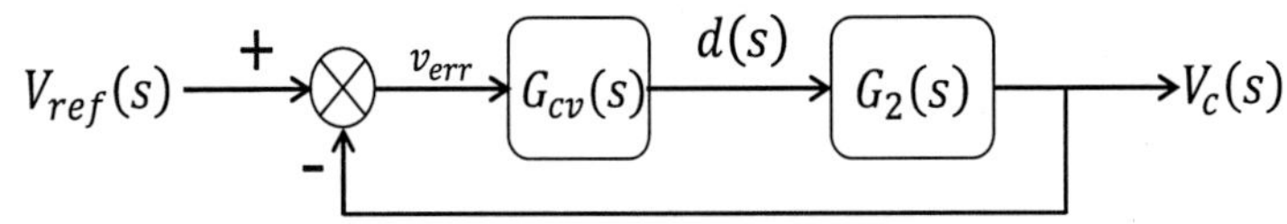

Figure 2.7 Voltage controller configuration (Single loop)

정상 상태 오차를 0으로 만들고 과도상태를 제어하기 위해 PI 제어기로 구성된 전압 제어기는 다음과 같은 수식으로 표현된다.

$$G_{cv}(s) = \frac{K_{pv}(s + K_{iv})}{s}$$

전압 제어기 이득 K_{pv}, K_{iv}를 결정하기 위해 MATLAB의 SISOTOOL을 사용한다. 전압제어기의 주파수 설계 사양(Frequency Design Specification)은 다음과 같다.

- BandWidth = 10 [rad/s]
- Phase margin = 90 [deg]

아래에 전압제어기 m file 작성 예제가 나타나 있다. (Vref = 40V인 경우)

```
s=tf('s');
Vin = 100;  % Input voltage
L = 2e-3;   % L=2mh
C = 500e-6; %C=500uf
R = 10;

G1 = (Vin/L)*(s+1/(R*C)) / (s^2 + s/(R*C) + 1/(L*C) );
G2 = Vin/(L*C) / (s^2 + s/(R*C) + 1/(L*C) );
G3 = (1/C) / (s + 1/(R*C));

Kpv = 1; Kiv=1;  % temporarily value
Gcv = Kpv*(s+Kiv)/s;

Vref = 40;
T=sisoinit(1);
T.F.Value = Vref;
T.G.Value = G2;
T.C.Value = Gcv;
% T.H.Value = 1;  % depends on Matlab versions
sisotool(T);
```

회로 파라미터를 입력한 Plant 전달함수는 다음과 같다.

$$\frac{V_C(s)}{d(s)} = G_2(s) = \frac{V_{in}/LC}{s^2 + (1/RC)s + 1/LC} = \frac{10^8}{s^2 + 200s + 1{,}000{,}000}$$

Automated Tuning 을 이용하여 설계된 제어기 이득은 다음과 같다.

$$G_{cv}(s) = \frac{K_{pv}(s + K_{iv})}{s} = \frac{0.00002(s + 5000)}{s}$$

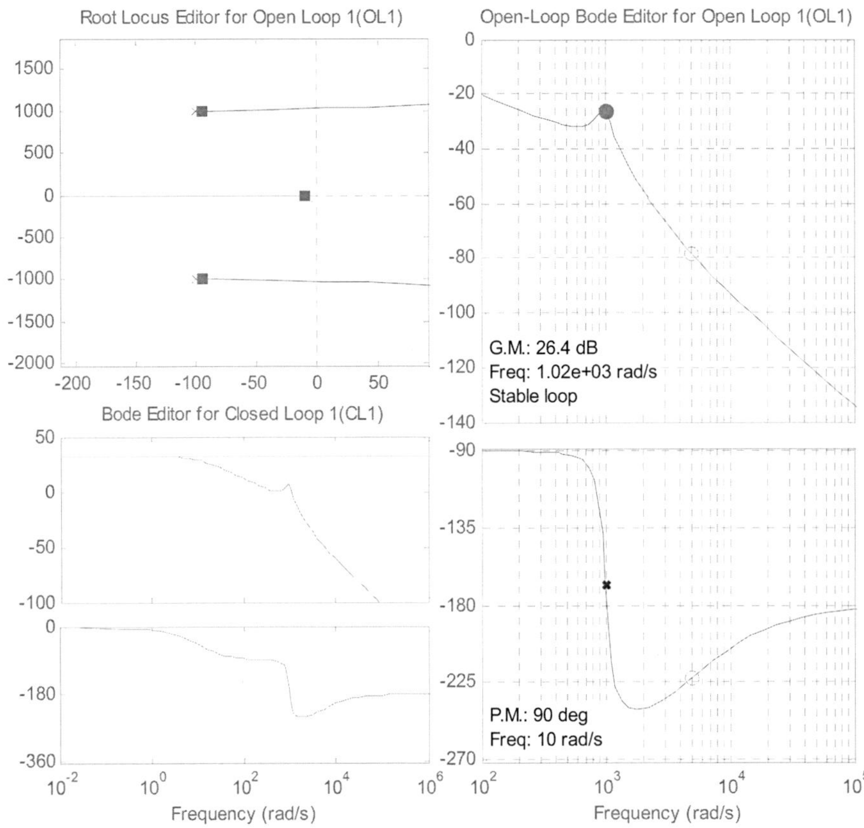

MATLAB의 Step response 그래프를 그려보면 다음과 같다. 위상여유가 90도 일 때 오버슈트는 발생하지 않는다. 따라서 Step 응답특성에서는 오버슈트가 발생되지 않는 것을 알 수 있다.

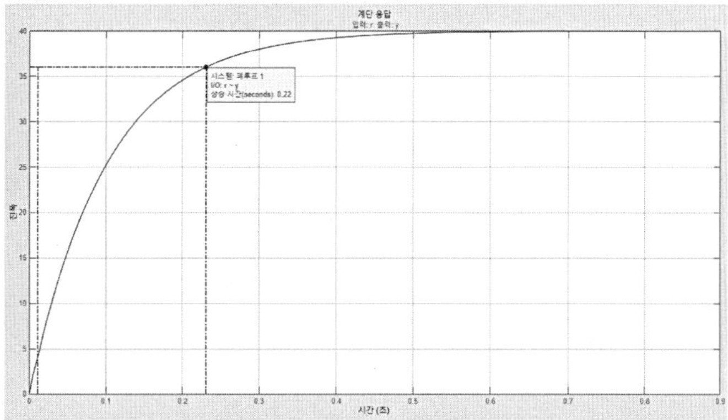

Figurer 2.8 Step response of Capacitor voltage

주파수 설계사양과 시간응답 특성과의 상관 관계에 대해서 알아보자. 주파수 설계 사양은 차단주파수[rad/sec], 위상여유[deg]로 주어지고, 시간 응답 특성은 오버슈트, 상승시간으로 주어진다. 여기에서 위상여유는 오버슈트와 관련되어 있으며, 차단 주파수는 상승시간과 상관 관계를 가지게 된다. 위상 여유가 90[deg] 일 경우 오버슈트는 발생하지 않아서 오버슈트는 0 이다. 이때 차단주파수와 상승시간과의 수학적 표현식은 다음과 같이 주어진다.

$$t_r = \frac{0.35}{f_{cut}[Hz]} = \frac{0.35}{10/(2\pi)} = 0.2199[\text{sec}]$$

즉 차단주파수가 10[rad/sec] 일때 상승시간은 0.22[sec]이며, MATLAB Step 응답 그래프와 완벽히 일치한다.

설계된 전압제어기는 미분 방정식으로부터 얻어지는 순수한 수학적인 표현방법이다. 하지만 buck converter는 inductor, capacitor, switch, diode등으로 구성된 실제 회로이다. 따라서 수학적 모델에서 얻어진 제어기가 실제 회로 동작시에도 동일한 응답특성을 보이는지 확인하는 과정이 반드시 필요하다. PSIM은 회로 시뮬레이션을 하는 제어기반의 소프트웨어이다. MATLAB에 사용된 동일한 회로 파라미터를 이용하여 PSIM 시뮬레이션을 수행하였다. 제어기 $G_{cv}(s)$는 동일한 표현식을 가진 전달함수 $H(s)$를 적용하였다. 다음 그림 2.9에 시뮬레이션 회로도와 전압제어기 step 응답파형을 나타내었다. MATLAB step 응답 특성과 PSIM 응답특성이 동일한 것을 알 수 있다. 따라서

MATLAB 으로 설계된 제어기가 실제 회로에서도 정해진 규격대로 잘 동작한다는 것을 알 수 있다.

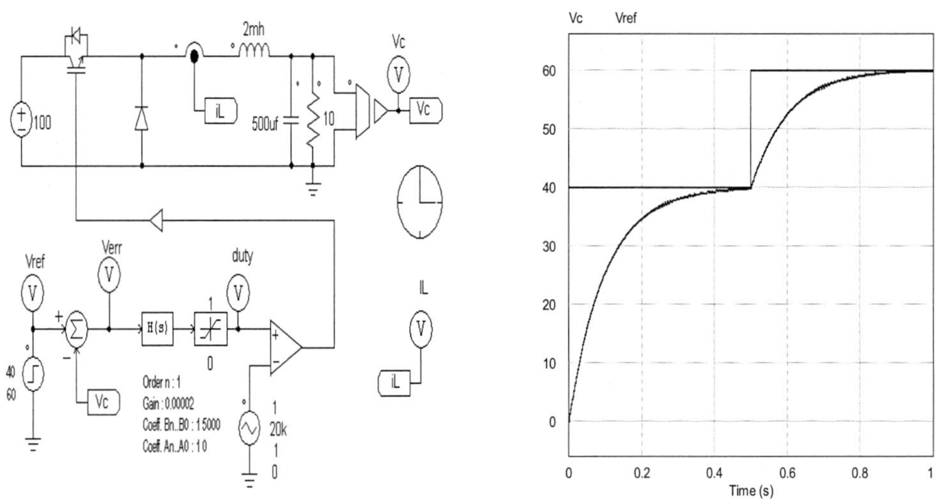

(a) Simulation Schematic (b) Simulation Waveform

Figure 2.9 Voltage Controller simulation

b. Current Controller (Single loop)

인덕터 전류 i_L을 제어하기 위한 전류 제어기 구성은 다음과 같다.

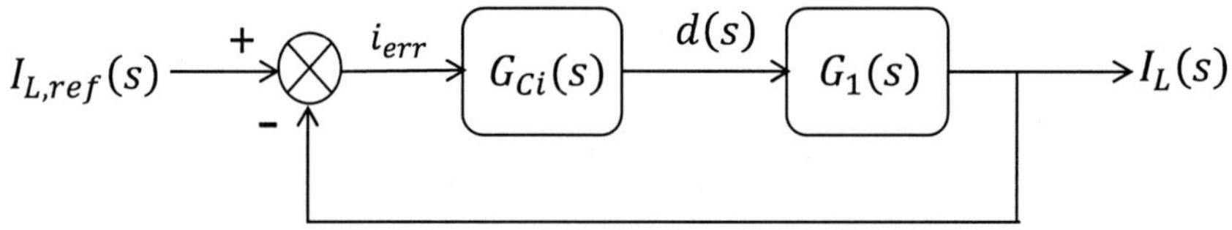

Figure 2.10 Current controller configuration (Single loop)

정상 상태 오차를 0으로 만들고 과도상태를 제어하기 위해 PI 제어기로 구성된 전류 제어기는 다음과 같은 수식으로 표현된다.

$$G_{ci}(s) = \frac{K_{pi}(s + K_{ii})}{s}$$

전류 제어기 이득 K_{pi}, K_{ii}를 결정하기 위해 동일하게 MATLAB의 SISOTOOL을 사용한다. 전류 제어기의 주파수 설계 사양(Frequency Design Specification)은 다음과 같다.

- BandWidth = 5000 [rad/s]
- Phase margin = 60 [deg]

아래에 전류제어기 m file 작성 예제가 나타나 있다. (Iref = 10A인 경우)

```
s=tf('s');

Vin = 100;  % Input voltage
L = 2e-3;   % L=2mh
C = 500e-6; % C=500uf
R = 10;

G1 = (Vin/L)*(s+1/(R*C)) / (s^2 + s/(R*C) + 1/(L*C) );
G2 = Vin/(L*C) / (s^2 + s/(R*C) + 1/(L*C) );
G3 = (1/C) / (s + 1/(R*C));

Kpi = 1; Kii=1;  % temporarily value
Gci = Kpi*(s+Kii)/s;

Iref = 10;
T=sisoinit(1);
T.F.Value = Iref;
T.G.Value = G1;
T.C.Value = Gci;
% T.H.Value = 1;  % depends on Matlab versions
sisotool(T);
```

회로 파라미터를 입력한 전류 전달함수는 다음과 같다.

$$\frac{I_L(s)}{d(s)} = G_1(s) = \frac{(V_{in}/L)(s + 1/RC)}{s^2 + (1/RC)s + 1/LC} = \frac{50{,}000(s + 200)}{s^2 + 200s + 1{,}000{,}000}$$

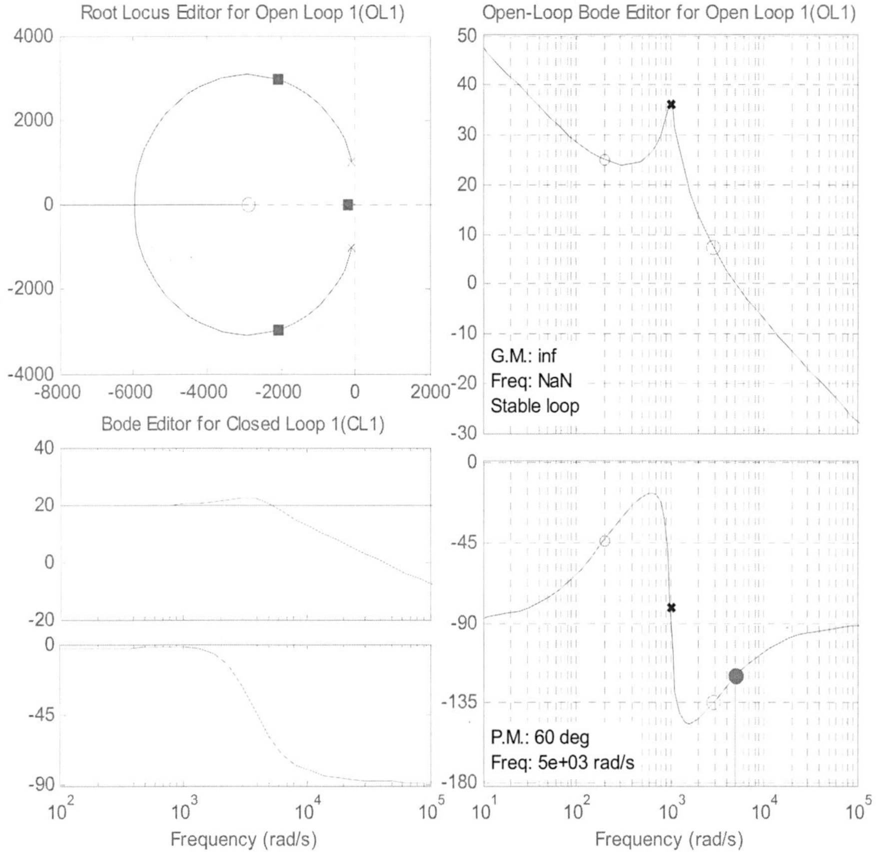

Auto tuning을 이용해 설정된 제어기 이득은 다음과 같다.

$$G_{ci}(s) = \frac{K_{pi}(s + K_{ii})}{s} = \frac{0.083(s + 2900)}{s}$$

MATLAB의 Step response 그래프를 그려보면 다음과 같다.

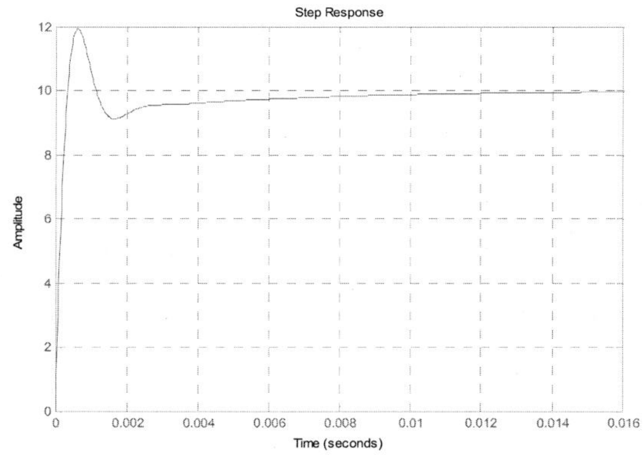

Figurer 2.11 Step response of Inductor current

MATLAB에 사용된 동일한 회로 파라미터를 이용하여 PSIM 시뮬레이션을 수행하였다. 제어기 $G_{ci}(s)$는 동일한 표현식을 가진 전달함수 $H(s)$를 적용하였다. 아래에 시뮬레이션 회로도와 전압제어기 step 응답파형을 나타내었다. MATLAB step 전류 응답 특성과 PSIM 응답특성이 동일한 것을 알 수 있다.

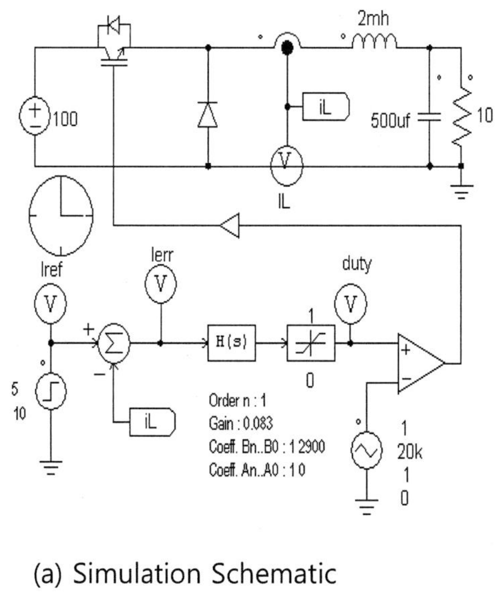

(a) Simulation Schematic

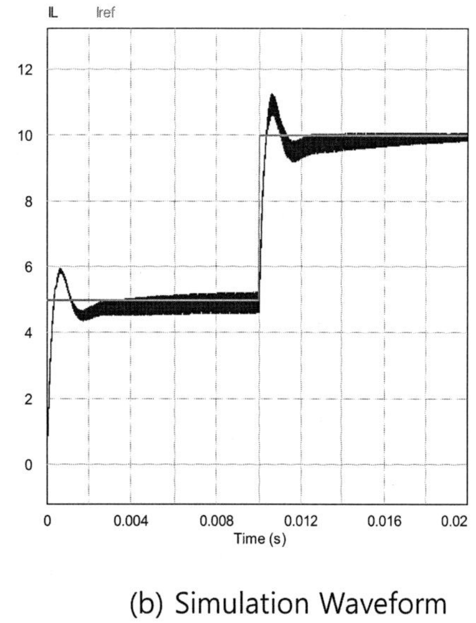

(b) Simulation Waveform

Figure 2.12 Current Controller simulation

c. Double Loop Controller Design

전압, 전류를 동시에 제어하기 위해 double loop 제어기를 설계하였다. 각 제어기는 PI를 사용하였다. 각 Block에 할당된 전달함수는 아래와 같이 m-file로 주어진다. Single loop에서 사용된 m-file의 앞부분은 동일함으로 수정된 부분만 아래에 표시하였다.

```
T=sisoinit(6);
T.F.Value = Vref;
T.G1.Value = G1;     % current loop G1= (iL/d)
T.C2.Value = Gci;    % current controller PI = (d/ie)
%T.H1.Value =   1;   % depends on Matlab versions

T.G2.Value = G3;     % voltage loop tf. = (Vc/iL)
T.C1.Value = Gcv;    % voltage controller PI =Vref/Ve)
%T.H2.Value = 1;     % depends on Matlab versions
sisotool(T);
```

각 Block에 할당된 전달함수를 도식화하면 아래 그림과 같다.

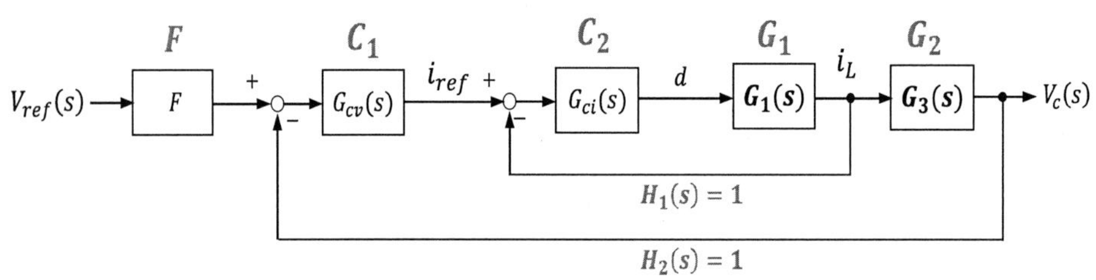

Figure 2.13 Transfer function assignment for each block

전압제어기와 전류제어기의 주파수 설계 사양은 아래와 같다.

	Voltage Controller (C_1)	Current Controller (C_2)
Band width	10 [rad/s]	5000 [rad/s]
Phase margin	90 [deg]	60 [deg]

Auto tuning을 실행하여 설계된 전압제어기, 전류제어기 표현식은 다음과 같다.

$$C_1 = G_{cv}(s) = \frac{0.0054(s+185)}{s}$$

$$C_2 = G_{ci}(s) = \frac{0.0831(s+2880)}{s}$$

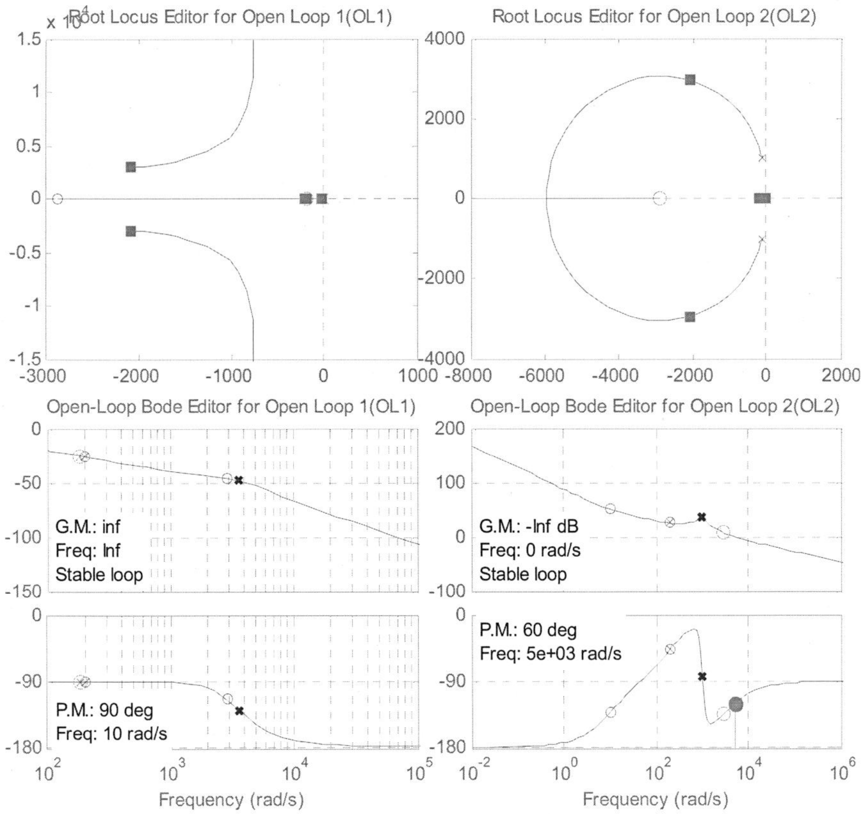

MATLAB의 Step response 그래프를 그려보면 다음과 같다.

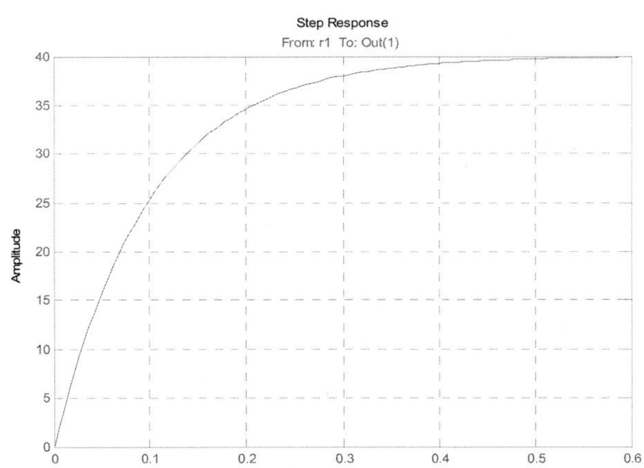

Figurer 2.14 Step response of capacitor voltage

시뮬레이션 회로도와 전압제어기 step 응답파형을 나타내었다. MATLAB step 전압 응답특성과 PSIM 응답특성이 동일한 것을 알 수 있다. 전류값은 기준전류값에 제어되고 있는 것을 전류 파형에서 알 수 있다.

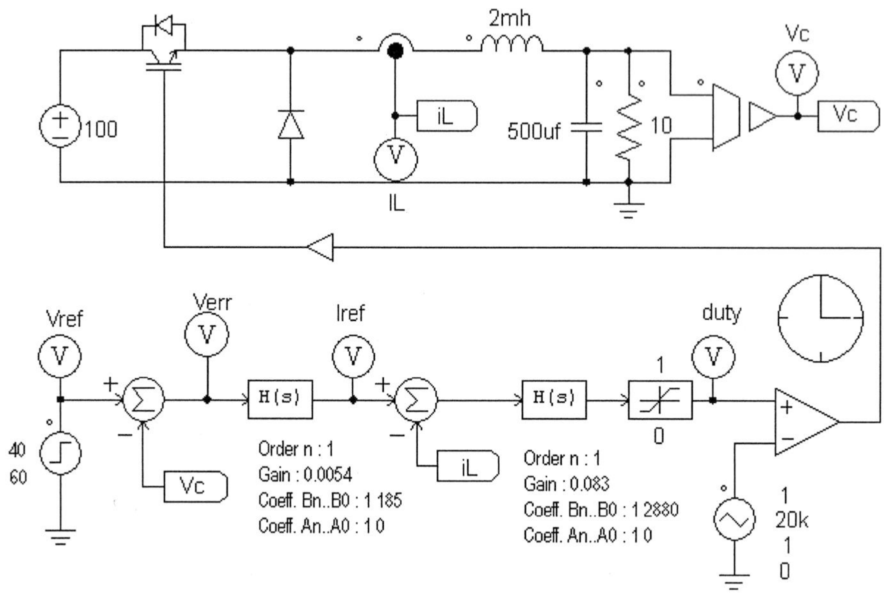

Figure 2.15 Schematic for the double loop controller

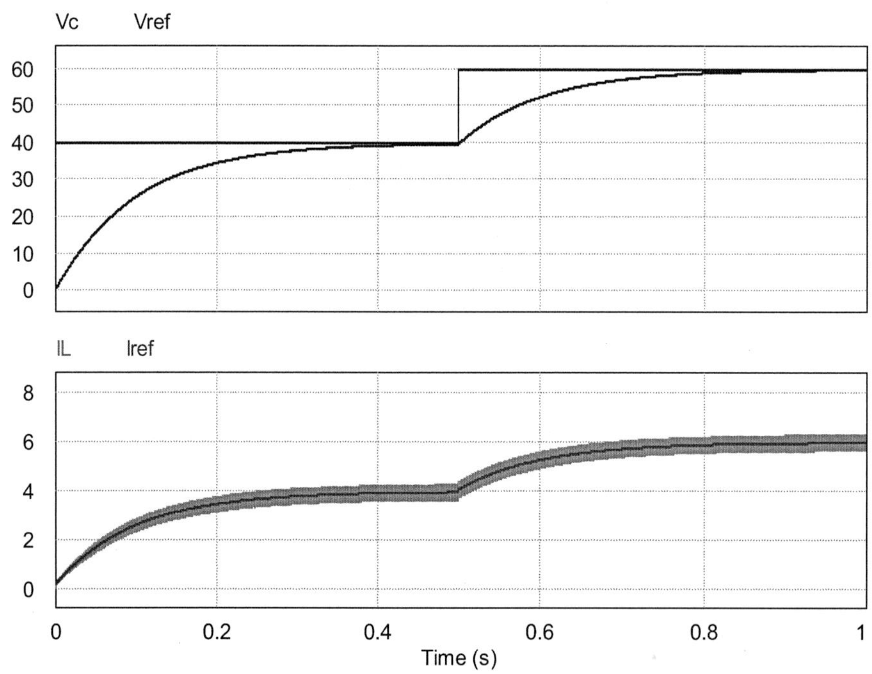

Figure 2.16 Simulation waveforms of the double loop controller

d. Digital 변환

지금까지 설계한 PI 제어기는 모두 Analog 제어기로 예를 들면 $G_C(s) = \frac{2\cdot 10^{-5}(s+5\cdot 10^3)}{s}$와 같은 형식으로 표현된다. 아날로그 제어기는 90년대까지 사용되었고 OP Amp.와 R, C 등의 소자들을 조합하여 기능을 구현하였다. 하지만 현재 판매되는 대부분의 전력 변환장치는 모두 마이크로프로세서로 제어되는 Digital 제어 시스템을 채택하고 있다. Digital과 Analog 시스템의 차이점은 샘플링 시간(T_s)이 존재한다는 것이다. 디지털 제어기는 이미 설계된 Analog 제어기를 디지털 변환(ZOH, Tustin, ...) 한 후에 C-Coding 하여 Program으로 마이크로 프로세서 Flash memory에 Writing된다. 디지털 변환은 디지털 제어 Text북을 이용하여 계산하여도 되지만, SISOTOOL에서 변환 방식을 지정해주면 자동으로 변환되기 때문에 아주 편리하다. 다음 예제는 스위칭 주파수가 20 kHz이고 ZOH방식으로 변환하기 위한 단계별 과정이다.

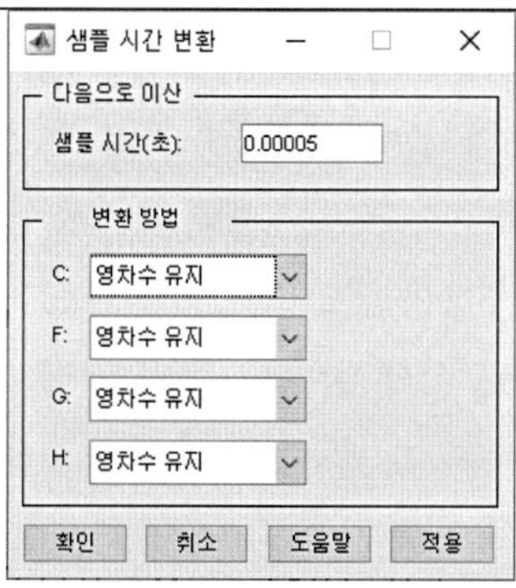

SISOTOOL → Architecture 편집 → sample time conversion → sample time(sec) : 0.00005 → Conversion method : all ZOH → ok → Compensator Editor

최종적으로 변환된 예는 $G_C(z) = \frac{2\cdot 10^{-5}(z-0.75)}{z-1}$와 같다. K_p 이득(2×10^{-5})은 동일하지만 K_{iz} 값(0.75)과 극점의 위치가 달라지게 된다. 즉 연속시간의 원점(origin)은 이산시간에서는 (1, 0)에 대응된다.

디지털 표현식을 프로그래밍하기 위한 차분(difference) 표현식으로 변환하면 다음과 같다.

$$G_{CV}(z) = \frac{d(z)}{V_{err}(z)} = K_P \frac{(z - K_I)}{z - 1}$$

$$z \cdot d(z) - d(z) = z \cdot K_P \cdot V_{err}(z) - K_P K_I \cdot V_{err}(z)$$

$$d(k) - d(k-1) = K_P \cdot V_{err}(k) - K_P K_I \cdot V_{err}(k-1)$$

따라서 차분 방정식은 다음과 같다.

$$d(k) = d(k-1) + K_P \cdot V_{err}(k) - K_P \cdot K_I \cdot V_{err}(k-1)$$

C-code로 표현하면 다음과 같다.

```
Verr = Vref-Vc;
duty = duty_old + Kp*Verr - Kp*Ki*Verr_old;
duty_old=duty;
Verr_old=Verr;
```

PSIM에서 사용하는 ZOH(Zero-Order Holder)의 의미와 샘플링 시간과의 관계를 알아보도록 하자. 디지털 시스템에서는 PWM 1 주기에 1번 샘플링 하는 것을 기본으로 한다. 샘플링 하면 그 시점의 값으로 한 주기 동안 고정된다. 따라서 PWM 한주기=스위칭 시간=샘플링 시간이 모두 같은 시간이다. ZOH를 사용하면 Analog 시스템이 Digital 시스템으로 변환되며 이때 ZOH의 주파수=샘플링 주파수=PWM 주파수와 동일하게 된다.

시뮬레이션을 실제 하드웨어 환경과 일치시키기 위하여 PSIM의 Built-in library를 사용하지 말고 직접 C- 코드로 제어 함수를 작성하는 것이 권고되며 시뮬레이션이 완료되면, 시뮬레이션 코드를 직접 DSP나 마이크로프로세서 Flash 메모리로 다운로드하여 사용한다. 정리하면 PSIM을 이용한 시뮬레이션은 Analog 상태값(예를 들어 커패시터 전압, 인덕터 전류 등)들을 ZOH를 사용하여 디지털로 변환 후에 C-block에 입력하여 제어기 코드로 작성된다. 따라서 C-block의 사용법을 잘 숙지하고 익숙해지는 것이 중요하다.

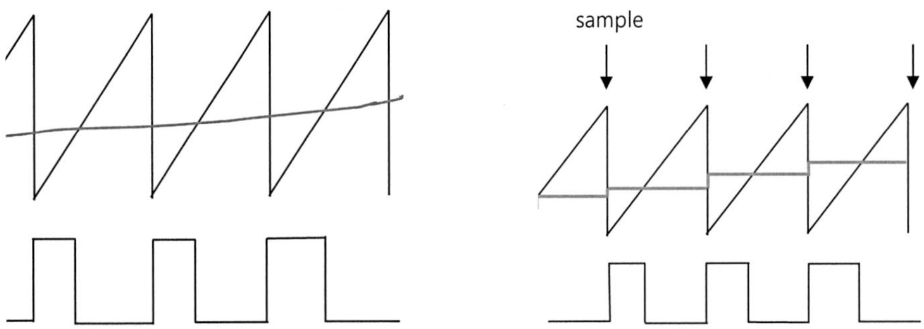

(a) Analog PWM (b) Digital PWM

Figure 2.17 Digital Conversion using ZOH

아래 회로는 Single loop 전압제어기를 C-block으로 구현한 것이다.

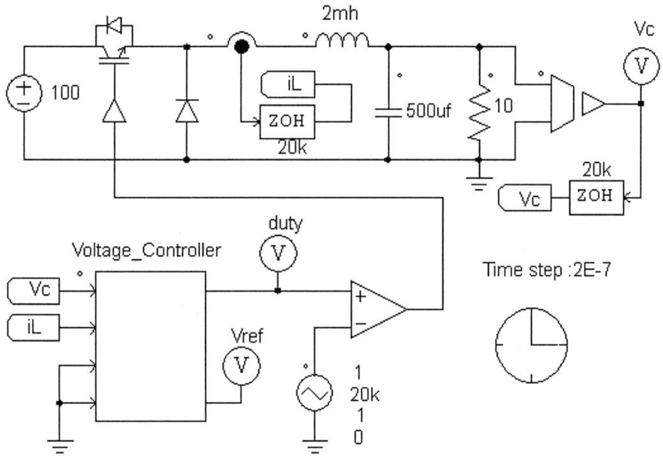

Figure 2.18 Schematic for the digital C-block circuit

아날로그 전달함수 $G_C(s)$를 스위칭 주파수 20 [kHz]로 sample한 디지털 제어기 표현식은 아래와 같다.

$$G_C(z) = \frac{d(z)}{V_{err}(z)} = \frac{2 \times 10^{-5}(z-0.75)}{z-1}$$

$$d(k) = d(k-1) + 0.00002 \cdot V_{err}(k) - 0.00002 \cdot 0.75 \cdot V_{err}(k-1)$$

C-block의 코드는 다음과 같다.

```
double Vc, IL, Vref, duty, Verr;
static double duty_old=0.0,Verr_old=0.0;

Vc    = in[0];
IL     = in[1];
if (t < 0.5) Vref = 40;
else          Vref = 60;
Verr = Vref - Vc;

duty = duty_old +  0.00002*Verr - 0.00002*0.75*Verr_old;
duty_old=duty;
Verr_old=Verr;

out[0]=duty;
out[1]=Vref;
```

시뮬레이션 파형을 보면 아날로그 제어기 $G_C(s)$로 구현했을 때와 동일한 파형이 나오는 것을 알 수 있다.

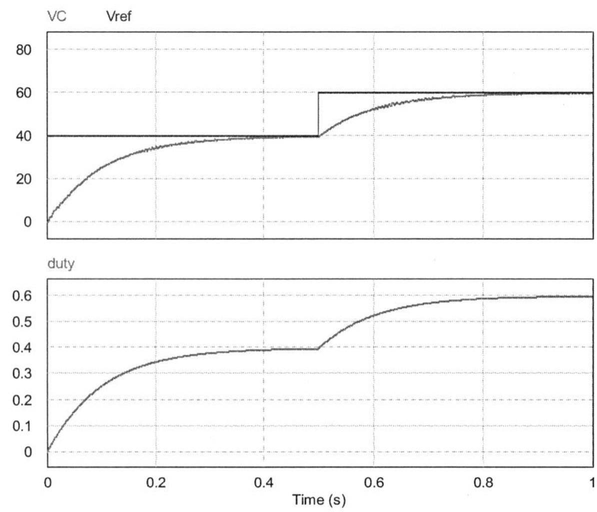

Figure 2.19 Waveforms for voltage controller using C-block

Double loop 제어기를 C-block으로 설계해보자. 동일한 설계 파라미터를 이용하여 얻어진 제어기를 디지털로 표현하면 다음과 같다.

$$C_1 = G_{cv}(z) = \frac{0.00558(z - 0.991)}{z - 1}$$

$$C_2 = G_{ci}(z) = \frac{0.09298(z - 0.9)}{z - 1}$$

Double loop PSIM C-block 코드는 다음과 같이 주어진다.

```
double Vc, IL, Vref, duty, Verr,
IL_err, IL_ref;
static double IL_ref_old=0.0,
duty_old=0.0, Verr_old=0.0;
static double IL_err_old=0.0;

Vc = in[0];
IL = in[1];

if (t < 0.5) Vref = 40;
else         Vref = 60;
Verr = Vref - Vc;
```

```
IL_ref = IL_ref_old + 0.00558*Verr -
0.00558*0.991*Verr_old;
IL_ref_old=IL_ref;
Verr_old=Verr;

IL_err = IL_ref - IL;
duty = duty_old + 0.09298*IL_err -
0.09298*0.9*IL_err_old;
duty_old=duty;
IL_err_old=IL_err;

out[0]=duty;
out[1]=Vref;
out[2]=IL_ref;
```

시뮬레이션 파형을 보면 아날로그 제어기와 동일한 파형을 보여주고 있다. 따라서 디지털 double loop 제어기가 정상적으로 설계됐다는 것을 알 수 있다. 실제 하드웨어 구현은 DSP와 같은 고속의 마이크로 프로세서에 ISR(Interrupt Service Routine) C-코드로 구현된다.

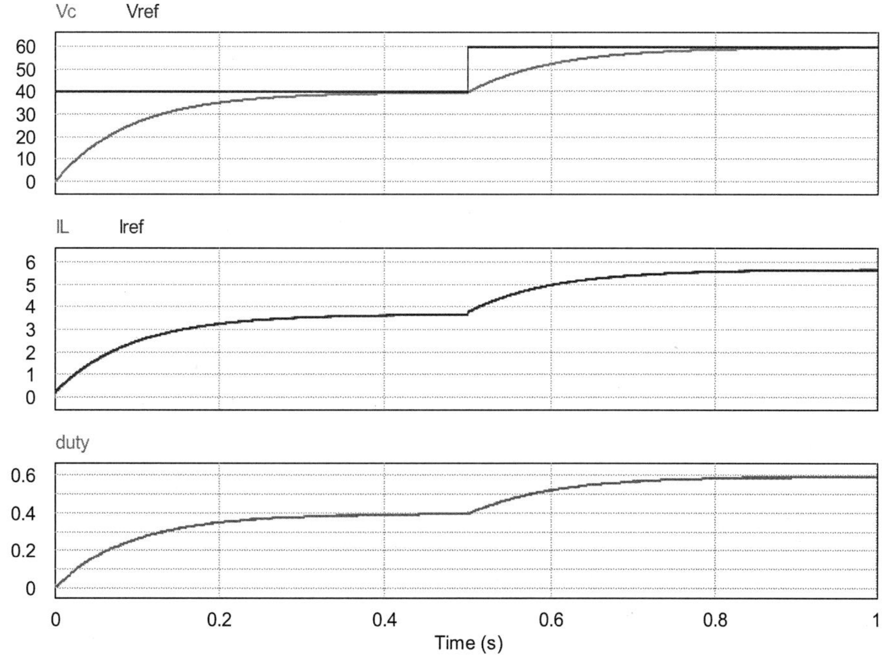

Figure 2.20 Waveforms of the double loop controller using C-block

e. 실습 문제

아래 회로에서 주어진 조건을 만족시키는 Double-loop 제어기(아날로그, 디지털)를 MATLAB으로 설계하고 PSIM으로 동작특성을 확인하시오.

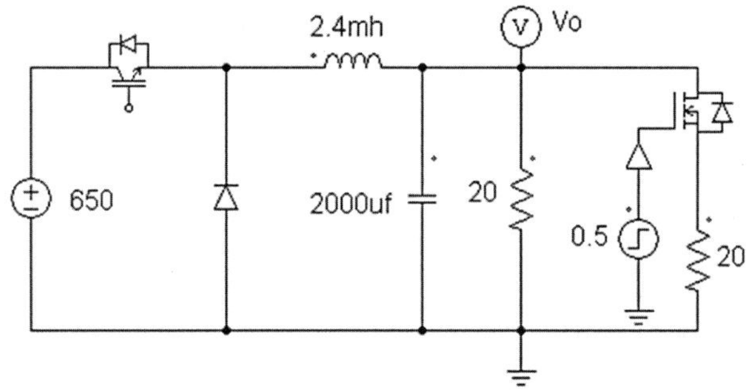

스위칭 주파수	Nominal duty	전류 제어기		전압 제어기	
		fc(Hz)	P.M.	fc(Hz)	P.M.
10k	0.4	1500	60	10	85
12k	0.5	1800	65	15	87
15k	0.6	2000	60	15	89
18k	0.4	2500	65	20	90

리포트에 포함될 사항 :

1. MATLAB M-file (아날로그)
2. Root locus and bode plot
3. 설계된 제어기
4. Step response
5. PSIM 회로, 파형
6. 디지털 제어기 설계
7. C-block으로 PSIM 회로, 파형

3. BOOST Converter

3.1 상태평균화 방정식과 전달함수

스위치 ON/OFF 상태에 따른 Boost converter의 등가회로는 다음과 같다.

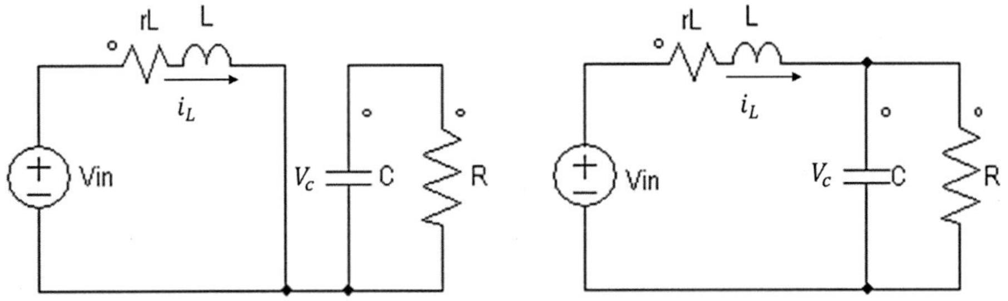

(a) ON time (b) OFF time

Figure 3.1 Equivalent circuit for boost converter

상태공간 표현식은 다음과 같이 주어진다.

ON-time	OFF-time
$V_{in} = r_L i_L + L\frac{di_L}{dt}$ $C\frac{dV_C}{dt} + \frac{V_C}{R} = 0$ $\begin{pmatrix} \frac{di_L}{dt} \\ \frac{dV_C}{dt} \end{pmatrix} = \begin{pmatrix} -\frac{r_L}{L} & 0 \\ 0 & -\frac{1}{RC} \end{pmatrix}\begin{pmatrix} i_L \\ V_C \end{pmatrix} + \begin{pmatrix} \frac{1}{L} \\ 0 \end{pmatrix} V_{in}$ $= A_1\begin{pmatrix} i_L \\ V_C \end{pmatrix} + B_1 \cdot V_{in}$	$V_{in} = r_L i_L + L\frac{di_L}{dt} + V_C = 0$ $i_L = C\frac{dV_C}{dt} + \frac{V_C}{R}$ $\begin{pmatrix} \frac{di_L}{dt} \\ \frac{dV_C}{dt} \end{pmatrix} = \begin{pmatrix} -\frac{r_L}{L} & -\frac{1}{L} \\ \frac{1}{C} & -\frac{1}{RC} \end{pmatrix}\begin{pmatrix} i_L \\ V_C \end{pmatrix} + \begin{pmatrix} \frac{1}{L} \\ 0 \end{pmatrix} \cdot V_{in}$ $= A_2\begin{pmatrix} i_L \\ V_C \end{pmatrix} + B_2 \cdot V_{in}$

앞 장에서 사용된 방법과 동일한 방법으로 상태 평균화 행렬을 계산하면

$$A = \mathrm{A_{avg}} = \frac{(A_1 \cdot T_{ON} + A_2 \cdot T_{OFF})}{T_S} = A_1 \cdot d + A_2 \cdot (1-d)$$

$$= \begin{pmatrix} -\frac{r_L}{L} & 0 \\ 0 & -\frac{1}{RC} \end{pmatrix} \cdot d + \begin{pmatrix} -\frac{r_L}{L} & -\frac{1}{L} \\ \frac{1}{C} & -\frac{1}{RC} \end{pmatrix} \cdot (1-d) = \begin{pmatrix} -\frac{r_L}{L} & -\frac{(1-d)}{L} \\ \frac{(1-d)}{C} & -\frac{1}{RC} \end{pmatrix}$$

$$B = B_{avg} = \frac{(B_1 \cdot T_{ON} + B_2 \cdot T_{OFF})}{T_S} = B_1 \cdot d + B_2 \cdot (1-d)$$

$$= \begin{pmatrix} \frac{1}{L} \\ 0 \end{pmatrix} d + \begin{pmatrix} \frac{1}{L} \\ 0 \end{pmatrix} \cdot (1-d) = \begin{pmatrix} \frac{1}{L} \\ 0 \end{pmatrix}$$

Boost Converter 상태평균화 방정식은 다음과 같이 주어진다.

$$\begin{pmatrix} \frac{di_L}{dt} \\ \frac{dV_C}{dt} \end{pmatrix} = \begin{pmatrix} -\frac{r_L}{L} & -\frac{(1-d)}{L} \\ \frac{(1-d)}{C} & -\frac{1}{RC} \end{pmatrix} \begin{pmatrix} i_L \\ V_C \end{pmatrix} + \begin{pmatrix} \frac{V_{in}}{L} \\ 0 \end{pmatrix}$$

행렬 형태로 나타내면

$$\dot{X} = A(d) + B$$

$$\dot{X} = \begin{pmatrix} \frac{di_L}{dt} \\ \frac{dV_C}{dt} \end{pmatrix}, \ A = \begin{pmatrix} -\frac{r_L}{L} & -\frac{(1-d)}{L} \\ \frac{(1-d)}{C} & -\frac{1}{RC} \end{pmatrix}, \ B = \begin{pmatrix} \frac{V_{in}}{L} \\ 0 \end{pmatrix}$$

시스템 행렬 A는 상수가 아니고 입력 듀티 d 값에 따라서 변화하는 행렬이다. 따라서 boost 컨버터는 비선형 시스템이라 할 수 있다. 비선형 시스템은 입력에 대한 출력의 변화량이 선형이 아니기 때문에(비례관계가 성립하지 않기 때문에) 선형 제어기인 PI 제어기를 사용할 수 없다는 문제점이 발생하게 된다.

비선형 시스템에 적용되는 제어기는 비선형 제어기(예를 들어 Input-Output linearization, adaptive 등)를 사용하거나 동작범위(동작점)를 중심으로 선형화(linearized) 시스템으로 변환하여 사용한다. 선형화의 대표적인 방법으로 Small Signal Modeling을 생각할 수 있다. 앞 장 1.2 절의 비선형 시스템을 선형화하는 방법을 참조하면 된다.

Small Signal Model

Boost 상태평균화 모델의 선형화를 위해 다음과 같은 perturbation 대입하여 직류 성분과 교류 성분으로 분리하여 정리하면

$$d = D + \hat{d},\ \ i_L = I_L + \hat{\imath}_L,\ \ v_C = V_C + \hat{v}_C$$

$$\frac{d}{dt}(I_L + \hat{\imath}_L) = -\frac{r_L}{L}(I_L + \hat{\imath}_L) - \frac{1}{L}\left(1 - D - \hat{d}\right)(V_C + \hat{v}_C) + \frac{1}{L}(V_{in})$$

$$\text{직류} \ \Rightarrow\ \frac{d}{dt}(I_L) = -\frac{r_L}{L}I_L - \frac{1}{L}\,(1 - D)\,V_C + \frac{1}{L}V_{in}$$

$$\text{교류} \ \Rightarrow\ \frac{d}{dt}(\hat{\imath}_L) = -\frac{r_L}{L}\hat{\imath}_L - \frac{1}{L}(1 - D)\,\hat{v}_C + \frac{1}{L}V_C \cdot \hat{d} + \frac{1}{L}\hat{d}\,\hat{v}_C$$

$$= -\frac{r_L}{L}\hat{\imath}_L - \frac{1}{L}(1 - D)\,\hat{v}_C + \frac{1}{L}V_C\,\hat{d}$$

$$\frac{d}{dt}(V_C + \hat{v}_C) = \frac{1}{C}\left(1 - D - \hat{d}\right)(I_L + \hat{\imath}_L) - \frac{1}{RC}(V_C + \hat{v}_C)$$

$$\text{직류} \Rightarrow\ \frac{d}{dt}(V_C) = \frac{1}{C}(1 - D)\,I_L - \frac{1}{RC}V_C$$

$$\text{교류} \ \Rightarrow\ \frac{d}{dt}(\hat{v}_C) = \frac{1}{C}(1 - D)\,\hat{\imath}_L - \frac{1}{C}I_L \cdot \hat{d} - \frac{1}{c}\hat{d}\,\hat{\imath}_L - \frac{1}{RC}\hat{v}_C$$

$$= \frac{1}{C}(1 - D)\,\hat{\imath}_L - \frac{1}{C}I_L\,\hat{d} - \frac{1}{RC}\hat{v}_c$$

소신호 모델(small-signal model)은 직류 동작점 위에서 동작하는 교류모델을 의미한다. 따라서 boost 컨버터의 소신호 모델은 다음과 같이 표현된다.

$$\begin{pmatrix} \frac{d(\hat{\imath}_L)}{dt} \\ \frac{d(\hat{v}_C)}{dt} \end{pmatrix} = \begin{pmatrix} -\frac{r_L}{L} & -\frac{1-D}{L} \\ \frac{1-D}{C} & -\frac{1}{RC} \end{pmatrix} \begin{pmatrix} \hat{\imath}_L \\ \hat{v}_C \end{pmatrix} + \begin{pmatrix} \frac{V_C}{L} \\ -\frac{I_L}{C} \end{pmatrix} \hat{d}$$

행렬 형식으로 표현하면

$$\dot{X} = AX + Bu$$

$$X = \begin{pmatrix} \hat{\imath}_L \\ \hat{v}_C \end{pmatrix},\ \ A = \begin{pmatrix} -\frac{r_L}{L} & -\frac{1 - D}{L} \\ \frac{1 - D}{C} & -\frac{1}{RC} \end{pmatrix},\ \ B = \begin{pmatrix} \frac{V_C}{L} \\ -\frac{I_L}{C} \end{pmatrix},\ u = \hat{d}$$

전달함수를 계산해보자.

$$(sI - A)X(s) - X(0) = BU, \quad X(s) = (sI - A)^{-1}[X(0) + BU(s)]$$

$$X(0) = \begin{pmatrix} I_L(0) \\ V_C(0) \end{pmatrix} = \begin{pmatrix} 0 \\ V_{in} \end{pmatrix}$$ 임으로

$$(sI - A)^{-1} = \begin{pmatrix} s + \frac{r_L}{L} & \frac{1-D}{L} \\ -\frac{1-D}{C} & s + \frac{1}{RC} \end{pmatrix}^{-1} = \frac{1}{s^2 + \left(\frac{1}{RC} + \frac{r_L}{L}\right)s + \frac{1}{LC}\left(\frac{r_L}{R} + (1-D)^2\right)} \begin{pmatrix} s + \frac{1}{RC} & -\frac{1-D}{L} \\ \frac{1-D}{C} & s + \frac{r_L}{L} \end{pmatrix}$$

$\Delta(s) = s^2 + \left(\frac{1}{RC} + \frac{r_L}{L}\right)s + \frac{1}{LC}(\frac{r_L}{R} + (1-D)^2)$로 치환하면

$$X(s) = \frac{1}{\Delta(s)} \begin{pmatrix} s + \frac{1}{RC} & -\frac{1-D}{L} \\ \frac{1-D}{C} & s + \frac{r_L}{L} \end{pmatrix} \left[\begin{pmatrix} \frac{V_C}{L} \\ -\frac{I_L}{C} \end{pmatrix} \hat{d}(s) + \begin{pmatrix} 0 \\ V_{in} \end{pmatrix} \right]$$

정상상태값은 다음으로 주어진다.

$V_C = \frac{V_{in}}{(1-D)}$, $I_L = \frac{V_{in}}{R(1-D)^2}$

전달함수들을 계산하면 다음과 같이 주어진다.

$$\frac{\hat{I}_L(s)}{\hat{d}(s)} = \frac{\frac{V_C}{L}\left(S + \frac{1}{RC} + \frac{(1-D)\,I_L}{V_C \cdot C}\right)}{S^2 + \frac{1}{RC}S + \frac{(1-D)^2}{LC}} = \frac{\frac{V_{in}}{L(1-D)}\left(s + \frac{2}{RC}\right)}{S^2 + \frac{1}{RC}s + \frac{(1-D)^2}{LC}} = G_1(s)$$

$$\frac{\hat{V}_C(s)}{\hat{d}(s)} = \frac{-\frac{I_L}{C}S + \frac{(1-D)V_C}{LC}}{S^2 + \frac{1}{RC}S + \frac{(1-D)^2}{LC}} = \frac{\frac{V_{in}}{LC}\left(1 - \frac{Ls}{R(1-D)^2}\right)}{S^2 + \frac{1}{RC}s + \frac{(1-D)^2}{LC}} = G_2(s)$$

$$\frac{\hat{V}_C(s)}{\hat{I}_L(s)} = \frac{(\frac{1-D}{C})\left(1 - \frac{\mathrm{Ls}}{R(1-D)^2}\right)}{\left(s + \frac{2}{RC}\right)} = G_3(s)$$

전달함수들의 특성을 알아보기 위해 먼저 $G_1(s)$의 root-locus 를 그려보도록 하자. 회로 Parameter 를 다음과 같이 설정하였다.

V_{in} = 100V, L = 2.4[mh], C = 2400[uf], R = 25, D = 0.4

정상상태값은 $V_C = \frac{V_{in}}{(1-D)} = 166\ [V]$, $I_L = \frac{V_{in}}{R(1-D)^2} = 11.1[A]$으로 계산된다.

```
%%%%%%  Boost Converter %%%%%%%%%%
s=tf('s');

Vin = 100;
L = 2.4e-3;   % L=2.4mh
C = 2400e-6;  %C= 2400uf
R = 25;
D = 0.4;
Vc = Vin/(1-D);
IL = Vc/(R*(1-D));

G1=(Vc/L)*(s+1/(R*C)+(1-D)*IL/(Vc*C))/(s^2+s/(R*C)+(1-D)^2/(L*C));
G2=(IL/C)*(-s+(1-D)*Vc/(L*IL))/(s^2+s/(R*C)+(1-D)^2/(L*C));
G3=(IL/Vc)*(L/C)*(-s+(1-D)*Vc/(L*IL))/(s+1/(R*C)+(1-D)*IL/(Vc*C));
```

$G_1(s)$ 의 극점과 영점의 위치를 알아보기 위해 $pole(G1)$과 $zero(G1)$을 실행하여 극-영점도를 그려보면 좌반면 실수축(-33)에 영점 1 개, 복소평면 $(-8.33 \pm j250)$에 극점 2 개가 위치함으로서 전류/제어입력의 전달함수는 항상 안정하게 된다. Root-locus 를 알아보기 위해 $rlocus(G1)$을 실행하면 오른쪽의 극점 이동 궤적을 얻을 수 있다. 근궤적이 모두 좌반면(left half plane)에 존재하기 때문에 전류는 제어 입력에 대해서 항상 안정한 제어 특성을 가지게 된다. 그림 3.2 에 극영점도와 근궤적이 나타나 있다.

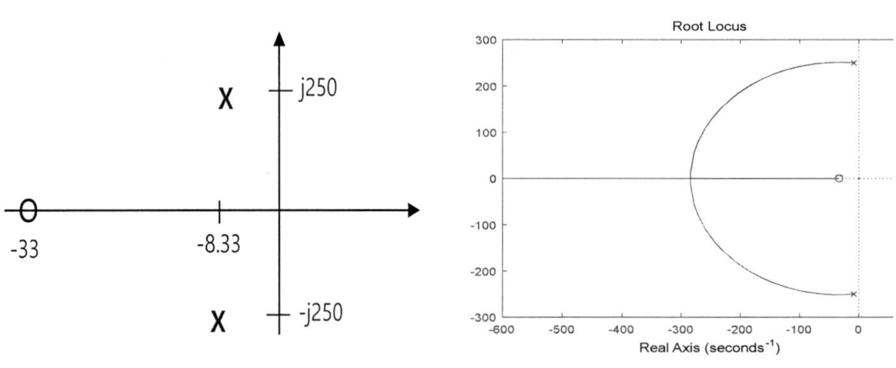

Figure 3.2 Pole-zero diagram and root rocus of the $G_1(s)$

주파수 영역에서의 안정성을 알아보기 위해 $bode(G1)$을 실행하여 보데 선도를 그릴 수 있다. 이득여유, 위상여유는 $margin(G1)$ 을 실행하여 그림 3.3의 결과를 얻을 수 있다. Gain margin과 phase margin이 0 보다 크기 때문에 $G_1(s)$은 안정(stable)한 시스템이다.

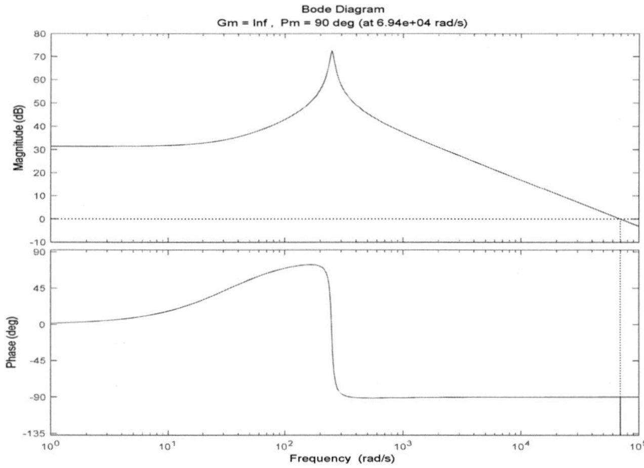

Gm = ∞ dB
Wg = ∞ rad/sec
Pm = 96 deg
Wp = 69400 rad/sec

Figure 3.3 Stability of the $G_1(s)$

$G_2(s)$의 극점과 영점의 위치를 알아보기 위해 $pole(G2)$과 $zero(G2)$을 실행하여 극-영점도를 그려보면 그림 3.4와 같이 좌반면 복소평면 $(-8.33 \pm j250)$에 극점 2개, 우반면 실수축(+3750)에 영점 1개가 위치한다.

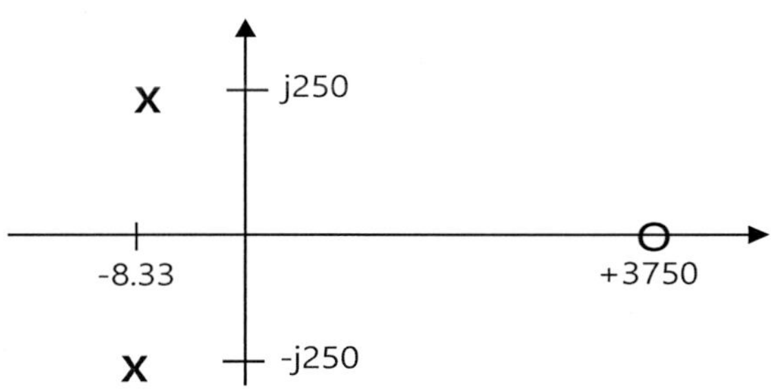

Figure 3.4 Pole-zero diagram of the $G_2(s)$

우반면에 영점이 위치하는 시스템을 비최소 위상시스템(non-minimum phase system)이라 한다. Root-locus를 알아보기 위해 $rlocus(G2)$을 실행하면 그림 3.5와 같은 극점 이동 궤적을 얻을 수 있다.

근 궤적이 모두 좌반면(left half plane)에 존재하지만 K 값이 증가하면 폐루프 극점이 우반면으로 이동하여 불안정하게 된다. 이득 $0 < K < 0.0036$인 경우에는 Stable 하지만 $K > 0.0036$ 일 때는 unstable하게 된다. 따라서 커패시터 전압 대비 제어입력 함수 $(\hat{v}_C(s)/\hat{d}(s))$는 피드백 이득의 크기에 따라서 불안정할 수 있게 된다.

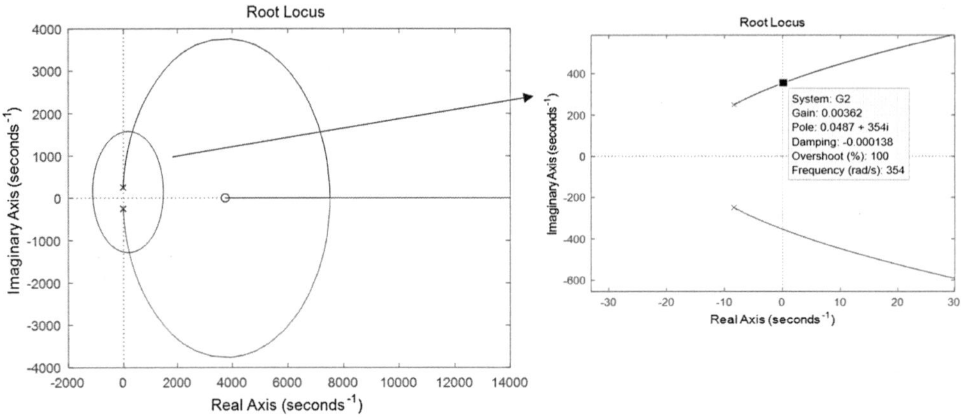

Figure 3.5 Root locus of the $G_2(s)$

주파수 영역에서의 안정성을 알아보기 위해 $bode(G2)$을 실행하여 보데 선도를 그리고 나서, 이득여유, 위상여유는 $margin(G2)$을 실행하여 그림 3.6 의 결과를 얻을 수 있다.

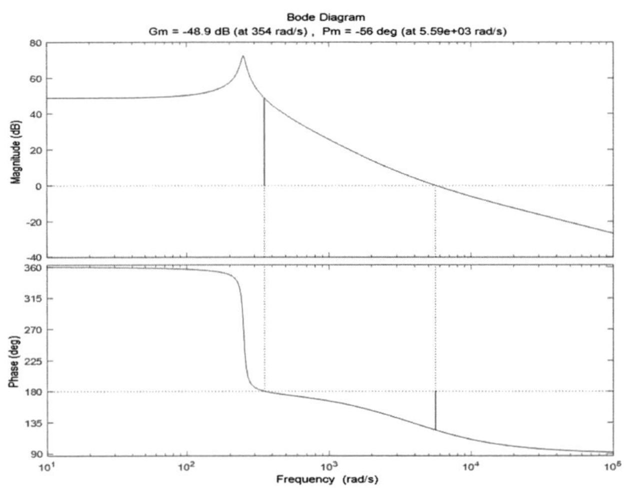


```
Gm = -48.9 dB
Wg = 354 rad/sec
Pm = -56 deg
Wp = 5590 rad/sec
```

Figure 3.6 Stability of the $G_2(s)$

Gain margin과 phase margin이 0 보다 작기 때문에 $G_2(s)$ 함수는 불안정(unstable)한 시스템이다. 따라서 boost converter의 출력전압 제어는 P 제어기로는 불안정한 시스템이 됨으로 적분기(원점에 극점 추가)를 가진 PI 제어기를 사용하거나 double loop 제어기로 설계하여야 한다.

3.2 제어기 설계(Controller Design)

전달함수들을 이용하여 그림 3.7과 같은 제어기 구성을 할 수 있다.

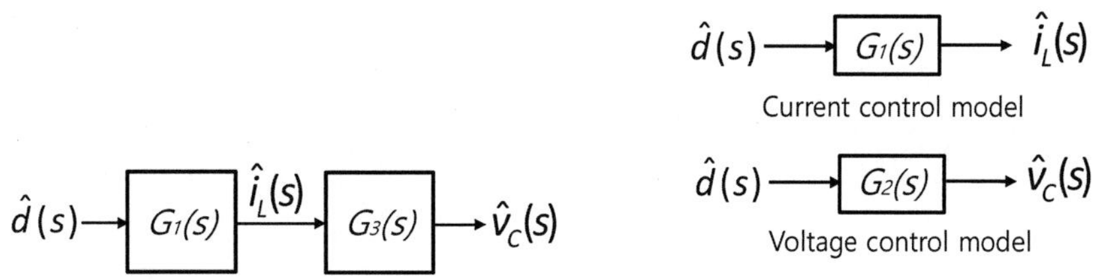

(a) Double-loop configuration (b) Single-loop configuration

Figure 3.7 Controller configuration using transfer functions

a. Current Controller (Single loop)

먼저 Single loop 전류제어기 설계를 해보자. 설계조건은 다음과 같다.

ω_c = 2400[rad/sec]= 382[Hz]

P.M. = 60 [deg]

m-file은 다음과 같다.

```
s=tf('s');
Vin = 100;
L = 2.4e-3;   % L=2.4mh
C = 2400e-6;  %C= 2400uf
R = 25;
D = 0.4;
Vc = Vin/(1-D);
IL = Vc/(R*(1-D));

G1=(Vc/L)*(s+1/(R*C)+(1-D)*IL/(Vc*C))/(s^2+s/(R*C)+(1-D)^2/(L*C));
G2=-Vin/(L*C)*(-1+L*s/(R*(1-D)^2))/(s^2+s/(R*C)+(1-D)^2/(L*C));
G3=(IL/Vc)*(L/C)*(-s+(1-D)*Vc/(L*IL))/(s+1/(R*C)+(1-D)*IL/(Vc*C));

Kpi =0.02972; Kii =1364; % WC = 2400 [rad/sec], P.M.= 60 [deg]
Gci = Kpi*(s+Kii)/s;

%sisotool Current Single loop
T=sisoinit(1);
T.F.Value = 11.0;
T.G.Value = G1;
T.C.Value = Gci;
%T.H.Value = 1;
sisotool(T);
```

설계조건을 만족시키는 제어기 이득은 Auto-tuning으로 계산되고, 제어기 표현식은

$$G_{ci}(s) = \frac{K_{pi}(s + K_{ii})}{s} = \frac{0.02972(s + 1364)}{s}$$

Bode 선도와 폐루프 전달함수의 step response는 그림 3.8과 같이 주어진다.

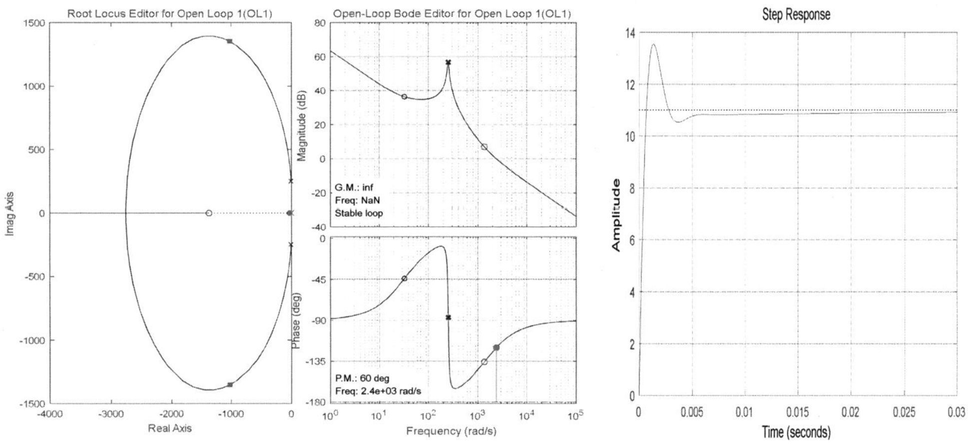

(a) Bode diagram (b) Step response of the closed loop

Figure 3.8 SISOTOOL response of the boost converter

설계된 제어기를 이용하여 boost 컨버터의 전류제어 시뮬레이션을 수행하였다. 그림 3.9에 PSIM schematic과 시뮬레이션 파형이 나타나 있다. MATLAB의 step 응답특성과 동일한 그래프를 보여주는 것을 알 수 있다.

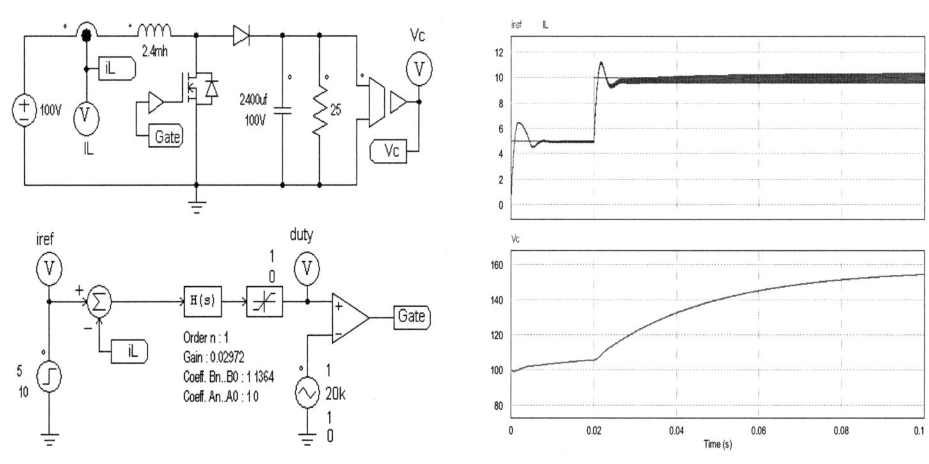

Figure 3.9 Simulation schematic and waveforms of the current controller

설계조건을 ω_c = 4000[rad/sec]로 변경한 결과는(P.M. = 60 [deg]) 그림 3.10과 같다.

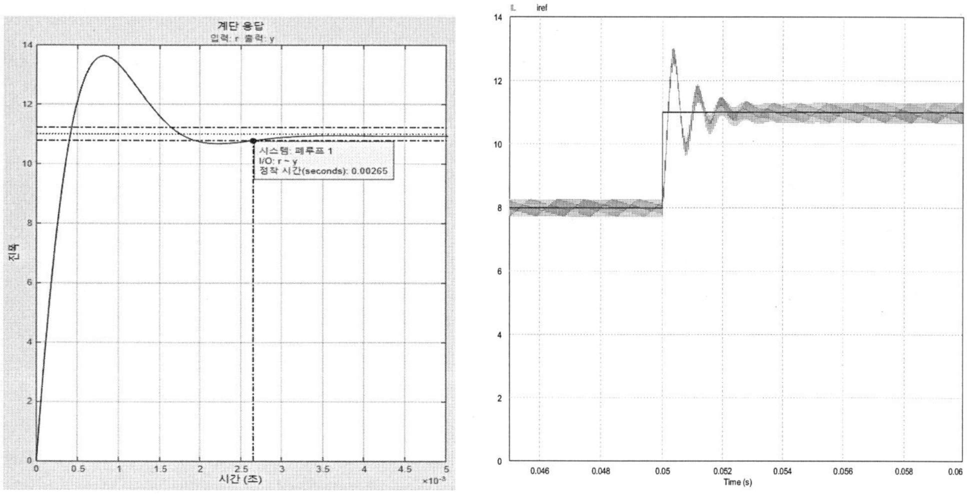

Figure 3.10 Current waveform of the MATLAB and PSIM at ω_c = 4000 [rad/sec]

설계조건을 P.M. = 90 [deg]로 변경한 결과는(ω_c = 2400[rad/sec]로 동일) 다음과 같다. 설계된 MATLAB Bode 선도는 2400[rad/sec], 88.6 [deg]로서 설계 조건을 만족시키지 못함을 알 수 있다. 즉 설계 조건을 만족시키는 PI 제어기를 설계할 수 없다는 것을 의미한다. 이득을 적용한 MATLAB 전류파형과 PSIM 파형을 그림 3.11에 나타내었다. 두 파형이 서로 일치함을 알 수 있다.

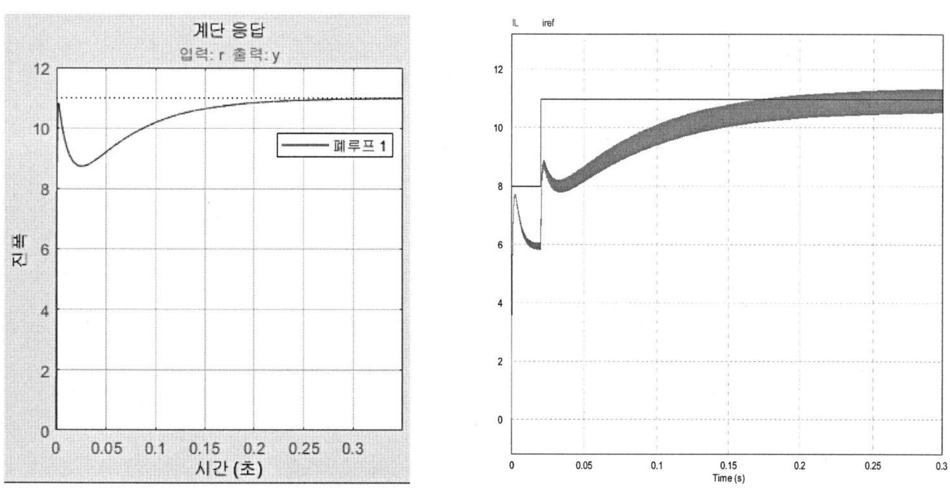

(a) MATLAB waveform (b) PSIM Waveform

Figure 3.11 Current waveforms which fails to achieve 90 phase margin

설계조건을 ω_c = 4000[rad/sec]로 변경한 결과는(P.M. = 90 [deg] 동일) 그림 3.12와 같다. 과도상태에서는 응답특성이 동일하지만, 정상상태값이 다른 것을 알 수 있다.

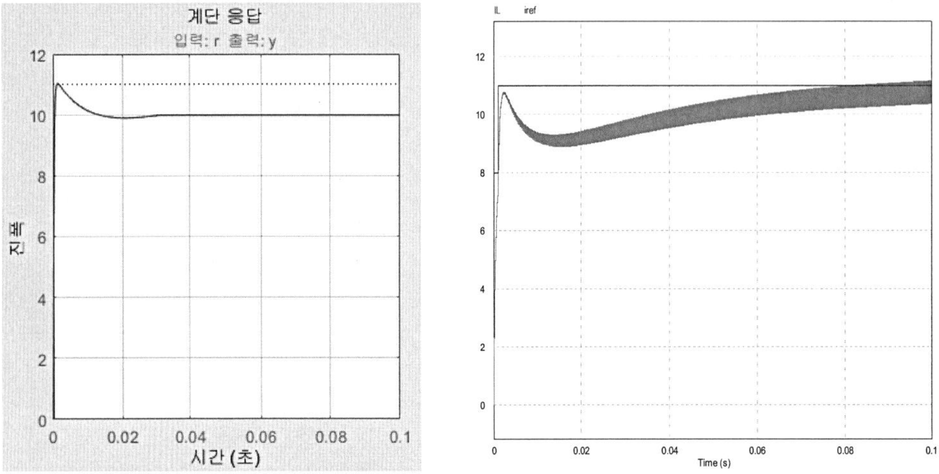

(a) MATLAB waveform (b) PSIM Waveform

Figure 3.12 Current waveforms for ω_c = 4000[rad/s] and P.M. = 90 [deg]

b. Voltage Controller (Single loop)

전압제어기(Voltage controller)를 설계해 보자. 안정된 시스템은 $\omega_c > 16$[rad/sec]에서는 얻어지지 않는다. 앞에서 설명한 것처럼 우반면에 위치한 극점으로 인해, 피드백 gain의 크기를 증가시키기 어렵기 때문이다. 안정된 설계 사양은 다음과 같다.

ω_c = 10 [rad/sec]

P.M. = 90 [deg]

m-file의 전달함수는 current와 동일하고 Plant 함수를 G_2로 변경한 후 실행하면 전압제어기 수식을 얻을 수 있다.

```
Kpv = 1; Kiv=1;  % temporarily value
Gcv = Kpv*(s+Kiv)/s;
%sisotool Voltage Single loop
T=sisoinit(1);
T.F.Value = 170;
T.G.Value = G2;
T.C.Value = Gcv;
%T.H.Value = 1;
sisotool(T);
```

설계조건을 만족시키는 제어기 이득은 Auto-tuning으로 계산되어, 제어기 표현식은

$$G_{cv} = \frac{K_{pi}(s + K_{ii})}{s} = \frac{0.00001918\,(s + 1870)}{s}$$

MATLAB 해석 결과는 그림 3.13에 나타나 있다. Bode 선도를 보면 제시된 설계 조건을 만족시키는 것을 알 수 있다. 폐루프 시스템의 step 응답 그래프가 나타내었다.

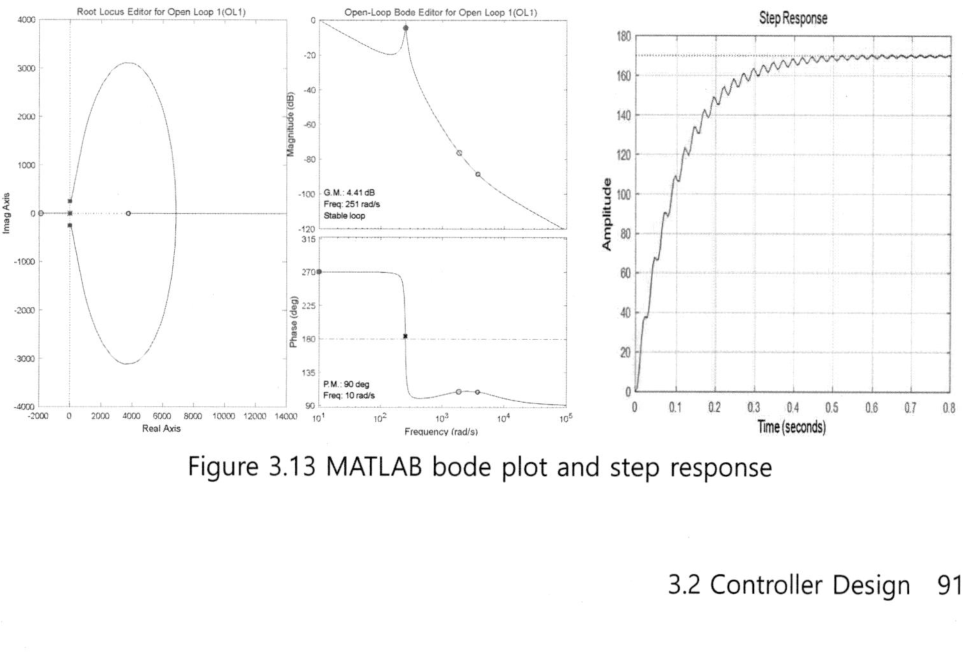

Figure 3.13 MATLAB bode plot and step response

실제 회로에서의 응답특성을 알아보기 위해 PSIM 시뮬레이션을 수행한 결과가 그림 3.14에 나타나 있다. 파형을 보면 MATLAB 시뮬레이션 결과와 동일함을 알 수 있다.

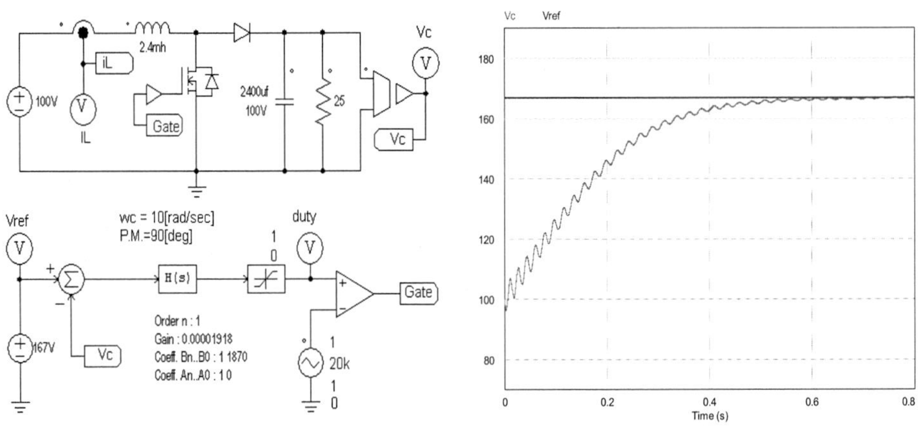

Figure 3.14 Simulation schematic and waveforms of the voltage controller

기준전압을 170 [V]에서 250 [V]로 변경하였을 경우의 전압 파형을 그림 3.15에 나타내었다. 170 [V]에서는 제어가 잘 되지만 250 [V]에서는 발산하는 것을 알 수 있다. 이것은 제어기가 170 [V] 동작점의 Small Signal Model로 설계되어서 250 [V]의 변화된 동작점에서는 제대로 동작하지 않기 때문일 것이다.

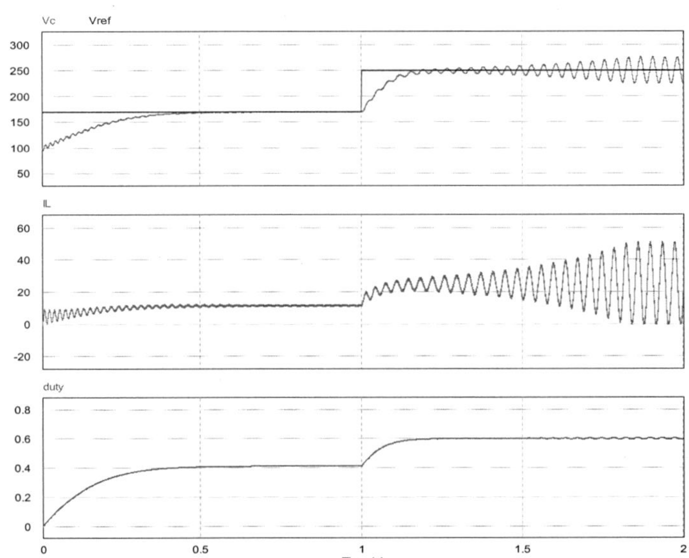

Figure 3.15 Simulation waveforms of the voltage controller

설계조건을 ω_c = 1[rad/sec]로 변경한 결과는(P.M. = 90 [deg] 동일) 그림 3.16과 같다. 설계 결과 P-gain이 1/10로 감소하고 I-gain은 동일하다. MATLAB 결과를 보면 응답시간이 10배 증가하였음을 알 수 있다. 이것은 차단 주파수를 1/10 느리게 설정하였기 때문에 원래보다 slow response를 가진다. 응답시간은 주파수의 역수(inverse)이기 때문에 정상상태에 도달하는 시간은 10 배 늘어나게 된다. PSIM 시뮬레이션 결과를 보면 MATLAB 결과와 일치한다. 이를 통해 설계 방법의 정합성을 보여주었다.

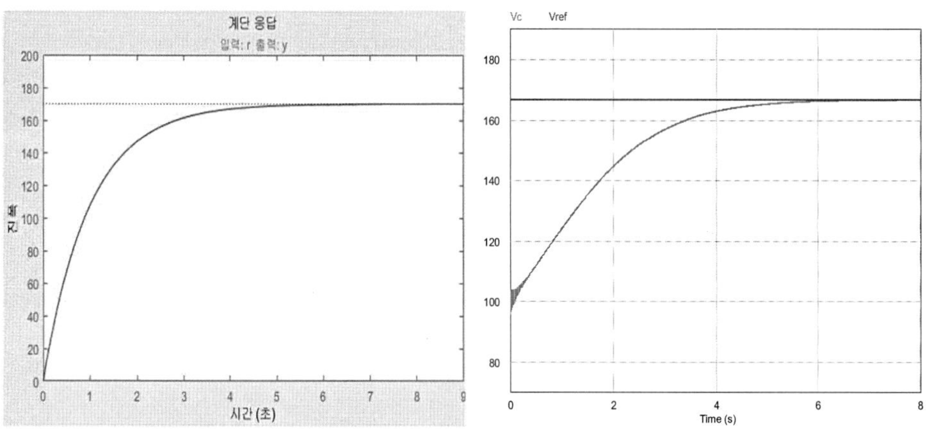

(a) MATLAB waveform (b) PSIM Waveform

Figure 3.16 Waveforms of the MATLAB and PSIM for ω_c = 1[rad/sec]

만약 동일한 회로 파라미터에서, 전압의 응답속도를 빠르게 하고 싶을 때 어떤 방법을 사용하면 될까? 위의 파라미터에서는 안정한 최대 차단주파수는 15 [rad/sec]이다. 이보다 높은 주파수에서는 안정된 폐루프 시스템 gain을 설정할 수 없다. 따라서 추가의 영점과 극점을 폐루프 전달함수에 추가하여야 하고, 이에 관한 많은 논문이 제시되어 있다. 하지만 복잡한 해석과 이론의 난해함으로 실제 적용이 쉽지 않다.

매우 실용적이고, 쉬운 설계가 single 대신 double loop 제어기법을 적용하는 것이다. 전류 loop를 내부에 추가하여 전류 PI 제어기와 전압 PI 제어기로 구성하는 방법이다. 그러면 극점 2개와 영점 2개를 추가하는 형태이기 때문에 원하는 위치에 근궤적이 오도록 이득을 설정할 수 있다. Double loop 제어기의 가장 큰 단점은 gain 설정의 어려움이다. 두 개의 PI 제어기로 인해 4개의 gain 조합을 설정하여야 하기 때문에 최적의 gain 조합을 결정하기가 어려웠다. SISOTOOL을 사용하면 이 문제는 쉽게 해결할 수 있으므로 double loop로 원하는 제어성능을 가지는 시스템 설계를 할 수 있다.

c. Double Loop Controller Design

앞장의 전달함수를 그대로 적용하여 double loop 제어기 m-file은 다음과 같다.

```
T=sisoinit(6);
T.F.Value = Vref;
T.G1.Value = G1;      % current loop G1= (iL/d)
T.C2.Value = Gci;     % current controller PI = (d/ie)
%T.H1.Value =   1;    % depends on Matlab versions

T.G2.Value = G3;      % voltage loop tf. = (Vc/iL)
T.C1.Value = Gcv;     % voltage controller PI =Vref/Ve)
%T.H2.Value = 1;      % depends on Matlab versions
sisotool(T);
```

각 Block에 할당된 전달함수는 그림 3.17과 같이 나타낼 수 있다.

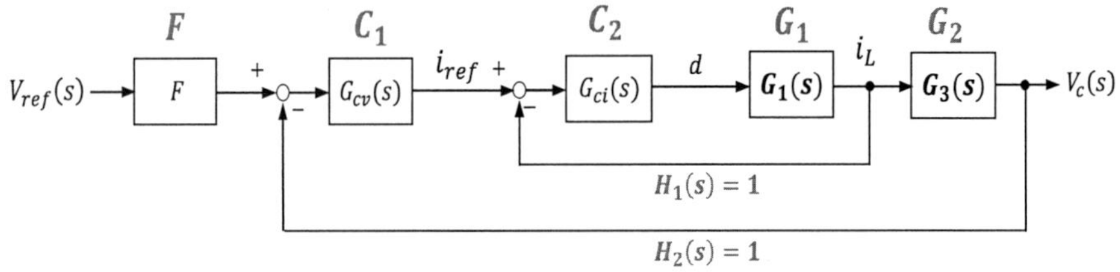

Figure 3.17 Transfer function assignment for each block

Single loop 전압제어기에서는 최대 차단주파수가 15 [rad/sec]이었으나, double loop 에서는 100 [rad/sec]로 설정하였다. 전압과 전류제어기의 설계 사양은 아래와 같다.

	Voltage Controller (C_1)	Current Controller (C_2)
Band width	100 [rad/s]	2400 [rad/s]
Phase margin	90 [deg]	60 [deg]

Auto tuning을 실행하여 설계된 전압제어기, 전류제어기 표현식은 다음과 같다.

$$C_1 = G_{cv}(s) = \frac{0.4111(s+30)}{s}$$

$$C_2 = G_{ci}(s) = \frac{0.0312(s+1230)}{s}$$

SISOTOOL을 이용한 double loop 제어기의 bode diagram이 그림 3.18에 나타나 있다. 제시된 주파수 설계 조건을 모두 만족시키는 것을 알 수 있다.

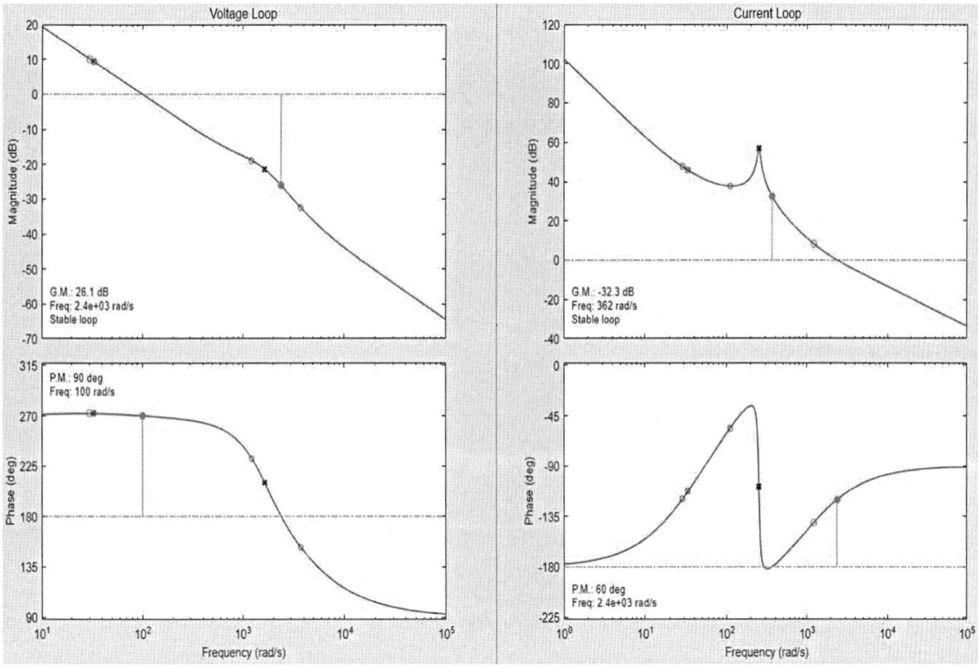

Figure 3.18 Bode diagram of the double loop controller

MATLAB의 Step response 그래프를 두 제어기에 대해서 그려보면 그림 3.19와 같다.

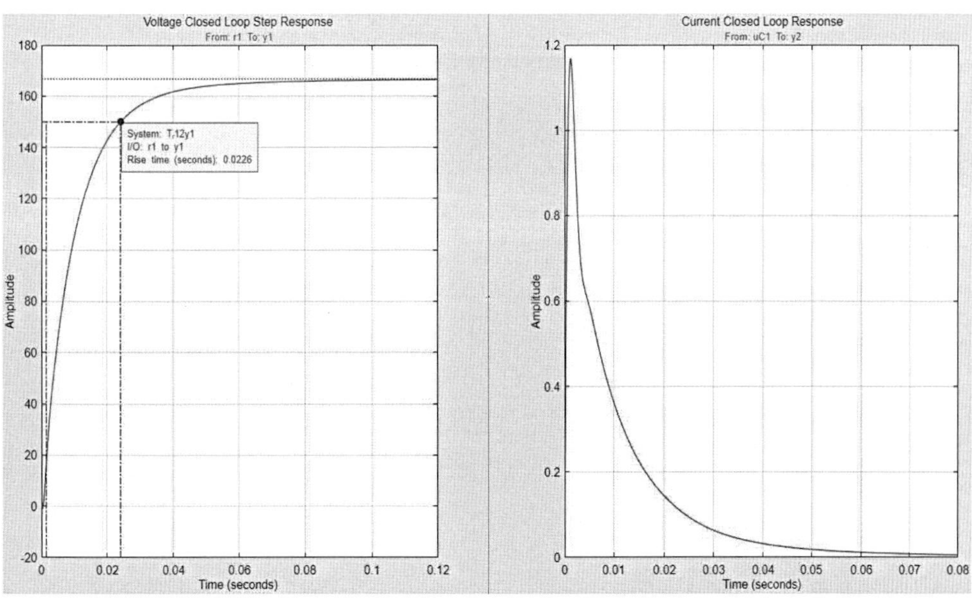

(a) Voltage closed loop response (b) Current closed loop response

Figure 3.19 Waveforms of the voltage and current for step response

PSIM으로 구성한 회로의 시뮬레이션 schematic은 그림 3.20 (a)와 같고 전압과 전류의 응답특성들이 (b)에 나타나 있다. 두 그래프를 보면 MATLAB 해석 결과와 PSIM 회로 해석 결과가 동일하다는 것을 알 수 있다.

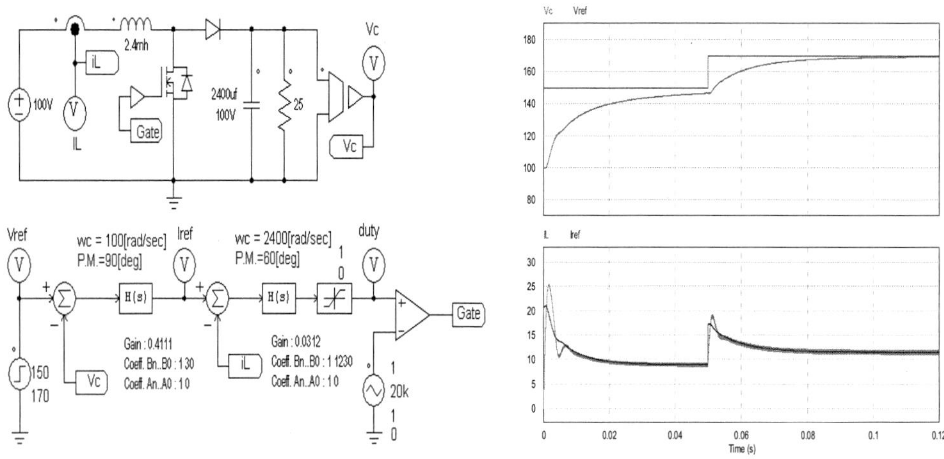

(a) (b)

Figure 3.20 Simulation schematic and waveforms of the double loop controller

그림 3.21에 double loop 제어기의 파형과 제어 duty를 확대하여 표시하였다.

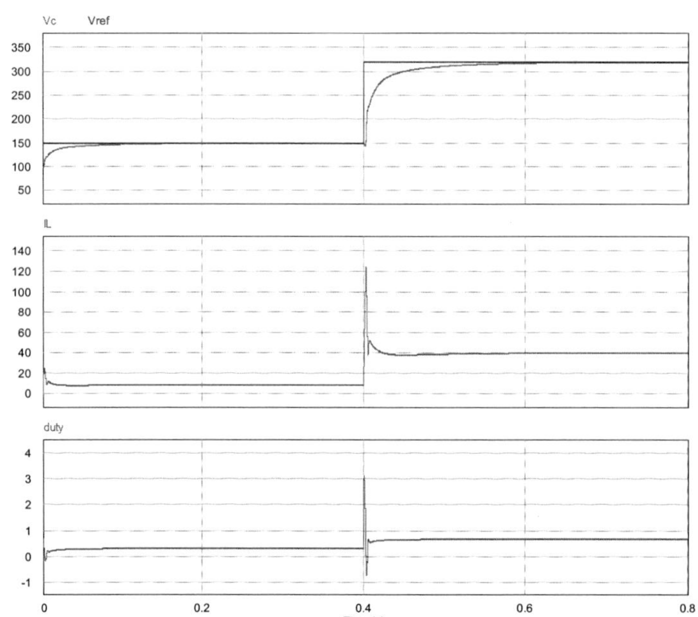

Figure 3.21 Simulation waveforms of the double loop controller

d. Digital 변환

SISOTOOL에서 architecture 편집 → 샘플시간 변환 → Sampling time : 0.00005를 넣고 변환방식은 default로 ZOH를 적용하면 이산 표현식을 얻을 수 있다. 샘플링 시간은 (1/20kHz) 이다. 변환된 전압제어기, 전류제어기 디지털 표현식은 다음과 같다.

$$C_1 = G_{cv}(z) = \frac{0.4127(z-0.999)}{z-1}$$

$$C_2 = G_{ci}(z) = \frac{0.0331(z-0.949)}{z-1}$$

앞장에서 설명한 difference equation으로 변환하여 C-code를 작성하였다. C-block의 코드는 다음과 같다.

```
double Vc, IL, Vref, duty, Verr, IL_err, IL_ref;
static double IL_ref_old=0.0, duty_old=0.0, Verr_old=0.0;
static double IL_err_old=0.0;

Vc  = in[0];
IL  = in[1];

if (t < 0.05) Vref =140;
else          Vref = 170;
Verr = Vref - Vc;

IL_ref = IL_ref_old+0.41273*Verr-0.41273*0.999*Verr_old;
IL_ref_old=IL_ref;
Verr_old=Verr;

IL_err = IL_ref - IL;
duty = duty_old+0.033082*IL_err-0.033082*0.949*IL_err_old;
duty_old=duty;
IL_err_old=IL_err;

out[0]=duty;
out[1]=Vref;
out[2]=IL_ref;
```

PSIM Schematic 회로와 실행 결과 파형은 그림 3.22에 나타나 있다. Analog 전달함수로 표현된 파형과 동일하다는 것을 알 수 있다. 따라서 실제 하드웨어인 DSP에 다운로드할 때 C-code의 제어기 부분만을 복사하여 code composer studio 에 붙여 넣으면 된다.

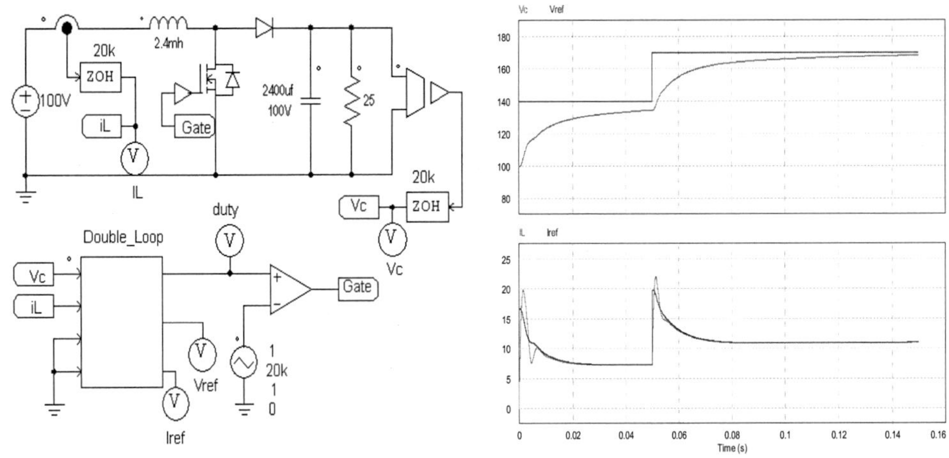

Figure 3.22 PSIM schematic and waveforms of the double loop C-block

4. Bi-Directional Converter

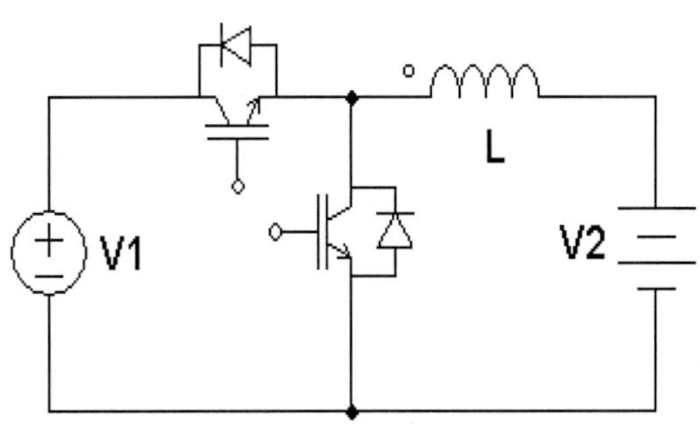

4.1 구조와 동작

아래 그림에 Buck 컨버터와 Boost 컨버터의 기본회로를 나타내었다. Buck이나 Boost 컨버터는 입력에서 출력으로만 전류가 흐를 수 있는 단방향(uni-directional) 컨버터이다. 즉 전류가 흐르는 방향으로 다이오드가 위치해 있어서 반대 방향으로는 전류가 흐를 수 없는 구조이다.

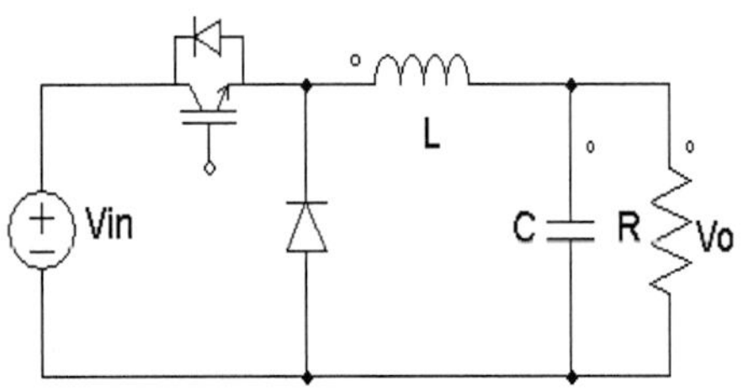

(a) Buck converter

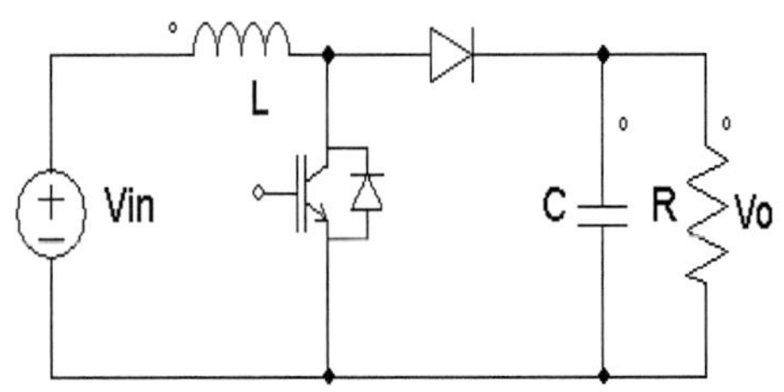

(b) Boost converter

즉 이러한 구조에서는 입력으로 전압원 V_{in}, 출력으로 커패시터 전압 V_o, 부하로는 저항 R로 이루어져 있다. 만약 부하로 커패시터나 전압원(배터리)이 존재한다면 입력과 출력 양쪽으로 전압 소스가 존재하는 형태로 된다.

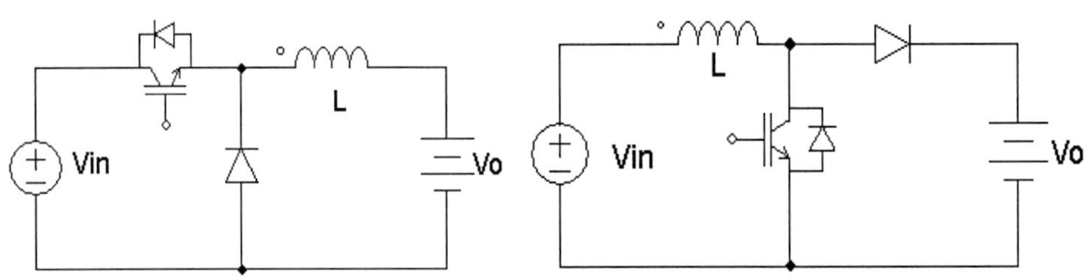

출력에 전압원(배터리)가 위치한 Buck과 Boost Converter Schematic

이와 같은 구조에서는 제어 방식에 따라서 전류를 V_{in}에서 V_o로 전달하거나 혹은 반대로도 전달할 필요가 생긴다. 이를 위해 양방향(Bi-directional) 구조로 회로를 변경하여야 한다.

먼저 위의 출력에 전압원(배터리)가 위치한 Buck과 Boost Converter의 회로를 보면 양방향을 만들기 위해 다이오드를 스위치로 치환하면 Buck 과 Boost는 Mirror 형태로 표현될 수 있다는 것을 알 수 있다. 즉 Boost 컨버터의 V_{in}과 V_o의 방향을 바꾸어서 그리면, 두 회로는 완벽히 동일하게 된다. 따라서 양방향 컨버터는 Buck 컨버터의 다이오드를 스위치로 치환하고 출력에 배터리나 DC link 커패시터와 같이 전압원 소스가 연결이 되어 있는 형태로 구성할 수 있다. 이러한 형태를 일반적으로 Buck-boost 타입의 양방향 컨버터라 한다. 양방향 컨버터 회로를 아래 그림에 표시하였다.

그러면 이와 같은 양방향 컨버터를 어떤 응용 분야에서 사용하는지에 대해 알아볼 필요가 있다. 입력과 출력에 전압원 소스가 연결되어야 함으로 일반적으로 입력에는 배터리가 사용된다. 배터리는 방전과 충전을 할 수 있기 때문에 전력을 공급하거나 받아들일 수 있다.

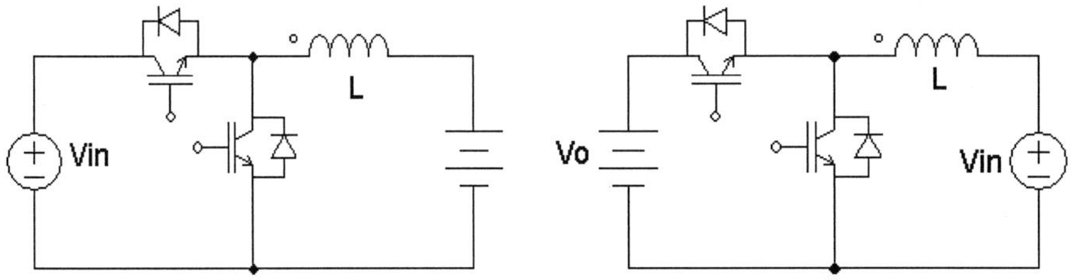

먼저 BESS(Battery Energy Storage System)을 생각할 수 있다. 아래 회로는 양방향 컨버터가 계통형 인버터에 연결되어 있는 2-stage 형태이다. 물론 배터리가 계통형 인버터에 바로 연결되어 있는 구조도 생각할 수 있지만 응용 분야에 따라서는 양방향 컨버터를 통해 연결하는 경우도 있다. 배터리전력을 계통으로 보낼 때는 boost 모드로 동작하여 Dclink 전압 제어를 위해 제어기는 double loop 구조로 구성된다. 계통에서 배터리로 충전할 때는 buck 모드로 동작한다. Dclink 전압은 인버터에서 일정 전압으로 제어되고, 배터리 전압이 고정되어 있으므로 제어기는 single loop 구조의 전류제어기로 구성된다.

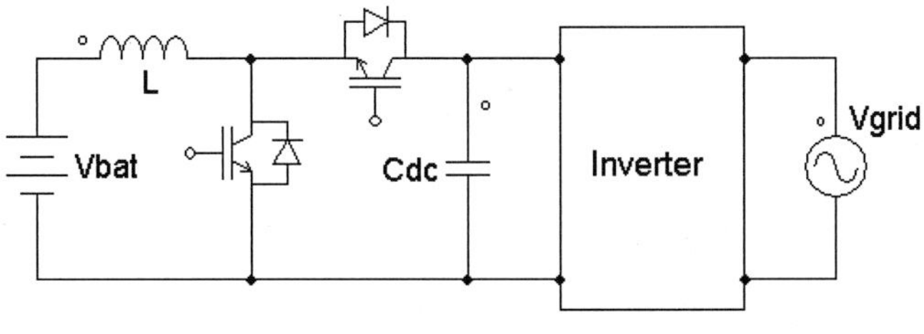

이 외에 배터리가 연결된 태양광 발전 시스템이나 Hybrid 자동차의 회생제동 시스템에도 적용되고 있다. 양방향 컨버터를 다시 그려보면 아래와 같이 표현할 수 있으며 전압형 계통형 인버터와 동일함을 알 수 있다. 즉 계통형 인버터도 양방향으로 동작이 가

능하며, 배터리에서 계통으로 전력을 전달할 경우에는 buck 모드로 동작하며 제어기는 single loop인 전류제어기로 구성된다. 계통에서 배터리로 전력을 전달할 경우에는 boost 모드로 동작하며 제어기도 역시 single loop 전류제어기로 구성된다(그림 b). 단상 계통형 인버터는 양방향 컨버터를 두 개 병렬로 연결한 후 동작시 180도의 위상차를 가지고 구동하면 되며(그림 c), 3상 계통형 인버터는 3개 병렬로 연결한 후 120도 위상차로 구동하면 된다.

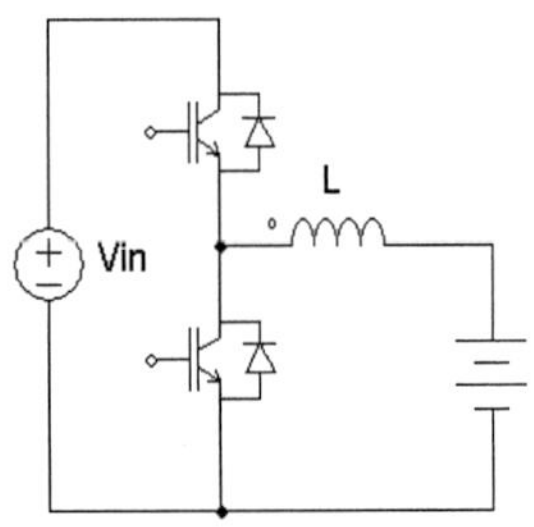

(a) 양방향 컨버터

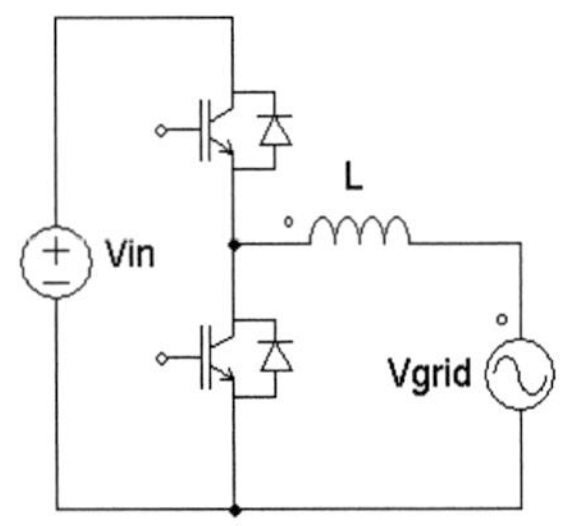

(b) 반파 인버터

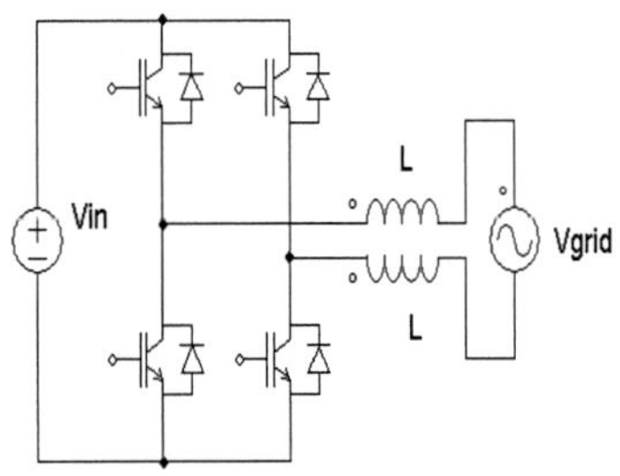

(c) 단상 계통형 인버터

4.2 제어기 설계 (Controller Design)

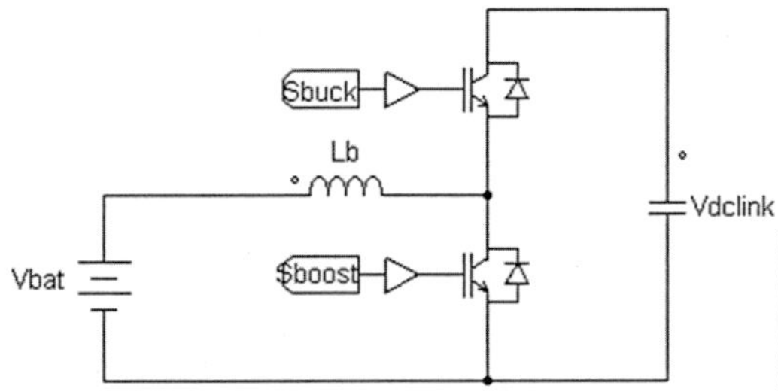

MODE	Sbuck	Sboost
방전(Discharge)	OFF	PWM
충전(Charge)	PWM	OFF

방전모드(boost mode)에서의 제어 대상은 dclink 커패시터 전압과 인덕터 전류로 구성된 double loop로, 제어기 블록도는 그림 4.1과 같이 표현된다. PI 제어기들의 gain들은 boost에서 사용한 설계 방법을 그대로 적용한다.

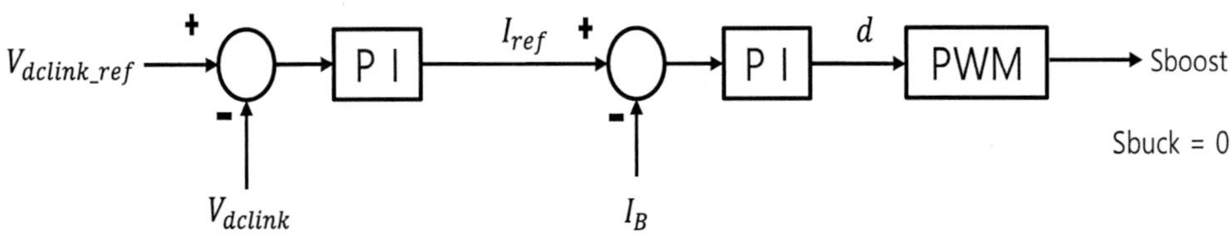

Figure 4.1 Controller configuration of the discharge mode

충전모드(buck mode)에서의 dclink 커패시터 전압은 인버터에서 정전압으로 제어된다고 생각할 수 있고, Battery 전압도 짧은 시간 동안은 정전압이라고 생각할 수 있기 때문에 제어 대상은 인덕터 전류이며 single loop 구성을 가진다. 제어기 블록도는 그림 4.2로 표현되며 PI 제어기들의 gain들은 buck에서 사용한 설계 값을 그대로 사용한다. 이때 전류센서 방향이 전류의 흐름과 반대방향이기 때문에 측정된 전류 부호를 반전하여야 한다. 제어기를 구성할 경우 error amp를 그림 4.2에서 선택해서 사용하면 된다.

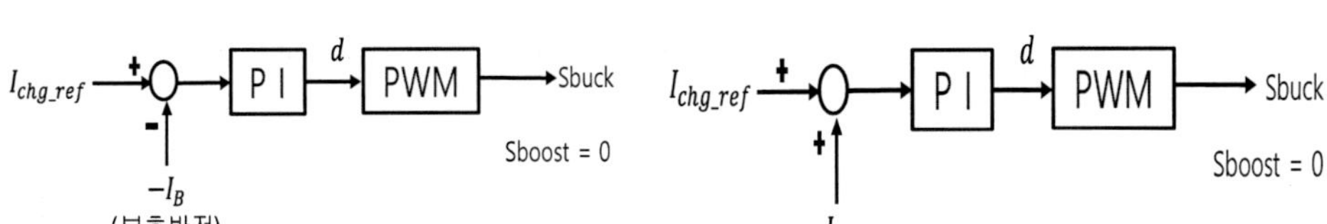

Figure 4.2 Controller configuration of the Charge mode

방전 모드는 boost 컨버터의 double loop 제어기 설계와 동일함으로 생략하고, 충전

모드(Buck)에서의 상태평균화 방정식을 작성해보자.

ON time (d) : $V_{dclink} = L\frac{di_L}{dt} + r_L i_L + V_{Bat}$

OFF time $(1-d)$: $0 = L\frac{di_L}{dt} + r_L i_L + V_{Bat}$

Averaging equation : $L\frac{di_L}{dt} + r_L i_L = V_{dclink} \cdot d - V_{Bat}$

입력 $d = d_{fb} + d_{ff}$로 정의하면 비선형 행렬을 feed-forward 입력(d_{ff})을 통해 상쇄시킬 수 있다.

$$d_{ff} = \frac{V_{Bat}}{V_{dclink}}$$

상태평균화 방정식과 전달함수는

$$L\frac{di_L}{dt} + r_L i_L = V_{dclink} \cdot d_{fb}$$

전달함수를 계산하면 다음과 같다.

$$\frac{I_{L(S)}}{d(s)} = G_1(S) = \frac{V_{dclink}}{sL + r_L}$$

Single loop 전류 제어기 설계를 위한 m-file을 나타내었다.

```
%%  Buck operation - Current%%
s=tf('s');

Vbat = 250;     % Input voltage
L = 2.4e-3;     % L=3mh
rL=0.02;        %rL = 20 mohm
Vdclink = 450; % Dclink voltage

G1 = Vdclink/(s*L+rL);
```

```
Kpi =1; Kii =1; %temporarily
Gci = Kpi*(s+Kii)/s;

IL_ref  = 8;
%sisotool Current Single loop
T=sisoinit(1);
T.F.Value = IL_ref;
T.G.Value = G1;
T.C.Value = Gci;
sisotool(T);
```

설계사양은 다음과 같다. BandWidth : 4800 [rad/s], Phase margin : 60 [deg]

Auto tuning에 의해 설계된 값은 다음과 같다.

$$G_{Ci}(s) = 0.0221\frac{(s+2780)}{s}$$

디지털 표현식으로 변환하면 다음과 같다.(f_{sw} = 20 [kHz], T=0.00005 [sec])

$$G_{Ci}(z) = 0.02468 \frac{(z - 0.902)}{z - 1}$$

폐루프 step 응답특성을 그려보면 아래와 같다.

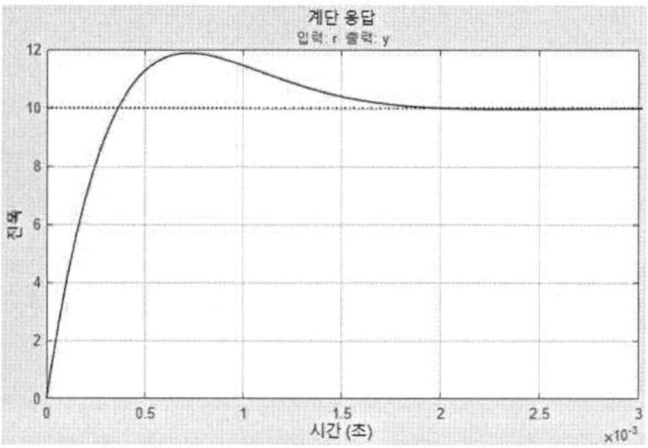

PSIM을 사용한 양방향 컨버터의 schematic을 그림 4.3에 나타내었다. 충/방전 모드를 지정하기 위해 mode 값을 사용하여 mode = 0 은 방전모드, mode = 1 은 충전모드로 하였다.

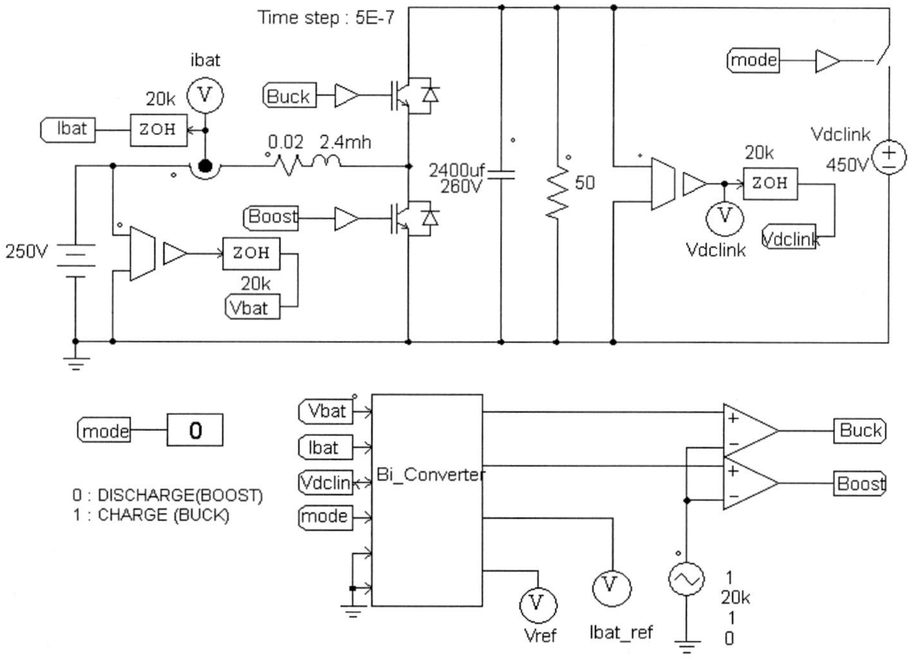

Figure 4.3 PSIM schematic for bi-directional converter simulation

C block 코드는 다음과 같다. 방전모드의 제어기는 boost 컨버터의 double loop 코드를 그대로 재사용하였다.

```
double Vbat, Ibat, Vlink, Mode;
double Vdc_ref, Vdc_err, Ichg_ref;
double IL_ref, IL_err, duty;
static double  IL_ref_old=0,
duty_old=0, Vdc_err_old=0,
IL_err_old=0 ;

Vbat  = in[0];
Ibat  = in[1];
Vlink = in[2];
Mode  = in[3];

if (Mode == 0)  { // discharge mode
  if (t < 0.3) Vdc_ref = 400;
  else         Vdc_ref = 450;
  Vdc_err = Vdc_ref - Vlink;
  IL_ref=IL_ref_old+0.4127*Vdc_err
      -0.41273*0.999*Vdc_err_old;
  IL_ref_old=IL_ref;
  Vdc_err_old=Vdc_err;

  IL_err = IL_ref - Ibat;
  duty = duty_old +0.033082*IL_err
      -0.033082*0.949*IL_err_old;
  duty_old=duty;
   IL_err_old=IL_err;
   if (duty > 0.9)  duty=0.9;
   if (duty < 0)    duty=0;

   out[0] = 0 ;    // buck
   out[1] = duty;   // boost
   out[2] = IL_ref;
   out[3] = Vdc_ref;
} // end of discharge mode


else if (Mode == 1)  {  // Charge
   if (t < 0.3) Ichg_ref = -10;
   else         Ichg_ref = -20;
   IL_err = Ichg_ref - Ibat;
   duty = duty_old +0.02468*IL_err
       - 0.02468*0.902*IL_err_old;
   duty_old=duty;
   IL_err_old=IL_err;

   out[0] = -duty + (Vbat/Vlink);
   out[1] = 0;    // boost
   out[2] = Ichg_ref;
} // end of charge mode
```

그림 4.4 시뮬레이션과 MATLAB으로 설계한 파형이 동일한 결과를 얻을 수 있다.

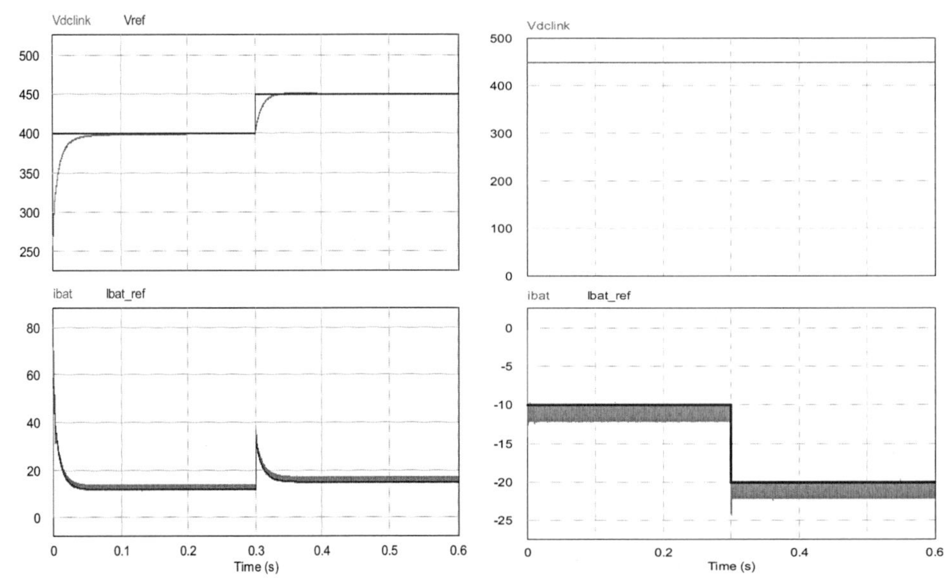

(a) Discharge mode waveform (b) Charge mode waveform

Figure 4.4 Simulation waveforms

5. 3-Level Boost Converter

5,1 구조와 동작

5.2 상태표준화 방정식과 전달함수

5.3 제어기 설계

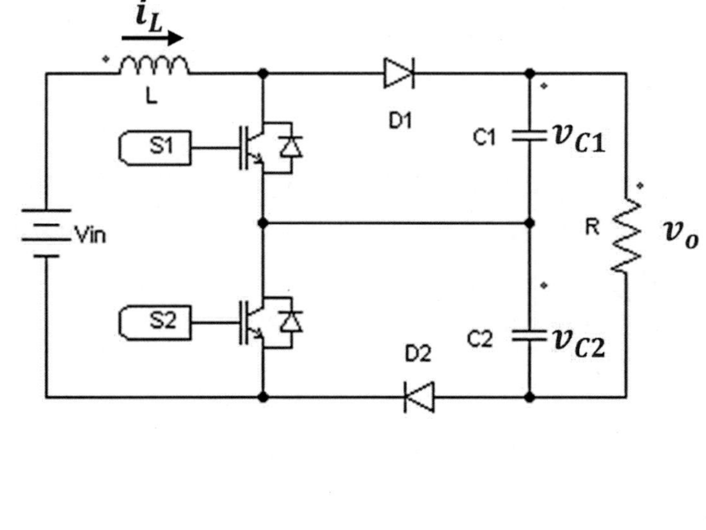

5.1 구조와 동작

앞 장의 boost 컨버터에서 ON/OFF시 스위치 양단 전압(Drain-Source Voltage, V_{ds})을 그려보면 그림 5.1과 같다. 스위치가 ON일 때 V_{ds}는 0[V]이고 OFF일 때 출력전압 V_c가 스위치 양단 전압에 인가된다.

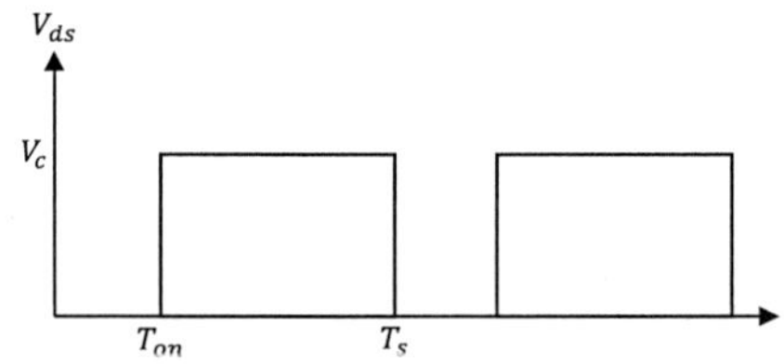

Figure 5.1 Switch voltage of the boost converter

따라서 boost 컨버터에 사용되는 스위치(대표적으로 IGBT)는 출력 전압보다 더 큰 내압(Break down voltage)을 가져야만 한다. 현재 상용으로 사용되는 IGBT의 내압별 제품을 살펴보면 600[V]급과 1200[V]급을 대표적으로 들 수 있다. 교류 단상 220[V] 응용 제품에는 600[V]급을 사용하고 3상 380[V] 응용 제품에는 1200[V]급을 사용하고 있다.

최근 전력변환장치의 대용량화(~MW)에 따라 효율 향상 목적으로 입력전압을 계속해서 높이고 있다. 예를 들어 태양광 발전 시스템의 경우 기존 1000[V] 미만에서 동작하던 인버터들이 효율 향상을 위해 태양전지 전압을 1500[V] 까지 올려서 시스템을 구성하고 있다. ESS(Energy Storage System)도 배터리 전압을 600[V]에서 1200[V] 정도까지 올려서 시스템 구성이 진행되고 있다.

이러한 고전압 시스템에서는 1200[V] 이상의 내압을 가지는 IGBT를 요구하고 있어서 1700[V], 2400[V] 등의 내압을 가지는 제품들이 출시되어 있다. 이 제품들의 문제점은 가격이 매우 비싸다는 점이다. 내압이 1단계 상승할 때 IGBT 가격은 4~6배 정도 상승하게 된다. 따라서 양산을 생각하는 설계자 입장에서는 고내압 IGBT를 사용하기가 어렵게 된다.

본 장에서는 기존 boost 컨버터(2-Level)의 구조를 변경한 3-레벨(3 Level) 부스트 컨버터에 대해 다룬다. 기존 boost에 비해 3-레벨 boost는 스위치를 2개 직렬로 연결하여 스위치 양단에 걸리는 전압을 절반으로 감소시킨 것이 중요한 차이점이다. 따라서 기존의 1200[V]급 IGBT를 2개 사용하여 1500[V] 응용제품에 사용이 가능하기 때문에 원가경쟁력이 있다. 물론 IGBT의 개수가 2배로 늘어났지만 내압 1단계 위의 IGBT에 비해 가격이 훨씬 저렴하기 때문에 더 경제적이다.

Three Level boost converter 구조

그림 5.2에 기존의 single level 과 3-level boost 컨버터의 구조를 나타내었다..

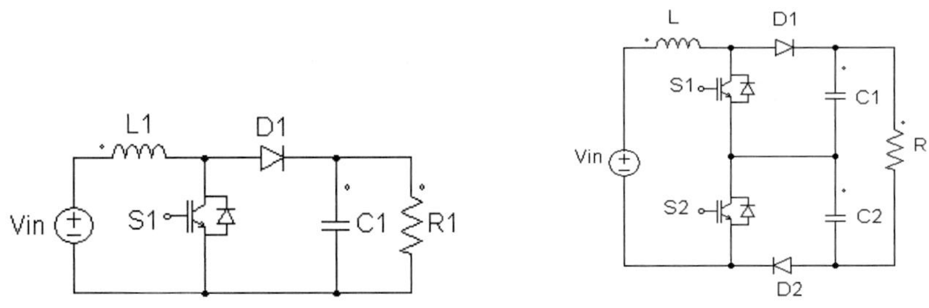

(a) boost converter (b) 3-level boost converter

Figure 5.2 The configuration of the single and 3-level boost converter

기존 boost 컨버터(그림 a)는 출력이 (0, V_c) 두 단계의 전압을 가지는 반면에 제시된 3-level boost 컨버터(그림 b)는 (0, $V_c, 2V_c$) 세 단계의 전압을 가진다. 3-레벨 boost 컨버터는 기존(conventional) boost 컨버터 2개를 병렬로 연결하여 얻은 형태이다. 토플로지 변형 과정을 아래 그림 5.3에 나타내었다.

3 레벨로 구성할 경우의 장점과 단점은 다음과 같다.

1. 기존 boost 보다 높은 전압 이득(gain)을 얻을 수 있다. 동일 duty를 인가했을 때 기존 boost에서는 인덕터 저항, 스위치 내부저항, stray inductance등으로 인해 최대 duty가 제한되는데 반해 3 레벨에서는 각 스위치에 절반씩의 듀티가 인가됨으로 single level 보다는 높은 duty를 인가할 수 있어서 높은 전압 이득을 얻을 수 있다.

2. 인덕터 크기를 줄일 수 있다. 인덕터에 인가되는 등가 주파수가 2배가 되어 전류가 두 배로 되기 때문에 전체적인 인덕터 크기를 줄일 수 있다.

3. 각 스위치에 출력전압의 절반이 걸리므로 전압과 전류 스트레스가 절반으로 감소한다.

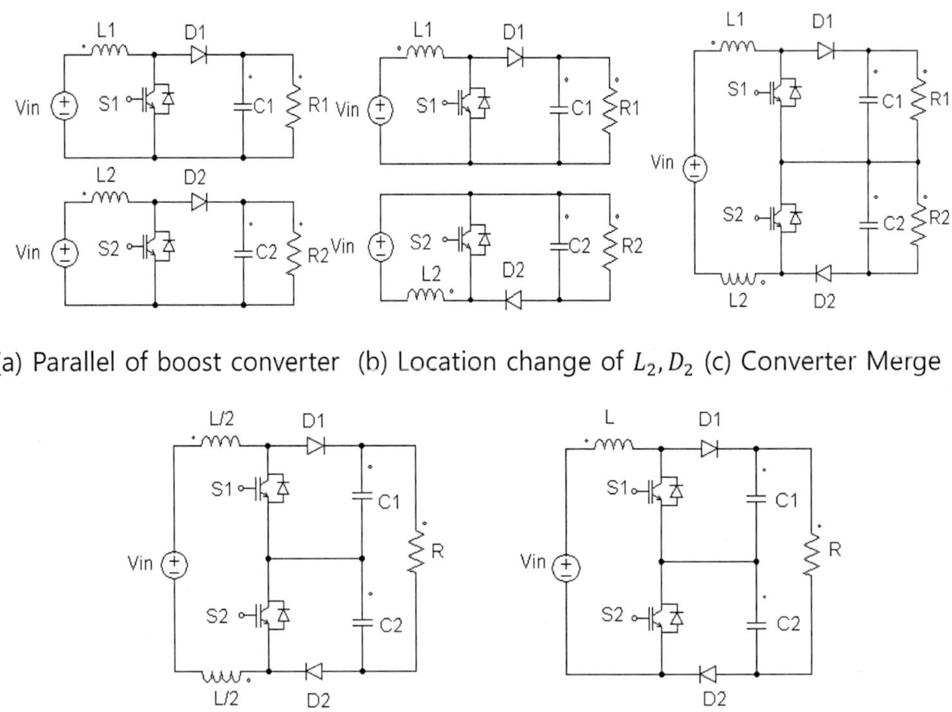

(a) Parallel of boost converter (b) Location change of L_2, D_2 (c) Converter Merge

(d) Integration (e) final 3-level

Figure 5.3 Topology for 3-level boost converter

단점으로는 스위치와 다이오드 갯수가 2배가 된다. 또한 2개의 스위치로 복잡한 동작을 함으로서 선형 제어기 설계가 어려운 문제점이 생긴다.

- 제어기 관점에서 생각해 보면 3-level boost는 인덕터와 두 개의 커패시터를 가지고 있으므로 3개의 상태변수(i_L, v_{c1}, v_{c2})로 구성된 3차 상태공간 표현식과 전달함수로 표현되어 복잡한 고차 방정식으로 나타난다.

- 듀티 0.5를 기준으로 서로 다른 등가 회로로 표현되어 2개의 동작 모드를 가진다.

- 커패시터 전압 v_{c1}, v_{c2}의 차이가(unbalance) 생긴다.

이러한 복합적인 요인들로 인해 정확한 수학적 모델을 얻기가 어려워서 제어기 설계가 중요한 요소가 된다.

5.2 상태평균화 방정식과 전달함수

3 개의 상태변수를 적용한 상태공간 평균화 방정식을 유도하자.

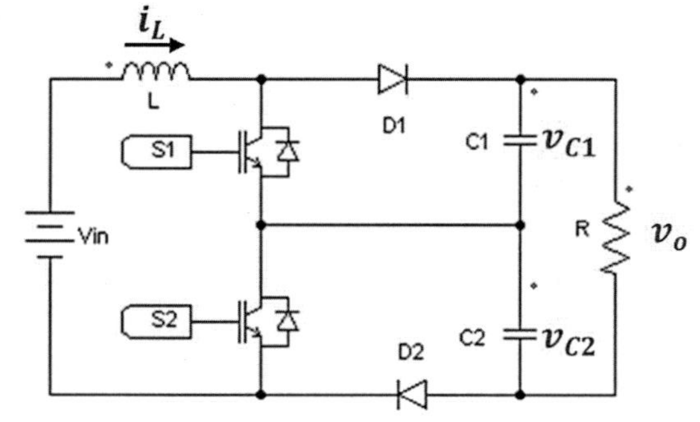

Figure 5.4 3-Level Boost Converter State Variables

스위치 S_1과 S_2의 상태 조합은 다음과 같다.

S_1	S_2	구간
1	1	(a)
1	0	(b)
0	1	(c)
0	0	(d)

스위치 S_1과 S_2는 도통시간은 동일하고 180도 위상 차를 가지고 동작한다. 각 스위치의 듀티를 D라고 하면 (b), (c), (d) 구간에서는 $0 < D < 0.5$ 의 범위를 갖는다. 그런데 (a) 구간에서 두 스위치가 동시에 ON이 되기 때문에 이 구간에서는 $D > 0.5$의 범위를 가지게 된다. 따라서 듀티 범위에 따라서 Current path가 다르게 나타나게 된다.

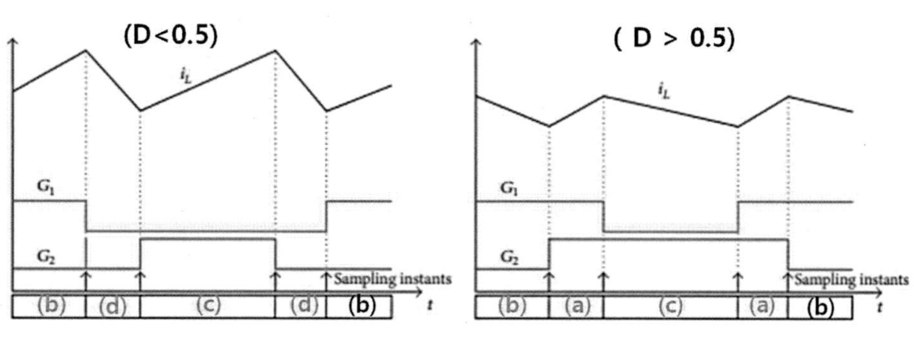

Figure 5.5 Switching pattern for duty boundary

그림 5.5에 듀티 범위에 따른 구간별 스위칭 패턴 조합을 나타내었다. 스위치 조합에 대한 구간별 등가회로를 그림 5.6에 나타내었다.

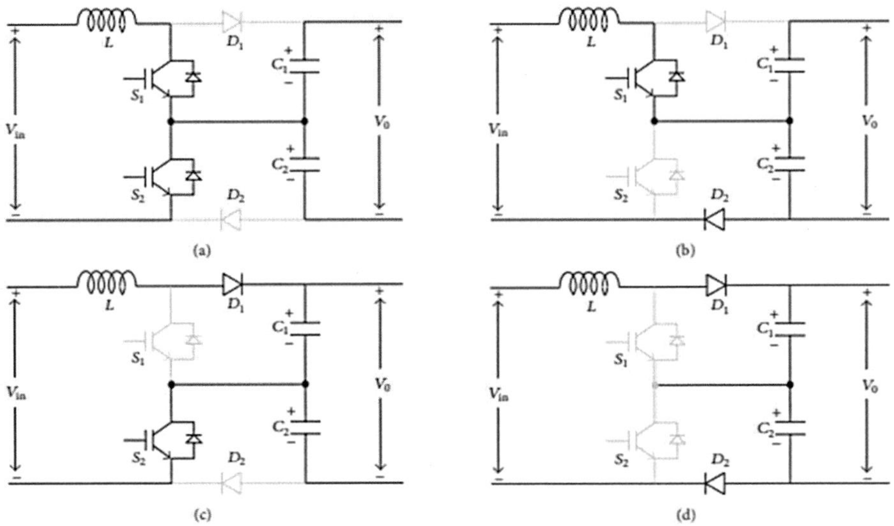

Figure 5.6 Equivalent circuit for corresponding switching combination

상태 평균화 방정식을 구하기 위해 듀티 경계조건에 따라서 등가회로를 그려보았다.

a. Duty > 0.5인 경우

그림 5.5의 두 번째 그림을 보면 한 주기는 구간 (a), (c), (a), (b)로 구성되어 있는 것을 알 수 있다.

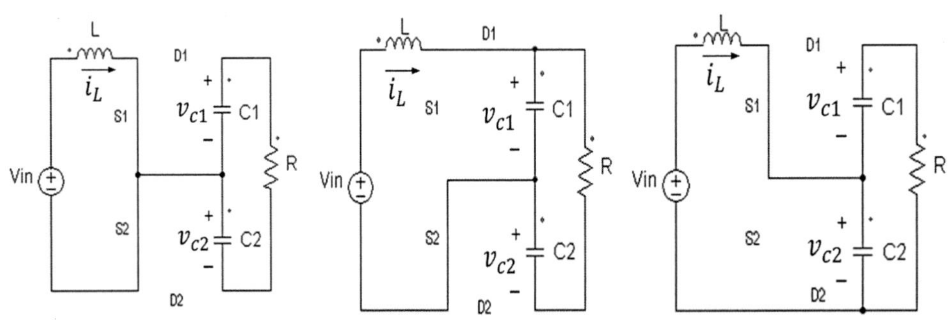

Figure 5.7 Equivalent circuit for each corresponding switching period

Interval (a) 구간의 상태공간 표현식

$$\frac{di_L}{dt}=\frac{1}{L}v_{in}$$

$$\frac{dv_{c1}}{dt}=-\frac{1}{RC_1}(v_{C1}+v_{C2})$$

$$\frac{dv_{c2}}{dt}=-\frac{1}{RC_2}(v_{C1}+v_{C2})$$

$$\begin{pmatrix}\frac{di_L}{dt}\\ \frac{dv_{c1}}{dt}\\ \frac{dv_{c2}}{dt}\end{pmatrix}=\begin{pmatrix}0 & 0 & 0\\ 0 & -\frac{1}{RC_1} & -\frac{1}{RC_1}\\ 0 & -\frac{1}{RC_2} & -\frac{1}{RC_2}\end{pmatrix}\begin{pmatrix}i_L\\ v_{C1}\\ v_{C2}\end{pmatrix}+\begin{pmatrix}\frac{1}{L}\\ 0\\ 0\end{pmatrix}v_{in}=A_aX+B_av_{in}$$

Interval (c) 구간의 상태공간 표현식

$$\frac{di_L}{dt}=-\frac{1}{L}v_{c1}+\frac{1}{L}v_{in}$$

$$\frac{dv_{c1}}{dt}=-\frac{V_0}{RC_1}+\frac{1}{C_1}i_L=\frac{1}{C_1}i_L-\frac{1}{RC_1}(v_{C1}+v_{C2})$$

$$\frac{dv_{c2}}{dt}=-\frac{1}{RC_2}(v_{C1}+v_{C2})$$

$$\begin{pmatrix}\frac{di_L}{dt}\\ \frac{dv_{c1}}{dt}\\ \frac{dv_{c2}}{dt}\end{pmatrix}=\begin{pmatrix}0 & -\frac{1}{L} & 0\\ \frac{1}{C_1} & -\frac{1}{RC_1} & -\frac{1}{RC_1}\\ 0 & -\frac{1}{RC_2} & -\frac{1}{RC_2}\end{pmatrix}\begin{pmatrix}i_L\\ v_{C1}\\ v_{C2}\end{pmatrix}+\begin{pmatrix}\frac{1}{L}\\ 0\\ 0\end{pmatrix}v_{in}=A_cX+B_cv_{in}$$

Interval (b) 구간의 상태공간 표현식

$$\frac{di_L}{dt}=-\frac{1}{L}v_{c2}+\frac{1}{L}v_{in}$$

$$\frac{dv_{c1}}{dt}=-\frac{1}{RC_1}(v_{C1}+v_{C2})$$

$$\frac{dv_{c2}}{dt}=-\frac{V_0}{RC_2}+\frac{1}{C_2}i_L=\frac{1}{C_2}i_L-\frac{1}{RC_2}(v_{C1}+v_{C2})$$

$$\begin{pmatrix}\frac{di_L}{dt}\\ \frac{dv_{c1}}{dt}\\ \frac{dv_{c2}}{dt}\end{pmatrix}=\begin{pmatrix}0 & 0 & -\frac{1}{L}\\ 0 & -\frac{1}{RC_1} & -\frac{1}{RC_1}\\ \frac{1}{C_2} & -\frac{1}{RC_2} & -\frac{1}{RC_2}\end{pmatrix}\begin{pmatrix}i_L\\ v_{C1}\\ v_{C2}\end{pmatrix}+\begin{pmatrix}\frac{1}{L}\\ 0\\ 0\end{pmatrix}v_{in}=A_bX+B_bv_{in}$$

각 구간의 시간을 듀티 d와 스위칭 주기 T_s로 표현하면 다음과 같다.

$$T_s = 2T_a + T_b + T_c,\ \ T_b = T_c\ ,\quad dT_s = 2T_a + T_b$$

위 식을 정리하면 $T_s = 2T_a + 2T_b$, $T_b = \frac{(T_s - 2T_a)}{2}$, $T_a = \frac{(2d-1)T_s}{2}$

따라서 Interval (a)의 지속시간은 $2T_a$ 이므로 $(2d-1)T_s$로 계산되고 Interval (b)의 지속시간은 T_b 이므로 대입하면 $(1-d)T_s$로 주어진다.

한 주기 T_s의 평균 행렬값은 $(A_a \cdot 2T_a + A_b \cdot T_b + A_c \cdot T_c)/T_s$ 임으로

$$A_{avg} = A_a \cdot (2d-1) + (A_c + A_b) \cdot (1-d) = \begin{pmatrix} 0 & -\frac{(1-d)}{L} & -\frac{(1-d)}{L} \\ \frac{(1-d)}{C_1} & -\frac{1}{RC_1} & -\frac{1}{RC_1} \\ \frac{(1-d)}{C_2} & -\frac{1}{RC_2} & -\frac{1}{RC_2} \end{pmatrix}$$

$$B_{avg} = B_a \cdot (2d-1) + (B_c + B_b) \cdot (1-d) = \begin{pmatrix} \frac{1}{L} \\ 0 \\ 0 \end{pmatrix} v_{in}$$

2) D <0.5인 경우

그림 5.5의 첫 번째 그림을 보면 구간 (b), (d), (c), (d) 임으로 (b)와 (c)는 앞의 경우와 동일하기 때문에 (d)구간에서의 등가회로를 나타내면 다음과 같다.

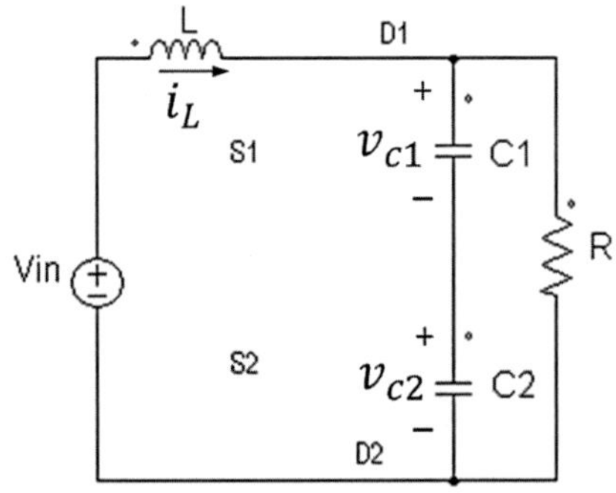

Figure 5.8 Equivalent circuit for interval (d)

Interval (d) 구간의 상태공간 표현식

$$V_{in} = L\frac{di_L}{dt} + v_{C1} + v_{C2}$$

$$\frac{dv_{c1}}{dt} = \frac{i_L}{C_1} - \frac{1}{RC_1}(v_{C1} + v_{C2})$$

$$\frac{dv_{c2}}{dt} = \frac{i_L}{C_2} - \frac{1}{RC_2}(v_{C1} + v_{C2})$$

$$\begin{pmatrix} \frac{di_L}{dt} \\ \frac{dv_{c1}}{dt} \\ \frac{dv_{c2}}{dt} \end{pmatrix} = \begin{pmatrix} 0 & -\frac{1}{L} & -\frac{1}{L} \\ \frac{1}{C_1} & -\frac{1}{RC_1} & -\frac{1}{RC_1} \\ \frac{1}{C_2} & -\frac{1}{RC_2} & -\frac{1}{RC_2} \end{pmatrix} \begin{pmatrix} i_L \\ v_{C1} \\ v_{C2} \end{pmatrix} + \begin{pmatrix} \frac{1}{L} \\ 0 \\ 0 \end{pmatrix} v_{in} = A_d X + B_d v_{in}$$

각 구간의 시간을 듀티 d와 스위칭 주기 T_s로 표현하면 다음과 같다.

$$T_s = 2T_d + T_b + T_c, \quad T_b = T_c, \quad dT_s = T_b$$

위 식을 정리하면 $T_s = 2T_d + 2T_b$, $T_d = \frac{(1-2d)T_s}{2}$

한 주기 T_s의 평균 행렬값은$(A_d \cdot 2T_d + A_b \cdot T_b + A_c \cdot T_c)/T_s$ 임으로

$$A_{avg} = A_d \cdot (1-2d) + (A_b + A_c) \cdot d = \begin{pmatrix} 0 & -\frac{(1-d)}{L} & -\frac{(1-d)}{L} \\ \frac{(1-d)}{C_1} & -\frac{1}{RC_1} & -\frac{1}{RC_1} \\ \frac{(1-d)}{C_2} & -\frac{1}{RC_2} & -\frac{1}{RC_2} \end{pmatrix}$$

$$B_{avg} = B_d \cdot (1-2d) + (B_b + B_c) \cdot d = \begin{pmatrix} \frac{1}{L} \\ 0 \\ 0 \end{pmatrix} v_{in}$$

$D > 0.5$ 인 경우와 $D < 0.5$인 경우를 비교해 보면 상태평균화 방정식 행렬 A_{avg}, B_{avg}는 서로 동일하다는 것을 알 수 있다. 따라서 듀티 범위에 무관한 3-level boost 컨버터의 상태평균화 방정식을 얻을 수 있다.

앞 장의 boost converter의 상태평균화 방정식과 비교해 보자. 커패시턴스 C_1과 C_2가 동일하다면 3-level boost 컨버터의 상태평균화 방정식은 2×2 로 표현될 수 있고 A_{avg}, B_{avg}는 boost converter와 동일하다는 것을 알 수 있다.

5.3 제어기 설계(Controller Design)

3-level Boost 상태평균화 모델의 선형화를 위해 다음과 같은 perturbation 대입하여 직류 성분(DC: Steady-state equation)과 교류 성분(AC: Small-signal equation at DC operating point)으로 분리하여 정리하면

$$d = D + \hat{d},\ \ i_L = I_L + \hat{\imath}_L,\ \ v_{C1} = V_{C1} + \hat{v}_{C1},\ \ v_{C2} = V_{C1} + \hat{v}_{C2}$$

(a) $\frac{d}{dt}(I_L + \hat{\imath}_L) = -\frac{1}{L}(1 - D - \hat{d})(V_{C1} + \hat{v}_{C1}) + -\frac{1}{L}(1 - D - \hat{d})(V_{C2} + \hat{v}_{C2}) + \frac{1}{L}(V_{IN})$

DC : $\frac{d}{dt}(I_L) = \frac{1}{L}[-(1 - D)V_{C1} - (1 - D)V_{C2} + V_{IN}]$

AC : $\frac{d}{dt}(\hat{\imath}_L) = \frac{1}{L}[-(1 - D)\hat{v}_{C1} + V_{C1} \cdot \hat{d} + \hat{d} \cdot \hat{v}_{C1} - (1 - D)\hat{v}_{C2} + V_{C2} \cdot \hat{d} + \hat{d} \cdot \hat{v}_{C2}]$

$\hat{d} \cdot \hat{v}_{C1}$, $\hat{d} \cdot \hat{v}_{C2}$는 0으로 수렴하는 매우 작은 값이기에 무시하면

$$\frac{d}{dt}(\hat{\imath}_L) = -\frac{1}{L}(1 - D)\hat{v}_{C1} + \frac{1}{L}V_{C1} \cdot \hat{d} + -\frac{1}{L}(1 - D)\hat{v}_{C2} + \frac{1}{L}V_{C2} \cdot \hat{d}$$

(b) $\frac{d}{dt}(V_{C1} + \hat{v}_{C1}) = \frac{1}{C_1}\left(1 - D - \hat{d}\right)(I_L + \hat{\imath}_L) - \frac{1}{RC_1}(V_{C1} + \hat{v}_{C1}) - \frac{1}{RC_1}(V_{C2} + \hat{v}_{C2})$

DC : $\frac{d}{dt}(V_{C1}) = \frac{1}{C_1}(1 - D)I_L - \frac{1}{RC_1}V_{C1} - -\frac{1}{RC_2}V_{C2}$

AC : $\frac{d}{dt}(\hat{v}_{C1}) = \frac{1}{C_1}(1 - D)\hat{\imath}_L - \frac{1}{C_1}I_L \cdot \hat{d} - \frac{1}{C_1} \cdot \hat{d} \cdot \hat{\imath}_L - \frac{1}{RC_1}\hat{v}_{C1} - \frac{1}{RC_1}\hat{v}_{C2}$

$$\frac{d}{dt}(\hat{v}_{C1}) = \frac{1}{C_1}(1 - D)\hat{\imath}_L - \frac{1}{C_1}I_L \cdot \hat{d} - \frac{1}{RC_1}\hat{v}_{C1} - \frac{1}{RC_1}\hat{v}_{C2}$$

(c) $\frac{d}{dt}(V_{C2} + \hat{v}_{C2}) = \frac{1}{C_2}(1 - D - \hat{d})(I_L + \hat{\imath}_L) + -\frac{1}{RC_2}(V_{C1} + \hat{v}_{C1}) - \frac{1}{RC_2}(V_{C2} + \hat{v}_{C2})$

DC : $\frac{d}{dt}(V_{C2}) = \frac{1}{C_2}(1 - D)I_L - \frac{1}{RC_2}V_{C1} - -\frac{1}{RC_2}V_{C2}$

AC : $\frac{d}{dt}(\hat{v}_{C2}) = \frac{1}{C_2}(1 - D)\hat{\imath}_L - \frac{1}{C_2}I_L \cdot \hat{d} - \frac{1}{C_2} \cdot \hat{d} \cdot \hat{\imath}_L - \frac{1}{RC_2}\hat{v}_{C1} - \frac{1}{RC_2}\hat{v}_{C2}$

$$\frac{d}{dt}(\hat{v}_{C2}) = \frac{1}{C_2}(1 - D)\hat{\imath}_L - \frac{1}{C_2}I_L \cdot \hat{d} - \frac{1}{RC_2}\hat{v}_{C1} - \frac{1}{RC_2}\hat{v}_{C2}$$

소신호 모델은 다음과 같이 주어진다.

$$\begin{pmatrix} \frac{\hat{\imath}_L}{dt} \\ \frac{\hat{v}_{C1}}{dt} \\ \frac{\hat{v}_{C2}}{dt} \end{pmatrix} = \begin{pmatrix} 0 & -\frac{(1-D)}{L} & -\frac{(1-D)}{L} \\ \frac{(1-D)}{C_1} & -\frac{1}{RC_1} & -\frac{1}{RC_1} \\ \frac{(1-D)}{C_2} & -\frac{1}{RC_2} & -\frac{1}{RC_2} \end{pmatrix} \begin{pmatrix} \hat{\imath}_L \\ \hat{v}_{C1} \\ \hat{v}_{C2} \end{pmatrix} + \begin{pmatrix} \frac{(V_{C1}+V_{C2})}{L} \\ -\frac{1}{C_1} I_L \\ -\frac{1}{C_2} I_L \end{pmatrix} \hat{d}$$

직류값은 다음과 같이 계산된다.

$$I_L = \frac{V_{IN}}{R(1-D)^2}$$

$$V_{C1} + V_{C2} = \frac{V_{IN}}{(1-D)}$$

따라서 정상상태(DC)에서의 입출력 전달함수(Input-Output Transfer function)는 다음으로 주어진다.

$$\frac{V_{C1} + V_{C2}}{V_{IN}} = \frac{1}{(1-D)}$$

행렬 형식으로 나타내면

$$\dot{X} = AX + Bu$$

where,

$$X = \begin{pmatrix} \hat{\imath}_L \\ \hat{v}_{C1} \\ \hat{v}_{C2} \end{pmatrix}, \quad A = \begin{pmatrix} 0 & -\frac{(1-D)}{L} & -\frac{(1-D)}{L} \\ \frac{(1-D)}{C_1} & -\frac{1}{RC_1} & -\frac{1}{RC_1} \\ \frac{(1-D)}{C_2} & -\frac{1}{RC_2} & -\frac{1}{RC_2} \end{pmatrix}, \quad B = \begin{pmatrix} \frac{(V_{C1}+V_{C2})}{L} \\ -\frac{1}{C_1} I_L \\ -\frac{1}{C_2} I_L \end{pmatrix}, \ \mathrm{u}=\hat{d}$$

소신호 모델도 커패시턴스 C_1과 C_2가 동일하다면 3-level boost 소신호 모델은 2×2로 표현될 수 있고 A, B는 boost converter와 완벽하게 동일하다는 것을 알 수 있다. 따라서 제어기 설계도 boost 컨버터에서 설계됐던 gain들을 그대로 사용할 수 있다.

먼저 일반적인 경우인 C_1과 C_2가 다른 경우를 생각해 보자. 주파수 전달함수를 얻기 위해 Laplace 변환을 적용하면,

$$(sI - A)X(s) - X(0) = BU, \quad X(s) = (sI - A)^{-1}[X(0) + BU(s)]$$

초기값 $X(0) = \begin{pmatrix} I_L(0) \\ V_C(0) \end{pmatrix} = \begin{pmatrix} 0 \\ V_{in} \end{pmatrix}$ 이다.

입출력 전달함수를 계산하면 $\frac{X(s)}{U(s)} = (SI - A)^{-1}B$ 로 주어진다.

$$(SI - A)^{-1} = \begin{pmatrix} 0 & -\dfrac{(1-D)}{L} & -\dfrac{(1-D)}{L} \\ \dfrac{(1-D)}{C_1} & -\dfrac{1}{RC_1} & -\dfrac{1}{RC_1} \\ \dfrac{(1-D)}{C_2} & -\dfrac{1}{RC_2} & -\dfrac{1}{RC_2} \end{pmatrix}^{-1}$$

역행렬(3 × 3)을 계산하는 과정은 다음과 같다.

$$sI - A = \begin{pmatrix} s & 0 & 0 \\ 0 & s & 0 \\ 0 & 0 & s \end{pmatrix} - \begin{pmatrix} a_1 & a_2 & a_3 \\ a_4 & a_5 & a_6 \\ a_7 & a_8 & a_9 \end{pmatrix} = \begin{pmatrix} s - a_1 & -a_2 & -a_3 \\ -a_4 & s - a_5 & -a_6 \\ -a_7 & -a_8 & s - a_9 \end{pmatrix}$$

$$\Delta = \mathrm{s} - a_1 \begin{vmatrix} s - a_5 & -a_6 \\ -a_8 & s - a_9 \end{vmatrix} + a_4 \begin{vmatrix} -a_2 & -a_3 \\ -a_8 & s - a_9 \end{vmatrix} - a_7 \begin{vmatrix} -a_2 & -a_3 \\ s - a_5 & -a_6 \end{vmatrix}$$

$$= (s - a_1)\{(s - a_5)(s - a_9) - a_6 a_8\} + a_4\{-a_2(s - a_9) - a_3 a_8\} - a_7\{a_2 a_6 + a_3(s - a_5)\}$$

$$= s^3 - (a_5 + a_9 + a_1)s^2 + (a_5 a_9 - a_6 a_8 + a_1 a_5 + a_1 a_9 - a_2 a_4 - a_3 a_7)s + a_1 a_6 a_8 \\ + a_2 a_4 a_9 - a_3 a_4 a_8 - a_2 a_6 a_7 + a_3 a_5 a_7 - a_1 a_5 a_9$$

$$a_1 = 0\,, a_2 = -\frac{1-D}{L}\,, a_3 = -\frac{1-D}{L}, \qquad a_4 = \frac{1-D}{C_1}\,, a_5 = \frac{-1}{RC_1}$$

$$a_6 = -\frac{1}{RC_1}, \qquad a_7 = \frac{1-D}{C_2}\,, \qquad a_8 = -\frac{1}{RC_2}\,, \qquad a_9 = -\frac{1}{RC_2}$$

$$(sI - A)^{-1} = \frac{1}{\Delta}\begin{pmatrix} \Delta_1 & \Delta_2 & \Delta_3 \\ \Delta_4 & \Delta_5 & \Delta_6 \\ \Delta_7 & \Delta_8 & \Delta_9 \end{pmatrix}$$

$$\Delta_1 = \begin{vmatrix} s - a_5 & -a_6 \\ -a_8 & s - a_9 \end{vmatrix} = (s - a_5)(s - a_9) - a_6 a_8 = s^2 - (a_5 + a_9)s + a_5 a_9 - a_6 a_8$$

$$\Delta_2 = -\begin{vmatrix} -a_2 & -a_3 \\ -a_8 & s - a_9 \end{vmatrix} = +a_2(s - a_9) + a_3 a_8 = +a_2 s - a_2 a_9 + a_3 a_8$$

$$\Delta_3 = \begin{vmatrix} -a_2 & -a_3 \\ s - a_5 & -a_6 \end{vmatrix} = a_3(s - a_5) + a_2 a_6 = a_3 s - a_3 a_5 + a_2 a_6$$

$$\Delta_4 = -\begin{vmatrix} -a_4 & -a_6 \\ -a_7 & s - a_9 \end{vmatrix} = a_4(s - a_9) + a_6 a_7 = a_4 s - a_4 a_9 + a_6 a_7$$

$$\Delta_5 = \begin{vmatrix} s - a_1 & -a_3 \\ -a_7 & s - a_9 \end{vmatrix} = (s - a_1)(s - a_9) - a_3 a_7 = s^2 - (a_1 + a_9)s + a_1 a_9 - a_3 a_7$$

$$\Delta_6 = -\begin{vmatrix} s - a_1 & -a_3 \\ -a_4 & -a_6 \end{vmatrix} = +a_6(s - a_1) + a_3 a_4 = +a_6 s - a_1 a_6 + a_3 a_4$$

$$\Delta_7 = +\begin{vmatrix} -a_4 & s-a_5 \\ -a_7 & -a_8 \end{vmatrix} = a_4a_8 + a_7(s-a_5) = a_7s + a_4a_8 - a_5a_7$$

$$\Delta_8 = -\begin{vmatrix} s-a_1 & -a_2 \\ -a_7 & -a_8 \end{vmatrix} = a_8(s-a_1) + a_2a_7 = a_8s - a_1a_8 + a_2a_7$$

$$\Delta_9 = \begin{vmatrix} s-a_1 & -a_2 \\ -a_4 & s-a_5 \end{vmatrix} = (s-a_1)(s-a_5) - a_2a_4 = s^2 - (a_1+a_5)s + a_1a_5 - a_2a_4$$

$$(sI-A)^{-1}B = \frac{1}{\Delta}\begin{pmatrix} \Delta_1 & \Delta_2 & \Delta_3 \\ \Delta_4 & \Delta_5 & \Delta_6 \\ \Delta_7 & \Delta_8 & \Delta_9 \end{pmatrix}\begin{pmatrix} b_1 \\ b_2 \\ b_3 \end{pmatrix} = \begin{pmatrix} g_i \\ g_{v1} \\ g_{v2} \end{pmatrix}$$

$$g_i = \frac{\Delta_1b_1 + \Delta_2b_2 + \Delta_3b_3}{\Delta}, \qquad g_{v1} = \frac{\Delta_4b_1 + \Delta_5b_2 + \Delta_6b_3}{\Delta}, \qquad g_{v2} = \frac{\Delta_7b_1 + \Delta_8b_2 + \Delta_9b_3}{\Delta}$$

$$\therefore\ (sI-A)^{-1}B = \frac{X(S)}{U(S)} = \frac{1}{\Delta}\begin{pmatrix} g_i \\ g_{v1} \\ g_{v2} \end{pmatrix} = \begin{pmatrix} I_L(s) \\ V_{c1}(s) \\ V_{c2}(s) \end{pmatrix}$$

$$\frac{\hat{I}_L(s)}{\hat{d}(s)} = \frac{g_i}{\Delta} = G_1(s)$$

$$\frac{\hat{V}_{c1}(s)}{\hat{d}(s)} = \frac{g_{v1}}{\Delta} = G_{21}(s)$$

$$\frac{\hat{V}_{c2}(s)}{\hat{d}(s)} = \frac{g_{v2}}{\Delta} = G_{22}(s)$$

Boost 컨버터에서 사용했던 것과 동일한 회로 파라미터를 적용하여 MATLAB으로 $bode(G_1)$, $bode(G_{21})$을 실행한 결과는 그림 5.9와 같다.

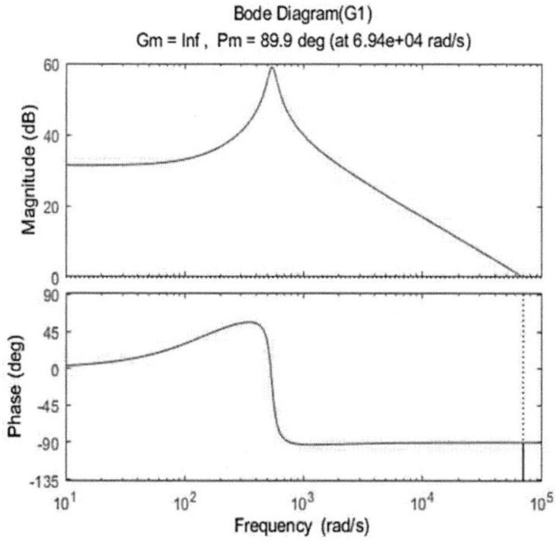

(a) Bode (G_1)

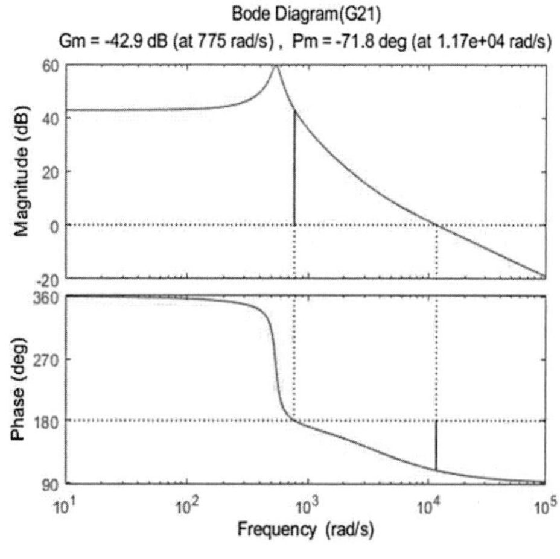

(b) Bode(G_{21})

Figure 5.9 Bode diagram of Current and voltage transfer function

$G_{22}(s)$의 결과는 $G_{21}(s)$과 동일함으로 생략하였다. 실행 결과를 보면 $G_1(s)$은 안정한 시스템이고 $G_{21}(s)$, $G_{22}(s)$는 불안정한 시스템이며, Bode Diagram은 boost converter와 일치한다. 따라서 3-level boost의 제어기 설계는 부스트 컨버터와 동일함을 알 수 있다.

PSIM schematic에서 High side 스위치 duty는 제어기 출력값을 적용하고 Low side 스위치는 (1-duty) 값을 적용한 후에 위상을 180도 지연시키기 위해 PWM 발생회로의 위상을 반대로 연결하였다. 삼각파 carrier는 Symmetrical하게 설정하였다. 이 점은 비대칭 삼각파 carrier로 사용하는 boost converter와 다른 점이다. 먼저 open loop에서 duty가 0.5 보다 작거나 클때 스위치 동작 파형을 그려보면 그림 5.10과 같다.

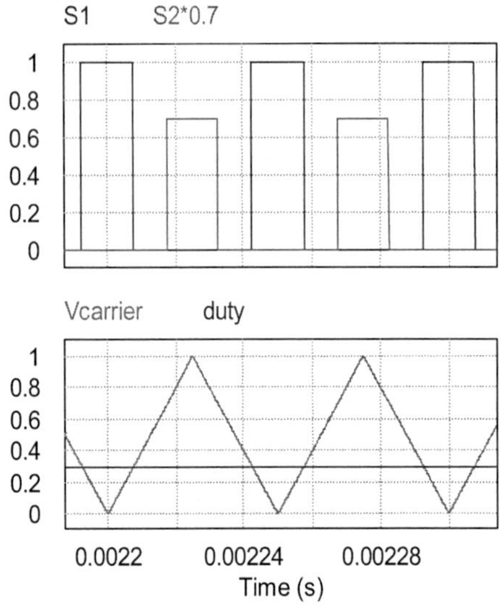

(a) D < 0.5인 경우

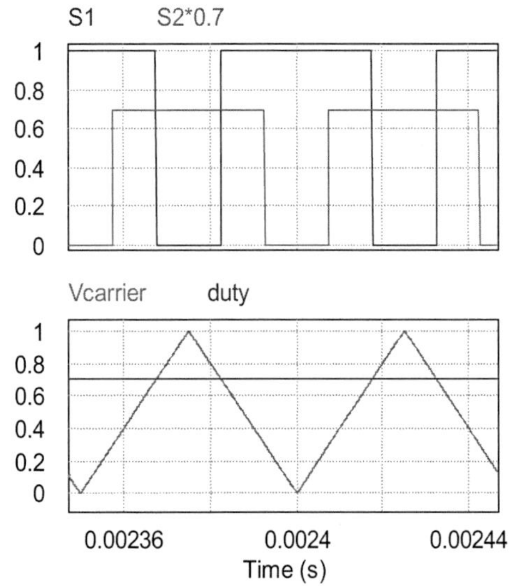

(b) D> 0.5인 경우

Figure 5.10 Switching Pattern for open loop case

Double loop 제어기를 적용한 PSIM 시뮬레이션을 수행한 결과가 그림 5.11에 나타나 있다. 제어기들의 이득들은 boost converter의 값들을 그대로 사용하였다. 시뮬레이션 파형을 보면 전압은 설계값대로 출력되는 것을 알 수 있고, 전류도 원하는 파형으로 잘 제어되고 있음을 알 수 있다. 이것은 boost converter에서 사용한 이득이 동일하게 3-level boost converter 제어기에서도 잘 동작함을 알 수 있다.

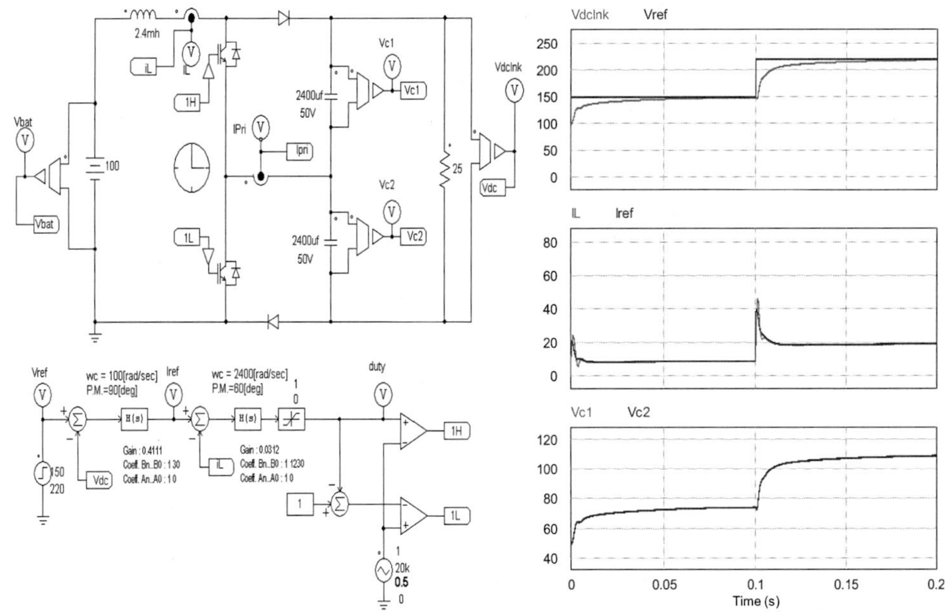

Figure 5.11 Simulation schematic and waveforms of the double loop controller

커패시터 전압 V_{C1}과 V_{C2}는 동일한 값을 유지하고 있다. 이것은 시뮬레이션에서 C_1과 C_2 를 동일하게 2400 $[uF]$으로 설정하였기 때문이다. 실제 회로에서는 전해커패시터 용량 편차가 10%~15% 정도 발생하기 때문에 절대로 같은 값을 가질 수는 없다. 따라서 커패시터 전압의 불균형(unbalance)은 반드시 발생하게 된다. 커패시터 용량(capacitance)이 서로 다를 경우 커패시터 전압을 그림 5.12에 그려 보았다. DClink 전압이나 인덕터 전류값들은 동일한 파형을 가진다

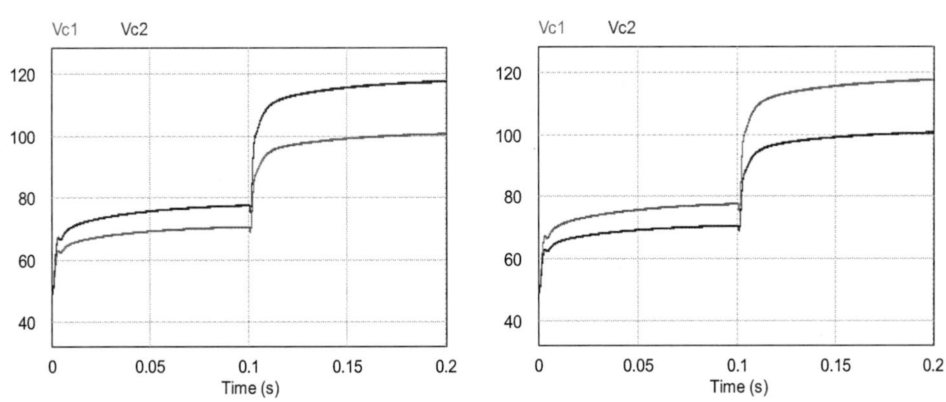

(a) $C_1 = 2400, C_2 = 1800\ [uF]$ (b) $C_1 = 1800, C_2 = 2400\ [uF]$

Figure 5.12 Capacitance Unbalance cases

그림 (a)에서는 $V_{C2} > V_{C1}$ 이고, 그림 (b)에서는 $V_{C1} > V_{C2}$ 이다. 이것은 낮은 용량을 가지는 커패시터가 상대적으로 높은 전압으로 충전되기 때문이다.

따라서 커패시터 전압 불균형(unbalancing) 문제를 해결하기 위해 설계된 제어기에 Balancing 회로를 반드시 추가하여야 한다. Balancing 제어기는 커패시터 전압차를 0으로 만들기 위한 feedback 구조와 간단한 P 제어기로 구성된다. PI 제어기를 사용할 수도 있지만, 단순한 설계방식을 적용하였다. P-gain은 특별한 모델링을 적용하지 않고 오차에 0.01을 곱하여 feedforward duty를 적용하는 방식으로 구성하였다. 그림 5.13에 밸런싱 제어기를 추가한 제어 회로 구성도를 나타내었다.

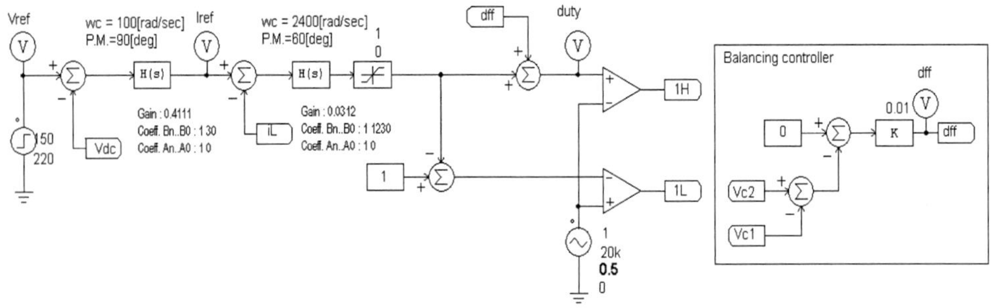

Figure 5.13 Balancing controller configuration

설계된 Balancing 제어기를 원래 제어기에 추가하여 커패시턴스 C_1과 C_2가 15%의 오차가 나는 경우를 각각 시뮬레이션 한 결과를 그림 5.14에 나타내었다.

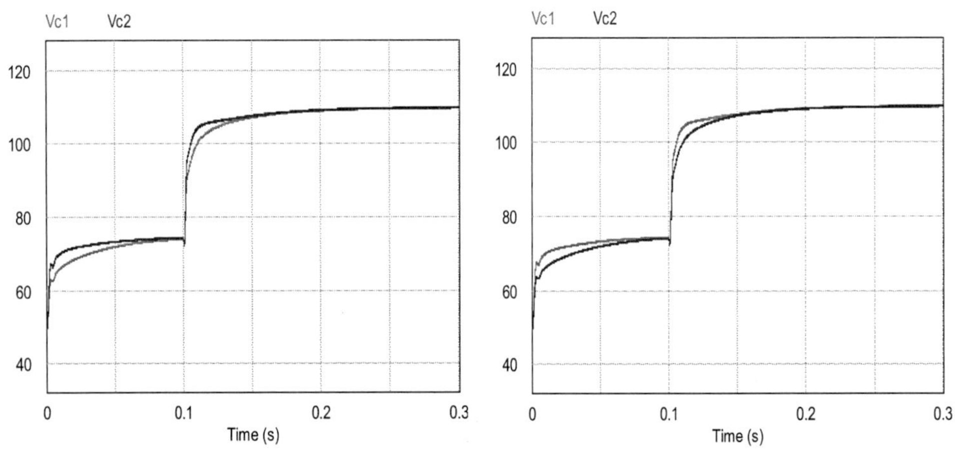

(a) $C_1 = 2400, C_2 = 1800\ [uF]$ (b) $C_1 = 1800, C_2 = 2400\ [uF]$

Figure 5.14 Simulation results of the balancing controller

시뮬레이션 결과를 보면 두 경우 모두 정상상태에서 커패시터 전압이 모두 동일함을 알 수 있다. 이를 통해 설계된 balancing 제어기의 실제 회로에서의 유효성을 확인할 수 있다.

앞 장의 양방향 컨버터와 동일하게 3-level boost 컨버터도 두 개의 다이오드를 스위치들로 대치하면 양방향 컨버터로 동작시킬 수 있다. 그림 5.15에 3-level 양방향 컨버터의 schematic을 보여주고 있다.

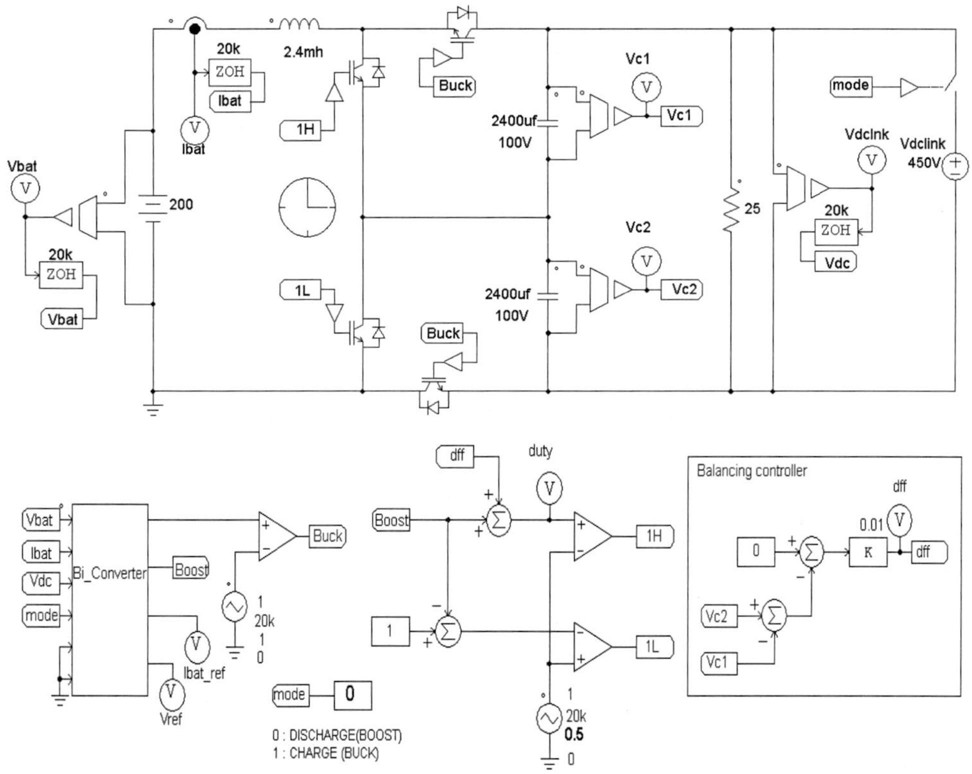

Figure 5.15 Schematic circuit of the 3-level bi-directional converter

시뮬레이션 조건은 앞 장의 양방향 컨버터와 같은 조건이며, 제어기 C-block도 Bi-converter의 코드들 그대로 사용하였다. Buck 스위치와 Boost 스위치 duty는 양방향 컨버터와 동일하며, upper 와 low 스위치 구동 회로는 3-level boost 컨버터 회로를 그대로 사용하였다. balancing 제어기도 그대로 사용하였다.

방전과 충전시의 시뮬레이션 파형은 그림 5.16과 같다. Boost 컨버터에서 적용했던 설계 gain들을 그대로 사용해도 동일한 결과가 얻어진다. 방전시 전압과 전류는 모두 설계된 파형으로 나오는 것을 알 수 있고, 충전시 전류도 잘 제어되고 있음을 알 수 있다.

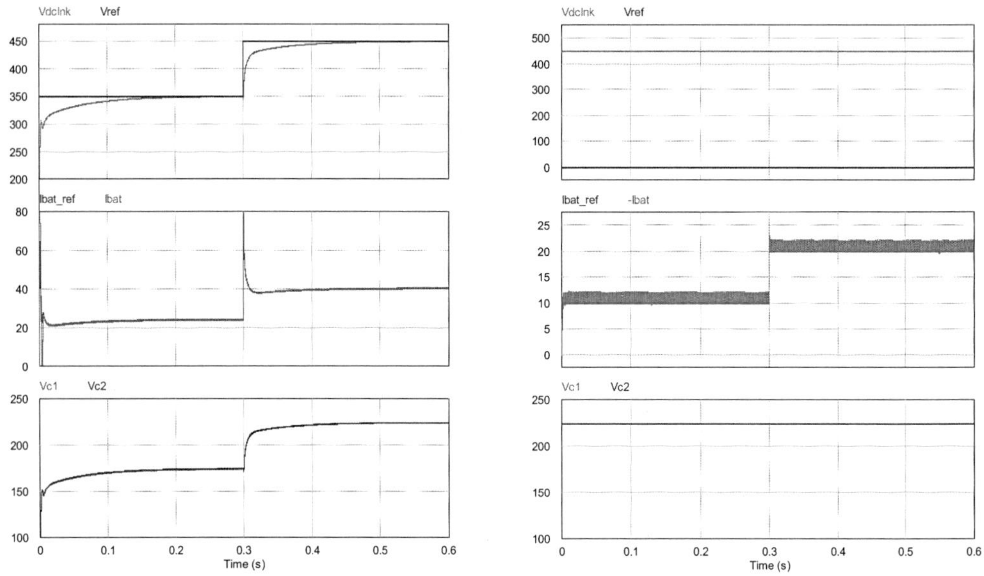

(a) Discharge waveform (b) Charge waveform

Figure 5.16 Simulation results of the 3-level bi-directional converter

SOLAR CONVERTER

이번 장에서 다룰 Solar Converter 종류와 회로는 다음과 같다.

6장. SOLAR SYSTEM

7장 SOLAR BOOST CONVERTER

8장 SOLAR BUCK CONVERTER

9장 Three-Level SOLAR BOOST CONVERTER

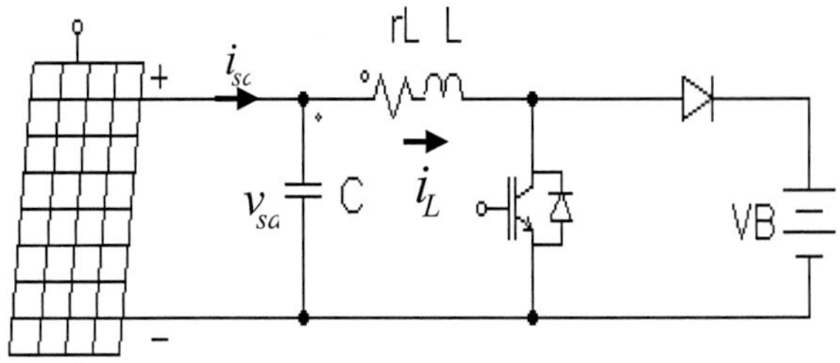

Solar Boost Converter

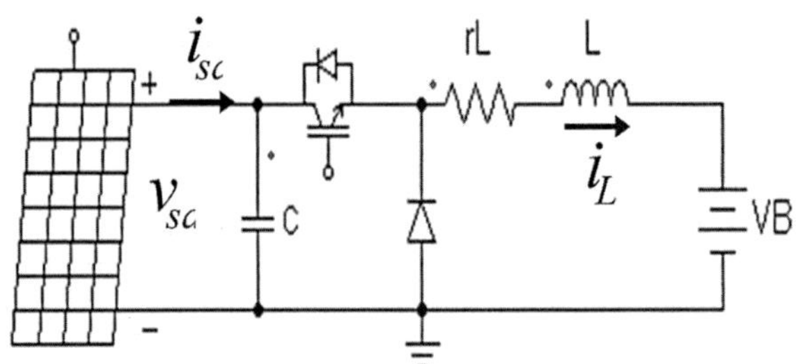

Solar Buck Converter

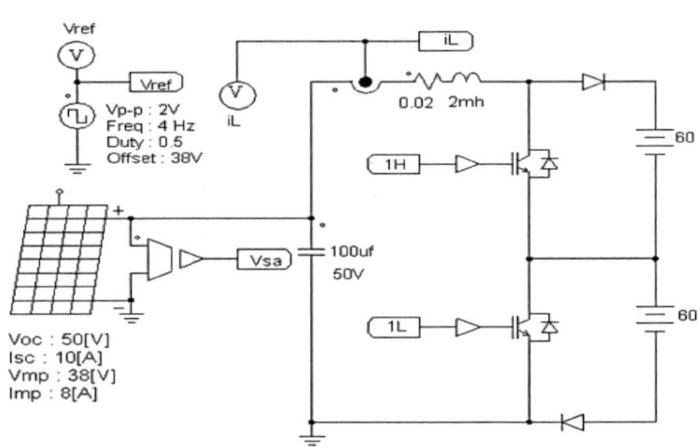

Three-Level SOLAR BOOST CONVERTER

6. SOLAR SYSTEM

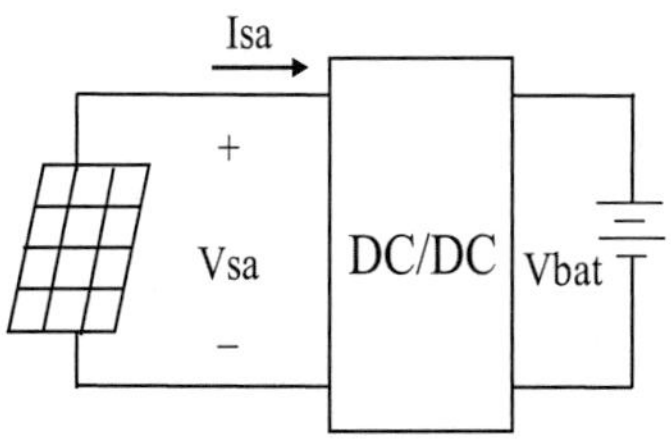

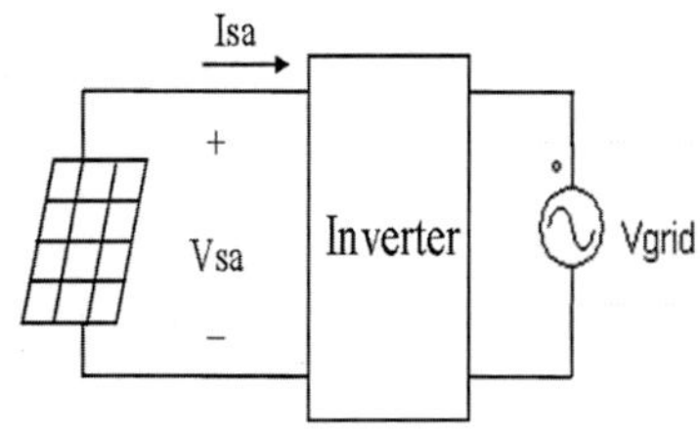

6.1 태양전지 이해

Maxwell's equation을 적용하여 발전의 원리를 설명한다. 기본원리는 다음과 같다.

1. 도선에 전류(Current)가 흐르면 자기장(magnetic field)가 발생한다.
2. 직류는 크기에 비례하는 자기장을 발생시키고, 교류는 시간에 따라 변화하는 자기장을 발생시킨다.
3. 변화하는 자기장은 변화하는 전류를 발생시킨다. $(d\varphi/dt) = -i$
4. 고정된 자기장은 고정 전류를 발생시키지 않는다.
5. 변화하는 자기장을 만드는 가장 효율적인 방법은 원운동에서 얻어진다.
6. 원운동의 궤적을 나타낸 것이 바로 삼각함수(Sine, Cosine)이다.
7. 현재까지 원운동에서 얻어지는 전기를 제외하고는 전기를 얻는 다른 방법은 없다.
8. 회전하지 않고 발전을 하는 유일한 방법은 태양전지, 연료전지(배터리)이며 당연히 직류가 얻어진다.

전기를 만드는 방법은 회전자계(rotating magnetic flux)를 형성하여 페러데이의 전자기 유도법칙에 의해 회전전계(rotating electromotive force)에 의해 교류를 만드는 것이다. 영구자석이나 전자석을 회전자로 하고 외부에서 회전시키면 고정자 권선에 전계가 형성되는 것이 발전기의 원리이다. 이 방식을 회전형 발전시스템이라 하고 발전기를 돌려주는 에너지원에 따라서 수력과 풍력, 그리고 원자력과 화력발전으로 구분되어 진다.

이와는 다르게 회전부위 없이 정지 상태에서 전기를 만들어 내는 방법을 정지형 발전시스템이라 하고 대표적인 방법이 태양전지와 연료전지이다.

회전형 발전시스템에서는 교류(AC)를 만들어 내고 정지형 발전시스템에서는 직류(DC)를 만들어 낸다. 정지형 발전시스템 중 태양전지 발전은 대표적인 신재생에너지원 중의 하나로 최근 국가적으로나 세계적으로 가장 뜨거운 관심을 받는 분야중의 하나다.

태양전지의 본질은 무엇일까? 반도체 소자들의 종류는 매우 많지만 모두 PN-junction

Diode에 기반하고 있다. Transistor, FET, IGBT, SiC, GAN, MCT, HEMT, IGCT, CCD 등 모든 반도체 소자들이 모두 Diode에서 출발한다. 그림 6.1에 다이오드 구조(그림 a)를 나타내고 있다. P-형 반도체(Anode)와 N-형 반도체(Cathode)를 접합하면 중간 층에 공핍층(depletion layer)가 형성된다. P-형과 N-형 사이의 에너지 준위는 0.6[V] 정도이며 이 값은 도핑 농도와 소재, 첨가물에 따라 약간씩 변한다. 또한 온도에 따라서도 변하게 된다. 온도에 따른 에너지 준위 변화는 반도체내에 존재하는 전자의 recombination rate가 온도에 따라 변화하기 때문이다. 낮은 온도에서는 에너지 준위가 올라가며 높은 온도에서는 낮아지게 된다. 에너지 준위보다 높은 전압이 Anode와 Cathode 사이에 인가되어야 전류가 Anode에서 Cathode로 흐르게 된다.

다이오드를 이용한 대표적인 소자로 LED(Light Emitting Diode)를 들 수 있다. 용어가 의미하는 대로 빛을 내는 다이오드이다(그림 b). Anode와 Cathode 사이에 0.6[V] 보다 높은 전압을 인가하면 전류가 P-채널에서 N-채널로 흐르면서 공핍층에서 빛(가시광선)이 나오는 것이다. 만약 적외선이 나오게 되면 LD(Laser Diode)라고 한다. 발생하는 빛의 종류(색상)는 채널 형성 소재, 도핑 물질, 첨가물에 따라서 달라지게 된다.

이 과정을 반대로 생각해 보면 어떨까? 우리가 대수학에서 배웠던 명제는 "P이면 Q이다" 가 참이면 "Q가 아니면(~Q) P가 아니다(~P)"도 참이 된다는 것이다. LED의 원리를 반대로 적용해 보면 "공핍층에 빛을 넣으면(~Q), 전류가 N-채널에서 P-채널로 흐르면서 Anode와 Cathode 사이에 0.6[V] 보다 높은 전압이 형성된다(~P)" 라는 명제가 성립하게 된다. 즉 다이오드에 빛을 넣으면 전극 사이에 전압이 만들어지는 소자가 바로 태양전지이다(그림 c). 앞에서 설명한 대로 전압의 크기는 소재와 물질에 의해 결정된다. 전류는 어떨까? 다이오드에 흐르는 전류는 공핍층의 단면적(cross-section area)에 비례하게 된다. 따라서 태양전지에서 발생되는 전류도 단면적에 비례하게 된다.

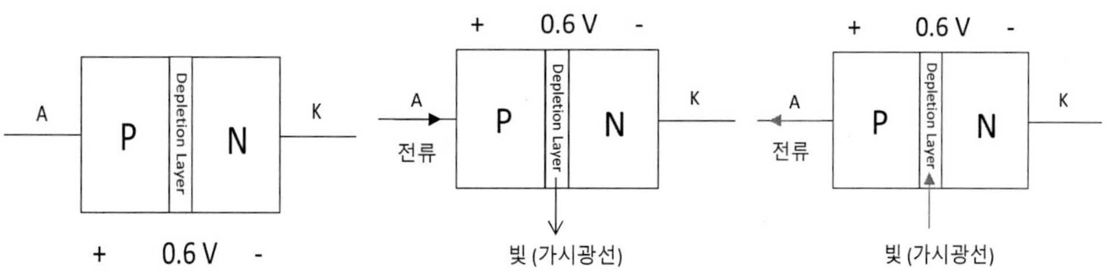

(a) Diode (b) LED (c) Solar Cell

Figure 6.1 Operation of the Diode, LED and Solar cell

다음은 다이오드의 전압-전류 그래프를 그림 6.2에 나타내었다. 전압-전류 그래프는 I, III, IV-사분면에 존재하며, 각각 기능이 달라진다. 먼저 I -사분면을 보면 전압이 증가하면 전류도 증가함을 알 수 있다. 이때 문턱전압(threshold voltage) V_F가 존재하는데, 다이오드 A-K 양단 전압이 V_F보다 커야 전류가 흐른다는 것을 보여준다. V_F는 A-K의 에너지 준위차이며 보통 0.6 [V]이다. 따라서 I -사분면은 일반적인 다이오드 영역으로 사용된다.

다음 IV-사분면을 보면 포화전류(Saturation Current) I_o가 반대방향으로 흐르고 있다. 이론적으로 전압이 V_F보다 낮을 경우 다이오드 전류는 0이 되어야 한다. 하지만 양자역학이론에 의하면 tunneling effect에 의해서 낮은 에너지 준위에서 높은 에너지 준위로 흐르는 (반대방향의 전류) 미량의 전류가 생성된다. 이것은 N-채널의 도핑 농도가 P-채널의 농도보다 높아서 생기는 소수 캐리어(minority carrier)에 의해 형성되는 전류이다. 다이오드에서는 I_o는 무시할 정도의 작은 값이지만 태양전지에서는 빛 접촉면을 크게 하기 위해 depletion layer를 표면에 형성시키므로 I_o가 태양빛에 의해서 변화하는 크기가 매우 큰 major current가 된다. 즉 IV-사분면이 태양전지에 사용되는 전압-전류 그래프가 된다.

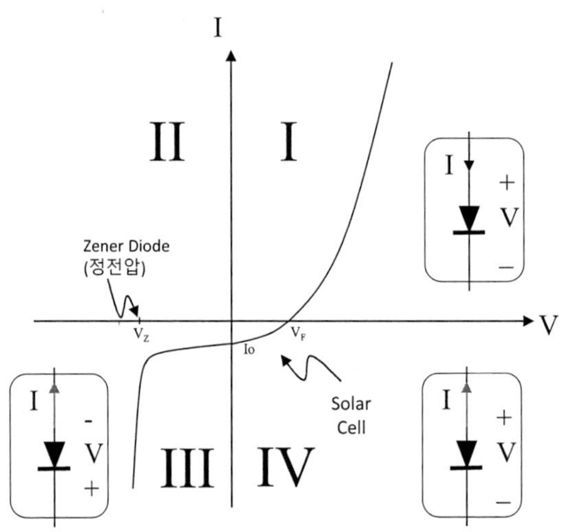

Figure 6.2 Operation regions of the diode

III-사분면을 보면 V_z전압에서 전류가 급격히 커지는 것을 볼 수 있다. 이 전압을 breakdown voltage라고 하고 avalanche 전압에 해당한다. V_z에서는 전류가 급격히 커지기 때문에 소자가 안전하게 동작할 수 있는 전류 제한값이 존재하며, 이 전류내에서는 다이오드 양단 전압 V_z이 거의 변하지 않기 때문에 정전압 다이오드(Zener diode)로 사용하게 된다.

이 책에서는 소자에 걸리는 전력($V \times I$)의 부호가 (+)일 경우 부하(Load)로 동작하고 (-)일 경우 전원(Source) 이라고 전압, 전류의 방향을 정하였다. 전류가 Anode에서 Cathode로 흐른다고 표기했기 때문에 I-사분면의 전압(V)은 (+)이고 전류(I)도 (+)여서 부하인 다이오드로 동작한다. III-사분면의 경우도 전압(V)은 (-)이고 전류(I)도 (-)여서 부하인 정전압 다이오드로 동작한다.

그런데 IV-사분면의 전압(V)은 (+)이고 전류(I)는 (-), 따라서 전력이 (-)여서 전원(source)인 태양전지로 동작한다. 즉 I, III-사분면은 다이오드, IV-사분면은 태양전지의 전압-전류 그래프가 된다. 태양전지의 전압-전류 그래프를 그릴때 보통 I_o를 y-축 윗부분에 표시하면 그림 6.3의 그래프가 된다.

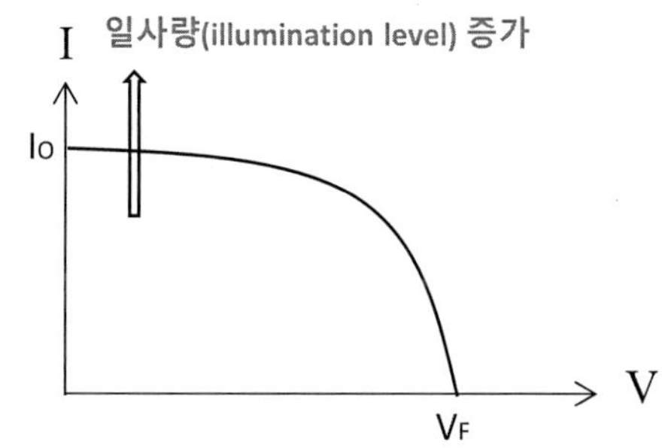

Figure 6.3 Volt-Current graph of the solar cell

그림에서 I_o값은 일사량(illumination level)이 증가하면 커지게 된다. 문턱전압 V_F도 변화하는데 주로 온도의 함수이다. 앞에서 설명한대로 낮은 온도에서는 에너지 준위가 올라가며(V_F 증가), 높은 온도에서는 낮아지게(V_F 감소) 된다. 태양전지 모델링에서는 V_F를 개방전압(Open Circuit Voltage : V_{oc})라 하고 I_o를 단락전류(Short Circuit Current : I_{sc})라고 명칭한다. 그 이유는 V_F점에서는 전류가 0임으로 개방회로(open circuit)에 해당하고, I_o점에서는 전압이 0임으로 단락회로(short circuit)에 해당하기 때문이다.

태양전지를 직-병렬 연결하였을 때의 전압-전류 그래프를 그림 6.4에 나타내었다. 먼저 직렬 연결하였을 경우에는 전압이 증가하게 된다. 직렬연결에서는 같은 전류가 흐르기 때문에 전압만 증가하게 되는 것이다. 1.5 [V] 건전지 3개를 직렬 연결하면 4.5 [V]가 되는 것처럼 태양전지도 개방전압(V_{oc})이 3배 증가하여 $3V_{oc}$가 된다. 단락전류는 그대로 I_{sc}이다.

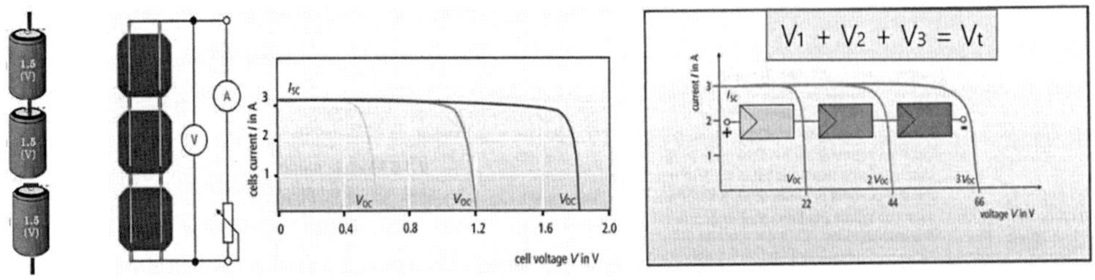

Figure 6.4 Series connection of solar cells

태양전지를 병렬로 연결시에는 셀의 전류가 증가하게 된다. 병렬연결에서는 셀의 전압이 모두 같기 때문에 전류만 연결 갯수만큼 증가하게 된다. 그림 6.5처럼 3개의 셀이 병렬 연결되면 개방전압은 V_{oc}이고 단락전류만 $3I_{sc}$이다.

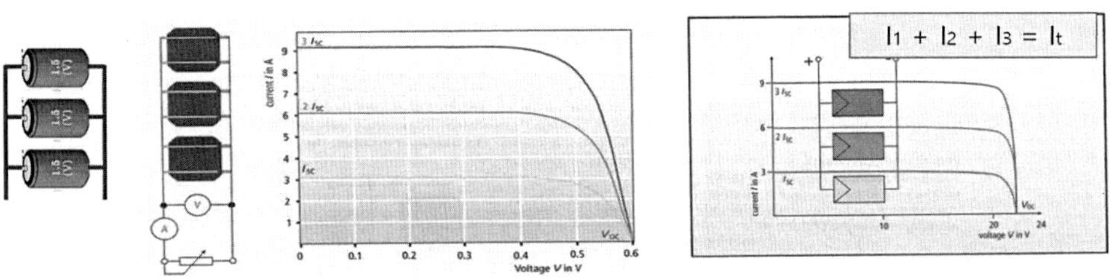

Figure 6.5 Parallel connection of solar cells

직병렬 연결시는 전압도 증가하고 전류도 증가하게 된다(그림 6.6). 예를 들어 3 직렬 x 3병렬 = $3V_{oc}$ X $3I_{sc}$ = $9V_{oc}I_{sc}$ = 9 Cell이 된다.

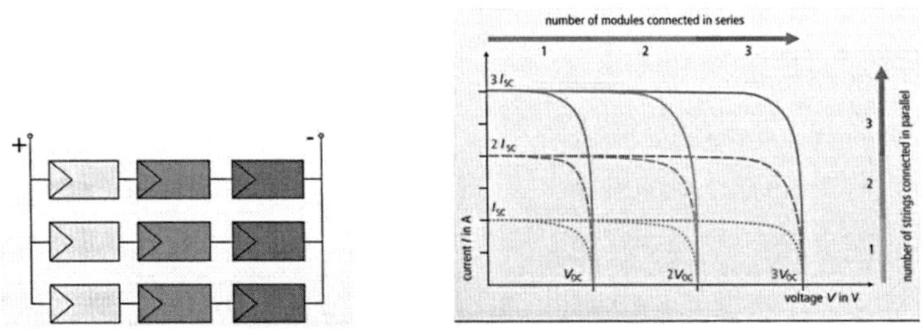

Figure 6.6 Series-Parallel connection of solar cells

6.2 Solar 시스템 특성

태양전지 모델은 크게 Physical model과 Functional model이 있다. Physical model은 실제 소재와 물리적인 특성들을 모두 반영한 실제 태양전지의 모델이고, Functional model은 시뮬레이션이나 시스템 설계를 위해 전압-전류 그래프를 반영한 모델이다.

Physical 모델은 소재의 파라미터나 적용 물질들의 물리, 화학적 특징들을 모두 알아야 하는 데, 일반적으로 이러한 수치들은 공개되지 않기 때문에 측정이나 Reverse engineering을 통해 추정해서 알아냄으로 100% 정확한 값을 얻기가 쉽지 않다. 보통 태양전지 제조나 설계시에 사용하는 모델이다.

이에 반해 Functional model은 물리, 화학적인 파라미터 없이 단순히 태양전지의 전압-전류 그래프(I-V Curve)만을 사용하기 때문에 이해하기 쉽고 태양광 발전 시스템 설계나 전력변환 장치 시뮬레이션시 사용하기 편리하다. 또한 I-V Curve나 관련 상수들은 제조사가 제공하고 있기 때문에 쉽게 접근할 수 있어서 많이 사용되는 모델이다. 제어기 설계나 모델링에서는 Functional model을 사용하기로 한다.

a. Physical model

태양전지는 다이오드에 빛이 들어오면 전류가 생성되는 소자로 고려할 수 있다. 회로로 모델링하면 빛에 의해서 생성되는 전류원(I_{ph})과 다이오드 그리고 전극에 수반되는 직렬저항(R_S), 병렬저항(R_{Sh})로 나타난다. 직렬(N_S)-병렬(N_p) 연결은 비슷한 방법으로 전류원($N_p I_{ph}$), 직렬(N_S)-다이오드, (N_S/N_p) 개의 직렬저항과 병렬저항으로 나타낼 수 있다. 그림 6.7에 등가회로 표현을 나타내었다.

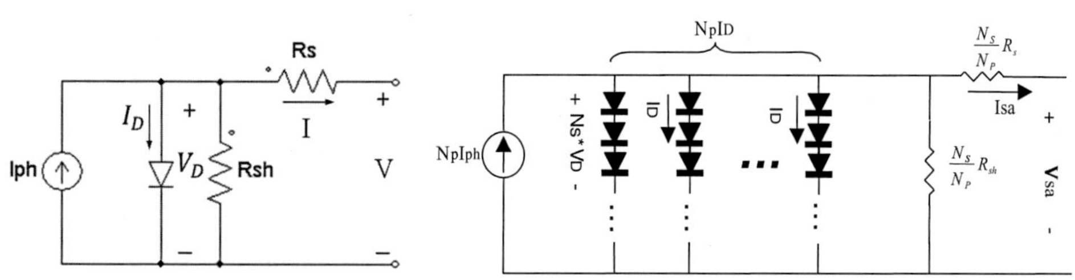

(a) Single cell (b) Series/Parallel Connection cells

Figure 6.7 Equivalent Circuit models for solar cell

단위셀(single cell)의 수학적 전압-전류 표현식은 다음과 같다.

$$I = I_{ph} - I_{sat}(e^{\frac{q}{AKT}(V+IR_s)} - 1) - \frac{V+IR_s}{R_{sh}}$$

직렬(N_S)-병렬(N_p) 연결에서의 수학적 표현식은 다음과 같이 주어진다.

$$I_{sa} = N_p[I_{ph} - I_{sat}(\mathrm{e}^{\frac{q}{AKT}\left(\frac{V_{sa}}{N_s}+\frac{I_{sa}R_s}{N_p}\right)} - 1) - \frac{1}{R_{sh}}(\frac{V_{sa}}{N_s} + \frac{I_{sa}R_s}{N_p})$$

물리, 화학적 상수들은 다음과 같이 정의된다.

I	solar cell output current in [A]
V	solar cell output voltage in [V]
I_{ph}	light generated current in [A]
I_{sat}	solar cell reverse saturation current in [A]
q	electronic charge: 1.6022×10^{-19} $[C]$
A	deviation factor from the ideal diode
k	Boltzmann's constant: 1.3807×10^{-23} $[J/K]$
T	cell temperature in [K]
R_s	series resistance in [Ω]
R_{sh}	shunt resistance in [Ω]

PSIM에서 physical model을 제공하고 있다. `Elements → Power → Renewable Energy → Solar Module(Physical model)`에서 Library를 찾을 수 있다.

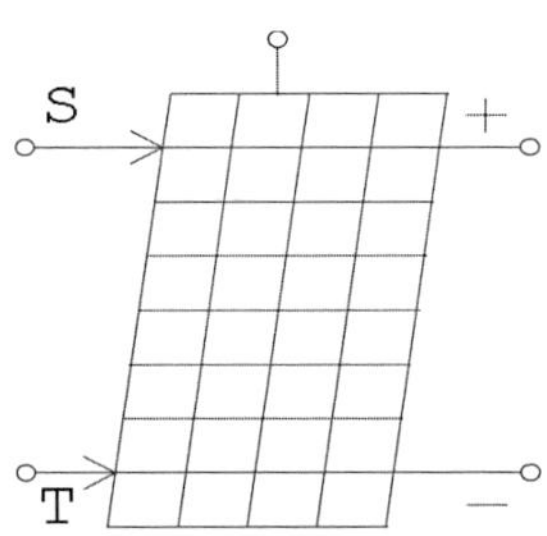

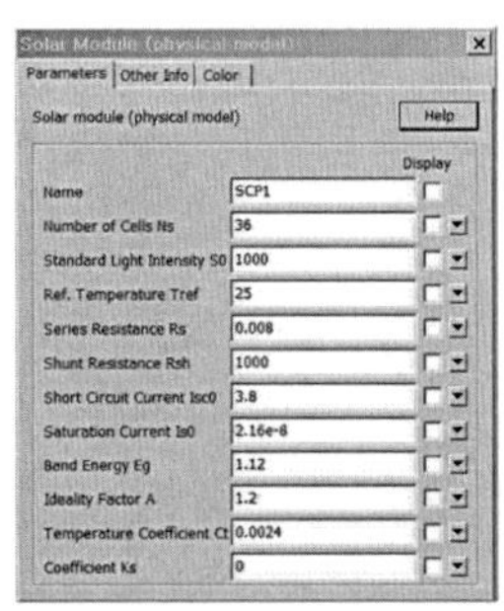

b. Functional model

이 모델은 태양전지를 전압-전류 그래프의 4개의 변수(3-point)로 표현하는 방법이다.

4개의 변수(3-point)

V_{oc} : Open Circuit Voltage (개방전압)
I_{sc} : Short Circuit Current (단락전류)
V_{mp} : Maximum Power Voltage (최대전력점전압)
I_{mp} : Maximum Power Current (최대전력점전류)

최대전력 $P_{mp} = V_{mp} \cdot I_{mp}$

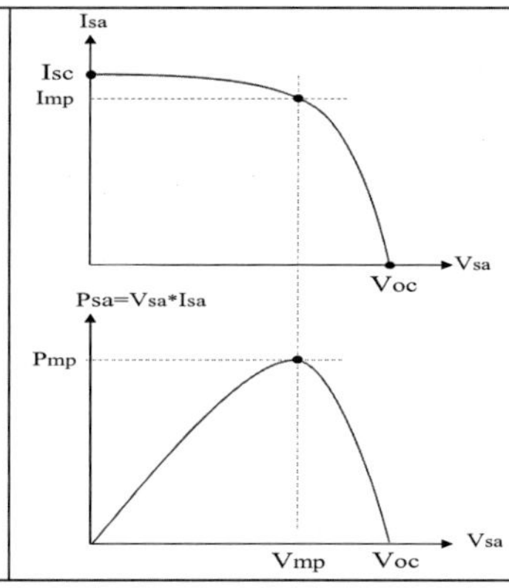

PSIM에서 function model을 제공하고 있다. `Elements → Power → Renewable Energy → Solar Module(functional model)`에서 Library를 찾을 수 있다. 시뮬레이션이나 제어기 설계에는 functional model을 사용한다.

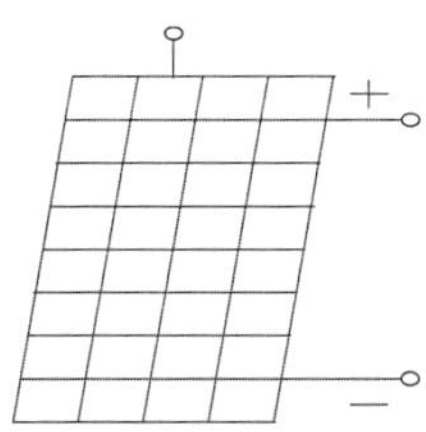

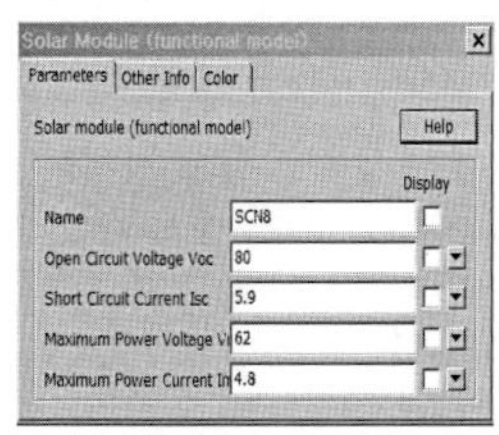

Functional model을 이용하여 태양전지의 특성을 알아보도록 하자. 일사량이나 온도 변화에 의해 태양전지 *I-V* Curve가 바뀌게 된다. 일사량이 증가하면 단락전류 I_{sc}가 커진다. 온도가 하강하면 개방전압 V_{oc}가 커진다.

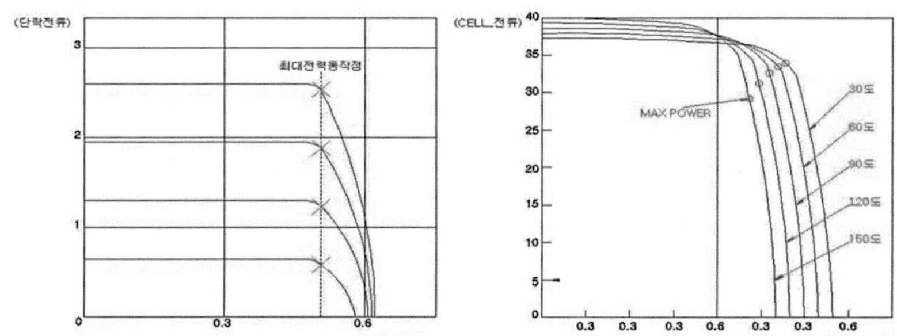

Figure 6.8 Volt-Current characteristics for the environmental change

최대전력점 전압 V_{mp}은 일사량 변화와 온도변화에 따라 이동하고 또한 최대전력 P_{mp}도 계속해서 바뀌게 된다(그림 6.8).

그림 6.9에 하루 동안의 일사량, 온도변화에 따른 최대전력점 P_{mp}의 이동 궤적을 나타내었다. 최대전력점 전압의 이동은 선형적이지 않기 때문에 Algorithm을 통해 알아내야 한다. 이를 최대전력점 추적(MPPT : Maximum Power Point Tracking) Algorithm이라 하고 많은 방법들이 개발되었다.

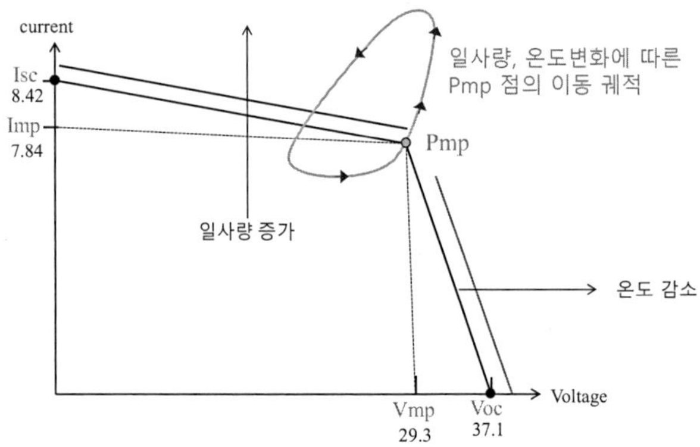

Figure 6.9 Movement of Maximum power point for a day

가장 기본적인 최대 전력점 추적 원리를 아래 그림에 나타내었다. 전압-전력 그래프에서(V-P) 최대전력점(V_{mp})에서 기울기 부호 변화가 발생한다. 최대전력점 V_{mp} 왼쪽에서는 $\frac{dP}{dV} > 0$ 이고, V_{mp} 오른쪽에서는 $\frac{dP}{dV} < 0$ 이다. 그리고 V_{mp} 점에서는 $\frac{dP}{dV} = 0$ 이 된다. 이 기울기 변화를 이용해서 전압제어기의 기준 전압(V_{ref})이 최대전력점 V_{mp}가 되도록 하는 것이 Algorithm의 기본원리이다. 기준 전압을 계속해서 변화시키면서 $\frac{dP}{dV} = 0$이 되도록 하면 되는데, 보통 매 초마다(every second) $\frac{dP}{dV} > 0$인 지점과 $\frac{dP}{dV} < 0$인 지점을 반복해서 왕복하게 된다.

그림 6.10은 Algorithm에 대한 설명이다. 이 알고리즘은 P&O (Perturb & Observation) 알고리즘이라고 하며, 산(mountain)을 오르는 것과 비슷하다고 해서 hill-climbing method라고도 불리운다. 전압대비 전력(P/V)의 기울기가 (+)이면 V_{ref}를 증가시키고, (-)이면 감소시킨다. 최대전력점에서는 두 지점을 반복해서 통과하게 된다. 아래 플로우차트에 알고리즘을 구현하였다.

1. 매 초마다 전력 측정($P_{sa} = V_{sa} \cdot I_{sa}$)하여 1초 전 전력 ($P_{old}$)과 비교. $dP = P_{sa} - P_{old}$
2. 매 초마다 전압 측정(V_{sa})하여 이전 전압(V_{old})과 비교. $dV = V_{sa} - V_{old}$
3. dP/dV 부호 변화량으로 다음 단계의 V_{ref} 증감 결정
4. 표현식 : $V_{ref}(k+1) = V_{ref}(k) + M \cdot sgn(\frac{dP}{dV})$
5. 다음 단계 계산을 위해 현재값을 전단계 값으로 치환 $P_{old} = P_{sa}$, $V_{old} = V_{sa}$
6. 처음으로 돌아가 반복한다.(1초는 보통 설정하는 시간)

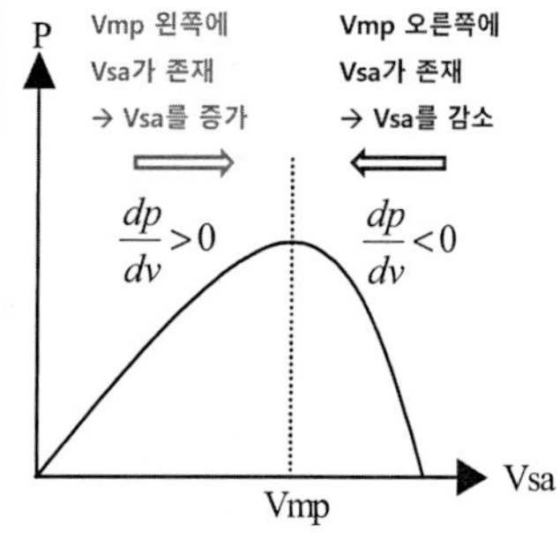

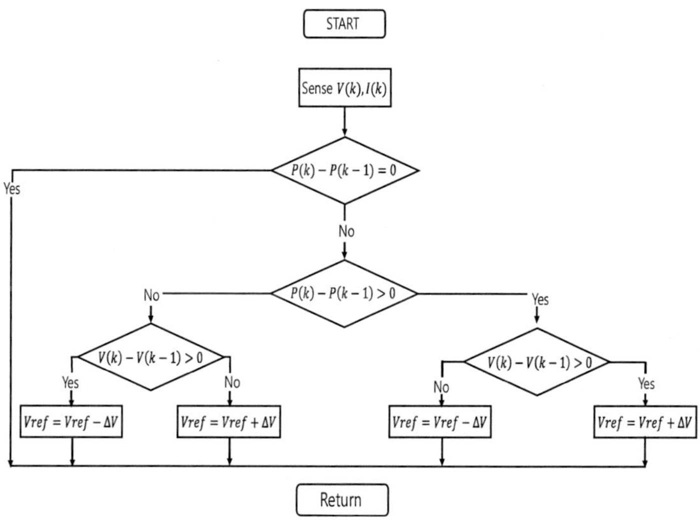

Figure 6.10 P&O MPPT Algorithm Flowchart

태양전지 I-V Curve는 일반적인 배터리나 DC전원과는 특성이 많이 다르다. 배터리나 DC전원은 선형 전압원(Linear Voltage Source)인데 반해, 태양전지는 비선형 전류원(Nonlinear Current Source)으로 생각할 수 있다.

동작점(Operating Point)

앞에서 설명한 바와 같이 태양전지의 *I-V* Curve는 일직선(선형)이 아니고 Curved된 비선형 특성을 가지고 있는 것을 알 수 있다. 이로 인해 DC 전원이나 배터리와 같은 선형화된 Power source와는 다른 전기적인 특징을 가지고 있다. 따라서 태양전지의 전압, 전류 특성을 이해하기 위해 동작점(Operating point)에 대한 개념을 도입하였다.

동작점은 일반적으로 Transistor의 DC bias상의 전압, 전류값을 의미하지만 여기에서는 전력회로에서의 전압, 전류값으로 정의한다. 전력회로에서는 전력을 공급하는 Source가 있고, 전력을 소비(소모)하는 Sink가 있다. 전력회로에서의 동작점은 Source의 전압, 전류와 Sink에서의 전압, 전류가 일치하는 점으로 결정된다. 안정한(Stable) 전력회로의 동작점은 일반적으로 한 점(One point)으로 주어진다.

먼저 전원(Source)은 에너지를 공급하는 소자로 전압원과 전류원으로 분류된다. 전압원(Voltage source)은 전압이 일정한 값으로 유지되어 정전압을 제공하는 소자로 흐르는 전류는 부하에 의해 결정된다. 전류원(Current source)는 이와 반대되는 성질의 소자로 전류가 일정한 값으로 유지되어 정전류를 제공하며 인가 전압은 부하에 의해 결정된다. X-Y 좌표에 전원의 전압, 전류를 표시한 그림이 전원선(Source line)이다. 그림 6.11에 전원선에 대한 그래프가 나타나 있다. 그림 (a)가 전압선이고 그림 (b)가 전류선이다. 그림을 보면 동작점은 아직 결정되지 않았다. 그래프는 점이 아니고 선(line)을 보여주고 있다. 동작점을 알아내기 위해서는 부하선이 그려져야 하고 전원선과 부하선이 교차하는 점에서 동작점이 결정된다.

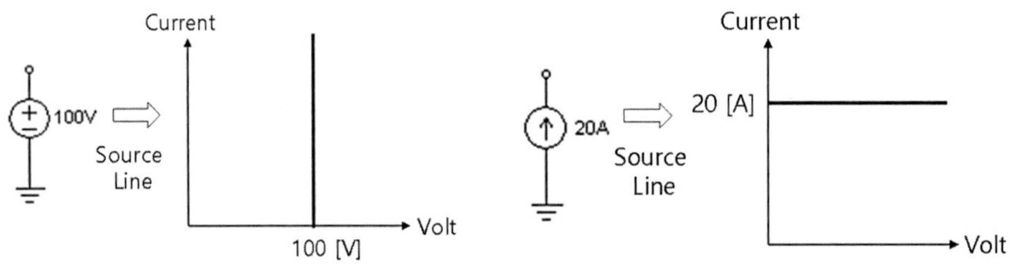

(a) Voltage source line　　　(b) Current source line

Figure 6.11 Source line

부하(Sink)는 에너지를 소비하는 소자로 대표적으로 저항(Resistor)를 들 수 있다. 저항은 전압/전류의 기울기로 정의되는 소자이다. X-Y 좌표에 부하의 전압, 전류를 표시한 그림이 부하선(Load line)이다. 그림 6.12에 저항의 부하선 그래프를 나타내었다.

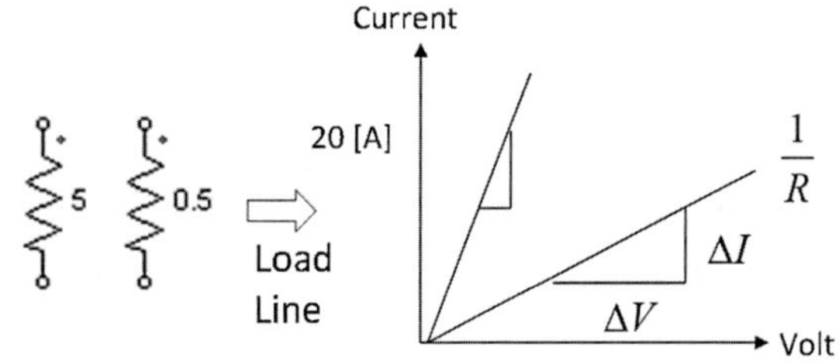

Figure 6.12 Load line of the resistor

Source가 부하로 동작할 수도 있다. 예를 들어 전압원인 배터리는 Source로 동작(배터리가 방전)할 수도 있고 Sink로 동작(배터리가 충전) 할 수도 있다. 전류원도 마찬가지이다. 따라서 전압원과 전류원은 Source 이면서 Sink도 된다. 동작점(Operating Point)은 전원선(Source line)과 부하선(Load line)의 교차점에서 얻어진다.

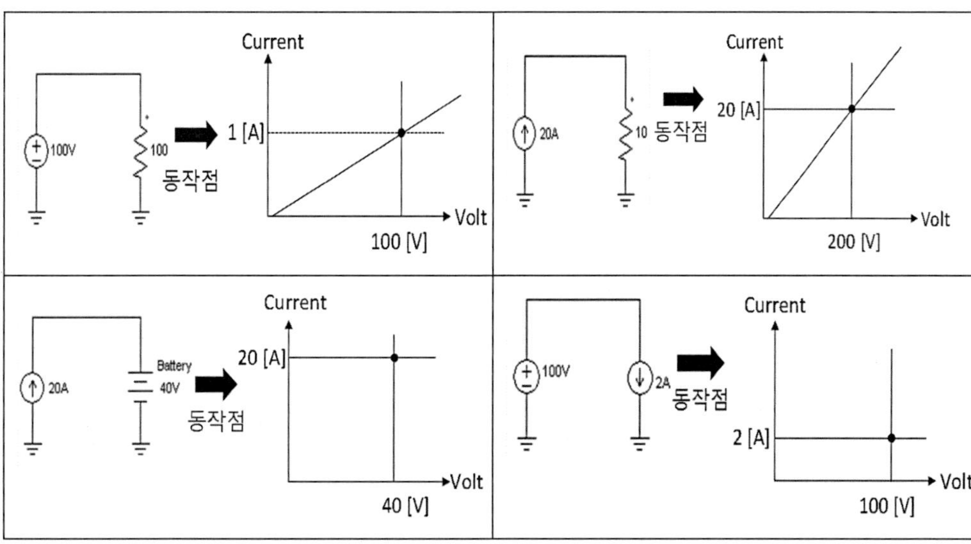

Figure 6.13 The Operating point the Linear Source and Sink

그림 6.13에 선형 전원에 대한 동작점을 여러 종류의 부하에 대한 경우를 나타내었다. 중요하게 관찰해야 할 부분은 Source가 전압원일때는 동작점의 전압만 결정되고 전류는 부하값에 의해 정해지는 것이고, 반대로 Source가 전류원일 경우 동작점의 전류만 결정되고 전압은 부하값에 의해 정해진다는 것이다. 부하가 전압원이나 전류원일 경

우를 보자. Source가 전류원일 경우 부하는 전압원(예를 들어 배터리)이 되어야 하고, Source가 전압원일 경우 부하는 전류원(예를 들어 인덕턴스가 큰 인덕터)이 되어야 한다. Source와 Sink가 같은 전압원이거나 전류원이 되면 회로가 성립되지 않는다. PSIM으로 각자 시뮬레이션 해보고 개념을 확실하게 이해하도록 하자.

다음으로 비선형 전원인 태양전지의 동작점을 알아보도록 하자. 앞의 경우와 비슷한 두 가지 경우를 그림 6.14에 나타내었다. (a)는 태양전지와 저항, (b)는 태양전지와 배터리를 연결한 경우이다.

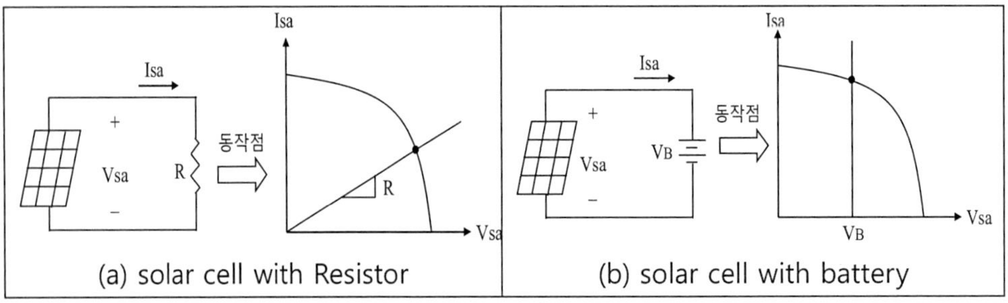

Figure 6.14 The Operating point the solar cell

그림 (a)의 태양전지와 저항을 연결하면 태양전지의 전원선에 저항값에 의해 동작점이 결정된다. 저항값에 따라서 태양전지의 전압과 전류가 모두 변화되는 것을 알 수 있다. 그림 (b)의 태양전지에 배터리(전압원)를 연결한 경우, 부하선이 전압원으로 나타나기 때문에 동작점은 배터리 전압, 태양전지 전류값이 된다.

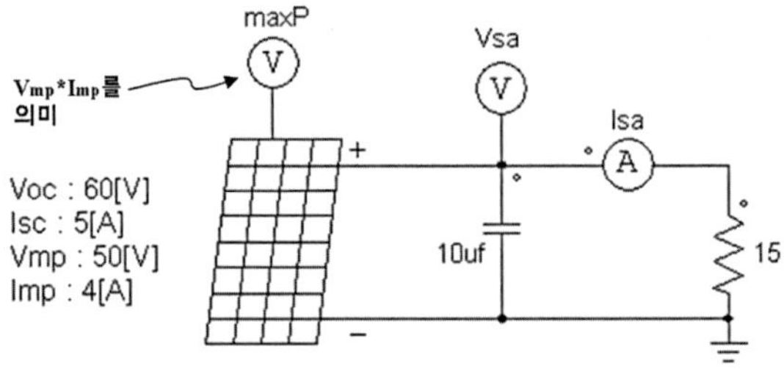

Figure 6.15 Circuit for solar cell and resistor

그림 6.13의 선형 Source와 그림 6.14의 태양전지 경우를 비교해 보면, 태양전지에 부하를 연결한 경우에는 부하 상태에 따라서 태양전지의 전압과 전류가 모두 변화하게 된다. 따라서 태양전지에서 발생하는 전력도 같이 변하게 된다. 시뮬레이션을 통해 태

양전지의 동작점을 구해보도록 하자. 그림 6.15의 회로에서 태양전지 출력에 커패시터와 저항을 연결하여 커패시터 전압이 태양전지 전압이 되고, 저항에 흐르는 전류가 태양전지 전류가 되도록 하였다. 커패시터를 연결하는 이유는 태양전지는 비선형 전류원으로 고려할 수 있기 때문에 출력전류를 전압으로 측정하기 위해 커패시터를 연결하였다. 용량인 커패시턴스 크기에 따라 태양전지 전압의 상승 시간이 달라진다. 저항값을 변화시켜 태양전지에서 최대 출력을 얻는 방법에 대해 알아보자.

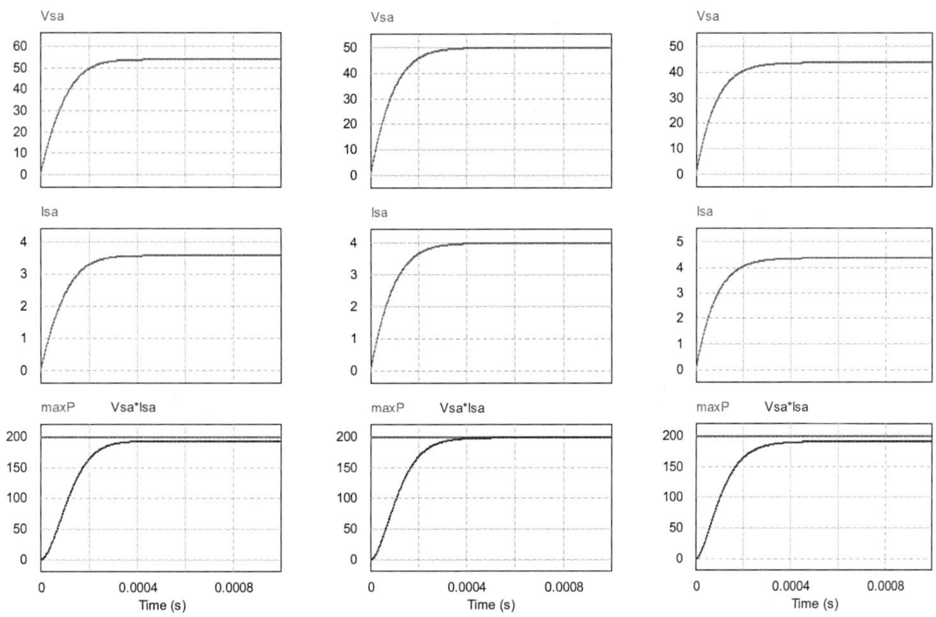

(a) $R = 15[\Omega]$ (b) $R = 12.5[\Omega]$ (c) $R = 10[\Omega]$

Figure 6.16 Solar voltage, current and power for a resistor load

시뮬레이션 파형 그림 6.16에서 태양전지 Functional model 설정값은 V_{oc}= 60[v], I_{sc}= 5[A], V_{mp}= 50[V], I_{mp}= 4[A]이다. 상단 단자($maxP$)는 설정된 최대전력 $V_{mp} \cdot I_{mp}$를 의미하며 이 태양전지는 200[W] 용량을 가지고 있다. 부하로 연결된 저항 $R = 15[\Omega]$일 경우 그림 6.16 (a)에서 태양전지 전압 $V_{sa} = 54[V]$, $I_{sa} = 3.6[A]$, 발생전력 $P_{sa} = V_{sa}I_{sa} = 194[W]$이다. 저항 $I - V$ Curve 일 경우 그림 (b)에서 $V_{sa} = 50[V]$, $I_{sa} = 4[A]$, 발생전력 $P_{sa} = V_{sa}I_{sa} = 200[W]$이다. 저항 $R = 10[\Omega]$일 경우 그림 (c)에서 $V_{sa} = 43.8[V]$, $I_{sa} = 4.38[A]$, 발생전력 $P_{sa} = V_{sa}I_{sa} = 192[W]$인 것을 알 수 있다. 최대전력은 $R = V_{mp}/I_{mp}$일 때 얻어진다는 것을 알 수 있다. 이것은 태양전지 전원선과 부하선에서 쉽게 유추할 수 있다.

시뮬레이션 결과에서 태양전지 용량은 200[W] 이지만 출력은 항상 200[W]가 아니고 부하상태에 따라서 바뀌는 것에 유의하자. 즉 부하가 변화하면 태양전지의 동작점이 이동하여 스펙상의 최대출력 200[W]를 뽑아낼 수 없다는 것을 의미한다. 이것은 다음의 예를 들어 설명할 수 있다. 고출력 스포츠카인 Ferrari의 최대 속도가 350 km/h 로 표기되어 있다. 이 말은 최적의 주행조건, 즉 트랙과 같은 고속주행이 가능한 도로에서의 최대속도를 의미하는 것이지, 시내와 같은 조건에서의 주행속도가 아닌 것이다. 따라서 Ferrari의 속도는 주행 조건에 따라서 변화하는 것이고 최대 속도를 얻기 위해서는 전용 트랙에서 달려야 한다는 것이다. 저항을 이용해서 태양전지 출력을 얻어내는 방법은 한계가 있기 때문에 거의 사용하지 않는다. 시뮬레이션 결과에서 알 수 있듯이 저항을 0 [Ω]에서 ∞ [Ω] 까지 변화시키면 태양전지의 *I-V* Curve 그래프를 얻을 수 있기 때문에 측정 장비등에 이용하고 있다.

실습문제로 태양전지의 *I-V* Curve와 *P-V* Curve를 그려보도록 하자. 저항을 0.1 [Ω]에서 1 [$k\Omega$]까지 변화시키면서 태양전지 커브를 그리는 문제이다.

$R[\Omega]$	0.1	1	2	3	5	8	10	20	100	1k
$V_{sa}[V]$										
$I_{sa}[A]$										
$P_{sa}[W]$										

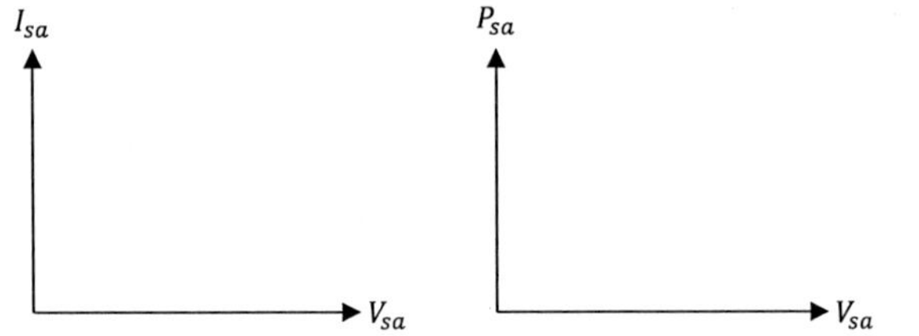

부하로 저항대신 배터리(전압원)를 연결하여 보자. 그림 6.17에 시뮬레이션 schematic과 결과 파형을 보여주고 있다. 동작점 예제에서 알 수 있듯이 태양전지 전압은 배터리 전압으로 유지되고, 이 전압에서의 태양전지 전류를 곱하여 태양전지 출력 전력을 얻을 수 있다. 그러면 최대 전력을 얻기 위한 배터리 전압의 크기는 얼마일까? 배터리 전압을 변화시키면서 시뮬레이션을 수행해 봐도 알 수 있지만 동작점의 개념을 잘 이해하고 있다면 직관적으로 배터리 전압이 최대전력점 전압 V_{mp}일 때 태양전지 최대 출력을 얻을 수 있다는 것을 알 수 있다. 또한 앞의 저항의 경우와 마찬가지로 배터리 전압을 0 [V]에서 V_{oc}까지 변화시키면서 태양전지 *I-V* Curve를 구할 수 있다.

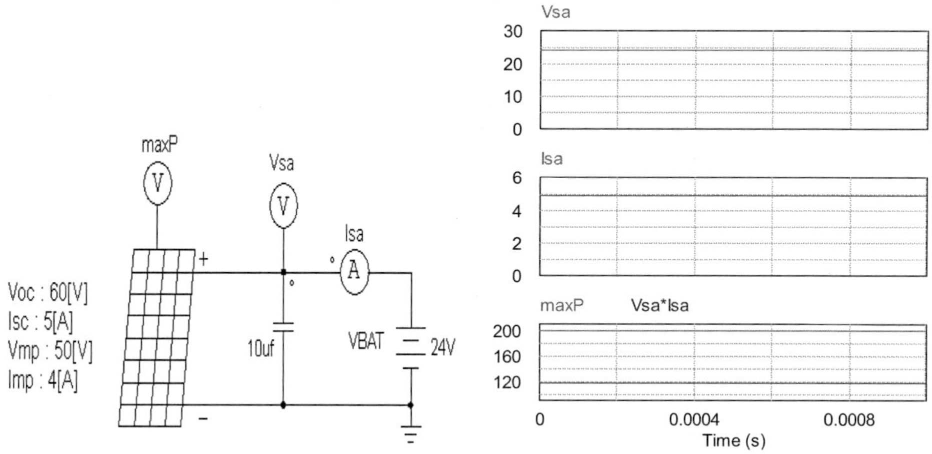

Figure 6.17 Solar voltage, current and power for a BATTERY load

지금까지는 태양전지에 부하로 저항이나 배터리를 연결하여 전압, 전류 그리고 출력전력 특성에 대해 알아보았다. 저항이나 배터리는 고정 부하이기 때문에 태양전지에서 항상 최대전력을 뽑아 쓰기 어렵다. 따라서 등가저항을 변화시킬 수 있는 전력변환장치(DC/DC)를 이용한 태양전지 전력변환 장치에 대해 알아보기로 하자.

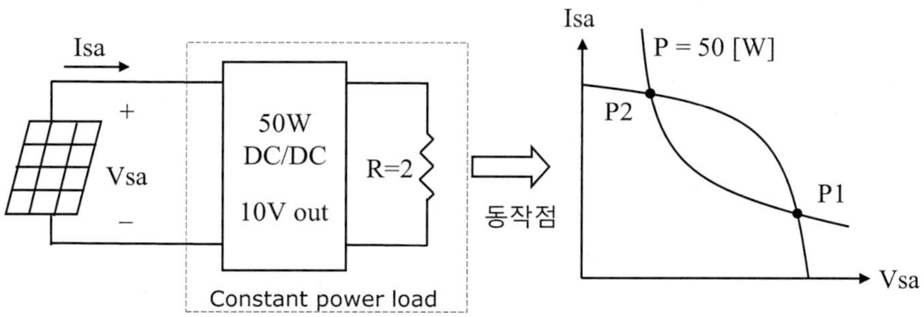

Figure 6.18 Circuit and operating point for solar cell and constant power load

그림 6.18에 태양전지에 정전력부하(Constant power load)를 연결한 회로를 나타내었다. 정전력부하는 전력변환장치인 DC/DC에 부하가 연결된 형태로 되어 있어 DC/DC 회로에서 50 [W]를 소모하도록 제어되고 있다. 전력변환장치인 DC/DC는 모두 정전력 부하특성을 가지고 있다. 정전력 부하선은 $P = VI = K(constant)$ 수식에서 구할 수 있다. 즉 $I = \frac{K}{V}$이기 때문에 그림과 같이 포물선의 형태로 구해진다. 따라서 전원선과 두 점 P_1, P_2에서 만나게 된다. 문제는 어느 점이 동작점이 될 수 있을까?

즉 (a) P_1 (b) P_2 (c) P_1 & $P_2(oscillation)$ 중에서 정답은 무엇일까 ?

이 문제는 1960년대 인공위성 전력시스템에 태양전지가 사용되면서 시작되었다. 저궤도 위성이 자전하면서 지구의 그림자(eclipse)에서 나올때 배터리 전압에 태양전지 전압이 고정되는 battery latch up (혹은 battery lock up) 현상이 가끔씩 발생하였다. 꽤 오랜 시간의 연구와 실험후에 이 현상을 수학적으로 완벽히 해석하게 되었다. 정답은 (a) P_1이다. 태양전지 전압제어를 하지 않는 상태에서, 즉 DC/DC가 출력전압 제어를 하고 있는 상황에서 항상 태양전지 전압은 P_1으로 유지된다. 이 경우는 start 시점의 태양전지 전압은 개방전압이다. 만약 start 시점에 태양전지 전압이 P_2 보다 낮은 전압에 있었다면 태양전지 전압은 P_2로 유지된다(이 경우는 현실에서는 존재하기 어렵다). 그렇지만 P_1에서 P_2로 동작점이 이동한다거나 그 반대의 경우는 존재하지 않는다. 그 이유는 비선형 시스템 제어 이론에 안장점(saddle point)에 대한 설명이 있는데, P_1과 P_2 사이에 saddle point가 존재해 이 점을 횡단하는 것이 불가능하기 때문이다.

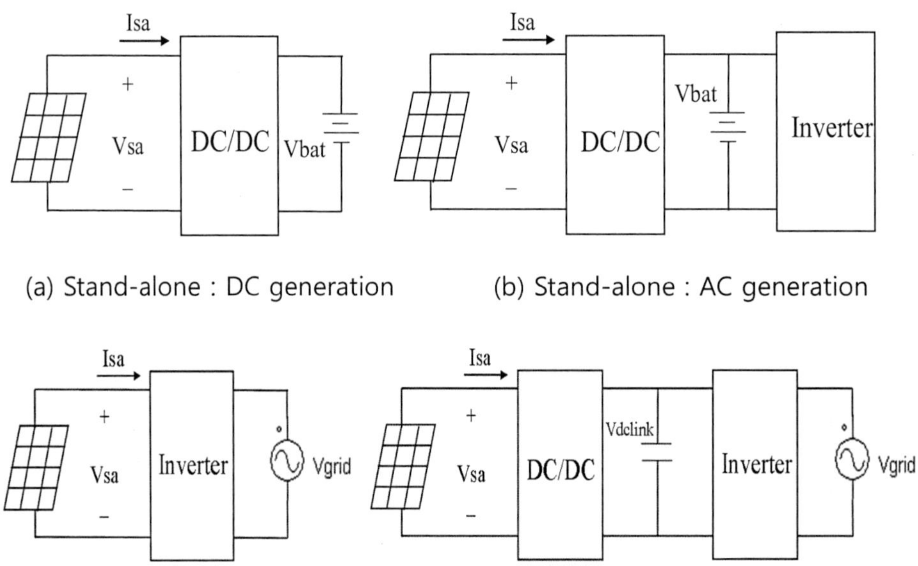

(a) Stand-alone : DC generation (b) Stand-alone : AC generation

(c) grid-connected: single-stage (d) grid-connected : double-stage

Figure 6.19. The configuration of the solar power generation system

이제 전력변환 시스템을 적용한 태양광 발전시스템에 대해 알아보도록 하자. 그림 6.19에 태양광 발전시스템의 구성을 나타내었다. 그림 (a)와 (b)는 독립형(stand-alone) 시스템을, 그림 (c)와 (d)는 계통연계형(grid-connected) 시스템을 나타내었다. 독립형 시스템은 DC/DC를 통해 출력에 배터리가 연결되어 있는 것에 유의하자. 반드시 배터리(voltage sink)가 연결되야 하는지, 저항을 연결하면 안 되는지에 대해서는 다음 페이지에 설명하도록 한다. 그림 (b)는 배터리에 인버터가 연결되어 교류 전압을 출력하는 UPS와 같은 기능을 한다. DC/DC와 Inverter의 동작은 독립(independent)적으로 동작한다. 그림 (c)의 계통연계형 시스템은 Inverter를 통해 교류 계통과 연결되어 있다. 같은 이유로 교류 전원이 반드시 연결되야 하는 이유를 고민해보자. 그림 (d)는 double-stage구성을 가지는 계통연계형 시스템을 보여주고 있다. DC/DC를 통해 커패시터가 연결되고 Inverter를 통해 계통전압이 연결되어 있다. Dclink 전압 V_{dclink}는 Inverter에 의해서 제어되어 정전압부하(Constant voltage sink, like battery)로 동작한다. 즉 Inverter가 커패시터 전압 V_{dclink}가 일정전압이 되도록 유지하고 있기 때문에 DC/DC 출력단에서 보면 커패시터 전압이 배터리 전압 V_{bat}처럼 보이게 된다는 것이다.

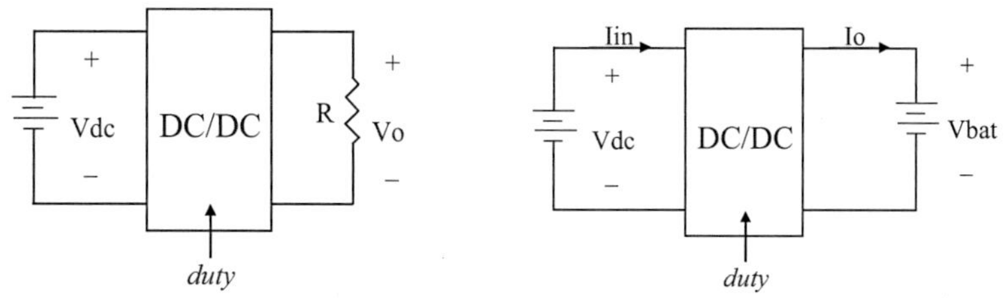

(a) Output voltage control (b) Output current control

Figure 6.20 The configuration of the dc/dc converter

컨버터, 인버터에서 설명한 전력변환장치의 동작을 다시 생각해보자. 그림 6.20의 DC/DC는 입력 V_{dc}, 출력에 저항 R을 통한 V_o 제어(그림 a)하는 구조와 출력에 배터리가 연결되어 출력전류 I_o를 제어(그림 b)하는 구조를 가지고 있다. 입력 V_{dc}는 Constant 값으로 변하지 않는 전압이다. 즉 컨버터는 입력이 고정되고 제어 duty에 의해 출력 $V_o(I_o)$를 변화시키는 장치이다. 다시 말하면 DC/DC는 입력과 출력 중 입력이 고정된 시스템이다. 듀티(duty)는 입력과 출력의 비로 이루어지는 값이기 때문에 입력과 출력 중 하나가 반드시 고정(fixed)된 값을 가져야만 올바른 제어가 이루어질 수 있기 때문이다.

인버터의 경우도 동일하다. 그림 6.21 (a) 처럼 입력이 고정되면 duty제어에 의해 출력전압을 변화시킬 수 있고, 그림 (b)처럼 출력에 계통전압이 연결되면 입력전압과 출력전압이 고정되기 때문에 계통전류만 변화시킬 수 있다. 인버터도 컨버터와 구성은 동일하다는 것을 알 수 있다.

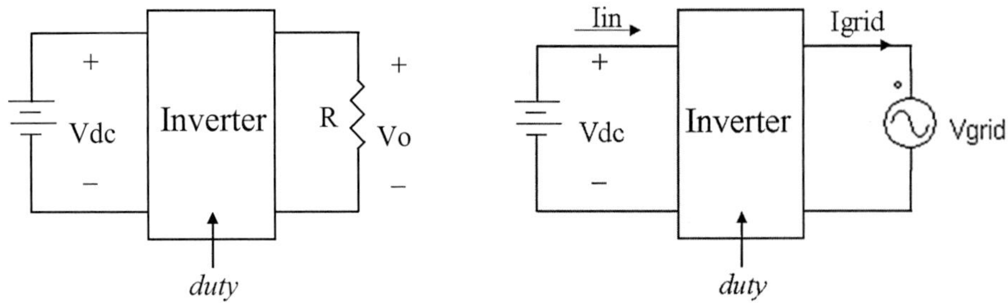

(a) Output voltage control (b) Grid current control

Figure 6.21 The configuration of the DC/AC Inverter

그러나 태양전지의 경우는 반대이다. 앞장에서 태양전지 전압은 부하에 따라 변화하고 태양전지 출력도 변화하는 것을 배웠다. 따라서 태양전지 전압을 제어를 해야 한다. 그렇다면 duty에 의해 제어되는 전력변환 시스템에서 입력과 출력 중 하나가 고정이 되어야 하는데, 태양전지는 입력이 변화되기 때문에 출력이 고정되어야 한다. 따라서 출력에 Voltage sink가 필요하고, 대표적으로 배터리를 들 수 있다. 또한 double stage grid-connected 시스템에서는 커패시터 전압을 Inverter가 커패시터 전압 V_{dclink} 가 일정전압이 되도록 유지하고 있기 때문에 DC/DC 출력단에서 보면 커패시터 전압이 배터리 전압 V_{bat}처럼 보이게 되어 커패시터도 Voltage sink로 가능하다. 이와 같이 그림 6.19의 태양광 발전시스템 구성도에서 출력단에 배터리나 커패시터가 연결되어야 만 하는 이유를 설명할 수 있다.

인버터의 경우도 마찬가지이다. 출력에 계통이 연결되어 있고, 계통의 전압과 주파수는 항상 고정되어 있다고 볼 수 있으므로, 크기가 고정된 전압원으로 생각할 수 있다.

태양전지 선형화 모델

지금까지 태양전지의 전기적 특징, 발전시스템 구성 및 동작에 대한 내용을 설명하였다. 이 장에서는 태양광 발전시스템의 제어기를 설계하는 방법에 대해 서술한다. 먼저 태양전지를 수학적으로 모델링하여야 한다. Physical model을 사용하면 비선형 수식이 나오기 때문에 사용하지 않고, Functional model을 구간 선형화시켜서 동작 구간에 따라서 1차 선형 방정식으로 표현하도록 한다. 이 방법을 사용하면 오차는 어느정도 존재하지만, 태양전지의 선형 함수를 얻을 수 있다. 또한 MPPT가 동작할 동안 태양전지 동작점은 항상 최대전력점 V_{mp}에 존재하기 때문에 초기 MPP 추적시간을 제외하면 오차 없는 선형함수를 얻을 수 있어서 모델의 신뢰성이 높아지게 된다.

Solar array Piecewise Linear Model

그림 6.22 (a)에 태양전지 Functional model을 나타내었다. 그래프는 $i_{sa} = f(V_{sa})$로 표현할 있고, f는 비선형 함수이다. 선형 모델링을 위해 그림 (b)처럼 각 절점에서 (V_{mp}, I_{mp})점으로 직선을 연결하여 다음과 같은 선형방정식을 얻어낼 수 있다. α는 기울기이고, β는 y-절편값이다.

$$i_{sa} = -\alpha \cdot V_{sa} + \beta$$

태양전지 전압 V_{sa}의 동작범위에 따라서 3개의 1차 방정식을 얻을 수 있다. 태양전지 전압이 (1) $V_{sa} < V_{mp}$인 경우, (2) $V_{sa} > V_{mp}$인 경우, (3) $V_{sa} = V_{mp}$인 경우에 대해 기울기와 y-절편값을 구하여 방정식을 수립하면 다음과 같다.

$$if\ (V_{sa} < V_{mp}) \rightarrow i_{sa} = -\alpha_1 \cdot V_{sa} + \beta_1, \text{ where } \alpha_1 = \frac{(I_{sc} - I_{mp})}{V_{mp}},\ \beta_1 = I_{sc}$$

$$if\ (V_{sa} > V_{mp}) \rightarrow i_{sa} = -\alpha_2 \cdot V_{sa} + \beta_2, \text{ where } \alpha_2 = \frac{I_{mp}}{V_{oc} - V_{mp}},\ \beta_2 = \frac{V_{oc} I_{mp}}{V_{oc} - V_{mp}}$$

$$if\ (V_{sa} = V_{mp}) \rightarrow i_{sa} = -\alpha_3 \cdot V_{sa} + \beta_3, \text{ where } \alpha_3 = \frac{I_{mp}}{V_{mp}},\ \beta_3 = 2I_{mp}$$

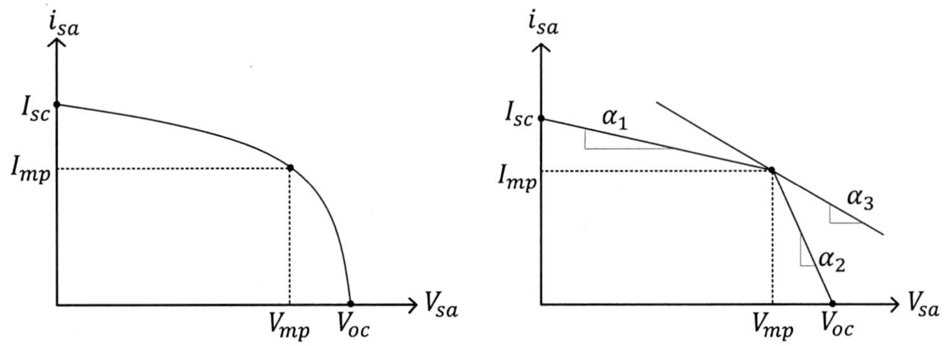

(a) Functional model (b) Piecewise Linear model

Figure 6.22 Solar cell piecewise linear modeling

따라서 제어기를 설계할 때 태양전지 동작범위에 따라 적절한 방정식을 사용하면 된다. 일반적으로 start up 시에는 개방전압($V_{sa} > V_{mp}$인 영역)에서 출발하므로 α_2, β_2를 적용하고, 대부분의 시간은 MPPT에서 동작함으로 α_3, β_3를 적용하면 된다.

7. Solar Boost Converter

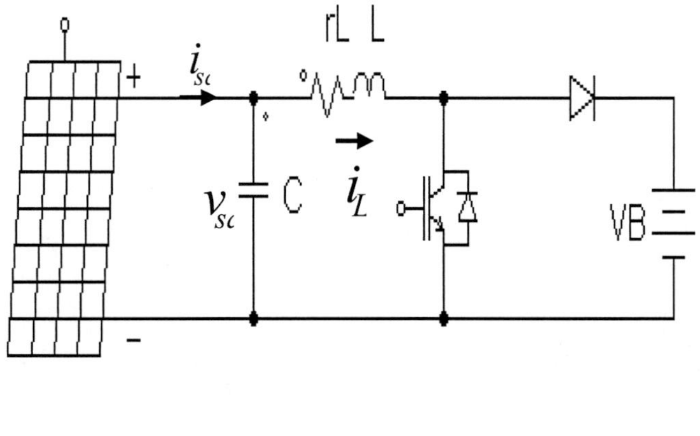

7.1 상태평균화 방정식과 전달함수

태양전지에 boost 컨버터를 연결한 회로를 그림 7.1에 나타내었다. 입력소스로 태양전지가 연결되고 출력에 정전압 sink로 배터리가 연결되었다. 출력에 배터리를 연결한 이유는 앞장에서 설명했듯이 듀티($duty$)로 입력전압을 변화시키기 위해서 출력전압이 고정(fixed)되어야만 하기 때문이다. 보통 DC/DC 컨버터 설계할때 Buck 컨버터를 먼저 시작한다. 그 이유는 전달함수가 d인 선형함수이기 때문에 모델링과 설계가 단순해지기 때문이다. DC/DC는 입력전압이 고정(정전압)되고 출력전압을 듀티($duty$)로 변화시키게 된다. 그런데 태양전지는 출력이 고정(정전압)이고 입력을 변화시키기 위해 Boost 컨버터를 연결하면 전달함수가 선형(linear)함수로 표현되어 설계가 쉬워신다. Buck와 Boost 컨버터는 서로 대칭(duality)되는 관계에 있다고 설명하였다. Buck 컨버터의 입력과 출력을 바꾸어 놓으면 Boost컨버터가 되기 때문에 태양전지와 boost 컨버터를 연결한 회로와 전압원과 buck 컨버터를 연결한 회로의 전달함수 특성이 같아지게 되는 것이다.

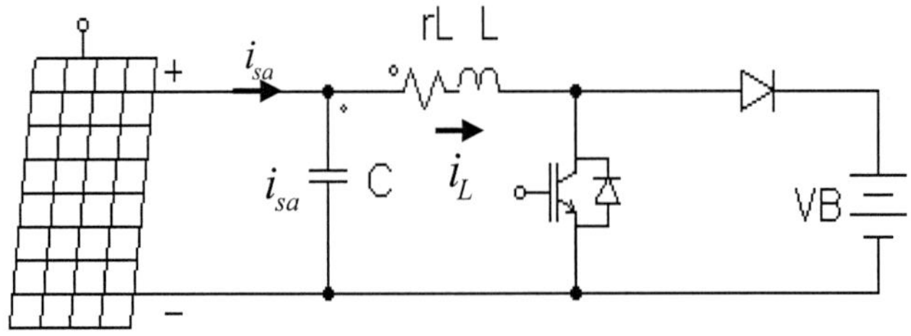

Figure 7.1 The configuration of the solar boost converter

상태평균화 방정식을 구하기 위해 스위치 ON time 과 OFF time에서의 등가회로를 구해보면 그림 7.2와 같다. 상태변수는 태양전지 전압을 표현하는 커패시터 C와 인덕터 L에 흐르는 전류로 정의된다. 구간별 구간별 상태방정식을 구해보면

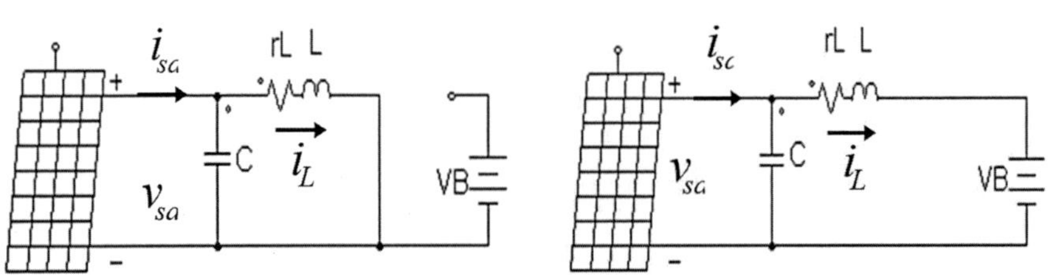

(a) ON time equivalent circuit (b) OFF time equivalent circuit

Figure 7.2 Equivalent circuit of the solar boost converter

ON time	OFF time
$v_{sa} = L\frac{di_L}{dt} + r_L i_L$ $i_{sa} = C\frac{dv_{sa}}{dt} + i_L$ $-\alpha \cdot v_{sa} + \beta = C\frac{dv_{sa}}{dt} + i_L$ $\begin{pmatrix} \frac{di_L}{dt} \\ \frac{dv_{sa}}{dt} \end{pmatrix} = \begin{pmatrix} -\frac{r_L}{L} & \frac{1}{L} \\ -\frac{1}{C} & -\frac{\alpha}{C} \end{pmatrix} \begin{pmatrix} i_L \\ v_{sa} \end{pmatrix} + \begin{pmatrix} 0 \\ \frac{\beta}{C} \end{pmatrix}$ $= A_1 \begin{pmatrix} i_L \\ v_{sa} \end{pmatrix} + B_1$	$v_{sa} = r_L i_L + L\frac{di_L}{dt} + V_B$ $i_{sa} = C\frac{dv_{sa}}{dt} + i_L$ $\dot{v}_{sa} = -\frac{1}{C} i_L - \frac{\alpha}{C} v_{sa} + \frac{\beta}{C}$ $\begin{pmatrix} \frac{di_L}{dt} \\ \frac{dv_{sa}}{dt} \end{pmatrix} = \begin{pmatrix} -\frac{r_L}{L} & \frac{1}{L} \\ -\frac{1}{C} & -\frac{\alpha}{C} \end{pmatrix} \begin{pmatrix} i_L \\ v_{sa} \end{pmatrix} + \begin{pmatrix} -\frac{V_B}{L} \\ \frac{\beta}{C} \end{pmatrix}$ $= A_2 \begin{pmatrix} i_L \\ v_{sa} \end{pmatrix} + B_2$

주기 평균(average)을 적용하면 다음의 수식을 얻을 수 있다.

$$A = A_{avg} = \frac{(A_1.T_{ON} + A_2 \cdot T_{OFF})}{T_s} = A_1 \cdot d + A_2 \cdot (1 - d)$$

이 수식으로 상태평균화 방정식을 계산해 보면

$$A = A_1 d + A_2 (1 - d) = \begin{pmatrix} -\frac{r_L}{L} & \frac{1}{L} \\ -\frac{1}{C} & -\frac{\alpha}{C} \end{pmatrix}$$

$$B = B_1 d + B_2 (1 - d) = \begin{pmatrix} \frac{V_B}{L} \\ 0 \end{pmatrix} d + \begin{pmatrix} -\frac{V_B}{L} \\ \frac{\beta}{C} \end{pmatrix}$$

따라서 Solar Boost Converter의 State average equation은 다음의 수식으로 표현된다.

$$\begin{pmatrix} \frac{di_L}{dt} \\ \frac{dv_{sa}}{dt} \end{pmatrix} = \begin{pmatrix} -\frac{r_L}{L} & \frac{1}{L} \\ -\frac{1}{C} & -\frac{\alpha}{C} \end{pmatrix} \begin{pmatrix} i_L \\ v_{sa} \end{pmatrix} + \begin{pmatrix} \frac{V_B}{L} \\ 0 \end{pmatrix} d + \begin{pmatrix} -\frac{V_B}{L} \\ \frac{\beta}{C} \end{pmatrix}$$

행렬형태로 적으면 $\dot{X} = AX + Bu + F$ 이 된다.

$$X = \begin{pmatrix} i_L \\ v_{sa} \end{pmatrix}, A = \begin{pmatrix} -\frac{r_L}{L} & \frac{1}{L} \\ -\frac{1}{C} & -\frac{\alpha}{C} \end{pmatrix}, B = \begin{pmatrix} \frac{V_B}{L} \\ 0 \end{pmatrix}, F = \begin{pmatrix} -\frac{V_B}{L} \\ \frac{\beta}{C} \end{pmatrix}, \ u = d$$

이 상태방정식은 F 행렬이 있기 때문에 비선형 행렬방정식이다. 입력 $U = U_{fb} + U_{ff}$로 정의하면 비선형 행렬을 feed-forward입력(U_{ff})을 통해 상쇄시킬 수 있다. 계산하면 feed-forward 입력 $U_{ff} = -\frac{F}{B} = 1$ 이 된다.

주파수 영역 해석을 위해 라플라스 변환을 이용해 상태변수 $X(s)$를 구해보면

$$\mathrm{sX(s)} = AX(s) + BU_{fb} \;\rightarrow\; X(s) = (sI - A)^{-1}BU_{fb}$$

$$(sI - A)^{-1} = \begin{pmatrix} s + \frac{r_L}{L} & -\frac{1}{L} \\ \frac{1}{C} & s + \frac{\alpha}{C} \end{pmatrix}^{-1} = \frac{1}{\left(s + \frac{r_L}{L}\right)\left(s + \frac{\alpha}{C}\right) + \frac{1}{LC}} \begin{pmatrix} s + \frac{\alpha}{C} & \frac{1}{L} \\ -\frac{1}{C} & s + \frac{r_L}{L} \end{pmatrix}$$

$$X(s) = \frac{1}{\left(s + \frac{r_L}{L}\right)\left(s + \frac{\alpha}{C}\right) + \frac{1}{LC}} \begin{pmatrix} \frac{V_B\left(s + \frac{\alpha}{C}\right)}{L} \\ -\frac{V_B}{LC} \end{pmatrix} U_{fb}$$

전달함수를 계산해 보자. 먼저 출력을 인덕터 전류 i_L로 설정하면 $G_1(S)$ 를 구할 수 있다.

(1) $Y = I_L(s) \rightarrow C = [1\ 0] \;\;\rightarrow\;\; \frac{Y_{(s)}}{U_{(s)}} = \frac{I_{L(s)}}{d_{(s)}} = CX(s)$

$$\frac{I_{L(S)}}{d(s)} = G_1(S) = \frac{\frac{V_B}{L}\left(s + \frac{\alpha}{C}\right)}{s^2 + \left(\frac{r_L}{L} + \frac{\alpha}{C}\right)s + \frac{(r_L \cdot \alpha + 1)}{LC}}$$

출력으로 커패시터 전압 V_{sa}로 설정하면 $G_2(S)$를 구할 수 있다.

(2) $Y = V_{sa}(s) \rightarrow C = [0\ 1] \;\;\rightarrow\;\; \frac{Y_{(s)}}{U_{(s)}} = \frac{V_{sa(s)}}{d_{(s)}} = C(sI - A)^{-1}B$

$$\frac{V_{sa}(s)}{d(s)} = G_2(S) = \frac{-\frac{V_B}{LC}}{s^2 + \left(\frac{r_L}{L} + \frac{\alpha}{C}\right)s + \frac{(r_L \cdot \alpha + 1)}{LC}}$$

위 관계식을 이용하여 전압-전류 관계식 $G_3(s)$가 다음과 같이 계산된다.

$$\frac{V_{sa}(s)}{I_L(s)} = G_3(s) = \frac{-1}{C\left(s + \frac{\alpha}{C}\right)}$$

전달함수 $G_2(S)$의 부호에 유의하자. 보통 전달함수는 (+)값을 가지는데, 이 경우는 (-)값을 가지고 있다. 이 것의 의미는 듀티(d)가 증가하면 태양전지 전압(V_{sa})가 감소한다는 것이다.

이 전달함수들을 이용하여 그림 7.3과 같은 제어기 구성이 가능한다. $G_1(s)$, $G_3(s)$ 사용하여 double loop controller를 구성할 수 있고, $G_1(s)$, $G_2(s)$를 이용하여 single-loop 제어기를 구성하였다.

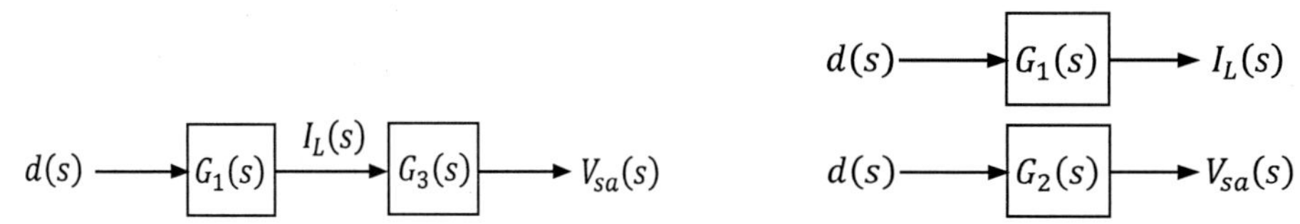

(a) Double-loop configuration (b) Single-loop configuration

Figure 7.3 Controller configuration

7.2 제어기 설계 (Controller Design)

a. Voltage Controller Design

Solar boost converter의 전압제어기 설계는 Single loop 구조로 이루어져 있으며 시스템 전달함수 $G_2(S)$를 이용한다. 그림 7.4에 solar boost 컨버터의 전압제어기 구조가 나타나 있다. 제어기 $G_{CV}(s)$는 *PI*를 사용한다. 전압 오차 v_{err}의 부호에 유의하자. 보통 DC/DC 컨버터의 전압 오차는 Reference에서 출력전압을 빼주는 데, solar boost 컨버터는 부호가 반대로 되어 있다. 앞 장에서 설명한대로 $G_2(s)$의 부호가 (-)이기 때문에, 듀티(d)가 증가하면 태양전지 전압(V_{sa})가 감소한다는 점이 보통의 경우와는 다른 점이다.

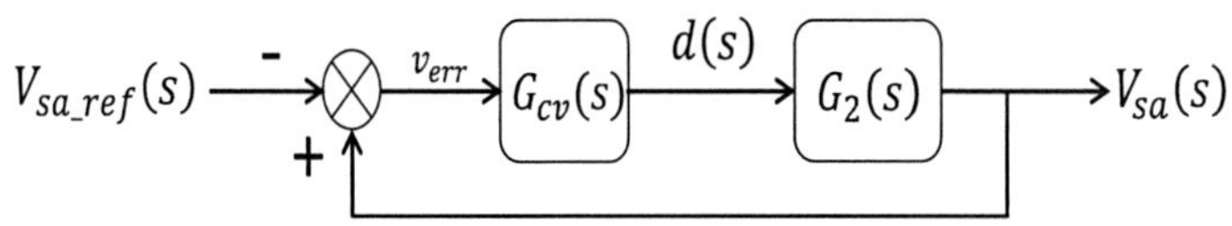

Figure 7.4 The configuration of the voltage controller

폐루프 전달함수를 계산해보면

$$\frac{V_{sa}(s)}{V_{sa\_ref}(s)} = \frac{-G_{CV}(s)G_2(s)}{1 + G_{CV}(s)G_2(s)}$$

폐루프 전달함수가 (-)가 나오지만 $G_2(S)$의 부호가 (-)이기 때문에 전체적인 부호는 (+)로 나오게 되어 정상적 동작을 수행한다. 만약 error의 부호가 그림과 반대로 되면, 전체부호가 (-)가 되어 정상동작이 이루어지지 않는다. 따라서 보통 DC/DC 와는 error의 부호를 반대로 설정한다.

시뮬레이션을 위해 태양전지 파라미터를 다음과 같이 설정하였다.

V_{oc} : 50[V], I_{sc} : 10[A], V_{mp} : 38[V], I_{mp} : 8[A]

Boost converter circuit 파라미터는 다음과 같다.

$r_L = 0.02$, $L = 1[mh]$, $C = 100[uF]$, $V_B = 70[V]$

태양전지 선형화 파라미터는 MPPT 동작을 가정하여 다음 값으로 설정하였다.

$$\alpha = \alpha_3 = 0.2\ ,\ \ \beta = \beta_3 = 16$$

주어진 파라미터로 전달함수 $G_2(S)$를 계산하면 다음과 같다.

$$\frac{V_{sa}(s)}{d(s)} = G_2(S) = \frac{-7 \cdot 10^8}{s^2 + 546.3s + 1.001 * 10^7}$$

PI-전압제어기 $G_{CV}(s)$는 다음 형태를 갖는다.

$$G_{CV}(s) = \frac{K_{pv}(s + K_{iv})}{s}$$

설계 목적은 K_{pv}, K_{iv}가 원하는 사양을 만족하도록 결정하는 것이다. 원하는 제어기 성능을 만족시키기 위해 주파수 영역 설계 조건을 다음과 같이 설정하였다.

- BandWidth = 50 [rad/s]
- Phase margin = 90 [deg]

Bandwidth는 안정시간과 관련이 있고 Phase margin은 Overshoot와 관련이 있다. 90도의 위상여유는 Overshoot가 없는 것을 뜻한다. 아래에 m-file을 표시하였다. 전압, 전류제어기 중 선택할 수 있어서 전압제어기 먼저 실행한 결과를 보여주고 있다.

```
% Solar Boost PI Design (Solar_boost1.m) %
Voc=50;
Vmp=40;
Isc=10;
Imp=8;
alpha3 = Imp/Vmp;
beta3 = 2*Imp;

s=tf('s');
rL = 0.02;     % rL=20 mohm
L = 1.0e-3;    % L=1.0mh
C = 100e-6;    % C=100uf
VB=70;
alpha = alpha3;
beta =  beta3;

G1=(VB/L)*(s+alpha/C)/(s^2+s*(rL/L+alpha/C)+
    (rL*alpha+1)/(L*C) ); % IL(s)/d(s)
G2=VB/(L*C) / (s^2+s*(rL/L+alpha/C)+
   (rL*alpha+1)/(L*C));    % Vsa(s)/d(s)
G3=(-1/C)/(s + alpha/C); % Vdq(s)/Idq(s)
```

```
Kpv = 1; Kiv=1; %temporarily
Gcv = Kpv*(s+Kiv)/s;

Kpi =1; Kii =1; %temporarily
Gci = Kpi*(s+Kii)/s;

Vsa_ref = 38;
IL_ref  = 8;
%sisotool Voltage Single loop
 T=sisoinit(1);
 T.F.Value = Vsa_ref;
 T.G.Value = G2;
 T.C.Value = Gcv;
 sisotool(T);

%sisotool Current Single loop
%T=sisoinit(1);
%T.F.Value = IL_ref;
%T.G.Value = G1;
%T.C.Value = Gci;
%sisotool(T);
```

m-file을 실행한 후 Automated tuning 을 이용해 최적 gain을 결정한다.

설계조건인 BandWidth = 50 [rad/s], Phase margin = 90 [deg]를 만족시키는 제어기 표현식은 다음과 같다.

$$G_{CV}(s) = 0.0001473\frac{(s+4969)}{s}$$

디지털 표현식으로 변환하면 다음과 같다.(f_{sw} = 20kHz, T=0.00005)

$$G_{CV}(z) = 0.0001473\frac{(z-0.752)}{z-1}$$

그림 7.5 에 bode 선도와 root-locus 가 나타나 있다. Root-locus 에서 settling time 은 78[ms]이고 step response graph 를 통해 오버슈트가 없고 안정시간이 78[ms]임을 확인할 수 있다.

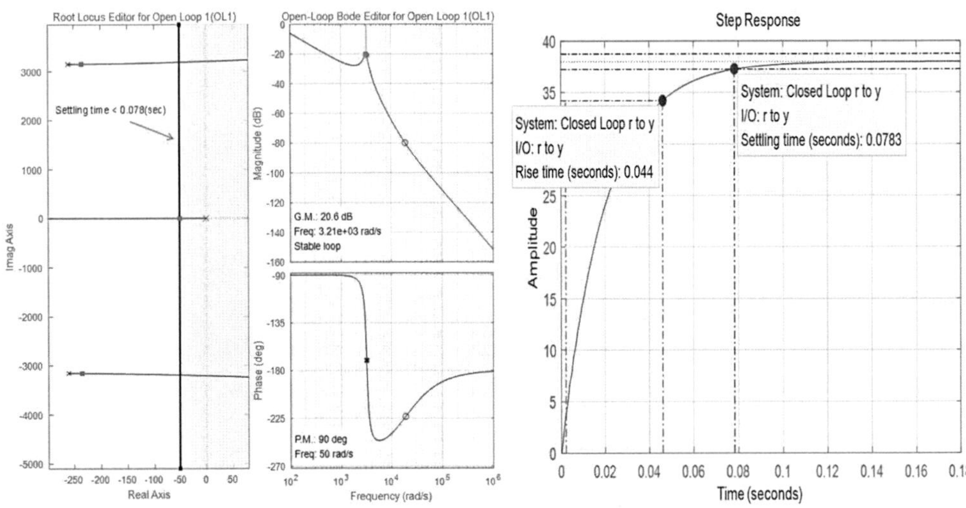

Figure 7.5 Bode and step response of the voltage controller

디지털 표현식을 차분(difference) 표현식으로 변환하면 다음과 같다.

$$G_{CV}(z) = \frac{d(z)}{V_{err}(z)} = K_P\frac{(z-K_I)}{z-1}$$

$$z \cdot d(z) - d(z) = z \cdot K_P \cdot V_{err}(z) - K_P K_I \cdot V_{err}(z)$$

$$d(k) - d(k-1) = K_P \cdot V_{err}(k) - K_P K_I \cdot V_{err}(k-1)$$

따라서 차분 방정식은 다음과 같다.

$$d(k) = d(k-1) + K_P \cdot V_{err}(k) - K_P K_I \cdot V_{err}(k-1)$$

설계된 PI gain 을 이용하여 PSIM 시뮬레이션을 수행하였다. 그림 7.6 에 solar boost voltage controller 에 대한 schematic 과 C-block 코드를 나타내었다.

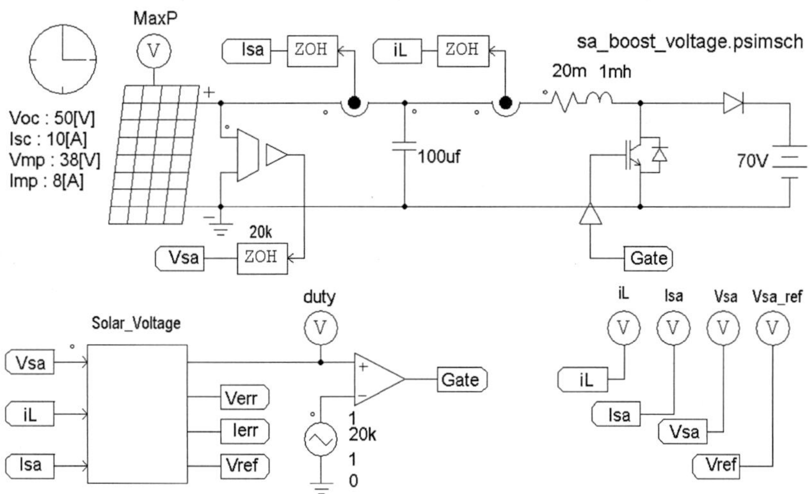

Figure 7.6 PSIM Schematic of the solar boost voltage controller

```
const double Kp, Ki;
double Vsa, IL, Vref, Isa, Verr;
static double duty_old=0.0;
static double Verr_old=0.0;
double duty;

Vsa  = in[0];
IL   = in[1];
Isa  = in[2];

/**** Voltage controller *****/
if (t <0.3) Vref = 30;
else if (t < 0.45) Vref = 34;
else if (t < 0.6) Vref = 38;
else Vref =42;
```

```
Verr = Vsa - Vref;
Kp=0.00014429;
Ki=0.752;

duty=duty_old+Kp*Verr-Kp*Ki*Verr_old;
duty_old= duty;
Verr_old= Verr;
if(duty >0.9) {duty= 0.9;}
if(duty <0)   {duty= 0;}

out[0] = duty;
out[1] = Verr;
out[2] = IL_err;
out[3] = Vref;
```

그림 7.7에 시뮬레이션 결과를 나타내었다. 기준 전압을 30 [V]에서 4 [V] 단위로 step change 하였을때. 태양전지 전압이 오버슈트 없고 정상상태 오차 없이 잘 제어되고 있는 것을 알 수 있다. 세번째 그래프에서 태양전지 전력($V_{sa}I_{sa}$)이 38V에서 최대전력 MaxP에 도달하는 것을 알 수 있다. 38V는 태양전지 파라미터에서 V_{mp}에 해당하는 전압이다. 좌측의 그림은 34V에서 38V까지 도달하는데 걸리는 안정시간을 측정한 그래프이다. 0.45[sec]에서 step change 하여 38V의 2%에 도달하는 시간이 안정시간이기 때문에 38*(1-0.02)=37.24 [V]이고, 이 전압의 시간 차이는 0.0534 [sec]이다. 즉 53 [ms]

이다. MATLAB 결과인 78[msec]와는 차이가 있는데, 이것은 0에서 38V의 step변화가 아니고 34 [V] -> 38 [V] 이기 때문에 MATLAB 설계값과 차이가 나는 것으로 판단된다.

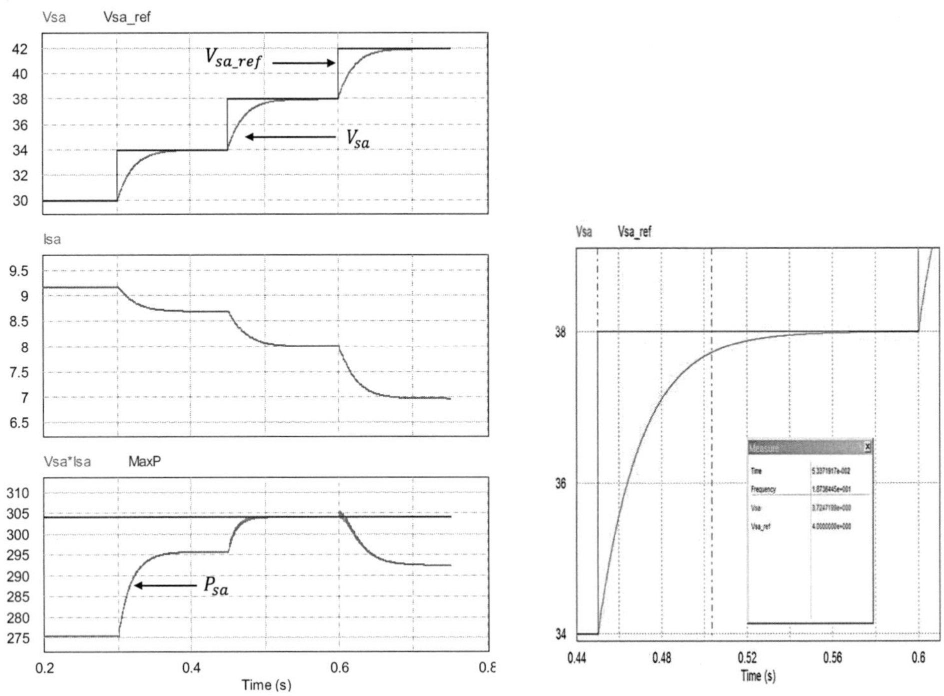

Figure 7.7 Simulation result of the voltage controller

설계한 전압제어기를 사용하여 MPPT 시스템을 설계하도록 하자. 그림 7.8 에 전압제어기를 적용한 MPPT 제어시스템에 대한 블럭도가 나타나 있다. Inner loop 에 전압제어기가 그대로 사용되고, outer loop 에 MPPT algorithm 이 사용되었다. P&O algorithm 을 적용하였고, 알고리즘의 출력은 기준전압(V_{sa_ref})이고 전압제어기의 입력으로 사용된다.

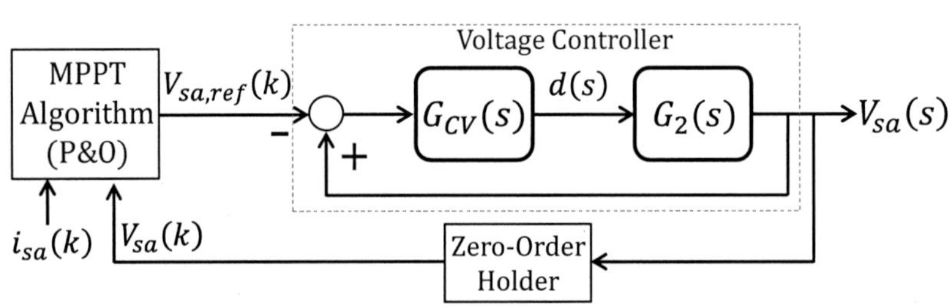

Figure 7.8 The configuration of the MPPT by voltage control

설계시 중요하게 고려해야 할 점은 inner loop와 outer loop의 대역폭 분리를 해야한다는 점이다. Algorithm에 의해 V_{sa_ref}가 계속 update되는데, update interval이 전압제어기의 settling time보다 길어야 한다는 것이다. 즉 태양전지 전압이 안정화되기 전까지는 V_{sa_ref}를 그대로 유지하여야 한다. 상업화 제품들은 보통 1초에 한번씩 update하도록 program된다.

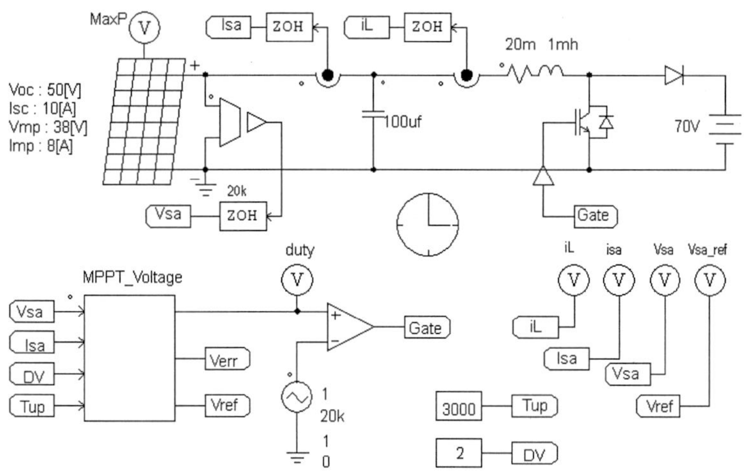

Figure 7.9 The schematic for MPPT voltage control

MPPT 시뮬레이션 schematic을 그림 7.9에 표시하였다. 회로에서 입력 상수 T_{up}은 MPPT update interval을 의미한다. 시뮬레이션을 위해 최적 update interval을 설계하지 않고, 전압제어기의 settling time 보다 큰 값이 되도록 반복(iteration) 횟수를 결정한다. 입력상수 DV는 V_{sa_ref}의 증감값(ΔV)을 의미한다.

The C-block (MPPT_Voltage)의 코드가 아래 표에 나타나 있다. P&O 알고리즘을 flowchart 순서대로 코드로 구현하였다. 전압제어기는 전에 설계된 값을 그대로 사용하였다.

시뮬레이션 결과가 그림 7.10에 나타나있다. V_{sa_ref}가 개방전압에서 계속 감소하여 최대전력점 38 [V]를 중심으로 ±2 [V]를 유지하고 있다. 태양전지 발생전력은 계속 증가하여 $MaxP$에 유지되어, P&O 알고리즘이 정상적으로 잘 동작하고 있는 것을 알 수 있다. Duty가 증가하면 태양전지 전압이 감소하고, 감소하면 증가하는 것을 알 수 있다.

```c
#define Kp  0.00014429
#define Ki  0.752

double Vsa, Isa, DV, Psa;
double duty, Verr, Vref =50.0;
int TUpdate;

static int i=0;
static double Psa_old=0.0;
static double Vsa_old=51.0;
static double Vcon_old=0.0;
static double Verr_old=0.0;

Vsa= in[0];
Isa = in[1];
DV  = in[2];
TUpdate=in[3];

//** MPPT P&O Algorithm **//
i++;
if (i % TUpdate == 0) {
  Psa = Vsa*Isa;
  if (Psa >= Psa_old) {
    if (Vsa > Vsa_old) Vref = Vref + DV;
    else               Vref = Vref - DV;
  }
  else {
    if (Vsa > Vsa_old) Vref = Vref - DV;
    else               Vref = Vref + DV;
  }
  Psa_old = Psa;
  Vsa_old = Vsa;
} // end of MPPT
/**** Voltage controller ************/
Verr = Vsa - Vref;
Duty = duty_old+Kp*Verr-Kp*Ki*Verr_old;
duty_old=duty;
Verr_old=Verr;
/*****************************/
out[0] = duty;
out[1] = Verr;
out[2] = Vref;
```

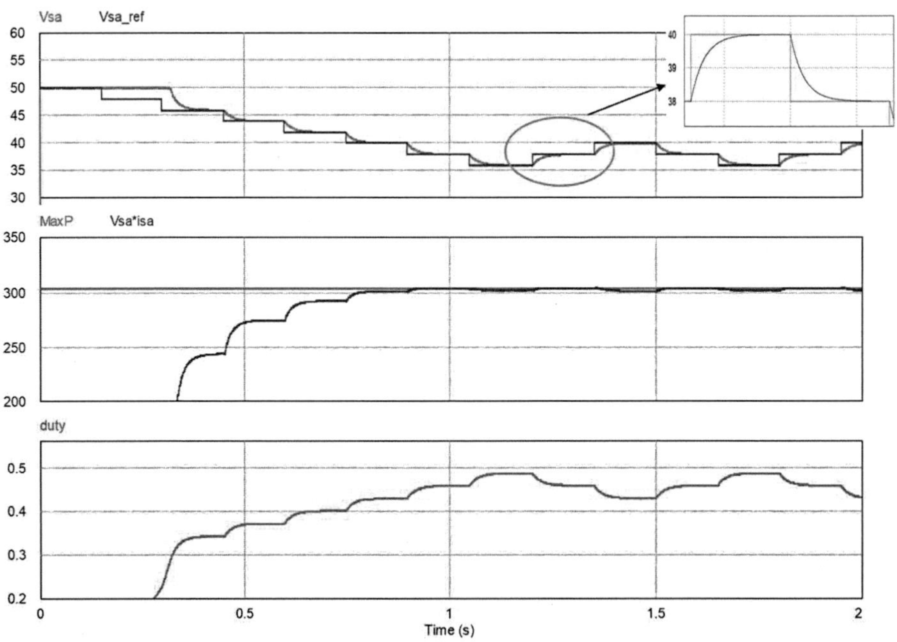

Figure 7.10 Simulation result of the MPPT controller

알고리즘의 성능을 확인하기 위해 회로에서 V_{mp} 값을 42[V] → 44[V] 로 변경한 후 실행하면 다음 결과를 얻을 수 있다. 그림 7.11 을 보면 MPPT 알고리즘에 의해 새롭게 변화된 최대전력점 V_{mp} 값인 42[V] → 44[V]를 중심으로 태양전지 전압이 제어되고 있으며, 발생되는 전력은 최대 전력에 해당함을 알 수 있다.

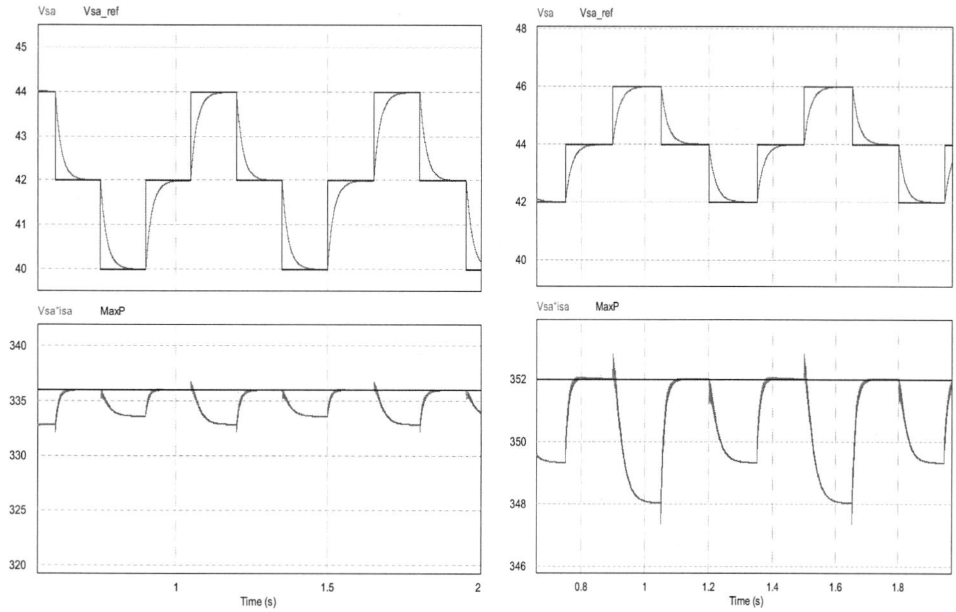

(a) $V_{mp} = 42[V]$인 경우 (b) $V_{mp} = 44[V]$인 경우

Figure 7.11 MPPT tracking performance for voltage reference

b. Current Controller

Solar boost 컨버터의 전류 제어기는 태양전지 전압 대신에 인덕터 전류를 제어변수로 사용한다. 전류제어기 설계는 Single loop 구조로 이루어져 있으며 시스템 전달함수 $G_1(S)$를 이용한다. 그림 7.12에 solar boost 컨버터의 전류제어기 구조가 나타나 있다. 제어기 $G_{Ci}(s)$는 *PI* 를 사용한다. 전달함수 $G_1(S)$의 부호가 (+)이기 때문에 제어기 구조는 일반적인 제어시스템과 동일하다. 듀티(d)가 증가하면 인덕터 전류(I_L)가 증가한다는 의미이다.

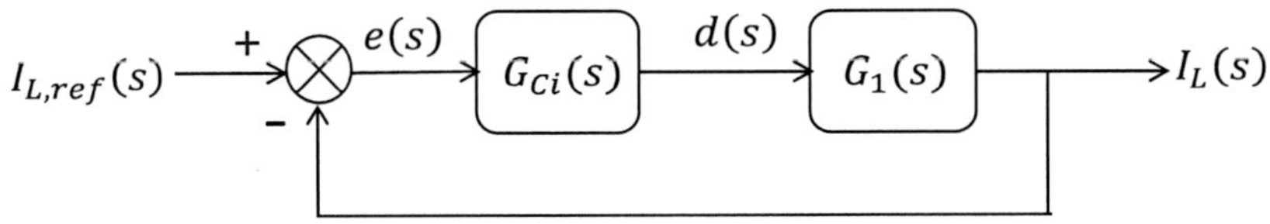

Figure 7.12 The configuration of the current controller

앞 장의 회로 파라미터를 그대로 적용해서 전달함수 $G_1(S)$ 함수를 계산할 수 있다.

$$\frac{I_L(s)}{d(s)} = G_1(S) = \frac{\frac{V_B}{L}\left(s + \frac{\alpha}{C}\right)}{s^2 + \left(\frac{r_L}{L} + \frac{\alpha}{C}\right)s + \frac{(r_L \cdot \alpha + 1)}{LC}} = \frac{55000(s + 2809)}{s^2 + (2829)s + 1.006 \times 10^7}$$

극,영점도(pole-zero diagram)을 그림 7.13에 그려보면 복소평면(complex plane)에 2개의 극점(pole)과 실수축(real axis)에 하나의 영점(zero)을 갖는 것을 알 수 있다.

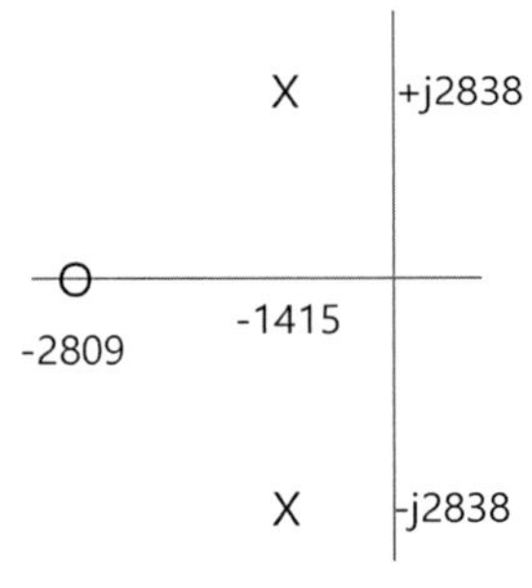

Figure 7.13 Pole-zero diagram of the Transfer function of $G_1(S)$

제어기 타입(type)을 정하기 위해 계단입력(step input)에 대한 정상상태오차(Steady-state error)를 계산하면 다음과 같다.

$$\frac{E(s)}{I_{L,ref}(s)} = \frac{1}{1 + G_{Ci}(s)G_1(s)} \rightarrow e(\infty) = \frac{1}{1 + \lim_{s \to 0} G_{Ci}(s)G_1(s)}$$

정상상태오차를 0으로 만들기 위해서는 $G_{Ci}(s)$가 type-1의 형태를 가져야 한다. 제어공학에서 type 1 은 integrator(pole at origin)를 가진 시스템을 의미한다. 따라서 $G_{Ci}(s)$는 원점(origin)에 극점 1개와 영점 1개를 가져야 하기 때문에, PI-제어기 형태를 적용한다. 수학적 표현식은 다음과 같다.

$$G_{Ci}(s) = \frac{K_{pi}(s + K_{ii})}{s}$$

SISOTOOL을 이용한 m-file은 앞 장의 전압제어기의 mask-on된 전류제어기 부분을 enable시켜서 실행시키면 된다. 설계조건은 전압제어기와 같은 조건인 BandWidth= 50 [rad/s], Phase margin = 90 [deg]로 설정하였다. SISOTOOL을 실행한 결과는 다음과 같다.

$$G_{Ci}(s) = \frac{3.58}{s}$$

디지털 표현식으로 변환하면 다음과 같다.(f_{sw} = 20 [kHz], T=0.00005 [sec])

$$G_{Ci}(z) = 0.0000895\frac{(z+1)}{z-1}$$

설계된 제어기를 적용한 bode 선도와 step 응답 그래프를 그림 7.14 에 나타내었다. 설계조건을 만족하고 있고, 오버슈트가 없는 단위 계단 응답특성을 보여주고 있는 것을 알 수 있다.

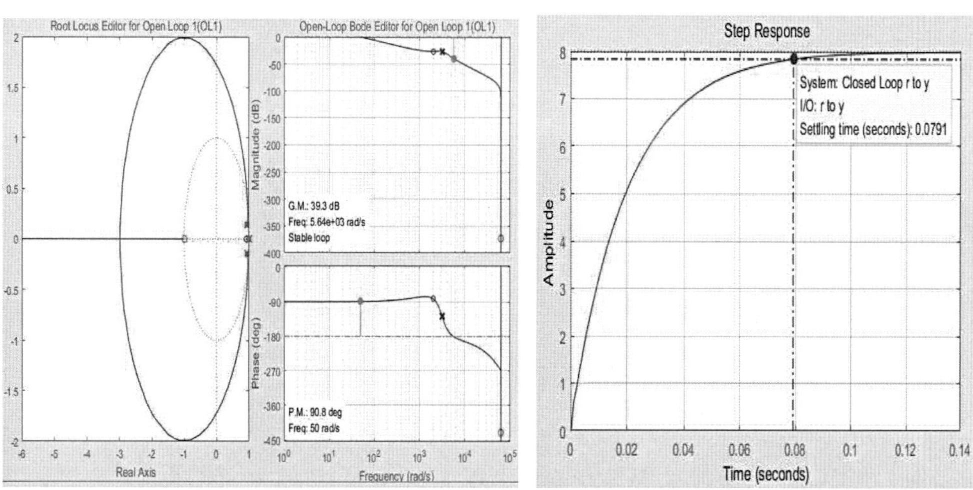

Figure 7.14 Bode and step response of the current controller

설계된 PI gain을 이용하여 PSIM 시뮬레이션을 수행하였다. 그림 7.15에 solar boost current controller에 대한 schematic과 C-block 코드를 나타내었다. duty 값 계산식에서 부호가 (+) 인 점에 주의하자.

```
#define Kp       0.0000895
#define Ki       1
double Vsa, IL, Vref, Isa;
double duty, Verr, IL_err, IL_ref;
static double duty_old=0.0,
static double IL_err_old=0.0;

Vsa  = in[0];
IL   = in[1];
Isa  = in[2];

if (t <0.2)          IL_ref = 3;
else if (t < 0.4)  IL_ref = 7.5;
else if (t < 0.6)  IL_ref=  5;
else                 IL_ref=  3;
```

```
IL_err = IL_ref - IL;

duty=duty_old+Kp*IL_err +
Kp*Ki*IL_err_old;
duty_old=duty;
IL_err_old = IL_err;

if(duty>1) {duty=1;}
if(duty<0) {duty=0;}

out[0] = duty;
out[1] = Verr;
out[2] = IL_err;
out[3] = IL_ref;
```

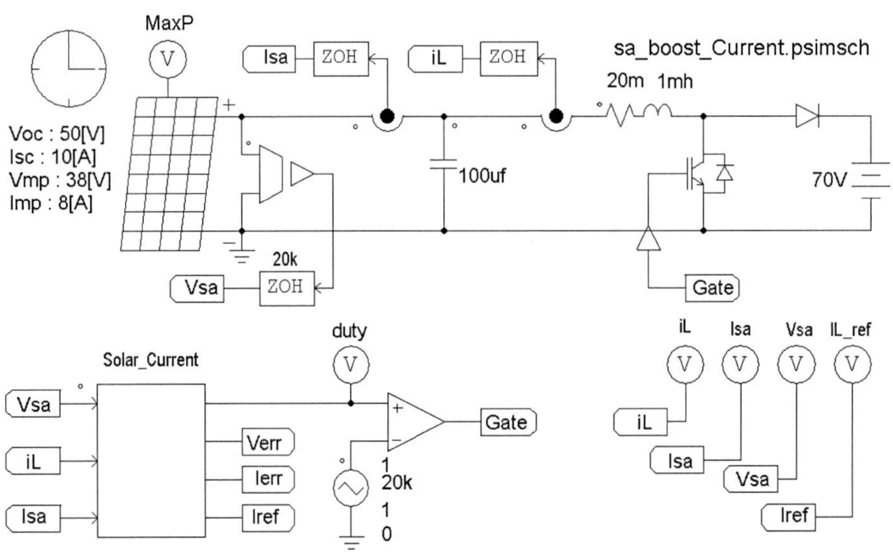

Figure 7.15 PSIM Schematic of the solar boost current controller

그림 7.16에 simulation waveform을 나타내었다. 기준 전류를 3→7.5→5→3[A]로 step change 하였을때. 태양전지 전류가 오버슈트 없이 정상상태값에 잘 제어되고 있는 것을 알 수 있다. 세 번째 그래프에서 태양전지 전력($V_{sa}I_{sa}$)이 7.5[A]에서 최대전력 MaxP에 도달하는 것을 알 수 있다. 8[A]는 태양전지 파라미터에서 I_{mp}에 해당하는 전류이

다. 인덕터 전류 I_L은 태양전지 전류 I_{sa}보다 약간 작은 값이기 때문에 7.5[A]로 설정하였다. 안정시간은 100[msec] 이내이고 MATLAB 결과인 79[msec]와는 거의 동일하게 나타남을 알 수 있다.

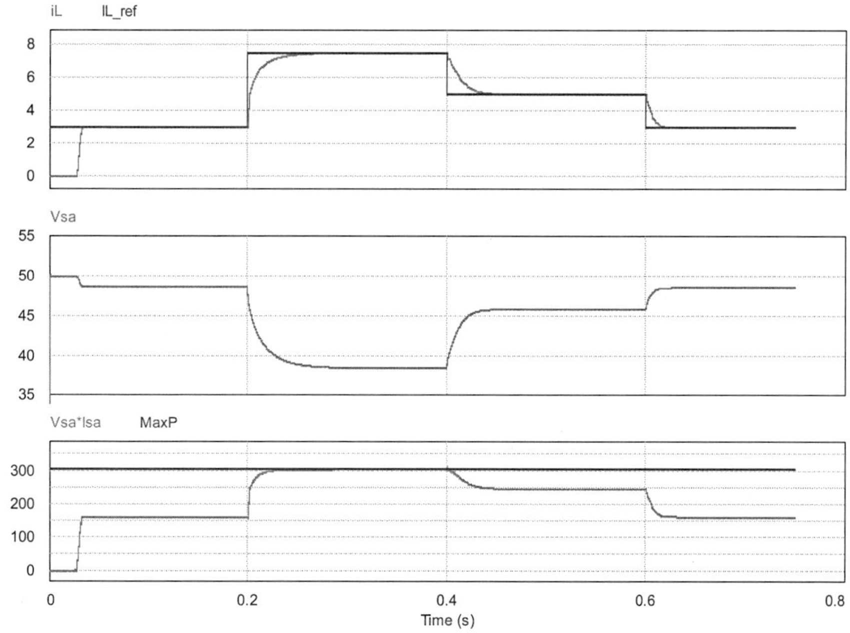

Figure 7.16 Simulation result of the current controller

설계한 전류제어기를 사용하여 MPPT 시스템을 설계하도록 하자. 그림 7.17 에 전류제어기를 적용한 MPPT 제어시스템에 대한 블럭도가 나타나 있다. Inner loop 에 전류제어기가 그대로 사용되고, outer loop 에 전류 기반의 MPPT algorithm 이 사용되었다. P&O algorithm 을 약간 변형하여 전류 기반으로 작성하였다. 전압의 변동율 대신 전류의 변동율을 사용한 점이 다른다. 알고리즘의 출력은 기준전류(I_{L_ref})이고 전류제어기의 입력으로 사용된다.

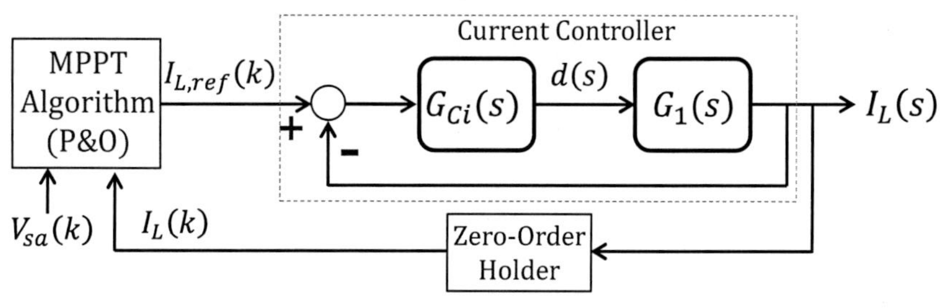

Figure 7.17 The configuration of the MPPT by current control

MPPT 시뮬레이션 schematic을 그림 7.18에 표시하였다. 회로에서 입력 상수 T_{up}은 MPPT update interval을 의미한다. 입력상수 DI는 I_{L_ref}의 증감값(ΔI)을 의미한다.

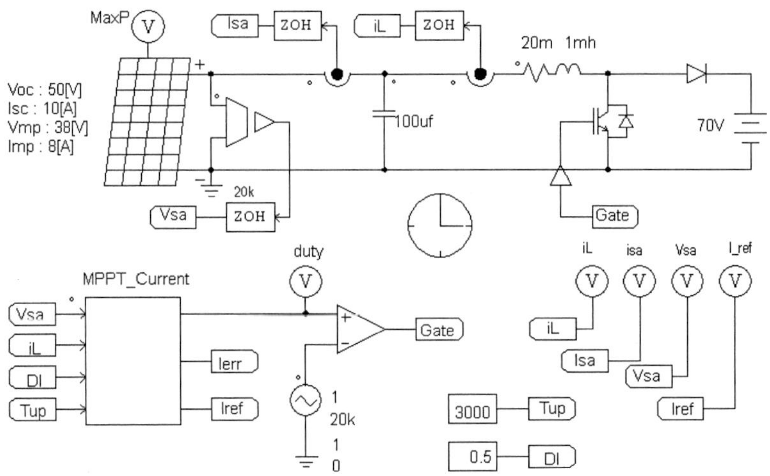

Figure 7.18 The schematic for MPPT current control

The C-block (MPPT_current)의 코드가 아래 표에 나타나 있다. P&O 알고리즘을 flowchart 순서대로 코드로 구현하였다. 전류제어기는 전에 설계된 값을 그대로 사용하였다.

```
#define Kp       0.0000895
#define Ki       1

double Vsa, IL, DI;
int TUpdate;
static int i=0;

static double Psa_old=0.0;
static double duty_old=0;
static double IL_err_old=0.0;
static double IL_old=0,
IL_ref=8.0;
double Psa, IL_err, duty;

Vsa= in[0];
IL  = in[1];
DI  = in[2];
TUpdate=in[3];
//**** MPPT P&O
Algorithm****//
i++;
```

```
if (i % TUpdate == 0) {
  Psa = Vsa*IL;
  if (Psa >= Psa_old) {
    if (IL>IL_old)  IL_ref=IL_ref + DI;
    else            IL_ref=IL_ref - DI;
  }
  else {
    if (IL>IL_old)  IL_ref=IL_ref - DI;
    else            IL_ref=IL_ref + DI;
  }
  Psa_old = Psa;
  IL_old = IL;
}
/****Current controller ************/
IL_err = IL_ref - IL;
duty=duty_old+Kp*IL_err+Kp*Ki*IL_err_old;
duty_old=duty;
IL_err_old = IL_err;
/*****************************/
out[0] = duty;
out[1] = IL_err;
out[2] = IL_ref;
```

시뮬레이션 결과가 그림 7.19에 나타나 있다. I_{L_ref}가 0[A]에서 계속 증가하여 최대전력점 8[A]를 중심으로 ±0.5[A]를 유지하고 있다. 이는 전류 증감값 DI가 0.5V이기 때문이다. 태양전지 발생전력은 계속 증가하여 $MaxP$에 유지되어, 전류 기반 P&O 알고리즘이 정상적으로 잘 동작하고 있는 것을 알 수 있다. Duty가 증가하면 인덕터 전류(태양전지 전류)가 증가하고, 감소하면 감소하는 것을 알 수 있다. 전압 기반 MPPT와의 차이점을 유의해서 시뮬레이션 해보도록 한다.

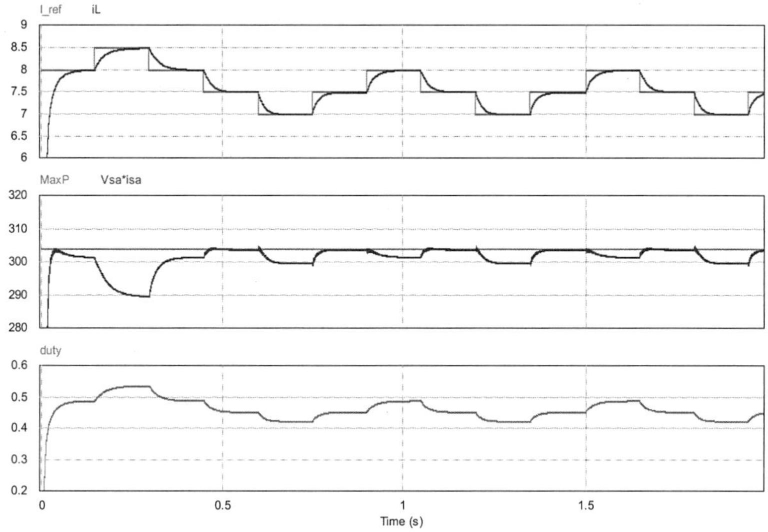

Figure 7.19 Simulation result of the MPPT current controller

앞장과 동일한 방법으로 알고리즘의 성능을 확인해 보자. 회로에서 I_{mp} 값을 6[A], 9[A]로 변경한 후 실행하면 다음 결과를 얻을 수 있다. 그림 7.20 을 보면 MPPT 알고리즘에 의해 새롭게 변화된 최대전력점 I_{mp} 값인 6[A], 9[A]를 중심으로 태양전지 전류값이 제어되고 있으며, 발생되는 전력은 최대 전력에 해당함을 알 수 있다.

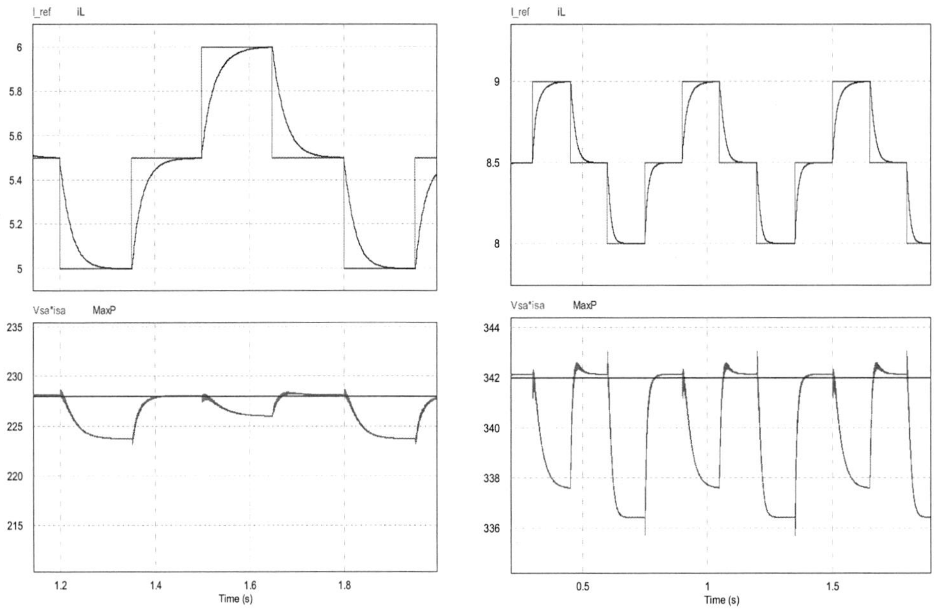

(a) $I_{mp} = 6[A]$인 경우 (b) $I_{mp} = 9[A]$인 경우

Figure 7.20 MPPT tracking performance for current reference

8. Solar Buck Converter

8.1 상태평균화 방정식과 전달함수

8.2 제어기 설계

a. Current controller design

b. Voltage controller design

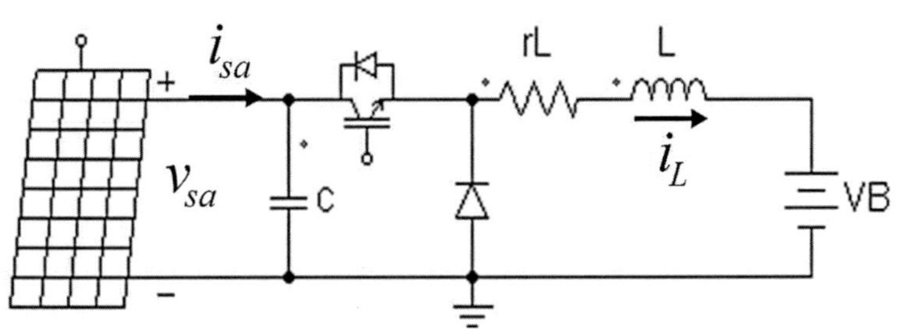

8.1 상태평균화 방정식과 전달함수

태양전지에 buck 컨버터를 연결한 회로를 그림 8.1에 나타내었다. 앞 장의 solar boost converter와 같은 방식으로 해석할 수 있다.

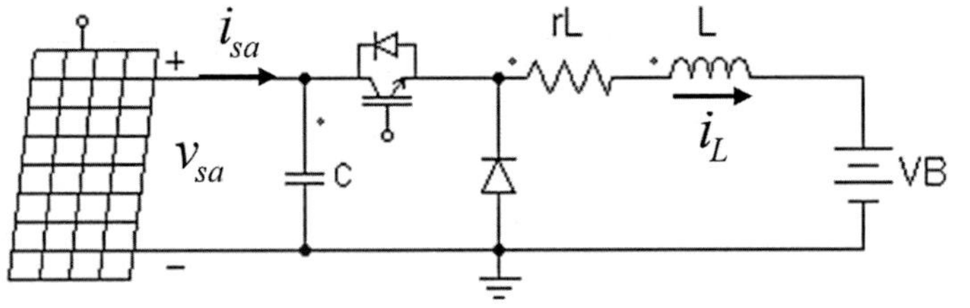

Figure 8.1 The schematics of the solar buck converter

상태평균화 방정식을 구하기 위해 스위치 ON time과 OFF time에서의 등가회로를 구해보면 아래 그림과 같다. 상태변수는 태양전지 전압을 표현하는 커패시터 C와 인덕터 L에 흐르는 전류로 정의된다. 구간별 상태방정식을 구해보면

<table>
<tr><th>ON time</th><th>OFF time</th></tr>
<tr><td>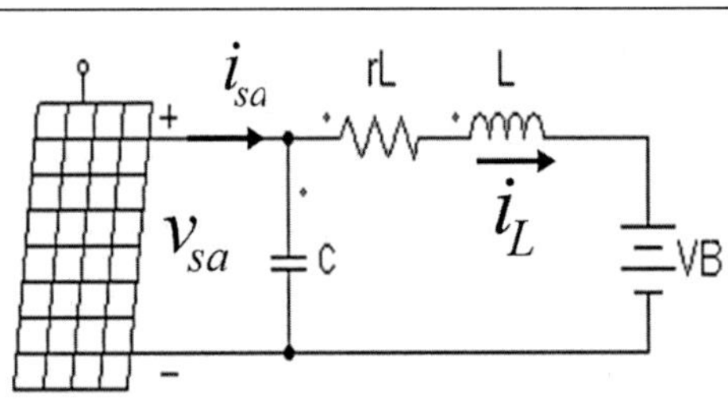
</td><td>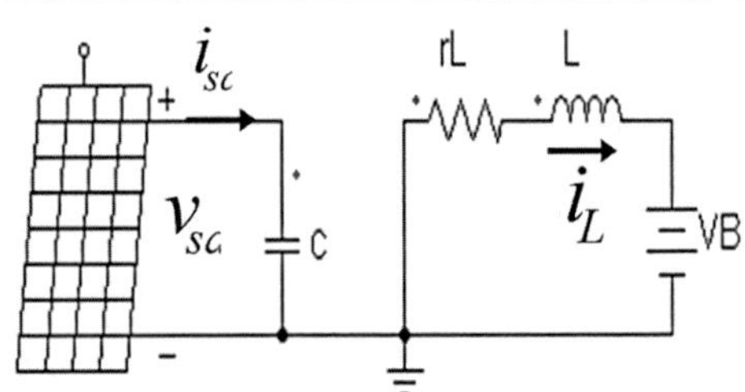
</td></tr>
<tr><td>$$\frac{di_L}{dt} = -\frac{r_L}{L}i_L + \frac{1}{L}V_{sa} - \frac{1}{L}V_B$$
$$\frac{dv_{sa}}{dt} = -\frac{1}{C}i_L + \frac{1}{C}i_{sa}$$
$$\frac{dv_{sa}}{dt} = -\frac{1}{C}i_L - \frac{\alpha}{C}v_{sa} + \frac{1}{C}\beta$$</td><td>$$\frac{di_L}{dt} = -\frac{r_L}{L}i_L - \frac{1}{L}V_B$$
$$\frac{dv_{sa}}{dt} = \frac{1}{C}i_{sa}$$
$$\frac{dv_{sa}}{dt} = -\frac{\alpha}{C}v_{sa} + \frac{1}{C}\beta$$</td></tr>
<tr><td>$$\begin{pmatrix} \frac{di_L}{dt} \\ \frac{dv_{sa}}{dt} \end{pmatrix} = \begin{pmatrix} -\frac{r_L}{L} & \frac{1}{L} \\ -\frac{1}{C} & -\frac{\alpha}{C} \end{pmatrix} \begin{pmatrix} i_L \\ v_{sa} \end{pmatrix} + \begin{pmatrix} -\frac{V_B}{L} \\ \frac{\beta}{C} \end{pmatrix}$$
$$= A_1 \begin{pmatrix} i_L \\ v_{sa} \end{pmatrix} + B$$</td><td>$$\begin{pmatrix} \frac{di_L}{dt} \\ \frac{dv_{sa}}{dt} \end{pmatrix} = \begin{pmatrix} -\frac{r_L}{L} & 0 \\ 0 & -\frac{\alpha}{C} \end{pmatrix} \begin{pmatrix} i_L \\ v_{sa} \end{pmatrix} + \begin{pmatrix} -\frac{V_B}{L} \\ \frac{\beta}{C} \end{pmatrix}$$
$$= A_2 \begin{pmatrix} i_L \\ v_{sa} \end{pmatrix} + B$$</td></tr>
</table>

주기 평균(average)을 적용하여 상태평균화 방정식을 계산해 보면

$$A = A_1 d + A_2(1-d) = \begin{pmatrix} -\frac{r_L}{L} & \frac{1}{L}d \\ -\frac{1}{C}d & -\frac{\alpha}{C} \end{pmatrix}$$

$$B = Bd + B(1-d) = \begin{pmatrix} -\frac{V_B}{L} \\ \frac{\beta}{C} \end{pmatrix}$$

따라서 Solar Buck Converter의 상태평균화 방정식은 다음의 수식으로 표현된다.

$$\begin{pmatrix} \frac{di_L}{dt} \\ \frac{dv_{sa}}{dt} \end{pmatrix} = \begin{pmatrix} -\frac{r_L}{L} & \frac{1}{L}d \\ -\frac{1}{C}d & -\frac{\alpha}{C} \end{pmatrix} \begin{pmatrix} i_L \\ v_{sa} \end{pmatrix} + \begin{pmatrix} -\frac{V_B}{L} \\ \frac{\beta}{C} \end{pmatrix}$$

시스템 A가 상수가 아니고 입력 d에 따라 변화하기 때문에 행렬형태로 표현하면

$$\dot{X} = A(d) \cdot X + B$$

로 표현되기 때문에 Non-linear system이 된다.

정상 상태값은 $X = -A^{-1}(D)B$ 로부터 다음의 결과값을 얻을 수 있다.

$$\begin{pmatrix} I_L \\ V_{SA} \end{pmatrix} = \begin{pmatrix} \frac{I_{SA}}{D} \\ \frac{r_L I_L + V_B}{D} \end{pmatrix} = \begin{pmatrix} \frac{I_{SA}}{D} \\ \frac{r_L I_{SA}}{D^2} + \frac{V_B}{D} \end{pmatrix}$$

Small Signal Modeling

선형화를 위한 Small signal modeling은 다음 수식으로 얻을 수 있다.

$$\frac{d\hat{\imath}_L}{dt} = -\frac{r_L}{L}(I_L + \hat{\imath}_L) + \frac{1}{L}(V_{SA} + \hat{v}_{sa})(D + \hat{d}) - \frac{V_B}{L}$$
$$= -\frac{r_L}{L}\hat{\imath}_L + \frac{1}{L}\left(V_{SA}\hat{d} + D\hat{v}_{sa}\right) - \frac{r_L}{L}I_L + \frac{1}{L}V_{SA}D - \frac{V_B}{L}$$

$$= -\frac{r_L}{L}\hat{\imath}_L + \frac{1}{L}\left(V_{SA}\hat{d} + D\hat{v}_{sa}\right)$$

$$\frac{d\hat{v}_{sa}}{dt} = -\frac{1}{C}(I_L + \hat{\imath}_L)(D + \hat{d}) - \frac{\alpha}{C}(V_{SA} + \hat{v}_{sa}) + \frac{\beta}{C}$$
$$= -\frac{1}{C}\left(D\hat{\imath}_L + I_L\hat{d}\right) - \frac{\alpha}{C}\hat{v}_{sa} - \frac{I_L}{C}D - \frac{\alpha}{C}V_{SA} + \frac{\beta}{C}$$

$$= -\frac{1}{C}\left(D\hat{\imath}_L + I_L\hat{d}\right) - \frac{\alpha}{C}\hat{v}_{sa}$$

Linearized small signal model은 다음과 같은 상태방정식으로 주어진다.

$$\begin{pmatrix} \frac{d\hat{\imath}_L}{dt} \\ \frac{d\hat{v}_{sa}}{dt} \end{pmatrix} = \begin{pmatrix} -\frac{r_L}{L} & \frac{D}{L} \\ -\frac{D}{C} & -\frac{\alpha}{C} \end{pmatrix} \begin{pmatrix} \hat{\imath}_L \\ \hat{V}_{sa} \end{pmatrix} + \begin{pmatrix} \frac{V_{SA}}{L} \\ -\frac{I_L}{C} \end{pmatrix} \hat{d}$$

Steady state value은 다음과 같다.

$$\begin{pmatrix} I_L \\ V_{SA} \end{pmatrix} = \begin{pmatrix} \frac{I_{SA}}{D} \\ \frac{r_L I_L + V_B}{D} \end{pmatrix} = \begin{pmatrix} \frac{I_{SA}}{D} \\ \frac{r_L I_{SA}}{D^2} + \frac{V_B}{D} \end{pmatrix}$$

Frequency Domain Model: Transfer function

전달함수를 계산하면 다음과 같이 주어진다.

$$(sI-A)^{-1}=\begin{pmatrix} s+\frac{r_L}{L} & -\frac{D}{L} \\ \frac{D}{C} & s+\frac{\alpha}{C}\end{pmatrix}^{-1}=\frac{1}{\left(s+\frac{r_L}{L}\right)\left(s+\frac{\alpha}{C}\right)+\frac{D^2}{LC}}\begin{pmatrix} s+\frac{\alpha}{C} & \frac{D}{L} \\ -\frac{D}{C} & s+\frac{r_L}{L}\end{pmatrix}$$

(a) Control – to- Inductor current Transfer function

$$\frac{I_{L(s)}}{d_{(s)}}=G_1(S)=\frac{\frac{V_{SA}}{L}\left(s+\frac{\alpha}{C}\right)-\frac{DI_L}{LC}}{s^2+\left(\frac{r_L}{L}+\frac{\alpha}{C}\right)s+\frac{(r_L\cdot\alpha+D^2)}{LC}}$$

(b) Control – to- Solar voltage Transfer function

$$\frac{V_{sa}(s)}{d(s)}=G_2(S)=\frac{-\frac{I_L}{C}(s+\frac{r_L}{L})-\frac{DV_{SA}}{LC}}{s^2+\left(\frac{r_L}{L}+\frac{\alpha}{C}\right)s+\frac{(r_L\cdot\alpha+D^2)}{LC}}$$

(c) Inductor current – to- Solar voltage Transfer function

$$\frac{V_{sa}(s)}{I_L(s)}=G_3(s)=\frac{-L\cdot I_L(s+\frac{r_L}{L})-DV_{SA}}{CV_{SA}\left(s+\frac{\alpha}{C}\right)-DI_L}$$

8.2 제어기 설계 (Controller Design)

제어기 설계를 위한 m-파일은 다음과 같다. 전압제어기와 전류제어기를 각각 설계할 때 필요한 코드 부분을 enable 시켜서 사용하면 된다. 먼저 전압제어기를 설계해 보자.

```
%  Solar Buck PI Design (Sa_buck.m) %
Voc=50;
Vmp=38;
Isc=10;
Imp=8;
alpha= Imp/Vmp;

s=tf('s');
rL = 0.02;     % rL=20 mohm
L = 1.0e-3;    % L=1.0mh
C = 100e-6;    % C=100uf
VB=24;

% Steady state value
D=VB/Vmp;
IL=Imp/D;
VSA=rL*Imp/D^2 + VB/D;

G1=( (VSA/L)*(s+alpha/C)-D*IL/(L*C) ) / (s^2
+ s*(rL/L+alpha/C) + (rL*alpha+D^2)/(L*C));
G2 =( (IL/C)*(s+rL/L)+D*VSA/(L*C) )/ (s^2 +
s*(rL/L + alpha/C) + (rL*alpha+D^2)/(L*C) );
 G3=(-1/C)/(s + alpha/C); % Vdq(s)/Idq(s)
```

```
Kpv = 1; Kiv=1; %temporarily value
Gcv = Kpv*(s+Kiv)/s;

Kpi =1; Kii =1; %temporarily value
Gci = Kpi*(s+Kii)/s;

Vsa_ref = 40;
IL_ref  = 7;

%sisotool Voltage Single loop
 T=sisoinit(1);
 T.F.Value = Vsa_ref;
 T.G.Value = G2;
 T.C.Value = Gcv;
 sisotool(T);

%sisotool Current Single loop
%T=sisoinit(1);
%T.F.Value = IL_ref;
%T.G.Value = G1;
%T.C.Value = Gci;
%sisotool(T);
```

a. 전압 제어기 설계

Solar buck converter의 전압 제어기는 Single loop 구조로 이루어져 있으며 시스템 전달함수 $G_2(S)$를 이용한다. 그림 8.2에 solar buck 컨버터의 전압제어기 구조가 나타나 있다. 제어기 구조는 solar boost converter와 동일함으로 자세한 설명은 생략한다.

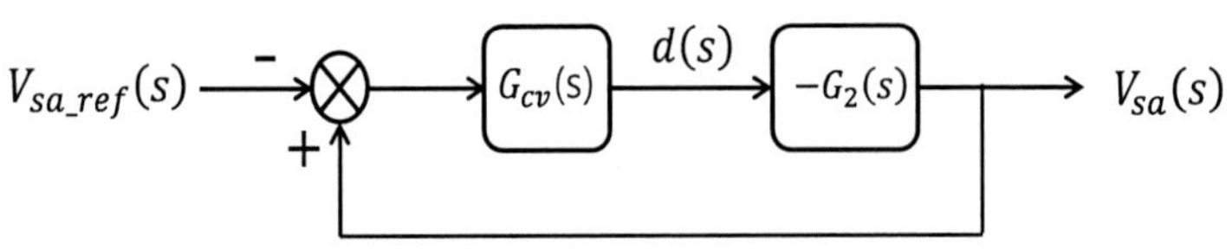

Figure 8.2 The configuration of the voltage controller

주파수 영역 설계 조건을 다음과 같이 설정하였다.

- BandWidth = 50 [rad/s]
- Phase margin = 90 [deg]

아래에 전압제어기 bode 선도와 폐루프 전달함수의 step response를 나타내었다.

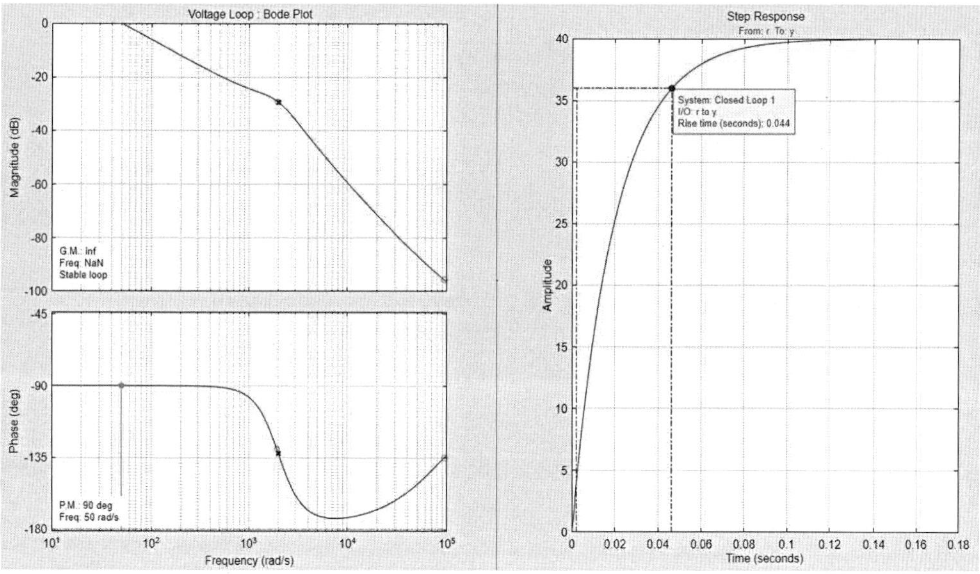

설계조건인 BandWidth=50 [rad/s], Phase margin = 90 [deg]를 만족시키는 제어기 표현식은 다음과 같다.

$$G_{CV}(s) = 8.7785 \times 10^{-6}\frac{(s+93630)}{s}$$

디지털 표현식으로 변환하면 다음과 같다.(f_{sw} = 20 [kHz], T=0.00005 [sec])

$$G_{CV}(z) = 5.0232 \times 10^{-5}\frac{(z-0.182)}{z-1}$$

설계된 PI gain 을 이용하여 PSIM 시뮬레이션을 수행하였다. 그림 8.3 에 solar boost voltage controller 에 대한 C-block 코드와 schematic 을 나타내었다.

```
#define Kp  0.000050232
#define Ki  0.182

double Vsa, IL, Vref, Isa, Verr;
static double duty_old=0.0;
static double Verr_old=0.0;
double duty;

Vsa  = in[0];
IL   = in[1];
Isa  = in[2];

/**** Voltage controller *****/
if (t<0.3) Vref = 45;
else if (t<0.45) Vref = 40;
else Vref =45;
Verr = Vsa - Vref;

duty=duty_old+Kp*Verr-Kp*Ki*Verr_old;
duty_old= duty;
Verr_old= Verr;

out[0] = duty;
out[1] = Verr;
out[2] = Vref;
```

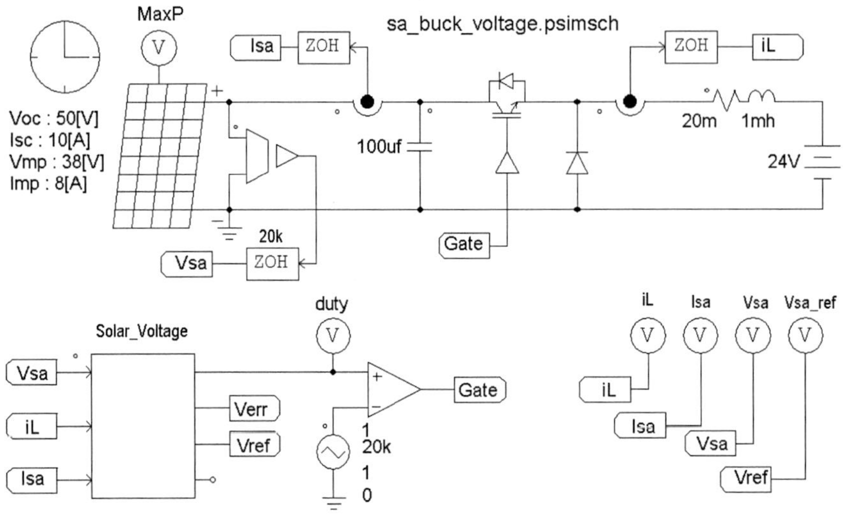

Figure 8.3 PSIM Schematic of the solar buck voltage controller

그림 8.4에 simulation waveform을 나타내었다. 기준 전압을 45V → 40V → 45V 단위로 step change 하였을때. 태양전지 전압이 오버슈트 없고 정상상태 오차 없이 잘 제어되고 있는 것을 알 수 있다.

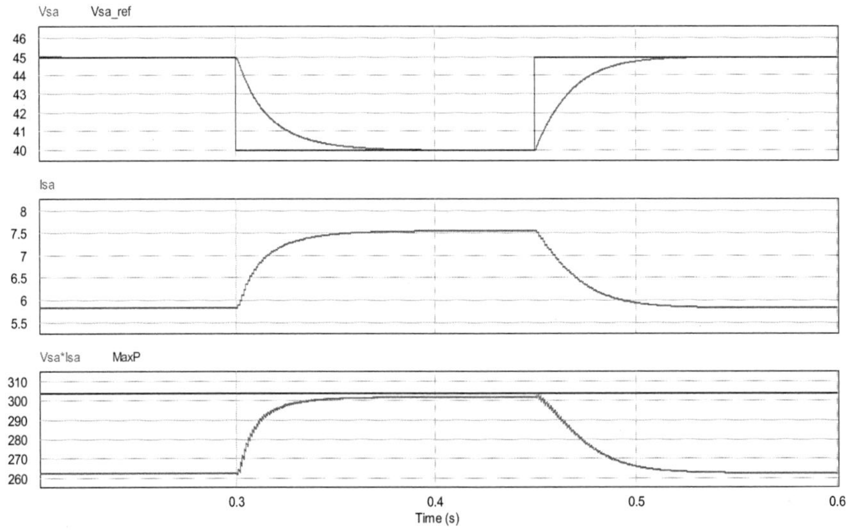

Figure 8.4 Simulation waveforms

설계한 전압제어기를 사용한 MPPT 시스템 설계는 앞장의 solar boost의 경우와 동일함으로 생략하고 term project으로 정하여 과제로 내주도록 한다.

b. 전류 제어기 설계

Solar buck 컨버터의 전류 제어기는 태양전지 전압 대신에 인덕터 전류를 제어변수로 사용한다. 전류제어기 설계는 Single loop 구조로 이루어져 있으며 시스템 전달함수 $G_1(S)$를 이용한다. 그림 8.5에 solar buck 컨버터의 전류제어기 구조가 나타나 있다. 제어기 $G_{Ci}(s)$는 *PI*를 사용한다. 전달함수 $G_1(S)$의 부호가 (+)이기 때문에 제어기 구조는 일반적인 제어시스템과 동일하다

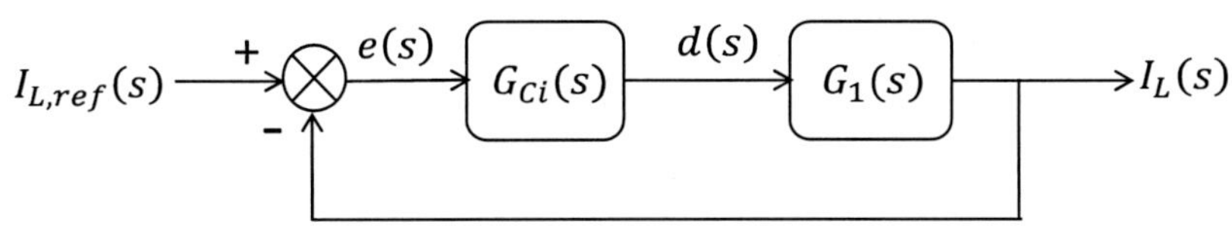

Figure 8.5 The configuration of the current controller

SISOTOOL을 이용한 m-file은 앞 장의 전압제어기의 mask-on된 전류제어기 부분을 enable시켜서 실행시키면 된다. 설계조건은 buck 컨버터에서 사용했던 BandWidth= 2400 [rad/s], Phase margin = 90 [deg]로 설정하였다. SISOTOOL을 실행한 결과는

$$G_{Ci}(s) = \frac{0.019266(s + 6872)}{s}$$

디지털 표현식으로 변환하면 다음과 같다.(f_{sw} = 20kHz, T=0.00005)

$$G_{Ci}(z) = 0.02584\frac{(z - 0.749)}{z - 1}$$

설계된 제어시스템의 bode 선도와 step response 그래프를 나타내었다.

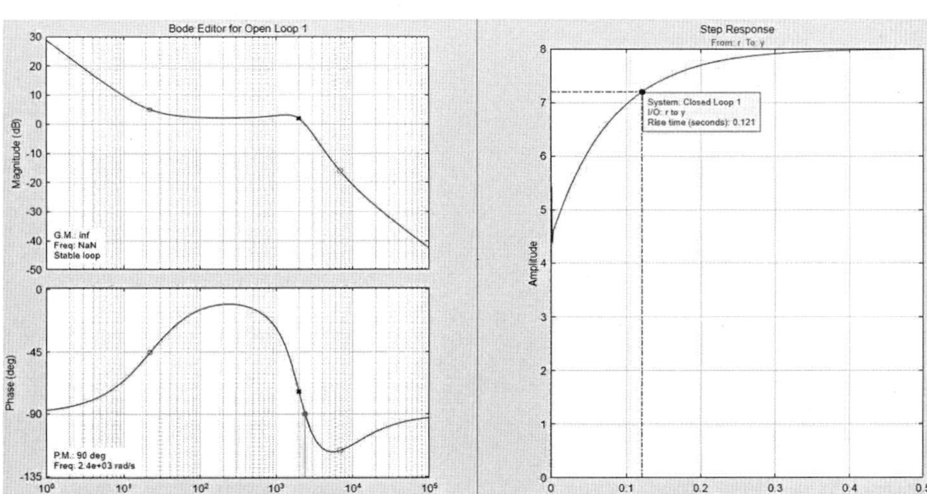

PSIM schematic 은 앞과 동일하고 C-block 의 코드만 다음과 같이 변경하면 된다.

```
#define Kp 0.025839 //2400 rad/s
#define Ki 0.749    // 90 deg

double Vsa, IL, Iref, Isa, Ierr;
static double duty_old=0.0;
static double Ierr_old=0.0;
double duty;

Vsa  = in[0];
IL   = in[1];
Is   = in[2];

/**** Current controller ****/
```

```
if (t<0.3) Iref =7;
else if (t<0.4) Iref =12;
else Iref =7;

Ierr = Iref-IL;

duty=duty_old+Kp*Ierr-Kp*Ki*Ierr_old;
duty_old= duty;
Ierr_old= Ierr;

out[0] = duty;
out[1] = Ierr;
out[2] = Iref;
```

그림 8.6에 simulation waveform을 나타내었다. 기준 전류를 7 → 12 → 7[A]로 step change 하였을때. 인덕터 전류가 정상상태값에 잘 제어되고 있는 것을 알 수 있다. 위상여유를 90도 로 설정하였지만, 폐루프 전달함수의 지배 극점이 복소평면 상에 위치하기 때문에 어느 정도의 오버슈트는 발생하게 된다. 이는 MATLAB 시뮬레이션에서도 동일하게 보여진다.

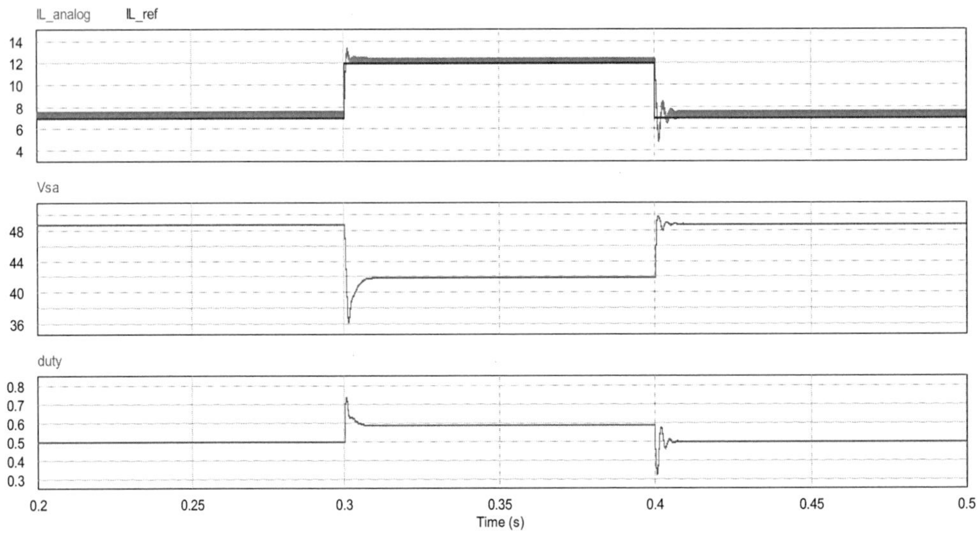

Figure 8.6 Simulation waveforms

설계한 전류제어기를 사용한 MPPT 시스템도 역시 구조는 solar boost와 동일함으로 term project으로 남겨두기로 한다.

9. THREE-LEVEL SOLAR BOOST CONVERTER

9.1 제어기 설계

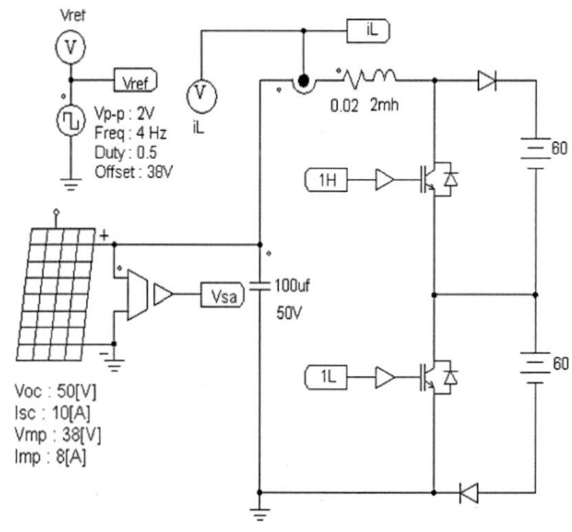

9.1 제어기 설계

이번 장에서는 태양전지와 3-레벨 부스트 컨버터가 연결된 구조에 대해 다룬다. 5 장 3-레벨 부스트 컨버터에서 전달함수가 boost converter 와 동일하다는 것을 보여주었다. 따라서 Solar boost converter 와 동특성이 동일하다는 것을 알 수 있다. 이번 장에서는 상태공간 표현식 유도 없이 solar boost 전달함수를 이용하여 태양전지 전압 제어기를 설계하는 내용을 서술한다.

아래에 solar 3-level boost 컨버터의 전압 제어기 설계를 위한 m-file 을 나타내었다.

```
%  Solar 3-level Boost %
Voc=50;
Vmp=40;
Isc=10;
Imp=8;
alpha3 = Imp/Vmp;
beta3 = 2*Imp;

s=tf('s');
rL = 0.02;    % rL=20 mohm
L = 2.0e-3;   % L=2.0mh
C = 100e-6;   % C=100uf
VB=60;

alpha = alpha3;
beta =  beta3;

G1 = (2*VB/L)*(s+alpha/C) /
(s^2+s*(rL/L+alpha/C)+(rL*alpha+1)/(L*C) );
G2 = (2*VB)/(L*C) /
(s^2+s*(rL/L+alpha/C)+(rL*alpha+1)/(L*C) );
G3 = (-1/(2*C)) / (s + alpha/C);
```

```
Kpv = 1; Kiv=1;
Gcv = Kpv*(s+Kiv)/s;

Kpi =1; Kii =1;
Gci = Kpi*(s+Kii)/s;

Vsa_ref = 38;
IL_ref  = 8;

%sisotool Voltage Single loop
T=sisoinit(1);
T.F.Value = Vsa_ref;
T.G.Value = G2;
T.C.Value = Gcv;
sisotool(T);

%sisotool Current Single loop
% T=sisoinit(1);
% T.F.Value = IL_ref;
% T.G.Value = G1;
% T.C.Value = Gci;
% sisotool(T);
```

설계조건인 BandWidth=50 [rad/s], Phase margin = 90 [deg]를 만족시키는 제어기 표현식은 다음과 같다.

$$G_{CV}(s) = 0.0001675\frac{(s+2500)}{s}$$

그림 9.1에 설계 조건을 만족시키는 bode 선도와 step response를 보여주고 있다.

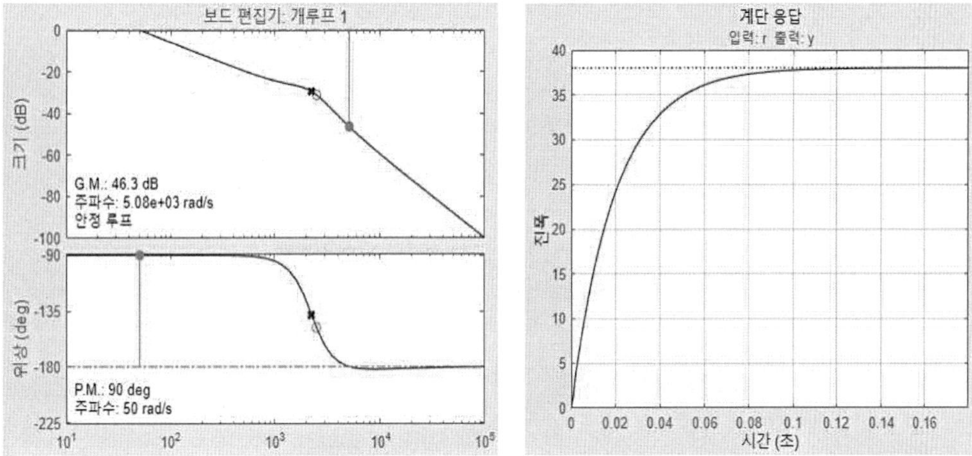

Figure 9.1 Bode diagram and step response

설계 검증을 위해 PSIM schematic이 그림 9.2에 나타내었다. 설계된 PI 제어기와 gate driving 신호가 표시되었다.

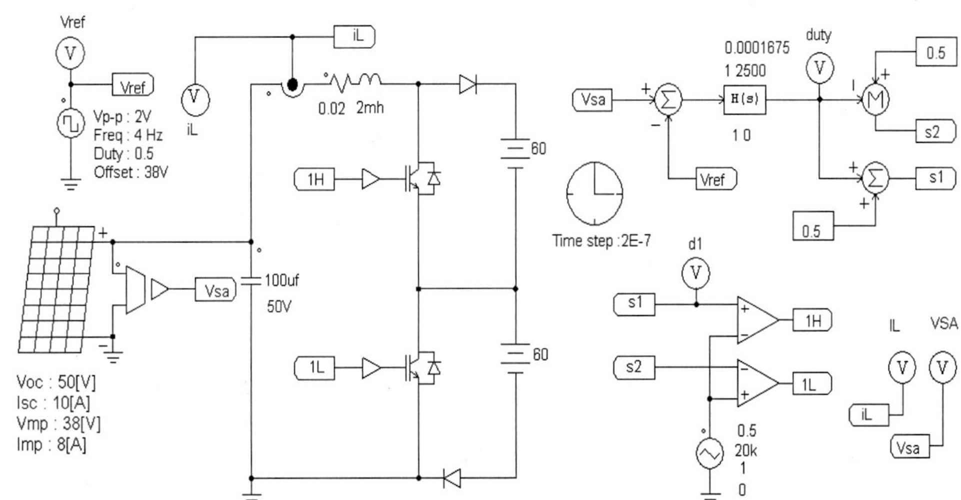

Figure 9.2 PSIM schematic for solar 3-level boost converter

시뮬레이션 파형을 그림 9.3에 나타내었다. MATLAB 해석 결과와 동일한 파형을 확인할 수 있다. 따라서 설계된 제어기가 실제 회로에서도 잘 동작함을 확인할 수 있다.

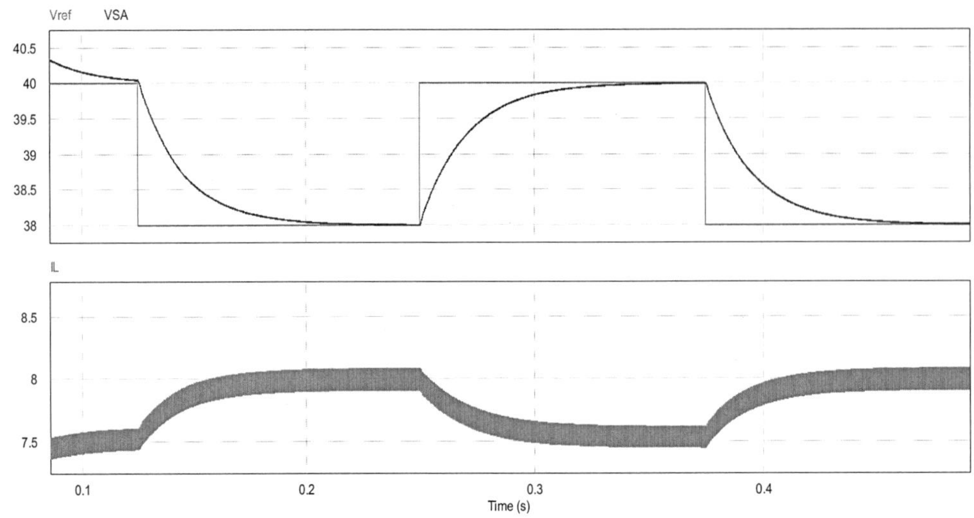

Figure 9.3 Waveforms for solar 3-level boost converter

MPPT 제어기나 Blancing 제어기는 Solar boost 컨버터와 동일함으로 Term Project 으로 남겨둔다.

10. DC MOTOR

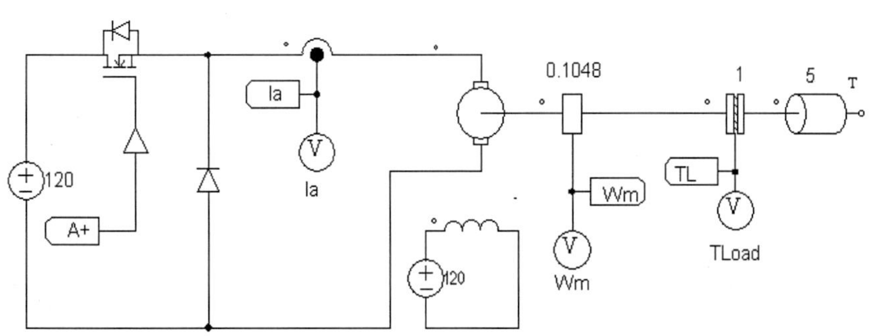

10.1 모델링 파라미터

회전운동과 관련된 공식은 다음과 같이 주어진다.

1. 각위치(angular position) θ

물체의 각위치 θ는 기준점에 대해서 회전방향으로 측정된 각도를 말한다. 보통 라디안(radian)이나 각도(degree)로 표현된다. 원운동에서의 표현식이며, 선형운동에서는 직선거리에 해당한다.

2. 각속도(angular velocity) ω

각속도는 시간에 대한 각위치의 변화율이다. 만약 각위치가 라디안이면 각속도는 rad/sec이다.

$$\omega = d\theta/dt$$

각속도는 원운동에서의 표현식이며, 선형운동에서는 속도에 해당한다. PSIM 모터 Library에서는 각속도를 측정하기 위해 speed sensor를 사용하는데, 단위는 rpm[revolution per minute]을 사용한다. 두 단위간의 변환식은 다음과 같다.

$$[rad/sec] = \frac{2\pi}{60} \times [rpm] = 0.1047 \times [rpm]$$

3.각가속도(angular acceleration)

각가속도는 시간에 대한 각속도의 변화율이다. 각속도의 단위가 rad/sec라면 각가속도는 rad/sec^2 이다.

$$a = d\omega/dt$$

4. 토크(torque) Γ

토크는 물체가 회전운동을 할 때 나타나는 회전의 경향의 척도, 물체를 회전시키기 위해 가한 힘의 작용을 나타낸다. 힘(force)이 선형 운동학에서 물체의 가속을 유발하는 벡터량이듯, 토크는 물체의 회전축을 중심으로 하는 회전 가속을 유발하는 벡터량이다. 토크는 힘이 아니라 비틀림 모멘트(moment)이다. 힘은 물체를 변위(displacement) 시키는 작용인데 토크는 변위를 일으키지 않는다는 것을 생각해보면 쉽게 이해할 수 있다. 토크 공식은 다음과 같다.

$$\Gamma = (\text{수직거리})(\text{인가된 힘}) = \mathrm{r} \times \mathrm{F} = \mathrm{rFsin}\,\theta$$

토크의 SI 단위는 N·m(뉴턴 미터) 를 많이 사용한다. 산업현장에서는 kgf·m를 사용하는 경우가 많다. 지구상에서 1 [kgf·m]=9.8 [N·m]이다.

5. Power

모터 power는 토크에 속도를 곱한 값으로 주어진다.

$$\mathrm{P} = \Gamma \times \omega$$

a. 모델링

PSIM Library의 DC machine의 모델링 수식은 다음과 같이 정의된다.

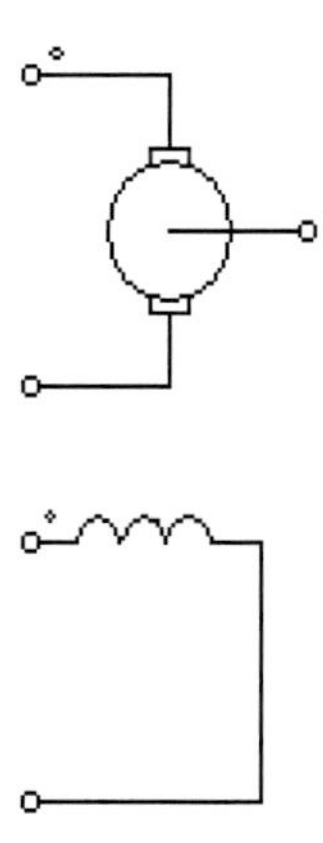

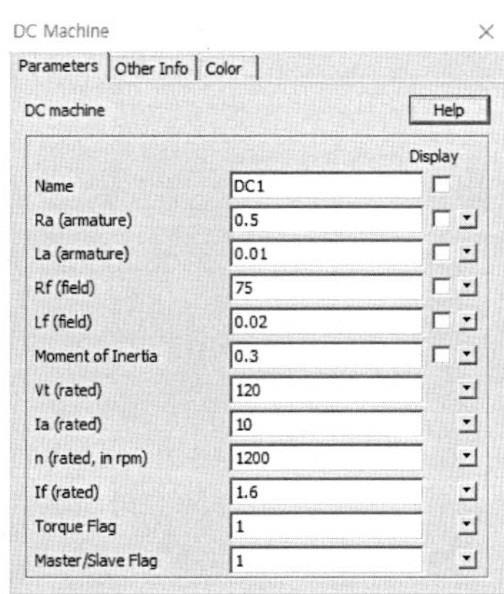

$$V_t = E_a + L_a \frac{di_a}{dt} + R_a i_a$$

$$V_f = L_f \frac{di_f}{dt} + R_f i_f$$

$$E_a = L_{af} \cdot i_f \cdot \omega_m = K_\varphi \cdot \omega_m$$

$$T_{em} = L_{af} \cdot i_f \cdot i_a = K_\varphi \cdot i_a$$

$$J_m \frac{d\omega_m}{dt} = T_{em} - T_{load}$$

변수는 다음과 같이 정의된다.

V_t : *terminal voltage*, E_a : *back EMF*, i_a : *armature current*,

i_f : *field current*, ω_m : *mechanical speed, in* $[rad/sec]$,

L_{af} : *mutual inductance between field and aramture windings*

많은 Text book에서 $L_{af} \cdot i_f$ 를 back emf 상수 K_φ 로 정의하기도 한다. $Mutual\ inductance\ L_{af}$ 는 정격운전조건(rated operating condition)의 정상상태에서 얻어진다. 위의 공식들로부터 rated value를 적용하여 다음 계산식을 얻을 수 있다. (V_t, i_a, i_f, ω_m 값들은 rated value)

$$L_{af} = \frac{V_{t\_rated} - R_a \cdot i_{a\_rated}}{i_{f\_rated} \cdot \omega_{m\_rated}}$$

PSIM DC machine에 주어진 rated value들을 이용해서 $Mutual\ inductance\ L_{af}$ 를 계산하면 다음과 같다.

$$L_{af} = \frac{120 - 10 \times 0.5}{1.6 \times 1200 \times \frac{2\pi}{60}} = 0.572[H]$$

따라서 back emf 상수 K_φ는 다음과 같이 계산된다.

$$K_\varphi = L_{af} \cdot i_f = 0.9152$$

아래 회로는 constant torque load $T_L = 50[N \cdot m]$을 가진 dc motor 구동회로를 보여주고 있다. 이 회로를 이용하여 모델링 수식을 적용한 정상상태 값과 PSIM 시뮬레이션 파형값을 비교해 보자.

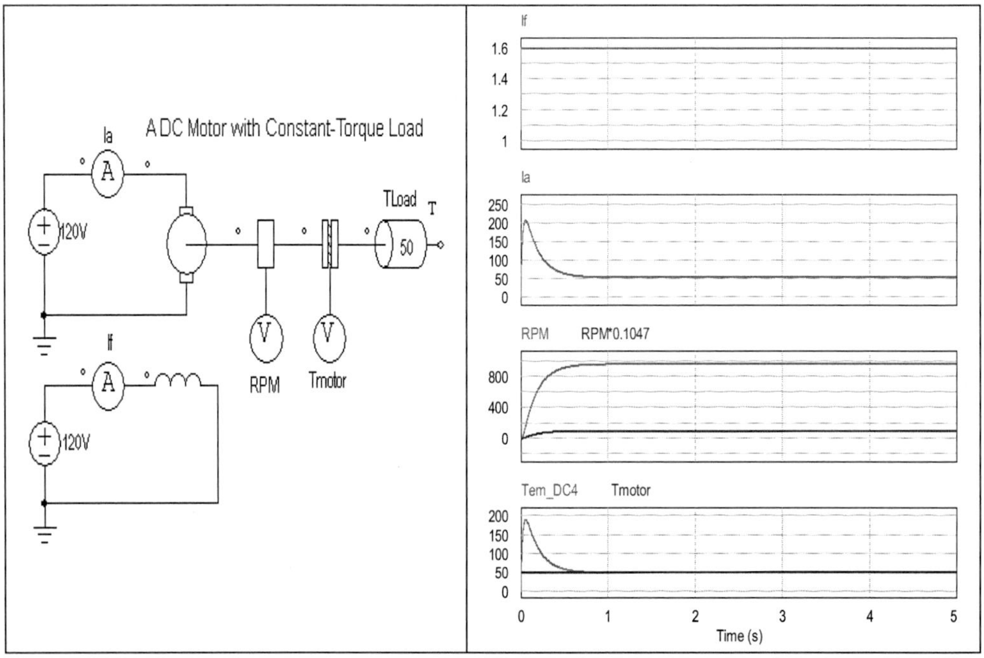

지금부터는 회로 파라미터 값들을 이용해서 계산한다.

(1) 정상상태 field current I_f 계산

정상상태의 field current I_f는 $V_f = I_f \cdot R_f + L_f \frac{d}{dt} I_f$ 수식으로부터 얻어진다.

$$I_f = \frac{V_f}{R_f} = \frac{120}{75} = 1.6\ [A]$$

(2) 정상상태 Armature Current I_a 계산

모터의 정상상태 Torque $T_{em} = T_L$ (부하토크)과 동일하다. 회로에서 $T_L = 50[N \cdot m]$ 로 주어졌을때,

정상상태의 Armature Current I_a 는 다음과 같이 계산된다.

$$I_a = \frac{T_{em}}{L_{af} \cdot I_f} = \frac{T_L}{L_{af} \cdot I_f} = \frac{50}{0.572 \times 1.6} = 54.6\ [A]$$

(3) Back emf 정상상태 전압 계산

$V_t = E_a + L_a \frac{d}{dt} i_a + R_a i_a$ 에서 정상상태 Back emf 전압은

$$E_a = V_t - R_a i_a = 120 - 0.5 \times 54.6 = 92.7\ [V]$$

(4) 정상상태 각속도 ω_m 계산

$$E_a = L_{af} \cdot I_f \cdot \omega_m \ => \ \omega_m = \frac{E_a}{L_{af} \cdot I_f}$$

$\omega_m = \frac{92.7\ [V]}{0.572 \times 1.6} = 101.29\ [rad/sec]$, 이 값을 rpm으로 변환하면

$$\omega_m\ [rad/sec] \times \frac{60}{2\pi} = 101.29 \times \frac{60}{2\pi} = 967[rpm]$$

PSIM 시뮬레이션 파형을 보자. Armature current i_a 의 peak 값은 200 [A]가 넘지만, 정상상태값은 54.6 [A]이고, field current $i_f = 1.6$ [A]이다. 모터 속도는 967 [rpm]이고, 환산하면 101.2 $[rad/sec]$ 이다. 모터의 발생 토크 T_{em}은 과도상태에서는 200 [Nm]가 넘지만 정상상태에서는 50 [Nm]로 부하토크 T_L과 동일하다는 것을 알 수 있다. 모든 정상상태 수치들이 계산값과 정확하게 일치한다.

모터 변수들의 정상상태값을 계산하는 내용의 m-file을 다음에 나타내었다.

```
%%DC Machine Steady-State Parameter %%
%%%%%%%%%%%%%%%%%%%%%%%%%%%%%%%%%%%%%%

% rated value from DC Machine Library
Vt_rated = 120;
Ia_rated = 10;
If_rated = 1.6;
rpm_rated = 1200;

% Motor and Circuit Parameter
Ra = 0.5;
La = 0.01;
Rf = 75;
Lf = 0.02;
Jm = 0.3;

TL = 50;  % Load torque TL=50[Nm]
Vt=120;
Vf=120;

Te = Kpi*Ia
```

```
% Step 1 : Mutual Inductance Laf
Laf =(Vt_rated-Ra*Ia_rated)
     /(If_rated*rpm_rated*0.1047)

% Step 2 : steady-state If
If = Vf/Rf

% Step 3 : steady-state Ia
Ia = TL/(Laf*If)

% Step 4 :  steady-state bemf Ea
Ea = Vt - Ra*Ia

% Step 5 : steady-state Wm
Wm = Ea/(Laf*If)
rpm = Wm*60/(2*3.1415)

%Step 6 : Kpi, Tem
Kphi = Laf*If
```

단자 전압과 부하 토크를 변경시켜서 MATLAB 정상상태 값과 PSIM 파형의 값이 일치하는 지 확인해 보자.

10.2 단방향 구동(Uni-polar driving)

모터 구동 회로

DC motor의 모델링 수식이 앞장과 같이 표현될 때, 모터의 단자 전압은 인덕터와 back emf 로 구성되어 있다. 구동 방식에 따른 DC 모터 등가회로를 그려보면 그림 10.1과 같이 표현할 수 있다. 그림 (a)는 단방향 구동(Uni-polar) 구동시 모델링에 적용할 등가회로이고, 그림 (b)는 양방향 구동(Bi-polar) 구동을 위한 등가 회로이다. 단방향 구동 회로는 Buck 컨버터 회로가 사용되고, 양방향 구동에는 단상 브리지 회로가 사용되기 때문에 앞 장의 단상 인버터 회로에서 적용한 방법인, 두 개의 동일한 회로가 반대 위상으로 연결되어 동작한다고 해석하면 양방향 구동 제어기 설계에 단상 인버터 제어기 설계 방법을 그대로 적용할 수 있다는 장점이 있다. Bi-polar 구동 방식은 11장의 단상 인버터를 먼저 읽어 보면 쉽게 이해할 수 있다.

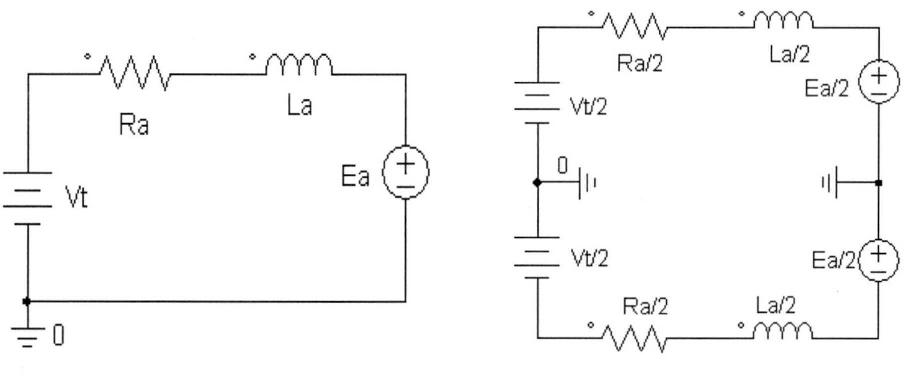

(a) Uni-polar driving (b) Bi-polar driving

Figure 10.1 DC motor equivalent circuit for uni/bi-polar driving cases

상태평균화 방정식과 전달함수

먼저 단방향 구동회로를 생각해보자. Buck converter에서 인덕터 L 이 모터 수식에 포함되어 있다고 생각할 수 있으므로 단방향 구동회로는 스위치와 freewheeling diode로만 구성할 수 있다.

DC 모터를 단방향으로 구동하기 위한 회로를 그림에 나타내었다.

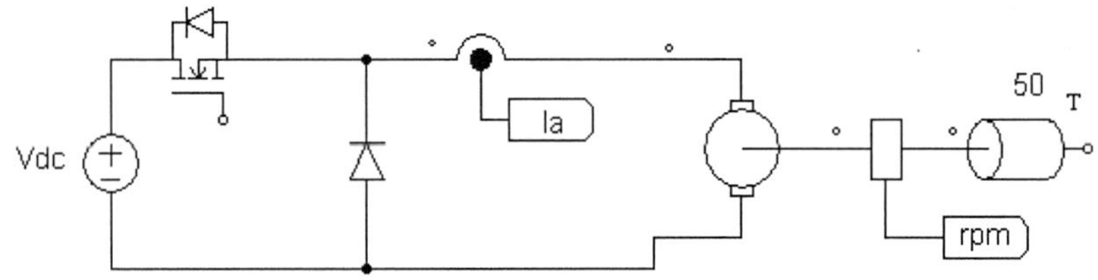

모터의 상태방정식은 다음과 같이 표현된다.

$$V_t = E_a + L_a\frac{di_a}{dt} + R_a i_a = K_\varphi \omega_m + L_a\frac{di_a}{dt} + R_a i_a$$

$$J_m\frac{d\omega_m}{dt} + B_m\omega_m = T_{em} - T_{load} = K_\varphi i_a - T_{load}$$

스위치 ON/OFF 상태에 따라서 모터 단자 전압 V_t는 V_{dc} 이거나 0 이다. ON time duty d 와 OFF time duty $(1-d)$ 구간의 상태평균화 방정식을 구하면 다음과 같다.

$$\frac{di_a}{dt} = -\frac{R_a}{L_a}i_a - \frac{K_\varphi}{L_a}\omega_m + \frac{V_t}{L_a}d$$

$$\frac{d\omega_m}{dt} = \frac{K_\varphi}{J_m}i_a - \frac{B_m}{J_m}\omega_m - \frac{1}{J_m}T_{load}$$

행렬 형태로 정리하면 다음과 같다.

$$\begin{pmatrix}\frac{di_a}{dt}\\ \frac{d\omega_m}{dt}\end{pmatrix} = \begin{pmatrix}-\frac{R_a}{L_a} & -\frac{K_\varphi}{L_a}\\ \frac{K_\varphi}{J_m} & -\frac{B_m}{J_m}\end{pmatrix}\begin{pmatrix}i_a\\ \omega_m\end{pmatrix} + \begin{pmatrix}\frac{V_t}{L_a}\\ 0\end{pmatrix}d + \begin{pmatrix}0\\ -\frac{T_{load}}{J_m}\end{pmatrix}$$

행렬 방정식으로 표시하면 $\dot{X} = AX + Bu + F$ 로 주어진다.

$$X = \begin{pmatrix}\frac{di_a}{dt}\\ \frac{d\omega_m}{dt}\end{pmatrix}, \mathrm{A} = \begin{pmatrix}-\frac{R_a}{L_a} & -\frac{K_\varphi}{L_a}\\ \frac{K_\varphi}{J_m} & -\frac{B_m}{J_m}\end{pmatrix}, \mathrm{B} = \begin{pmatrix}\frac{V_t}{L_a}\\ 0\end{pmatrix}, \mathrm{U} = d, F = \begin{pmatrix}0\\ -\frac{T_{load}}{J_m}\end{pmatrix}$$ 로 정의된다.

이 행렬 방정식은 F 로 인해 비선형 방정식임으로, 선형방정식으로 만들기 위해서는 F 를 제거해야 한다. 이를 위해 torque 방정식을 다시 적어 보자.

$$J_m \cdot d\omega_m = K_\varphi i_a - B_m\omega_m - T_{load}$$

정상 상태에서 외란 T_{load}는 모터에 흐르는 전류 $K_\varphi i_a$에 의해 결정된다. Armature 전류 $i_a = i_{ff} + i_{fb}$로 분해하면, i_{ff}는 feed-forward current가 되고, i_{fb}는 전류제어기에 의한 feedback current가 된다. Torque 방정식에서 $i_{ff} = \frac{T_{load}}{K_\varphi}$가 된다. T_{load}는 토크 센서를 이용하여 측정하거나, load torque observer에 의해 부하 토크값을 추정할 수 있다. 따라서 행렬방정식은 $\dot{X} = AX + Bu$으로 표현될 수 있다. 이 상태공간 표현식을 이용하여 전달함수를 계산해 보도록 하자.

시스템 행렬의 역행렬을 계산하면

$$(sI - A)^{-1} = \begin{pmatrix} s + \frac{R_a}{L_a} & \frac{K_\varphi}{L_a} \\ -\frac{K_\varphi}{J_m} & s + \frac{B_m}{J_m} \end{pmatrix}^{-1} = \frac{\begin{pmatrix} s + \frac{B_m}{J_m} & -\frac{K_\varphi}{L_a} \\ \frac{K_\varphi}{J_m} & s + \frac{R_a}{L_a} \end{pmatrix}}{s^2 + (\frac{R_a}{L_a} + \frac{B_m}{J_m})s + (\frac{K_\varphi^2}{L_a J_m} + \frac{R_a B_m}{L_a J_m})}$$

전달함수를 계산하면 다음과 같이 표현된다.

$$\frac{I_a(s)}{d(s)} = C(sI - A)^{-1}BU = \frac{\frac{V_t}{L_a}(s + \frac{B_m}{J_m})}{s^2 + (\frac{R_a}{L_a} + \frac{B_m}{J_m})s + (\frac{K_\varphi^2}{L_a J_m} + \frac{R_a B_m}{L_a J_m})} = G_1(s)$$

$$\frac{\omega_m(s)}{d(s)} = C(sI - A)^{-1}BU = \frac{\frac{V_t K_\varphi}{L_a J_m}}{s^2 + (\frac{R_a}{L_a} + \frac{B_m}{J_m})s + (\frac{K_\varphi^2}{L_a J_m} + \frac{R_a B_m}{L_a J_m})} = G_2(s)$$

$$\frac{\omega_m(s)}{I_a(s)} = \frac{\frac{K_\varphi}{J_m}}{s + \frac{B_m}{J_m}} = G_3(s)$$

제어기 설계

먼저 Single loop 제어기 구성을 보자. Single loop에는 속도제어기와 전류제어기가 있다. 제어기는 컨버터에서 사용하였던 방법과 동일한 방식으로 설계되었다.

a. 속도 제어기 설계(Speed Controller)

모터속도 ω_m 를 제어하기 위한 속도제어기 구성은 그림 10.2와 같이 주어진다.

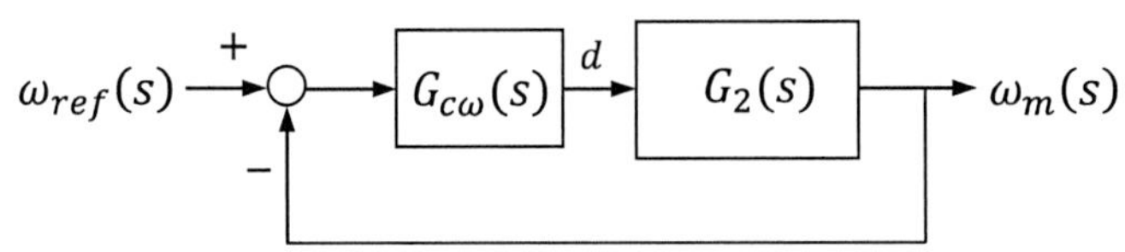

Figure 10.2 Speed controller configuration (Single loop)

속도 제어기의 주파수 설계 사양(Frequency Design Specification)은 다음과 같다.

- BandWidth = 1 [rad/s]

- Phase margin = 90 [deg]

아래에 Single loop 제어기 설계를 위한 m-file을 나타내었다. 속도 제어기 설계가 enable되어 있어서 실행하면 된다.

```
Vt=100;
Ra = 0.5;
La = 0.01;
Jm = 0.4;
Bm=0;
TL = 50;  % Load torque TL = 50 [Nm]
Laf=0.572;
If = 1.6;
Kphi = Laf*If;

s=tf('s');
Delta=s^2+(Ra/La+Bm/Jm)*s+(Kphi^2+Ra*Bm)/(La*Jm);

G1=(Vt/La)*(s+Bm/Jm)/Delta; % Ia(s)/d(s)
G2=(Vt*Kphi/(La*Jm))/Delta; % Wm(s)/d(s)
G3=(Kphi/Jm)/(s+Bm/Jm) ;    % Wm(s)/Ia(s)

%%%%%% Single loop Controller Design %%%%%%
Kpw=1; Kiw=1;
Gcw=Kpw*(s+Kiw)/s;

Kpi=1; Kii=1;
Gci=Kpi*(s+Kii)/s;

%%%%% Speed %%%%%
Wref = 200;
T=sisoinit(1);
T.F.Value = Wref;
T.G.Value = G2;
T.C.Value = Gcw

%%%%% Current %%%%%
%Iref= TL/Kphi;
%T=sisoinit(1);
%T.F.Value = Iref;
%T.G.Value = G1;
%T.C.Value = Gci;
%sisotool(T);
```

전류 제어기 설계 부분은 mask되어 있어서 추후 전류 제어기 설계시 사용할 수 있다.

Auto tuning을 실행하여 설계된 속도제어기 표현식은 다음과 같다.

$$C_1 = G_{cw}(s) = \frac{0.002185(s + 4.17)}{s}$$

설계된 제어기를 적용한 bode 선도와 step response 그래프를 아래 그림에 나타내었다. 설계 조건을 만족하고 있는 것을 알 수 있다.

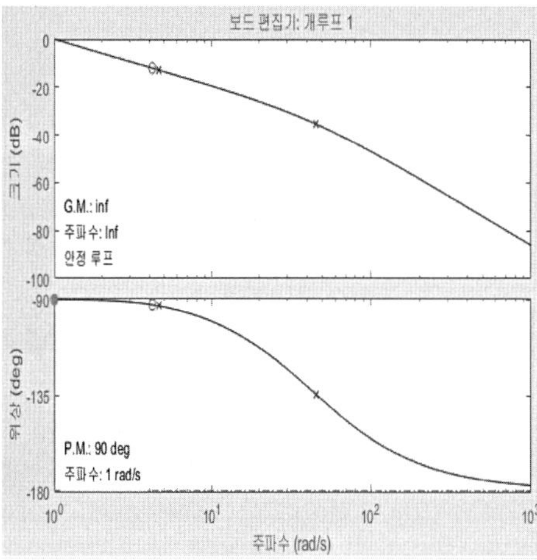

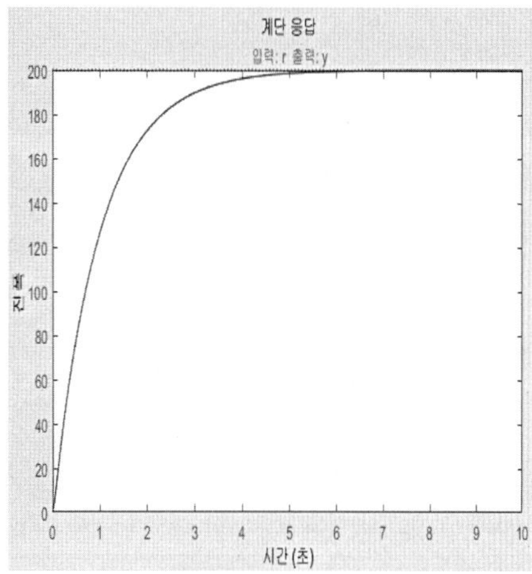

PSIM 시뮬레이션을 위한 uni-polar driving 회로가 그림 10.3에 표시되었다. Buck converter에 DC motor가 연결되어 있고, 속도센서를 이용하여 모터의 속도 rpm을 측정한다. 각속도로 변환하기 위해 변환 계수 0.1047를 곱하여 ω_m을 얻어낸다. 회전 부하는 5 [Nm]가 연결되었고 토크 센서로 부하 토크 T_{load} 을 측정한다.

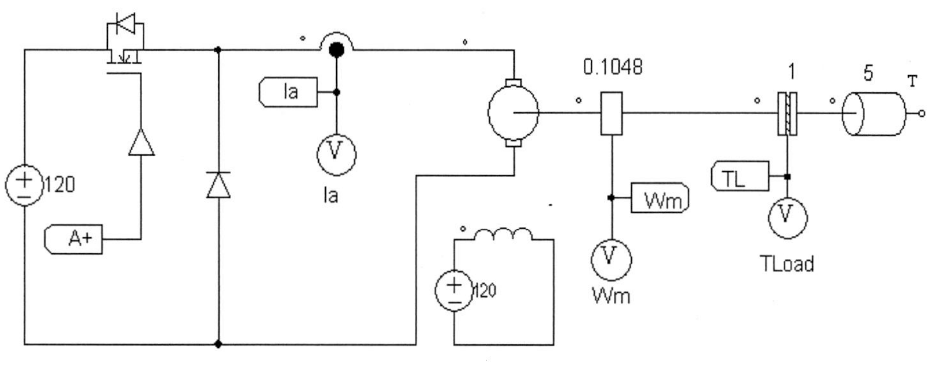

Figure 10.3 Circuit diagram of the uni-polar driving

PSIM 속도 제어기 구성도를 아래 그림에 나타내었다. MATLAB에서 설계된 제어기 이득을 이용하여 PI 제어기 구성으로 되어 있다.

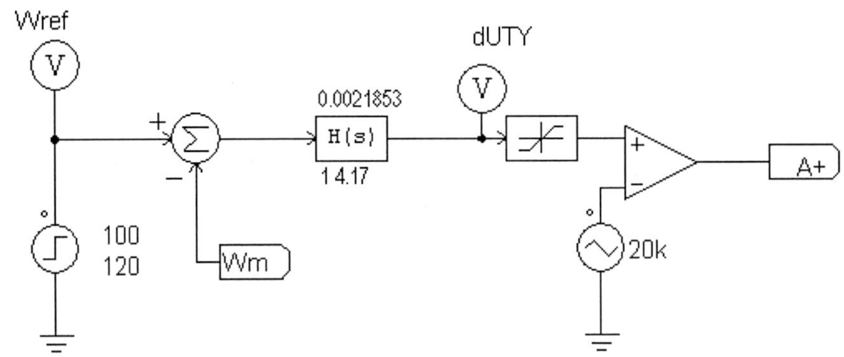

시뮬레이션 결과 파형이 나타나 있다. 모터의 속도가 기준 속도값에 오버슈트 없이 잘 되어 되고 있는 것을 알 수 있다.

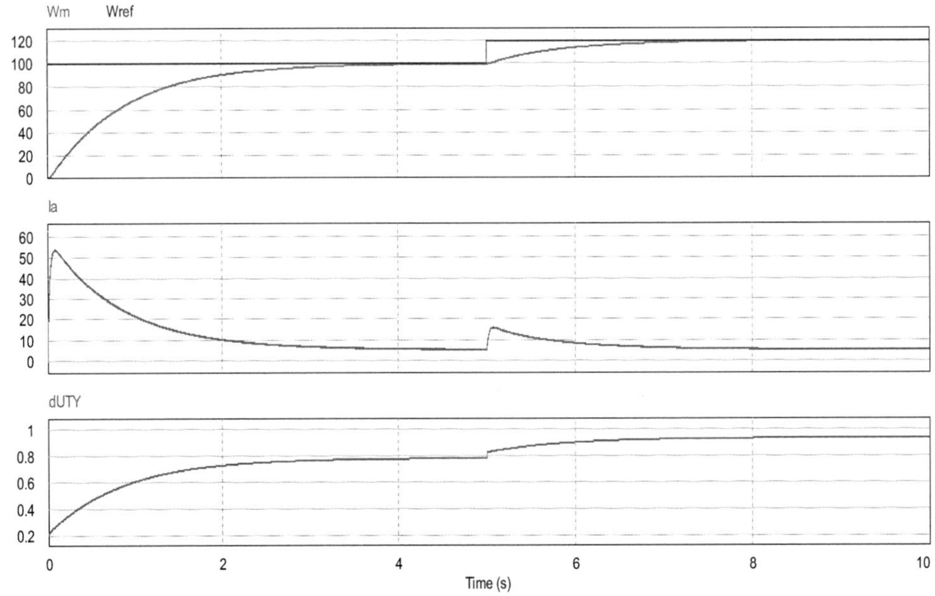

b. 전류 제어기 설계(Current Controller)

Armature 전류 i_a 를 제어하기 위한 전류제어기 구성은 그림 10.4와 같이 주어진다

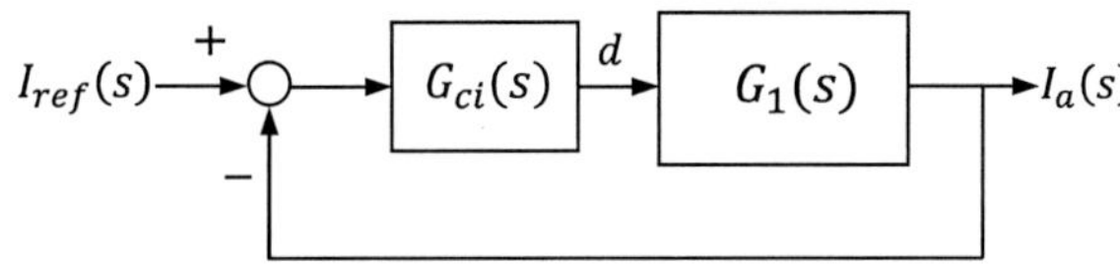

Figure 10.4 Speed controller configuration (Single loop)

전류 제어기의 주파수 설계 사양(Frequency Design Specification)은 다음과 같다.

- BandWidth = 2400 [rad/s]
- Phase margin = 60 [deg]

아래에 전류제어기 설계를 위한 m-file을 나타내었다. 모터 파라미터와 전달함수 선언 부분은 앞장의 m-file과 동일하다.

```
%%%%% Single loop : Current %%%%%
Iref= TL/Kphi;
T=sisoinit(1);
T.F.Value = Iref;
T.G.Value = G1;
T.C.Value = Gci;
sisotool(T);
```

Auto tuning을 실행하여 설계된 속도제어기 표현식은 다음과 같다.

$$C_1 = G_{ci}(s) = \frac{0.2(s + 1450)}{s}$$

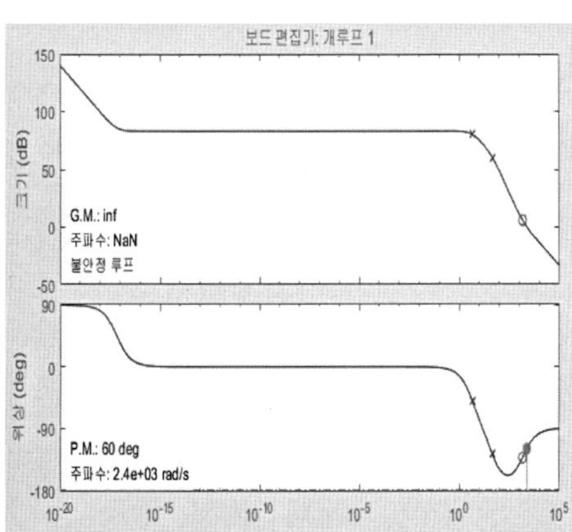

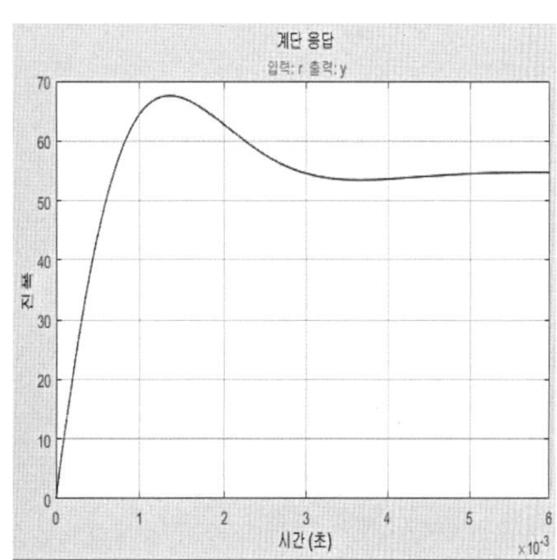

설계된 제어기를 적용한 bode 선도와 step response 그래프를 나타내었다. 설계 조건을 만족하고 있는 것을 알 수 있다.

PSIM을 이용한 전류 제어기 회로도가 나타나 있다. 회로 부분은 동일함으로 생략하고 제어부만 표시하였다.

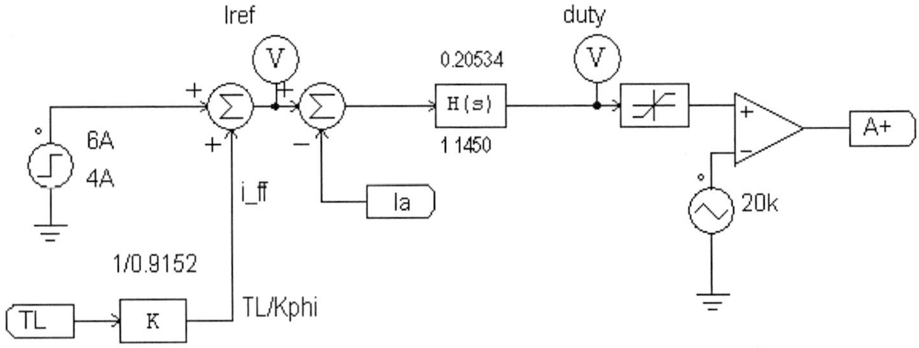

시뮬레이션 결과 파형이 나타나 있다. 전류 파형도 MATLAB 결과와 동일하게 잘 동작하고 있는 것을 알 수 있다.

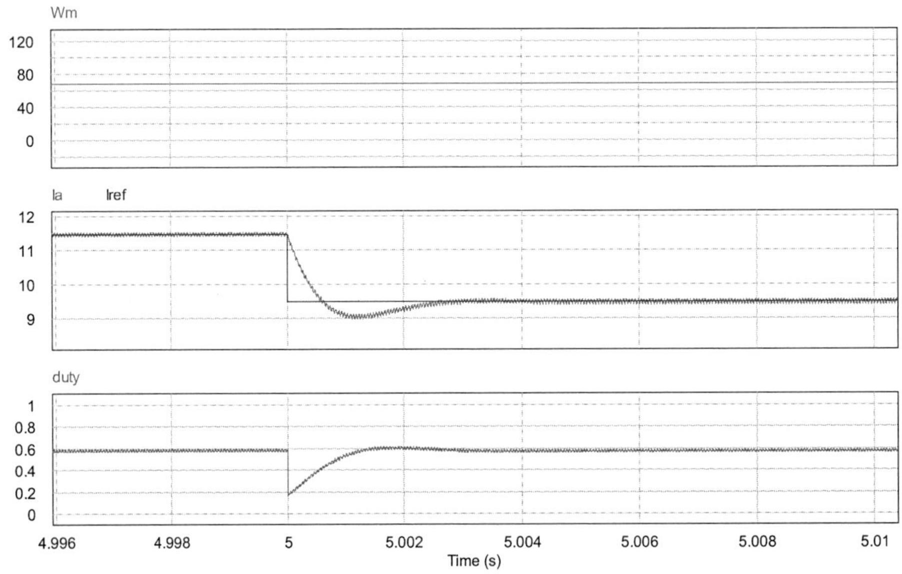

c. Double loop 제어기 설계

Double loop 제어기를 설계해 보자. 그림 10.5에 double loop 구성을 나타내었다.

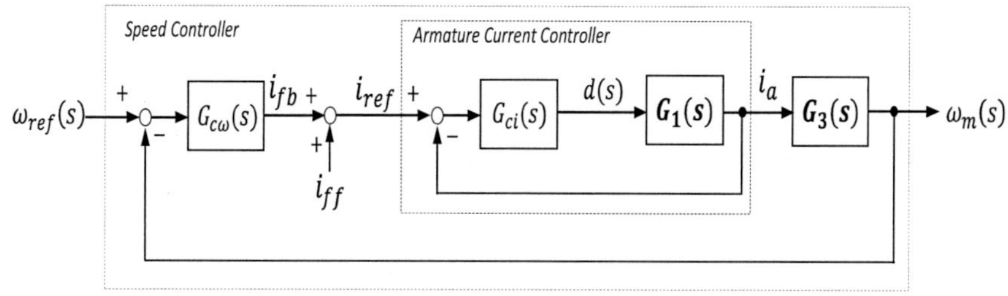

Figure 10.5 Double Loop Control Architecture

아래에 double loop 제어기 설계를 위한 m-file이 나타나 있다. 모터 파라미터와 전달 함수 선언 부분은 앞장의 m-file과 동일하다.

```
Kpw=1; Kiw=1;
Gcw=Kpw*(s+Kiw)/s;
Kpi=1; Kii=1;
Gci=Kpi*(s+Kii)/s;

Wref = 200;

T=sisoinit(6);
T.F.Value = Wref;
T.G1.Value = G1;
T.C2.Value = Gci;

T.G2.Value = G3;
T.C1.Value = Gcw;
sisotool(T);
```

속도제어기와 전류제어기의 주파수 설계 사양은 아래와 같다.

	Speed Controller (C_1)	Current Controller (C_2)
Band width	1 [rad/s]	2400 [rad/s]
Phase margin	90 [deg]	60 [deg]

Auto tuning을 실행하여 설계된 속도제어기, 전류제어기 표현식은 다음과 같다.

$$C_1 = G_{cw}(s) = \frac{0.437(s + 0.0175)}{s}$$

$$C_2 = G_{ci}(s) = \frac{0.2(s + 1450)}{s}$$

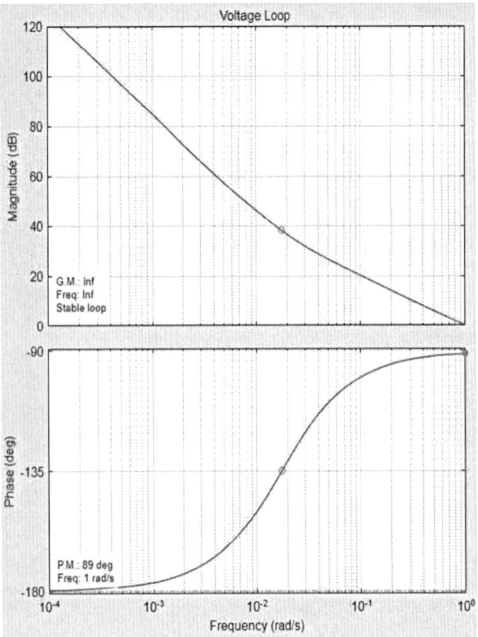

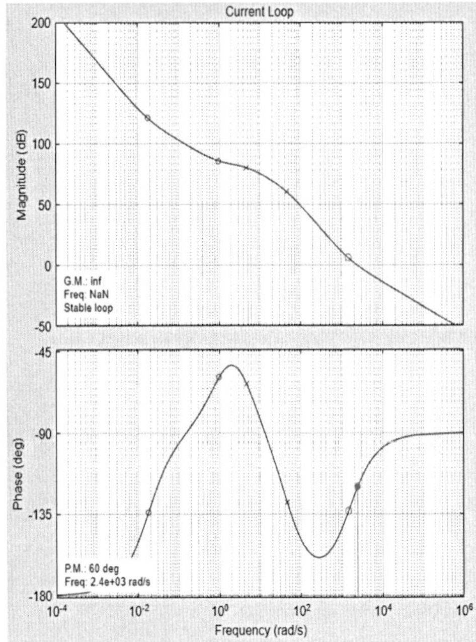

MATLAB의 Step response 그래프를 그려보면 다음과 같다.

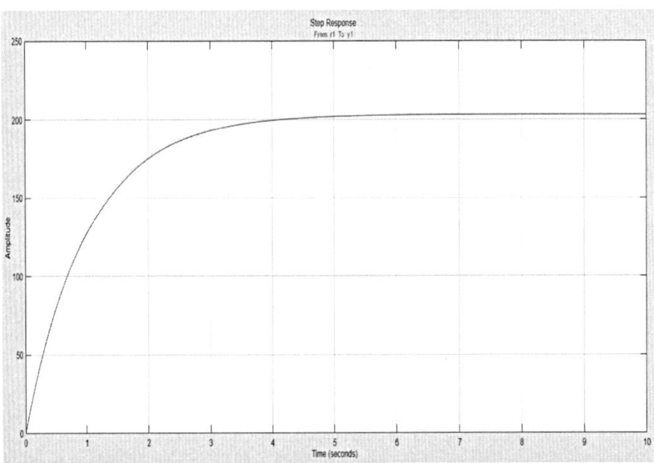

PSIM double loop 제어 회로도가 나타나 있다. 속도 제어기의 출력 i_{fb}과 feed-forward $i_{ff} = \frac{T_{load}}{K_{\varphi}}$이 더해져서 전류제어기의 기준값이 된다. 제어기 이득은 MATLAB 설계값들을 적용하였다.

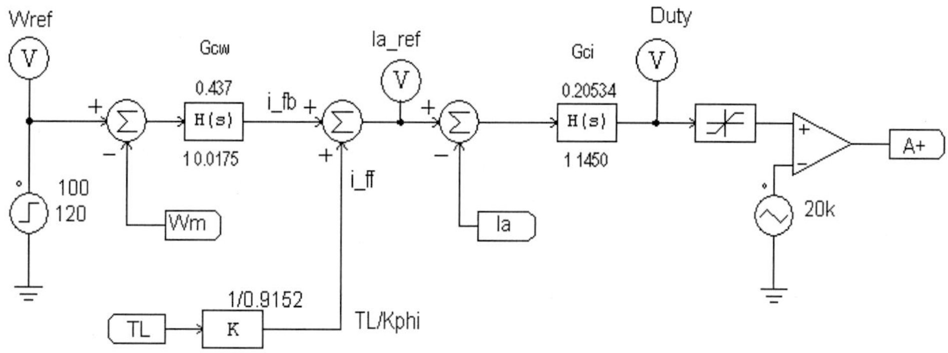

시뮬레이션 결과 파형이 나타나 있다. 모터의 속도가 기준 속도값에 오버슈트 없이 잘 되어 되고 있고, 전류 제어기도 잘 동작하고 있는 것을 알 수 있다.

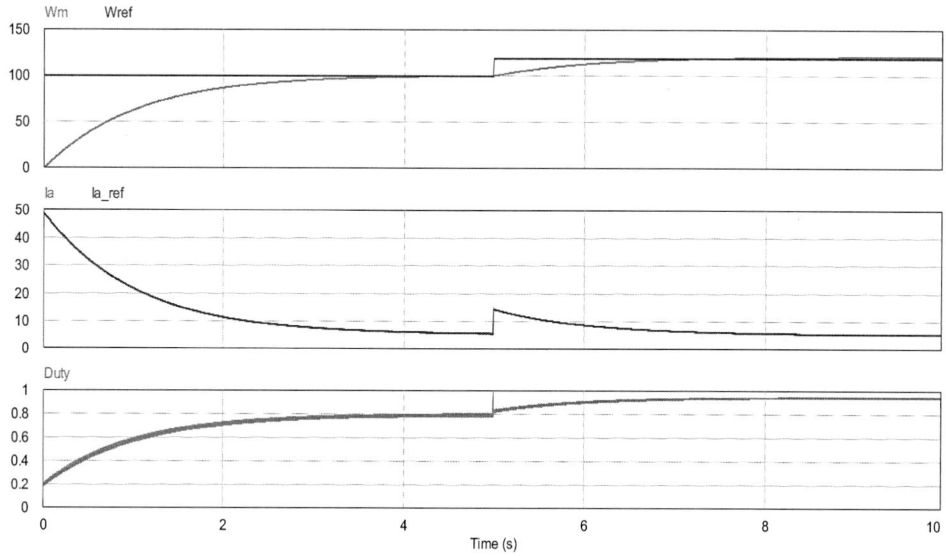

10.3 양방향 구동(Bi-polar Driving)

그림 10.6 (a)에 DC 모터를 양방향으로 구동하기 위해 스위치 4개(H-bridge)를 사용한 회로를 나타내었다. 그림 (b)에는 단상 PCS 회로를 나타내었다. 두 회로를 비교해 보면, 모터 인덕턴스 상수 R_a, L_a 는 단상 PCS에서의 계통 인덕터 r_L, L 과 등가이고, 모터의 back emf E_a는 계통 전압 V_{grid}와 등가인 것을 알 수 있다. 차이점은 E_a는 각속도 ω_m에 비례하여 크기와 주파수가 변하는 정현파이지만, V_{grid}는 고정된 크기와 주파수를 갖는 정현파라는 점이다.

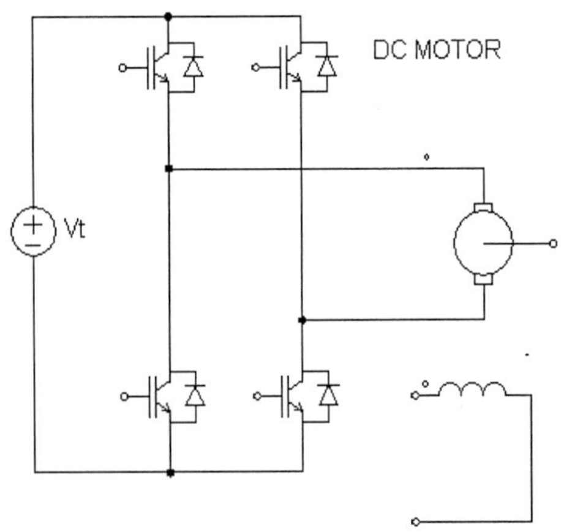

(a) DC motor driving circuit

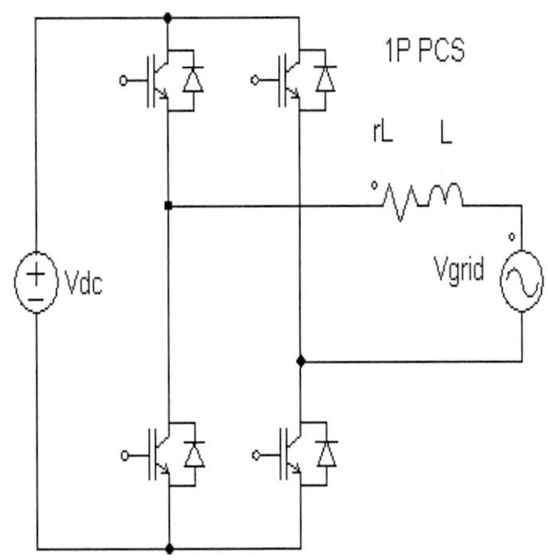

(b) Single phase grid connected PCS

Figure 10.6 Duality between DC motor and PCS circuits

11장의 단상 인버터 회로에서 적용한 방법인, 두 개의 동일한 회로가 반대 위상으로 연결되어 동작한다고 해석하면 단상 인버터에서 사용했던 제어기 설계 방법을 그대로 적용할 수 있다는 장점이 있기 때문에 모터 등가 회로를 그림 10.7과 같이 표현하였다.

H-bridge에서 A-상과 B-상은 180도의 위상차를 가지고 동작함으로, A+ = B-, A- = B+의 관계식을 갖는다. 따라서 Gate 신호가 High 일 때 모터에 가해지는 단자전압은 $+V_t$이고, Low 일때 단자전압은 $-V_t$ 이다. 즉 $+V_t$인 시간구간은 d 이고, $-V_t$인 시간구간은 $(1-d)$ 이다. 기계 방정식은 듀티에 무관하게 동일하다

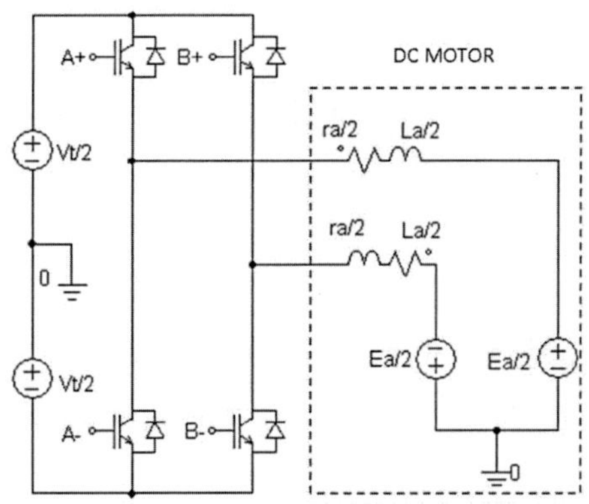

Figure 10.7 Bi-polar driving circuit analysis

ON, OFF 시간동안의 전기 회로 방정식은 다음과 같이 표현된다.

(1) ON time d 구간	(2) OFF time $(1-d)$ 구간
$\frac{di_a}{dt} = -\frac{R_a}{L_a}i_a - \frac{K_\varphi}{L_a}\omega_m + \frac{V_t}{L_a}$	$\frac{di_a}{dt} = -\frac{R_a}{L_a}i_a - \frac{K_\varphi}{L_a}\omega_m - \frac{V_t}{L_a}$

기계 방정식은 동일하다.

$$\frac{d\omega_m}{dt} = \frac{K_\varphi}{J_m}i_a - \frac{B_m}{J_m}\omega_m - \frac{1}{J_m}T_{load}$$

단자 전압은 armature 전류 i_a 상태방정식에만 영향을 미치므로, i_a의 상태 평균화 방정식을 구해보면,

$$\frac{di_a}{dt} = -\frac{R_a}{L_a}i_a - \frac{K_\varphi}{L_a}\omega_m + \frac{V_t}{L_a}(2d-1) = -\frac{R_a}{L_a}i_a - \frac{K_\varphi}{L_a}\omega_m + \frac{2V_t}{L_a}d - \frac{V_t}{L_a}$$

행렬 방정식으로 표시하면 $\dot{X} = AX + Bu + F$ 로 주어진다.

이 행렬 방정식은 F 로 인해 비선형 방정식임으로, 선형방정식으로 만들기 위해서는 F 를 제거해야 한다. 듀티 $d = d_{ff} + d_{fb}$로 분해하면, d_{ff}는 feed-forward duty가 되고, d_{fb}는 전류제어기에 의한 feedback duty가 된다. 행렬 방정식에서 $d_{ff} = 0.5$가 된다. 따라서 행렬방정식은 $\dot{X} = AX + Bu$으로 표현될 수 있다. 행렬 형태로 정리하면 다음과 같다.

$$\begin{pmatrix} \frac{di_a}{dt} \\ \frac{d\omega_m}{dt} \end{pmatrix} = \begin{pmatrix} -\frac{R_a}{L_a} & -\frac{K_\varphi}{L_a} \\ \frac{K_\varphi}{J_m} & -\frac{B_m}{J_m} \end{pmatrix} \begin{pmatrix} i_a \\ \omega_m \end{pmatrix} + \begin{pmatrix} \frac{2V_t}{L_a} \\ 0 \end{pmatrix} d_{fb} + \begin{pmatrix} 0 \\ -\frac{T_{load}}{J_m} \end{pmatrix}$$

uni-polar 구동에서 계산하였던 상태공간 표현식과 비교해 보면 A 행렬은 동일하고, B 행렬이 2 배 되어 있는 것을 알 수 있다. 따라서 uni-polar 방식과 동일한 전달함수를 얻어내기 위해 d_{fb} 값에 0.5를 곱한 값을 PWM 듀티로 입력한다면, uni-polar 와 동일한 제어기 설계값을 사용할 수 있다.

전달함수를 계산하면 다음과 같이 표현된다. 단방향 구동에 비해 2배의 크기를 가진다. 따라서 제어기 이득은 단방향의 이득의 절반이고, 영점의 위치는 동일한다.

$$\frac{I_a(s)}{d(s)} = C(sI-A)^{-1}BU = \frac{2 \cdot \frac{V_t}{L_a}(s+\frac{B_m}{J_m})}{s^2 + (\frac{R_a}{L_a}+\frac{B_m}{J_m})s + (\frac{K_\varphi^2}{L_aJ_m}+\frac{R_aB_m}{L_aJ_m})} = G_1(s)$$

$$\frac{\omega_m(s)}{d(s)} = C(sI-A)^{-1}BU = \frac{2 \cdot \frac{V_tK_\varphi}{L_aJ_m}}{s^2 + (\frac{R_a}{L_a}+\frac{B_m}{J_m})s + (\frac{K_\varphi^2}{L_aJ_m}+\frac{R_aB_m}{L_aJ_m})} = G_2(s)$$

$$\frac{\omega_m(s)}{I_a(s)} = \frac{\frac{K_\varphi}{J_m}}{s+\frac{B_m}{J_m}} = G_3(s)$$

아래 그림은 양방향 구동을 위한 PSIM 회로이다. 단상 bridge 회로를 이용하여 모터 단자에 +120[V] 전압과 –120[V] 전압을 인가할 수 있도록 구성되어 있다. 회전부하로 5[Nm]가 연결되어 있고 속도 센서와 토크 센서가 연결되어 있는 구조로 앞 장의 단방향 구동 구성과 동일하다.

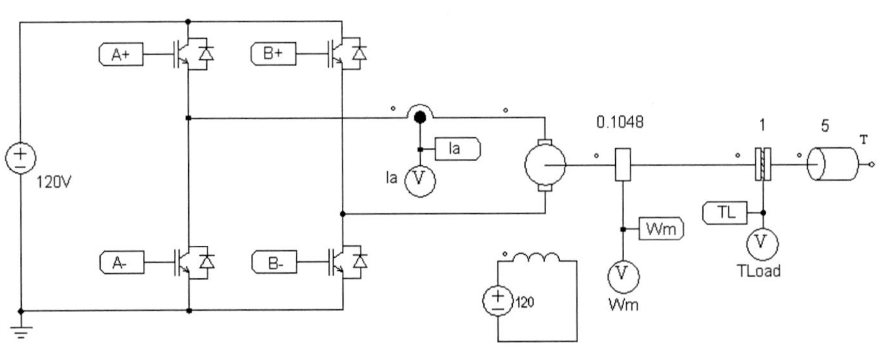

a. 속도 제어기 설계

속도제어기는 단방향 구동 제어기의 P-gain값에 0.5를 곱하여 사용한다. 단방향 구동과 비교하여 전달함수 이득이 2배이기 때문에 기존 제어기 값을 0.5배 하여 사용하면 된다. 제어기 출력 d_{fb} 와 Feed-forward 값 +0.5를 더하여 a-상 duty d_a가 생성된다. B-상은 a-상과 반대위상(180도)으로 동작함으로, -d_{fb}에 Feed-forward 값 +0.5를 더하여 b-상 duty d_b가 생성된다

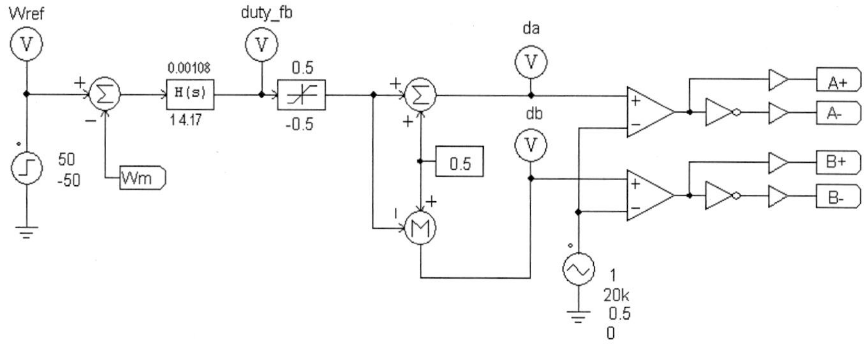

아래 그림에 시뮬레이션 파형을 나타내었다. 원하는 정상상태값에 오버슈트 없이 잘 제어되고 있는 것을 볼 수 있다. +50 [rad/sec]에서 -50[rad/sec]로 기준 값이 step-change 할 때, 회생 전류로 인해, 속도파형에 왜곡이 생기는 것을 볼 수 있다. 이를 해결하는 방법으로는 기준속도값을 tapering 하거나, 기준값을 +50 → 0 → -50으로 단계적으로 변화시키면 된다.

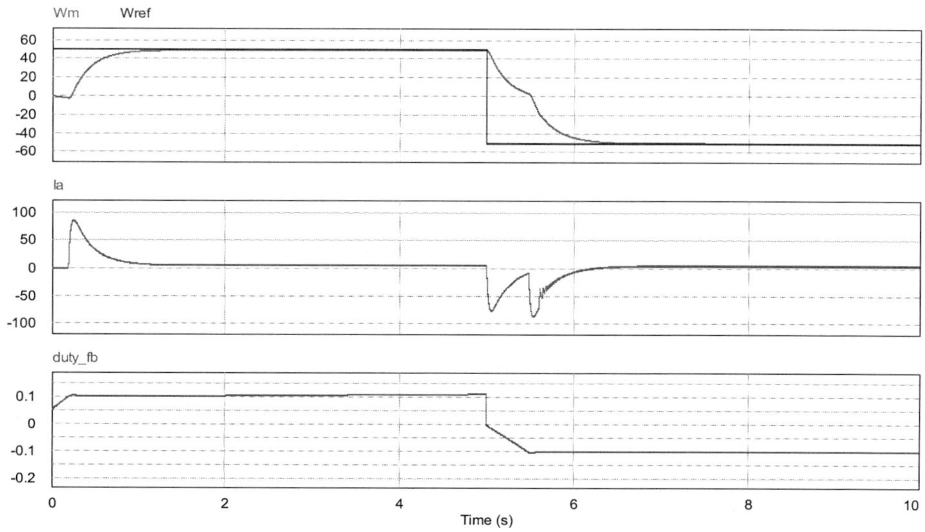

b. 전류 제어기 설계

전류제어기도 단방향 구동 제어기의 P-gain값에 0.5를 곱하여 사용한다. 단방향 구동과 비교하여 전달함수 이득이 2배이기 때문에 기존 제어기 값을 0.5배 하여 사용하면 된다. 각 상 듀티 발생 회로는 앞 장과 동일하다.

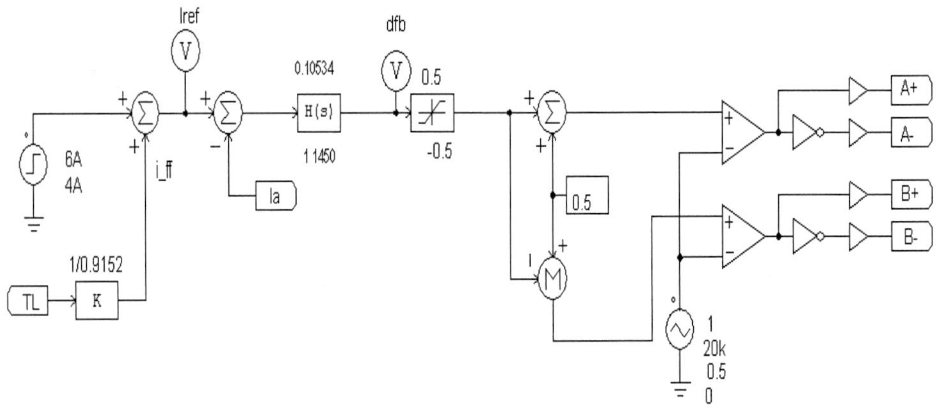

시뮬레이션 파형도 설계값과 동일한 것을 알 수 있다.

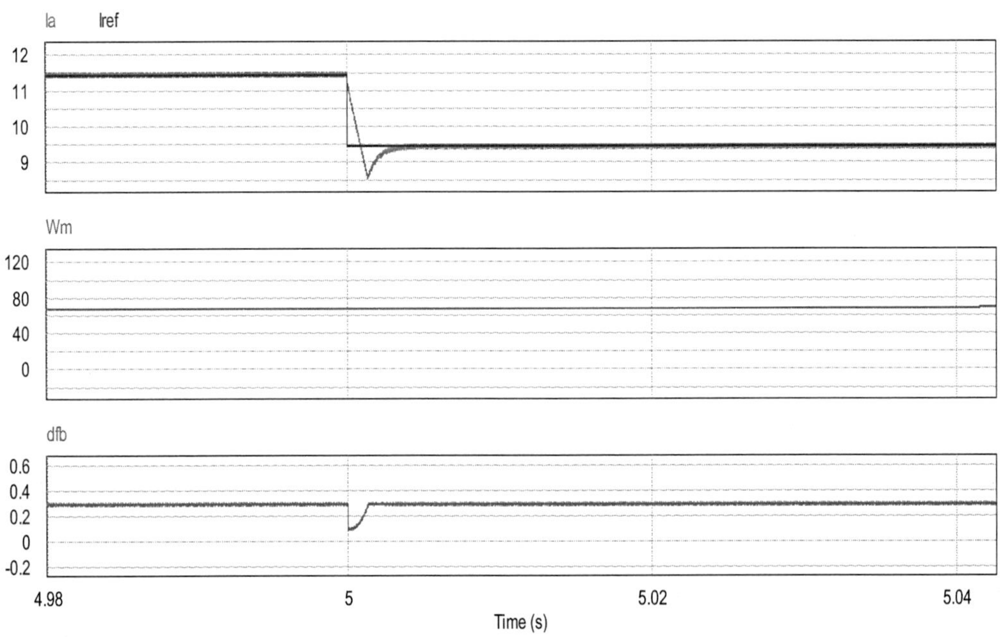

c. Double loop 제어기

전류 제어기의 P-gain값에 0.5를 곱하여 사용한 것만 제외하면, 나머지는 단방향 제어기 구성과 동일하다.

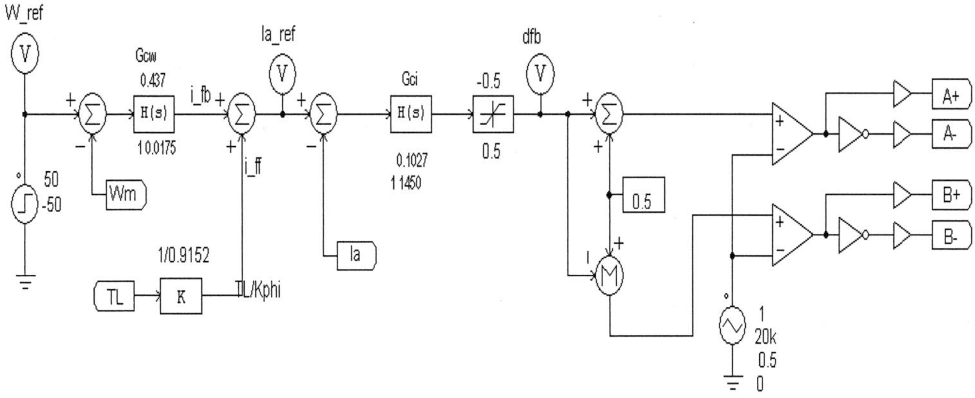

시뮬레이션 파형도 설계값과 동일한 것을 알 수 있다. 기준값이 (+)에서 (-)로 변화할 때 속도의 왜곡이 없는 것을 볼 수 있다. 이는 전류제어기에 의해 속도값에 따라 전류를 제어하고 있기 때문이다.

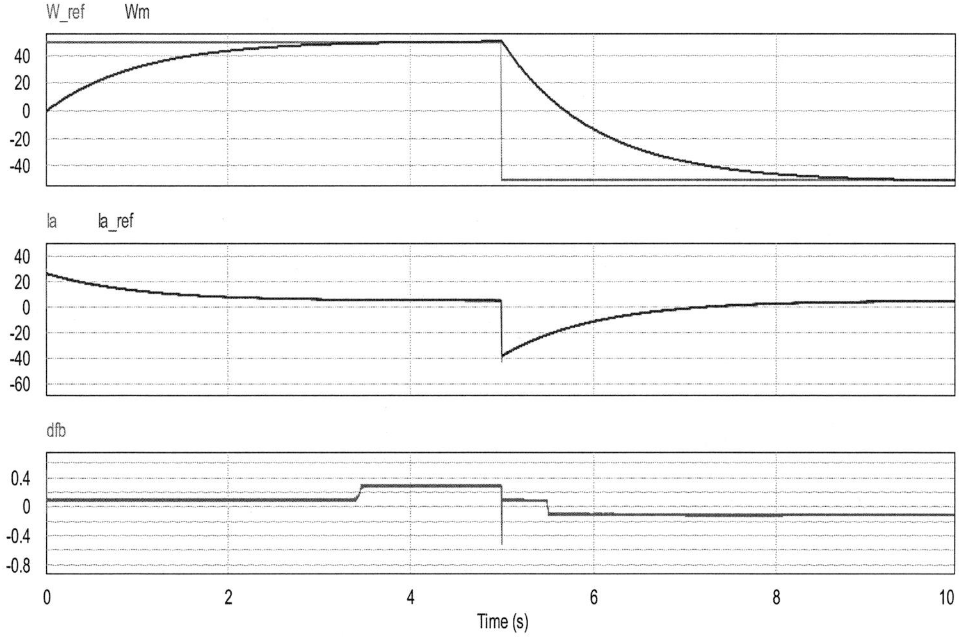

d. C-block 디지털 변환

샘플링 시간 $T_s = 50[us]$를 적용한 디지털 변환으로 얻어진 속도제어기, 전류제어기 표현식은 다음과 같다.

$$C_1 = G_{cw}(z) = \frac{0.437(z-1)}{z-1}$$

$$C_2 = G_{ci}(z) = \frac{0.1095(z-0.939)}{z-1}$$

C-block을 이용한 PSIM 시뮬레이션 회로는 다음과 같다.

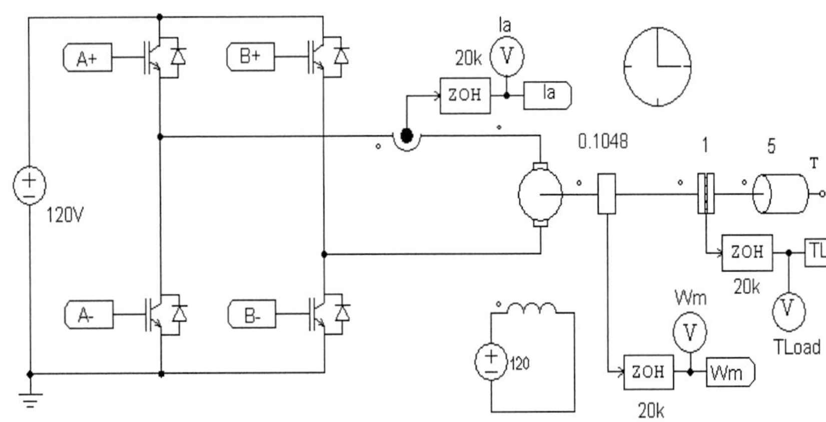

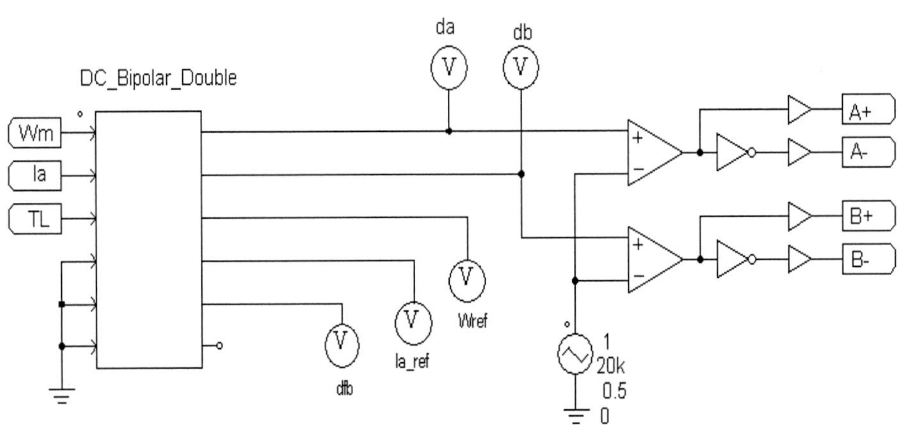

C- 블록(DC_Bipolar_Double) 코드는 다음과 같다.

```
#define Kphi  0.9152  //bemf oefficient

#define KWp   0.437   // Speed  P-gain
#define KWi   1       // Speed  I -gain

#define Kip   0.1095  // Current P-gain
#define Kii   0.939  // Currentr I-gain

double Wm, Ia, TL;   // Input Variable
double Wm_ref, Ia_ref, Wm_err, Ia_err;
double I_fb, I_ff, d_fb, duty_a, duty_b;

static double Wm_err_old=0.0,
I_fb_old=0.0;
static double d_old=0.0, Ia_err_old=0.0;

/**** Input Variable   ****/
Wm      = in[0];
Ia      = in[1];
TL      = in[2];

if (t < 5.0) Wm_ref = 50;
else Wm_ref = -50;

/****** Speed Controller *******/
Wm_err = Wm_ref - Wm;
I_fb = I_fb_old + KWp*Wm_err -
KWp*KWi*Wm_err_old;
I_fb_old=I_fb;
Wm_err_old=Wm_err;

I_ff =  TL/Kphi;
Ia_ref = I_fb + I_ff;

/****** Current controller *******/
Ia_err = Ia_ref - Ia;
d_fb = d_old +Kip*Ia_err -
Kip*Kii*Ia_err_old;
d_old=d_fb;
Ia_err_old=Ia_err;

if      ( d_fb  >   0.5 ) d_fb=  0.5;
else if ( d_fb  < -0.5 )  d_fb= -0.5;
duty_a =  0.5 +d_fb;
duty_b =  0.5 -d_fb;

out[0] = duty_a;
out[1] = duty_b;
out[2] = Wm_ref;
out[3] = Ia_ref;
out[4] = d_fb;
```

시뮬레이션 파형도 아날로그와 동일한 것을 알 수 있다.

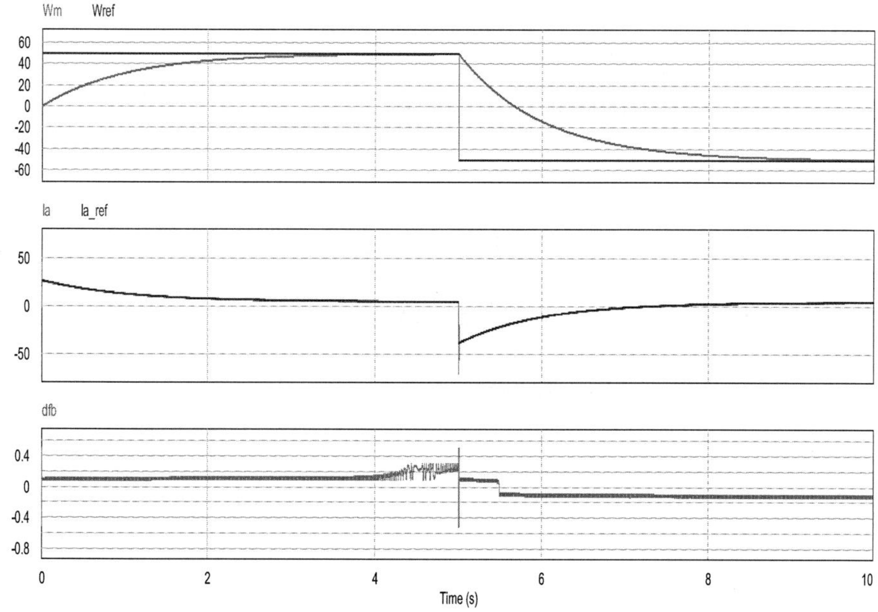

PART – II
교류 전력 변환 시스템
(AC POWER CONVERSION SYSTEM)

11. 단상 인버터 (Single Phase Inverter)

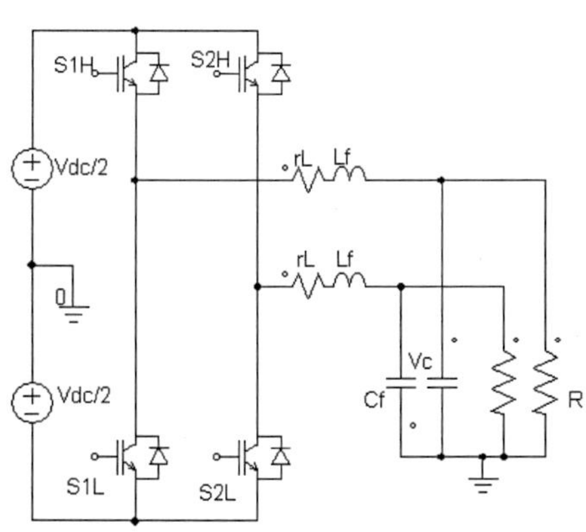

AC Source (UPS)

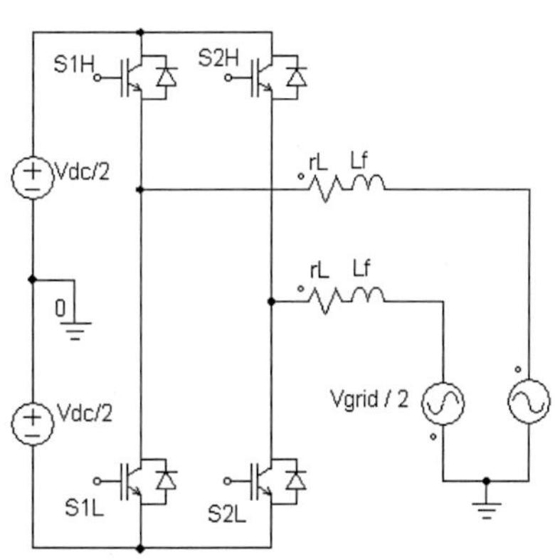

Grid Inverter (PCS)

11.1 회로 표현 방식

컨버터에서는 입력(Vdc)에서 출력(Vc)으로 단방향 전류가 흐르고 입력과 출력의 Ground가 서로 연결된(Common) 구조여서 입력 V_{dc}의 Ground를 출력의 Ground로 사용해 왔다. 하지만 인버터 회로(단상, 3상)를 모델링할때 컨버터에서 사용하는 방식으로 입력 Ground를 사용하면 다음과 같은 문제점이 생기게 된다.

- 인버터는 전압,전류가 +, - 를 반복함으로 음(-)의 출력을 만들기가 어렵다.
- 입력 Ground와 출력 Ground 사이에 전압 오프셋 전압(V_{n0})가 발생하게 된다.

그림 11.1에 3상 인버터 회로를 표시하였다. R-상 회로에 대한 그림 (a) 회로의 스위칭에 따른 상태방정식은 다음과 같이 표현된다.

High SW ON : $V_{dc} = r_L i_L + L\frac{di_L}{dt} + V_{rn} + V_{n0}$

Low SW ON : $0 = r_L i_L + L\frac{di_L}{dt} + V_{rn} + V_{n0}$

입력의 ground를 출력으로 사용하게 되면 V_{n0}값이 스위칭 상태에 의해 0 [V]에서 V_{dc} 만큼 변화하면서, $+V_{dc}/2$ 전압 offset이 발생한다. 따라서 그림 (b) 처럼 입력전원을 분할(Divide)한 후 중간전압을 입력 ground로 설정한 후 출력과 common으로 사용하게 되면 스위치 상태에 따라 $+V_{dc}/2$전압과 $-V_{dc}/2$전압이 차례로 인가되게 되어 offset 없는 교류전압이나 전류를 쉽게 생성이 가능하다. 이 장에서는 (b)와 같이 offset 전압이 없는 회로를 사용하여 모델링하고 제어기 설계를 수행하도록 한다.

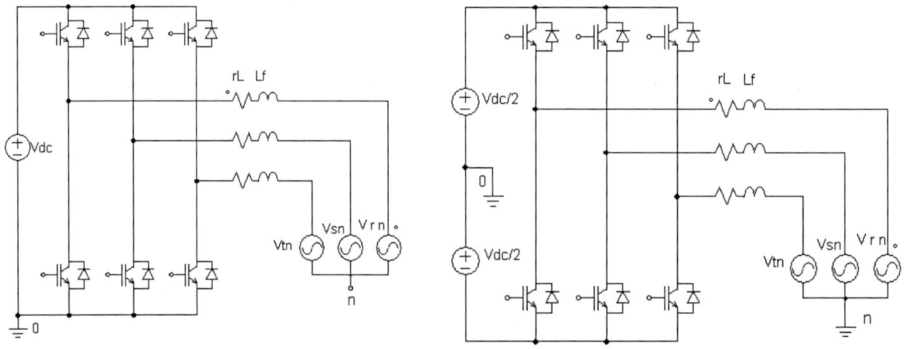

(a) Offset 전압이 있는 회로 (b) Offset 전압이 없는 회로

Figure 11.1 3-phase Inverter Circuit expression method

입력전원 V_{dc}를 1/2로 분할하는 방법은 전해 커패시터를 사용한다. 전해커패시터를 이용하여 V_{dc}를 형성하는데, 일반적으로 절연내압(Working voltage)이 450V~500V급을 많이 사용된다. 이 전압은 380Vac 계통에는 절연내압이 부족함으로 직렬 연결하여 절연 내압이 900V~1000V범위가 되도록 사용한다. 커패시터를 직렬연결하면 용량이 절반으로 감소하기 때문에 필요 용량을 만들기위해 다수의 병렬연결을 하게 된다. 그림 11.2에 전원 분할 회로 schematic을 나타내었다.

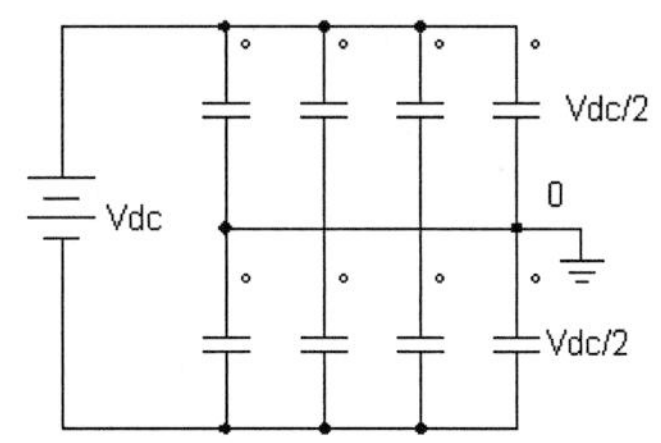

Figure 11.2 전원 분할(split) 회로

그림 11.3 (a)에 일반적으로 사용하는 단상 인버터 회로를 표시하였다. 이 회로는 다음의 상태방정식으로 표현이 가능하다.

S1H, S2L : ON → $V_{dc} = r_L i_L + L\frac{di_L}{dt} + V_{grid}$

S2H, S1L : ON → $-V_{dc} = r_L i_L + L\frac{di_L}{dt} + V_{grid}$

하나만 ON : → $0 = r_L i_L + L\frac{di_L}{dt} + V_{grid}$

즉 스위치 상태에 따라서 브릿지 사이에 $+V_{dc}$, $-V_{dc}$, 0 [V]가 인가되게 된다.

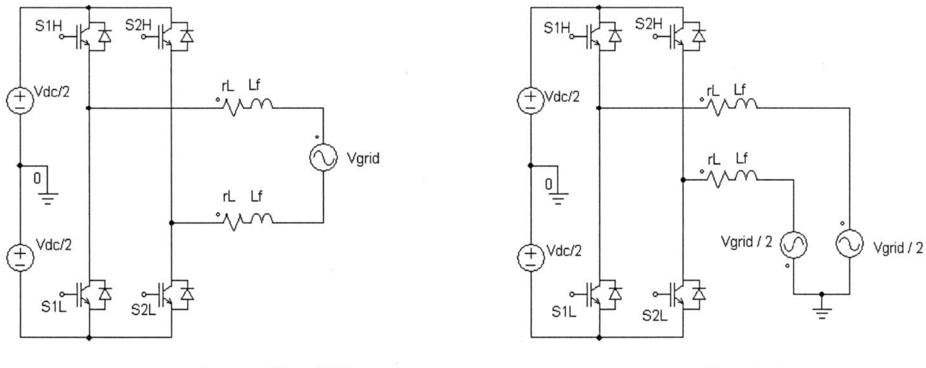

(a) 기존 표현 방법 (b) New 표현 방법

Figure 11.3 단상 인버터 회로 표현 방법

그림 11.3 (a)와 같이 표현하여도 모델링이나 제어기 설계에는 큰 문제가 없다. 하지만 인버터 회로는 단상(single phase)과 3상(three phase)로 나누어지는데, 단상회로는 2개의 bridge arm으로 이루어져 있고, 3상 회로는 arm을 추가로 붙인 형태이다. 즉 단상인버터와 3상 인버터의 모델링 방법을 동일하게 가져가기 위해서 3상 회로에서 bridge arm을 하나 제거한 형태로 회로를 그리게 되면 단상 인버터가 됨으로 3상 회로에서 사용했던 모델링 방법을 그대로 적용할 수 있어서 해석의 통일성을 가져올 수 있는 장점이 있다. 그림 11.3 (b)에 3상 인버터 회로를 변형한 단상 인버터 회로를 표시하였다. 이 회로는 기존 표현방식에서 Vgrid 전압을 두개의 Vgrid/2 전압으로 분할한 후 중간 연결점을 ground로 설정한 것으로 3상 인버터 회로에서 bridge arm을 하나 제거한 형태이다. 분할 전원의 극성을 주의깊게 보자. 단상 인버터는 각 상의 위상차가 180도 이고 3상 인버터는 60도 이다. 이 장에서는 (b)의 회로를 이용하여 단상 인버터를 모델링하도록 한다.

인버터 Types

인버터를 분류할 때 크게 CVCF(Constant Voltage Constant Frequency), VVVF(Variable Voltage Variable Frequency) 나눈다. CVCF는 인버터 출력 전압과 주파수가 고정된 형태로 일반적으로 전력계통(grid)에 전력을 보내거나 받을 때 사용되며 VVVF는 교류 인버터 출력 전압과 주파수가 계속해서 변화하는 것으로 교류 전동기(AC motor)의 속도나 토크제어 용도로 사용된다.

CVCF는 계통에 연결되면 계통연계 인버터이며 PCS(Power Conditioning System)라 한다. 만약 계통이 연결되지 않으면 인버터가 자체적으로 교류 전원을 생성해야 함으로 AC Source라고 하며, 이 교재에서는 UPS (Uninterruptible Power Supply)라고 부르기로 한다.

PCS는 계통(grid)으로 전력을 전달하거나 계통에서 전력을 받아오는 시스템으로 정의되며 계통은 무한모선으로 전력을 무한이 투입해도 전압이 상승하지 않으므로 계통으로 전력을 전송할 때는 전류의 크기만 제어할 수 있다. 따라서 PCS에서의 제어 대상은 인덕터 전류가 된다. PCS에서는 인버터 전류는 계통 전압과 동일 위상을 유지하게 제어하며(역률 = 1) 전류의 주파수는 반드시 계통 전압의 주파수와 동일해야 하기 때문에 실제 시스템에서는 계통 전압에서 PLL을 통해 주파수를 얻어내게 된다.

UPS는 계통이 존재하지 않아 교류 전압을 생성해야만 하기 때문에 교류 전압의 크기와 주파수를 제어해야 한다. 주파수는 50/60 [Hz] 로 고정되어 있기 때문에 제어 대상은 커패시터 전압이 되며 전류는 부하에 의해서 결정되게 된다. 그림 11.4에 PCS 회로와 그림 11.5에 UPS 회로를 나타내었다.

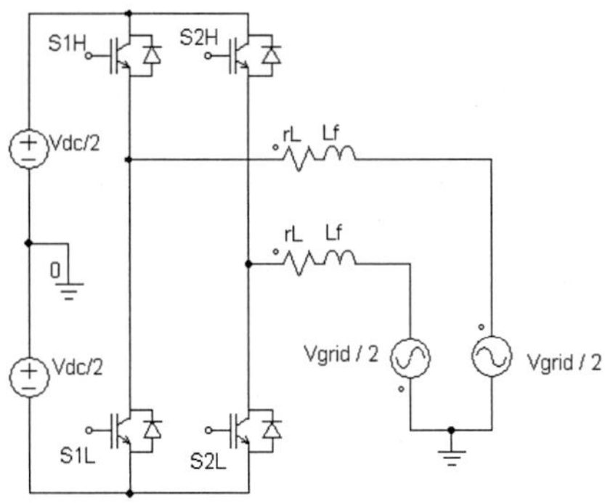

(a) 단상 PCS

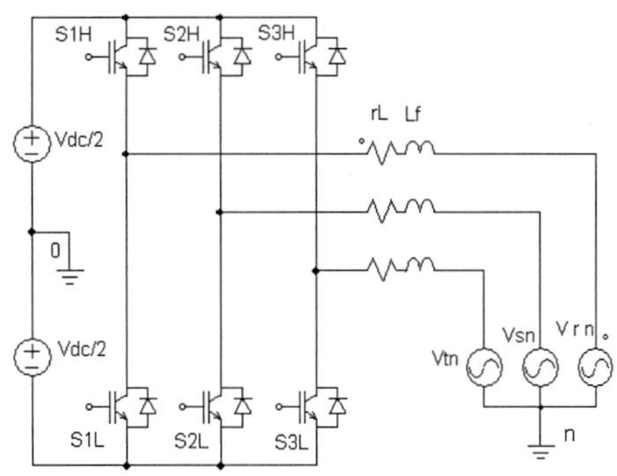

(b) 3상 PCS

Figure 11.4 단상/3상 PCS 회로

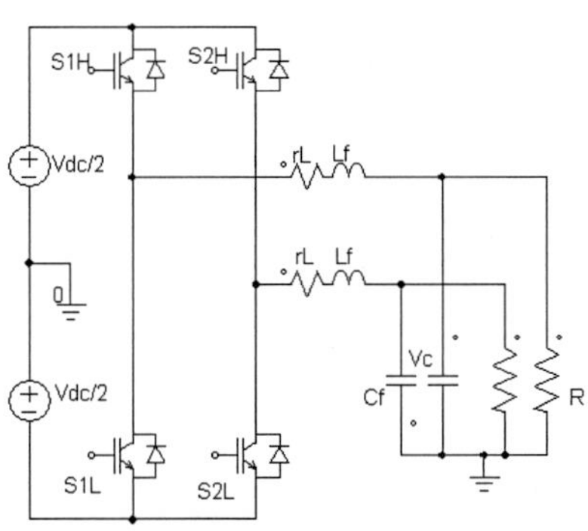

(a) 단상 UPS

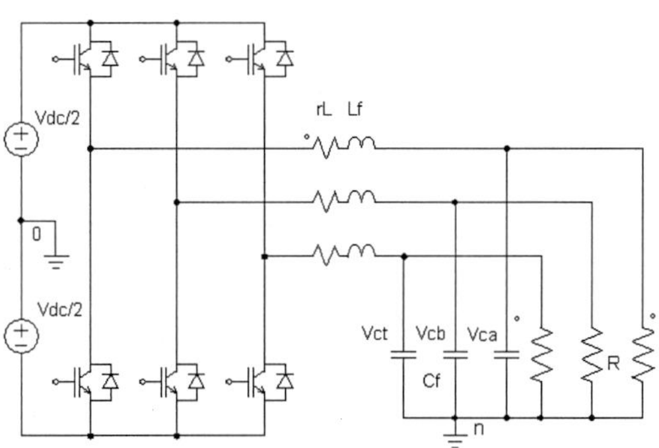

(b) 3상 UPS

Figure 11.5 단상/3상 UPS 회로

VVVF 회로 구성은 그림 11.6 (a)와 같이 주어진다. 3상 모터의 등가회로는 11.6 (b)에 주어져 있다. VVVF를 그림 11.4 (b)의 3상 PCS와 비교해 보면 회로적으로 등가임을 알 수 있다. 모터의 각 상을 R-L 회로와 Back-Emf 전압으로 표현할 수 있기 때문에 3상 PCS와 동일하다. 차이점은 단상 PCS의 계통전압 V_{grid}는 Constant voltage/Constant frequency 정전압원인데 반해, AC Motor 구동회로의 V_{b_emf}는 모터의 속도에 따라서 변화하는 전압이라는 점이다. 그렇지만 수학적 모델링에서는 동일한 수식 즉 $V_{grid} = V_{b\_emf}$ 로 나타낼 수 있으므로 서로 동일한 모델링 수식으로 나타낼 수 있다.

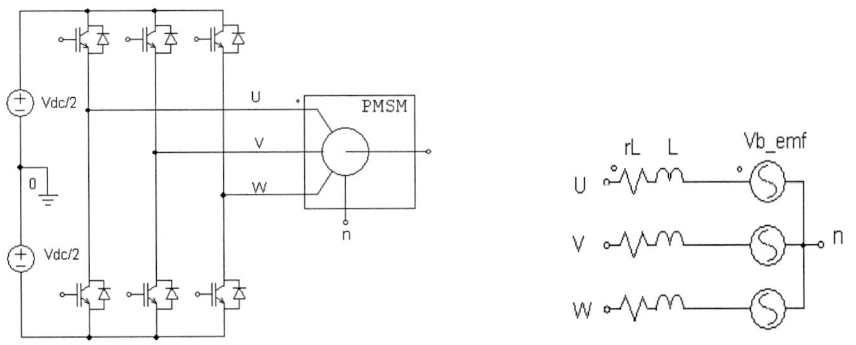

(a) AC 모터 구동 회로 (b) AC 모터 등가회로

Figure 11.6 VVVF 구동회로와 AC 모터 등가회로

11.2 상태평균화 방정식과 전달함수

앞 장에서 정의한 표현방식에 따라서 단상 인버터(UPS)의 회로 구성을 그림 11.7에 나타내었다. 그림 (a), (b)의 차이점은 출력전압을 측정하기 위한 커패시터 전압(Vc)의 위치이다. 각 상 커패시터 전압을 출력전압 Vc로 설정한 회로가 (a) 이고, 각 상 커패시터 2개의 전압을 합(sum)한 출력을 Vc로 설정한 회로가 (b) 이다. 모델링이나 시뮬레이션에서는 그림 (a)를 사용하는 것이 3상 회로와 해석 방법을 동일하게 유지할 수 있기 때문에 이 장에서는 (a)의 회로를 단상 인버터 모델로 사용한다. 다만 실제 제품(Hardware) 설계시에는 단상 교류 전압을 분할하여 측정하기 어렵기 때문에 (b) 회로처럼 브리지 사이 교류전압을 측정한 다음 1/2을 곱하여 출력 전압 Vc로 사용해도 된다.

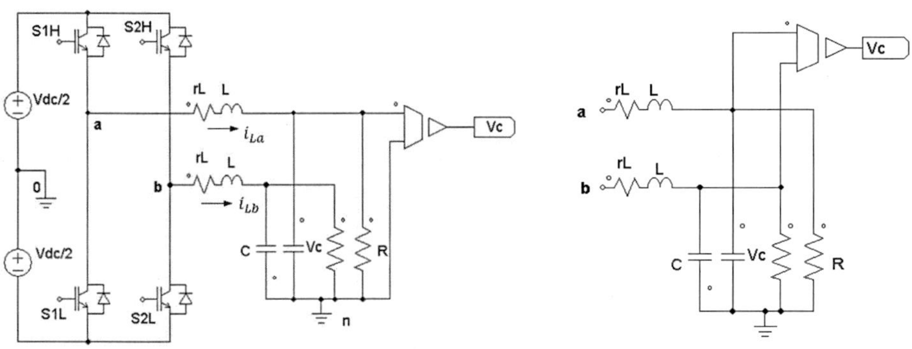

(a) 1개 커패시터 전압 (b) 2배 커패시터 전압

Figure 11.7 Single phase Inverter (UPS) and Output Voltage Configuration

그림 11.7 회로에서 a-상, b-상 bridge는 독립적으로 동작하며 위상차이는 180도 이다. 그림에서 볼 수 있듯이 a-상 전류 i_{La} 와 b-상 전류 i_{Lb}는 크기는 동일하고 위상만 반대이기 때문이다. 즉 $i_{La} = -i_{Lb}$의 관계식이 성립한다.

각 상에서 High switch가 ON(1) 되면 Low Switch가 OFF(0) 되어 Complementary로 동작하며 스위치 상태는 00, 01, 10은 가능하나 11은 가능하지 않다. 먼저 a-상 스위치 동작에 대해 해석한 후에 b-상은 a-상 위상을 180도 이동시킨 것으로 해석할 수 있다. a-상 인덕터 전류(i_{La}) 는 i_L로 편의상 기입하였다. 정상상태에서의 a-상 회로 방정식은 아래와 같은 표현식으로 나타난다.

ON : $\frac{V_{dc}}{2} = r_L i_L + L\frac{di_L}{dt} + V_c, \quad i_L = C\frac{dV_c}{dt} + \frac{V_c}{R}$

OFF : $-\frac{V_{dc}}{2} = r_L i_L + L\frac{di_L}{dt} + V_c, \quad i_L = C\frac{dV_c}{dt} + \frac{V_c}{R}$

평균화 모델은 다음과 같이 계산된다.

$$L\frac{di_L}{dt} = \left(\frac{V_{dc}}{2} - V_c - r_L i_L\right)d + \left(-\frac{V_{dc}}{2} - V_c - r_L i_L\right)(1-d) = V_{dc}d - \frac{V_{dc}}{2} - V_c - r_L i_L$$

$$C\frac{dV_c}{dt} = i_L - \frac{V_c}{R}$$

UPS 상태 평균화 모델은 다음과 같이 주어진다.

$$\begin{pmatrix} \frac{di_L}{dt} \\ \frac{dv_c}{dt} \end{pmatrix} = \begin{pmatrix} -\frac{r_L}{L} & -\frac{1}{L} \\ \frac{1}{C} & -\frac{1}{RC} \end{pmatrix}\begin{pmatrix} i_L \\ v_c \end{pmatrix} + \begin{pmatrix} \frac{V_{dc}}{L} \\ 0 \end{pmatrix}d + \begin{pmatrix} -\frac{V_{dc}}{2L} \\ 0 \end{pmatrix}$$

행렬 방정식으로 나타내면 $\dot{X} = AX + BU + F$로 주어진다.

$\dot{X} = \begin{pmatrix} \frac{di_L}{dt} \\ \frac{dv_c}{dt} \end{pmatrix}, \mathrm{A} = \begin{pmatrix} -\frac{r_L}{L} & -\frac{1}{L} \\ \frac{1}{C} & -\frac{1}{RC} \end{pmatrix}, \mathrm{B} = \begin{pmatrix} \frac{V_{dc}}{L} \\ 0 \end{pmatrix}, \mathrm{U} = d, F = \begin{pmatrix} -\frac{V_{dc}}{2L} \\ 0 \end{pmatrix}$ 로 정의된다.

이 행렬 방정식은 F 로 인해 Offset 항을 가지는 비선형 방정식임으로, F 를 제거하기 위해 입력 듀티 $d = d_{ff} + d_{fb}$로 설정한다. $\dot{X} = AX + BU + F$ 에 입력 $U = d = d_{ff} + d_{fb}$ 을 대입하여 계산하면 $d_{ff} = 0.5$가 되고 결과식을 정리하면 $\dot{X} = AX + Bd_{fb}$ 가 되어 선형 상태방정식을 얻을 수 있다.

이 수식에서 d_{ff} 는 feed-forward duty이고 d_{fb}는 feedback duty이다. d_{ff}는 미리 계산된 값을 Plant에 더해주는 값으로 제어기 설계에는 사용되지 않고 d_{fb} 만 Plant 입력으로 사용된다. 그림 11.8에 feedback 제어 시스템의 구성도를 나타내었다. (a)는 일반적으로 사용되는 feedback 시스템으로 제어기(controller) 출력 ($d = d_{fb}$)가 Plant 전달함수(G)에 입력되는 구조이며, (b)는 feed-forward 시스템 구조로 피드백 제어기 출력 d_{fb}와 전향보상(=0.5) 값 d_{ff}을 더하여 플랜트 입력($d = d_{ff} + d_{fb}$)이 되는 구조이다.

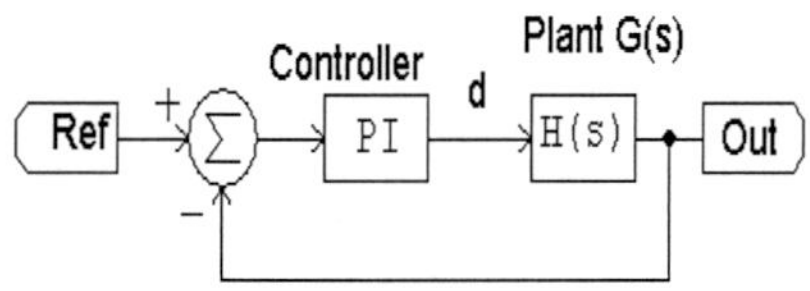

(a) General configuration

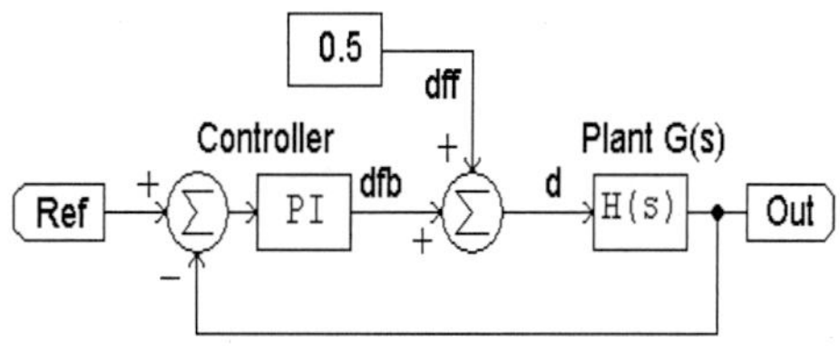

(b) Feed-forward configuration

Figure 11.8 The Configuration of the feedback control system

최종 상태방정식 $\dot{X} = AX + Bd_{fb}$의 행렬 A, B 값은 buck converter와 동일하다. 따라서 Buck 컨버터와 동일한 전달함수를 얻을 수 있다. 다시 적으면 다음과 같다.

$$\frac{I_L(s)}{d(s)} = C(sI - A)^{-1}B = \frac{\frac{V_{in}}{L}(s + \frac{1}{RC})}{s^2 + (\frac{1}{RC} + \frac{r_L}{L})s + \frac{1}{LC}} = G_1(s)$$

$$\frac{V_C(s)}{d(s)} = C(sI - A)^{-1}B = \frac{\frac{V_{in}}{LC}}{s^2 + (\frac{1}{RC} + \frac{r_L}{L})s + \frac{1}{LC}} = G_2(s)$$

$$\frac{V_C(s)}{I_L(s)} == \frac{1/C}{s + (1/RC)} = G_3(s)$$

11.3 제어기 설계 (Controller Design)

단상(single phase) 인버터의 출력은 교류전압이거나 전류이다. 따라서 기준 입력 (reference)은 교류인 cosine의 형태로 표현된다. 이런 경우에 PI 제어기를 사용할 수 없다. 그 이유는 PI제어기는 step 입력에 대해 정상상태 오차를 0으로 만들 수 있지만, ramp나 sinusoidal 입력에 대해서는 정상상태 오차가 존재하기 때문이다.

정상상태 오차는 학부과정에서 배웠던 제어공학교재를 보면 자세한 설명이 나와 있다. 다음과 같은 폐루프 시스템에서 제어기를 포함한 전달함수를 $G(s) = G_c(s)G_{1(2)}(s)$라고 정의하면 시스템 형 (system type)은 type 1이 된다. 즉 전류나 전압 전달함수는 원점에 극점을 포함하고 있지 않지만 PI 제어기 $G_c(s)$가 적분기를 가지고 있기 때문에 원점에 극점을 가지고 있다. Type 1 시스템은 step 입력에 대해서 정상상태 오차가 0이 되지만, ramp나 sinusoidal 입력에 대해서는 정상상태 오차를 가지고 있다. 정상 상태 값을 정량적으로 나타내면 다음과 같다.

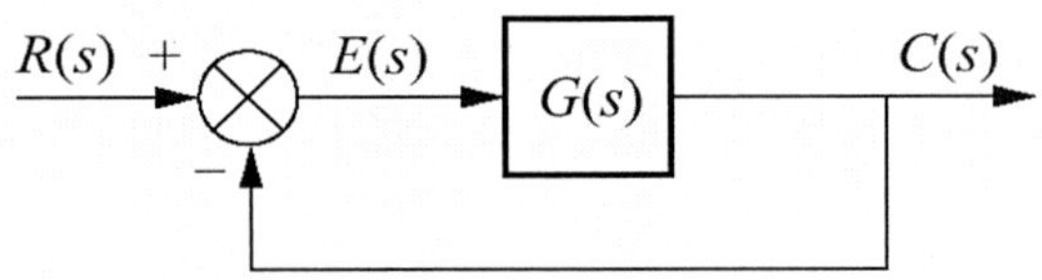

$$E(s) = R(s) - C(s), \quad C(s) = E(s)G(s)$$

$$E(s) = \frac{R(s)}{1 + G(s)} e(\infty) = \lim_{t \to \infty} e(t) = \lim_{s \to 0} s\,E(s)$$

$$e(\infty) = \lim_{s \to 0} \frac{sR(s)}{1 + G(s)} = \frac{sR(s)}{1 + \lim_{s \to 0} G(s)}$$

입력에 의한 정상상태 오차는 다음과 같이 계산된다.

- R : step $\rightarrow e(\infty) = \frac{sR(s)}{1+\lim_{s \to 0} G(s)} = 0$

- R : Ramp $\rightarrow e(\infty) = \frac{sR(s)}{1+\lim_{s \to 0} G(s)} = \frac{V_{dc}K_i}{R}$ (전류 오차), $V_{dc}K_i$ (전압 오차)

직류(DC)일 경우는 정상 상태 오차가 0 이지만, 교류(AC)일 경우는 정상 상태 오차가 존재한다. 따라서 단상 인버터를 설계할때는 정상 상태 오차를 감안한 P 제어기를 사용하거나, 단상 DQ 방법을 적용한 PI 제어기를 사용한다.

이번 장에서는 먼저 교류 순시치 제어 방법으로 단상 UPS, PCS, PWM rectifier에 대해 설명하고, 14장에서 APF(All pass filter)를 적용한 단상 DQ 제어 방법에 대해 설명한다. 단상 DQ를 이해하기 위해서는 먼저 12장에 있는 3상 인버터 부분의 DQ 변환에 대한 내용을 먼저 공부해야 하기 때문에 14장에서 단상 DQ 제어기를 설명한다.

11.3.1 단상 UPS

순시치 제어 방법은 회로 등가 모델을 적용하여 회로 파라미터값으로 이루어진 방정식으로부터 전류 명령을 생성하는 것을 말한다. 기준입력을 교류값을 사용하기 때문에 P 제어기로 구성되며, 정상상태 오차가 있긴 하지만, 간단하면서도 안정된 제어를 할 수 있다는 장점이 있다.

그림 11.7 (a) 에서 a 점에서의 등가 회로를 그리면 그림 11.9와 같이 나타난다. b 점에서의 등가회로는 a점과 동일함으로 따로 표시하지 않았다.

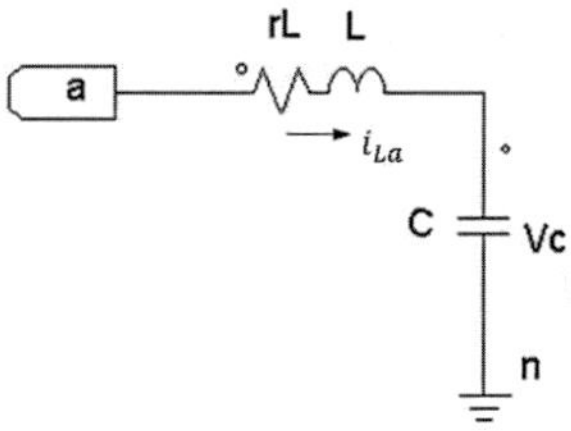

Figure 11.9 The equivalent circuit of the inverter a-phase

a-상 인덕터 전류 i_{La}를 i_L이라 표기하고, 전압방정식(KVL)을 적용하면

$$V_{an} = r_L i_L + L\frac{di_L}{dt} + v_c$$

차분방정식(difference equation)으로 변형하면

$$V_{an}(k+1) = r_L i_L(k) + L\frac{i_L(k+1) - i_L(k)}{T_s} + v_c(k)$$

전류제어기에 의해 전류 오차를 다음 주기에 0으로 만들수 있다고 가정하면 $i_{ref}(k) =$

$i_L(k+1)$가 된다. 기준 전류 $i_{ref} = I_p \cos\theta$ 로 주어진다. 전류제어기의 출력 명령 (command)은 다음과 같이 계산된다.

$$V_{an}^*(k+1) = \frac{L}{T_s}[i_{ref}(k) - i_L(k)] + r_L i_L(k) + v_c(k)$$

T_s 는 switching time 이다. 예를 들어 인덕턴스 L = 1 [mh], 스위칭 주파수가 20 [kHz] 일 경우

$$K = \frac{L}{T_s} = \frac{1}{0.05}\frac{mh}{msec} = 20$$

여기서 주의 깊게 보아야 할 것이 단상 인버터의 전류 $i_L(k)$는 교류이기 때문에 기준 전류(reference current) $i_{ref}(k)$ 도 교류이다. 위 식의 출력명령 $V_{an}^*(k+1)$ 은 전류오차 (error)에 이득 K_p를 곱한 후 출력 전압 $v_c(k)$ 를 더해주는 것이다. 따라서 P 제어기가 된다.

출력명령 V_{an}^* 과 듀티 d_{fb} 와의 관계식을 계산하기 위해 continuous time의 상태공간 표현식을 다시 적으면 $L\frac{di_L}{dt} = -v_c - r_L i_L + V_{dc} d_{fb}$ 가 된다. 정리하여 $L\frac{di_L}{dt} + v_c + r_L i_L = V_{dc} d_{fb}$ 가 된다. 좌변을 출력명령 V_{an}^*로 치환하여, $V_{an}^* = V_{dc} d_{fb}$ 이 되어 최종적으로 다음 수식을 얻는다.

$$d_{fb} = \frac{V_{an}^*}{V_{dc}} = \frac{K[i_{ref} - i_L] + r_L i_L + v_c}{V_{dc}}$$

Plant에 입력되는 듀티 $d = d_{ff} + d_{fb} = 0.5 + d_{fb}$ 이다. 그림 11.10에 a-상 듀티(d_a)를 생성하기 위한 제어기 구성을 나타내었다.

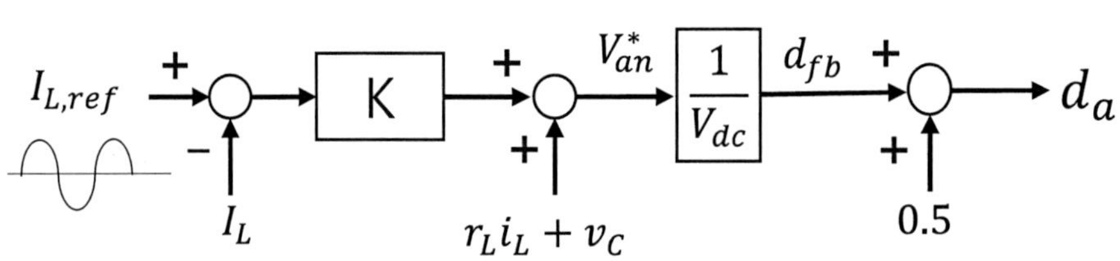

Figure 11.10 Current controller configuration

b-상 듀티 d_b 를 계산하기 위해서 위의 과정을 반복하면 된다. 이때 b-상은 a-상을 180 도 위상을 반전시킨 것으로 생각할 수 있다. 3상 인버터의 경우 a-상, b-상, c-상의 위

상차는 각각 120도 이다. 그림 11.7 (a)에서 $i_{Lb} = -i_{La}$이고 전류이기 때문에 전류의 방향은 서로 반대(180도 위상차)이다. b-상 기준 전류 $i_{ref} = -I_p \cos\theta$ 이고 a-상과는 반대이다. 커패시터 전압 Vc도 a-상과는 반대 극성이다. 그림 11.19의 등가회로를 b-상에 적용하면 $V_{bn} = -r_L i_L - L\frac{di_L}{dt} - v_c = -V_{an}$이 된다. 따라서 b-상의 피드백 듀티($d_{fb}$)는 a-상 값에 -1을 곱한 값이 된다. 최종적으로 각 상의 duty는 다음과 같이 정리된다.

$$d_{fb} = \frac{K[i_{ref} - i_L] + r_L i_L + v_c}{V_{dc}}$$

$$d_a = 0.5 + d_{fb}$$

$$d_b = 0.5 - d_{fb}$$

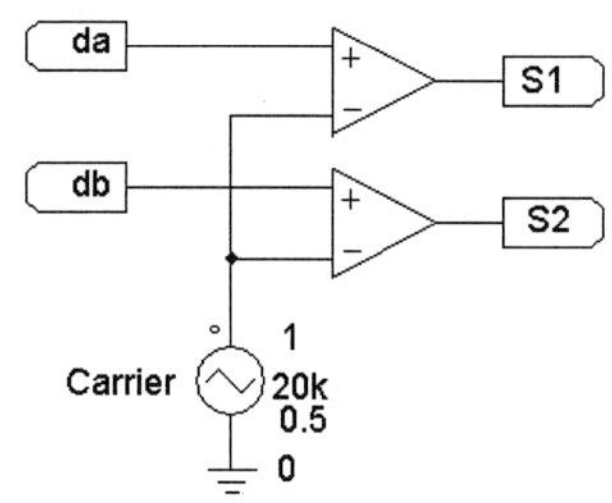

Figure 11.11 PWM configuration

d_a, d_b 는 PWM 파형을 생성하기 위해 carrier인 삼각파(triangular wave)와 비교되는 제어 입력이다. Carrier의 진폭이 1V (0~1V) 이기 때문에 $0 < d_a, d_b < 1$ 이 됨으로 $0 < d_{fb} < 0.5$의 범위를 갖는다. 이것은 단상인버터가 VSI(Voltage Source Inverter)이기 때문에 topology 측면에서 보면 전압을 Step down 하는 기능을 가진다. 즉 출력 Vc는 입력보다 큰 값을 가질 수 없다. 입력이 Vdc/2이기 때문에 출력커패시터 전압의 최대 크기는 Vdc/2이고 전류제어에 의해 전류오차가 0 이 된다고 하면 $-0.5 < d_{fb} < 0.5$를 가져야 한다는 명제가 성립된다.

PSIM을 이용하여 단상 인버터와 제어회로를 구성하여 시뮬레이션 하였다. Analog 회로로 구성된 연속 시간(continuous time) 회로와 시뮬레이션 결과가 그림 11.12~13에 나타내었다. ZOH(zero order holder)를 이용한 이산시간(discrete time) 제어기가 C-block을 이용한 코드로 구성되어 그림 11.14~15에 나타내었다.

그림 11.12의 CONTROLLER 회로를 보면 앞 장에서 설명한 제어기 설계 수식을 그대로 함수와 사칙연산 회로로 구현한 것이다. 교류 I_{ref}, a-상 전류 명령 V_{an_com}, 피드백 듀티 d_{fb}와 각상 듀티 d_a, d_b가 설계 수식대로 표현되었고, PWM 구동 회로도 나타내었다. 스위칭 주파수는 20 [kHz]이고 대칭형 삼각파(Symmetrical triangular)를 사용하였다. CHAP 1에서 설명한 대로 단일 방향의 전압, 전류를 가지는 컨버터에서는 비대

칭형(Sawtooth wave) 삼각파를 사용하고, 양극성의 전압, 전류를 가지는 인버터에서는 대칭형 삼각파를 이용한 PWM 회로를 사용한다.

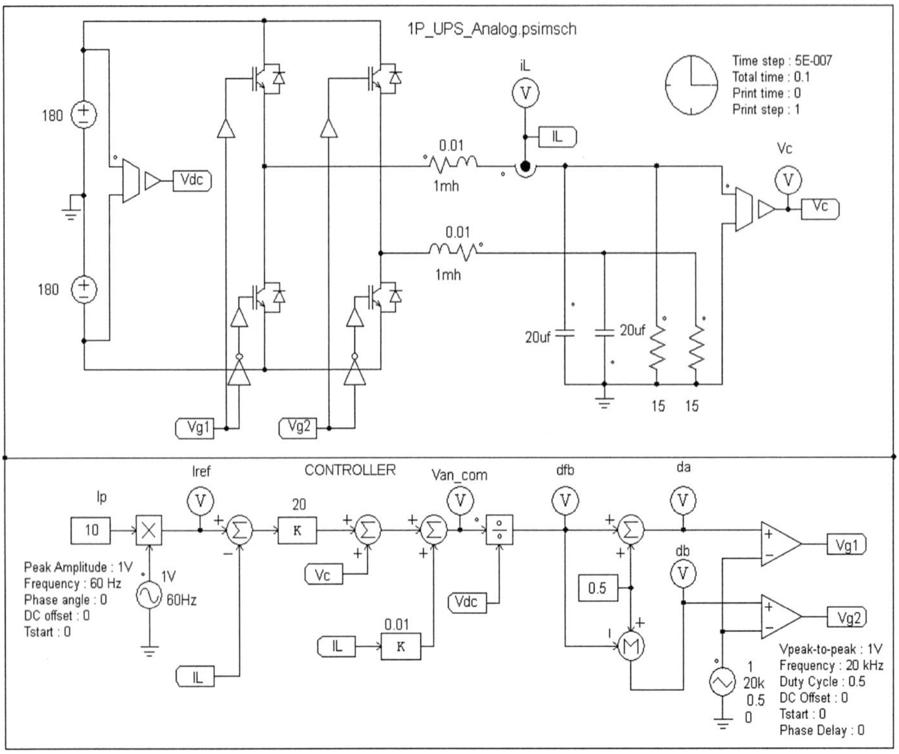

Figure 11.12 Single phase UPS analog controller simulation

그림 11.13에 시뮬레이션 결과를 나타내었다. (a)에 전체 시간 파형을, (b)에 반주기 파형을 표시하였다. 인덕터 전류 i_L은 기준전류 I_{ref}를 잘 추종(regulation)되고 있으며 d_a, d_b는 0.5를 중심으로 대칭된 파형을 보여주고 있다. 출력전압 V_c는 i_L 이 저항 15 [Ω]으로 흘러 150 [V] 교류를 만들어 내고 있다. Peak 듀티 d_a (혹은 d_b) = 150V/180V = 0.83 으로 계산되고 파형에서 확인할 수 있다.

실제 제어기는 Hardware로 Implementation될 때 마이크로 콘트롤러(DSP)에 코드형태로 입력되게 된다. 따라서 제어기 시뮬레이션도 C-code 형태로 구성하는 것이 적절하다. 그림 11.14에 PSIM의 C block과 ZOH를 이용하여 Discrete time 시뮬레이션을 실행하였다. ZOH는 아나로그 신호를 주어진 샘플링 시간마다 sample 하여 디지털 신호로 변환하는 기능을 하며 일반적으로 PWM carrier인 삼각파 주기와 동일한 주기로 설정한다. 이렇게 하면 스위칭 주파수 = 샘플링 주파수 = C-block 실행 주기가 동일하게 되어 실제 Embedded program 상의 ISR(Interrupt Service Routine)과 같은 기능을 하게 된다.

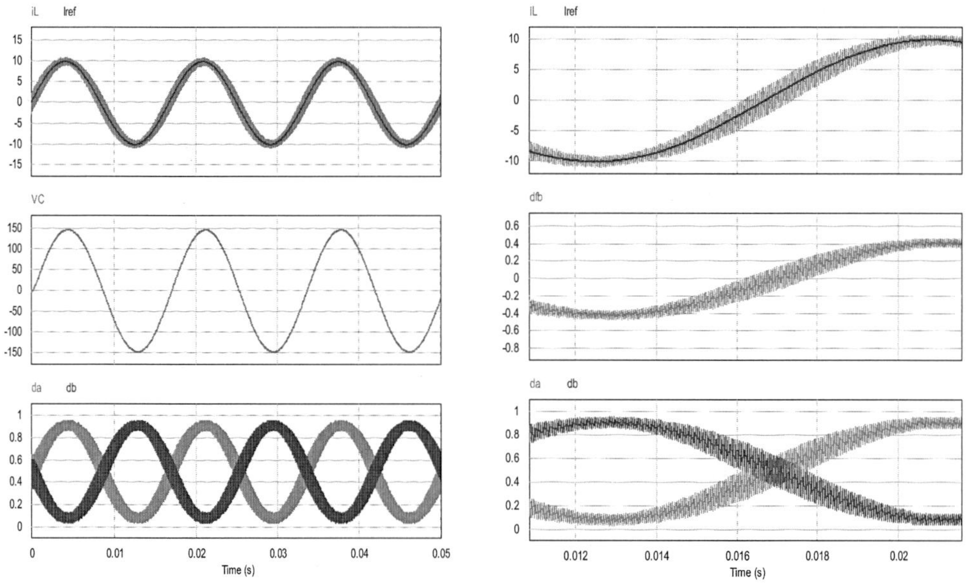

(a) 전체 파형 (b) 확대 파형

Figure 11.13 Simulation waveforms for current, voltage and duty ratios

C-block의 입력은 ZOH로 샘플링 된 신호(전압, 전류, 주파수, 전류크기값 등)이며 출력은 듀티 d_a, d_b이다. 제어변수나 중간 계산값들을 보기 위해 I_{ref}, V_{an} 등을 출력 변수로 설정하였다. PWM 파형을 직접 출력하지 않고 d_a, d_b를 출력하는 이유는 마이크로 컨트롤러 내부의 주변장치(Peripheral)인 ePWM 모듈을 사용하기 위해서이다. 실제 마이크로 컨트롤러는 ISR에서 d_a, d_b를 계산하여 PWM 주기에 해당하는 값을 곱하여 ePWM 레지스터에 writing 해주면 시뮬레이션의 PWM회로와 동일하게 PWM 파형이 출력되게 된다.

교류 각주파수($\theta = \omega t = 2\pi f t = 377t$)를 ZOH로 얻어내게 된다. C-block 내부에 코드로 작성해도 되지만 일반적으로 PLL(Phase Locked Loop) routine에서 각주파수를 동기화 시키기 때문에 시뮬레이션에서는 별도의 회로로 구성하였다. ISR에 해당하는 C-code를 아래에 기입하였다. 코드는 제어기 수식을 그대로 C-언어로 구현한 것이기 때문에 직관적으로 내용을 쉽게 이해할 수 있다. 아날로그 시뮬레이션과 차이점은 전류

reference 5A -> 10A로 변경하여 제어기 추종 성능을 보여준 점과 sampling된 파형을 그림 11.15에 나타낸 점이다. 파형에서 보듯이 아날로그 회로로 구현한 회로와 C-block으로 구현한 회로의 동작이 동일함을 알 수 있다.

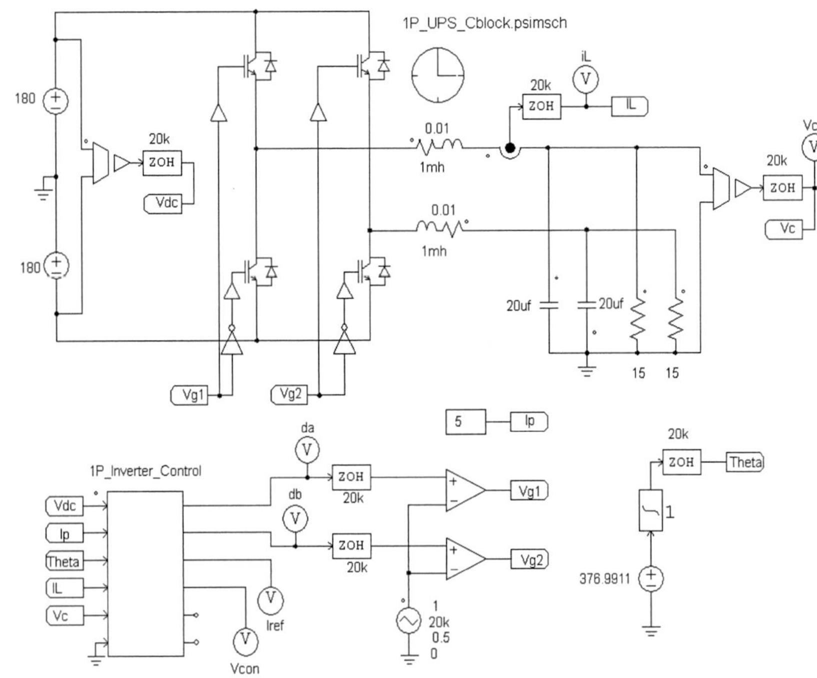

Figure 11.14 Single phase UPS C-block schematic

```
double Vdc, Ip, Theta, IL, Vc;
double duty_a,duty_b, dfb;
double  Iref, Ierr, Vcon;

/****** start here ******/
Vdc = in[0];
Ip = in[1];
Theta = in[2];
IL=in[3];
Vc =in[4];

if (t>0.05) Ip=2*Ip;
Iref = Ip*sin(Theta);
Ierr = Iref - IL;
```

```
Vcon =20*Ierr + 0.01*IL +Vc;
dfb = Vcon/Vdc;

if (dfb > 0.5) dfb = 0.5;
if (dfb <-0.5) dfb =-0.5;

duty_a =0.5 + dfb;
duty_b= 0.5 - dfb;

out[0]=duty_a;
out[1]=duty_b;
out[2] = Iref;
out[3] = dfb;
```

그림 11.15 (a)의 첫 번째 파형은 인덕터 전류와 기준전류를 보여주고 있고, 두 번째 파형은 출력전압, 세 번째 파형은 각 상 duty를 보여주고 있다. (b)는 확대 파형이다.

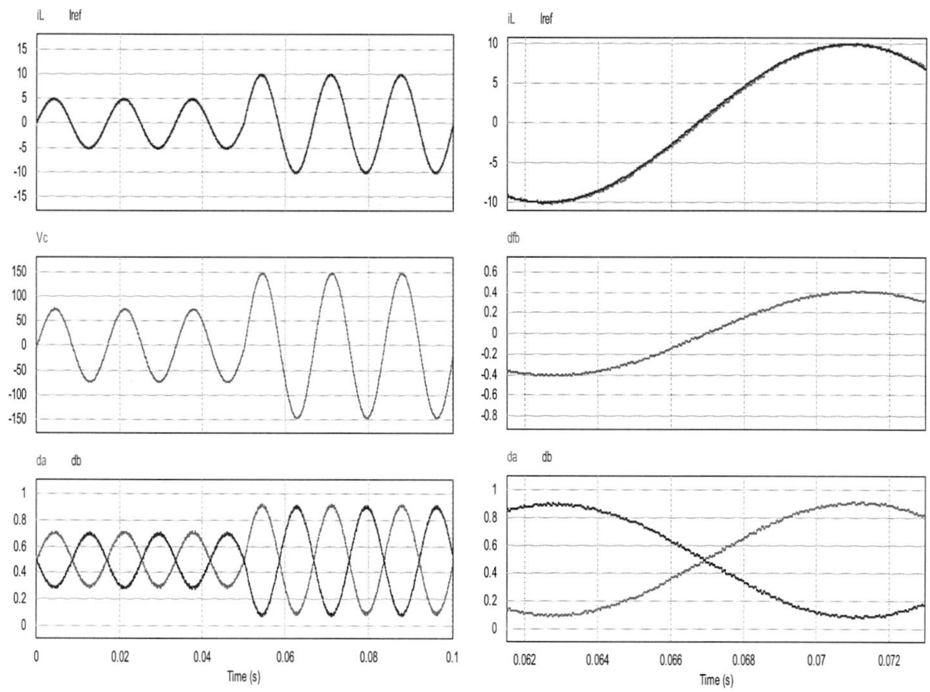

(a) 전체 파형 (b) 확대 파형

Figure 11.15 UPS(C-block) waveforms for current, voltage and duty ratios

11.3.2 단상 PCS (Grid Connected Inverter)

PCS는 인버터 출력이 계통(grid)에 연결되어 있는 시스템을 말하며, UPS의 출력 커패시터 전압 Vc를 계통 전압 Vgrid로 대치한 시스템이다. 인버터 출력이 계통전압(CVCF)에 묶여 있기 때문에 전압 제어기 설계는 불가능하고 전류제어기 설계만 가능하다. 일반적으로 인버터 출력 전류는 계통 전압과 동일 위상(단위 역률, 역률 =1)을 가지도록 설계된다. 전류제어기는 출력 인덕터 전류가 기준전류를 잘 추종하도록 제어한다. 그림 11.16에 단상 PCS 회로 구성을 나타내었다. 계통 전압을 Vgrid라 하면, 앞 장의 UPS 회로 표현식 처럼 절반의 전압이 a-상, b-상 출력에 연결된 형태로 나타낼 수 있다. 예를 들어 입력 Vdc = 360 [V] 이고 계통 전압 Vgrid = 220 [Vac]인 경우, Vdc/2 = 180 [V], Vgrid/2 = 110 [Vac]로 나타날 수 있다. 이 때 110 [Vac] 의 peak 값은 155 [V]가 됨으로 PCS는 입력 180V에서 출력 155 [V]로 step down 방식의 VSI(Voltage Source Inverter)로 생각할 수 있다. 여기에서 출력전압 Vc가 Vgrid 전압의 절반임을 유의해서 봐야 한다. 단상교류 전압이 220 [Vac] 이지만 모델링에서는 110 [Vac]를 측정된 계통 전압으로 표시하기 때문이다.

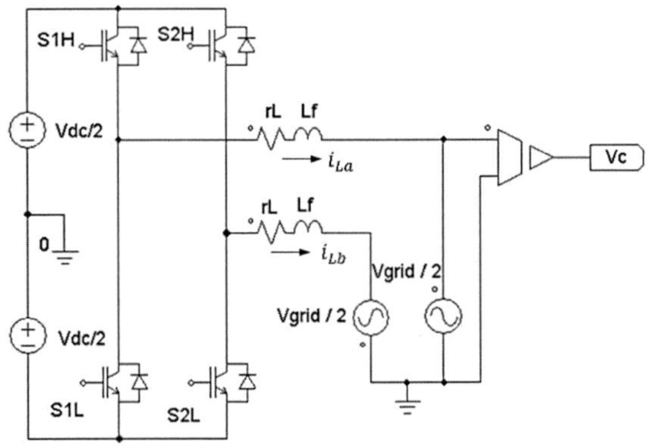

Figure 11.16 Single phase PCS circuit configuration

그림 11.17에 C-block을 사용한 PCS 회로가 나타나 있다. 출력단 커패시터가 계통전원으로 대치된 것만 제외하면 회로는 동일하고 제어기 C-code 도 동일하다. 시뮬레이션 파형을 그림 5.18에 나타내었다. 인덕터 전류는 전류 reference를 잘 추종하고 있다. 여기에서 주의깊게 관찰해야 하는 파형이 전류 reference가 5A -> 10A로 변화하였을 때 듀티 da, db 크기 변화가 거의 없다는 점이다. 그림 11.15의 UPS 파형에서는 da, db가 2배 변화하였는데, PCS에서는 변화가 없다. 그 이유로는 전류 명령 Van_com 계산

시에 출력전압 Vc(혹은 계통전압 Vgrid)를 더하는데(sum) UPS에서는 Vc가 변화하지만 PCS에서는 Vgrid가 일정하기 때문이다.

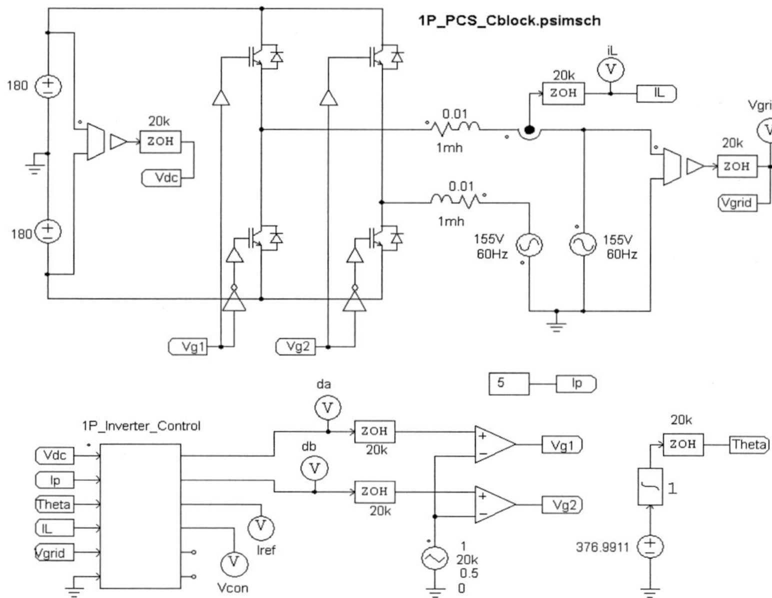

Figure 11.17 Single phase PCS C-block schematic

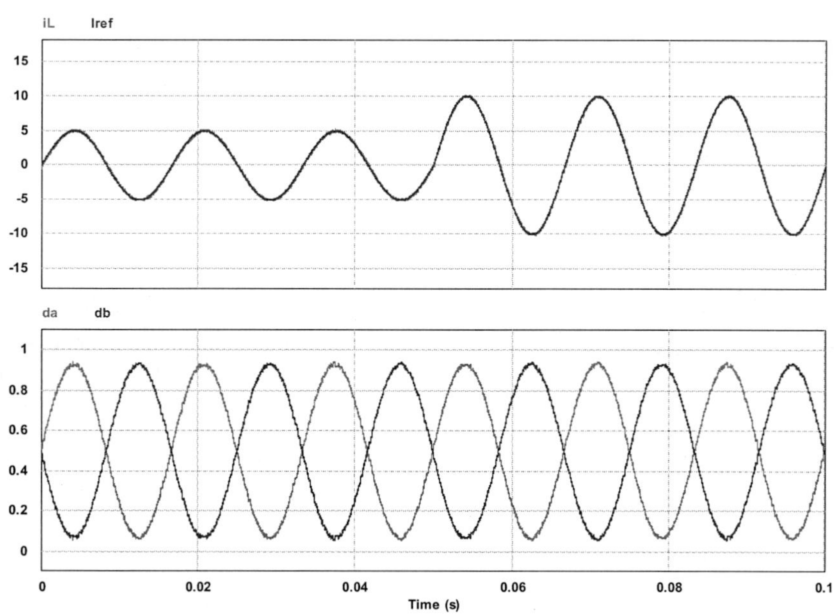

Figure 11.18 PCS(C-block) waveforms for current, duty ratios

11.3.3 단상 PWM Converter(Rectifier) 설계

입력이 직류(DC)이고 출력이 교류(AC)를 가지는 시스템을 인버터(Inverter)라고 한다. 출력이 계통(grid)에 연결되는 시스템이면 PCS, 단독으로 사용되면 UPS라고 분류하였다. 반대의 경우를 생각해 보자. 입력이 교류계통(AC)이고 출력이 직류(커패시터, 배터리)를 가지는 시스템을 AC/DC 컨버터라고 한다. 좀 더 전문적으로는 PWM Converter나 정류기(Rectifier)로 호칭한다.

PCS의 경우를 생각해보면 입력에 배터리와 같은 DC 전원이 연결되고 출력에서 계통과 같은 AC 전원이 연결된 시스템이다. 입력과 출력에 에너지 소스(source)가 모두 연결되어 있는 형태이고 전원의 형태(직류 <-> 교류)가 다르다. 인버터를 통해 에너지가 양방향으로 전달 될 수 있는데, 제어 방법에 따라서 입력과 출력이 바뀐다. Power flow를 알아보기 위해 다음의 예를 생각해 보자.

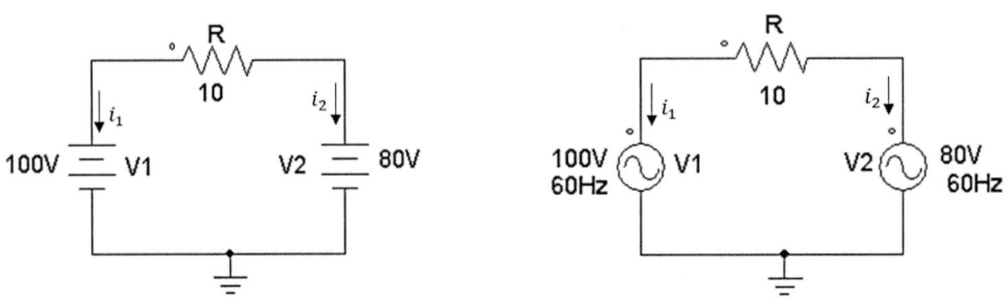

(a) DC case (b) AC cases

Figure 11.19 두 전원 사이의 에너지 흐름 회로

그림 11.19에 두 전원(source) 사이의 에너지 흐름을 보여주는 회로를 나타내었다. (a)에는 직류 전원의 경우를, (b)에는 교류 전원의 회로를 보여주고 있다. 전류는 전압이 높은 쪽(V_1)에서 낮은 쪽으로(V_2)으로 흐른다. 전원(V_1, V_2)에서 들어오는 방향을 전류의 (+)로 설정하였다. 그 이유는 전력변환 분야에서는 부하단 전압이나 전력이 주된 제어 대상임으로 전류를 받는 부하단 전력을 (+)로, 전력을 제공하는 입력단 전력을 (-)로 표현한다. 따라서 에너지를 공급하는 P_1의 전력은 (-)이고 부하로 작용하는 P_2의 전력은 (+)이다. 직류 전원회로에서 $P_1 = V_1 * i_1 = 100V * (-2A) = -200[W]$, $P_2 = 80V * 2A = 160[W]$이다. 저항 R에서 소모되는 전력은 $P_R = i^2R = 40[W]$ 이고 $P_1 = P_2 + P_R$ 의 관계식이 성립한다. 그림 11.20 (a) 파형을 보면 직류 전류가 흐르면서 전력도 직류이기

때문에 전류 흐름의 방향을 확실하게 알 수 있다.

그렇지만 교류의 경우에는 전압, 전류가 정현파(sine)이기 때문에 전류가 (+), (-) 교대로 반복해서 흘러 전력의 흐름을 파악하기 쉽지 않다. 그림 11.20 (b)의 파형을 보면 전력을 공급하는 V_1과 i_1의 위상은 역위상(out of phase) 이고 전력은 -200 ~ 0 [W]의 정현파로 나타나다. 반면에 전력을 소모하는 V_2와 i_2의 위상은 동위상(in phase)이고 전력은 0 ~ 160[W] 정현파로 나타난다. 이처럼 전력의 흐름 방향을 전압과 전류의 위상차를 통해 알아낼 수 있다.

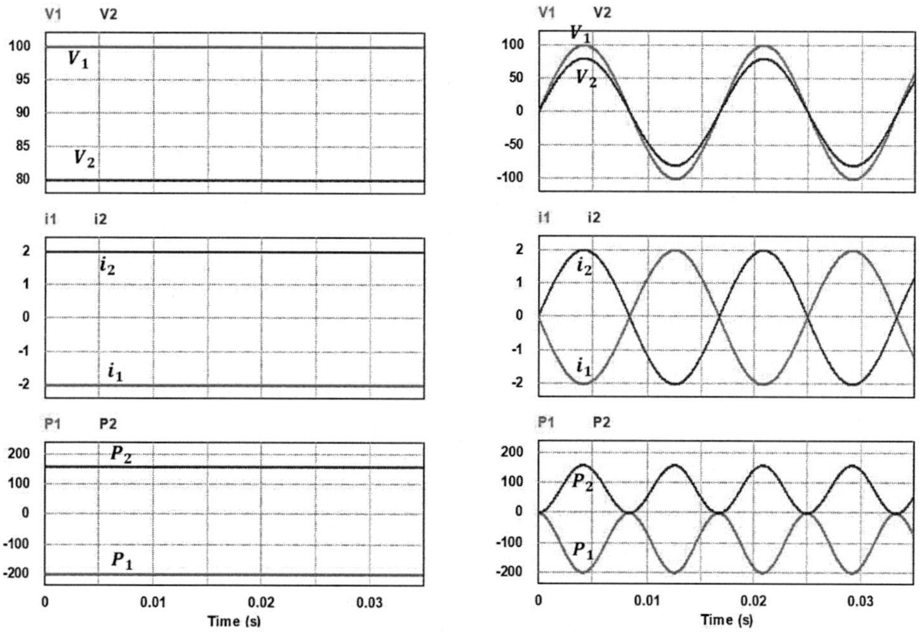

(a) 직류전원 파형 (b)교류 전원 파형

Figure 11.20 Power flow waveform

단상 인버터는 동일한 하드웨어를 가지고 제어 방법에 따라서 PCS가 되기도 하고 Rectifier가 되기도 한다. 인버터(PCS)의 경우 입력이 직류(V_{dc})이고 출력이 교류 계통(V_{grid})이며 전력의 흐름은 V_{dc}에서 V_{grid} 방향이다. 정류기(Rectifier)의 경우 입력이 교류 계통(V_{grid})이고 출력이 직류(V_{dc})이며 전력의 흐름은 V_{grid}에서 V_{dc} 방향이다. 그림 11.20 (b)에서 볼 수 있는 것 처럼 PCS 모드에서는 전류가 계통으로 들어가는 방향으로 계통전압과 동위상이고, 반대로 Rectifier 모드에서는 전류가 계통에서 나오는 방향으로 인버터 전류의 위상과는 반대위상이다.

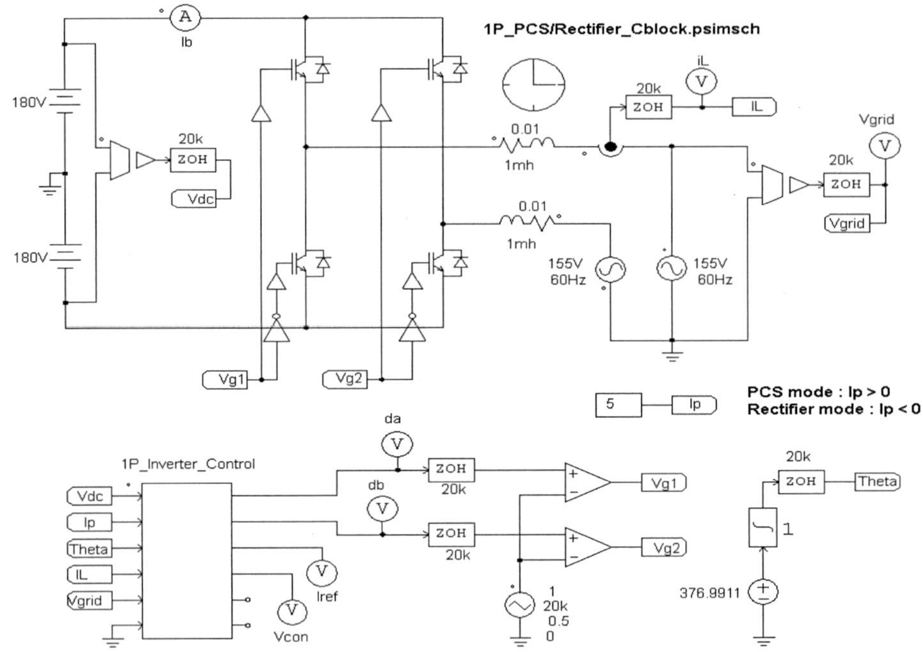

Figure 11.21 PCS(Rectifier) Circuit schematic

그림 11.21에 PCS(Rectifier) 회로의 schematic이 나타나 있다. a-상 회로 topology를 분석해보면 PCS 모드로 동작할 경우는 기본적으로 buck converter와 같은 동작을 한다.

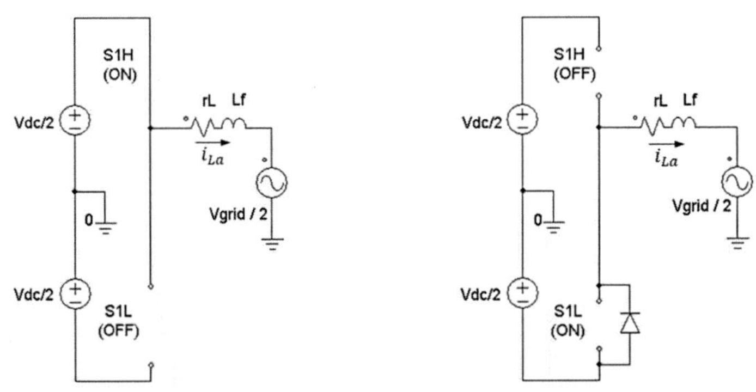

(a) Switch ON (b) Switch OFF

Figure 11.22 PCS Mode - Buck converter operation

Buck operation이므로 전압이 step down 되고 전압의 크기는 입력(V_{dc})이 계통전압의 peak값 보다 크다. PCS 모드에서는 인덕터 전류가 계통 전원(V_{grid})으로 들어가기 때문에 동위상을 유지한다.

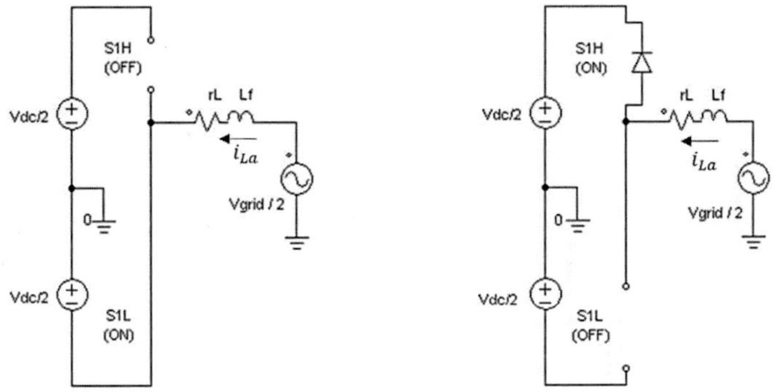

(a) Switch ON (b) Switch OFF

Figure 11.23 Rectifier Mode - Boost converter operation

Rectifier 모드로 동작할 경우는 그림 11.23처럼 boost operation을 하게 된다. 계통전압이 입력이 되고 V_{dc}가 출력임으로 V_{dc}는 계통전압의 peak값 보다 크다. Rectifier 모드에서는 인덕터 전류가 계통 전원(V_{grid})에서 나가기 때문에 역위상을 가지게 된다.

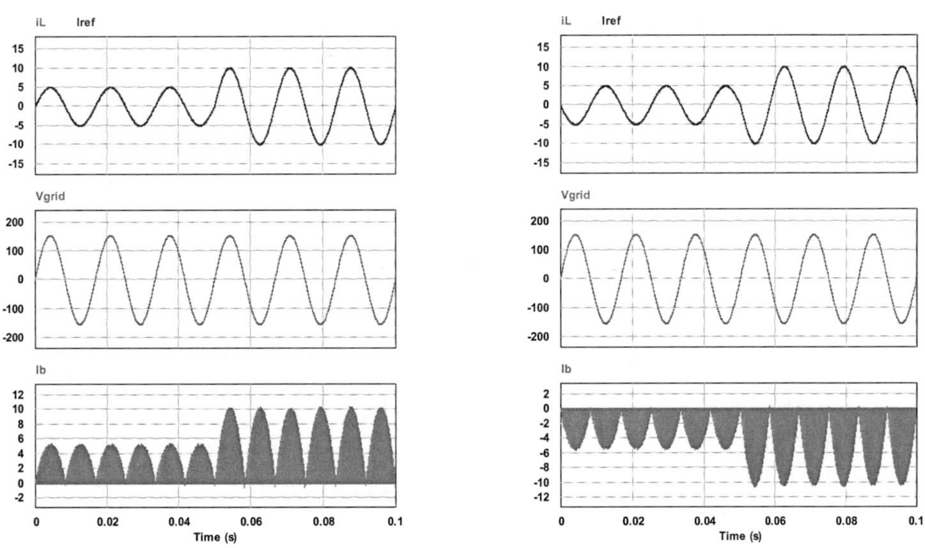

(a) PCS mode ($I_P = 5$) (b) Rectifier mode ($I_P = -5$)

Figure 11.24 Waveforms of PCS(Rectifier) Current control

Rectifier 모드에서의 제어기를 설계하기 위해 상태 평균화 수식을 전개할 수도 있지만, PCS 모드와 동작은 동일하고 전류의 방향(위상)만 반대라는 점을 생각한다면 전류제어기의 기준전류 $i_{ref} = I_p \cos\theta$ 에서 I_p의 부호만으로 모드 변환을 수행할 수 있다. 즉 $I_P > 0$ 이면 PCS 모드이고 $I_P < 0$ 이면 Rectifier 모드이다. PCS 모드에서 출력에 계통 전압이 연결되어 있기 때문에 출력전압 제어를 할 수 없고 Current Control만 가능하다. Rectifier 모드에서도 출력에 배터리나 전압원 V_{dc} 가 연결되어 있을 경우 역시 출력전압 제어를 할 수없고 Current control만 가능하다. 모드 설정은 기준전류 위상에 의해 결정되며, PCS 기준 전류 표현식은 $I_{ref} = I_P \sin\omega t$, $(\theta = \omega t)$로 주어지며 $I_P > 0$ 이다. Rectifier 동작은 $I_P < 0$으로 바꾸어 주면 된다. 그림 11.24에 시뮬레이션 파형을 나타내었다.

만약 Rectifier의 출력이 전압원이 아니고 커패시터와 저항으로 구성된 출력단이라면 출력전압 제어를 할 수 있다. 그림 11.25를 보면 (a)에 PCS(Rectifier) current control 제어 블록도를 나타내었고 (b)에 rectifier모드에서의 voltage control 제어 블록도를 나타내었다. 전류 제어는 single loop controller를 적용하고 전압제어는 double loop controller를 적용하였다.

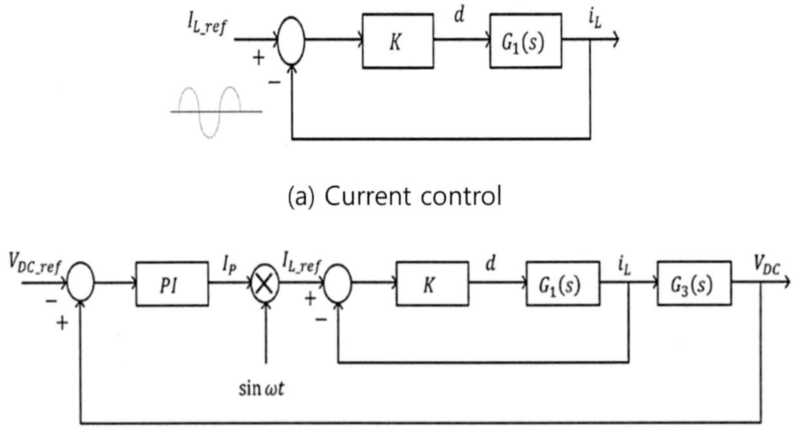

(a) Current control

(b) Double control

Figure 11.25 Controller configuration

전압제어는 그림 11.25 (b)에 표시된 것처럼 내부 루프(inner loop)의 전류제어는 PCS의 current control 방법을 그대로 사용하고, 외부 루프(outer loop)의 전압제어는 PI 제어기를 적용한다. 전압제어기의 출력은 I_P이다. 이 값을 이용하여 기준전류 $I_{ref} =$

$I_P \sin \omega t$ 가 전류제어의 입력으로 사용된다.

DC link 전압은 120 Hz ripple을 포함하고 있기 때문에, DQ 변환을 사용해야 PI 제어기 이득을 결정할 수 있다. 그러나 Rectifier가 boost converter와 동일하다는 점을 고려하면, boost converter에서 사용했던 m-file을 그대로 적용하여 PI 이득을 결정할 수 있다. 즉 출력 전압 파형에 120 Hz ripple을 포함하고 있더라도, 정상상태에서의 평균 DC 값은 기준 값과 동일하게 된다.

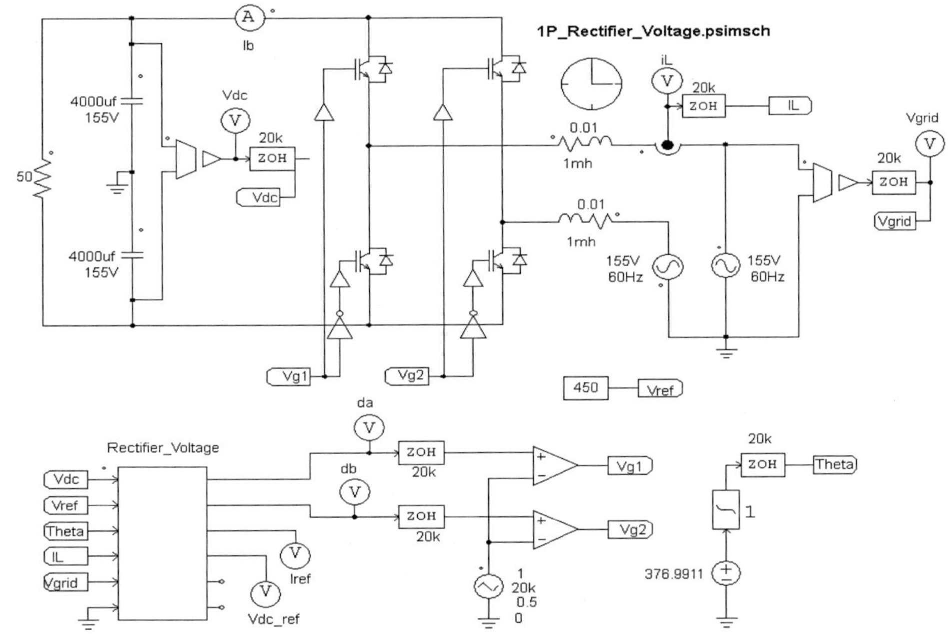

Figure 11.26 Rectifier Voltage control circuit schematic

그림 11.26의 Rectifier 회로의 파라미터로 boost 컨버터의 double loop m-file을 수정하고 전압 제어기 사양을 다음과 같이 결정하였다.

- Bandwidth : 50 [rad/sec]

- Phase margin : 90 [deg]

Auto tuning에 의해 설계된 디지털 전압 제어기 표현식은 다음과 같이 주어진다. Switching frequency 는 20 [kHz] 로 주어졌다.

$$G_{cv}(z) = \frac{0.17946(z - 0.999)}{z - 1}$$

그림 11.27에 SISOTOOL에 의한 전압제어기의 bode 선도와 step response를 나타내었다. 설계 사양대로 제어기가 설계 되었으며, 정상상태 오차가 없고 rising time이 45 [ms]로 주어져 있다.

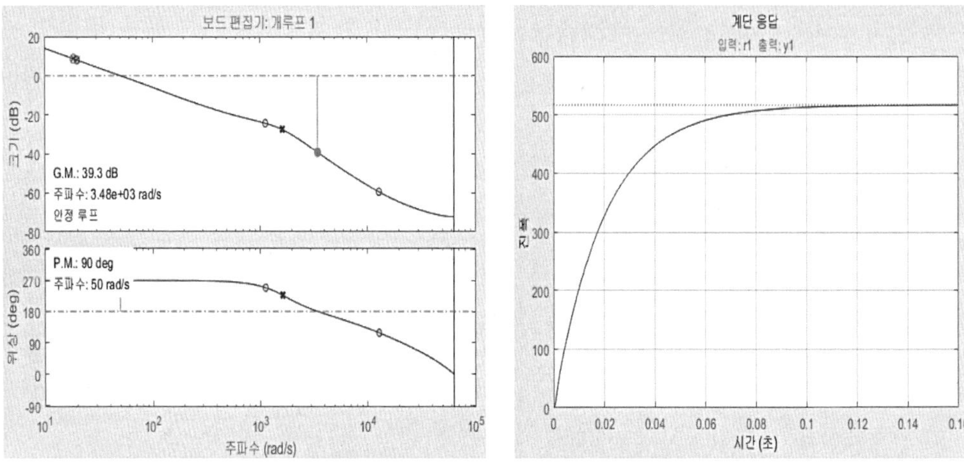

Figure 11.27 Bode diagram and step response of the voltage controller

전압제어기의 출력은 I_P이며 이 값에 $\sin \omega t$를 곱하여 기준전류값을 생성한다. 수식으로 나타내면 다음과 같다.

$$I_{ref} = I_P \sin \omega t$$

Rectifier_Voltage C-block Code가 아래에 표시되어 있다.

```
double Vdc,  Theta, IL, Vc;
double duty_a,duty_b, Ip, Iref;
double Ierr, Vcon, Vdc_ref, Verr;
static double Verr_old =0.0,
Ip_old=0.0;
/****** start here ******/
Vdc     = in[0];
Vdc_ref = in[1];
Theta   = in[2];
IL      = in[3];
Vc       =in[4];

if  (t>0.25) Vdc_ref= 550;
if (Vdc < 0.01) Vdc = 0.01;

Verr = - (Vdc_ref - Vdc);
Ip =   Ip_old +0.17946*Verr -
0.17946*0.999*Verr_old;
Ip_old=Ip;
Verr_old=Verr;
```

```
/** Same as PCS Current Controller
**/

Iref = Ip*sin(Theta);
Ierr = Iref - IL;

Vcon =20*Ierr + 0.01*IL +Vc;

if (Vcon >  Vdc/2)  Vcon =  Vdc/2;
if (Vcon < -Vdc/2)  Vcon = -Vdc/2;

duty_a =0.5 + Vcon/Vdc;
duty_b= 0.5 - Vcon/Vdc;

out[0]=duty_a;
out[1]=duty_b;
out[2] = Iref;
out[3] = Vdc_ref;
```

그림 11.28에 시뮬레이션 파형을 나타내었다. DC link 전압이 120 [Hz]의 ripple로 기준값에 설계값대로 잘 제어되고 있는 것을 알 수 있다.

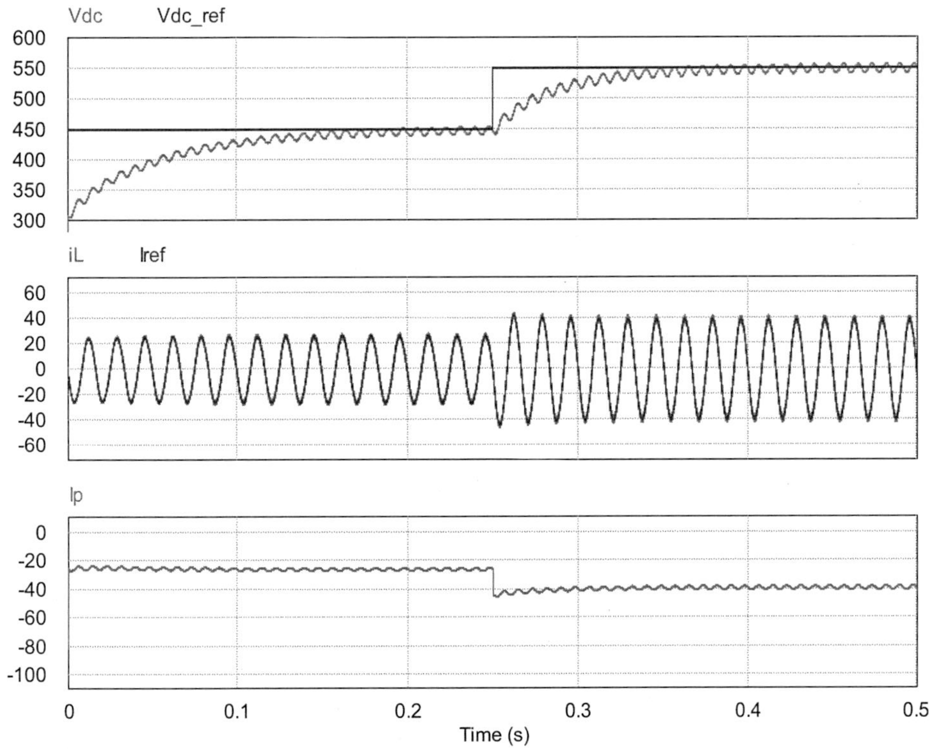

Figure 11.28 Waveforms for rectifier voltage control

12.3상 인버터

(Three Phase Inverter)

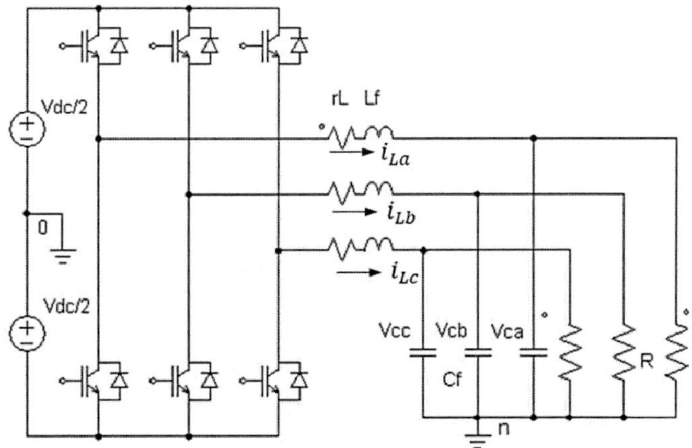

AC Source (UPS)

12.1 상태평균화 방정식과 순시치 제어

그림 12.1에 3상 인버터 회로를 나타내었다. 회로는 중성점을 포함한 상전압(phase voltage)의 3상 4선식으로 표현되어 있다. 만약 3상 3선의 선전압(line-to-line voltage)으로 회로가 구성되어 있다면 중성점 전압을 알아내서 상전압(phase voltage)으로 변환하여야 한다. 선전압(V_{ab}, V_{bc}, V_{ca})과 상전압(V_{an}, V_{bn}, V_{cn})의 변환공식은 balanced system의 경우 다음과 같다.

$$V_{bn} = (V_{bc} - V_{ab})/3$$

$$V_{an} = V_{bn} + V_{ab}$$

$$V_{ca} = V_{ab} - 3V_{an}$$

$$V_{cn} = (V_{ca} - V_{bc})/3$$

회로에서 a-상, b-상, c-상 bridge는 독립적으로 동작하며 위상차이는 120도 이다. 그림에서 볼 수 있듯이 a-상 전류(i_{La}) , b-상 전류(i_{Lb}), c-상 전류(i_{Lc})는 크기는 동일하고 위상만 120도 차이가 난다. 이 장에서는 3-Phase Balanced System에 대해서 수식을 전개하도록 한다. 회로에서 커패시터 전압 V_{ca}, V_{cb}, V_{cc}는 상전압으로 V_{an}, V_{bn}, V_{cn}과 동일하다.

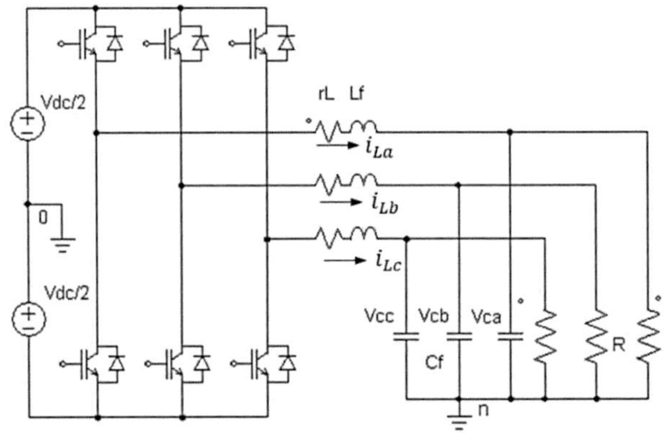

Figure 12.1 Three phase Inverter Circuit Configuration

스위치 ON/OFF 상태에 따른 a-상의 상태 방정식은

스위치 ON 인 경우 : $\frac{V_{dc}}{2} = r_L i_a + L\frac{di_a}{dt} + V_{ca}$, $i_a = C\frac{dV_{ca}}{dt} + \frac{V_{ca}}{R}$

스위치 OFF 인 경우 : $-\frac{V_{dc}}{2} = r_L i_a + L\frac{di_a}{dt} + V_{ca}$, $i_a = C\frac{dV_{ca}}{dt} + \frac{V_{ca}}{R}$

상태공간 평균화 표현식은 다음과 같이 얻어진다.

$$L\frac{di_a}{dt} = \left(\frac{V_{dc}}{2} - V_{ca} - r_L i_a\right)d + \left(-\frac{V_{dc}}{2} - V_{ca} - r_L i_a\right)(1-d) = V_{dc}d - \frac{V_{dc}}{2} - V_{ca} - r_L i_a$$

$$C\frac{dV_{ca}}{dt} = i_a - \frac{V_{ca}}{R}$$

3상 Inverter a-상의 상태평균화 방정식을 나타내면

$$\begin{pmatrix} \dfrac{di_a}{dt} \\ \dfrac{dV_{ca}}{dt} \end{pmatrix} = \begin{pmatrix} -\dfrac{r_L}{L} & -\dfrac{1}{L} \\ \dfrac{1}{C} & -\dfrac{1}{RC} \end{pmatrix}\begin{pmatrix} i_a \\ V_{Ca} \end{pmatrix} + \begin{pmatrix} \dfrac{V_{dc}}{L} \\ 0 \end{pmatrix}d + \begin{pmatrix} -\dfrac{1}{2L}V_{dc} \\ 0 \end{pmatrix}$$

행렬 형태로 표현하면 $\dot{X} = AX + BU - \frac{1}{2}B$ 이 된다.

$$\dot{X} = \begin{pmatrix} \dfrac{di_a}{dt} \\ \dfrac{dV_{ca}}{dt} \end{pmatrix}, \mathrm{A} = \begin{pmatrix} -\dfrac{r_L}{L} & -\dfrac{1}{L} \\ \dfrac{1}{C} & -\dfrac{1}{RC} \end{pmatrix}, \mathrm{B} = \begin{pmatrix} \dfrac{V_{dc}}{L} \\ 0 \end{pmatrix}, \mathrm{U} = d$$

a,b,c 상 전체에 대한 상태평균화 방정식을 나타내면

$$\begin{pmatrix} \dfrac{di_{abc}}{dt} \\ \dfrac{dV_{abc}}{dt} \end{pmatrix} = \begin{pmatrix} -\dfrac{r_L}{L} & -\dfrac{1}{L} \\ \dfrac{1}{C} & -\dfrac{1}{RC} \end{pmatrix}\begin{pmatrix} i_{abc} \\ V_{abc} \end{pmatrix} + \begin{pmatrix} \dfrac{V_{dc}}{L} \\ 0 \end{pmatrix}d_{abc} + \begin{pmatrix} -\dfrac{1}{2L}V_{dc} \\ 0 \end{pmatrix}$$

여기에서 $i_{abc} = [i_a\ i_b\ \ i_c]^T$, $V_{abc} = [V_{an}\ V_{bn}\ \ V_{cn}]^T$, $U = d_{abc} = [d_a\ d_b\ \ d_c]^T$ 로 정의되며, 행렬 형태로 표현하면 $\dot{X} = AX + BU - \frac{1}{2}B$ 이 된다.

단상 인버터의 경우와 동일하게 3상 상태평균화 방정식은 비선형 시스템이기 때문에 선형화를 하여야 한다. 듀티를 feedback성분과 feed-forward 성분으로 나누어 표현하면 $d_{abc} = d_{fb\_abc} + d_{ff\_abc}$ 이 된다. 상태 평균화 행렬 방정식에 $U = d_{abc}$를 대입하여 정리하면 $\dot{X} = AX + B(d_{fb_abc} + d_{ff_abc}) - \frac{1}{2}B$이 되어 선형 방정식인 $\dot{X} = AX + Bd_{fb_abc}$로 나타난다. 이때 feed-forward 듀티 $d_{ff\_abc} = 0.5$ 가 된다.

단상 인버터의 전류 제어 방법을 그대로 3-상 인버터에 적용이 가능함으로, 단상 인버터에서 사용한 방법을 a, b, c-상에 적용하면

$V_{a_{con}} = \frac{L_a}{T_s}\left(I_{a,ref} - I_a\right) + r_L i_a + V_{an}$ → a-상 듀티 $d_a = \frac{V_{a_{con}}}{V_{dc}} + 0.5$

$V_{b\_con} = \frac{L_b}{T_s}\left(I_{b,ref} - I_b\right) + r_L i_b + V_{bn}$ → b-상 듀티 $d_b = \frac{V_{b\_con}}{V_{dc}} + 0.5$

$V_{c\_con} = \frac{L_c}{T_s}\left(I_{c,ref} - I_c\right) + r_L i_c + V_{cn}$ → c-상 듀티 $d_c = \frac{V_{c\_con}}{V_{dc}} + 0.5$

각 a,b,c 상의 기준전류값은 120도의 위상차이를 가지는 정현파로 정의되며 수학적 표현식은 다음과 같다.

$$I_{a,ref} = \left(\frac{2}{3}\right) I_P \sin\omega\, t,\ \omega = 2\pi f$$

$$I_{b,ref} = \left(\frac{2}{3}\right) I_P \sin(\omega t - 2\pi/3)$$

$$I_{c,ref} = \left(\frac{2}{3}\right) I_P \sin(\omega t + 2\pi/3)$$

이득 $K = \frac{L_{abc}}{T_s}$ 이며, $(\frac{2}{3})$는 I_P에 곱해주는 scaling factor이다. 제어기 블럭도를 그림 12.2에 나타내었다.

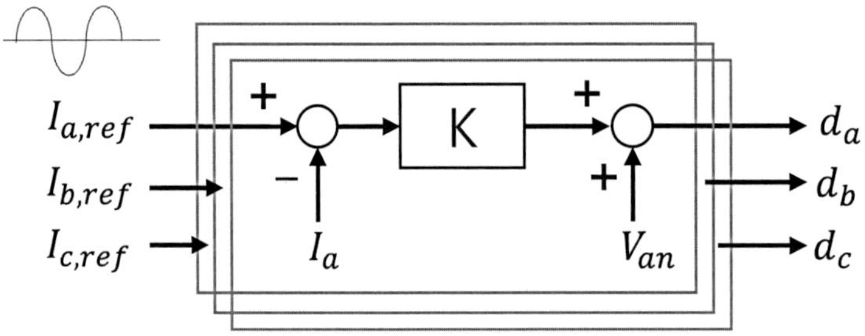

Figure 12.2 3-phase current controller Configuration

그림 12.3에 시뮬레이션 Schematic을 표시하였다. 다음 표에 제어기 코드를 나타내었다. 제어기 블록도를 그대로 풀어서 C-언어로 작성한 것이다. 그림 12.2의 제어기 구성을 그대로 C-언어로 표현한 것이다.

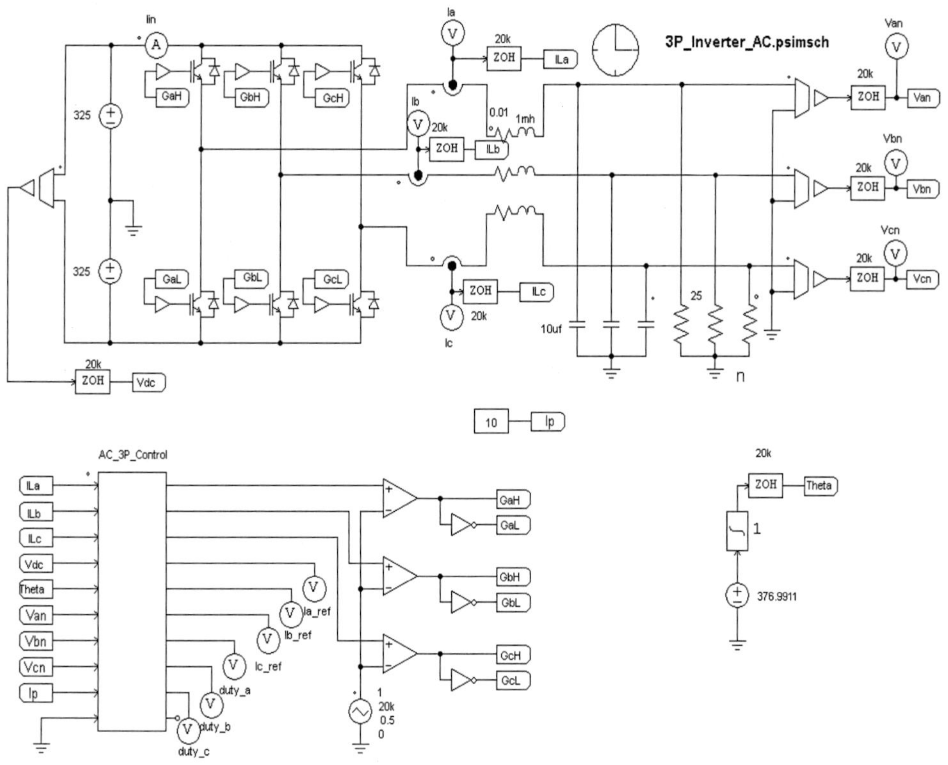

Figure 12.3 3-phase UPS circuit schematic

C-언어로 숫자를 표현할때 주의해야할 점이 있다. 기준전류값에 $\left(\frac{2}{3}\right)$가 곱해지는데 C-코드에서는 (2.0/3.0) 혹은 (2./3.)으로 표현하여야 한다. (2/3)으로 표현하는 결과값은 0이 되어 전혀 원하지 않는 결과 파형이 나타나게 된다. C-언어의 문법체계의 변수 지정 방식을 유의하자. 간단히 0.66667 로 표기해도 무방하다.

그림 12.4에 시뮬레이션 파형을 보여주고 있다. (a)에 상 전류, 상전압, 상 duty가 나타나 있다. 상전류와 상전압은 정현파 파형을 나타내주고 있으며, (b)에는 제어기의 성능을 볼 수 있는 전류 오차(error)와 전류, 전압의 위상차를 알 수 있다. 전압과 전류의 위상차이가 조금 발생하는데, 출력 커패시턴스(C_f)로 인한 무효전력 성분이다. 회로에서 $10\,[uF]$ 의 크기를 줄이면 (예를 들어 $1\,[uF]$) 위상차이가 거의 없어지는 것을 알 수 있다.

```
#define PI      3.1415
#define Kp      20
#define rL      0.01
double Ia_ref, Ib_ref, Ic_ref
double Ia_err, Ib_err, Ic_err;
double Va_con, Vb_con, Vc_con;
double duty_a, duty_b, duty_c;
double ILa, ILb, ILc, Vdc, theta;
double Van, Vbn, Vcn, Ip;
// Input Variable
ILa   = in[0];
ILb   = in[1];
ILc   = in[2];
Vdc   = in[3];
Theta = in[4];
Van   = in[5];
Vbn   = in[6];
Vcn   = in[7];
Ip    = in[8];
if (t >0.04) Ip = Ip*1.5;
Ia_ref =(2./3.)*Ip*sin(theta);
Ib_ref =(2./3.)*Ip*sin(theta-2*PI/3);
Ic_ref =(2./3.)*Ip*sin(theta-4*PI/3);
```

```
Ia_err = Ia_ref - ILa;
Ib_err = Ib_ref - ILb;
Ic_err = Ic_ref  - ILc;

Va_con = Kp*Ia_err + rL*ILa +Van;
Vb_con = Kp*Ib_err + rL*ILb +Vbn;
Vc_con = Kp*Ic_err + rL*ILc +Vcn;

duty_a = Va_con/(Vdc) + 0.5;
duty_b = Vb_con/(Vdc) + 0.5;
duty_c = Vc_con/(Vdc) + 0.5;

out[0] = duty_a;     //  R
out[1] = duty_b;     //  S
out[2] = duty_c;     //  T
out[3] =  Ia_ref;
out[4] =  Ib_ref;
out[5] =  Ic_ref;
out[6] =  duty_a;
out[7] =  duty_b;
out[8] =  duty_c;
```

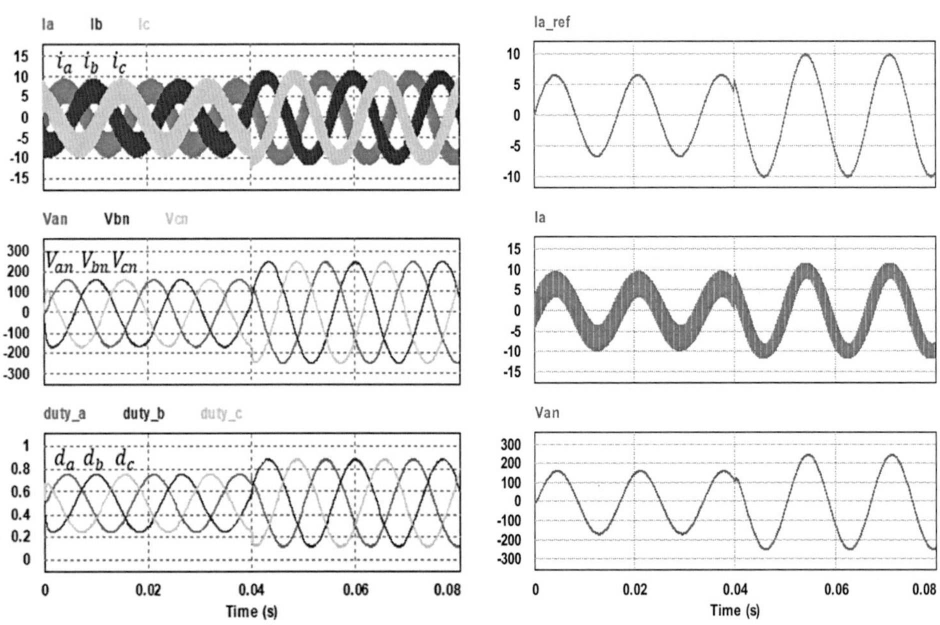

(a) Phase current, voltage and duty (b) current error and phase angle

Figure 12.4 Waveforms of 3-phase UPS signals

커패시터를 3상 계통전원(grid)으로 대치하면 3 Phase PCS로 동작한다. 그림 12.5에 커패시터를 3상 계통전원으로 대치한 회로를 보여주고 있다. 380V 3상 4선식을 고려하면 각 상전압은 220 Vac이고 피크 상전압은 310V, 주파수는 60 Hz이다. 위상차는 a-상을 기준으로 b-, c-상은 각각 -120도, +120도 만큼 차이가 난다.

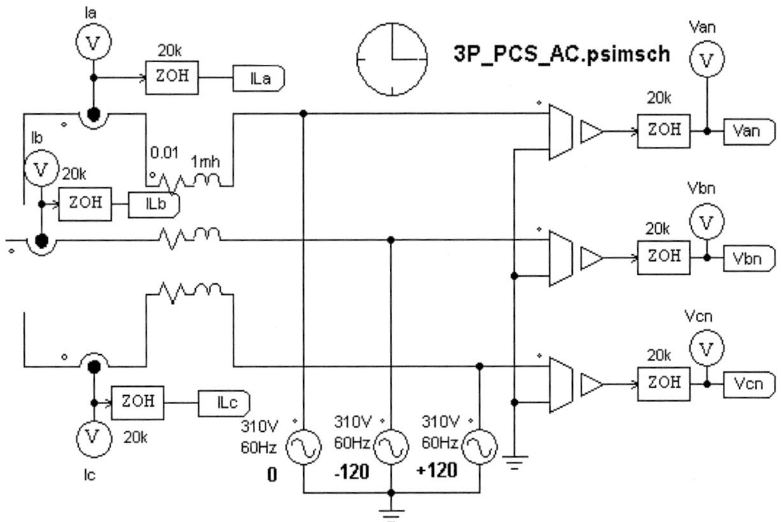

Figure 12.5 The Circuit configuration of the 3 phase PCS

시뮬레이션 파형들이 그림 12.6에 나타나 있다. (a)는 PCS mode 조건($I_P > 0$)의 파형들이다. 계통전압과 전류가 동일 위상을 유지하고 있어서 에너지 흐름이 입력($650V_{dc}$)에서 출력 (계통 $220V_{ac}$)으로 이루어지는 것을 알 수 있다. 입력 전류(I_{in})는 +10A (120 Hz 리플을 포함, 파형그림에는 I_b로 표시됨) 정도 흐르는 것을 알 수 있다. 단상 Rectifier와 동일하게 I_P의 부호를 (-) 로 바꾸어 주면 3상 rectifier로 동작한다. $I_p = -10[A]$인 경우의 파형들을 (b)에 나타내었다. 전압과 전류의 위상이 반대이고 입력 전류(I_{in})는 -10A가 흐르는 것을 알 수 있다. 따라서 에너지 흐름은 입력($380V_{ac}$)에서 출력 ($650V_{dc}$)으로 흐르는 것을 알 수 있다. PCS 동작일 경우는 buck operation을 하고 Rectifier 동작일 경우 boost operation을 하게 된다.

이 제어 방법을 교류 순시치 제어(AC instantaneous control)방법이라 불리기도 한다. 이 방법은 각 상의 기준 전류값은 교류(sinusoidal)로 주어지고 이득 K를 가지는 P 제어기로 구성되어 구조가 단순하고 쉽게 아날로그(OP Amp.) 회로로 구현이 가능하다는 장점이 있지만, 역률 제어가 쉽지 않고 무효전력 제어가 어려운 단점이 있어서 최근에는 잘 사용되지 않는 방법이다. 또한 기준 전류값이 교류이기 때문에 기준 전류값 변화에 대해 정상상태 오차(steady-state error)가 발생하는 단점이 있다.

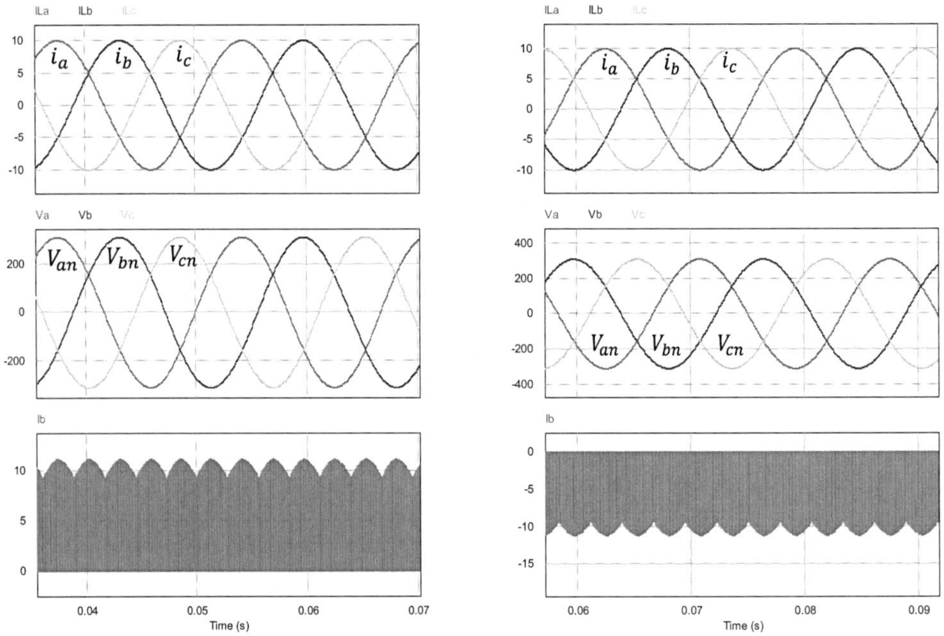

(a) PCS mode($I_P > 0$) (b) Rectifier mode($I_P < 0$)

Figure 12.6 The Simulation waveforms of the 3 phase PCS/Rectifier

위에서 설명한 교류순시치제어(AC Control) 단점을 극복하기 위해 DQ 제어방법이 널리 사용되고 있다. 좌표변환(Coordinate transform)을 통해 교류값을 직류값으로 변환하여 사용된다. 좌표변환을 위한 계산량이 많기 때문에 DSP와 같은 고속의 마이크로 프로세서를 사용하며 역률 제어가 쉬워서 최근에는 대부분 채택하여 사용되는 방법이다. 각 상의 기준전류값이 직류(dc)값으로 표현식은 다음과 같다.

$$I_{d,ref} = (\frac{2}{3})I_P, \qquad I_{q,ref} = (\frac{2}{3})I_q$$

교류 순시치 제어방식과 비교해 보면 정현파 $\sin \omega t$가 없는 직류값으로 크기는 동일하며, 변수가 3개에서 2개로 감소했음을 알 수 있다. 교류 순시치 제어방식의 정상상태 오차를 계산해 보도록 하자. P-제어기의 경우는 단상 인버터와 동일하게 Sinusoidal 입력에 대해서 정상 상태 오차를 가지게 된다. 입력이 Step 인 경우에는 정상상태 오차가 0 이 된다.

따라서 정상상태 오차를 0 으로 만들기 위해서는 비례 적분(PI : Proportional Integrator) 제어기가 필요한데, 이 경우에는 기준 전류값이 직류값을 가져야 한다. 그림 12.7 (a)에 나타난 기준 전류($I_{ref} = I_P \sin \omega t$) 표현식을 (b) 와 같이 I_P와 $\sin \omega t$로 분리하여 나타낼 수 있다.

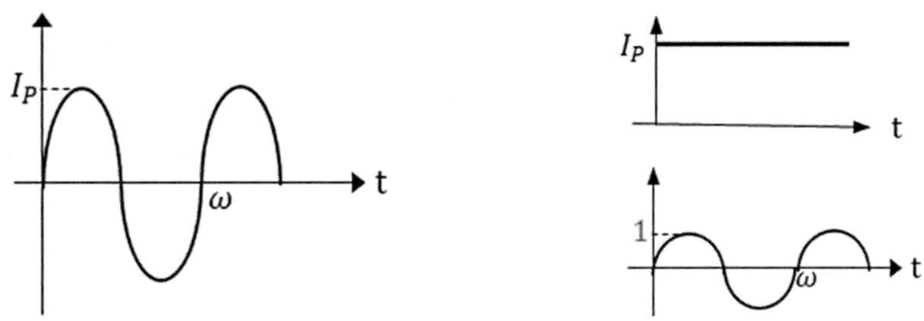

(a) Sinusoidal reference current (b) Magnitude. and frequency

Figure 12.7 Decomposition into Magnitude and frequency

각주파수 $\sin \omega t$를 측정을 통해 얻어낼 수 있다면 기준전류값은 직류성분인 I_P로 나타낼 수 있다. 기준 입력을 직류성분으로 변환하면 PI 제어기로 정상상태오차를 0으로 만들 수 있다. 3상 교류를 직류형태로 바꾸는 방법은 일반적으로 다음과 같이 두 단계를 이용한다.

a. 120도 위상차를 가지는 a, b, c-상을 90도 위상차를 가지는 α, β 상으로 변환 (교류 변환)

b. 직교 교류 α, β 를 크기(Magnitude)와 주파수(Carrier frequency)로 분리. 크기를 제어기 변수로 사용한다.

12.2 DQ 변환

이 장에서 다루는 3상 교류 시스템 (3-phase AC system)은 Balanced System을 의미한다. 이것은 3개의 전압(전류) 신호가 120도의 위상차를 가지고 있는 시스템으로 정의된다. 3-상의 수학적 표현식은 다음과 같이 나타난다.

$$v_a(t) = Mcos(\omega t + \varphi)$$

$$v_b(t) = Mcos(\omega t - \frac{2\pi}{3} + \varphi)$$

$$v_c(t) = Mcos(\omega t + \frac{2\pi}{3} + \varphi)$$

M은 진폭(Magnitude), ωt는 각주파수, φ는 초기 위상을 의미한다.

예를 들어 $M = 100,\ \omega = 2\,\pi\, * 60 = 377\ [\frac{rad}{sec}]$ 를 가지는 3상 교류 시스템을 파형으로 표시하면 그림 12.8과 같다.

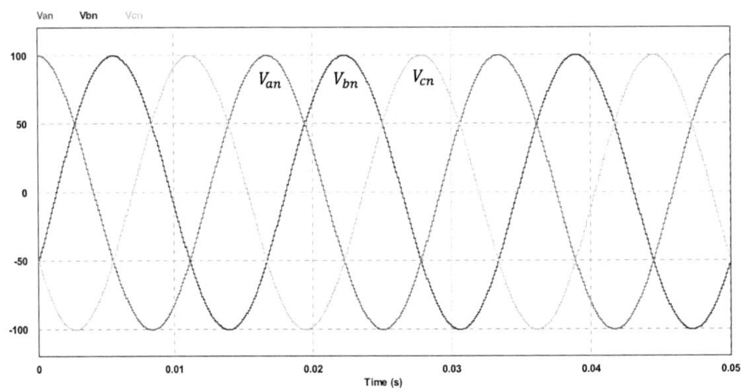

Figure 12.8 Balanced 3-phase AC system

단일 주파수만 존재하는 3상 시스템(CVCF, VVVF)에서는 변수의 파라미터가 모두 동일하기 때문에 페이저(Phasor)로 표현할 수 있다. 페이저 표현식에서는 진폭((Magnitude)과 초기 위상으로 표현이 가능하다. Balanced system에서는 3상의 진폭이 모두 동일하기 때문에 Magnitude 하나로 3상의 진폭 표현이 가능하다. 즉 M과 초기위상 φ이 주어지면 a-상을 나타낼 수 있고, 나머지 b, c-상은 각각 120도의 위상차를 가지는 정현파로 그릴 수 있다. 예를 들어 a-상 Phasor 표현식은 다음과 같이 주어진다.

$$v_a(t) = M\angle\varphi$$

a. Clarke's Transformation ($abc - to -\ \alpha\beta$ 변환)

Clarke's 변환은 3상 교류를 2상 교류로 바꾸는 변환을 의미한다. 크기가 M이고 초기 위상이 0 인 3상 시스템을 f_a, f_b, f_c라 하자. X-(α축) 으로 f_a, f_b, f_c 를 투영(projection) 시키면 다음과 같은 관계식을 얻을 수 있다. Balanced system이므로 $f_a + f_b + f_c = 0$ 의 관계식을 이용하면 α –축 변환은

$$f_\alpha = f_a - f_b\cos(^{\pi}/_{3}) - f_c\cos(^{\pi}/_{3}) = f_a - \tfrac{1}{2}(f_b + f_c) = \tfrac{3}{2}f_a$$

크기의 변화가 없어야 함으로, f_α 크기가 f_a가 되도록 변환식에 $\frac{2}{3}$ 를 곱해주면

$$f_\alpha = f_a$$

Y축 (β축) 으로 f_a, f_b, f_c 를 투영(projection)시키면

$$f_\beta = 0 + f_b\sin(^{2\pi}/_{3}) - f_c\sin(^{2\pi}/_{3}) = \frac{\sqrt{3}}{2}(f_b - f_c) = \frac{\sqrt{3}}{2}(f_a + 2f_b)$$

크기의 변화가 없도록 f_β 변환식에 $\frac{2}{3}$ 를 곱해준다. 정리하면

$$f_\beta = \frac{1}{\sqrt{3}}(f_b - f_c) = \frac{1}{\sqrt{3}}(f_a + 2f_b)$$

행렬 형식으로 표시한 Clarke's Transformation은 다음과 같이 표현된다.

$$\begin{bmatrix}\alpha\\ \beta\end{bmatrix} = \begin{bmatrix}1 & 0 & 0\\ 0 & \frac{1}{\sqrt{3}} & -\frac{1}{\sqrt{3}}\end{bmatrix}\begin{bmatrix}a\\ b\\ c\end{bmatrix},\quad \begin{bmatrix}a\\ b\\ c\end{bmatrix} = \begin{bmatrix}1 & 0\\ -\frac{1}{2} & \frac{\sqrt{3}}{2}\\ -\frac{1}{2} & -\frac{\sqrt{3}}{2}\end{bmatrix}\begin{bmatrix}\alpha\\ \beta\end{bmatrix}$$

위 수식은 a, b, c 상을 $\alpha\beta$로 변환하거나 $\alpha\beta$상을 a, b, c로 변환하는 matrix를 나타낸다. 여기에서 중요한 점은 f_α, f_β는 90도 위상차를 가지는 교류라는 것이다.

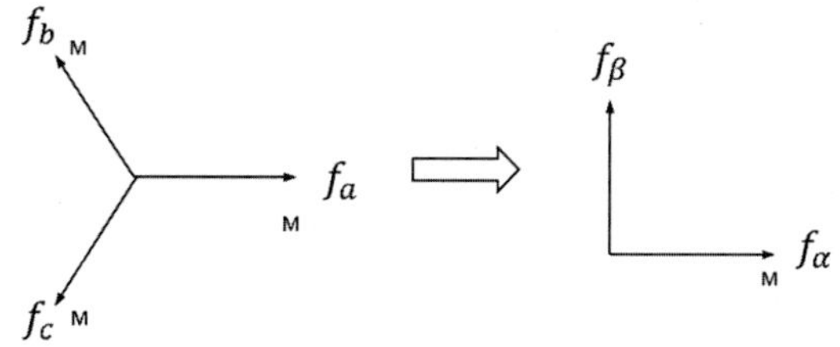

Figure 12.9 Clarke's Transformation

그림 12.9에 Clarke's 변환의 파형들을 나타내었다. 여기에서 주의깊게 관찰해야 하는 점은 $V_\alpha = V_{an}$이고 Magnitude M은 변환시에도 크기가 바뀌지 않는다는 것이다. 정리

하면 120도 위상차를 가지는 세개의 변수 a, b, c가 90도의 위상차를 가지는 두개의 변수 α, β 로 바뀌는 것을 Clarke 변환이라 한다.

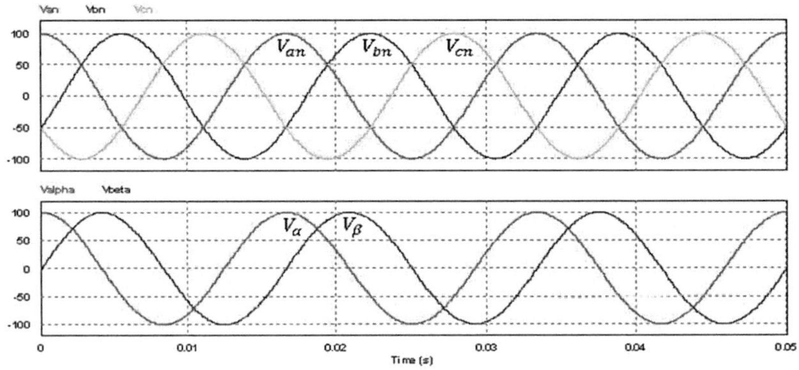

Figure 6.10 Waveforms of the Clarke's transformation

여기에서 중요하게 봐야 할 점은 V_α 가 먼저 오고, V_β가 나중에 나온다는 점이다.

b. Park Transformation ($\alpha\beta - to - dq$ 변환)

$\alpha\beta$ 변수는 다음과 같이 표현되는 교류이다.

$$\alpha = Mcos(\omega t),\ \beta = Mcos\left(\omega t - \frac{\pi}{2}\right).$$

각주파수 $cos(\omega t)$를 알 수 있으면 α =M으로 표현되고, β 도 90도 위상차가 있는 M으로 표현할 수 있다. 이 변환을 Park변환($\alpha\beta - to - dq$)이라 한다.

f_d 축으로 f_α, f_β를 투영(projection) 시키면

$$f_d = f_\alpha cos\emptyset + f_\beta \sin\emptyset$$

f_q 축으로f_α, f_β를 투영(projection) 시키면

$$f_q = f_\alpha \cos(90 + \emptyset) + f_\beta \cos\emptyset = -f_\alpha \sin(\emptyset) + f_\beta \cos\emptyset$$

행렬 형식으로 표시한 Park Transformation은 다음과 같이 표현된다.

$$\begin{bmatrix} d \\ q \end{bmatrix} = \begin{bmatrix} \cos\emptyset & \sin\emptyset \\ -\sin\emptyset & \cos\emptyset \end{bmatrix} \begin{bmatrix} \alpha \\ \beta \end{bmatrix},\ \begin{bmatrix} \alpha \\ \beta \end{bmatrix} = \begin{bmatrix} \cos\emptyset & -\sin\emptyset \\ \sin\emptyset & \cos\emptyset \end{bmatrix} \begin{bmatrix} d \\ q \end{bmatrix}$$

위 수식은 $\alpha\beta$상을 dq 로 변환하거나, dq 상을 dq로 변환하는 matrix를 나타낸다. 여기

에서 중요한 점은 $\alpha\beta$는 90도 위상차를 가지는 교류이고, dq는 90도의 위상차를 가지는 직류이다.

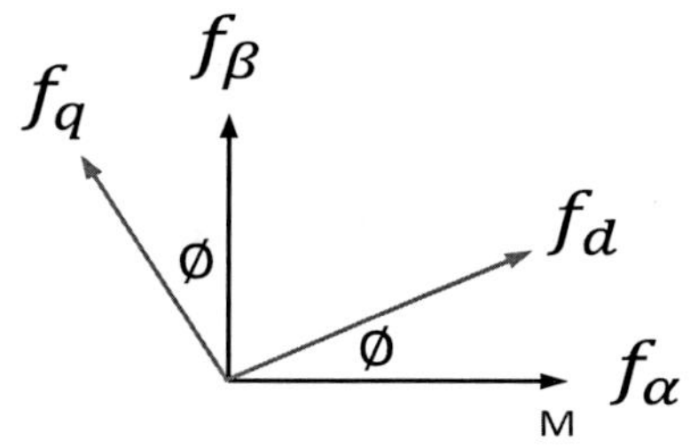

Figure 12.11 Park Transformation ($\alpha\beta - to - dq$)

지금까지 설명한 좌표변환(Coordinate Transform)을 그림 12.12에 정리하였다.

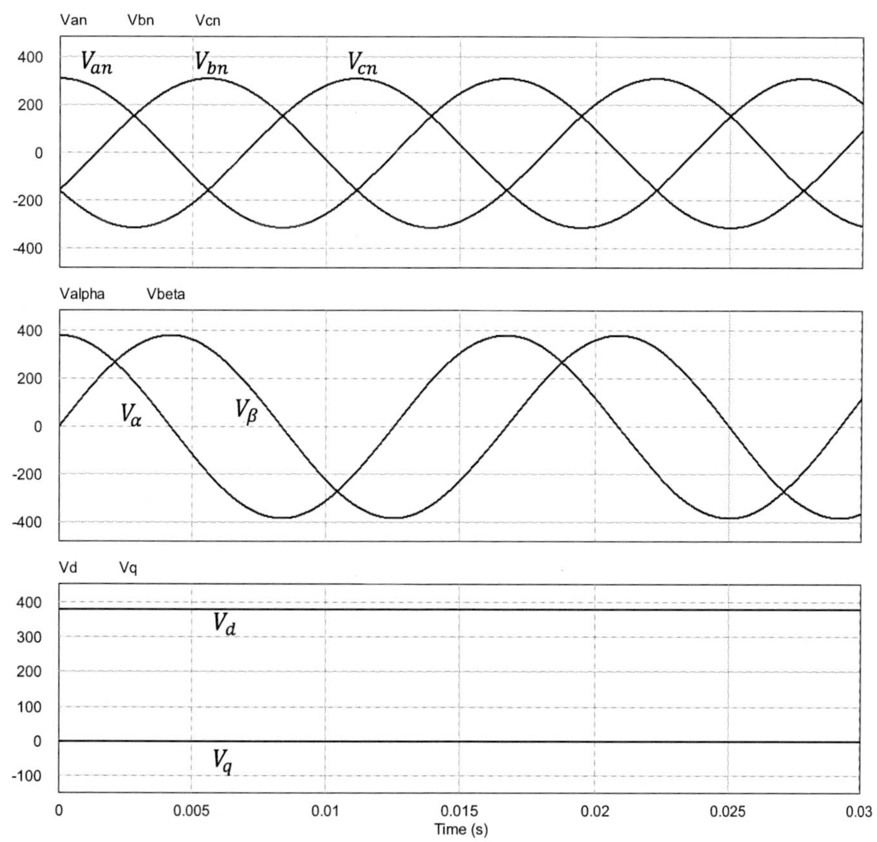

Figure 12.12 Transformation waveforms ($abc \rightarrow \alpha\beta \rightarrow dq$)

중요한 점은 3상 교류 abc 가 $cosine$ 의 함수로 표현되어 있다는 점에 유의하자. 즉 이 교재에서는 3상 교류 표현식을 $cosine$ 을 사용하여 dq 변환에 사용하고 있다. 만약 3상 교류를 sin 함수를 사용한다면 결과 파형은 어떻게 나타날까 ? 각자 계산과 시뮬레이션을 수행해 보길 바란다. $\alpha\beta$ 파형은 동일하게 나오지만, dq 변환값이 다르게 나오게 된다. 시뮬레이션 하면 $V_d = 0[V]$, $V_q = -310\ [V]$ 가 나온다. 그 이유는 위상각 θ 의 값이 다르기 때문이다. 이 교재에서 3상 교류 입력인 $cosine$ 의 위상각을 0 도로 설정하였기 때문에 입력이 $sine$ 일 경우 초기 위상각을 +90도 로 설정하여야 한다. PSIM dq 변환 library를 사용할 때도 이 점에 주의하자.

결론적으로 3상 교류 표현식이 $cosine$ 이면 초기 위상각 0도 이고, $sine$ 이면 초기 위상각 +90 도로 설정해야 수식과 동일한 dq 결과를 얻을 수 있다.

DQ Transform (교류 -> 직류)은 아래와 같이 정리하였다.

1. $abc \rightarrow \alpha\beta$ 변환 $\begin{bmatrix}\alpha\\ \beta\end{bmatrix} = \begin{bmatrix}1 & 0 & 0\\ 0 & \frac{1}{\sqrt{3}} & -\frac{1}{\sqrt{3}}\end{bmatrix}\begin{bmatrix}a\\ b\\ c\end{bmatrix}$

2. $\alpha\beta \rightarrow dq$ 변환 : $\begin{bmatrix}d\\ q\end{bmatrix} = \begin{bmatrix}\cos\emptyset & \sin\emptyset\\ -\sin\emptyset & \cos\emptyset\end{bmatrix}\begin{bmatrix}\alpha\\ \beta\end{bmatrix}$

3. $abc \rightarrow dq$: $\begin{bmatrix}d\\ q\end{bmatrix} = \begin{bmatrix}\cos\emptyset & \sin\emptyset\\ -\sin\emptyset & \cos\emptyset\end{bmatrix}\begin{bmatrix}1 & 0 & 0\\ 0 & \frac{1}{\sqrt{3}} & -\frac{1}{\sqrt{3}}\end{bmatrix}\begin{bmatrix}a\\ b\\ c\end{bmatrix} = \begin{bmatrix}\cos\emptyset & \frac{\sin\emptyset}{\sqrt{3}} & -\frac{\sin\emptyset}{\sqrt{3}}\\ -\sin\emptyset & \frac{\cos\emptyset}{\sqrt{3}} & -\frac{\cos\emptyset}{\sqrt{3}}\end{bmatrix}\begin{bmatrix}a\\ b\\ c\end{bmatrix}$

Inverse DQ Transform (직류 -> 교류)은 아래와 같이 정리하였다.

1. $dq \rightarrow \alpha\beta$ 변환 : $\begin{bmatrix}\alpha\\ \beta\end{bmatrix} = \begin{bmatrix}\cos\emptyset & -\sin\emptyset\\ \sin\emptyset & \cos\emptyset\end{bmatrix}\begin{bmatrix}d\\ q\end{bmatrix}$

2. $\alpha\beta \rightarrow abc$ 변환 : $\begin{bmatrix}a\\ b\\ c\end{bmatrix} = \begin{bmatrix}1 & 0\\ -\frac{1}{2} & \frac{\sqrt{3}}{2}\\ -\frac{1}{2} & -\frac{\sqrt{3}}{2}\end{bmatrix}\begin{bmatrix}\alpha\\ \beta\end{bmatrix}$

3. $dq \rightarrow abc$: $\begin{bmatrix}a\\ b\\ c\end{bmatrix} = \begin{bmatrix}1 & 0\\ -\frac{1}{2} & \frac{\sqrt{3}}{2}\\ -\frac{1}{2} & -\frac{\sqrt{3}}{2}\end{bmatrix}\begin{bmatrix}\cos\emptyset & -\sin\emptyset\\ \sin\emptyset & \cos\emptyset\end{bmatrix}\begin{bmatrix}d\\ q\end{bmatrix} = \begin{bmatrix}\cos\emptyset & -\sin\emptyset\\ \frac{-\cos\emptyset+\sqrt{3}\sin\emptyset}{2} & \frac{\sin\emptyset+\sqrt{3}\cos\emptyset}{2}\\ \frac{-\cos\emptyset-\sqrt{3}\sin\emptyset}{2} & \frac{\sin\emptyset-\sqrt{3}\cos\emptyset}{2}\end{bmatrix}\begin{bmatrix}d\\ q\end{bmatrix}$

PSIM에서 기본적으로 제공되는 좌표변환 함수를 사용할 수 있다. 아래 그림처럼 $abc-dq$, $abc-\alpha\beta$ 그리고 역변환도 함수블럭으로 제공되는 것을 볼 수 있다. 이 library함수를 사용하여 좌표변환을 실행할 때 몇 가지 고려해야 할 사항이 있다.

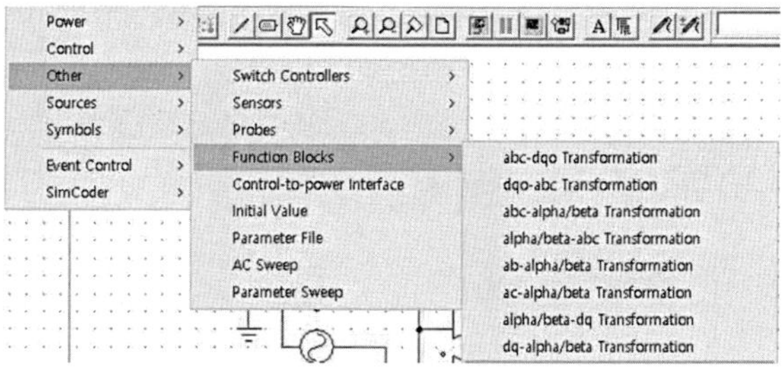

이 교재에서는 유효전력을 d-축으로, 무효전력을 q-축으로 설정하였다. 보통 모터제어에서는 q-축에 torque를, d-축에 flux 성분을 설정한다. 최대 전력(토크) 제어를 위해 무효전력이나 flux 성분을 0으로 만드는 field orientation control을 수행하는데 소프트웨어마다 d, q축에 설정하는 변수가 다르게 설정되어 있어 사용에 주의가 필요하다.

먼저 PSIM에서 제공하는 함수들을 이용하여 결과 파형을 확인하여 보자. 그림 12.13에 Library 회로를 표시하였다. 이 회로에 그림 12.14과 같은 3상 입력을 주었을 때 결과 파형이 제대로 맞게 표시되는지 확인하여 보자.

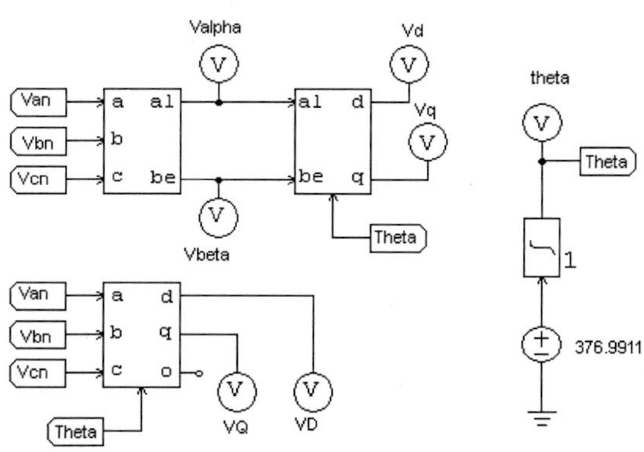

Figure 12.13 Transformation waveforms ($abc \rightarrow \alpha\beta \rightarrow dq$)

그림 12.14에 입력전원(PSIM library)을 3-phase sinusoidal voltage source를 사용한 경우 (a) 와 단상 sine voltage source를 3 개 사용한 경우 (b) 로 작성한 회로를 보여주고 있다. (a)에서 3상 380V sine 설정전압 V는 line-to-line-rms 이기 때문에 380 V를 설정하면 상전압(phase voltage)은 220 $[V_{rms}]$가 된다. 주파수는 60 [Hz] 이고 초기 위

상(Init. Angle) 설정이 중요한데 0 도로 설정하고 시뮬레이션을 수행하였다. (b)에서는 단상 sine 설정전압은 peak amplitude이기 때문에 310 [V]를 설정하고 주파수는 60 Hz, phase angle은 0도, -120도, +120도 순으로 설정하면 초기위상 0도를 가지는 3상 교류가 된다. 이렇게 설정하면 동일한 (a)와 (b)의 시뮬레이션 결과를 얻을 수 있다.

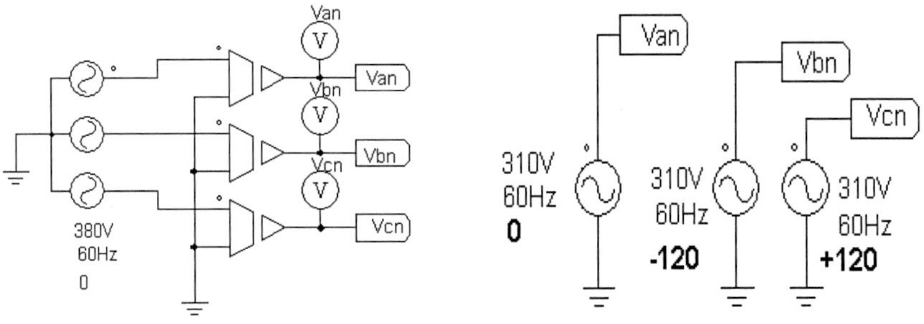

(a) 3-phase sinusoidal voltage source (b) Sine for single phase

Figure 12.14 The initial angle 0 [deg] (wrong initial angle)

시뮬레이션 파형이 그림 12.15에 나타나 있다. $V_q = 310[V]$, $V_d = 0[V]$로 q-축에 유효 전력이, d-축에 무효전력이 할당된 형태이다. 앞장에서 설정한 d-축에 유효전력을 설정하도록 한 것과 반대의 결과가 나오기 때문에 입력전원회로를 변경하여야 한다. 이것은 입력 전원의 초기 위상을 90도로 설정하면 된다. 즉 입력 회로를 $cosine$ 의 함수가 되도록 변경하여야 한다.

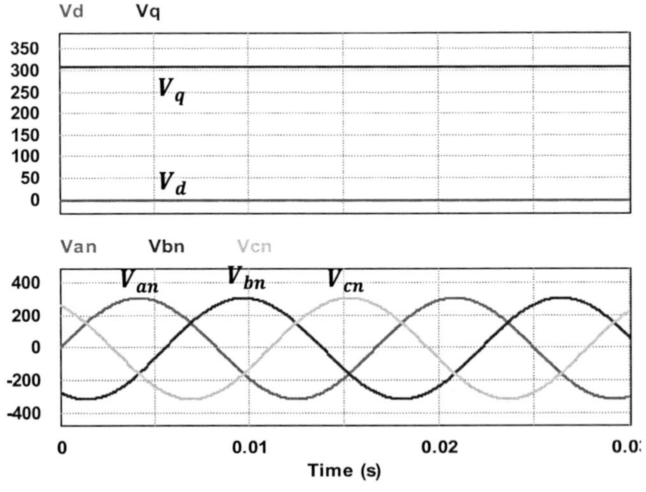

Figure 12.15 Waveform of Initial angle 0 [deg] (wrong case)

그림 12.16에 초기 위상(Initial angle)을 90도를 설정한 회로들과 결과 파형을 보여주고 있다. $V_d = 310[V]$, $V_q = 0[V]$로 그림 6.12의 이론파형과 일치한다. 따라서 이 장에서 적용되는 시뮬레이션에 초기위상을 90도로 설정하여 사용하기로 한다.

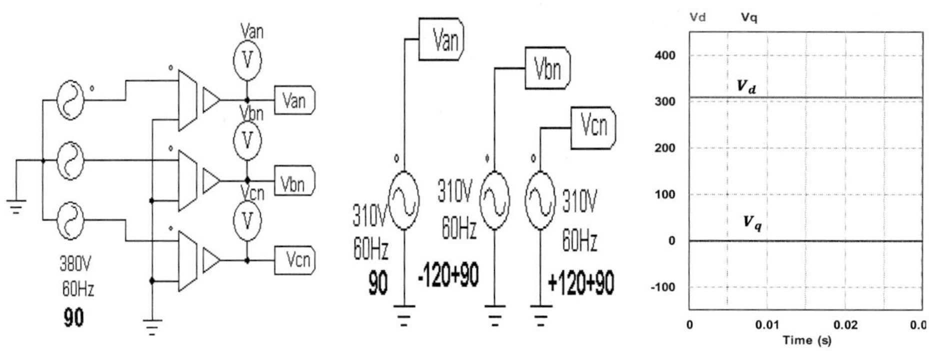

(a) 3-ph sine (b) single phase sine (c) Correct $V_d = 310[V]$

Figure 12.16 Initial angle 90 [deg] (Correct case)

초기위상을 90도로 설정해야 되는 이유를 생각해 보기로 하자. 이 장의 시작부분에서 설명한 3상 교류 시스템 (3-phase AC system)은 $cos\omega t$로 표현되는 수식이다. 그런데 PSIM에서 사용되는 교류 전원은 모두 sin 에 대한 함수이기 때문에 초기위상에 90도를 설정하면 $cos\omega t$로 변경할 수 있기 때문이다. 따라서 3-상 교류 시스템의 AC source에는 모두 90도를 설정하여 사용하도록 한다.

PSIM built-in 함수를 사용하면 DSP에 다운로드할 수 없기 때문에 가능하면 모든 제어함수는 C-언어로 표현하는것이 좋다. 그림 12-17에 C-block을 이용하여 PSIM으로 DQ-좌표변환을 위한 schematic과 C-코드를 나타내었다. 그림 12.18에 시뮬레이션파형을 나타내었다. 입력은 abc이고 출력 1은 $\alpha\beta$, 출력 2는 dq 이다.

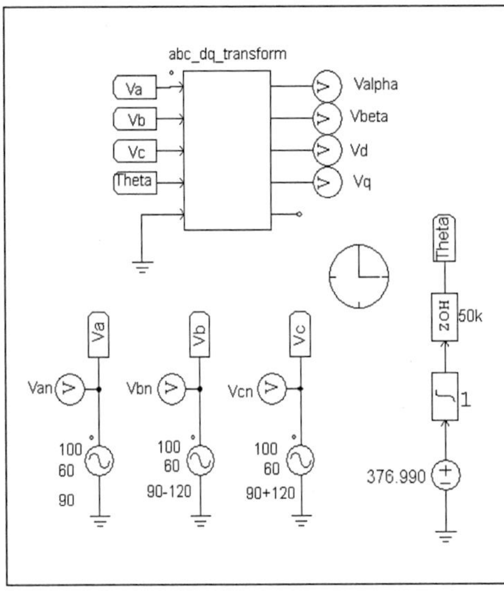


```
double Vd, Vq, theta;
double Valpha, Vbeta, Van, Vbn, Vcn;
/**** Input Variable    ****/
Van   = in[0];
Vbn   = in[1];
Vcn   = in[2];
Theta = in[3];

Valpha = Van;
Vbeta = (Vbn-Vcn) / sqrt(3);
Vd= Valpha*cos(theta)+Vbeta*sin(theta);
Vq=-Valpha*sin(theta)+Vbeta*cos(theta);

out[0] =Valpha;
out[1] =Vbeta;
out[2] = Vd;
out[3] = Vq;
```

Figure 12.17 DQ conversion using C-block

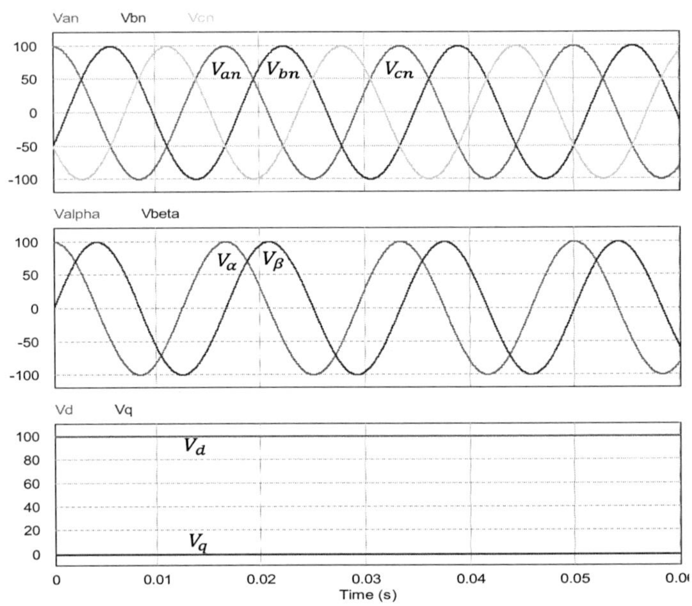

Figure 12.18 DQ Conversion waveforms using C-block

Inverse DQ-변환을 수행한 회로와 C-code가 그림 12-19에 나타나 있다. 그림 12.20에 시뮬레이션파형을 나타내었다.입력은 dq이고 출력 1은 $\alpha\beta$, 출력 2는 abc이다.

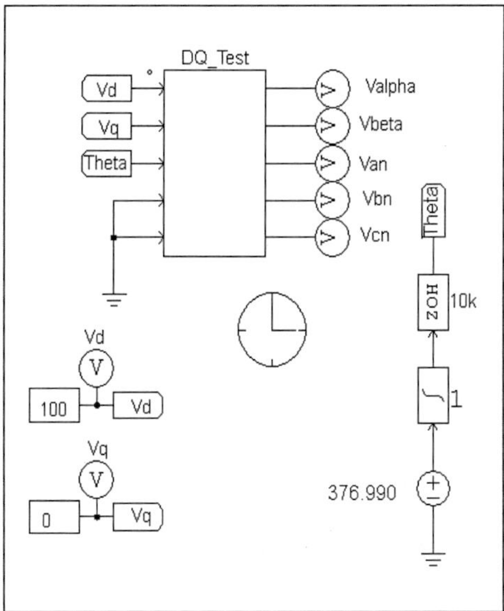


```
double Vd, Vq, theta;
double Valpha, Vbeta, Van, Vbn, Vcn;
/**** Input Variable   ****/
Vd      = in[0];
Vq      = in[1];
theta   = in[2];

Valpha = Vd*cos(theta) - Vq*sin(theta);
Vbeta  = Vd*sin(theta) + Vq*cos(theta);

Van = Valpha;
Vbn = -0.5*Valpha + sqrt(3)*Vbeta/2;
Vcn = -0.5*Valpha - sqrt(3)*Vbeta/2;

out[0] =Valpha;
out[1] =Vbeta;
out[2] = Van;
out[3] = Vbn;
out[4] = Vcn;
```

Figure 12.19 Inverse DQ conversion using C-block

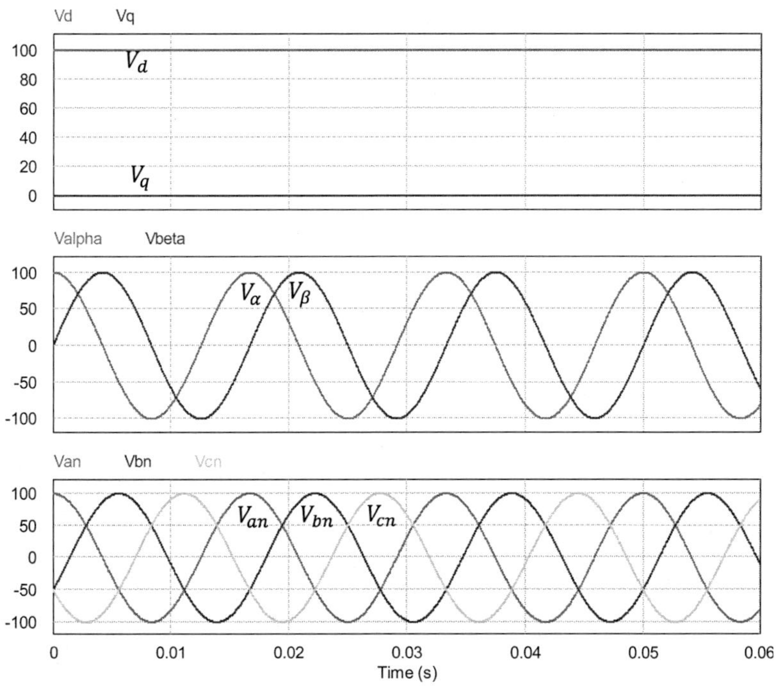

Figure 12.20 Inverse DQ Conversion waveforms using C-block

보통 계통연계형 PCS에서는 d-축 성분을 유효전력으로 설정하고, 모터제어에서는 q-축 성분을 토크성분으로 설정하여 사용하기 때문에 제어기 설계시 이를 고려하여 d-

축, q-축의 성분을 명확히 정의하여야 한다. 이 장에서는 d-축 성분을 유효전력으로 설정하고 설계방법을 설명하도록 한다.

일반적으로 PCS나 모터제어의 경우 제어 명령으로 V_d, V_q (혹은 I_d, I_q) 중에서 하나를 0 으로 설정한다. PCS에서는 최대 전력 전송을 위해 유효전력성분(V_d)을 최대화하고 무효전력성분(V_q)을 0으로 하는 단위 역률을 만들어 준다. 모터제어에서는 토크(유효전력) 성분을 최대화 하고 자속(무효전력) 성분을 0으로 하는 제어를 한다.

만약 V_q가 0 이 아닌 경우 파형은 어떻게 나타날까? 3가지 경우를 고려해 보자. 첫 번째는 $V_d = 100, V_q = 0$, 두 번째는 $V_d = 50, V_q = 50$, 세 번째는 $V_d = 50, V_q = -50$ 이다.

V_d, V_q의 크기(Magnitude)와 위상(phase)의 관계식을 구해보면

$$M = \sqrt{V_d^2 + V_q^2}\,, \qquad \phi = \tan^{-1}\frac{V_q}{V_d}$$

아래 표에 세가지 조건에 대한 M 값과 ϕ 값을 계산하였다.

$\boldsymbol{V_d}$	$\boldsymbol{V_q}$	$\boldsymbol{M}$	$\boldsymbol{\phi}$
100	0	$\sqrt{100^2 + 0^2}$=100	$\tan^{-1}\dfrac{0}{100} = 0\,[deg]$
50	50	$\sqrt{50^2 + 50^2}$=70.7	$\tan^{-1}\dfrac{50}{50} = 45[deg]$
50	-50	$\sqrt{50^2 + 50^2}$=70.7	$\tan^{-1}\dfrac{-50}{50} = -45[deg]$

그림 12.21에 시뮬레이션 파형을 나타내었다. 먼저 3 가지 조건의 크기(Magnitude) 결과를 보면 M은 파형의 peak로 위의 계산식과 일치한다는 것을 알 수 있다. 위상 ϕ를 보면 첫 번째 경우 zero crossing point가 4.17 [ms] 있고, 두 번째는 2.09 [ms], 세 번째는 6.25[ms]이다. 첫 번째를 기준으로 두 번째는 위상이 2.08 [ms] 앞서고 있고(leading), 세 번째는 2.08 [ms] 뒤쳐져(lagging) 있는 것을 알 수 있다. 60 [Hz]의 한 주기가 16.67 [ms]에 해당하기 때문에 2.08 [ms]는 $\frac{\pi}{8}$ = 45 $[deg]$에 해당한다. 따라서 두 번째는 첫 번째보다 45도 위상이 앞서고, 세 번째는 45도 위상이 뒤지는 것을 알 수 있다.

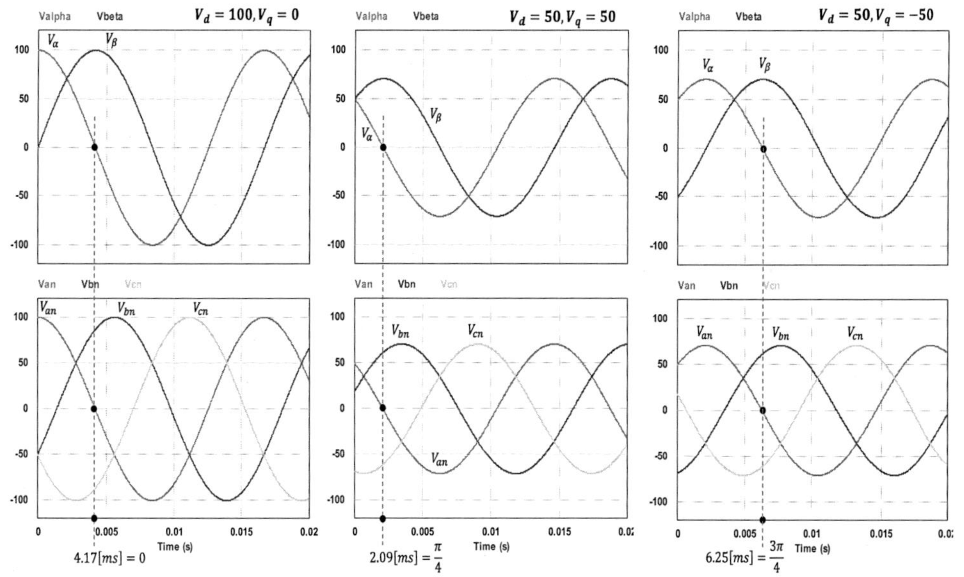

Figure 12.21 Waveform change for different V_d, V_q conditions

그림 12.22에 위상 변화에 따른 파형들을 나타내었다. 앞에서 설명한 대로 3가지 조건에 대한 위상 변화가 45도 차이로 나타남을 알 수 있다.

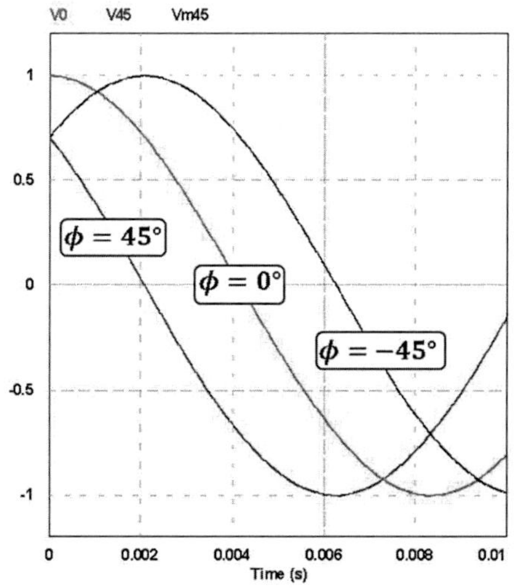

Figure 12.22 Phase changes for different V_d, V_q conditions

abc-상으로 표현된 상태방정식을 dq-상으로 변환하기 위해서 앞에서 정리한 $dq-to-abc$ 변환 공식을 다음과 같이 표현할 수 있다.

$$\begin{bmatrix} a \\ b \\ c \end{bmatrix} = P\begin{bmatrix} d \\ q \end{bmatrix}, \text{ where } P = \begin{bmatrix} \cos\emptyset & -\sin\emptyset \\ \frac{-\cos\emptyset+\sqrt{3}\sin\emptyset}{2} & \frac{\sin\emptyset+\sqrt{3}\cos\emptyset}{2} \\ \frac{-\cos\emptyset-\sqrt{3}\sin\emptyset}{2} & \frac{\sin\emptyset-\sqrt{3}\cos\emptyset}{2} \end{bmatrix}, \text{ 각주파수 } \emptyset = \omega t \text{ 이다.}$$

abc-상의 미분을 계산하면

$$\frac{d}{dt}(abc) = \frac{d}{dt}\left(P\cdot\begin{bmatrix} d \\ q \end{bmatrix}\right) = (\frac{d}{dt}P)\cdot\begin{bmatrix} d \\ q \end{bmatrix} + P\cdot\frac{d}{dt}(dq)$$

P의 시간 미분을 계산하면 다음의 관계식을 얻을 수 있다.

$$\left(\frac{d}{dt}P\right)\cdot\begin{bmatrix} d \\ q \end{bmatrix} = \omega\begin{bmatrix} -\sin\emptyset & -\cos\emptyset \\ \frac{\sin\emptyset+\sqrt{3}\cos\emptyset}{2} & \frac{\cos\emptyset-\sqrt{3}\sin\emptyset}{2} \\ \frac{\sin\emptyset-\sqrt{3}\cos\emptyset}{2} & \frac{\cos\emptyset+\sqrt{3}\sin\emptyset}{2} \end{bmatrix}\begin{bmatrix} d \\ q \end{bmatrix} = \omega P\begin{bmatrix} -q \\ d \end{bmatrix}$$

따라서 다음 식을 얻을 수 있다.

$$\frac{d}{dt}(abc) = \omega P\begin{bmatrix} -q \\ d \end{bmatrix} + P\cdot\frac{d}{dt}(dq)$$

앞장에서 전개했던 abc-상 선형화 상태평균화 방정식을 다시 정리하면

$$\begin{pmatrix} \frac{di_{abc}}{dt} \\ \frac{dV_{abc}}{dt} \end{pmatrix} = \begin{pmatrix} -\frac{r_L}{L} & -\frac{1}{L} \\ \frac{1}{C} & -\frac{1}{RC} \end{pmatrix}\begin{pmatrix} i_{abc} \\ V_{abc} \end{pmatrix} + \begin{pmatrix} \frac{V_{dc}}{L} \\ 0 \end{pmatrix} d_{fb\_abc}$$

여기에서 $i_{abc} = [i_a\ i_b\ i_c]^T$, $V_{abc} = [V_a\ V_b\ V_c]^T$, $U = d_{fb\_abc} = [d_a\ d_b\ d_c]^T$ 로 정의되며, 행렬 형태로 표현하면 $\dot{X} = AX + BU$ 이 된다. 듀티는 feedback성분(d_{fb_abc})과 feed-forward 성분(d_{ff_abc})으로 구성되며 d_{fb_abc}가 모델링에 적용된다. $d_{ff_abc} = 0.5$이다. 첫 번째 행 (전류 방정식)을 정리해 보면

$$\frac{di_{abc}}{dt} = -\frac{r_L}{L}i_{abc} - \frac{1}{L}V_{abc} + \frac{V_{dc}}{L}d_{fb\_abc}$$

abc-상의 변수($i_{abc}, V_{abc}, d_{fb\_abc}$)를 d, q -축의 변수($i_{dq}, V_{dq}, d_{fb\_dq}$)로 좌표변환 하면

$$\omega P\begin{bmatrix} -i_q \\ i_d \end{bmatrix} + P\cdot\frac{d}{dt}\left(\begin{bmatrix} i_d \\ i_q \end{bmatrix}\right) = -\frac{r_L}{L}P\cdot\begin{bmatrix} i_d \\ i_q \end{bmatrix} - \frac{1}{L}P\cdot\begin{bmatrix} V_d \\ V_q \end{bmatrix} + \frac{V_{dc}}{L}P\cdot\begin{bmatrix} d_{fb\_d} \\ d_{fb\_q} \end{bmatrix}$$

따라서 전류방정식은 다음과 같이 표현된다.

$$\frac{d}{dt}\left(\begin{bmatrix} i_d \\ i_q \end{bmatrix}\right) = \omega\begin{bmatrix} i_q \\ -i_d \end{bmatrix} - \frac{r_L}{L}\cdot\begin{bmatrix} i_d \\ i_q \end{bmatrix} - \frac{1}{L}\cdot\begin{bmatrix} V_d \\ V_q \end{bmatrix} + \frac{V_{dc}}{L}\cdot\begin{bmatrix} d_{fb\_d} \\ d_{fb\_q} \end{bmatrix}$$

두 번째 행 (전압 방정식)을 정리해 보면 아래와 같다.

$$\frac{dV_{abc}}{dt} = \frac{1}{C}i_{abc} - \frac{1}{RC}V_{abc}$$

전압 방정식도 동일한 방법으로 좌표변환 하면

$$\omega P\begin{bmatrix} -V_q \\ V_d \end{bmatrix} + P\cdot\frac{d}{dt}\left(\begin{bmatrix} V_d \\ V_q \end{bmatrix}\right) = \frac{1}{C}P\cdot\begin{bmatrix} i_d \\ i_q \end{bmatrix} - \frac{1}{RC}P\cdot\begin{bmatrix} V_d \\ V_q \end{bmatrix}$$

전압 방정식을 정리하면 다음과 같이 주어진다.

$$\frac{d}{dt}\left(\begin{bmatrix} V_d \\ V_q \end{bmatrix}\right) = \omega\begin{bmatrix} V_q \\ -V_d \end{bmatrix} - \frac{1}{RC}\begin{bmatrix} V_d \\ V_q \end{bmatrix} + \frac{1}{C}\begin{bmatrix} i_d \\ i_q \end{bmatrix}$$

그림 12.23에 dq-상으로 표현된 상태방정식을 적용한 제어 시스템의 블록도를 보여주고 있다. 기준 Ref와 출력 변수(I_d, I_q, V_d, V_q)를 피드백 받아서 오차(error)신호를 제어기의 입력으로 사용한다. 제어기 출력(d_{fb_d}, d_{fb_q})은 abc-상 명령(command)로 변환한 후 feedforward duty d_{ff}(=0.5)를 더하여 인버터 입력 duty로 사용된다.

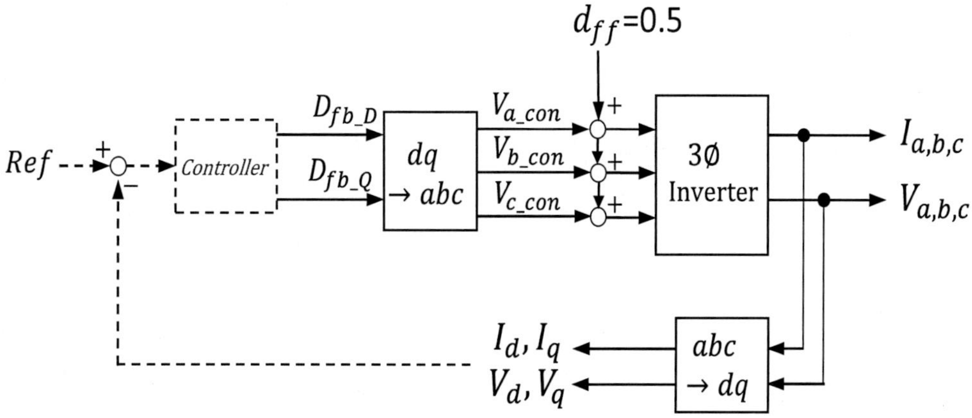

Figure 12.23 Block diagram of the dq-axis control system (Open Loop)

abc-상 표현식에서 d,q-상으로의 변환 수식이 맞는지 검증하기 위해 feedback 부분과 제어기(controller)부분을 제외한 Open Loop 시스템을 적용하기로 한다. 그 이유는 제어기 설계를 위해서는 d,q-축 전달함수 $G_1(s), G_2(s)$가 필요한데, 좌표변환과정이 맞는지에 대한 검증이 필요하기 때문이다. 그림에서 점선으로 나타낸 부분은 Open loop 시스템에서 사용되지 않는 블록들이다.

Open loop 시스템을 이용한 검증 방법 중 가장 쉽고 단순한 방법은 d,q 상태방정식에서 정상상태(steady-state)을 계산한 다음, PSIM 시뮬레이션 값과 비교해보는 것이다. 정상상태 전압(V_D, V_Q), 정상상태 전류(I_D, I_Q), 정상상태 듀티(D_{fb_D}, D_{fb_Q})값은 미분항을 0으로 놓고 계산하면 얻을 수 있다. 전압방정식에서 아래와 같이 정상상태 전류를 계산할 수 있다.

$$I_D = \frac{V_D}{R} - \omega C V_Q, \quad I_Q = \frac{V_Q}{R} + \omega C V_D$$

전류방정식에서 정상 상태 듀티를 계산할 수 있다.

$$D_{fb\_D} = \frac{V_D + r_L I_D - \omega L I_Q}{V_{dc}}, \quad D_{fb\_Q} = \frac{V_Q + r_L I_Q + \omega L I_D}{V_{dc}}$$

수식 변환과정에 오류가 없다면 V_{ref_dq}값과 simulation에서 나타난 V_{dq}파형의 정상상태 값이 일치하여야 하고 계산된 정상상태 전류 I_{DQ} 값과 simulation의 i_{dq}파형의 정상상태 값이 일치하여야 한다. 따라서 duty값을 다음과 같이 설정하여 simulation 하였다.

$$d_{fb\_d} = \frac{V_{ref\_d} + r_L I_d - \omega L I_q}{V_{dc}}$$

$$d_{fb\_q} = \frac{V_{ref\_q} + r_L I_q + \omega L I_d}{V_{dc}}$$

시뮬레이션 결과 다음 관계식이 성립하면 d,q-상으로의 변환이 바르게 된 것이다.

$$(V_{ref\_d} = V_D, \ V_{ref\_q} = V_Q) \text{ and } (I_D = I_d, \ I_Q = I_q)$$

위 수식에서 V_D, V_Q는 파형 V_d, V_q의 정상상태 값이고 I_D, I_Q는 파형 I_d, I_q의 정상상태 값이다.

그림 12.24에 Open loop 시스템으로 구성된 시뮬레이션 회로를 보여주고 있다.

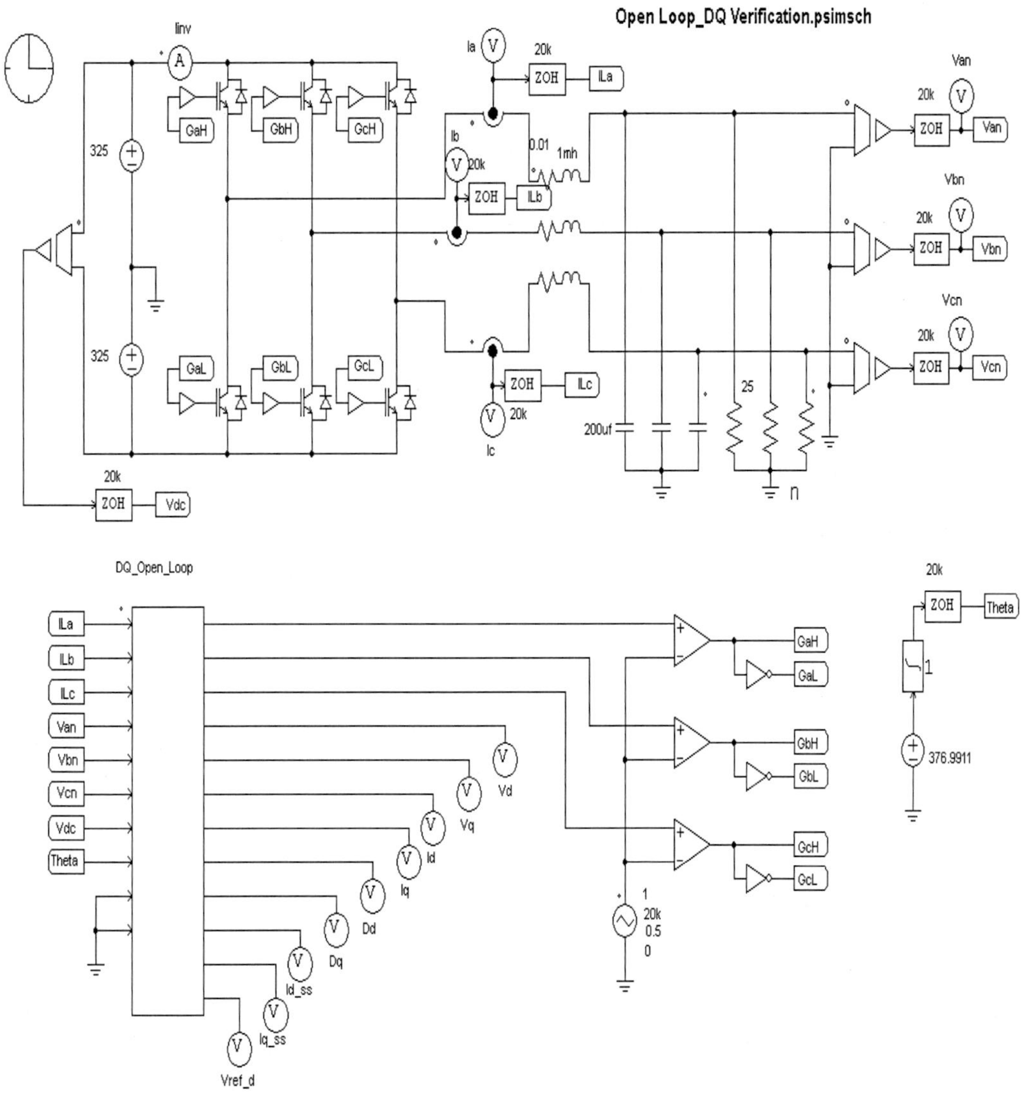

Figure 12.24 Schematic for Open Loop DQ Verification

Schematic C-block (DQ_Open_Loop)의 소스 코드는 다음과 같다.

```
#define Lf      0.001  //  1 [mh]
#define rL      0.01   // 10 [mohm]
#define Cf      0.0002 // 200 [uf]
#define R       25     // 25 [ohm]
#define Omega   377    // 60 [Hz]

double ILa, ILb, ILc, Van, Vbn, Vcn, Vdc;
double Valpha, Vbeta, Ialpha, Ibeta, Vd;
double Vd_ref, Vq_ref, Va_con, Vb_con,
Vc_con, theta, Vq;
double duty_a, duty_b, duty_c;
double ILd, ILq, Dd, Dq, Idss, Iqss;

/**** Input Variable   ****/
ILa    = in[0];
ILb    = in[1];
ILc    = in[2];
Van    = in[3];
Vbn    = in[4];
Vcn    = in[5];
Vdc    = in[6];
theta  = in[7];

if (Vdc ==0 ) Vdc =0.1; // divide by 0

Valpha=(2./3.)*Van-(1./3.)*Vbn-
(1./.3)*Vcn;
Vbeta = (Vbn-Vcn)/sqrt(3);
Vd =  Valpha*cos(theta) +
Vbeta*sin(theta);
Vq=-Valpha*sin(theta)+Vbeta*cos(theta);

Ialpha=(2./3.)*ILa-(1./3.)*ILb-
(1./3.)*ILc;
Ibeta = (ILb-ILc)/sqrt(3);
ILd =  Ialpha*cos(theta) +
Ibeta*sin(theta);
ILq = -Ialpha*sin(theta) +
Ibeta*cos(theta);
```

```
if (t < 0.3)  Vd_ref = 110*sqrt(2);
else           Vd_ref = 220*sqrt(2);
Vq_ref=0;

//steady-state duty, Open loop only
Dd =(Vd_ref+rL*ILd-Lf*Omega*ILq)/Vdc;
Dq =(Vq_ref+rL*ILq+Lf*Omega*ILd)/Vdc;

Valpha = Dd*cos(theta) - Dq*sin(theta);
Vbeta  = Dd*sin(theta) + Dq*cos(theta);

Va_con = Valpha;
Vb_con = -0.5*Valpha + sqrt(3)*Vbeta/2;
Vc_con = -0.5*Valpha - sqrt(3)*Vbeta/2;

// duty = dff + dfb = 0.5 + dfb
duty_a =  0.5 + Va_con;
duty_b =  0.5 + Vb_con;
duty_c =  0.5 + Vc_con;

if (duty_a>1.0)        duty_a=1.0;
else if (duty_a<0.0)   duty_a=0.0;
if ( duty_b > 1.0 )    duty_b=1.0;
else if (duty_b<0.0)   duty_b=0.0;
if ( duty_c > 1.0 )    duty_c=1.0;
else if (duty_c<0.0)   duty_c=0.0;

Idss = Vd/R - Omega*Cf*Vq;
Iqss = Vq/R + Omega*Cf*Vd;

out[0] = duty_a;  // Inverter R
out[1] = duty_b;  // Inverter S
out[2] = duty_c;  // Inverter T
out[3] = Vd;
out[4] = Vq;
out[5] = ILd;
out[6] = ILq;
out[7] = Dd;
out[8] = Dq;
out[9] = Idss;
out[10]= Iqss;
out[11]= Vd_ref;
```

그림 12.25에 Open loop 시뮬레이션 결과를 보여주고 있다. 첫 번째 파형에서 정상상태 I_D값은 인덕터 전류 I_d와 과도상태에서는 오차가 있으나, 정상상태에서는 동일하다. 이것은 미분변수를 0으로 놓고 정상상태값을 계산하였기 때문에 당연한 결과이다. 두 번째 파형의 정상상태 I_Q값은 I_q와 과도상태는 다르나 정상상태값은 동일하다. 전압 파형은 세 번째, 네 번째 파형이며 기준전압값 V_{ref_d} , 0과 동일함을 알 수 있다. 이 시뮬레이션을 통해 dq -변환 수식이 옳음을 알 수 있다.

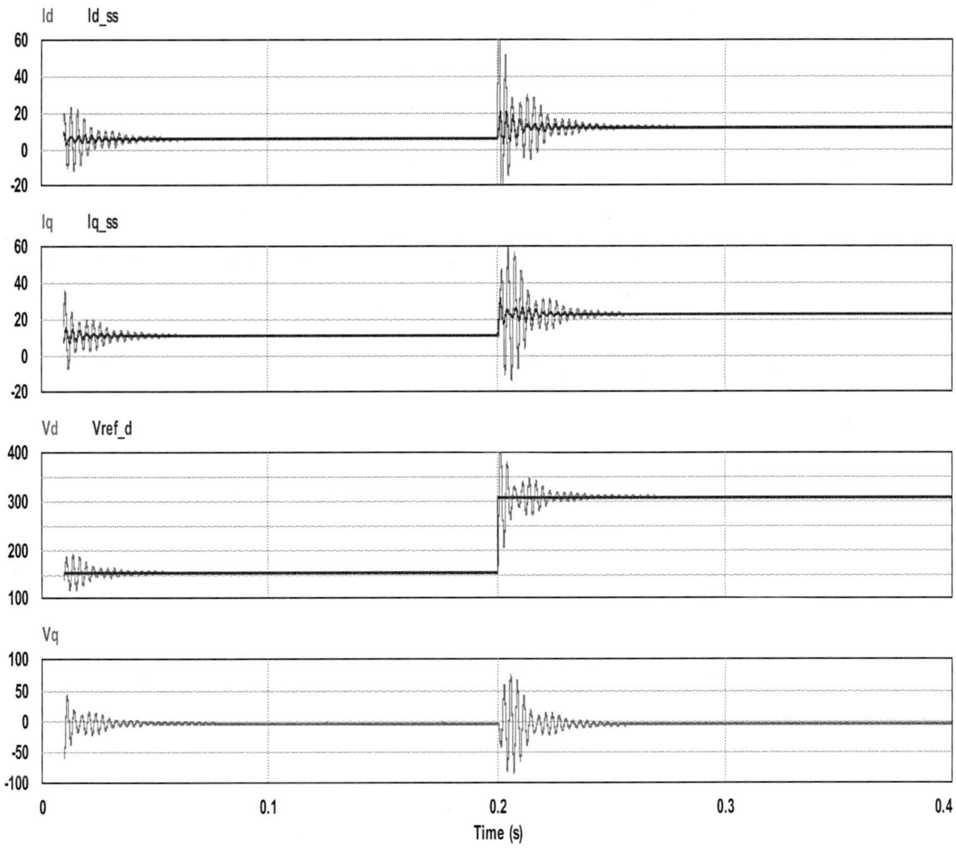

Figure 12.25 Simulation waveforms

3상 UPS Decoupling Model

지금까지 3상 인버터의 상태평균화 모델을 abc-상에서 전개하고 dq-상으로 변환하였다. 이제는 제어기를 설계해야 하는데, 일반적으로 전달함수(transfer function)를 이용하게 된다. 전달함수는 선형시스템(linear system)에 적용하는데 문제는 dq-상으로 표현된 상태방정식이 비선형 함수라는 점이다. dq-상 상태방정식을 다시 적어보면

$$\frac{d}{dt}\left(\begin{bmatrix} i_d \\ i_q \end{bmatrix}\right) = \omega \begin{bmatrix} i_q \\ -i_d \end{bmatrix} - \frac{r_L}{L} \cdot \begin{bmatrix} i_d \\ i_q \end{bmatrix} - \frac{1}{L} \cdot \begin{bmatrix} V_d \\ V_q \end{bmatrix} + \frac{V_{dc}}{L} \cdot \begin{bmatrix} d_{fb\_d} \\ d_{fb\_q} \end{bmatrix}$$

$$\frac{d}{dt}\left(\begin{bmatrix} V_d \\ V_q \end{bmatrix}\right) = \omega \begin{bmatrix} V_q \\ -V_d \end{bmatrix} - \frac{1}{RC} \begin{bmatrix} V_d \\ V_q \end{bmatrix} + \frac{1}{C} \begin{bmatrix} i_d \\ i_q \end{bmatrix}$$

제어대상인 상태변수는 i_d, i_q, V_d, V_q이다. 상태방정식이 상태변수의 미분과 상태변수, 그리고 입력으로만 구성되면 선형시스템으로 표현이 가능한데 위 수식은 $\omega i_q, \omega i_d, \omega V_q, \omega V_d$ 가 서로 다른 상태변수로 추가되어 있기 때문에 비선형 함수가 된다. 예를 들어 전류 방정식을 보면 i_d 변수의 미분방정식과 i_q 변수의 미분방정식이 서로 독립(independent)이 되어야만 입력 d_{fb_d}와 d_{fb_q}를 독립적으로 인가할 수 있다. 그런데 i_d 변수 미분방정식에 ωi_q 변수가 들어가 있기 때문에 서로 의존적(dependent) 시스템이 된다. 따라서 cross-coupling에 해당하는 $\omega i_q, \omega i_d, \omega V_q, \omega V_d$를 보상해주게 되면 선형 시스템으로 변형이 가능하다. 이는 feed-forward 보상을 통해 가능하다. dq-상 상태방정식에서 입력 d_{fb_d}와 d_{fb_q}를 다음과 같이 분해하면

$$d_{fb\_d} = d_d + d_{fd}, \quad d_{fb\_q} = d_q + d_{fq}$$

Feed-forward 듀티 d_{fd}, d_{fq}는 다음 수식으로 표현된다.

$$d_{fd} = -\frac{\omega L i_q}{V_{dc}} \quad d_{fq} = \frac{\omega L i_d}{V_{dc}}$$

최종적으로 선형화(linearized)된 dq-상 전류방정식은 다음으로 표현된다.

$$\frac{d}{dt}\left(\begin{bmatrix} i_d \\ i_q \end{bmatrix}\right) = -\frac{r_L}{L} \cdot \begin{bmatrix} i_d \\ i_q \end{bmatrix} - \frac{1}{L} \cdot \begin{bmatrix} V_d \\ V_q \end{bmatrix} + \frac{V_{dc}}{L} \cdot \begin{bmatrix} d_d \\ d_q \end{bmatrix}$$

물론 전류방정식(i_d, i_q)에 상태변수인 V_d, V_q가 포함되어 있어서 비선형 방정식이라고 생각할 수 있는데, 전류와 전압의 dynamics가 큰 차이가 나기 때문에, 즉 전류의 변화 속도가 전압의 변화속도보다 훨씬 빠르기 때문에 전류방정식에 사용되는 dt 시간동안

에 전압의 변화는 거의 없다고 가정할 수 있다. 즉 전류방정식에서 V_d, V_q는 상수(constant)라고 가정하거나(PCS의 경우), 측정을 통해 얻을 수 있는 매우 천천히 변화하는 상수 값(UPS의 경우)이라고 생각할 수 있다.

전압방정식을 다시 적으면 아래와 같다.

$$\frac{d}{dt}\left(\begin{bmatrix} V_d \\ V_q \end{bmatrix}\right) = \omega \begin{bmatrix} V_q \\ -V_d \end{bmatrix} - \frac{1}{RC}\begin{bmatrix} V_d \\ V_q \end{bmatrix} + \frac{1}{C}\begin{bmatrix} i_d \\ i_q \end{bmatrix}$$

입력은 i_d, i_q이고 feedback 성분과 feed-forward 성분으로 분해하면 $i_d = i_{d,ff} + i_{d,fb}$, $i_q = i_{q,ff} + i_{q,fb}$로 표현할 수 있다. 비선형 항을 상쇄하기 위한 feed-forward 성분은

$$i_{d,ff} = -\omega C V_q, \quad i_{q,ff} = \omega C V_d$$

전류제어기에 의해 $i_{d\_fb} = i_d$ 로 제어되면, 최종적으로 선형화(linearized)된 dq-상 전압방정식은 다음으로 표현된다.

$$\frac{d}{dt}\left(\begin{bmatrix} V_d \\ V_q \end{bmatrix}\right) = -\frac{1}{RC}\begin{bmatrix} V_d \\ V_q \end{bmatrix} + \frac{1}{C}\begin{bmatrix} i_d \\ i_q \end{bmatrix}$$

선형화 모델을 Decoupling model이라고도 한다. 행렬 형태로 정리하면

$$\begin{pmatrix} \frac{d}{dt} i_{dq} \\ \frac{d}{dt} V_{dq} \end{pmatrix} = \begin{pmatrix} -\frac{r_L}{L} & -\frac{1}{L} \\ \frac{1}{C} & -\frac{1}{RC} \end{pmatrix} \begin{pmatrix} i_{dq} \\ V_{dq} \end{pmatrix} + \begin{pmatrix} \frac{V_{dc}}{L} \\ 0 \end{pmatrix} d_{dq}$$

$i_{dq} = [i_d \; i_q]^T$, $V_{dq} = [V_d \; V_q]^T$, $U = d_{dq} = [d_d \; d_q]^T$로 정의되며 $\dot{X} = AX + BU$가 된다.

여기서 중요하게 고려해야 할 점은 상태방정식의 행렬 A, B가 Buck converter의 상태방정식과 동일하다는 것이다. Buck Converter 상태평균화 방정식을 다시 적어보면

$$\begin{pmatrix} \frac{d}{dt} i_L \\ \frac{d}{dt} V_C \end{pmatrix} = \begin{pmatrix} -\frac{r_L}{L} & -\frac{1}{L} \\ \frac{1}{C} & -\frac{1}{RC} \end{pmatrix} \begin{pmatrix} i_L \\ V_C \end{pmatrix} + \begin{pmatrix} \frac{V_{in}}{L} \\ 0 \end{pmatrix} d$$

두 식을 비교해 보면 decoupling model 수식과 buck converter 상태방정식이 동일함을 알 수 있다. 앞장에서 단상 인버터는 buck converter가 2개 병렬로 동작하는 시스템(180도의 위상차를 가진)으로 모델링이 가능하다고 하였다. 따라서 3상 인버터는 120도의 위상차를 가진 3개의 buck converter로 모델링이 가능하고, dq-변환을 통

해 90도의 위상차를 가지는 2개의 상태방정식으로 변환하였기 때문에 최종적인 수식은 buck converter와 동일하게 표현된다.

Decoupling model의 전달함수는 buck converter와 동일하게 구할수 있다.

$$\frac{I_{dq}(s)}{d_{dq}(s)} = \frac{\frac{V_{dc}}{L}(s + \frac{1}{RC})}{s^2 + (\frac{r_L}{L} + \frac{1}{RC})s + \frac{1}{LC}(1 + \frac{r_L}{R})} = G_1(s)$$

$$\frac{V_{dq}(s)}{d_{dq}(s)} = \frac{\frac{V_{dc}}{LC}}{s^2 + (\frac{r_L}{L} + \frac{1}{RC})s + \frac{1}{LC}(1 + \frac{r_L}{R})} = G_2(s)$$

$$\frac{V_{dq}(s)}{I_{dq}(s)} == \frac{\frac{1}{C}}{s + \frac{1}{RC}} = G_3(s)$$

12.3 제어기 설계

3상 UPS 와 PCS에 대한 제어기 설계내용이 나타나 있다. 먼저 3상 UPS를 설계하고 다음에 PCS/Rectifier에 대한 설계가 나타나 있다.

12.3.1. 3상 UPS 시스템

a. Current Controller Design

그림 12.26에 decoupled model을 적용한 전류 제어(regulation) configuration이 나타나 있다. dq-값으로 주어진 기준 전류(reference current)와 dq-축 전류와의 오차를 받아 dq-current controller에서 feedback duty(d_{dq})를 만들어 내고 feed-forward duty(d_{fd}, d_{fq})를 더하여 입력듀티(d_{fb_d}, d_{fb_q})를 생성하여 인버터에 인가하는 구조로 되어 있다. 제어 대상이 dq-전류이기 때문에 single-loop control 구성을 가진다. 이번 장에서는 dq-current controller 구조 및 설계에 대해서 설명하기로 한다.

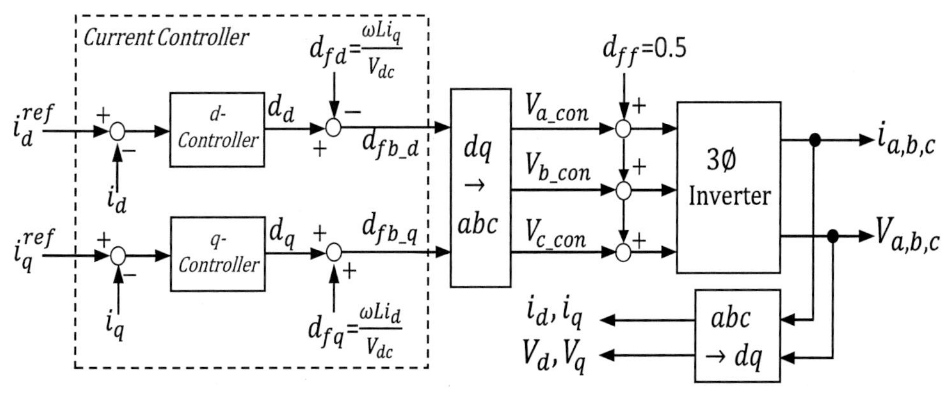

Figure 12.26 The Current regulation configuration for decoupled model

Decoupled model 전달함수 $G_1(s)$, $G_2(s)$, $G_3(s)$에 의해 제어기를 설계할 수 있다. 먼저 전류제어기를 설계하도록 한다. 설계방법은 Buck 컨버터에서 사용한 방법과 동일한다. SISOTOOL에서 PI auto tuning으로 최적 Gain을 선정한다. 주파수 설계방법을 순서대로 나열하면

1. 설계 조건 설정

- Bandwidth : 4000 [rad/sec]
- Phase margin : 60 [deg]
- Switching frequency : 20 [kHz], 이산제어(discrete control) 표현식에 필요

2. Auto tuning에 의해 설계된 Gain (Continuous time)

$$G_{ci}(s) = \frac{K_{pi}(s + K_{ii})}{s} = \frac{0.0021(s + 3308)}{s}$$

3. 이산 시간 변환(Discrete time conversion) (fsw=20 [kHz], Tsw = 50 [us])

$$G_{ci}(z) = \frac{0.0021(z - 0.874)}{z - 1}$$

4. d-축과 q-축의 PI gain은 동일하다.

아래에 설계에 사용된 m-file을 나타내었다. 파일명은 `SISO_DQ_Current1.m` 이다.

```
%%%  3-Phase Inverter Current Controller Design by Decoupled model %%%%
s=tf('s');
Vin = 650;
Omega = 377;
L = 1e-3;    % L=1mh
rL = 0.01;  % rL = 10mohm
C = 100e-6; % C=100uf
R = 25;

G1=(Vin/L)*(s+1/(R*C))/(s^2+s*(rL/L + 1/(R*C))+(1+rL/R)/(L*C));% Idq(s)/ddq(s)
G2=Vin/(L*C)             /(s^2+s*(rL/L + 1/(R*C))+(1+rL/R)/(L*C));% Vdq(s)/ddq(s)
G3=(1/C) / (s + 1/(R*C) );                                      % Vdq(s)/Idq(s)

% Bandwidth=4000[rad/sec], Phase margin = 60 [deg], fsw=20[kHz]
Kpi =0.0021; Kii =3308;  % Z-transfom of Kii = 0.874
Gci = Kpi*(s+Kii)/s;

Vd_ref = 220*sqrt(2);
Id_ref = Vd_ref/R;
Iq_ref = Omega*C*Vd_ref;

%sisotool Current Single loop
T=sisoinit(1);
T.F.Value = Id_ref;
T.G.Value = G1;
T.C.Value = Gci;
%T.H.Value = 1; % Mask off by Matlab version
sisotool(T);
```

그림 12.27에 SISOTOOL auto tuning을 적용한 결과값을 보여주고 있다. 그림(a) bode plot과 그림(b) root-locus와 step response 그래프가 표시되어 있다. 대역폭 4000 [rad/s]과 위상여유 60[deg]가 설계값을 만족하고 있고 step response도 정상상태 오차=0을 만족하고 있다. 안정시간(settling time)은 35[ms]이다.

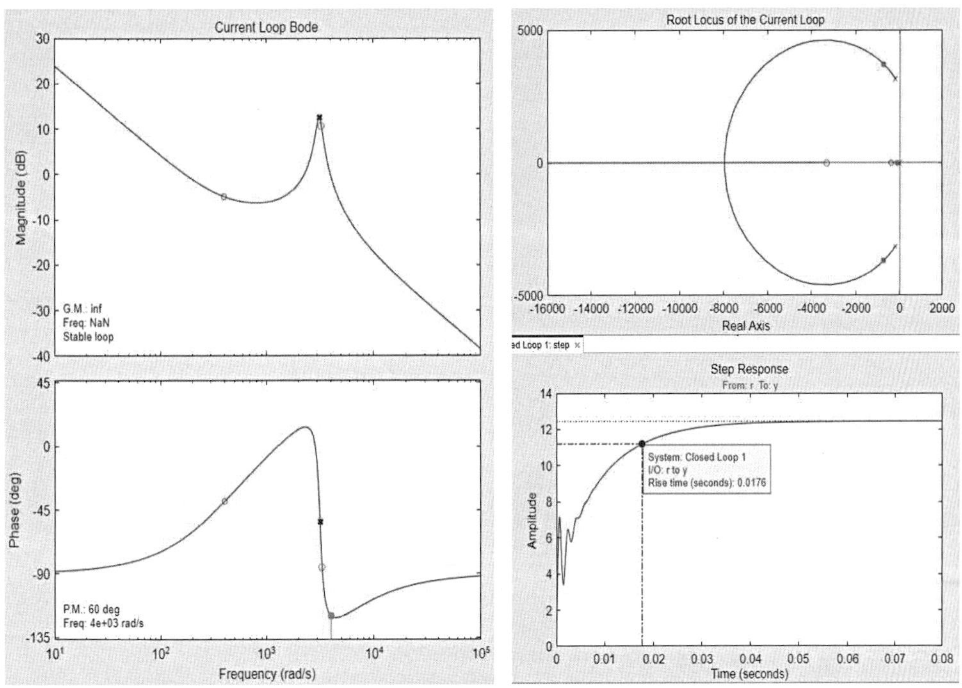

(a) Bode plot (b) root-locus and step response plot

Figure 12.27 Current controller design using SISOTOOL

전달함수는 수학적 모델이기 때문에 실제 회로의 시간 파형과 비교하여 설계의 정당성을 입증하여야만 한다. 또한 전달함수는 주파수 영역에서의 모델이고, PSIM은 시간영역에서의 파형을 보여주기 때문에, 두 결과가 동일하다면 설계가 옳다는 것을 증명할 수 있다. 이를 위해 MATLAB에서 설계된 PI gain을 이용하여 PSIM으로 시뮬레이션 하였다.

시뮬레이션 회로를 그림 12.28에 나타내었다. 설계된 PI gain을 적용하고 decoupled model에서 제시된 방법대로 C-block에 코딩하였다. 아래에 DQ_CURRENT 블럭에 대한 C-code를 보여준다.

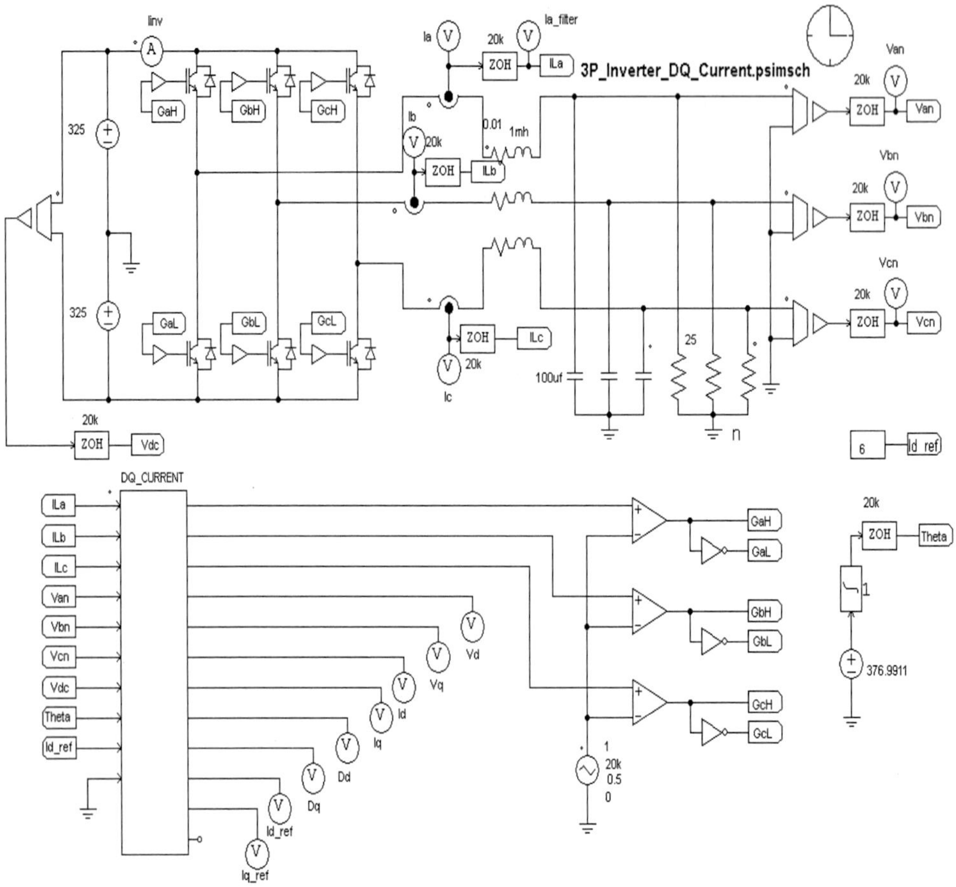

Figure 12.28 Schematic for Current control using decoupled model

```c
#define Lf          0.001 // 1 [mh]
#define rL          0.01  // 10  [mohm]
#define Cf          0.0001 //  100 [uf]
#define R           25     //  25 [ohm]
#define Omega       377    // 60 [Hz]
#define Kip         0.0021  // Kp
#define Kii         0.874   //Kiz

double ILa,ILb,ILc,Van,Vbn,Vcn,Vdc,theta;
double Valpha,Vbeta,Ialpha,Ibeta,Vd,Vq;
double ILd,ILq, Vd_ref, Vq_ref;
double Va_con, Vb_con, Vc_con, dd,dq;
double Id_ref, duty_a, duty_b, duty_c;
double dfb_d,dfb_q,Iq_ref,Id_err,Iq_err;
static double dd_old=0.0, dq_old=0.0,
      Id_err_old=0.0, Iq_err_old=0.0;

/**** Input Variable   ****/
ILa        = in[0];
ILb        = in[1];
ILc        = in[2];
Van        = in[3];
Vbn        = in[4];
Vcn        = in[5];
Vdc        = in[6];
theta      = in[7];
Id_ref     = in[8];

if (Vdc ==0 ) Vdc =0.1;
if (t >0.1) Id_ref = 12.4;

Valpha=(2./3.)*Van-(1/3.)*Vbn-(1/3.)*Vcn;
Vbeta = (Vbn-Vcn)/sqrt(3);
Vd =  Valpha*cos(theta)+Vbeta*sin(theta);
Vq = -Valpha*sin(theta)+Vbeta*cos(theta);

Ialpha=(2./3.)*ILa-(1./3.)*ILb-(1./3.)*ILc;
Ibeta = (ILb-ILc)/sqrt(3);
ILd =  Ialpha*cos(theta)+Ibeta*sin(theta);
ILq = -Ialpha*sin(theta)+Ibeta*cos(theta);
```

```c
Id_err = Id_ref - ILd;
dd=dd_old+Kip*Id_err-Kip*Kii*Id_err_old;
dd_old=dd;
Id_err_old=Id_err;

Iq_ref = Omega*Cf*Vd;
Iq_err = Iq_ref - ILq;
dq=dq_old+Kip*Iq_err-Kip*Kii*Iq_err_old;
dq_old=dq;
Iq_err_old=Iq_err;

dfb_d = dd -  Lf*Omega*ILq/(Vdc);
dfb_q = dq +  Lf*Omega*ILd/(Vdc);

Valpha=dfb_d*cos(theta)-dfb_q*sin(theta);
Vbeta =dfb_d*sin(theta)+dfb_q*cos(theta);

Va_con = Valpha;
Vb_con = -0.5*Valpha + sqrt(3)*Vbeta/2;
Vc_con = -0.5*Valpha - sqrt(3)*Vbeta/2;

// duty = dff + dfb = 0.5 + dfb
duty_a =  0.5 + Va_con;
duty_b =  0.5 + Vb_con;
duty_c =  0.5 + Vc_con;


out[0] = duty_a;    // Inverter R
out[1] = duty_b;    // Inverter S
out[2] = duty_c;    // Inverter T

out[3] = Vd;
out[4] = Vq;
out[5] = ILd;
out[6] = ILq;
out[7] = dd;
out[8] = dq;
out[9] = Id_ref;
out[10]= Iq_ref;
```

그림 12.29에 전류제어기의 step response 파형을 보여주고 있다. 그림 (a)에 dq-축 기준전류와 인덕터 전류를 보여주고 있고, 그림 (b)에 확대파형을 나타내었다. d-축 기준전류의 step-change에 대해 전류의 응답특성을 비교해 보면 MATLAB step response와 완벽히 일치하는 것을 알 수 있다.

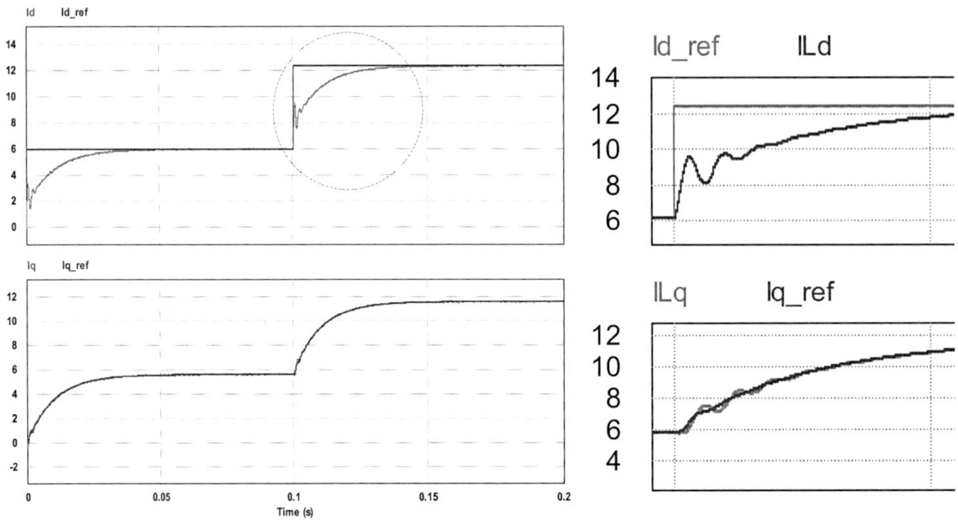

(a) dq-current waveform for step resonse (b) Enlarged waveforms

Figure 12.29 Current control waveforms for step response

그림 12.30 (a)에 상 전류, 상전압, (b)는 a-상 전압과 전류의 위상차를 보여주고 있다.

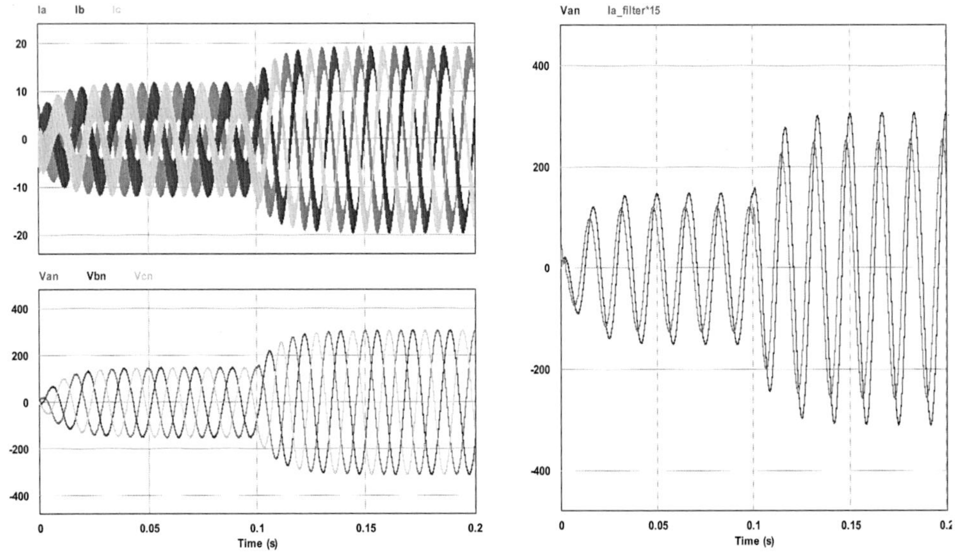

(a) Phase current and voltage (b) a-phase current and voltage

Figure 12.30 Phase current and voltage

a-상 전압, 전류 위상차이는 capacitor C 100uF에 의해서 발생하며 이는 무효전력에 해당한다. C=10 uf로 변경하면 위상차이를 많이 줄일 수 있다.

b. Voltage Controller Design

그림 12.31에 decoupled model을 적용한 전압 제어(regulation) configuration이 나타나 있다. dq-값으로 주어진 기준 전압(reference voltage)와 dq-축 전압의 오차를 받아 dq -voltage controller에서 feedback duty(d_{dq})를 만들어 내고 feed-forward duty(d_{fd}, d_{fq})를 더하여 입력듀티(d_{fb_d}, d_{fb_q})를 생성하여 인버터에 인가하는 구조로 되어 있다. 제어 대상이 dq-전압이기 때문에 single-loop control 구성을 가진다. 이번 장에서는 dq-voltage controller 구조 및 설계에 대해서 설명하기로 한다.

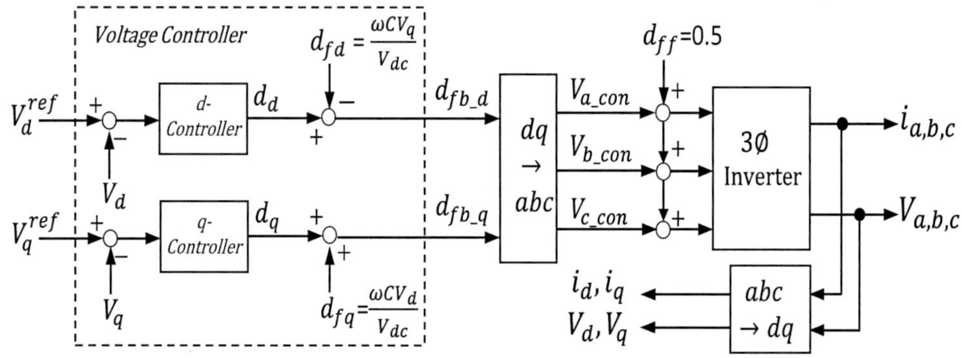

Figure 12.31 The Voltage regulation configuration for decoupled model

전압제어기 설계는 전달함수 $G_2(s)$를 이용한다. $G_2(s)$를 다시 적으면 아래와 같다.

$$G_2(s) = \frac{V_{dq}(s)}{d_{dq}(s)} = \frac{\frac{V_{dc}}{LC}}{s^2+(\frac{r_L}{L}+\frac{1}{RC})s+\frac{1}{LC}(1+\frac{r_L}{R})}$$

1. 설계 조건 설정

- Bandwidth : 50 [rad/sec]

- Phase margin : 90 [deg]

- Switching frequency : 20 [kHz], 이산제어(discrete control) 표현식에 필요

2. Auto tuning에 의해 설계된 Gain (Discrete time conversion, Tsw = 50us)

$$G_{cv}(z) = \frac{0.000007(z-0.451)}{z-1}$$

4. d-축과 q-축의 PI gain은 동일하다.

설계에 사용된 m-file을 아래에 나타내었다. 앞부분은 전류제어기와 동일하고 제어기 부분만 전압제어기로 변경하면 된다.

```
%%%  sisotool Voltage Single loop  %%%
% Bandwidth= 50[rad/sec],
% Phase margin = 90 [deg], fsw=20[kHz]
Kpv =7e-6; Kiv =10990;% Discrete-time Kiv=0.451
Gcv = Kpv*(s+Kiv)/s;
Vd_ref = 220*sqrt(2);

T=sisoinit(1);
T.F.Value = Vd_ref;
T.G.Value = G2;
T.C.Value = Gcv;
%T.H.Value = 1;
sisotool(T);
```

그림 12.32에 SISOTOOL auto tuning을 적용한 결과를 보여주고 있다. 그림(a) bode plot과 그림(b) root-locus와 step response 그래프가 표시되어 있다. 대역폭 50 [rad/s]과 위상여유 90[deg]가 설계값을 만족하고 있고 step response도 정상상태 오차=0을 만족하고 있다. 안정시간(settling time)은 78[ms]이다.

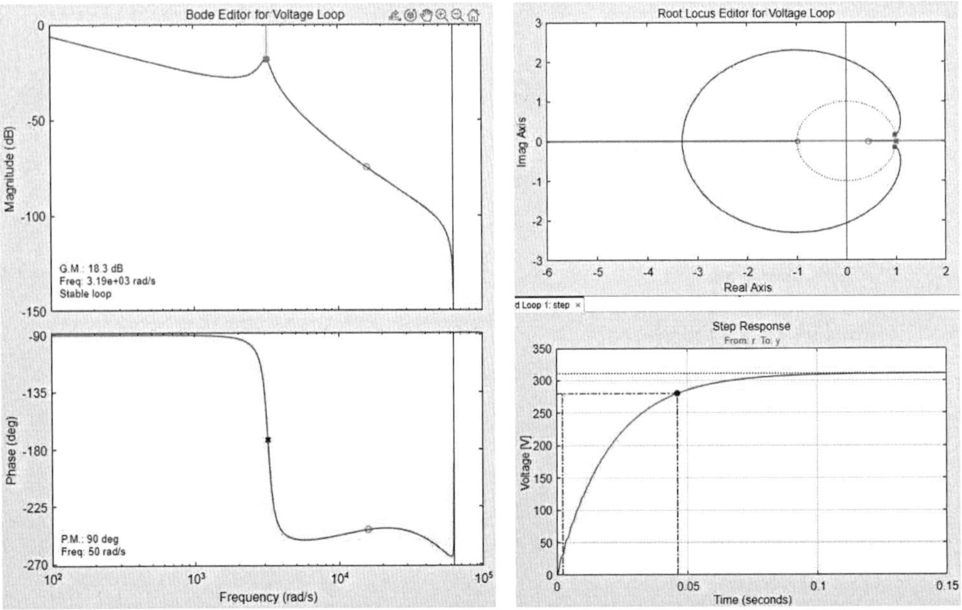

(a) Bode plot (b) root-locus and step response plot

Figure 12.32 Voltage controller design using SISOTOOL

전압제어기 PSIM schematic은 전류제어기와 동일하고 C-block 코드만 다르게 작성하면 된다. 아래에 전압제어기 C-code를 나타내었다.

```
#define Lf      0.001   // 1 [mh]
#define rL      0.01    // 10  [mohm]
#define Cf      0.0001  // 100 [uf]
#define R       25       // 25 [ohm]
#define Omega   377     // 60 [Hz]

#define Kvp  0.000007  // Voltage P-gain  Kvp
#define Kvi  0.451     // Voltage I -gain Kvz

double
ILa,ILb,ILc,Van,Vbn,Vcn,Vdc,theta,Id_ref;
doubleValpha,Vbeta,Ialpha,Ibeta,Vd,Vq;
double Vd_ref, Vq_ref, Va_con, Vb_con, Vc_con;
double ILd,ILq, duty_a,duty_b,duty_c,dd, dq,
dfb_d, dfb_q;
double Iq_ref, Id_err, Iq_err, Vd_err, Vq_err;
static double dd_old=0.0, dq_old=0.0,
      Id_err_old=0.0, Iq_err_old=0.0;
static double Vd_err_old=0.0, Vq_err_old=0.0;

/**** Input Variable   ****/
ILa         = in[0];
ILb         = in[1];
ILc         = in[2];
Van        = in[3];
Vbn        = in[4];
Vcn        = in[5];
Vdc        = in[6];
theta     = in[7];
Id_ref    = in[8];

if (Vdc ==0 ) Vdc =0.1;
if (t < 0.1) Vd_ref = 250;
else Vd_ref = 310;
Vq_ref = 0;

Valpha =(2./3.)*Van - (1./3.)*Vbn -
(1./3.)*Vcn;
Vbeta = (Vbn-Vcn)/sqrt(3);
Vd =  Valpha*cos(theta) + Vbeta*sin(theta);
Vq = -Valpha*sin(theta) + Vbeta*cos(theta);

Ialpha =(2./3.)*ILa - (1./3.)*ILb -
(1./3.)*ILc;
Ibeta = (ILb-ILc)/sqrt(3);
ILd =  Ialpha*cos(theta) + Ibeta*sin(theta);
ILq = -Ialpha*sin(theta) + Ibeta*cos(theta);

Vd_err = Vd_ref - Vd;
dd = dd_old + Kvp*Vd_err -
Kvp*Kvi*Vd_err_old;
dd_old=dd;
Vd_err_old=Vd_err;

Vq_err = Vq_ref - Vq;
dq = dq_old +Kvp*Vq_err -
Kvp*Kvi*Vq_err_old;
dq_old=dq;
Vq_err_old=Vq_err;

dfb_d = dd  -  Cf*Omega*Vq/Vdc;
dfb_q = dq +  Cf*Omega*Vd/Vdc;
Valpha = dfb_d*cos(theta) -
dfb_q*sin(theta);
Vbeta  = dfb_d*sin(theta) +
dfb_q*cos(theta);

Va_con = Valpha;
Vb_con = -0.5*Valpha + sqrt(3)*Vbeta/2;
Vc_con = -0.5*Valpha - sqrt(3)*Vbeta/2;

// duty = dff + dfb = 0.5 + dfb
duty_a =  0.5 + Va_con;
duty_b =  0.5 + Vb_con;
duty_c =  0.5 + Vc_con;

if ( duty_a > 1.0 )       duty_a=1.0;
else if ( duty_a  < 0.0 ) duty_a=0.0;
if ( duty_b > 1.0 )       duty_b=1.0;
else if ( duty_b  < 0.0 ) duty_b=0.0;
if ( duty_c > 1.0 )       duty_c=1.0;
else if ( duty_c  < 0.0 ) duty_c=0.0;

out[0] = duty_a;    // Inverter R
out[1] = duty_b;    // Inverter S
out[2] = duty_c;    // Inverter T

out[3] = Vd;
out[4] = Vq;
out[5] = ILd;
out[6] = ILq;
out[7] = dd;
out[8] = dq;
out[9]=Vd_ref;
out[10]=Vq_ref;
```

PSIM 시뮬레이션 파형을 그림 12.33에 나타내었다. 그림 (a)에 dq-축 기준전압와 커패시터 전압을 보여주고 있고, 그림 (b)에 각 상전압과 상전류를 나타내었다. d-축 기준전압의 step-change에 대해 전압 응답특성을 비교해 보면 MATLAB step response와 완벽히 일치하는 것을 알 수 있다.

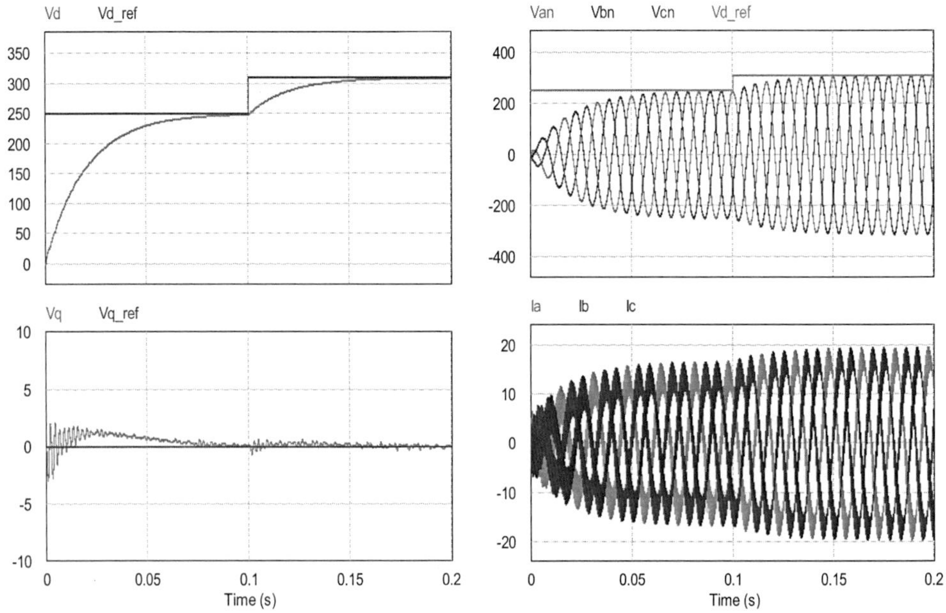

(a) voltage waveform (b) Current waveform

Figure 12.33 Simulation waveforms of the voltage controller

c. **Double-loop Controller Design**

그림 12.34에 decoupled model을 적용한 double loop 제어(regulation) configuration 이 나타나 있다. dq-값으로 주어진 기준 전압(reference voltage)와 dq-축 전압과의 오차를 받아 dq-voltage controller에서 feedback current(i_{d_fb}, i_{q_fb})를 만들어 내고 feed-forward current(i_{d_ff}, i_{q_ff})를 더하여 기준 전류(i_d^{ref}, i_q^{ref})를 생성하여 전류 제어기 입력으로 작용하게 된다. 전류제어기 구성은 앞 절과 동일하다. 제어 대상이 dq-전압과 전류이기 때문에 double-loop control 구성을 가진다.

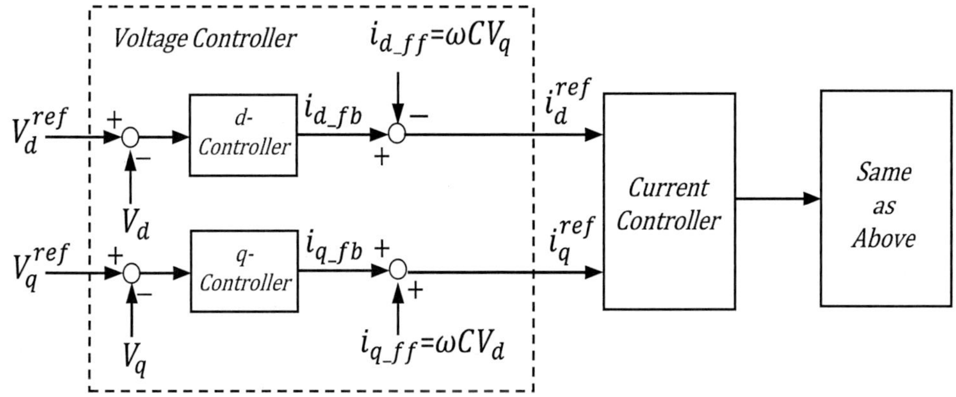

Figure 12.34 The Double loop configuration for decoupled model

Double loop 제어기 설계는 전달함수 $G_1(s)$, $G_3(s)$를 이용한다. Double loop 제어기 구성은 아래 그림 12.35과 같다. 앞 장에서 설계한 Single loop제어기인 전압제어기와 전류제어기가 직렬연결(Cascade) 로 구성되어 double loop를 형성한다. Inner loop에는 dynamics 가 빠른 전류제어기$G_{ci}(s)$가, Outer loop에는 응답 속도가 느린 전압제어기$G_{cv}(s)$가 위치한다. 모두 PI 제어기를 사용하며 수학적 표현식은 다음과 같다.

$$G_{cv}(s) = \frac{K_{pV}(s+K_{iV})}{s},\ G_{cv}(z) = \frac{K_{pV}(z-K_{iVz})}{z-1}$$

$$G_{ci}(s) = \frac{K_{pi}(s+K_{ii})}{s},\ G_{ci}(z) = \frac{K_{pi}(z-K_{iiz})}{z-1}$$

Double loop 시스템을 설계하기 위해서는 4개의 이득($K_{pV}, K_{iV}, K_{pi}, K_{ii}$)을 결정하여야 한다.

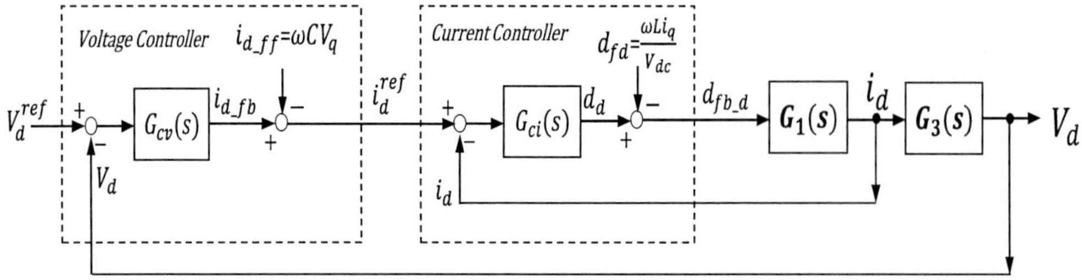

(a) d-axis controller configuration

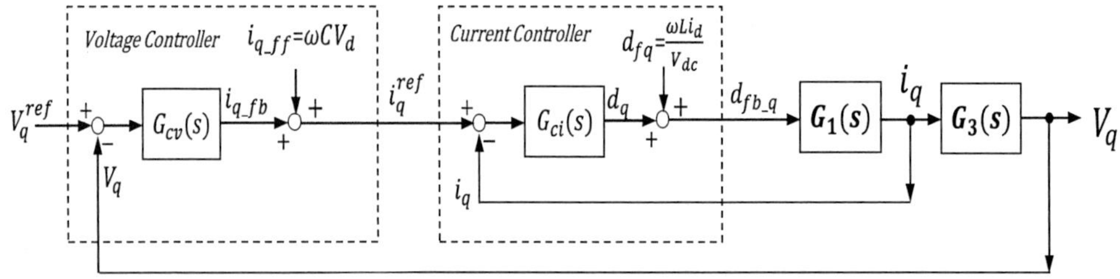

(b) q-axis controller configuration

Figure 12.35 Double Loop Controller Configuration

설계조건을 다음과 같이 설정하였다. 전압제어기의 phase margin을 90도로 설정하면 출력전압에 Overshoot가 발생하지 않는다. 전류제어기의 bandwidth는 보통 스위칭 주파수의 1/30 ~ 1/20 사이 값으로 결정한다. 설계 조건 설정에서 가장 어려운 점은 전압제어기의 bandwidth를 결정하는 것이다. 두 제어기간의 간섭을 피하기 위해 대역폭을 충분히 분리시켜야 하는데, 얼마만큼 차이를 두어야 하는지에 대한 정확한 수식이나 정의가 없기 때문에 정량적으로 결정하기 어렵다.

보통 시뮬레이션을 통해 전류와 전압의 오차가 제어범위안에 존재하게 되는 대역폭을 설정하고 전압의 rising time을 빠르게 하는 대역폭을 점차 증가시켜서 결정하게 된다.

아래 예제는 전압제어기 bandwidth를 50 [rad/sec]로 설정하였다.

설계 조건	전압 제어기 (C_1)	전류 제어기 (C_2)
Bandwidth [rad/sec]	50	4000
Phase margin [deg]	90	60

Double loop 제어기 설계를 위한 m-file은 다음과 같다.

```
% 3-Phase Inverter Double Loop Controller Design
% SISO_DQ_Double.m
Vin = 650;
Omega = 377;
L = 1e-3;   % L=1mh
rL = 0.01;  % rL = 10mohm
C = 100e-6; % C=100uf
R = 25;

G1=(Vin/L)*(s+1/(R*C)) / (s^2+s*(rL/L+1/(R*C))+(1+rL/R)/(L*C));% Idq/d
G2=Vin/(L*C) / (s^2+s*(rL/L+ 1/(R*C)) + (1+rL/R)/(L*C));    % Vdq/d
G3=(1/C)/(s+1/(R*C));   % Vdq(s)/Idq(s)

Vd_ref = 220*sqrt(2);

% Bandwidth=4000[rad/sec], Phase margin = 60 [deg], fsw=20[kHz]
Kpi =0.0021; Kii =3320;
Gci = Kpi*(s+Kii)/s;
% Bandwidth= 50[rad/sec], Phase margin = 90 [deg], fsw=20[kHz]
Kpv =0.021; Kiv =109;  % Discrete-time   0.995
Gcv = Kpv*(s+Kiv)/s;

%%%  sisotool Double Loop  %%%
T=sisoinit(6);
T.F.Value = Vd_ref;
T.G1.Value = G1;   % current loop G1= (iL/d)
T.C2.Value = Gci;  % current controller PI = (d/ie)
%T.H1.Value =   1; % depends on Matlab version

T.G2.Value = G3;  % voltage loop tf. = (Vc/iL)
T.C1.Value = Gcv; % voltage controller PI =Vref/Ve)
%T.H2.Value = 1;  % depends on Matlab version
sisotool(T);
```

SISOTOOL을 실행하여 Auto tuning에 의해 설계된 제어기 Gain 표현식은 다음과 같다. 스위칭 시간(Tsw)은 50 [us] 이다. d-축과 q-축의 PI gain은 동일하다.

	전압 제어기 (C_1)	전류 제어기 (C_2)
Continuous time	$\frac{0.021(s+109)}{s}$	$\frac{0.0021(s+3023)}{s}$
Discrete time	$\frac{0.021(z-0.995)}{z-1}$	$\frac{0.0021(z-0.887)}{z-1}$

설계된 제어기에 대한 bode 선도가 그림 12.36에 나타나 있다. 왼쪽 파형은 전압제어기이고 Phase margin = 90 [deg], Bandwidth = 50 [rad/sec] 이다. 오른쪽 파형은 전류제어기이고 Phase margin = 60 [deg], bandwidth = 4000 [rad/sec]로 주어진 설계 조건을 만족하고 있음을 알 수 있다.

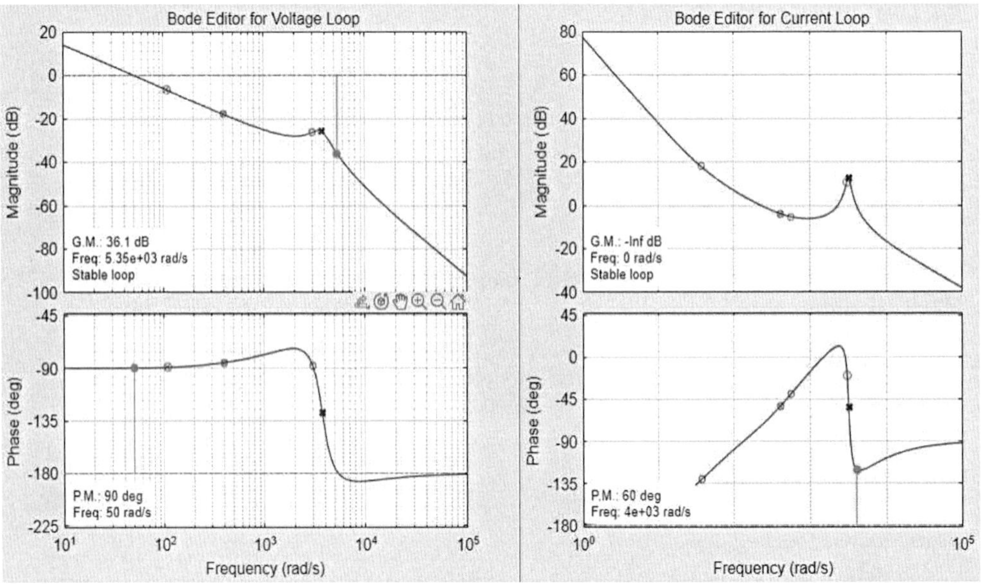

Figure 12.36 Bode plot of both controller

입출력 전달함수(V_d/V_d^{ref})에 대한 step response가 그림 12.37에 나타나 있다. 설계 조건대로 Overshoot가 없는 파형이고 정착시간(Settling time)은 77[ms]이다. 상승시간(Rising time)은 44[ms]이다.

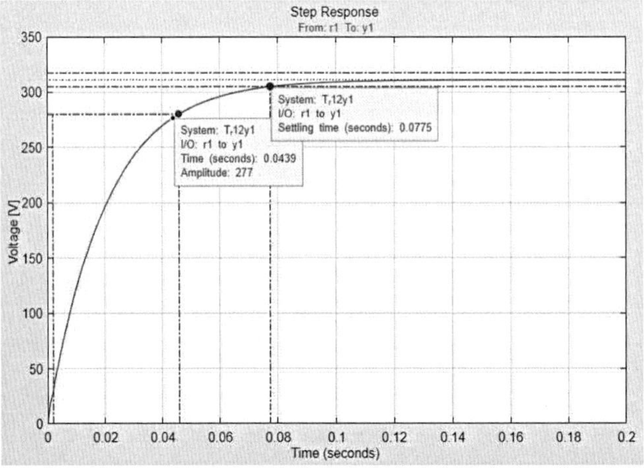

Figure 12.37 Step response of the closed loop system

설계된 PI gain들을 이용하여 PSIM 시뮬레이션을 수행하였다. 시뮬레이션 schematic의 circuit 부분은 앞 장의 전류, 전압 제어기와 동일하고 C-block의 코드만 변경하면 된다. DQ_Double 블록의 C-code는 아래와 같다.

```
#define Lf  0.001  // 1 [mh]
#define rL  0.01   // 10 [mohm]
#define Cf  0.0001 // 100 [uf]
#define R   25      // 25 [ohm]
#define Omega 377  // 60 [Hz]

#define Kip  0.0021  // Current P- Kip
#define Kii  0.887   // Currentr I-Kiz

#define Kvp  0.021   // Voltage P-  Kvp
#define Kvi  0.995   // Voltage I   Kvz

double ILa, ILb, ILc, Van, Vbn, Vcn, Vdc,
theta, Vd_ref, Valpha, Vbeta;
double Ialpha, Ibeta, Vd, Vq, ILd, ILq;
double Vq_ref, Id_ref, Iq_ref, Va_con,
Vb_con, Vc_con, duty_a, duty_b, duty_c;
double Id_fb, Iq_fb, Id_ff, Iq_ff;
double dd, dq, dfb_d, dfb_q, Id_err, Iq_err,
Vd_err, Vq_err;
static double Id_fb_old=0, Vd_err_old=0,
Iq_fb_old=0, Vq_err_old=0;
static double dd_old=0.0, dq_old=0.0,
Id_err_old=0.0, Iq_err_old=0.0;

/**** Input Variable   ****/
ILa       = in[0];
ILb       = in[1];
ILc       = in[2];
Van       = in[3];
Vbn       = in[4];
Vcn       = in[5];
Vdc       = in[6];
theta     = in[7];

if (Vdc ==0)Vdc =0.01; divide by 0

Valpha=(2./3.)*Van-(1/3.)*Vbn-(1/3.)*Vcn;
Vbeta = (Vbn-Vcn)/sqrt(3);
Vd =  Valpha*cos(theta) + Vbeta*sin(theta);
Vq = -Valpha*sin(theta) + Vbeta*cos(theta);

Ialpha=(2./3.)*ILa-(1/3.)*ILb -(1/3.)*ILc;
Ibeta =(ILb-ILc)/sqrt(3);
ILd =  Ialpha*cos(theta)+Ibeta*sin(theta);
ILq = -Ialpha*sin(theta)+Ibeta*cos(theta);

if (t < 0.1) Vd_ref = 155;
else Vd_ref = 310;
Vq_ref = 0;
/****** Voltage controller dq *******/
Vd_err = Vd_ref - Vd;
Id_fb=Id_fb_old+Kvp*Vd_err-
Kvp*Kvi*Vd_err_old;
Id_fb_old=Id_fb;
Vd_err_old=Vd_err;
```

```
/****** Current controller dq *******/
Id_ff = Cf*Omega*Vq;
Id_ref= Id_fb-Id_ff;  // id reference

Vq_err = Vq_ref - Vq;
Iq_fb=Iq_fb_old+Kvp*Vq_err-
Kvp*Kvi*Vq_err_old;
Iq_fb_old=Iq_fb;
Vq_err_old=Vq_err;

Iq_ff =  Cf*Omega*Vd;
Iq_ref= Iq_fb+Iq_ff;//iq reference
Id_err = Id_ref - ILd;
dd = dd_old + Kip*Id_err -
Kip*Kii*Id_err_old;
dd_old=dd;
Id_err_old=Id_err;

Iq_err = Iq_ref - ILq;
dq = dq_old +Kip*Iq_err-Kip*Kii*Iq_err_old;
dq_old=dq;
Iq_err_old=Iq_err;

dfb_d = dd  - Lf*Omega*ILq/(Vdc);
dfb_q = dq +  Lf*Omega*ILd/(Vdc);
/****** End of controller ***********/

Valpha=dfb_d*cos(theta)-dfb_q*sin(theta);
Vbeta= dfb_d*sin(theta)+dfb_q*cos(theta);

Va_con = Valpha;
Vb_con = -0.5*Valpha + sqrt(3)*Vbeta/2;
Vc_con = -0.5*Valpha - sqrt(3)*Vbeta/2;

// duty = dff + dfb = 0.5 + dfb
duty_a =  0.5 + Va_con;
duty_b =  0.5 + Vb_con;
duty_c =  0.5 + Vc_con;

if ( duty_a > 1.0 )         duty_a=1.0;
else if ( duty_a  < 0.0 )   duty_a=0.0;
if ( duty_b > 1.0 )         duty_b=1.0;
else if ( duty_b  < 0.0 )  duty_b=0.0;
if ( duty_c > 1.0 )         duty_c=1.0;
else if ( duty_c  < 0.0 )   duty_c=0.0;

out[0] = duty_a;    // Inverter R
out[1] = duty_b;    // Inverter S
out[2] = duty_c;    // Inverter T
out[3] = Vd;
out[4] = Vq;
out[5] = ILd;
out[6] = ILq;
out[7] = dd;
out[8] = dq;
out[9]=Id_ref;
out[10]=Iq_ref;
```

그림 12.38에 시뮬레이션 파형을 나타내었다. d-축 기준전압(V_d^{ref})을 155[V]에서 310[V]로 step change 하였고, q-축 기준전압은 0[V]로 설정하였다. d-축 전압(V_d)이 설계목표대로 Overshoot없이 목표값에 정확히 제어되는 것을 알 수 있다. q-축 전압(V_q)도 정확히 0[V]로 제어되고 있다. d-축 전류(i_d)는 기준전류(i_{d_ref})에 제어되나 초기에는 오차가 존재한다. 그 이유는 d-축 기준전류(i_{d_ref})가 계속해서 변화하는 구간에서는 d-축 전류(i_d)가 잘 따라가지 못하지만, 기준전류가 안정화 구간에서는 정상상태오차가 0이다. 이는 d-축 전압(V_d)이 계속 변하면서 기준전류값도 변하는데 이를 따라가는데 시간이 필요하기 때문이다.

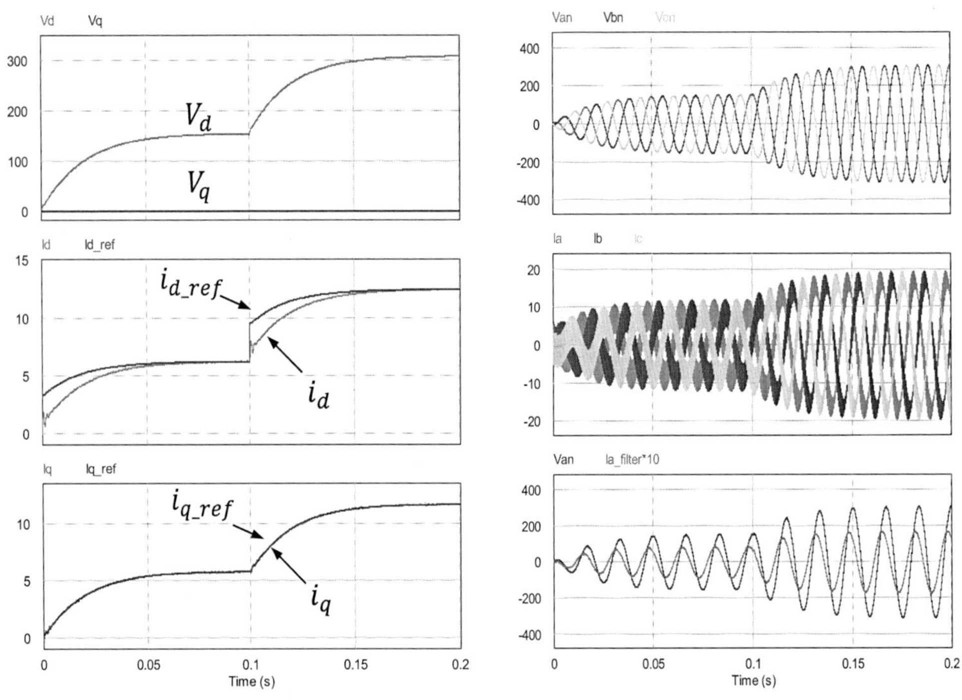

(a) dq- waveform (b) abc- waveform

Figure 12.38 Simulation waveforms of the double loop controller

만약 전압제어기의 bandwidth를 10 [rad/sec]로 감소시킨다면 전압의 상승시간이 느려지기 때문에, 기준 전류변화값도 느려지기 때문에 제어 성능을 향상시킬 수 있기 때문이다. 시뮬레이션 파형이 그림 12.39에 나타나 있다.

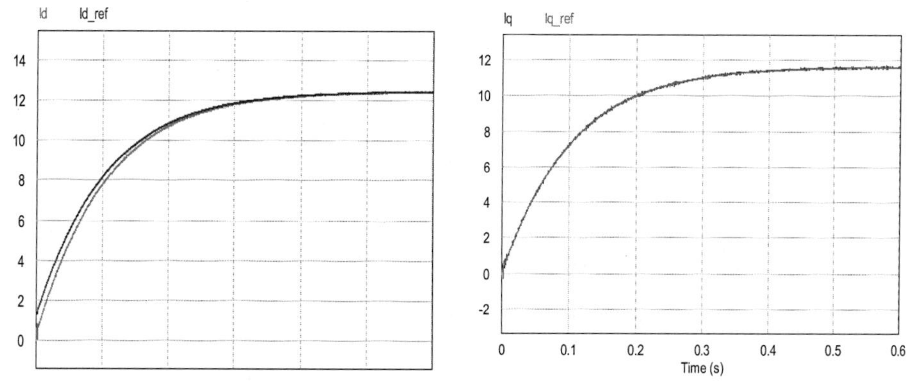

Figure 12.39 Simulation waveforms for voltage bandwidth is 10 [rad/s]

12.3.2 3-Phase PCS/Rectifier

3상 PCS는 앞 장의 3상 UPS의 출력 커패시터를 3상 계통전원으로 대치한 시스템이다. 출력에 계통전압이 연결되어 있기 때문에 전압제어는 할 수 없고 인덕터 전류 제어만 가능하다. 따라서 앞 장의 전류제어기를 그대로 사용하면 된다. PSIM schematic 회로는 그림 12.40과 같다. 앞 장의 DQ-전류제어기와 동일하고 출력커패시터만 3상 계통전원으로 대치하였다. C-block도 i_{q_ref}를 0으로 설정한 것만 제외하면 DQ_Current와 동일하다. i_{d_ref}는 초기 6A에서 0.1초 후에 12A로 step change 하였다.

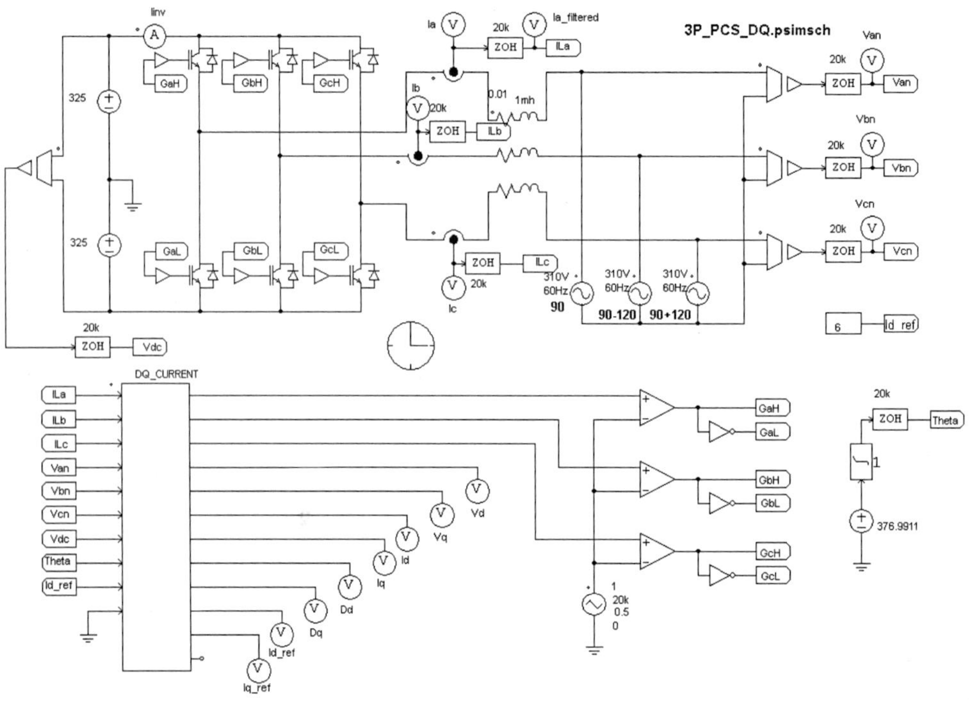

Figure 12.40 3-Phase PCS schematic

시뮬레이션 파형을 그림 12.41에 나타내었다. 앞장에서 설명한 대로 PCS 모드에서는 $i_{d\_ref} > 0$ 이고 $i_{d_ref} < 0$이면 Rectifier모드로 동작한다. 그림 (a)는 PCS mode 동작 파형을, (b)는 Rectifier mode 동작 파형을 보여주고 있다. (a) PCS 모드에서 d-축 전류가 6A에서 12A로 제어되고 있으며, 정상상태오차는 0이다. q-축 전류도 0으로 제어되고 있다. 이것은 무효전력이 0[W]임을 의미하기 때문에 a-상 전압(V_{an})과 전류(i_a)의 위상차는 없고 같은 위상을 보여주고 있다. 이것은 전류가 계통으로 흘러 들어가는 것을 의미한다. 앞 장에서 전력이 (+)이면 부하(Sink)로 동작하고, (-)이면 소스(Source)로 동작

한다고 정의한 내용과 잘 일치한다. 전원쪽 전류(I_{inv})는 180Hz 리플을 가지고 있으며 평균 전류값은 6A → 12A로 인덕터 전류값과 일치한다.

(b) Rectifier 모드는 이와 반대이다. d-축 전류가 -6A에서 -12A로 제어되고 q-축 전류도 0으로 제어되고 있다. 무효전력이 0이기 때문에 a-상 전압(V_{an})과 전류(i_a)의 위상차는 없지만 반대 위상(180도 위상차)을 보여주고 있다. 전력이 (-)이기 때문에 계통전원이 Source로 동작하며 전류가 계통에서 DC전원으로 흘러가는 것을 의미한다. 전원쪽 전류(I_{inv})는 180Hz 리플을 가지고 있으며 평균 전류값은 -6A → -12A로 인덕터 전류값과 일치한다.

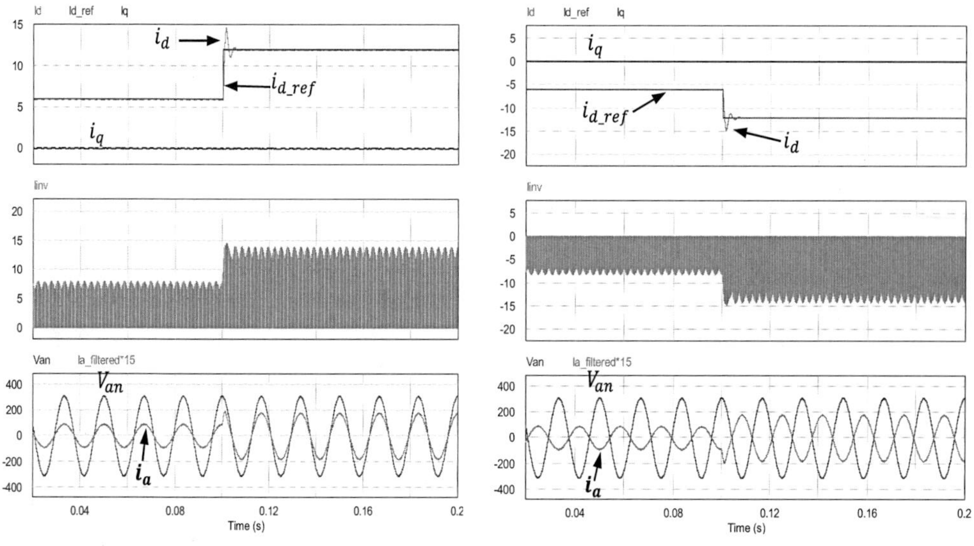

(a) PCS mode ($i_{d\_ref} = 6A$) (b) Rectifier mode ($i_{d\_ref} = -6A$)

Figure 12.41 3-Phase PCS bi-directional current flow

만약 Rectifier의 출력이 전압원이 아니고 커패시터와 저항으로 구성된 출력단이라면 직류 출력전압 제어를 할 수 있다. 보통 3상 AC/DC 라고도 하며, 단상 Rectifier의 출력전압 제어와 동일한 방법으로 설계할 수 있다. 다만 dq-변환을 적용하기 때문에 기준전류(reference current)가 직류라는 점이 단상의 경우와 차이가 난다.

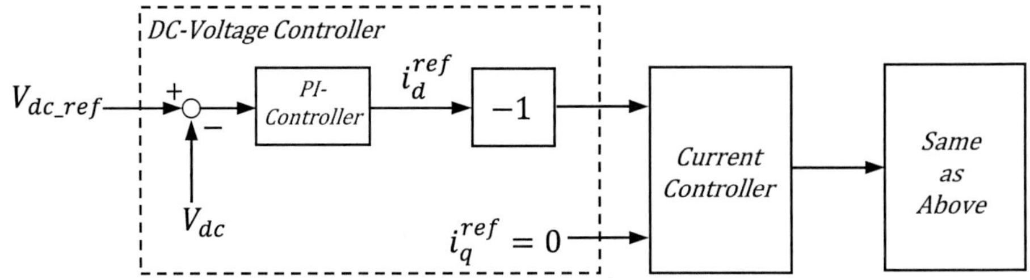

Figure 12.42 DC voltage controller configuration of the 3 phase AC/DC

그림 12.42를 보면 출력 DC 전압의 오차를 PI-제어하여 i_{d_ref}를 생성한 후, -1을 곱하여 전류제어기 d-축 입력으로 한다. 출력전압이 직류이므로 $i_{q_ref} = 0$으로 설정한다. -1 을 곱하는 이유는 전류센서의 방향이 PCS 방향으로 설정되어 있기 때문이다. 전류제어는 PCS의 current control 방법을 그대로 한다. 그림 12.43에 DC 출력전압 제어를 위한 AC/DC의 schematic이 나타나 있다.

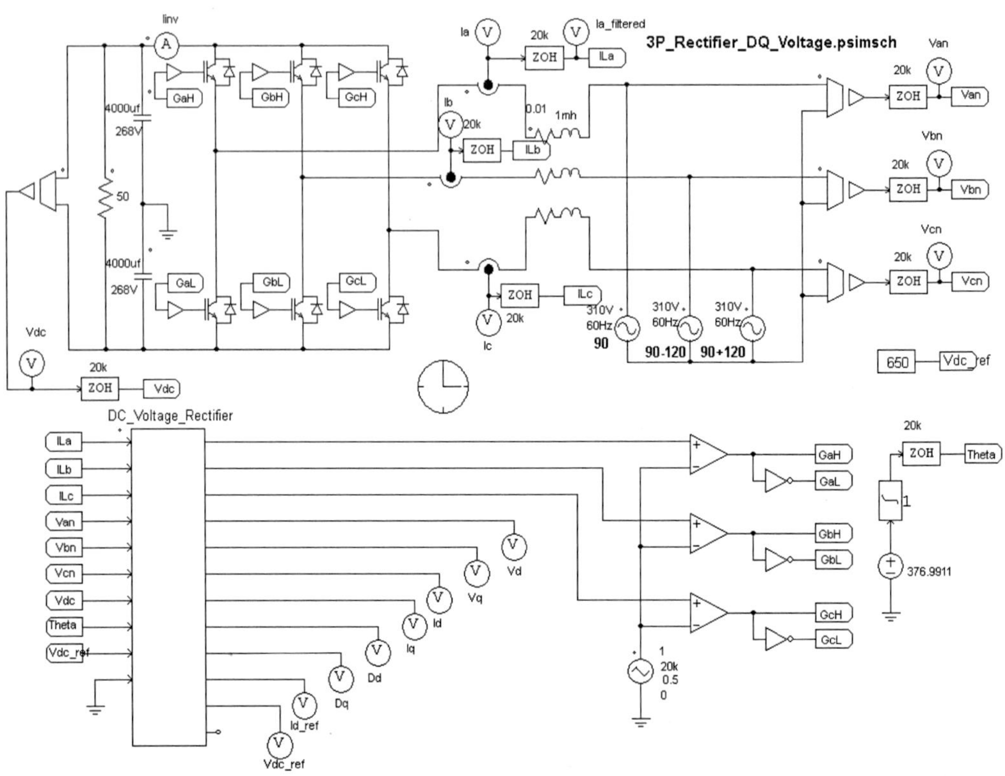

Figure 12.43 The Schematic of the 3-phase AC/DC Voltage Control

```c
#define Lf       0.001      // 1 [mh]
#define rL       0.01       // 10  [mohm]
#define Cf       0.002      //  2000 [uf]
#define R         50        // 50 [ohm]
#define Omega 377           // 60 [Hz]
#define Kip        0.0021  // Kp
#define Kii       0.874   //Kiz

double ILa,ILb,ILc,Van,Vbn,Vcn,Vdc,theta;
double Valpha, Vbeta,  Ialpha, Ibeta, Vd, Vq;
double Vd_ref, Vq_ref, Va_con, Vb_con, Vc_con;
double duty_a, duty_b, duty_c, dd, dq;
double dfb_d, dfb_q, Iq_ref, Id_err, Iq_err,
Vdc_err, Vdc_ref, ILd, Ilq, ,Id_ref;
static double dd_old=0.0, dq_old=0.0,
Id_err_old=0.0,Iq_err_old=0.0,Vdc_err_sum=0.0;

/**** Input Variable   ****/
ILa        = in[0];
ILb        = in[1];
ILc        = in[2];
Van       = in[3];
Vbn       = in[4];
Vcn       = in[5];
Vdc       = in[6];
theta     = in[7];
Vdc_ref    = in[8];

if (Vdc ==0 ) Vdc =0.1;
if (t >0.2) Vdc_ref = 700.;

Valpha =(2./3.)*Van - (1/3.)*Vbn -(1/3.)*Vcn;
Vbeta = (Vbn-Vcn)/sqrt(3);
Vd =  Valpha*cos(theta) + Vbeta*sin(theta);
Vq = -Valpha*sin(theta) + Vbeta*cos(theta);

Ialpha =(2./3.)*ILa - (1/3.)*ILb -(1/3.)*ILc;
Ibeta = (ILb-ILc)/sqrt(3);
ILd =  Ialpha*cos(theta) + Ibeta*sin(theta);
ILq = -Ialpha*sin(theta) + Ibeta*cos(theta);

Vdc_err = Vdc_ref - Vdc;
Vdc_err_sum += Vdc_err;
Id_ref = 0.3*Vdc_err + 0.001*Vdc_err_sum;
Id_err = -Id_ref - ILd;
dd = dd_old+Kip*Id_err-Kip*Kii*Id_err_old;
dd_old=dd;
Id_err_old=Id_err;

Iq_ref = 0;
Iq_err = Iq_ref - ILq;
dq = dq_old+Kip*Iq_err-Kip*Kii*Iq_err_old;
dq_old=dq;
Iq_err_old=Iq_err;

dfb_d = dd  -  Lf*Omega*ILq/(Vdc);
dfb_q = dq +  Lf*Omega*ILd/(Vdc);

Valpha=dfb_d*cos(theta)-dfb_q*sin(theta);
Vbeta=dfb_d*sin(theta)+dfb_q*cos(theta);

Va_con = Valpha;
Vb_con = -0.5*Valpha + sqrt(3)*Vbeta/2;
Vc_con = -0.5*Valpha - sqrt(3)*Vbeta/2;

// duty = dff + dfb = 0.5 + dfb
duty_a =  0.5 + Va_con;
duty_b =  0.5 + Vb_con;
duty_c =  0.5 + Vc_con;

if ( duty_a > 1.0 )       duty_a=1.0;
else if ( duty_a  < 0.0 ) duty_a=0.0;
if ( duty_b > 1.0 )       duty_b=1.0;
else if ( duty_b  < 0.0 ) duty_b=0.0;
if ( duty_c > 1.0 )       duty_c=1.0;
else if ( duty_c  < 0.0 ) duty_c=0.0;

out[0] = duty_a;    // Inverter R
out[1] = duty_b;    // Inverter S
out[2] = duty_c;    // Inverter T
out[3] = Vd;
out[4] = Vq;
out[5] = ILd;
out[6] = ILq;
out[7] = dd;
out[8] = dq;
out[9]=Id_ref;
out[10]=Vdc_ref;
```

DC_Voltage_Rectifier C-block Code가 표시되어 있다. 전압제어기의 PI -gain은 $SISOTOOL$ 을 사용하지 않고 오차와 오차의 합에 계수를 곱한 형식으로 나타내었다. 이 방식의 장점은 쉽게 안정된 이득을 구할 수 있지만 원하는 과도상태를 제어하기 어렵다는 단점이 있다. 오차에 0.3을 곱하고 오차의 합에 0.001을 곱하여 i_{d_ref}를 얻어낸다. 기준 전압 V_{dc_ref}는 650 [V]에서 700 [V]로 step change로 설정하였다. 전류제어기는 PCS의 설계를 그대로 사용하였다.

SISOTOOL로 Rectifier 전압제어기는 앞 장 단상 인버터 Rectifier 전압제어기 설계가 나와 있으니 참조하면 된다. 전압제어기 이득을 결정하는 방법 2가지를 모두 보여주는 것이 필요할 것 같아서 아래 예제에서는 모델링이 필요없고 튜닝에 의한 PI 이득 방법을 제시하였다. 전류제어기 부분은 동일하며, 전압제어기 부분만 tuning에 의한 이득 설정 방법을 적용하였다.

시뮬레이션 파형을 그림 12.44에 나타내었다. 전압제어기의 정상상태오차는 0으로 수렴하고, Overshoot가 발생한다. 이것은 PI-gain이 최적화되어 있지 않기 때문이다. 전류의 흐름은 PCS와 반대이고 제어특성은 동일하다. 계통의 전압과 전류는 동위상을 유지하고 있다.

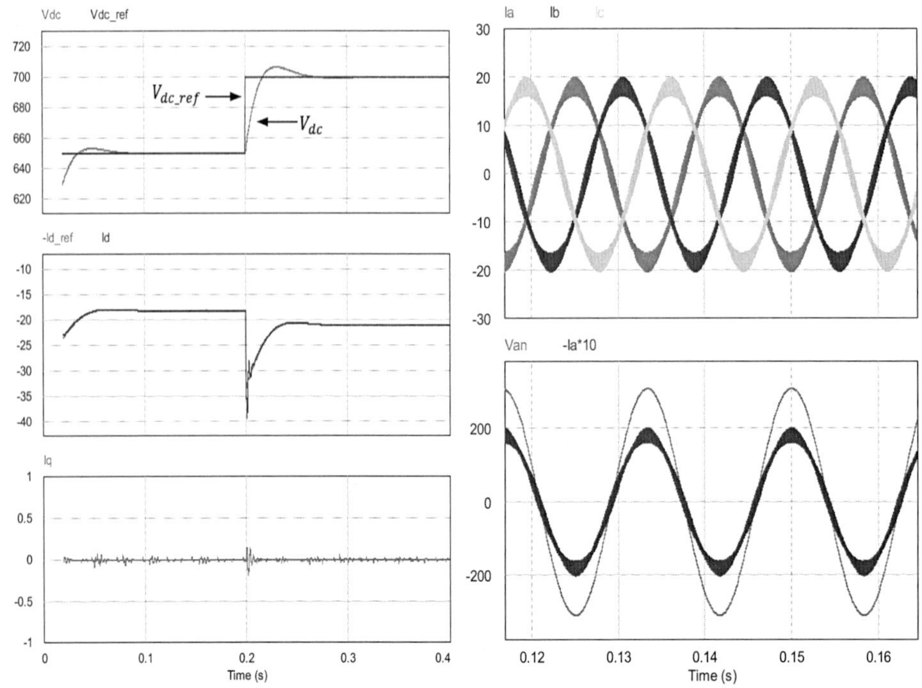

(a) Voltage waveform (b) current waveform

Figure 12.44 Waveforms of the 3-phase AC/DC(Rectifier)

13. Solar PCS

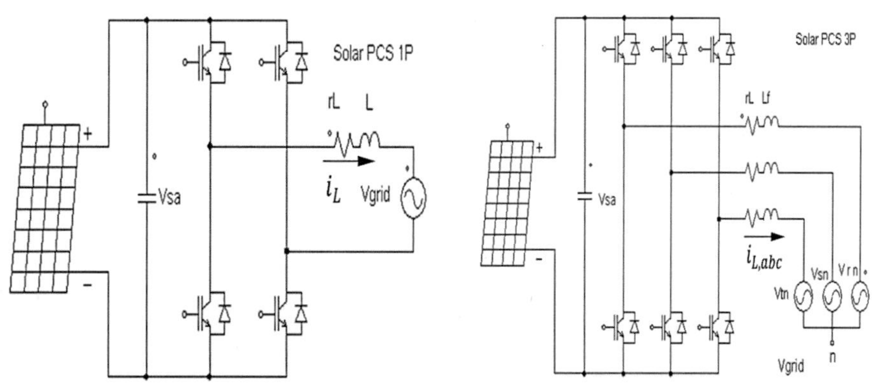

Single Phase 3 Phase

13.1 상태평균화 방정식과 전달함수

PCS는 인버터 출력이 계통(grid)에 연결되어 있는 시스템을 말하며, Solar Inverter 혹은 Solar PCS는 태양전지를 입력으로 하는 시스템을 의미한다. 설계시에.

- 태양전지 전압이 최대전력점(MPP)에서 동작하도록 제어되어야 한다.
- 계통전압과 인버터 출력전류가 동일 위상을 유지하도록 제어되어야 한다.

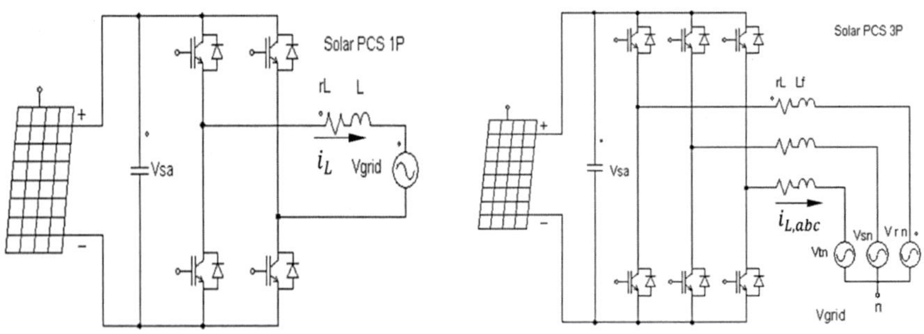

(a) Single phase (b) 3 phase

Figure 13.1 The configuration of the solar PCS

그림 13.1에 Solar PCS의 구조를 단상/3상에 대해 나타내었다. 단상/3상 PCS 입력에 태양전지가 연결되어 있는 구조임으로, PCS는 단상/3상 PCS와 동일한 전류제어 기법을 적용할 수 있고, 최대전력점 제어를 위한 태양전지 전압제어기는 Solar Converter 제어기 설계와 동일한 제어기법을 적용할 수 있다. 먼저 AC 순시치 제어 기법을 적용하여 설계해 보도록 하자.

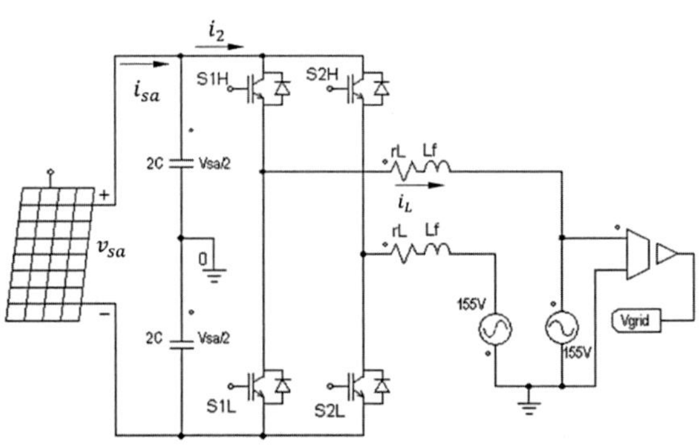

Figure 13.2 The single-phase solar PCS schematic drawing

단상 PCS입력에 태양전지가 연결된 형태를 그림 13.2에 나타내었다. 상태변수는 출력단의 인덕터 전류 i_L과 태양전지 입력단의 커패시터 전압 v_{sa}로 정해진다. 스위치 상태에 따른 상태방정식을 구해보면 PCS 전류에 대한 수식은 단상 PCS와 동일하다. 단 기존의 V_{dc}를 v_{sa}로 변경하도록 하자. 인덕터 전류에 대한 수식을 정리하면

switch ON : $\frac{v_{sa}}{2} = r_L i_L + L\frac{di_L}{dt} + v_{grid}$

switch OFF : $-\frac{v_{sa}}{2} = r_L i_L + L\frac{di_L}{dt} + v_{grid}$

상태 평균화(state averaging) 수식으로 정리하면 비선형 방정식으로 나타난다.

$$L\frac{di_L}{dt} = -r_L i_L - \frac{v_{sa}}{2} + v_{sa} \cdot d - v_{grid}$$

d는 duty이며 범위는 $0 < d < 1$이다.

태양전지 전압인 커패시터 전압에 대한 수식을 정리하면

$$i_{sa} = C\frac{dv_{sa}}{dt} + i_2$$

두 개의 커패시터가 직렬임으로 커패시턴스는 C가 된다. 아래 수식을 이용하여

$$i_2 = d \cdot i_L$$

$$i_{sa} = -\alpha V_{sa} + \beta$$

위 식에 대입하고 치환하면 다음 방정식을 얻을 수 있다.

$$-\alpha V_{sa} + \beta = C\frac{dv_{sa}}{dt} + d \cdot i_L$$

최종적인 Solar PCS의 상태평균화 방정식은 다음으로 주어진다.

$$\frac{di_L}{dt} = \frac{1}{L}\left(-r_L i_L - \frac{v_{sa}}{2} + v_{sa} \cdot d - v_{grid}\right)$$

$$\frac{dv_{sa}}{dt} = \frac{1}{C}\left(-d \cdot i_L - \alpha V_{sa} + \beta\right)$$

정상 상태의 a상, b상 정상상태 듀티는 다음과 같다.

$$D_a = 0.5 + \frac{v_{grid}}{V_{SA}}\ ,\ D_b = 0.5 - \frac{v_{grid}}{V_{SA}},\ D = \frac{I_{SA}}{I_L}$$

Small-signal Model

비선형인 상태평균화 모델을 정상상태 동작점을 기점으로 선형화된 small-signal 모델을 계산하자. 상태변수를 정상상태인 DC값과 과도상태인 AC값으로 분해하면

$$i_L = I_L + \hat{\imath}_L,\ d = D + \hat{d},\ v_{sa} = V_{SA} + \hat{v}_{sa}$$

$$\frac{d}{dt}\hat{\imath}_L = -\frac{r_L}{L}(I_L + \hat{\imath}_L) + \frac{(D - 0.5 + \hat{d})(V_{SA} + \hat{v}_{sa})}{L} - \frac{V_{grid}}{L}$$

$$\frac{d}{dt}\hat{\imath}_L = \left(-\frac{r_L}{L}I_L + \frac{1}{L}(D-0.5)V_{SA} - \frac{V_{grid}}{L}\right) + \left(-\frac{r_L}{L}\hat{\imath}_L + \frac{1}{L}\left((D-0.5)\hat{v}_{sa} + V_{SA}\cdot\hat{d}\right)\right)$$

DC Equation : $r_L I_L + (D-0.5)V_{SA} - V_{grid} = 0 \quad \overset{r_L\approx 0}{\Longrightarrow} \quad D = 0.5 + \frac{V_{grid}}{V_{SA}}$

AC Equation : $\frac{d}{dt}\hat{\imath}_L = -\frac{r_L}{L}\hat{\imath}_L + \frac{(D-0.5)}{L}\hat{v}_{sa} + \frac{V_{SA}}{L}\cdot\hat{d}$

$$\frac{d}{dt}\hat{v}_{sa} = -\frac{1}{C}(I_L + \hat{\imath}_L)(D + \hat{d}) - \frac{\alpha}{C}(V_{SA} + \hat{v}_{sa}) + \frac{\beta}{C}$$

$$\frac{d}{dt}\hat{v}_{sa} = -\frac{1}{C}(I_L\cdot D) - \frac{\alpha}{C}V_{sa} + \frac{\beta}{C} + \left(-\frac{1}{C}(I_L\cdot\hat{d} + D\cdot\hat{\imath}_L) - \frac{\alpha}{C}\hat{v}_{sa}\right)$$

DC Equation : $-I_L D = \alpha V_{sa} - \beta \cong -I_{sa} \quad => \quad I_L = \frac{I_{sa}}{D}$

AC Equation : $\frac{d}{dt}\hat{v}_{sa} = -\frac{D}{C}\hat{\imath}_L - \frac{\alpha}{C}\hat{v}_{sa} - \frac{I_L}{C}\hat{d}$

Solar PCS의 Small signal model은 다음 표현식으로 주어진다.

$$\begin{pmatrix} \frac{d}{dt}\hat{\imath}_L \\ \frac{d}{dt}\hat{v}_{sa} \end{pmatrix} = \begin{pmatrix} -\frac{r_L}{L} & \frac{(D-0.5)}{L} \\ -\frac{D}{C} & -\frac{\alpha}{C} \end{pmatrix} \begin{pmatrix} \hat{\imath}_L \\ \hat{v}_{sa} \end{pmatrix} + \begin{pmatrix} \frac{V_{SA}}{L} \\ -\frac{I_L}{C} \end{pmatrix} \hat{d}$$

정상 상태 값은 다음으로 표현된다.

$$D = 0.5 + \frac{V_{grid}}{V_{SA}},\ I_L = \frac{I_{sa}}{D}$$

상태공간 표현식 $\dot{X} = AX + BU$ 에서 주파수 전달함수를 구해보자.

$$(sI - A)^{-1} = \begin{pmatrix} s + \frac{r_L}{L} & -\frac{(D-0.5)}{L} \\ \frac{D}{C} & s + \frac{\alpha}{C} \end{pmatrix}^{-1} = \frac{1}{\left(s + \frac{r_L}{L}\right)\left(s + \frac{\alpha}{C}\right) + \frac{D(D-0.5)}{LC}} \begin{pmatrix} s + \frac{\alpha}{C} & \frac{(D-0.5)}{L} \\ -\frac{D}{C} & s + \frac{r_L}{L} \end{pmatrix}$$

먼저 출력이 인덕터 전류일 경우를 보면 $y = I_L(s) \rightarrow C = [1\ 0]$ 임으로 전달함수는 다음과 같이 계산된다

$$\frac{Y(s)}{U(s)} = \frac{I_L(s)}{d(s)} = C(SI - A)^{-1}B,$$

$$C \cdot (sI - A)^{-1}B \rightarrow \frac{1}{\Delta}\left(s + \frac{\alpha}{C},\ \frac{(D - 0.5)}{L}\right)\begin{pmatrix} \frac{V_{SA}}{L} \\ \frac{-I_L}{C} \end{pmatrix} = \frac{V_{SA}}{L}\left(s + \frac{\alpha}{C}\right) - \frac{(D - 0.5)I_L}{LC}$$

$$\frac{I_L(s)}{d(s)} = G_1(S) = \frac{\frac{V_{SA}}{L}\left(s + \frac{\alpha}{C}\right) - \frac{(D - 0.5)I_L}{LC}}{s^2 + \left(\frac{r_L}{L} + \frac{\alpha}{C}\right)s + \frac{(r_L \cdot \alpha + D(D - 0.5))}{LC}}$$

다음으로 출력이 태양전지 전압일 경우를 보면 $y = V_{sa}(s) \rightarrow C = [0\ 1]$ 임으로 전달함수는 다음과 같이 계산된다.

$$\frac{Y(s)}{U(s)} = \frac{V_{sa}(s)}{d(s)} = C(SI - A)^{-1}B$$

$$C \cdot (sI - A)^{-1}B \rightarrow \left(-\frac{D}{C},\ s + \frac{r_L}{L}\right)\begin{pmatrix} \frac{V_{SA}}{L} \\ \frac{-I_L}{C} \end{pmatrix}$$

$$\frac{V_{sa}(s)}{d(s)} = G_2(S) = \frac{-\frac{I_L}{C}(s + \frac{r_L}{L}) - \frac{DV_{SA}}{LC}}{s^2 + \left(\frac{r_L}{L} + \frac{\alpha}{C}\right)s + \frac{(r_L \cdot \alpha + D(D - 0.5))}{LC}}$$

두 수식에서 전압-전류 전달함수를 얻을 수 있다.

$$\frac{V_{sa}(s)}{I_L(s)} = G_3(S) = \frac{-\frac{I_L}{C}(s + \frac{r_L}{L}) - \frac{DV_{SA}}{LC}}{\frac{V_{SA}}{L}\left(s + \frac{\alpha}{C}\right) - \frac{(D - 0.5)I_L}{LC}}$$

13.2 제어기 설계

제어기 설계는 Solar converter에서 사용한 전압제어기와 단상 PCS에서 사용된 전류 제어기 설계 방법을 그대로 사용한다. 먼저 MPPT에서 기준전압 V_{ref} 출력하는 경우에 대해 설계해 보자. MPPT Algorithm에 의한 출력 V_{ref}를 PI 전압 제어기로 regulation 시키고, 출력에 $sin\omega t$를 곱하여 기준전류로 설정하여 인덕터 전류가 계통전압과 동일 위상이 되도록 제어한다. 그림 13.3에 순치치 제어기 구성을 나타내었다.

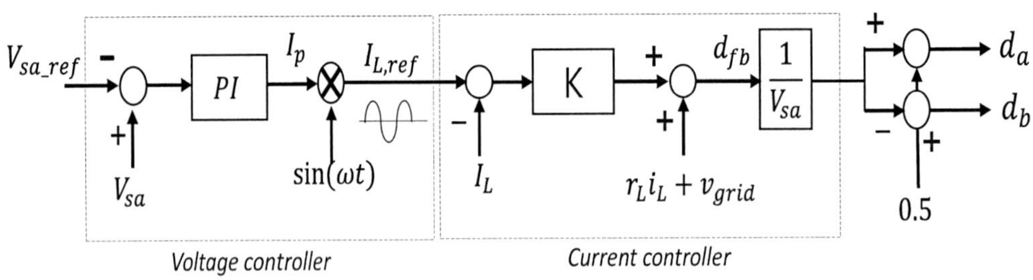

Figure 13.3 Controller configuration by MPPT voltage reference

그림 13.4에 시뮬레이션을 위한 schematic을 나타내었다.

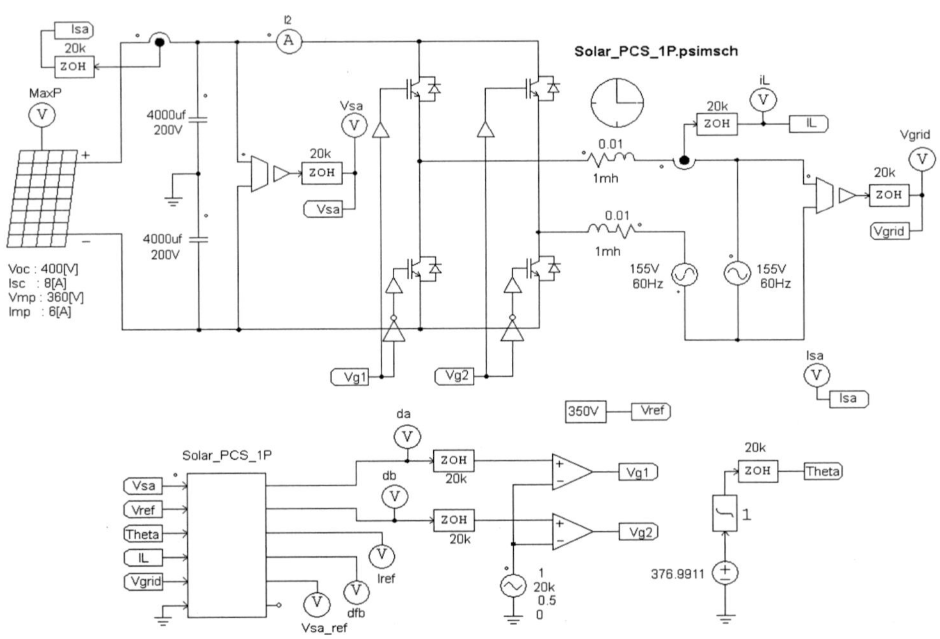

Figure 13.4 Schematic for the single-phase solar PCS

제어기 block을 구현한 C-코드를 아래에 나타내었다.

```
double Vsa, Vsa_ref,Theta,IL,Vg;
double duty_a,duty_b, Verr;
double Iref, Ierr, Vcon, dfb,Ip;
static double Verr_sum=0.;

/****** start here ******/
Vsa        = in[0];
Vsa_ref  = in[1];
Theta     = in[2];
IL          = in[3];
Vg          =in[4];

if (Vsa <1.0) Vsa = 1.0;
if (t>0.3) Vsa_ref = 360;
Verr = Vsa - Vsa_ref;
Verr_sum += Verr;
Ip =0.1*Verr + 0.001*Verr_sum;
```

```
Iref = Ip*sin(Theta);
Ierr = Iref - IL;

Vcon =20*Ierr + 0.01*IL +Vg;
dfb=Vcon/Vsa;

if (dfb >  0.5)  dfb= 0.5;
if (dfb <- 0.5)  dfb=-0.5;

duty_a =0.5 + dfb;
duty_b= 0.5 - dfb;

out[0]=duty_a;
out[1]=duty_b;
out[2] = Iref;
out[3] = dfb;
out[4] = Vsa_ref;
```

그림 13.5에 시뮬레이션 결과를 나타내었다. 태양전지 전압은 120 Hz의 리플을 가지고 기준전압에 잘 제어되고 있다. 인덕터 전류는 계통전압과 동일 위상을 유지하고 있는 것을 알 수 있다.

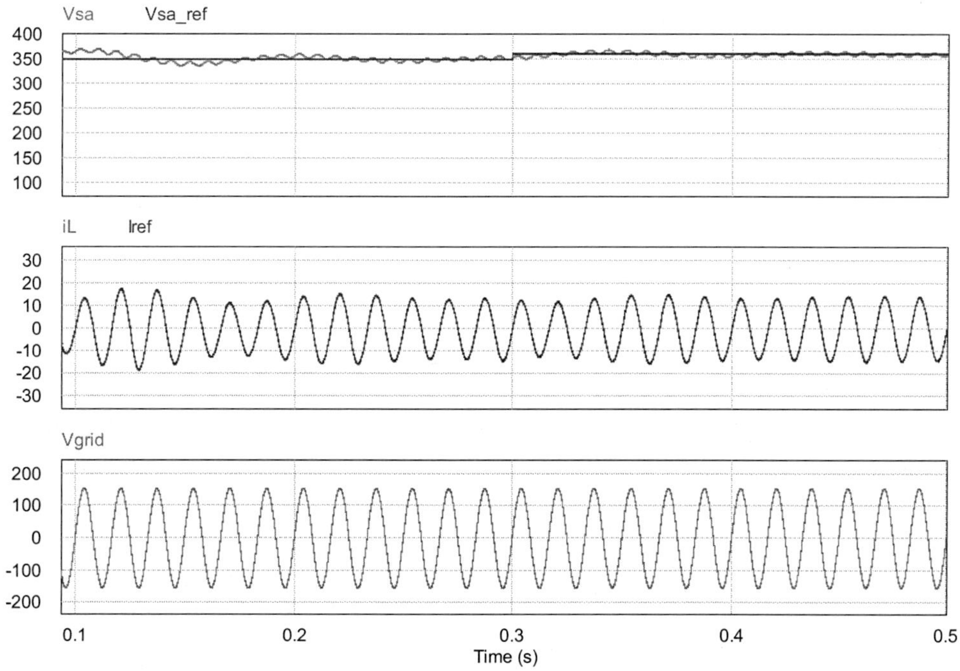

Figure 13.5 Simulation waveform for a solar inverter

다음으로 3-phase Solar PCS를 설계해 보기로 하자. 단상 Solar PCS와 동일하게 3상 PCS의 입력부분만 태양전지로 변경하면 된다. 태양전지 전압제어기의 출력이 전류제어기 입력 I_P가 된다. 시뮬레이션 회로가 그림 13.6에 나타내었다.

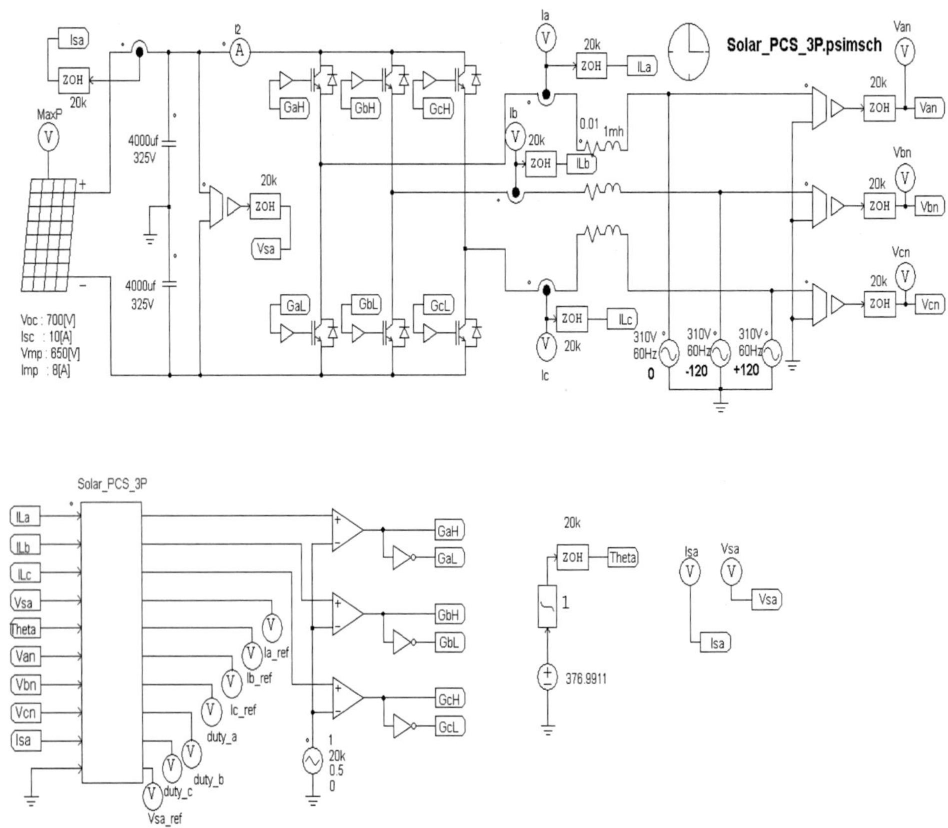

Figure 13.6 Schematic for the 3-phase solar PCS

C-block 코드를 다음표에 나타내었다. 시뮬레이션 결과를 그림 13.7에 나타내었다. 태양전지 전압이 기준전압에 잘 제어되고 있고, 전류제어기도 잘 제어되고 있는 것을 볼 수 있다. 그리고 계통전압과 전류가 동일 위상을 유지하고 있어서 단위 역률로 계통으로 태양전지 전력을 전송하고 있다는 것을 알 수 있다.

```
#define PI      3.1415
#define Kp      20
#define rL      0.01

double ILa,ILb,ILc,Vsa, theta,Van,Vbn,Vcn;
double Ia_ref,Ib_ref,Ic_ref,Ia_err,Ib_err;
double Va_con, Vb_con, Vc_con, Ic_err;
double duty_a, duty_b, duty_c, Isa;
double Ip, Verr, Vsa_ref;
static double Verr_sum=0.;

Ila   = in[0];
ILb   = in[1];
ILc   = in[2];
Vsa   = in[3];
Theta = in[4];
Van   = in[5];
Vbn   = in[6];
Vcn   = in[7];
Isa   = in[8];
if (Vsa <1.0) Vsa = 1.0;
if (t < 0.4)  Vsa_ref = 680;
else           Vsa_ref = 650;

Verr = Vsa - Vsa_ref;
Verr_sum += Verr;
Ip =0.1*Verr + 0.001*Verr_sum;
```

```
/**** Current Control AC *****/
Ia_ref =(2./3.)*Ip*sin(theta);
Ib_ref =(2./3.)*Ip*sin(theta-2*PI/3);
Ic_ref =(2./3.)*Ip*sin(theta-4*PI/3);

Ia_err = Ia_ref - ILa;
Ib_err = Ib_ref - ILb;
Ic_err = Ic_ref  - ILc;

Va_con = Kp*Ia_err + rL*ILa +Van;
Vb_con = Kp*Ib_err + rL*ILb +Vbn;
Vc_con = Kp*Ic_err + rL*ILc +Vcn;

duty_a = Va_con/(Vsa) + 0.5;
duty_b = Vb_con/(Vsa) + 0.5;
duty_c = Vc_con/(Vsa) + 0.5;

out[0] = duty_a;     // Inverter R
out[1] = duty_b;     // Inverter S
out[2] = duty_c;     // Inverter T
out[3] =  Ia_ref;
out[4] =  Ib_ref;
out[5] =  Ic_ref;
out[6] =  duty_a;
out[7] =  duty_b;
out[8] =  duty_c;
out[9] =  Vsa_ref;
```

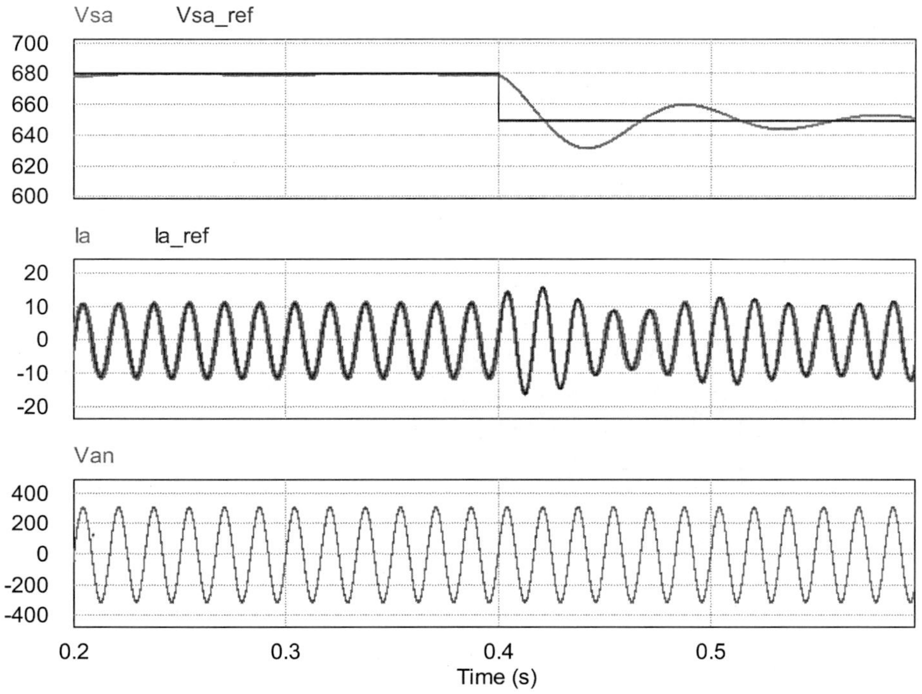

Figure 13.7 Simulation waveform for a 3-phase solar PCS

DQ 전류제어기 설계

DQ 전류 제어기를 적용하여 Solar PCS를 설계해보자. 태양전지 전압제어기는 앞장에서 설계한 코드를 그대로 사용하고, DQ 전류제어기는 3상 인버터에서 사용했던 코드를 재사용하였다. 태양전지 전압제어기의 출력이 d-축 기준전류가 된다. q-축 기준전류값은 0으로 설정하였다. 이는 계통에 유입되는 무효전력을 0으로 만들어 태양전지에서 생성된 전력을 최대한 계통으로 전송하기 위해서다. 그림 13.8에 제어기 구성도가 나타나 있다. MPPT 제어기는 표시되어 있지 않다. MPPT 제어기는 태양전지 전압과 전류를 입력으로 받아서 출력으로 V_{sa_ref}를 내보낸다.

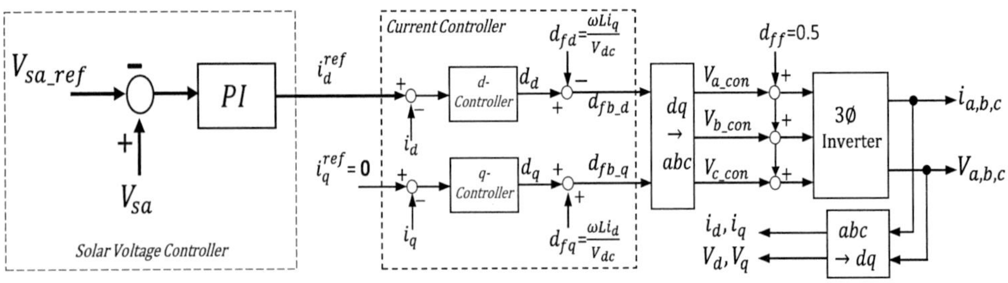

Figure 13.8 The configuration of solar PCS using DQ current control

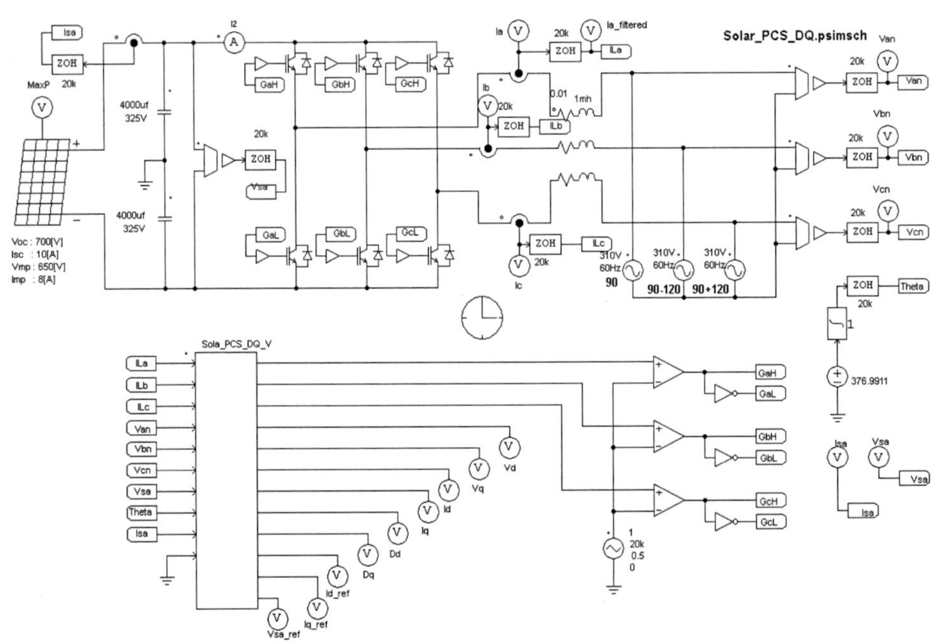

Figure 13.9 The schematic of Solar PCS

회로 Schematic을 그림 13.9에 나타내었다. DQ변환을 위해 계통 전압 위상에 초기값 90도가 더해진 점만 제외하면 순시치 제어 회로와 동일하다. C-block 코드를 아래에 나타내었다. 앞 장에서 사용하였던 코드를 모두 재사용하였다.

```
#define Lf     0.001     // 1 [mh]
#define rL     0.01      // 10 [mohm]
#define Omega  377       // 60 [Hz]
#define Kip    0.0021    // Kp
#define Kii    0.874     //Kiz
double ILa, ILb, ILc, Van, Vbn, Vcn, Vsa,
theta, Isa;
double Valpha, Vbeta,  Ialpha, Ibeta, Vd,
Vq, ILd, ILq, dd, dq;
double Vd_ref,Vq_ref,Va_con,Vb_con, Vc_con;
double duty_a, duty_b, duty_c;
double
dfb_d,dfb_q,Id_ref,Iq_ref,Id_err,Iq_err;
double Vsa_ref,  Verr;
static double dd_old=0.0, dq_old=0.0,
Id_err_old=0.0, Iq_err_old=0.0;
static double Verr_sum = 0;

/**** Input Variable   ****/
ILa   = in[0];
ILb   = in[1];
ILc   = in[2];
Van   = in[3];
Vbn   = in[4];
Vcn   = in[5];
Vsa   = in[6];
Theta = in[7];
Isa   = in[8];

if (Vsa ==0 ) Vsa =0.1;

Valpha=(2./3.)*Van-(1/3.)*Vbn-(1/3.)*Vcn;
Vbeta = (Vbn-Vcn)/sqrt(3);
Vd =  Valpha*cos(theta)+Vbeta*sin(theta);
Vq = -Valpha*sin(theta)+Vbeta*cos(theta);

Ialpha=(2./3.)*ILa-(1/3.)*ILb-(1/3.)*ILc;
Ibeta = (ILb-ILc)/sqrt(3);
ILd = Ialpha*cos(theta)+Ibeta*sin(theta);
ILq =-Ialpha*sin(theta)+Ibeta*cos(theta);

/**** Solar Voltage Controller ******/
if (t < 0.4) Vsa_ref = 660;
else Vsa_ref = 650;

Verr = Vsa - Vsa_ref;
Verr_sum += Verr;
Id_ref =0.1*Verr + 0.001*Verr_sum;
```

```
/*** D-Q Current Controller ******/
Id_err = Id_ref - ILd;
dd = dd_old + Kip*Id_err -
Kip*Kii*Id_err_old;
dd_old=dd;
Id_err_old=Id_err;

Iq_ref = 0;
Iq_err = Iq_ref - ILq;
dq=dq_old+Kip*Iq_err-Kip*Kii*Iq_err_old;
dq_old=dq;
Iq_err_old=Iq_err;

dfb_d = dd  -  Lf*Omega*ILq/(Vsa);
dfb_q = dq +  Lf*Omega*ILd/(Vsa);

Valpha=dfb_d*cos(theta) -
dfb_q*sin(theta);
Vbeta =dfb_d*sin(theta) +
dfb_q*cos(theta);

Va_con = Valpha;
Vb_con = -0.5*Valpha + sqrt(3)*Vbeta/2;
Vc_con = -0.5*Valpha - sqrt(3)*Vbeta/2;

// duty = dff + dfb = 0.5 + dfb
duty_a =  0.5 + Va_con;
duty_b =  0.5 + Vb_con;
duty_c =  0.5 + Vc_con;

if ( duty_a > 1.0 )         duty_a=1.0;
else if ( duty_a  < 0.0 )  duty_a=0.0;
if ( duty_b > 1.0 )         duty_b=1.0;
else if ( duty_b  < 0.0 )  duty_b=0.0;
if ( duty_c > 1.0 )         duty_c=1.0;
else if ( duty_c  < 0.0 )  duty_c=0.0;

out[0] = duty_a;    // Inverter R
out[1] = duty_b;    // Inverter S
out[2] = duty_c;    // Inverter T

out[3] = Vd;
out[4] = Vq;
out[5] = ILd;
out[6] = ILq;
out[7] = dd;
out[8] = dq;
out[9] = Id_ref;
out[10]= Iq_ref;
out[11]= Vsa_ref;
```

그림 13.10에 시뮬레이션 결과를 나타내었다. 태양전지 전압과 dq-전류제어기가 잘 동작하고 있는 것을 알 수 있다.

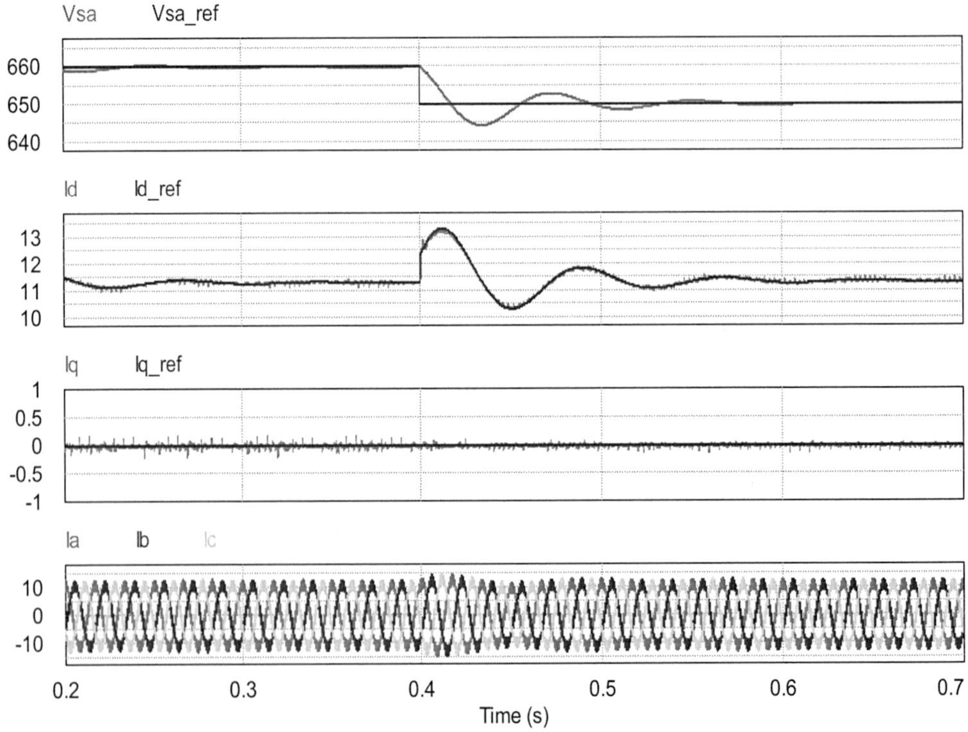

Figure 13.10 Simulation waveform of Solar PCS using DQ current control

14. 단상 DQ 인버터

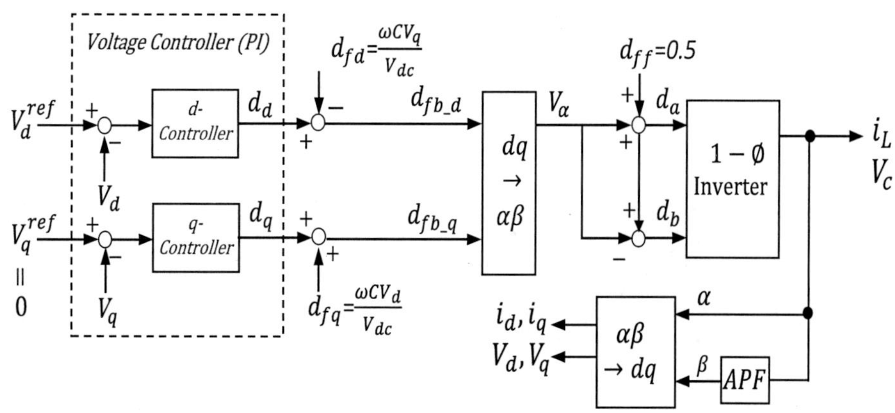
Voltage Controller (PI)
V_d^{ref}
V_q^{ref}
= 0
V_d
V_q
d-Controller
q-Controller
d_d
d_q
$d_{fd}=\frac{\omega C V_q}{V_{dc}}$
$d_{fq}=\frac{\omega C V_d}{V_{dc}}$
d_{fb_d}
d_{fb_q}
dq → αβ
V_α
d_{ff}=0.5
d_a
d_b
1 − Ø Inverter
i_L
V_c
α
β
APF
αβ → dq
i_d, i_q
V_d, V_q

14.1 APF(All Pass filter)

입력신호의 크기(amplitude)는 변화시키지 않고 위상지연(phase shift)을 만드는 필터를 의미한다. 모든 주파수 대역에서 필터 전달함수의 크기는 1 이고 위상지연은 0도에서 180도 (1-pole filter경우), 혹은 0도 360도(2-pole filter경우)이다. 두가지 형태로 HPF와 LPF 형태가 있다.

1-Pole filter (First Order APF)

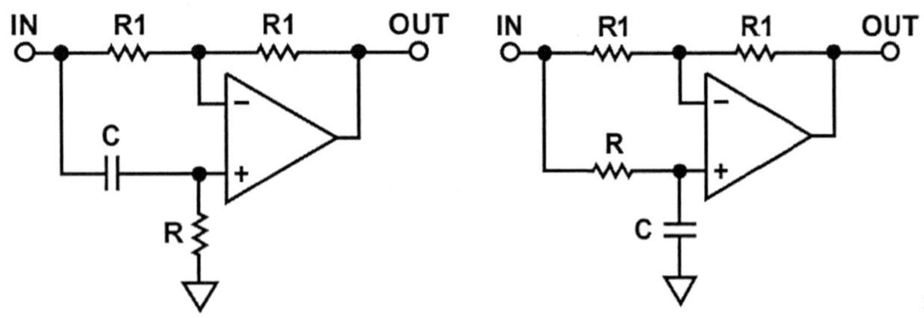

(a) High Pass based (b) Low Pass based

Figure 14.1 APF configuration

그림 14.1 (a)는 RC high pass 구조이며 위상 shift는 -180도에서 0도이다. 고주파수에서 위상지연이 0도이다. 공진주파수 $\omega_o = \frac{1}{RC}$에서 위상지연은 -90도이다.

그림 (b)는 RC low pass 구조이며 위상 shift는 0에서 -180도이다. 고주파수에서 위상지연이 -180도이다. 공진주파수 $\omega_o = \frac{1}{RC}$에서 위상지연은 -90도로 동일하지만 신호의 부호가 반전(inverted)되어 출력된다.

(a)회로(HPF)의 전달함수를 구해보자. OP Amp의 (+) 단자 전압을 V_p, (-) 단자 전압을 V_n 이라 하면,

$$V_p = \frac{R}{\frac{1}{sC}+R} V_{in}\ ,\ \frac{V_{in}-V_p}{R_1} = \frac{V_p - V_{out}}{R_1} \quad => \quad \frac{V_{out}}{V_{in}} = \frac{s-\frac{1}{RC}}{s+\frac{1}{RC}} = \frac{s-\omega_o}{s+\omega_o}$$

공진주파수 $\omega_o = 2\pi f = 120\pi = 377$ [rad/sec]를 만들기 위해 회로 파라미터 $R = 132.63[\Omega]$, $C = 20[\mathrm{uF}]$ 으로 설정하였다. 주파수 응답특성을 보기 위한 m-file은 다음과 같다.

```
R=132.63;
C=20e-6;
s=tf('s');
omega= 1/(R*C);
H=(s-omega)/(s+omega);
bode(H);
```

m-file 실행 결과 그려진 bode 선도는 크기 변화가 없고 각주파수 377[rad/s]에서 90도 위상지연만 생긴다는 것을 알 수 있다. 고주파수에서의 위상 지연은 180도 이다.

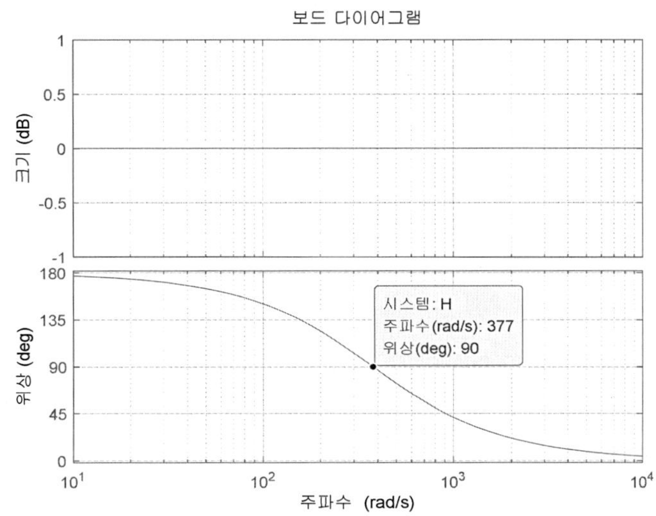

실제 회로를 이용하여 PSIM으로 시뮬레이션하면 그림 14.2와 같다. 이때 입력전압 V_{grid}는 $cosine$으로 표현되는 교류전압이다. 이는 dq변환에 적용하기 위해서 반드시 $cosine$으로 나타나야 한다는 사실에 주의하자.

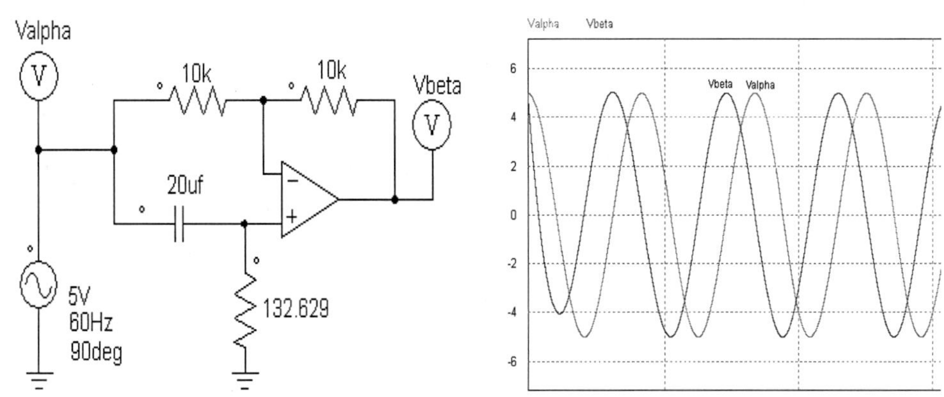

Figure 14.2 HPF 형태의 회로와 파형

입력(V_{alpha})과 출력(V_{beta}) 파형을 보면 출력의 위상이 입력보다 빠른(진상 : phase leading)인 것을 알 수 있다.

전달함수 H를 이산신호(discrete)로 변환하기 위해 양변환(bilateral transform)을 적용하면 m-file은 다음과 같이 주어진다. 샘플링 시간(T_s)는 스위칭 시간(1/20kHz)와 동일하다.

```
Ts = 1/(20000);
Hd= c2d(H,Ts,'tustin');
```

실행 결과는 다음과 같다.

$$H_d = \frac{V_o(z)}{V_{in}(z)} = \frac{0.9813\,z\,-\,1}{z\,-\,0.9813}$$

정리하면

$$z \cdot V_o - 0.9813 \cdot V_o = 0.9813\,z \cdot V_{in} - V_{in}$$

Difference equation으로 표현하면 다음과 같다.

$$V_o(k) = 0.9813 \cdot V_o(k-1) + 0.9813\ \cdot V_{in}(k) - V_{in}(k-1)$$

(b) 회로(LPF) 의 전달함수를 구해보자. 동일한 방법으로 계산하면

$$\frac{V_o}{V_{in}} = \frac{-(s - \frac{1}{RC})}{s + \frac{1}{RC}} = \frac{-(s-\omega_o)}{s+\omega_o}$$

보데선도를 그려보면 다음과 같다.

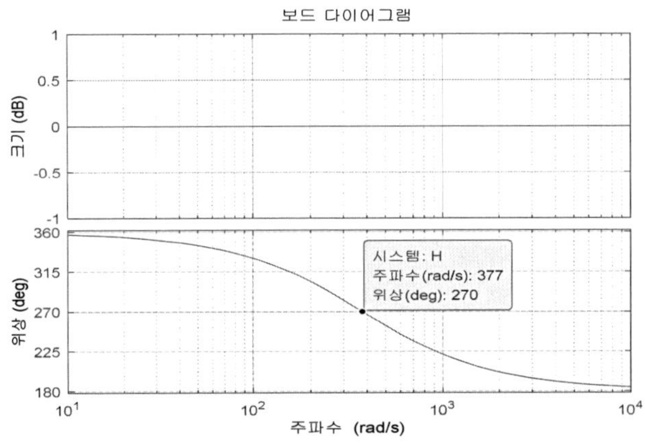

실제 회로를 이용하여 PSIM으로 시뮬레이션하면 그림 14.3과 같다.

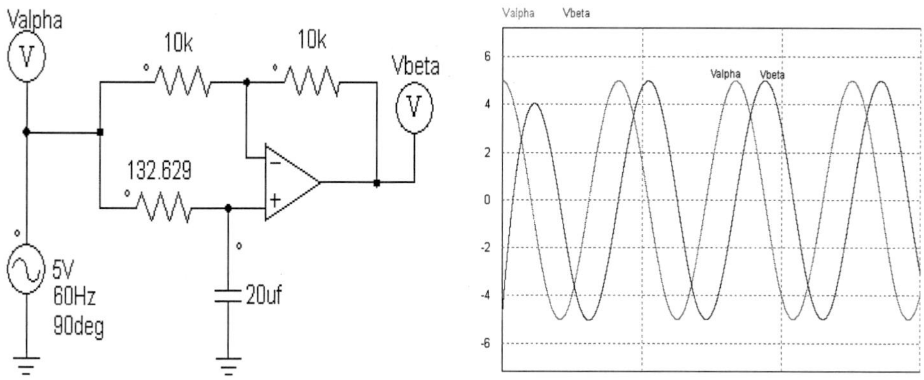

Figure 14.3 LPF 형태의 회로와 파형

입력(V_{alpha})과 출력(V_{beta}) 파형을 보면 출력의 위상이 입력보다 느린(지상 : phase lagging)인 것을 알 수 있다.

이산변환식은 다음으로 주어진다.

$$H_d = \frac{V_o(z)}{V_{in}(z)} = \frac{-0.9813\,z + 1}{z\ -\ 0.9813}$$

Difference equation으로 표현하면 다음과 같다.

$$V_o(k) = 0.9813 \cdot V_o(k-1) - 0.9813\ \cdot V_{in}(k) + V_{in}(k-1)$$

지금까지 (a) HPF 구조와 (b) LPF 구조의 APF 설계를 알아보았다. 두 구조 중에서 PLL 이나 단상 DQ 제어를 위해 사용되는 방식은 (b)LPF 구조이다. 그 이유는 3상 DQ 변환에서 V_{alpha} 다음에 V_{beta} 가 나오도록 되어 있기 때문에 올바른 dq 변환을 위해 LPF 구조를 선택한다.

14.2 제어기 설계

14.2.1 단상 UPS 인버터

11장에서 설명한 단상 인버터의 전달함수를 다시 적어보면 다음과 같다. 수식이 Buck 컨버터와 동일하다는 것을 알 수 있다.

$$\frac{I_L(s)}{d(s)} = \frac{\frac{V_{in}}{L}(s + \frac{1}{RC})}{s^2 + (\frac{1}{RC} + \frac{r_L}{L})s + \frac{1}{LC}} = G_1(s)$$

$$\frac{V_C(s)}{d(s)} = \frac{\frac{V_{in}}{LC}}{s^2 + (\frac{1}{RC} + \frac{r_L}{L})s + \frac{1}{LC}} = G_2(s)$$

$$\frac{V_C(s)}{I_L(s)} == \frac{1/C}{s + (1/RC)} = G_3(s)$$

이때 인덕터 전류 I_L과 커패시터 전압 V_C, 듀티 d 는 교류임으로 PI 제어기를 적용할 수 없다. 단상 DQ를 적용하기 위해 3-상 인버터의 Decoupling model 기법을 적용하여 PI 제어기를 구성할 수 있다. 이 경우 전류와 전압 측정값은 1개씩 뿐이므로 $abc \rightarrow dq$ 변환을 적용할 수 없다. 따라서 PLL에서 사용했던 APF(All Pass filter)를 사용하여 전압과 전류를 α-변수로 하고, 90도 위상 이동시킨 값을 β-변수로 만든 다음에 $\alpha\beta \rightarrow dq$ 변환을 이용하면 된다. APF에 대한 설명은 다음 장(9장)에 나와 있다.

아래 그림 14.4에 단상 UPS의 전압제어기 구성을 나타내었다.

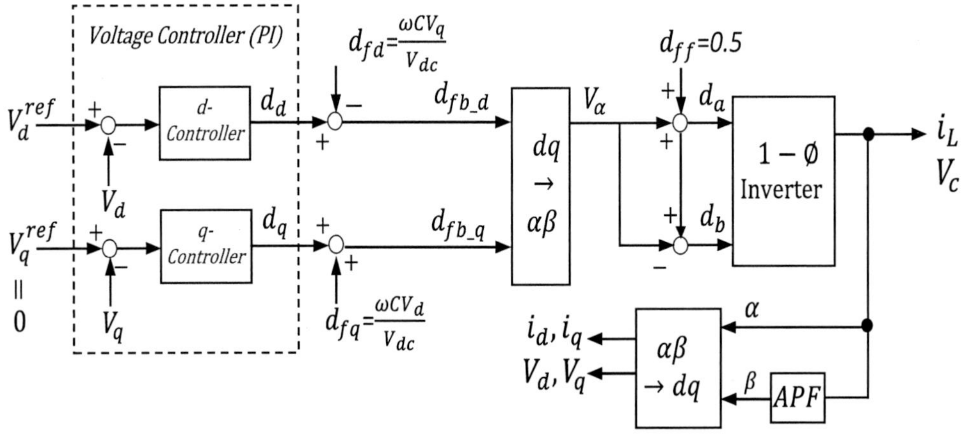

Figure 14.4 The voltage controller configuration of the single-phase UPS system

아래에 전압제어기 m file 작성 예제가 나타나 있다.

```
s=tf('s');

Vin = 360;  % Input voltage
rL=0.01;
L = 1e-3;    % L=1mh
C = 20e-6; %C=20uf
R = 15;

G1 = (Vin/L)*(s+1/(R*C)) / (s^2 + s*(1/(R*C) +rL/L) + 1/(L*C) );
G2 = Vin/(L*C) / (s^2 + s*(1/(R*C) +rL/L) + 1/(L*C) );
G3 = (1/C) / (s + 1/(R*C));

Kpv = 1; Kiv=1;  % temporarily value
Gcv = Kpv*(s+Kiv)/s;

Vref = 150;
T=sisoinit(1);
T.F.Value = Vref;
T.G.Value = G2;
T.C.Value = Gcv;
sisotool(T);
```

전압제어기의 주파수 설계 사양(Frequency Design Specification)은 다음과 같이 설정하였다.

- BandWidth = 100 [rad/s]
- Phase margin = 90 [deg]

SISOTOOL Auto tuning으로 얻어진 PI 이득은 아래와 같이 주어진다.

$$G_{cv}(s) = \frac{K_{pv}(s + K_{iv})}{s} = \frac{0.000018574(s + 14950)}{s}$$

스위칭 주파수가 20 kHz에 대한 샘플링 시간 50[us]를 적용한 디지털 표현식은 다음과 같다.

$$G_C(z) = \frac{3.246 \times 10^{-5}(z - 0.572)}{z - 1}$$

설계된 제어 시스템의 bode 선도와 step 응답 커브를 나타내었다. 주파수 설계 사양대로 bode 선도가 표시됨을 알 수 있다. 계단 응답 특성에서 안정시간(settling time)은 39[ms]로 주어짐을 알 수 있다.

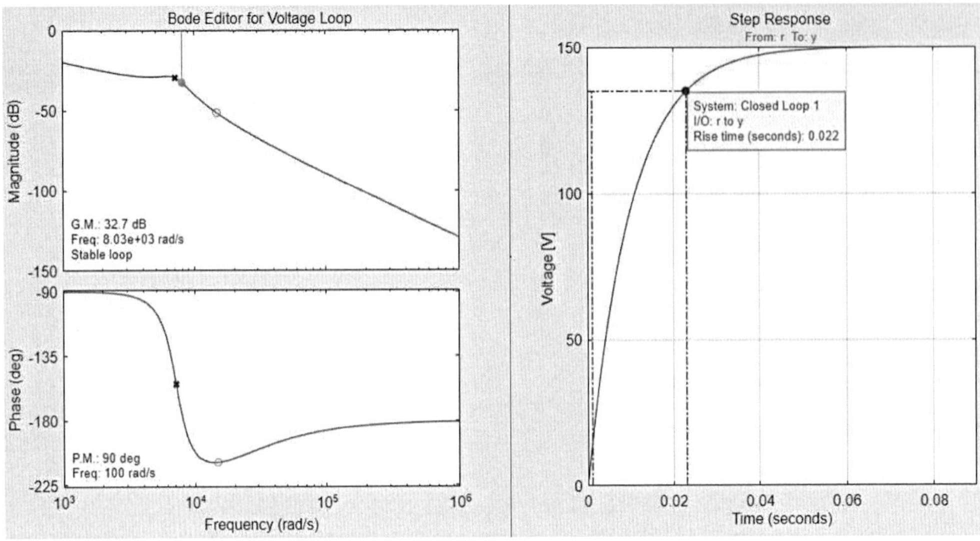

시간영역에서의 PSIM 시뮬레이션 회로와 파형은 그림 14.5와 같다.

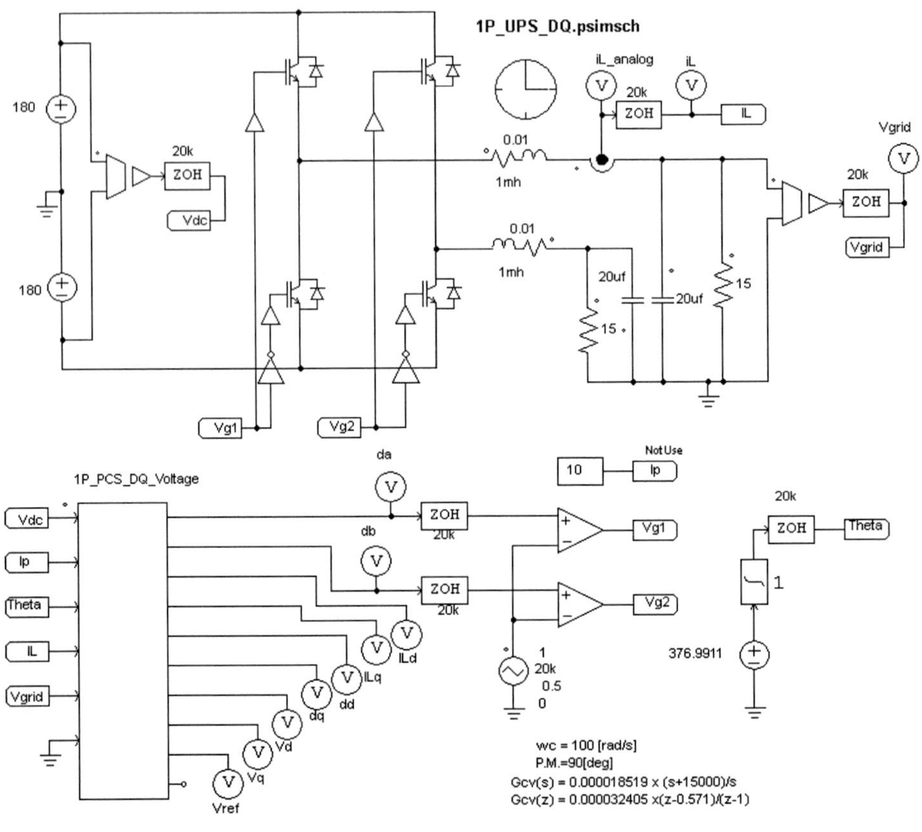

Figure 14.5 PSIM schematic for 1-phase UPS voltage control system

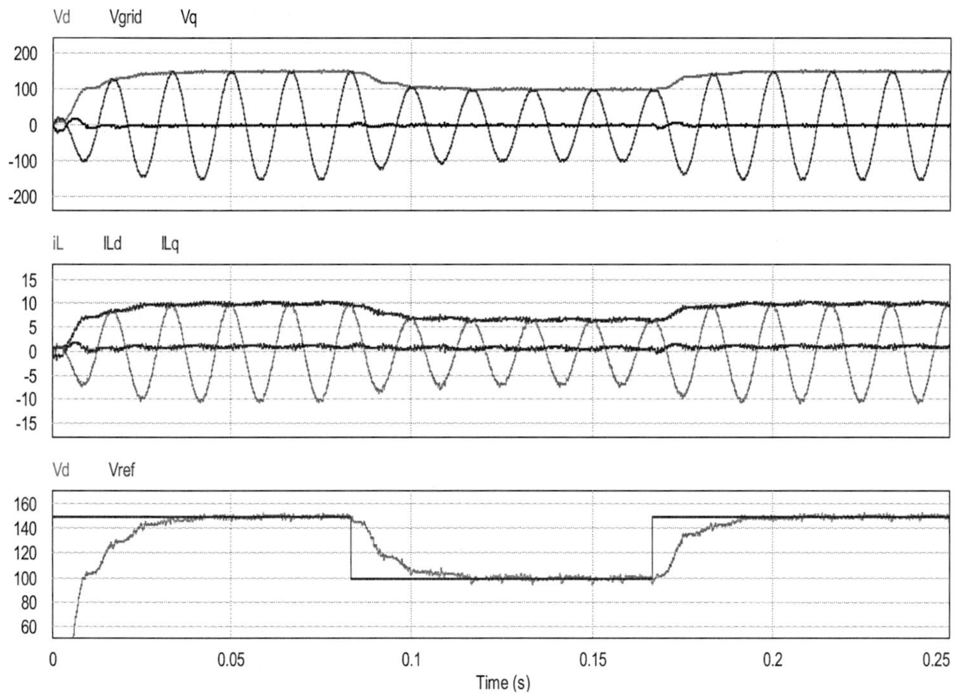

Figure 14.6 Simulation waveforms for a 1-phase DQ control

기준전압(V_{ref})을 150 → 100 → 150[V] 변화에 대한 출력전압 파형과 전류 파형이 그림 14.6에 나타나 있다. 전압 파형에 Overshoot가 없는 것을 알 수 있고, 전압 파형(V_d)의 안정시간은 40[ms] 정도임을 알 수 있다. 따라서 수학적 모델인 MATLAB step 응답 파형과 실제 회로 시스템인 PSIM의 응답특성이 일치함을 알 수 있어 설계된 제어시스템의 정당성을 입증할 수 있다.

단상 DQ 전압제어기 C-code는 다음과 같다. 위에서 제시된 제어 시스템 block을 그대로 C-언어로 구현한 것이다.

```c
#define Cf      0.00002    // 20[uf]
#define Lf      0.001      // 1 [mh]
#define rL      0.01       // 10  [mohm]
#define Omega  377         // 60 [Hz]
#define Kvp     0.000032405  // Kp
#define Kvi     0.571        //Kiz

double Vdc, Ip, theta, IL, Vgrid;
double duty_a,duty_b, Va_con, Vb_con;

double Ialpha, Ibeta, ILd, ILq;
double Valpha, Vbeta, Vd, Vq;
double Vd_ref, Vd_err,Vq_ref, Vq_err;
double dd, dq, dfb_d, dfb_q;
static double Vbeta_old=0., Vgrid_old=0.,
Ibeta_old=0., IL_old=0.;
static double dd_old=0.0, dq_old=0.0,
Vd_err_old=0.0, Vq_err_old=0.0;

/****** start here ******/
Vdc     = in[0];
Ip      = in[1];
Theta   = in[2];
IL      = in[3];
Vgrid   = in[4];

Valpha = Vgrid;
Vbeta = 0.9813*Vbeta_old - 0.9813*Vgrid +
Vgrid_old;
Vbeta_old = Vbeta;
Vgrid_old = Vgrid;

Vd= cos(theta)*Valpha+sin(theta)*Vbeta;
Vq=-sin(theta)*Valpha+cos(theta)*Vbeta;

Ialpha = IL;
Ibeta=0.9813*Ibeta_old-0.9813*IL+IL_old;
Ibeta_old = Ibeta;
IL_old = IL;
```

```c
ILd=cos(theta)*Ialpha+sin(theta)*Ibeta;
ILq=-sin(theta)*Ialpha+cos(theta)*Ibeta;

if (t>0.1667) Vd_ref= 150;
else if (t > 0.08335) Vd_ref=100;
else Vd_ref = 150;

Vd_err = Vd_ref - Vd;

dd=dd_old+Kvp*Vd_err-Kvp*Kvi*Vd_err_old;
dd_old=dd;
Vd_err_old=Vd_err;

Vq_ref = 0;
Vq_err = Vq_ref -Vq;

dq=dq_old+Kvp*Vq_err-Kvp*Kvi*Vq_err_old;
dq_old=dq;
Vq_err_old=Vq_err;

dfb_d = dd - Cf*Omega*Vq/Vdc;
dfb_q = dq + Cf*Omega*Vd/Vdc;

Valpha=dfb_d*cos(theta)-dfb_q*sin(theta);
Vbeta =dfb_d*sin(theta)+dfb_q*cos(theta);

Va_con = Valpha;
Vb_con = Vbeta;

duty_a =0.5 + Valpha;
duty_b= 0.5 - Valpha;

out[0]= duty_a;
out[1]= duty_b;
out[2]= ILd;
out[3]= ILq;
out[4]= dfb_d;
out[5]= dfb_q;
out[6]= Vd;
out[7]= Vq;
out[8]= Vd_ref;
```

다음으로 전류 제어기를 설계해 보자. 설계 예제에서는 출력전압의 주파수가 377[rad/s]이기 때문에 차단 주파수가 이 값 보다 높게 설정될 수 없다. 전류제어기의 주파수 설계 사양(Frequency Design Specification)은 다음과 같이 설정하였다.

- BandWidth = 200 [rad/s]
- Phase margin = 90 [deg]

SISOTOOL Auto tuning으로 얻어진 PI 이득은 아래와 같이 주어진다.

$$G_{ci}(s) = \frac{K_{pi}(s + K_{ii})}{s} = \frac{8.31}{s}$$

전압 제어기와 비슷한 방법으로 PI 제어기 블록도를 다음 그림 14.7에 나타내었다.

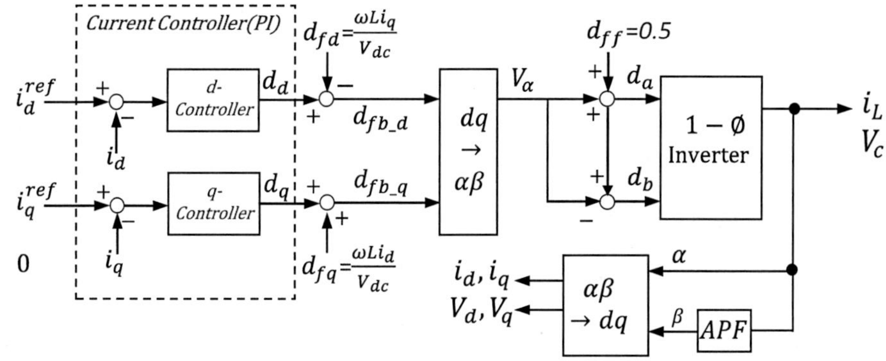

Figure 14.7 The current controller configuration of the single-phase UPS system

스위칭 주파수 20 kHz(샘플링 시간 50[us])를 적용한 디지털 표현식은 다음과 같다.

$$G_C(z) = \frac{0.0002078(z+1)}{z-1}$$

설계된 제어 시스템의 bode 선도와 step 응답 커브를 나타내었다. 주파수 설계 사양대로 bode 선도가 표시됨을 알 수 있다. 계단 응답 특성에서 안정시간(settling time)은 20[ms]로 주어짐을 알 수 있다.

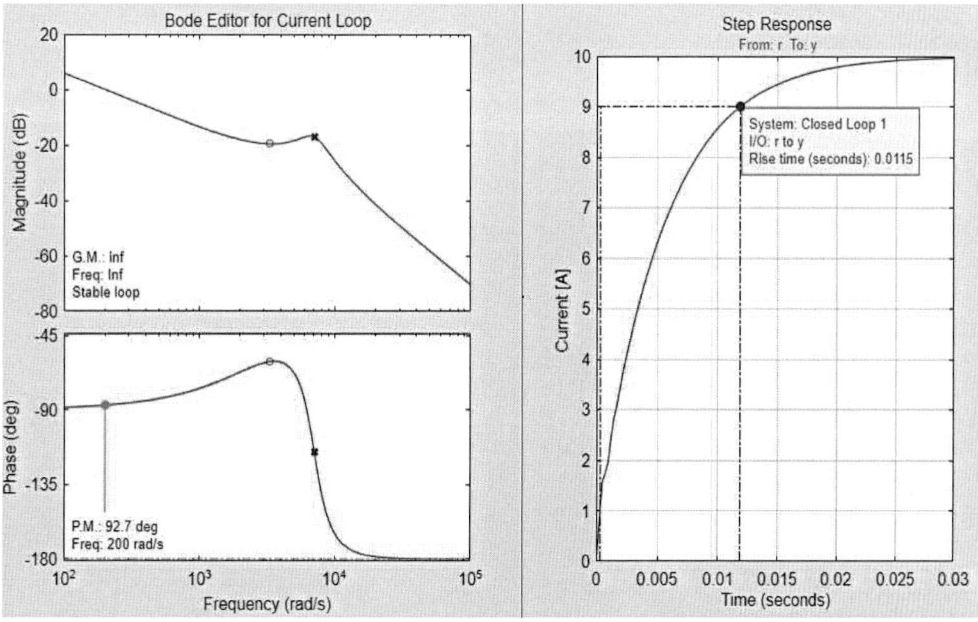

전류제어 PSIM 회로는 전압제어기 schematic과 동일하고, C-block만 전류 블록도로 변경한 코드는 다음과 같다.

```
#define Cf       0.00002   // 20[uf]
#define Lf       0.001     // 1 [mh]
#define rL       0.01      // 10  [mohm]
#define Omega    377       // 60 [Hz]
#define Kip      0.0002078 // Kp 200 rad/s
//#define Kip    0.0001041 // Kp 100 rad/s
#define Kii      -1         //Kiz

double Vdc, Ip,  theta, IL, Vgrid;
double duty_a,duty_b, Va_con, Vb_con;

double Ialpha, Ibeta, ILd, ILq;
double Valpha, Vbeta, Vd, Vq;
double Id_ref, Id_err,Iq_ref, Iq_err;
double dd, dq, dfb_d, dfb_q;
static double Vbeta_old=0., Vgrid_old=0.,
Ibeta_old=0., IL_old=0.;
static double dd_old=0.0, dq_old=0.0,
Id_err_old=0.0, Iq_err_old=0.0;

/****** start here ******/
Vdc      = in[0];
Ip       = in[1];
Theta    = in[2];
IL        =in[3];
Vgrid     =in[4];

Valpha = Vgrid;

Vbeta=0.9813*Vbeta_old -
0.9813*Vgrid+Vgrid_old;
Vbeta_old = Vbeta;
Vgrid_old = Vgrid;

Vd=cos(theta)*Valpha + sin(theta)*Vbeta;
Vq=-sin(theta)*Valpha +cos(theta)*Vbeta;

Ialpha = IL;

Ibeta=0.9813*Ibeta_old - 0.9813*IL+IL_old;
Ibeta_old = Ibeta;
IL_old = IL;

ILd=cos(theta)*Ialpha + sin(theta)*Ibeta;
ILq=-sin(theta)*Ialpha +cos(theta)*Ibeta;
```

```
if (t>0.1667) Id_ref= Ip;
else if (t > 0.08335) Id_ref=0.5*Ip;
else Id_ref = Ip;

Id_err = Id_ref - ILd;

dd = dd_old + Kip*Id_err -
Kip*Kii*Id_err_old;
dd_old=dd;
Id_err_old=Id_err;

Iq_ref = 0;
Iq_err = Iq_ref -ILq;

dq = dq_old +Kip*Iq_err -
Kip*Kii*Iq_err_old;
dq_old=dq;
Iq_err_old=Iq_err;

dfb_d = dd  -  Lf*Omega*ILq/Vdc ;
dfb_q = dq +  Lf*Omega*ILd/Vdc  ;

Valpha = dfb_d*cos(theta) -
dfb_q*sin(theta);
Vbeta  = dfb_d*sin(theta)  +
dfb_q*cos(theta);

Va_con = Valpha;
Vb_con = Vbeta;

duty_a =0.5 + Valpha;
duty_b= 0.5  - Valpha;

out[0]=duty_a;
out[1]=duty_b;
out[2]=ILd;
out[3]=ILq;
out[4]=dfb_d;
out[5]=dfb_q;
out[6]=Vd;
out[7]=Vq;
out[8]=Id_ref;
```

PSIM 시뮬레이션 파형은 그림 14.8과 같다.

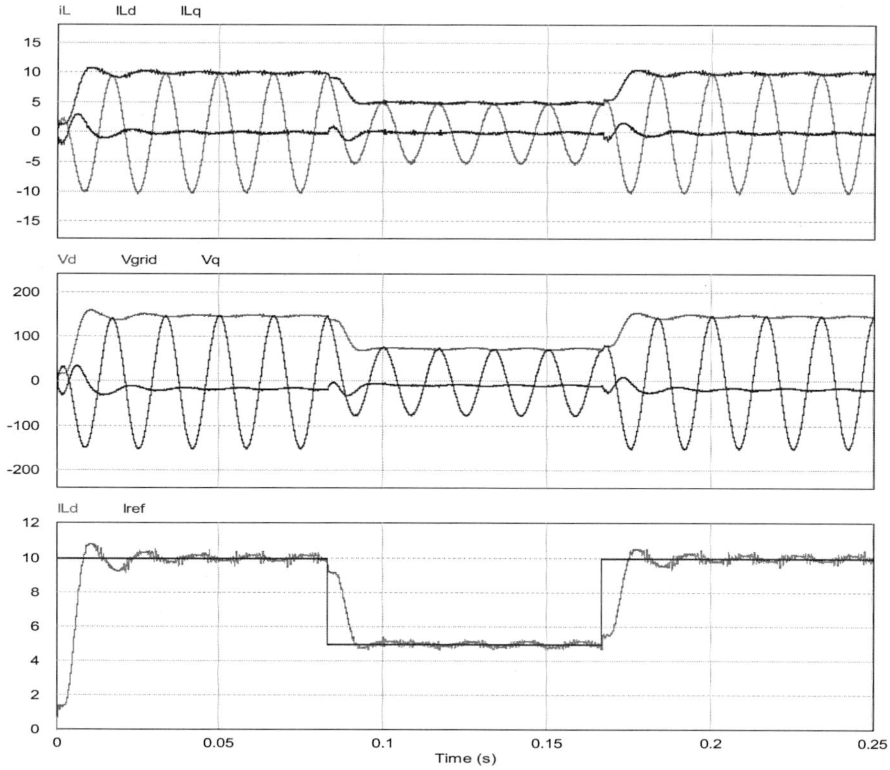

Figure 14.8 Simulation waveforms for current control

기준전류(I_{ref})을 10 → 5 → 10[A] 변화에 대한 출력전압 파형과 전류 파형이 나타나 있다. 전류 파형에 Overshoot가 없는 것을 알 수 있고, 전류 파형(I_d)의 안정시간은 20[ms] 정도임을 알 수 있다. 따라서 수학적 모델인 MATLAB step 응답 파형과 실제 회로 시스템인 PSIM의 응답특성이 일치함을 알 수 있어 설계된 제어시스템의 정당성을 입증할 수 있다.

다음으로 double loop 제어기를 설계해 보자. 제어기 이득을 결정하기 위한 설계 Parameter는 다음과 같다.

	Voltage Controller (C_1)	Current Controller (C_2)
Band width	100 [rad/s]	200 [rad/s]
Phase margin	90 [deg]	60 [deg]

앞 장의 전압제어기와 전류제어기를 double loop로 구성한 블록도가 그림 14.9에 표시되어 있다. 전압제어기와 전류제어기의 세부 구성은 앞의 경우와 동일하며 기존의 3

상 UPS 제어블럭도와 동일하다.

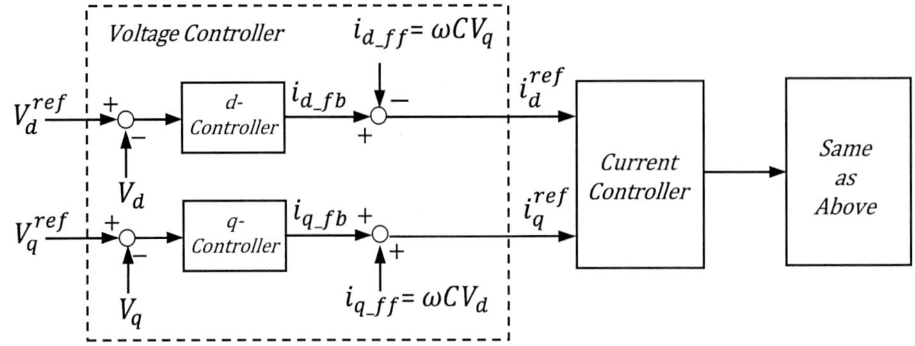

Figure 14.9 The double loop configuration of the single-phase UPS system

SISO Auto tuning을 이용한 bode 선도는 아래와 같다.

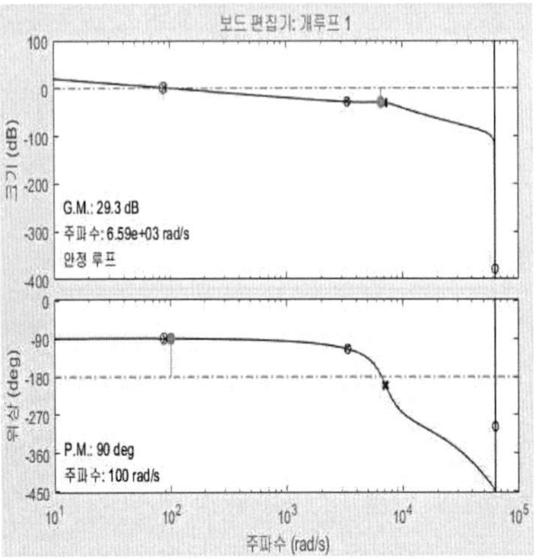

Voltage loop

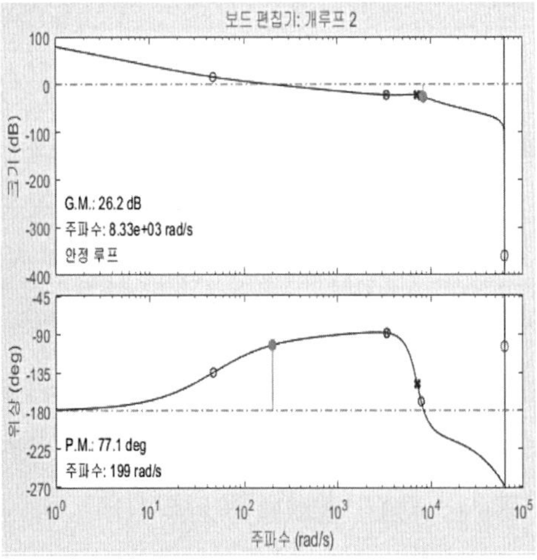

Current loop

설계된 전압과 전류제어기들의 PI 표현식은 다음과 같다.

$$C_1 = G_{cv}(s) = \frac{0.0682(s+97)}{s}, \quad G_{cv}(z) = \frac{0.078(z-0.996)}{z-1}$$

$$C_2 = G_{ci}(s) = \frac{4.1957}{s}, \qquad G_{ci}(z) = \frac{9.4254\times10^{-5}(z+1)}{z-1}$$

전압과 전류제어기의 step response는 다음과 같이 주어진다.

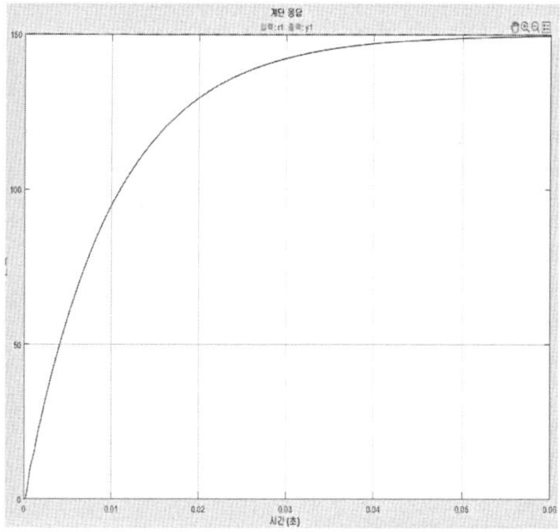

Voltage loop

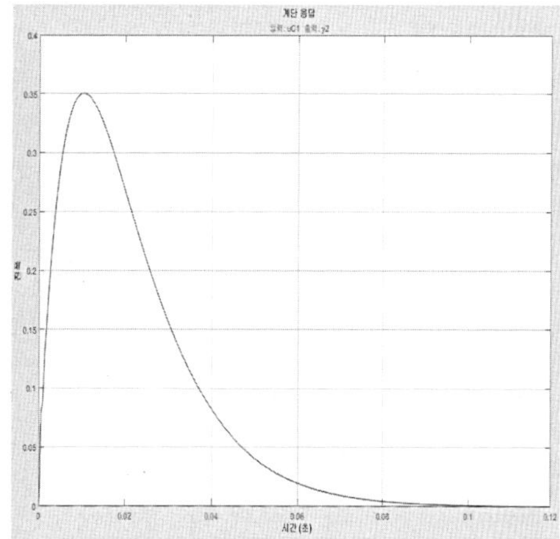

Current loop

Double loop PSIM 회로는 전압제어기 schematic과 동일하고, C-block만 double loop 블록도로 변경하였다. Double loop 제어기의 C-code는 다음과 같다. 단상 DQ를 적용하기 위한 APF 부분을 제외한 나머지 제어 코드는 3-상 UPS double loop 제어기와 동일하다. PSIM 시뮬레이션 파형은 그림 14.10에 나타나 있다.

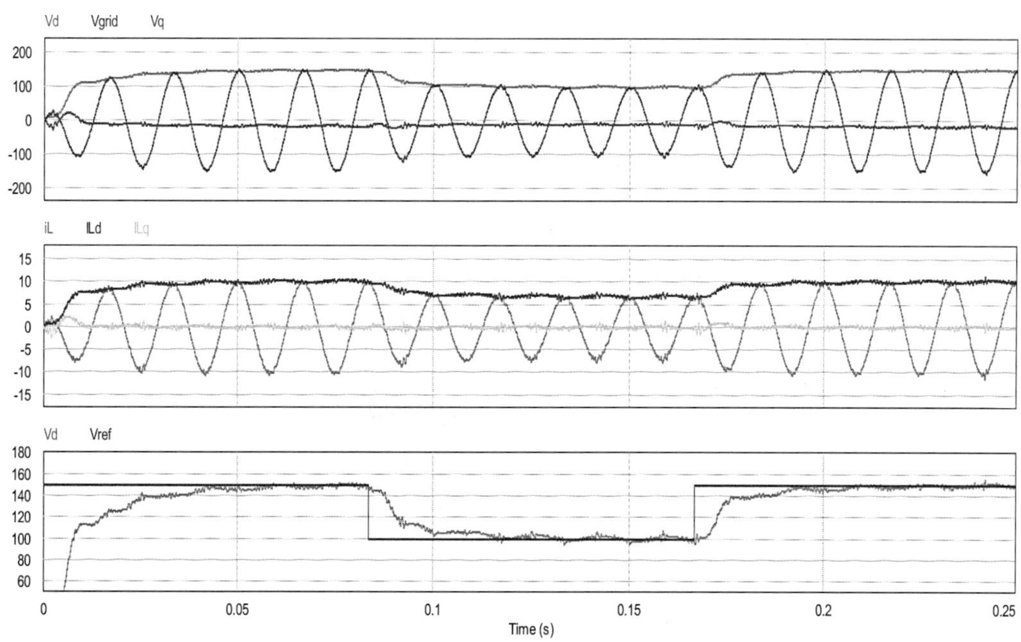

Figure 14.10 The simulation waveforms of the double loop controller

C-코드는 다음과 같다.

```
#define Cf      0.00002   // 20[uf]
#define Lf      0.001     // 1 [mh]
#define rL      0.01      // 10  [mohm]
#define Omega   377       // 60 [Hz]
#define Kvp     0.078     // Voltage P
#define Kvi     0.996     // Voltage I
#define Kip     0.000097254 // Current P
#define Kii    -1         // Current - I

double Vdc, Ip,  theta, IL, Vgrid;
double duty_a,duty_b, Va_con, Vb_con;
double Ialpha, Ibeta, ILd, ILq;
double Valpha, Vbeta, Vd, Vq;
double Vd_ref, Vd_err,Vq_ref, Vq_err;
double Id_ref, Iq_ref, Id_err, Iq_err;
double dd, dq, dfb_d, dfb_q;
double Id_fb, Iq_fb, Id_ff, Iq_ff;
static double Id_fb_old=0, Iq_fb_old=0.;
static double Vbeta_old=0., Vgrid_old=0.,
Ibeta_old=0., IL_old=0.;
static double dd_old=0.0, dq_old=0.0,
Vd_err_old=0.0, Vq_err_old=0.0;
static double Id_err_old=0.0,
Iq_err_old=0.0;
/****** start here ******/
Vdc        = in[0];
Ip        = in[1];
theta     = in[2];
IL              =in[3];
Vgrid         =in[4];

Valpha = Vgrid;

Vbeta=0.9813*Vbeta_old-
0.9813*Vgrid+Vgrid_old;
Vbeta_old = Vbeta;
Vgrid_old = Vgrid;

Vd=cos(theta)*Valpha + sin(theta)*Vbeta;
Vq=-sin(theta)*Valpha +cos(theta)*Vbeta;

Ialpha = IL;

Ibeta=0.9813*Ibeta_old-0.9813*IL+IL_old;
Ibeta_old = Ibeta;
IL_old = IL;

ILd=cos(theta)*Ialpha + sin(theta)*Ibeta;
ILq=-sin(theta)*Ialpha +cos(theta)*Ibeta;

/****** Voltage controller dq *******/
if (t>0.1667) Vd_ref= 150;
else if (t > 0.08335) Vd_ref=100;
else Vd_ref = 150;

Vd_err = Vd_ref - Vd;
Id_fb=Id_fb_old+Kvp*Vd_err-
Kvp*Kvi*Vd_err_old;
Id_fb_old=Id_fb;
Vd_err_old=Vd_err;

Id_ff =   Cf*Omega*Vq;
Id_ref = Id_fb-Id_ff;  // Id_ref

Vq_ref = 0.;
Vq_err = Vq_ref - Vq;
Iq_fb=Iq_fb_old+Kvp*Vq_err-
Kvp*Kvi*Vq_err_old;
Iq_fb_old=Iq_fb;
Vq_err_old=Vq_err;

Iq_ff =  Cf*Omega*Vd;
Iq_ref = Iq_fb + Iq_ff;  //Iq_ref

/****** Current controller dq *******/
Id_err = Id_ref - ILd;
dd=dd_old+Kip*Id_err-Kip*Kii*Id_err_old;
dd_old=dd;
Id_err_old=Id_err;

Iq_err = Iq_ref - ILq;
dq=dq_old+Kip*Iq_err-Kip*Kii*Iq_err_old;
dq_old=dq;
Iq_err_old=Iq_err;

dfb_d = dd   -  Lf*Omega*ILq/(Vdc);
dfb_q = dq +  Lf*Omega*ILd/(Vdc);
/****** End of controller ***********/

Valpha = dfb_d*cos(theta)- dfb_q*sin(theta);
Vbeta  = dfb_d*sin(theta)+ dfb_q*cos(theta);

Va_con = Valpha;
Vb_con = Vbeta;

duty_a =0.5 + Valpha;
duty_b= 0.5 - Valpha;

out[0]=duty_a;
out[1]=duty_b;
out[2] = ILd;
out[3] = ILq;
out[4]=dfb_d;
out[5]=dfb_q;
out[6]=Vd;
out[7]=Vq;
out[8]= Vd_ref;
```

14.2.2 단상 PCS DQ 인버터

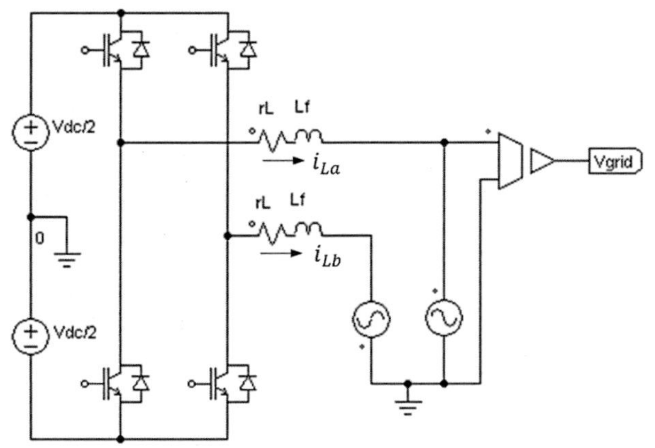

Figure 14.11 The configuration of the single-phase PCS

단상 PCS DQ 제어기를 설계해 보자. 그림 14.11에 단상 PCS의 회로가 나타나 있다.

상태 평균화 방정식을 만들어 보면

$$L\frac{di_L}{dt} = \left(\frac{V_{dc}}{2} - V_{grid} - r_L i_L\right)d + \left(-\frac{V_{dc}}{2} - V_{grid} - r_L i_L\right)(1-d) = V_{dc}d - \frac{V_{dc}}{2} - V_{grid} - r_L i_L$$

이 수식은 DC 값을 가지는 비선형 방정식임으로, Offset 을 제거하기 위해 feed-forward 보상을 하면 선형화 방정식을 얻을 수 있다. 입력 듀티 $d = d_{ff} + d_{fb}$로 설정하고 대입하여 계산하면

$$d_{ff} = 0.5 + \frac{V_{grid}}{V_{dc}}$$

나머지 식을 정리하면

$$L\frac{di_L}{dt} = -r_L i_L + V_{dc} \cdot d_{fb}$$

위 식은 $\dot{X} = AX + Bd_{fb}$ 가 되어 1차의 선형 상태방정식을 얻을 수 있다.

전달함수를 계산하면 다음을 얻는다.

$$\frac{I_L(s)}{d(s)} = \frac{V_{dc}}{sL + r_L} = G_{1dq}(s)$$

상태 변수가 인덕터 전류 1개 뿐이므로 전류제어기만 설계할 수 있다. 전달함수가 1차 함수이기때문에 제어기 형태는 P와 PI를 고려할 수 있다. 전류의 오버슈트가 없는 파형을 원할 경우에는 1차 함수이므로 P 제어기만 사용해도 된다. 이것은 전달함수의 극점이 실수축 상에 존재함으로 과감쇄(Overdamping) 나 임계감쇄(Critical damping)파형을 보여준다.

만약 전류가 오버슈트 형태를 가져야 한다면, 극점이 복소평면상에 위치해야 함으로 극점을 1개 가지는 제어기가 필요하며, 이경우 PI 제어기를 사용한다.

아래에 전류제어기 설계를 위한 m-file을 표시하였다.

```
s=tf('s');

Vin = 360;  % Input voltage
rL=0.01;
L = 1e-3;   % L=1mh

G1dq = (Vin/L) / ( s + rL/L );

Kpi = 1; Kii=1;  % Current temporarily value
Gci = Kpi;                   % P-Controller
% Gci = Kpi*(s+Kii)/s;     % PI-Controller
Iref = 10;
T=sisoinit(1);
T.F.Value = Iref;
T.G.Value = G1dq;
T.C.Value = Gci;
sisotool(T);
```

먼저 전류의 오버슈트가 없는 경우를 살펴보자. P 제어기 이득을 설정하면 된다.

전류제어기의 주파수 설계 사양 다음과 같이 설정하였다.

- BandWidth = 4800 [rad/s]

- Phase margin = 90 [deg]

이득 $K_p = 0.012$ 가 나온다. 따라서 제어기 표현식은 다음과 같다.

$$G_{ci}(s) = 0.012$$

디지털 표현식도 동일하다. 설계된 시스템의 Bode 선도와 step response는 다음과 같이 나타난다.

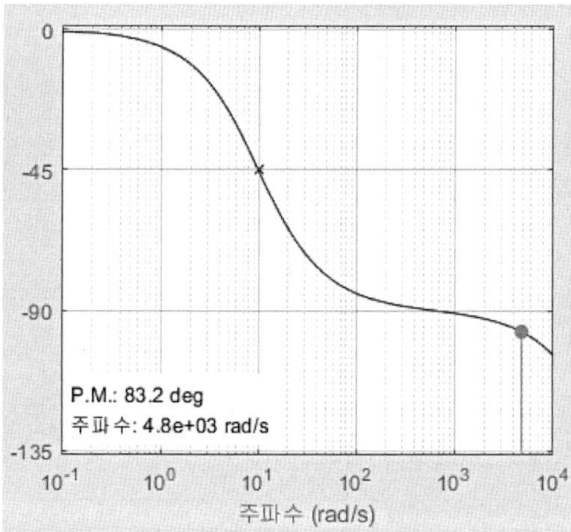

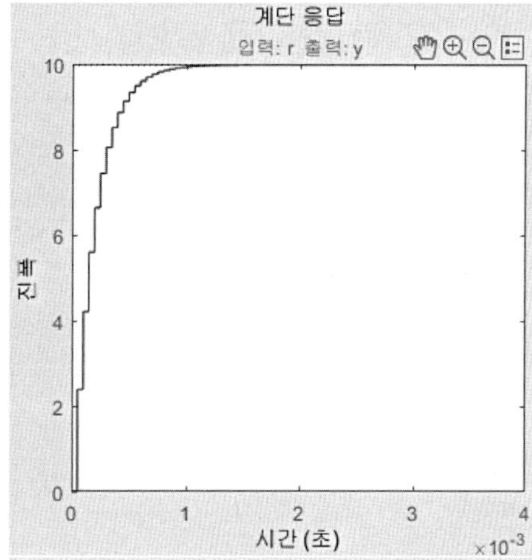

시뮬레이션 회로는 앞 장과 동일하다. 시뮬레이션 파형이 그림 14.12에 나타나 있다. 전류 오버슈트가 없고, 단위 역률로 제어되고 있는 것을 알 수 있다.

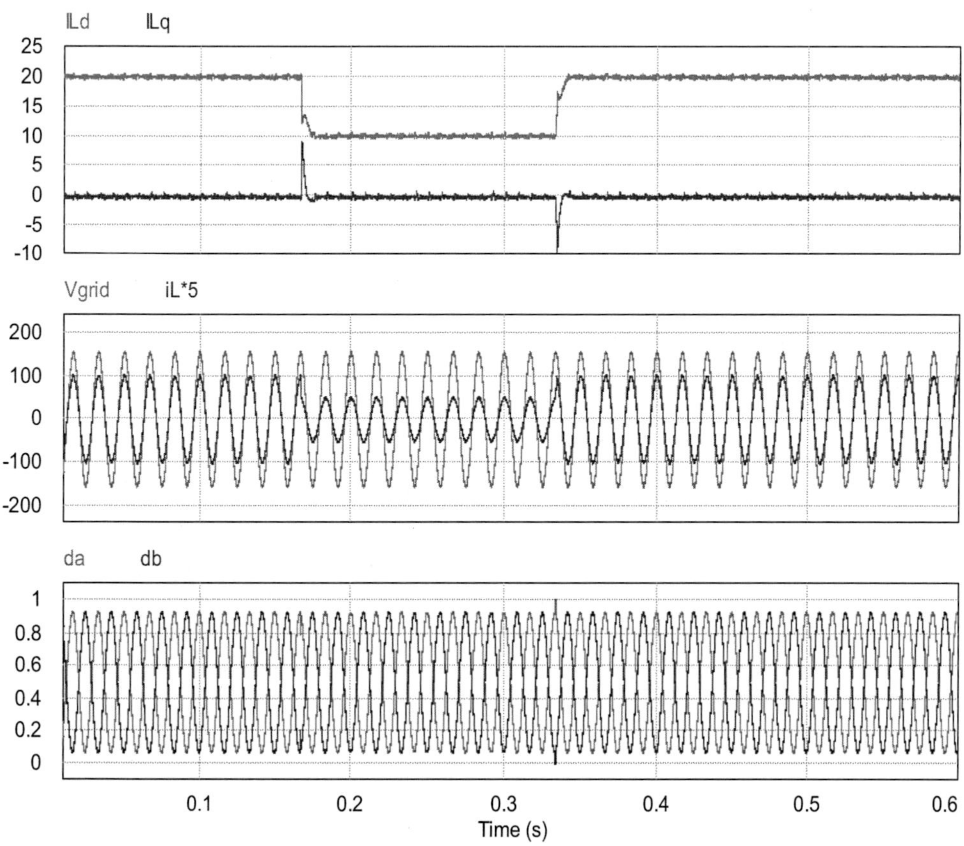

Figure 14.12 Simulation waveform for P-controller

C-block의 코드는 다음과 같다.

```
#define Lf       0.001     // 1 [mh]
#define rL       0.01      // 10  [mohm]
#define Omega    377       // 60 [Hz]
#define Kip      0.012 // Current - Kp
#define Kii      0.994 // Current - Kiz

double Vdc, Ip,  theta, IL, Vgrid;
double duty_a,duty_b, flag;

double Ialpha, Ibeta, ILd, ILq;
double Valpha, Vbeta, Vd, Vq;
double Id_ref, Id_err,Iq_ref, Iq_err;
double dd, dq, dfb_d, dfb_q;
double Va_con, Vb_con;
static double Vbeta_old=0., Vgrid_old=0.,
Ibeta_old=0., IL_old=0.;
static double dd_old=0.0, dq_old=0.0,
Id_err_old=0.0, Iq_err_old=0.0;

/****** start here ******/
Vdc        = in[0];
Ip         = in[1];
theta      = in[2];
IL        = in[3];
Vgrid      = in[4];

if (Vdc< 1.0 ) Vdc=1.0;

Valpha = Vgrid;

Vbeta=0.9813*Vbeta_old-
0.9813*Vgrid+Vgrid_old;
Vbeta_old = Vbeta;
Vgrid_old = Vgrid;

Vd=cos(theta)*Valpha +sin(theta)*Vbeta;
Vq=-sin(theta)*Valpha+cos(theta)*Vbeta;

Ialpha = IL;

Ibeta=0.9813*Ibeta_old-0.9813*IL+IL_old;
Ibeta_old = Ibeta;
IL_old = IL;

ILd=cos(theta)*Ialpha+sin(theta)*Ibeta;
ILq=-sin(theta)*Ialpha+cos(theta)*Ibeta;

if (t>0.3334) Id_ref= Ip;
else if (t > 0.1667) Id_ref=0.5*Ip;
else Id_ref = Ip;

/****** Current controller dq *******/
Id_err = Id_ref - ILd;

/***** PI Controller mask off ********
dd=dd_old+Kip*Id_err-Kip*Kii*Id_err_old;
dd_old=dd;
Id_err_old=Id_err;

Iq_err = Iq_ref - ILq;
dq=dq_old+Kip*Iq_err-Kip*Kii*Iq_err_old;
dq_old=dq;
Iq_err_old=Iq_err;
***********************************/

/**** P Controller *****/
dd = 0.0133*Id_err;
dq = 0.0133*Iq_err;

dfb_d = dd -  Lf*Omega*ILq/(Vdc);
dfb_q = dq +  Lf*Omega*ILd/(Vdc);

Valpha=dfb_d*cos(theta)-dfb_q*sin(theta);
Vbeta =dfb_d*sin(theta)+dfb_q*cos(theta);

Va_con = Valpha;
Vb_con = Vbeta;

duty_a = 0.5 + Valpha + Vgrid/Vdc;
duty_b=  0.5 - Valpha - Vgrid/Vdc;

out[0]=duty_a;
out[1]=duty_b;
out[2] = ILd;
out[3] = ILq;
out[4]=dd;
out[5]=dq;
out[6]=Vd;
out[7]=Vq;
out[8]= Id_ref;
out[9]=Va_con;
```

다음으로 전류의 오버슈트가 존재하는 경우를 보기 위해 PI 제어기를 사용하였다. 설계사양은 다음과 같다.

- BandWidth = 4800 [rad/s]
- Phase margin = 60 [deg]

대역폭은 동일하게 유지하고 위상여유를 60도로 변경하였다. 설계된 제어기는 다음과 같다.

$$G_{ci}(s) = \frac{0.012(s + 2780)}{s}$$

$$G_{ci}(z) = \frac{0.012(z - 0.902)}{z - 1}$$

시뮬레이션 결과 적분기의 영점이 0.902일 경우는 발산하는 경우가 발생하여 0.994로 변경한 파형을 그림 14.13에 표시하였다.

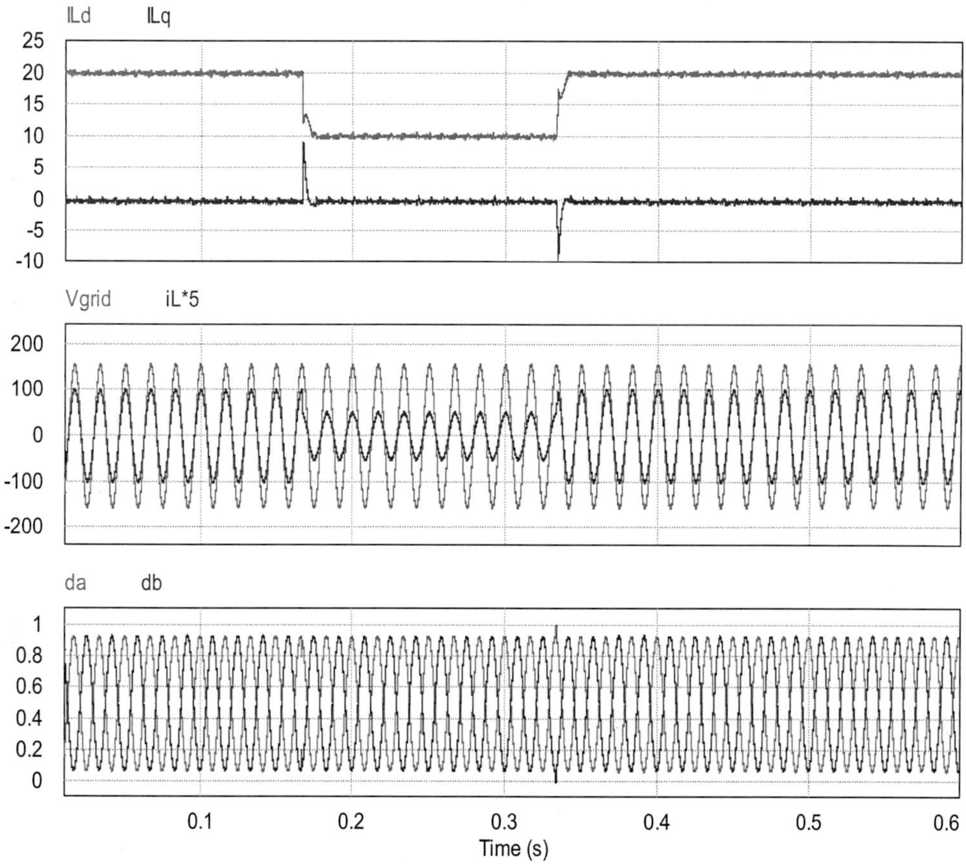

Figure 14.13 Simulation waveform using PI-controller

15. PLL 설계 (Phase Locked Loop)

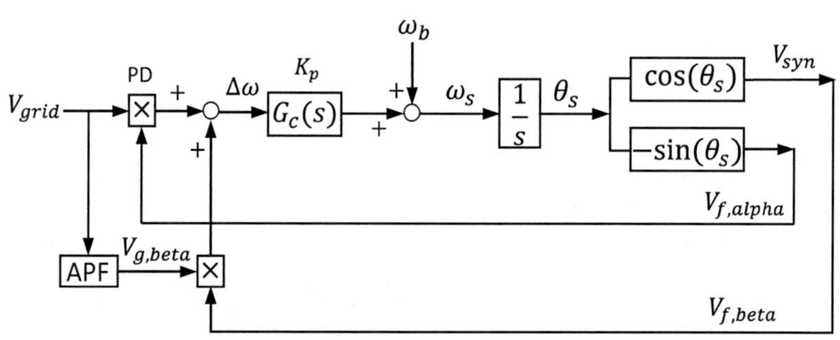

피드백 제어 시스템의 목적은 정상상태에서 기준 입력(V_{in})과 출력(V_{out})을 동일하게 만들어 주는 것이다. 즉 입력에 1을 넣으면 출력이 1이 되고, 10을 넣으면 10이 되는 것이다. 이 때 입력은 직류이어야 한다. 엄밀하게 말하면 부호 변화가 없는 (+)의 크기를 가지는 신호이어야 한다는 것이다. 대표적인 입력으로 step, ramp, parabola를 들 수 있다. 이것들은 모두 시간에 따라 크기는 변화하지만 부호는 모두 (+)인 신호들이다. 그림 15.1에서 보는 것처럼 피드백 제어 시스템은 입력과 출력의 차(error)와 제어기로 구성된 시스템이다. 입력과 출력의 차이를 제어기를 통해 신호를 만들어 내는 것이다.

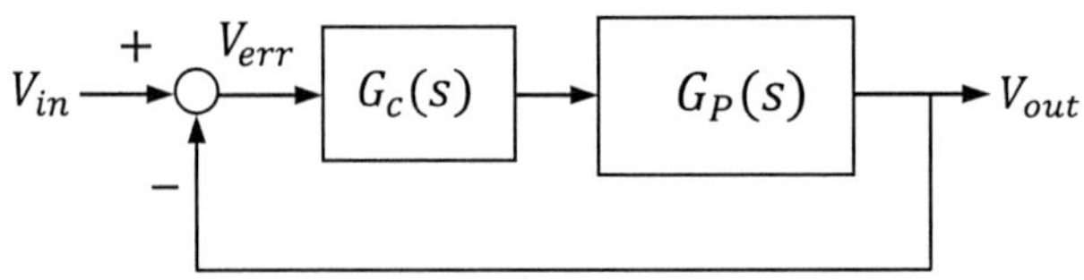

Figure 15.1. Structure of feedback control system

만약 입력에 정현파 교류(+와 -가 반복되는 신호)를 인가하여 동일한 신호를 출력으로 얻어내기를 원하는 경우에 어떠한 제어시스템을 설계해야 하는지에 대해서 생각해보자. 특히 정현파에 고주파 왜곡이나 신호의 찌그러짐이 포함되어 있어서, 출력으로 왜곡이 없는 깨끗한 정현파를 만들어야 하는 시스템이 필요한 경우이다. 즉 입력 교류 신호의 주파수, 위상와 동일한 주파수, 위상을 출력하는 시스템을 설계해야 할 때, 이러한 기능을 PLL(Phase Locked Loop)이라 한다. 이 시스템은 입력과 출력의 차이(error) 대신 곱(product)을 이용한 시스템을 사용하여 설계된다.

PLL이 전력전자에서 사용되는 대표적인 분야로 계통연계형 시스템을 들 수 있다. 계통(grid) 전압을 입력 받아서 계통 주파수를 추출해 내면 계통의 위상신호를 얻어낼 수 있다. 이 위상 신호는 계통 전압의 영점에 동기(synchronized to the zero crossing point) 되어 있으므로, 단위 역률 전력 전송을 위한 기준 전류(reference current)값을 생성하는 데 사용된다.

15.1 단상 PLL

그림 15.2는 일반적인 신호의 주파수 검출을 위해 많이 사용되는 곱형(product) PLL 구조를 보여주고 있다. 이 PLL은 기준전압인 계통전압과 궤환신호를 곱한 위상검출기(phase detector, PD), 고주파 신호 차단을 위한 1차 저역필터(Low pass filter), 증폭기 및 적분기로 구성된다. 시스템의 출력은 위상각 θ_s이다.

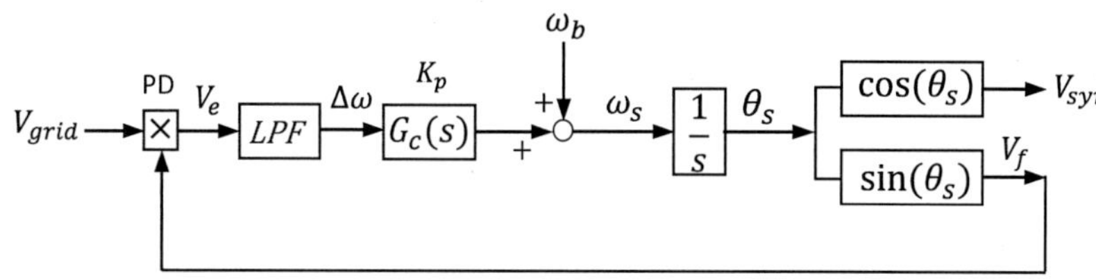

Figure 15.2 Block diagram of the product-type PLL

입력으로 사용되는 계통전압 V_g의 수학적 표현식은 다음과 같다.

$$V_g = V_P \cos(\omega_g t + \phi_g) = V_P \cos\ \theta_g$$

피드백 신호 V_f 의 수학적 표현식은 다음과 같다.

$$V_f = sin(\omega_s t + \phi_s) = sin\theta_s$$

계통전압과 궤환신호를 곱한 PD(phase detector)의 출력은 다음 식과 같이 표현된다.

$$V_e = V_g \cdot V_f = V_P \cos(\omega_g t + \phi_g) \cdot sin(\omega_s t + \phi_s)$$

PLL이 lock되었을 때 계통전압의 주파수(ω_g)와 궤환신호의 주파수(ω_s)는 기준 주파수(ω_b)와 같아지게 되어 PD 출력값은 다음과 같이 계산된다. 이때 기준 주파수 $\omega_b = 2\pi \cdot 60[Hz] = 120[\frac{rad}{s}]$ 이다.

$$V_e = \frac{V_P}{2}[sin(\phi_g - \phi_s) + sin(2\omega_b t + \phi_g + \phi_s)]$$

삼각함수의 덧셈 법칙은 다음과 같이 주어진다.

$$\sin(\alpha \pm \beta) = sin\alpha \cdot cos\beta \pm cos\alpha \cdot sin\beta$$

$$\cos(\alpha \pm \beta) = cos\alpha \cdot cos\beta \mp sin\alpha \cdot sin\beta$$

따라서 $sin\alpha \cdot cos\beta = \frac{1}{2}[\sin(\alpha + \beta) + \sin(\alpha - \beta)]$이다.

PD출력 V_e는 직류성분과 기본주파수의 두 배의 sin함수인 교류성분으로 구성된다. 이

PD출력에 포함된 교류성분을 감쇄시키기 위하여 루프필터로 1차 저역필터(LPF)를 사용한다. 그런데 이 교류성분의 120 Hz 주파수가 기본주파수 60Hz에 비해 상당히 낮다. LPF의 3-db 차단 주파수가 기본파 주파수와 적어도 10배 이상 차이가 나야 되는데 낮은 120Hz에 의해 출력되는 위상 θ_s에 비교적 큰 리플성분이 존재한다. 따라서 PLL 시스템의 안정도와 동기신호의 왜곡 감소 등을 동시에 해결하는 것이 상당히 힘들어 잘 사용하지 않는 구조이다.

APF(All Pass Filter)를 적용한 PLL 시스템

시간지연의 원인이 되는 LPF가 없는 PLL 시스템을 설계하기 위해 APF(All Pass filter)를 사용한 PLL 구조를 그림 15.3에 나타내었다. 이 시스템은 단상 계통전압 동기화용 PLL 구조를 보인 것으로 APF(All Pass Filter), 계통전압 위상을 검출하는 PD, P 제어기, 적분기 등으로 구성되어 있다.

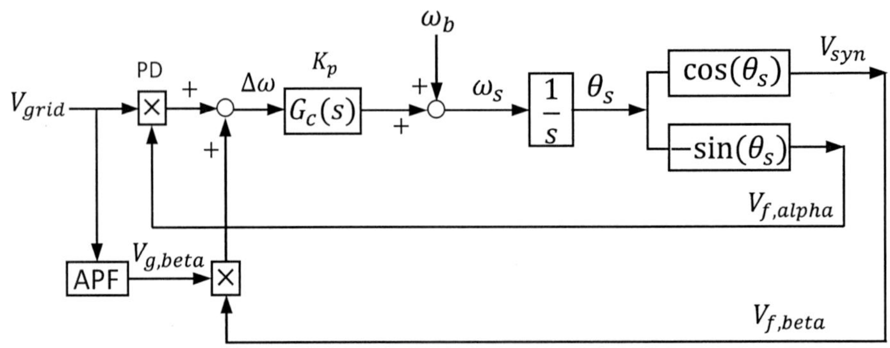

Figure 15.3 Configuration of Single-phase PLL system using APF

APF는 앞 장에서 설명하였음으로 자세한 설명을 생략한다. 앞장에서 설명한 대로 APF는 LPF 형태를 사용한다. 3상 회로에서 사용하는 DQ변환과 용어의 동일성을 유지하기 위해 단상에서 사용하는 APF 입력신호 V_{grid}를 $V_{g,alpha}$로 하면, APF 출력은 90도 지연된 신호로 $V_{g,beta}$가 된다. 따라서 두 전압 식은 다음과 같이 표현된다.

$$V_g = V_{g,alpha} = V_P \cos(\omega_g t + \phi_g) = V_P \cos\ \theta_g$$

$$V_{g,beta} = V_P \sin(\omega_g t + \phi_g) = V_P \sin\ \theta_g$$

피드백 되는 신호 $V_{f,alpha} = -\sin\theta_s$ 이고 90도 위상 지연된 신호 $V_{f,beta} = \cos\theta_s$이다.

PD의 출력 즉 각 주파수 변화량 $\Delta\omega$ 는 다음 식과 같이 유도된다.

$$\Delta\omega = V_{g,alpha} \cdot V_{f,alpha} + V_{g,beta} \cdot V_{f,beta} = -V_P \cos\theta_g \cdot \sin\theta_s + V_P \sin\theta_g \cdot \cos\theta_s$$

$$= V_P \sin(\theta_g - \theta_s)$$

PD의 출력 $\Delta\omega$ 는 직류값에 교류성분까지 포함되어 있는 기존 방식과는 달리 직류성분만으로 구성되어 있으므로 LPF가 필요 없음을 알 수 있다. 다음은 비례(Proportional, P) 제어기를 거쳐 이 P제어기 출력값인 $\Delta\omega_c$와 기본 각속도 ω_b를 더하여 ω_s를 계산한다. 이 각속도를 적분하여 위상각 θ_s를 구하고 $-\sin$ 과 $\cos$ 함수로 궤환신호 $V_{f,alpha}$와 $V_{f,beta}$를 각각 계산한다. 두 궤환신호 중 $V_{f,beta}$가 계통전압 위상 동기신호 θ가 되며, 기본 각속도를 중심으로 변화량을 조정하여 PLL의 두 입력신호 위상을 lock시킨다. 이 단상 계통전압에 대한 위상 동기신호는 단상계통 연계 인버터에서 유효전력 제어시 원하는 계통전류 값에 이 동기신호 θ를 곱하여 교류 기준 계통전류를 발생시키는 데 사용한다.

PLL 구조의 적분기($\frac{1}{s}$)를 C-block에서 표현하기 위해 discrete 형태로 변환하여야 한다. MATLAB의 c2d 함수를 이용하여 ZOH(zero order holder) 변환 방법을 적용한 m-file이 다음과 같이 주어진다.

```
s=tf('s');

Gc= tf(1,[1 0]); % integrator
Ts=0.00005;  % sampling 20 kHz
Gd = c2d(G,Ts, 'zoh')
```

실행 결과 이산 시간 적분기 표현식은 다음과 같다.

$$G_d(z) = \frac{\theta_s(z)}{\omega_s(z)} = \frac{T_s}{z-1}$$

$$\theta_s(k) = \theta_s(k-1) + T_s \cdot \omega_s(k)$$

C-code로 표현하면 다음과 같이 주어진다.

```
theta_s = theta_s_old + Ts*wS;
theta_s_old = theta_s;
```

PSIM으로 단상 PLL 시스템을 시뮬레이션 하기 위한 회로 schematic을 그림 15.4에 나타내었다. 회로는 계통전압을 측정하기 위한 회로와 C-block으로 구성되어 있다.

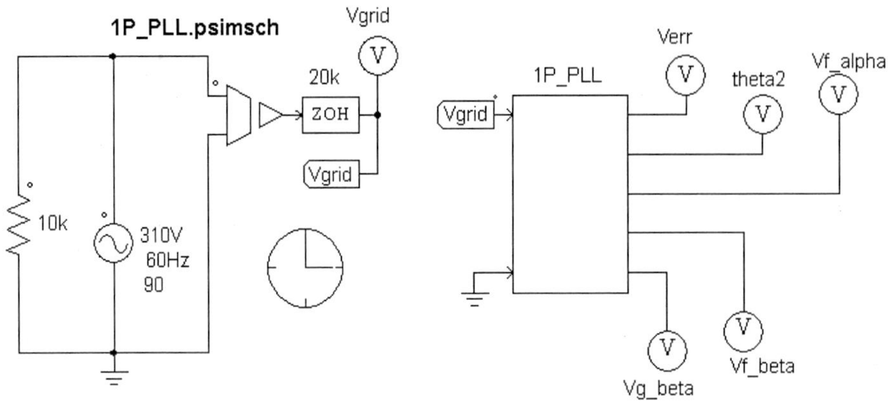

Figure 15.4 Circuit schematic of the single phase PLL

C-block의 코드는 다음과 같다.

```
#define wB 377
#define Kp 0.5
#define Ts 0.00005
#define PI 3.141592

double Vgrid, Vg_alpha, Vg_beta;
double Vf_alpha, Vf_beta;
double Verr, wS, theta2;

static double theta_s=0, theta_s_old=0;
static double Vgrid_old=0, Vg_beta_old=0;
/****** start here ******/
Vgrid = in[0];

Vg_alpha = Vgrid;
Vg_beta=0.9813*Vg_beta_old -
         0.9813*Vgrid+Vgrid_old;
Vg_beta_old = Vg_beta;
Vgrid_old = Vgrid;

Vf_alpha = -sin(theta_s);
Vf_beta =  cos(theta_s);

Verr=Vg_alpha*Vf_alpha+Vg_beta*Vf_beta;
wS = wB + Kp*Verr;

theta_s = theta_s_old + Ts*wS;
theta_s_old = theta_s;

theta2=2*PI*(theta_s/(2*PI) -
       (int)( theta_s/(2*PI)));

out[0] = Verr;
out[1] = theta2;
out[2] = Vf_alpha;
out[3] = Vf_beta;
out[4] = Vg_beta;
```

그림 15.5의 시뮬레이션 파형을 보면 위상각 θ_s는 계통 전압 V_{grid}에 동기되어 있다. 오차 V_e 는 1주기 내에 0으로 수렴하는 것을 알 수 있다. 피드백 신호 $V_{f,beta}$는 계통전압 V_{grid} 과 동일 주파수, 동일위상으로 동기화 됨을 알 수 있다.

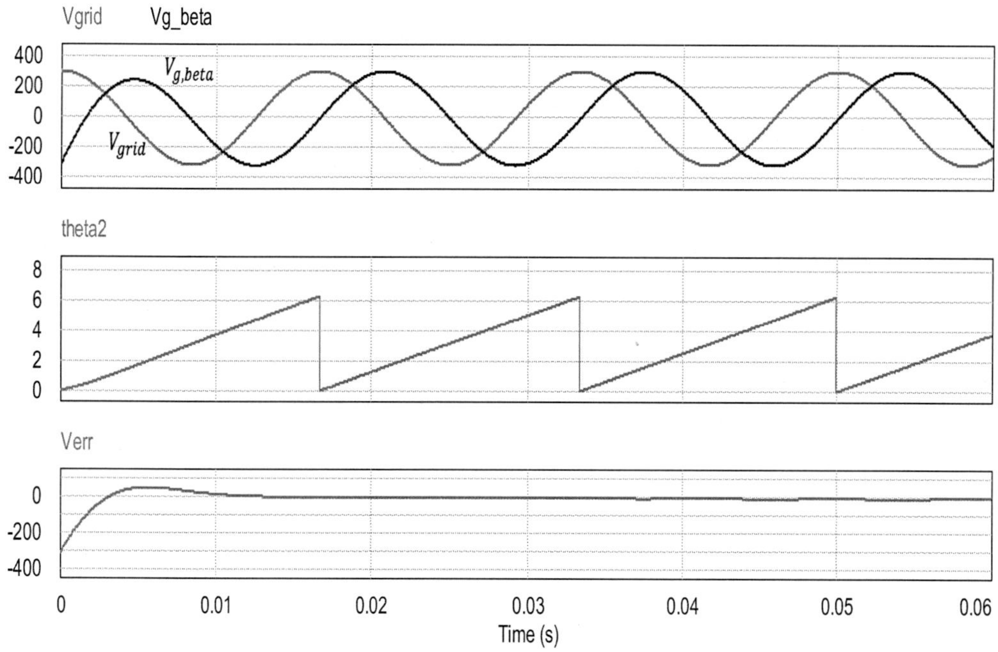

Figure 15.5 Simulation waveforms of the single phase PLL

15.2 3상 PLL

3상 PLL의 구조는 단상과 동일하며, 계통전압을 이용하여 V_{alpha} , V_{beta}를 만드는 블록만 차이가 난다. 즉 단상에서는 APF를 이용하여 V_{alpha}, V_{beta}를 생성하였지만, 3상에서는 balanced system이기 때문에 $abc \rightarrow \alpha\beta$ 변환식을 이용하여 간단히 V_{alpha}, V_{beta}를 만들 수 있다. 만약 3상 회로가 선전압(line-to-line voltage)으로 구성된 경우에 중성점 전압을 알아내서 상전압(phase voltage)으로 변환해야 한다. 선전압(V_{ab}, V_{bc}, V_{ca})과 상전압(V_{an}, V_{bn}, V_{cn})의 변환공식은 balanced system의 경우 다음과 같다.

$$V_{bn} = (V_{bc} - V_{ab})/3$$

$$V_{an} = V_{bn} + V_{ab}$$

$$V_{ca} = V_{ab} - 3V_{an}$$

$$V_{cn} = (V_{ca} - V_{bc})/3$$

3상 인버터에서 $abc \rightarrow \alpha\beta$ 변환식은 다음과 같이 주어진다.

$$V_{alpha} = V_{an}$$

$$V_{beta} = \frac{1}{\sqrt{3}}(V_{bn} - V_{cn})$$

3-상 PLL의 구조를 아래 그림 15.6에 나타내었다. 3-상 상전압에서 V_{alpha}, V_{beta}를 계산한 다음의 구조는 단상 PLL과 동일함으로 설명을 생략하도록 한다.

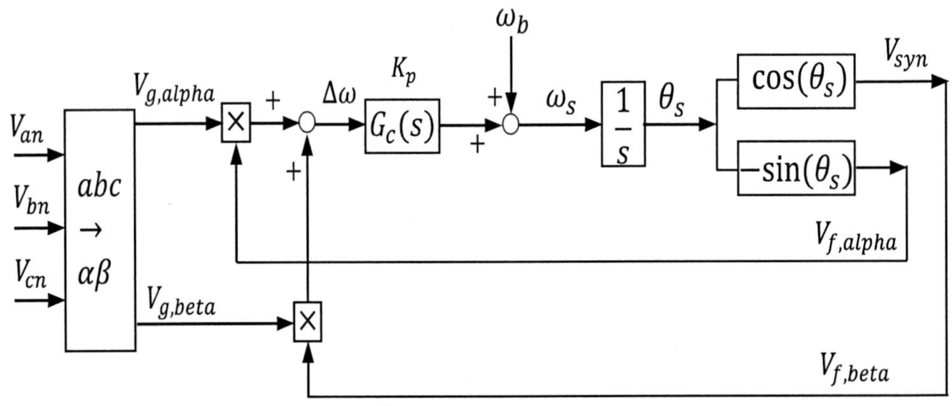

Figure 15.6 Configuration of 3-phase PLL system

PSIM으로 구성된 3-상 PLL 회로를 아래 그림 15.7에 나타내었다.

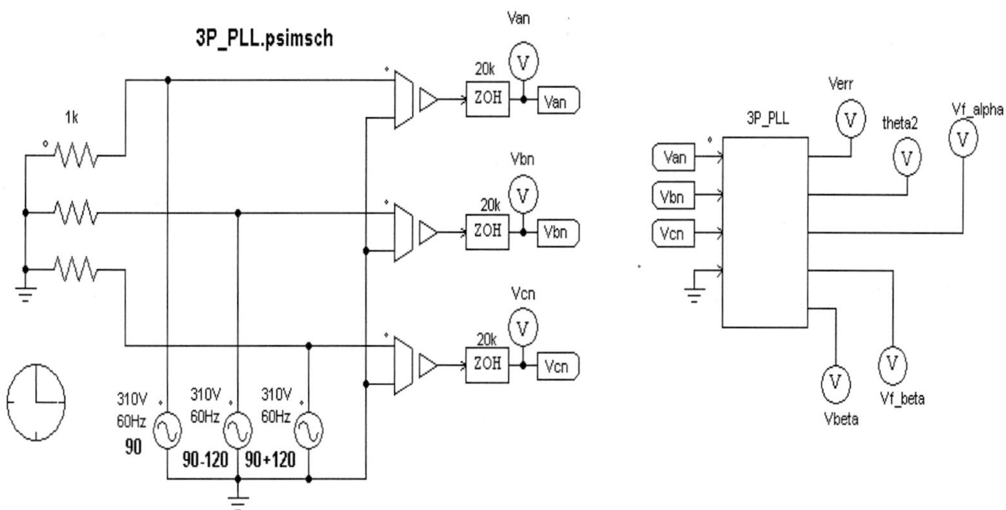

Figure 15.7 Circuit schematic of the 3 phase PLL

C-block의 코드는 다음과 같다.

```
#define wB 377
#define Kp 10
#define Ts 0.00005
#define PI 3.141592

double Van, Vbn, Vcn;
double Valpha, Vbeta;
double Vf_alpha, Vf_beta;
double Verr, wS, theta2;
static double theta_s=0, theta_s_old=0;

/****** start here ******/

Van      = in[0];
Vbn      = in[1];
Vcn      = in[2];

Valpha=(2./3.)*Van-(1/3.)*Vbn-(1/3.)*Vcn;
Vbeta = (Vbn-Vcn)/sqrt(3);

Vf_alpha = -sin(theta_s);
Vf_beta =  cos(theta_s);

Verr = Valpha*Vf_alpha + Vbeta*Vf_beta;
wS = wB + Kp*Verr;

theta_s = theta_s_old + Ts*wS;
theta_s_old = theta_s;

theta2 = 2*PI*(theta_s/(2*PI) -
      (int)( theta_s/(2*PI)));

out[0] = Verr;
out[1] = theta2;
out[2] = Vf_alpha;
out[3] = Vf_beta;
out[4] = Vbeta;
```

그림 15.8에 시뮬레이션 결과를 나타내었다. 시뮬레이션 파형을 보면 위상각 θ_s는 계통 상전압 V_{an}에 동기되어 있다. 오차 V_e 는 1주기 내에 0으로 수렴하는 것을 알 수 있다. 피드백 신호 $V_{f,beta}$는 계통전압 V_{an} 과 동일 주파수, 동일위상으로 동기화 됨을 알

수 있다.

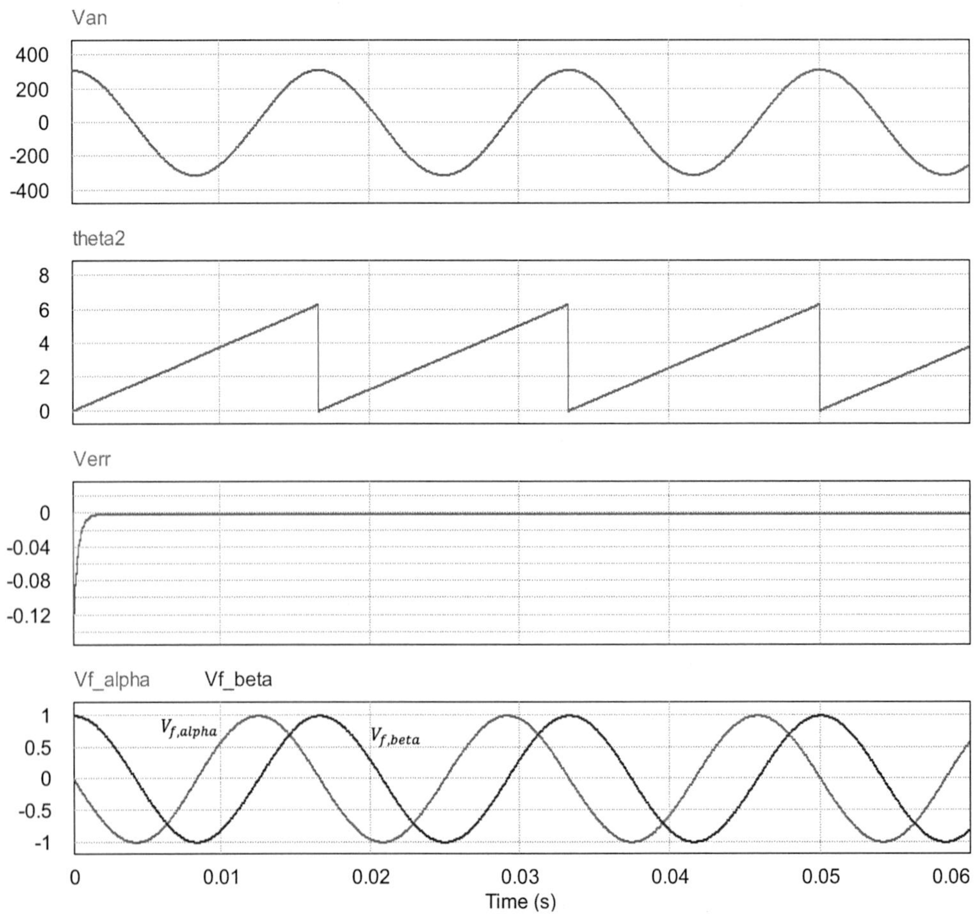

Figure 15.8 Simulation waveforms of the 3 phase PLL

16. Two-Stage 시스템

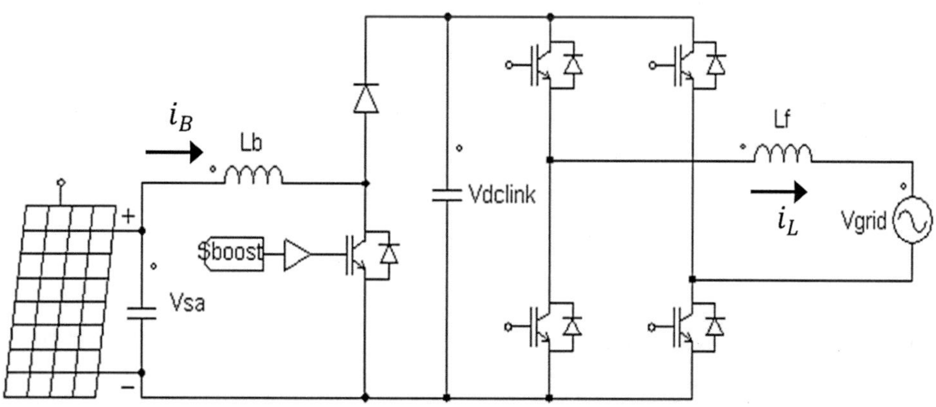

16.1 Solar Boost PCS

Two Stage 란 컨버터와 인버터로 구성된 시스템을 의미한다. 그림 16.1에 태양전지에 boost 컨버터와 단상 인버터로 구성된 two stage 형태의 Solar PCS 회로를 나타내었다. 제어기는 태양전지 전압 (V_{sa}) 제어를 위한 전압제어기와 DC link 전압(V_{dclink}) 제어를 위한 전압제어기 그리고 계통 인덕터 전류(i_L)제어를 위한 전류제어기가 필요하다.

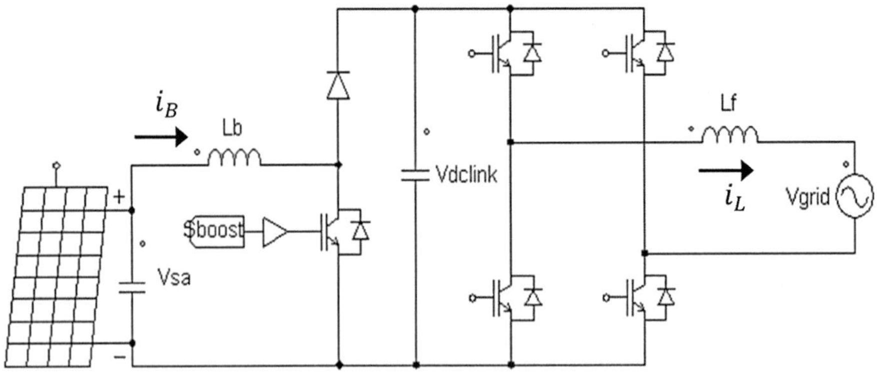

Figure 16.1 Solar Boost PCS circuit schematic

이와같이 two stage에서 여러 개의 제어기가 필요한 경우 가장 먼저 DC link 전압을 어느쪽(컨버터, 인버터)에서 제어할 것인가를 결정해야 한다. 태양전지 전압을 제어하는 boost 컨버터의 경우 입력전압(V_{sa})을 제어하기 위해 출력전압(V_{dclink})이 고정된 전압원으로 유지되어야 한다. 즉 입력이 제어듀티에 의해 제어되기 위해서는 출력이 반드시 고정된 상수값이 되어야 한다. 이것은 DC link 전압이 인버터에 의해서 제어되어야만 한다는 것을 의미한다. 따라서 인버터는 Dclink 전압제어를 하고 인덕터 전류가 계통과 동일 위상을 가지는 정현파로 제어되도록 double loop 구조로 구성된다. 그림 16.2에 Boost 컨버터와 단상인버터의 제어기 구조를 나타내었다. Solar boost 컨버터에서 사용했던 것과 같은 전압제어기 구조를 갖고 있고, 인버터도 Solar PCS 구조와 동일하다.

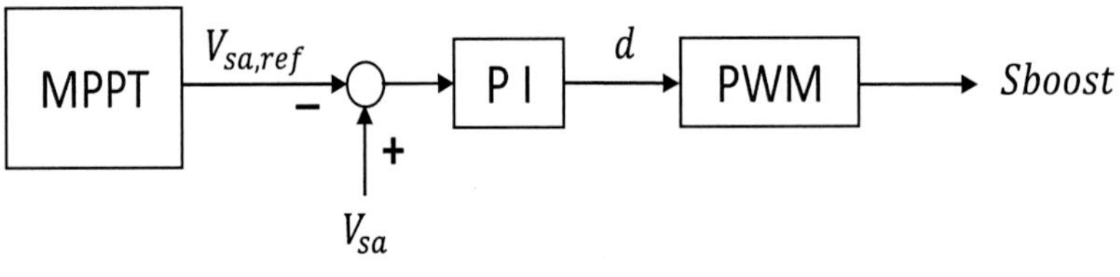

(a) Solar Boost voltage controller configuration

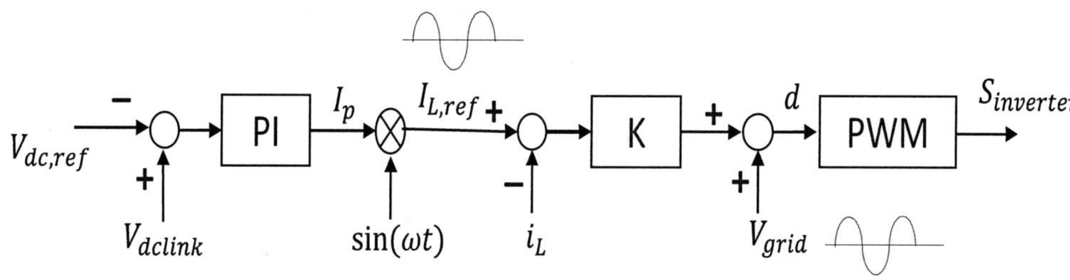

(b) Inverter double loop controller configuration

Figure 16.2 Controllers Configuration

그림 16.3에 시뮬레이션을 위한 PSIM Schematic을 나타내었다. 두 개의 C-block으로 구성되어 있으며, Boost 컨버터 제어를 위한 C-block (Solar_Voltage)는 solar boost 컨버터의 전압제어기 코드를 그대로 재사용하였고, 단상 인버터 제어를 위한 C-block (Solar_PCS_1P)는 solar 단상 인버터의 C-block 제어코드를 그대로 재사용하였다.

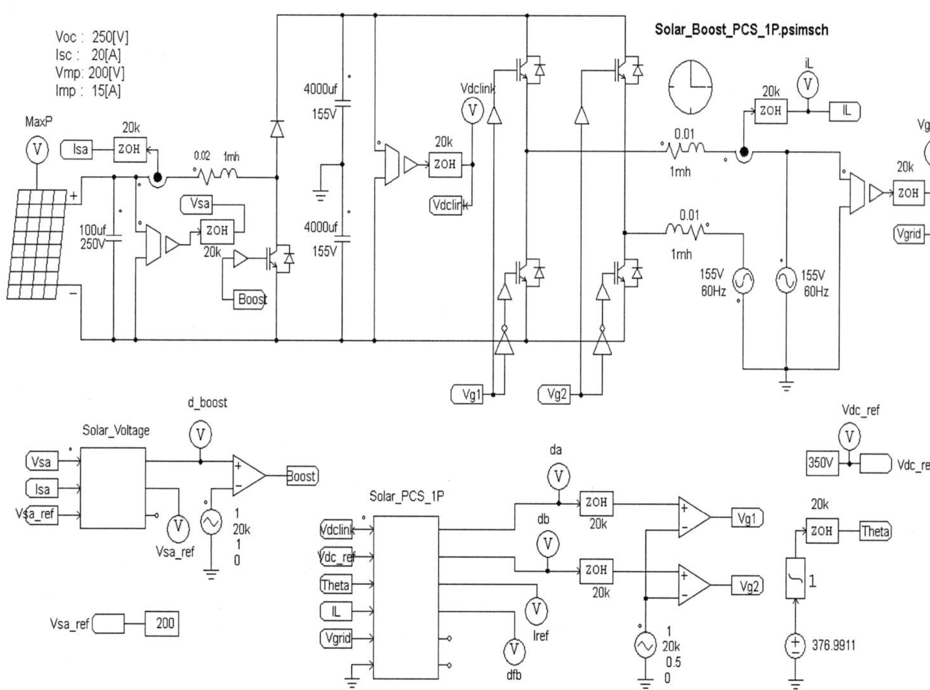

Figure 16.3 The simulation schematic for solar boost PCS

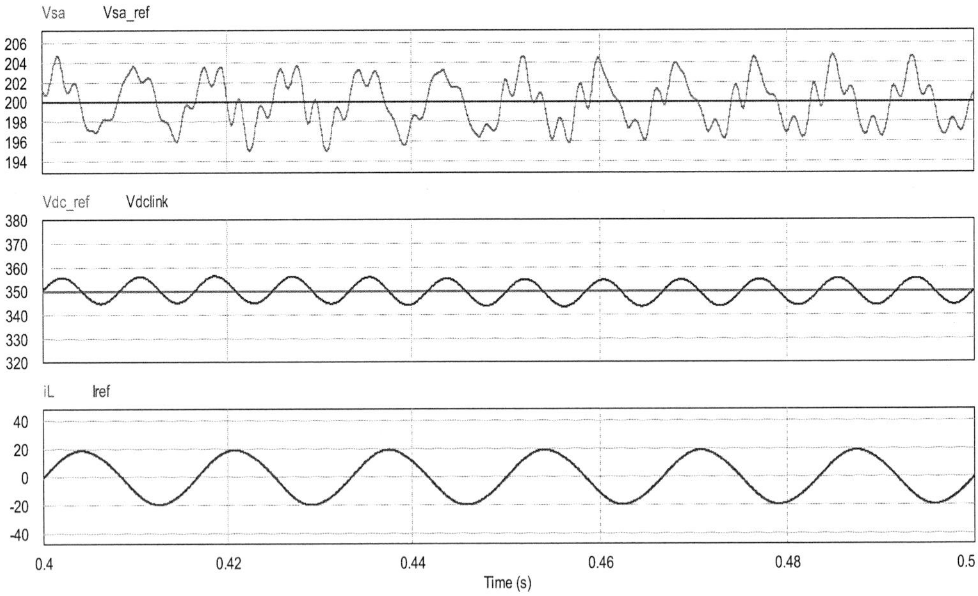

Figure 16.4 Simulation waveforms

그림 16.4에 시뮬레이션 파형을 나타내었다. 태양전지 전압이 기준전압 200 [V]에 제어되고 있으나, 120 [Hz] ripple에 고조파를 가진 파형으로 나타나 있다. 이것은 Dclink 전압이 120 [Hz] ripple이 있기 때문에 입력인 태양전지 전압에도 그대로 120 [Hz] 리플과 이로 인한 고조파가 포함된 것으로 보여진다. 인덕터 전류는 정현파로 제어기 설계사양대로 제어되고 있는 것을 알 수 있다.

만약 출력이 계통에 연결되어 있지 않고 저항부하에 연결되어 있다면, 제어기 구조는 어떻게 설계하여야 할까? 입력인 태양전지의 전압이 고정되어 있지 않고, 출력이 고정되어 있지 않기 때문에 제어가 불가능할 것이다. 만약 부하 전류 측정이 가능하다면 어떠할까? 아래 문제에 대해서 고민해 보고 Term Project으로 할 만한 문제이다.

설계 프로젝트) 그림 16.5에 Solar Boost UPS 회로 구조가 나타나 있다. 태양전지 전압제어기와 Dclink 전압제어기 그리고 인버터 전류제어기와 출력 교류 전압제어기가 필요하다. 부하전류 i_{load}는 측정이 가능하다. 제어기 블록을 설계하고 시뮬레이션 하시오.

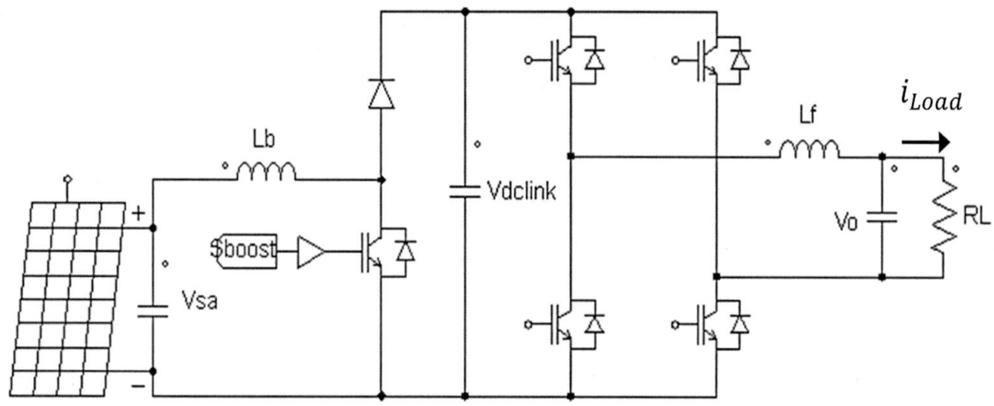

Figure 16.5 Solar boost UPS configuration

16.2 ESS two stage

그림 16.6에 배터리가 입력이고, boost 컨버터와 단상 PCS로 구성된 two stage ESS 구성도를 나타내었다. 앞의 Solar boost PCS와 다른 점은 태양전지 대신 배터리가 연결되어 있어서 양방향 전류흐름이 가능하다는 점이다.

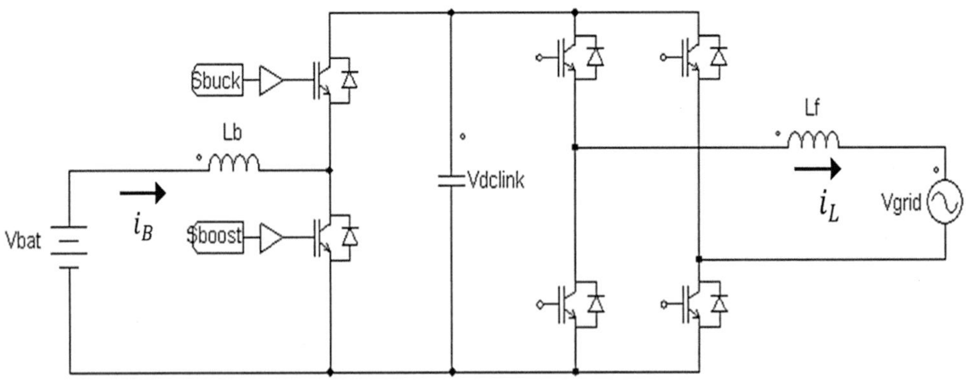

Figure 16.6 Two Stage ESS configuration

제어기 구성을 보자. 먼저 배터리에서 계통으로 전력 전송이 이루어지는 경우를 고려하자. 배터리전압이 입력이 되고 방전전류가 흐르게 되어 방전모드라 하자.

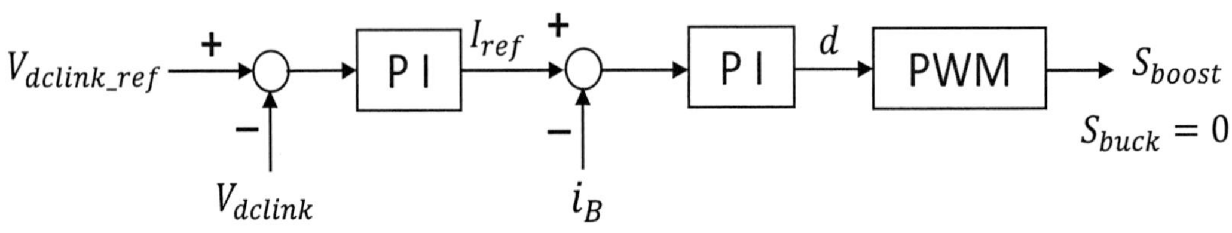

(a) Boost double loop controller configuration

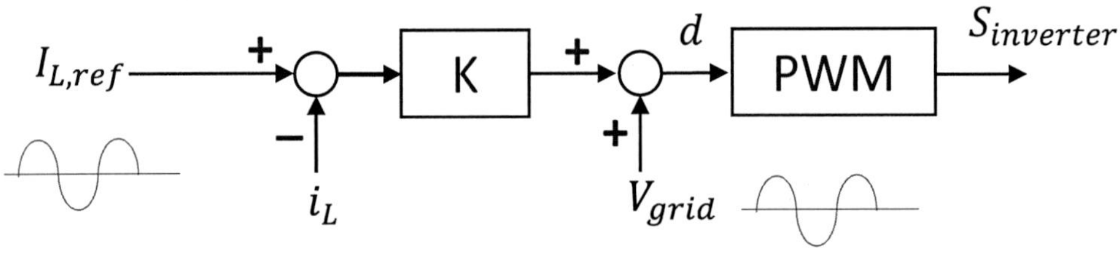

(b) Inverter current controller configuration

Figure 16.7 Discharge mode controller configuration

Boost 컨버터의 경우 입력전압(V_{bat})이 고정된 전압원이기 때문에 출력전압(V_{dclink})이 제어 변수가 된다. 이것은 DC link 전압이 Boost 컨버터에 의해서 제어된다는 것을 의미한다. 따라서 boost 컨버터는 double loop로 Dclink 전압제어를 한다. 인버터는 인덕터 전류가 계통과 동일 위상을 가지는 정현파로 제어되도록 single loop 전류제어기로 구성된다. 그림 16.7에 방전모드에서의 제어기 구성을 나타내었다.

다음으로 계통에서 배터리로 전력 흐름이 이루어지는 경우를 보자. 계통전압이 입력이 되고 배터리 전류가 출력이 되어 충전전류가 흐르게 되어 충전모드라 하자. 따라서 인버터는 Rectifier로 동작하며 출력전압(V_{dclink})이 제어 변수가 되어 double loop 전압제어기 구성을 가지게 된다. Buck 컨버터의 입력은 전압원 V_{dclink} 이고, 출력은 고정된 전압원 V_{bat}이기 때문에 전압제어를 할 수 없고, 충전 전류제어만 가능하다.

양방향 제어기를 설계할 때 고려할 매우 중요한 점이 하나 있다. 전류센서의 방향이 고정되어 있다는 점이다. 시뮬레이션 회로에서 전류센서의 방향은 배터리가 방전하는 방향과 계통으로 흘러 들어가는 방향으로 센서가 위치해 있다. 배터리 충전시 전류센서 출력은 원래 전류의 흐름과 반대로 되어 있기 때문에 센서의 측정값에 (-)를 곱해야 한다는 점이다.

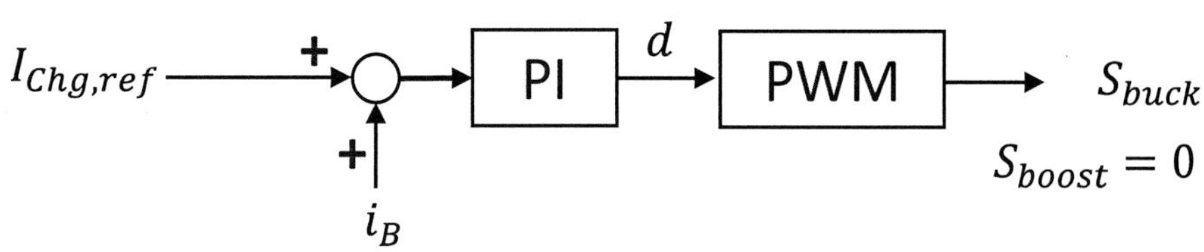

(a) Buck single loop current controller configuration

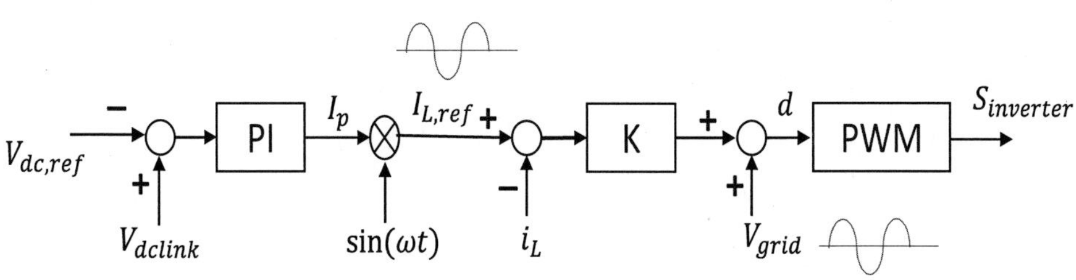

(b) Inverter double loop controller configuration

Figure 16.8 Charge mode controller configuration

이 점을 고려하여 그림 16.8 에 충전모드에서의 제어기 구성을 나타내었다. Buck 컨버터는 single loop 전류제어기로 동작하며, 충전 전류 i_B 의 반대 극성을 고려하여 부호가 +로 표현되어 있다는 점에 유의하자. Rectifier는 double loop로 동작하며, 인덕터 전류 i_L 의 부호가 반대 극성을 고려하여 전압의 오차 부호가 반대로 되어 있다. 단상 rectifier에서 사용한 C-block을 그대로 사용하였다.

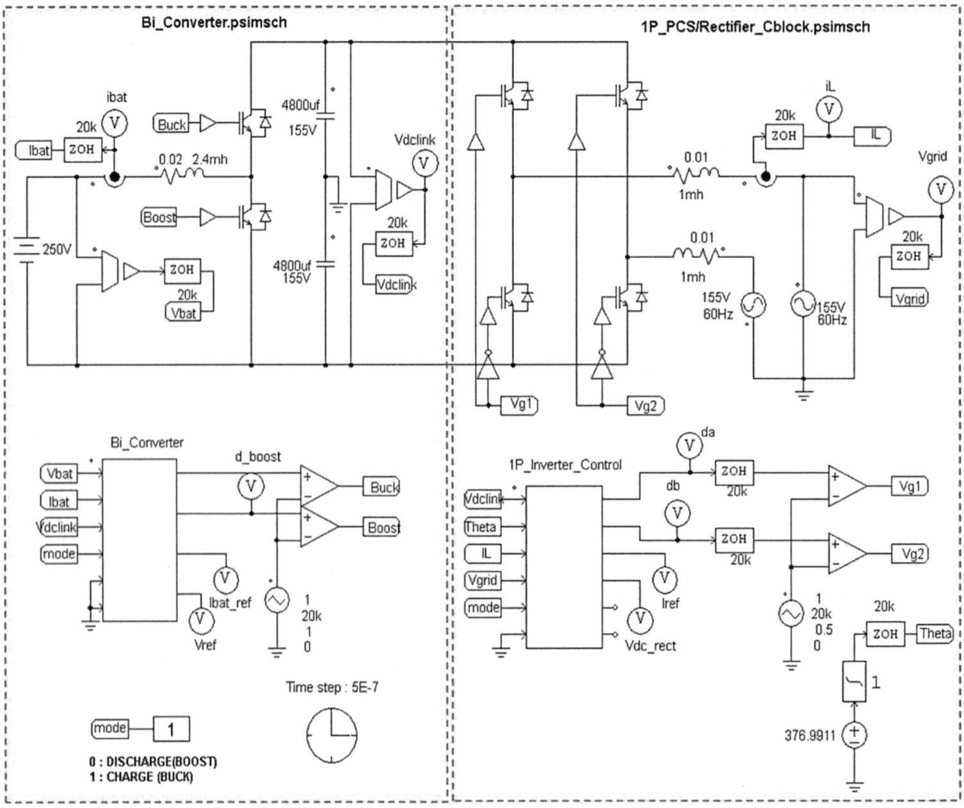

Figure 16.9 Simulation schematic for bi-directional current flow of two stage ESS

그림 16.9에 양방향 전류 흐름을 시뮬레이션 할 수 있는 two stage ESS의 구조도를 나타내었다. Buck-Boost 구조의 양방향 컨버터와 계통연계형 PCS로 구성된 하드웨어와 제어를 위한 2 개의 C-block으로 구성된다. 양방향 컨버터에서 사용한 C-block (Bi-Converter)을 그대로 사용하고, 단상Rectifier에서 사용한 C-block(1P_Inverter_Control)을 그대로 사용하였다.

아래에 두 개의 C-block을 나타내었다. 그림 16.10에 방전모드, 그림 16.11에 충전모드에서의 파형을 나타내었다. 방전모드에서 Dclink 전압은 부스트 전압제어기에 의해서 제어되고, 계통전압의 리플 120 [Hz]를 가지는 파형으로 나타난다. 계통전압과 전류는 동상(in-phase)으로 전력이 배터리에서 계통으로 전송되고 있는 것을 알 수 있다.

그림 16.11의 충전모드 파형에서 Rectifer에서 Dclink 전압제어가 잘 되고 있으며, 계통 전압과 전류가 역상(out-of phase)으로 전력이 계통에서 배터리로 이동하고 있는 것을 알 수 있다. 그리고 Buck 컨버터의 전류제어도 잘 이루어지고 있다.

```
double Vbat, Ibat, Vlink,  Mode;
double Vdc_ref,  Vdc_err;
double IL_ref, IL_err, duty;
double Ichg_ref;

static double  IL_ref_old=0,
Vdc_err_old=0;
static double duty_old=0, IL_err_old=0 ;

Vbat  = in[0];
Ibat  = in[1];
Vlink = in[2];
Mode  = in[3];

if (Mode == 0)  {    // discharge mode
  if (t < 0.2) Vdc_ref = 400;
  else          Vdc_ref =450;

  Vdc_err = Vdc_ref - Vlink;
  IL_ref = IL_ref_old +0.41273*Vdc_err -
        0.41273*0.999*Vdc_err_old;
  IL_ref_old=IL_ref;
  Vdc_err_old=Vdc_err;

  IL_err = IL_ref - Ibat;
  duty = duty_old +0.033082*IL_err -
        0.033082*0.949*IL_err_old;
  duty_old=duty;
  IL_err_old=IL_err;

  out[0]=0 ;       // buck
  out[1]=duty;   // boost
  out[2]= IL_ref;
  out[3] = Vdc_ref;
}

else if (Mode == 1)  {   // Charge
    Ichg_ref = 10;
    IL_err = Ichg_ref + Ibat;  // charge
current is negative sign
    duty = duty_old +0.033082*IL_err -
         0.033082*0.949*IL_err_old;
    duty_old=duty;
    IL_err_old=IL_err;

    out[0]=duty ;      // buck
    out[1]=0;           // boost
    out[2]= Ichg_ref;
}
```

```
double Vdc, Ip,  Theta, IL, Vc;
double duty_a,duty_b, flag;
int mode;
double  Iref, Ierr, Vcon, Verr, Vdc_ref;
static double Verr_old =0.0, Ip_old=0.0;

/****** start here ******/
Vdc      = in[0];
Theta    = in[1];
IL        = in[2];
Vc       = in[3];
mode     = in[4];

if (Vdc < 0.01) Vdc = 0.01;
if (mode == 0) { // discharge mode
     Ip = 10;
     if (t>0.3) Ip=Ip;
     else if ( t>0.1) Ip=2*Ip;
}

else if (mode == 1) { // Charge mode
     if  (t>0.2) Vdc_ref = 550;
     else         Vdc_ref = 450;
     Verr =  -(Vdc_ref - Vdc);
     Ip =   Ip_old +0.17946*Verr -
          0.17946*0.999*Verr_old;
     Ip_old=Ip;
     Verr_old=Verr;
}

/** Same as PCS Current Controller **/
Iref = Ip*sin(Theta);
Ierr = Iref - IL;

Vcon =20*Ierr + 0.01*IL +Vc;

if (Vcon >  Vdc/2)  Vcon =  Vdc/2;
if (Vcon < -Vdc/2)  Vcon = -Vdc/2;

duty_a =0.5 + Vcon/Vdc;
duty_b= 0.5 - Vcon/Vdc;

out[0] = duty_a;
out[1] = duty_b;
out[2] = Iref;
out[3] = Vdc_ref;
```

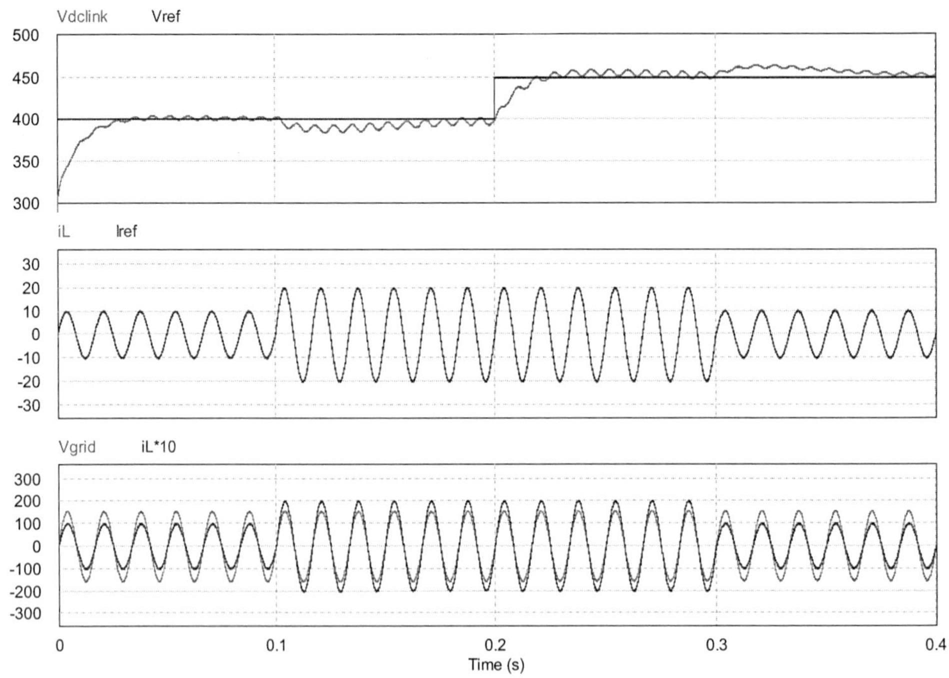

Figure 16.10 Discharge mode Waveforms

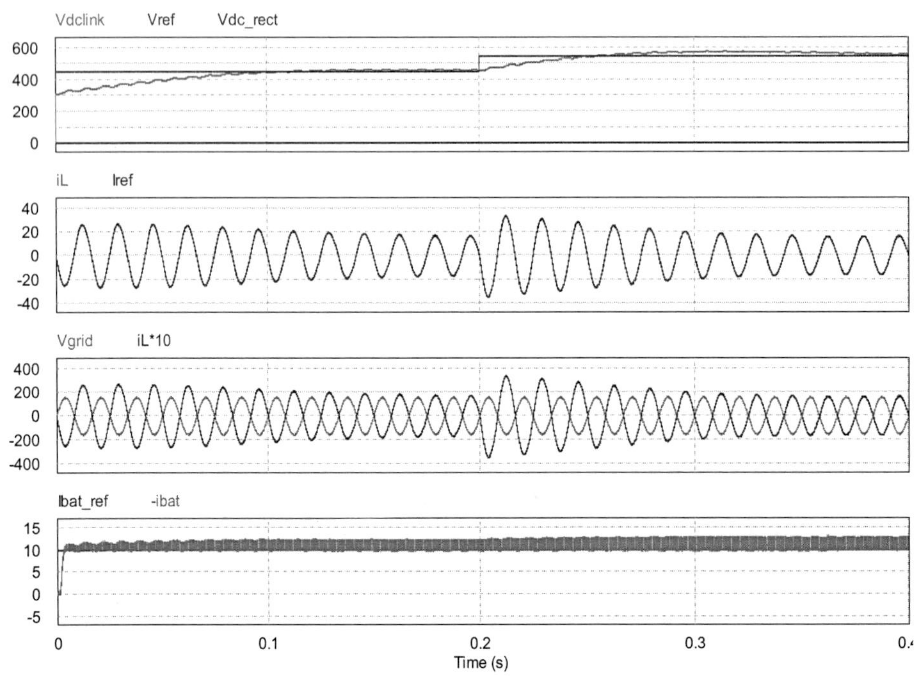

Figure 16.11 Charge mode Waveforms

16.3 Solar ESS

이 시스템은 Solar inverter (PCS)와 ESS를 결합한 것으로 그림 16.12와 같은 구성을 가지고 있다. 문헌에 따라서는 Hybrid ESS라는 표현을 사용하기도 한다.

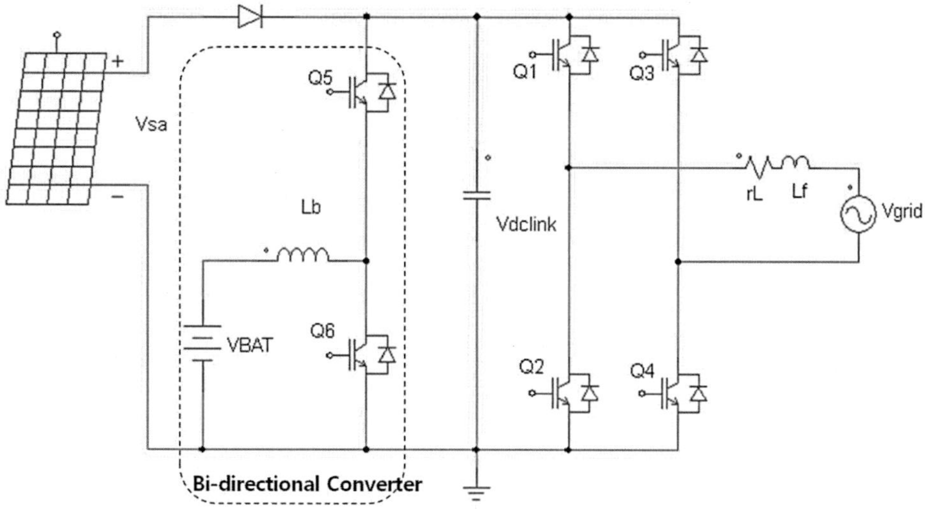

Figure 16.12 Solar ESS

구성을 살펴보면 Solar PCS(Q_1~Q_4)와 양방향 컨버터(Q_5, Q_6)로 구성되어 있다. Solar PCS는 MPPT 제어를 위한 V_{dclink} 전압제어와 단위 역률을 위한 인덕터 전류제어를 수행한다. 양방향(Bi-directional) 컨버터는 병렬로 Solar PCS에 연결되어 배터리 충방전을 수행한다. Solar PCS 제어기와 양방향 컨버터 제어기는 독립적으로 동작하며, 각각 다음과 같은 제어를 한다.

1. Solar PCS :

   - MPPT 제어 + 태양전지 전압(V_{sa}) 제어

   - 인덕터 전류 제어 : i_L을 단위역률로 제어 (크기는 제어안됨)

2. Bi-directional Converter :

   - ESS 모드로 배터리 충/방전 전류 제어

   - 태양전지 전력이 약할 경우 방전하거나, 태양전지 전력으로 충전.

   - 태양전지가 없을 경우 V_{dclink} 전압제어

Solar PCS 제어기는 13장에서 설명하였기 때문에 생략하고 양방향 컨버터 제어기 상태공간 모델링을 다시 한번 살펴 보도록 하자.

1) 방전 (Boost operation)

ON time (d)　　: $V_{Bat} = L\frac{di_L}{dt} + r_L i_L$

OFF time ($1-d$) : $V_{Bat} = r_L i_L + L\frac{di_L}{dt} + v_{sa}$

Averaging equation : $L\frac{di_L}{dt} + r_L i_L = v_{sa} \cdot d + (V_{Bat} - v_{sa})$

행렬 형식으로 나타내면 $\dot{X} = AX + Bu + F$로 비선형 방정식이다. 입력 $d = d_{fb} + d_{ff}$로 정의하면 비선형 행렬을 feed-forward입력(d_{ff})을 통해 상쇄시킬 수 있다. 계산하면

$$d_{ff} = -\frac{F}{B} = \frac{v_{sa} - V_{Bat}}{v_{sa}}$$

따라서 상태평균화 방정식은 다음과 같이 주어진다.

$$L\frac{di_L}{dt} + r_L i_L = v_{sa} \cdot d_{fb}$$

전달함수를 계산하면 다음과 같다.

$$\frac{I_{L(S)}}{d(s)} = G_1(S) = \frac{V_{sa}}{sL + r_L}$$

전류 제어기 설계를 위한 m-file을 나타내었다.

```
%%%%% Boost : Current Single %%%%%
s=tf('s');

Vbat = 200;  % Input voltage
L = 3e-3;    % L=3mh
rL=0.02;     %rL = 20 mohm
Vsa = 350; % sa dclink voltage

G1 = Vsa/(s*L+rL);
```

```
Kpi =1; Kii =1; %temporarily value
Gci = Kpi*(s+Kii)/s;

IL_ref  = 8;
%sisotool Current Single loop
%T=sisoinit(1);
%T.F.Value = IL_ref;
%T.G.Value = G1;
%T.C.Value = Gci;
%sisotool(T);
```

설계사양은 다음과 같다.

- BandWidth : 4800 [rad/s],
- Phase margin : 60 [deg]

Auto tuning에 의해 설계된 값은 다음과 같다.

$$G_{Ci}(s) = 0.0356\frac{(s+2780)}{s}$$

디지털 표현식으로 변환하면 다음과 같다.(f_{sw} = 20kHz, T=0.00005)

$$G_{Ci}(z) = 0.03967\frac{(z-0.902)}{z-1}$$

2) 충전 (Buck operation)

ON time (d) : $v_{sa} = L\frac{di_L}{dt} + r_L i_L + V_{Bat}$

OFF time $(1-d)$: $0 = L\frac{di_L}{dt} + r_L i_L + V_{Bat}$

Averaging equation : $L\frac{di_L}{dt} + r_L i_L = v_{sa}\cdot d - V_{Bat}$

입력 $d = d_{fb} + d_{ff}$로 정의하면 비선형 행렬을 feed-forward입력(d_{ff})을 통해 상쇄시킬 수 있다. 계산하면

$$d_{ff} = \frac{V_{Bat}}{v_{sa}}$$

상태평균화 방정식과 전달함수는

$$L\frac{di_L}{dt} + r_L i_L = v_{sa}\cdot d_{fb}$$

전달함수를 계산하면 다음과 같다.

$$\frac{I_{L(S)}}{d(s)} = G_1(S) = \frac{V_{sa}}{sL + r_L}$$

따라서 충전과 방전시의 전달함수는 동일하고 전류의 방향만 반대이기 때문에 같은 제어기 코드를 사용하고 듀티값의 부호만 변경시켜 주면 된다.

시뮬레이션 회로를 그림 16.13에 나타내었다. Solar PCS의 C-block은 13장 예제를 그대로 사용하였고, Bi_Converter C-block은 다음과 같다.

```
double Vbat, Ibat, Vlink,  Mode;
double Vdc_ref,  Vdc_err;
double IL_ref, IL_err, duty;
double Ichg_ref, Idchg_ref, Ibat_ref;

static double  IL_ref_old=0,
Vdc_err_old=0;
static double duty_old=0, IL_err_old=0 ;

Vbat  = in[0];
Ibat   = in[1];
Vlink   = in[2];
Mode  =in[3];

if (Mode == 0)  { // ESS mode
 if       (t<0.2) Ibat_ref =  0.0;
 else if (t<0.5) Ibat_ref = +10.0;
 else if (t<0.7) Ibat_ref = -100*t + 60;
 else             Ibat_ref = -10.0;

IL_err = Ibat_ref - Ibat;
```

```
duty = duty_old +0.03967*IL_err -
0.03967*0.902*IL_err_old;
duty_old=duty;
IL_err_old=IL_err;

if ( Ibat_ref > 0.0) {
   out[0]=0 ;       // buck
   out[1]=duty+(Vlink-Vbat)/Vlink; // boost
}
else if (Ibat_ref < 0.0) {
   out[0]=-duty + Vbat/Vlink ;     // buck
   out[1]= 0;   // boost
  }
}

else if (Mode ==1) {    // Solar PCS Only
  out[0]=0 ;  // buck  oFF
  out[1]=0;   // boost oFF
}

out[2] = Ibat_ref;
```

Solar PCS가 동작하고 ESS가 같이 동작하는 모드를 Mode 0 라 하고 Solar PCS만 동작하는 모드를 Mode 1, ESS만 동작하는 모드를 Mode 2라 하자. 시뮬레이션은 Mode 0에 대해서만 수행한다. Mode 1과 Mode 2는 이미 앞 장들의 예제에서 설명되었다.

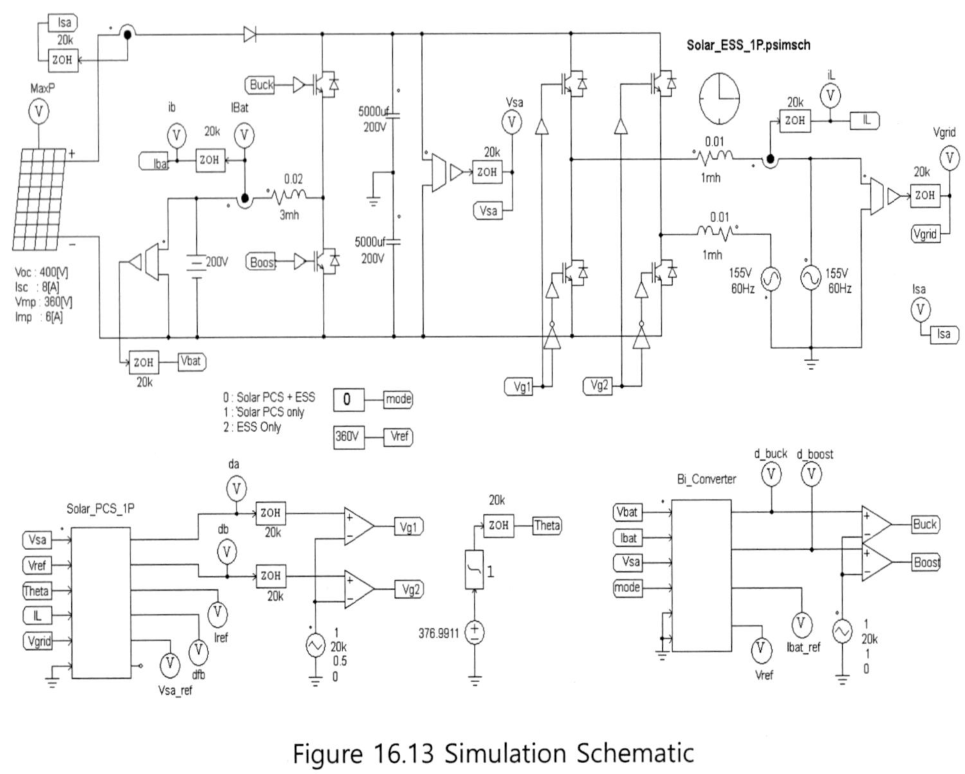

Figure 16.13 Simulation Schematic

ESS 모드의 기준전류를 정전류 방전(+10A)에서 tapering down 해서 정전류 충전(-10A)까지 변화시켰을때의 파형과, Solar PCS의 태양전지 전압 파형과 계통 전류 파형이 그림 16.14에 나타나 있다. Solar PCS가 태양전지 전압 제어를 하고 있는 상태에서 배터리가 방전하게 되면 전압 리플이 더욱 커지는 것을 알 수 있고, 충전하게 되면 태양전지 전압 리플이 감소하게 된다. 따라서 계통으로 유입되는 인덕터 교류 전류값도 감소하는 것을 알 수 있다.

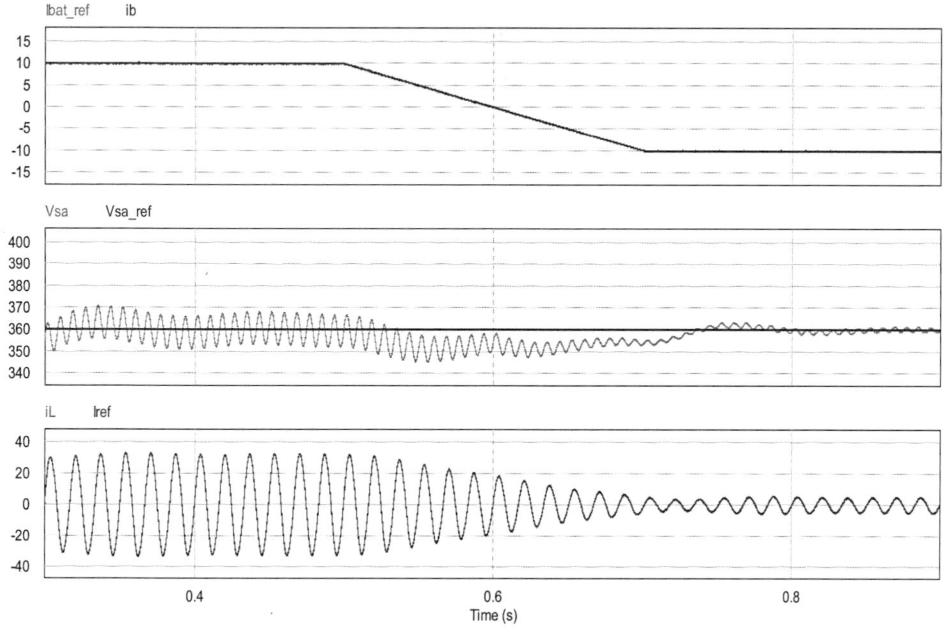

Figure 16.14 Simulation waveform (mode 0)

실습 문제) 아래 회로는 Two Stage PV-ESS 구성도이다. Two stage Solar PCS와 Bi-directional converter가 Dclink 전압에 연결되어 있는 형태이다.

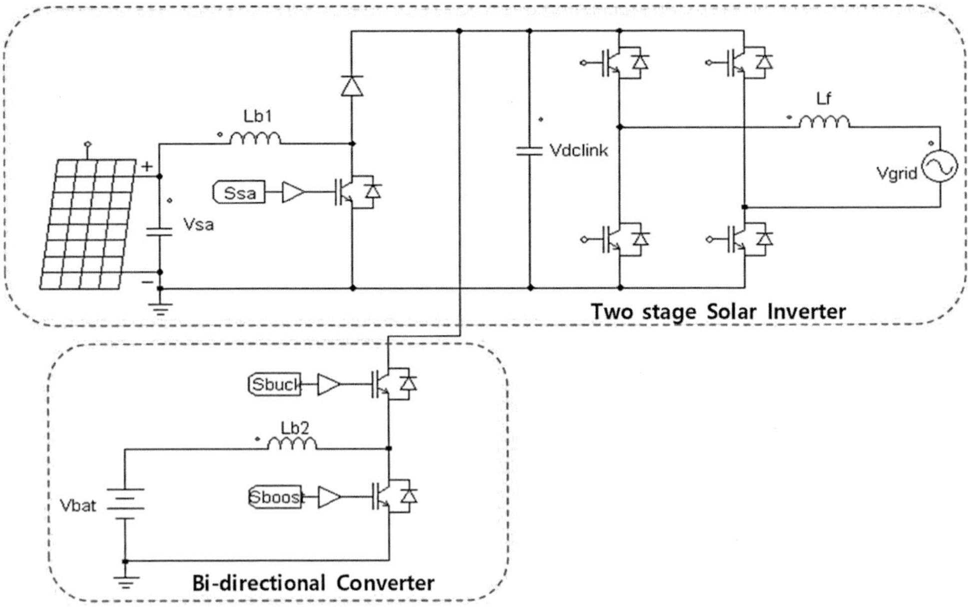

Figure 16.15 Two stage PV-ESS Configuration

동작 모드는 다음과 같이 정의된다.

MODE	Power Flow	Operation
0	Solar -> Grid Battery -> Grid	Solar + Battery Discharge
0	Solar -> Grid Solar -> Battery	Solar + Battery Charge
1	Grid -> Battery	Battery Charge from Grid
2	Battery -> Grid	Battery Discharge to Grid

제어기 설계를 각자 해보자. Term-Project으로 진행하는 것이 더 좋다.

17. 주파수 해석

17.1 주파수 해석 방법

제어기 설계 방법은 스위치 ON, OFF 상태에 따라 등가회로를 만들고 상태방정식을 계산한 후 상태 평균화 기법을 이용해 상태공간 표현식을 만들었다. 라플라스 변환을 통해 주파수 전달함수를 만든 다음에 PI 제어기의 이득을 Bode 선도를 이용한 SISOTOOL의 automated tuning 방법을 적용해 계산해 내었다. 제어기 구성은 single loop와 double loop으로 이루어졌다.

이러한 과정들은 수학적인 해석으로 이루어지기 때문에 실제 하드웨어를 이용한 회로 시뮬레이션에서도 동일한 주파수 전달함수 특성을 얻을 수 있는지에 대한 궁금증이 생긴다. 즉 MATLAB 을 통해 얻어진 주파수 전달함수의 bode 선도와 실제 하드웨어로 구성된 PSIM 회로의 ac sweep 기능을 이용해 얻어진 bode 선도가 동일한지를 알아보는 것이 목적이다. 만약 두 개의 bode 선도가 동일하다면 모델링 수식 계산과 주파수 전달함수가 정확하게 계산되었다는 것을 확인할 수 있는 중요한 척도가 된다.

수학적 기반 모델인 MATLAB은 수학적 함수를 통해 bode plot를 나타낼 수 있지만, 실제 회로 기반인 psim에서는 설계조건에 맞는 회로를 구현해야만 bode plot을 나타낼 수 있기에 ac-sweep을 사용하기 위해서는 Psim에서 요구하는 조건에 맞는 open-loop와 closed-loop를 구현해야 한다. Open loop는 feedback-loop가 구성되지 않도록 특정 지점에서의 개방이 필요하다. 따라서 그림 17-1과 같이 특정 지점인 T_1과 T_2 사이에 ac-probe를 연결하여, AC 신호인 Vsweep를 인가해야 한다. Feedback-loop의 Gain 값이 1일 경우 AC 신호의 sweep 되는 주파수와 설정값을 연산하면 T_1/T_2의 비는 open loop의 gain으로써 `Element → other → AC sweep` 라이브러리가 있다.

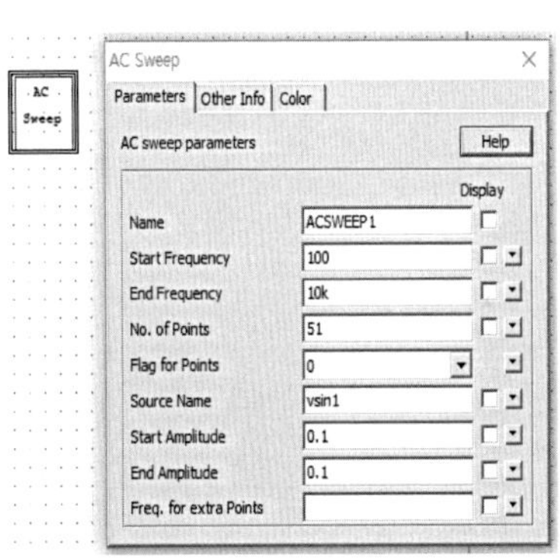

Parameter 정의는 다음과 같다.

Start Frequency : Start frequency of the ac sweep, in Hz
End Frequency : End frequency of the ac sweep, in Hz
No. of Points : Number of data points
Flag for Points : Flag to define how the data points is generated.
Flag = 0: Points are distributed linearly in LOG10 scale
1: Points are distributed linearly in linear scale
Source Name : Name of the excitation source
Start Amplitude : Excitation source amplitude at the start frequency
End Amplitude : Excitation source amplitude at the end frequency
Freq. for extra Points Frequencies of additional data points. If the frequency-domain characteristics change rapidly at a certain frequency range, one can add extra points in this region to obtain better data resolution

루프 이득을 측정하기 위한 Probe를 선택할 수 있는 2 개의 library가 있다. `Elements → Other → Probes → AC Sweep Probe, AC Sweep Probe(loop)`가 있다. 두 종류 Probe에 대한 설명을 아래에 정리하였다. 즉 AC Sweep Probe를 연결하면 Closed loop gain을 측정하여 bode 선도를 그릴 수 있고, AC Sweep Probe(loop)를 연결하면 Open loop gain을 측정하여 bode 선도를 그릴 수 있다.

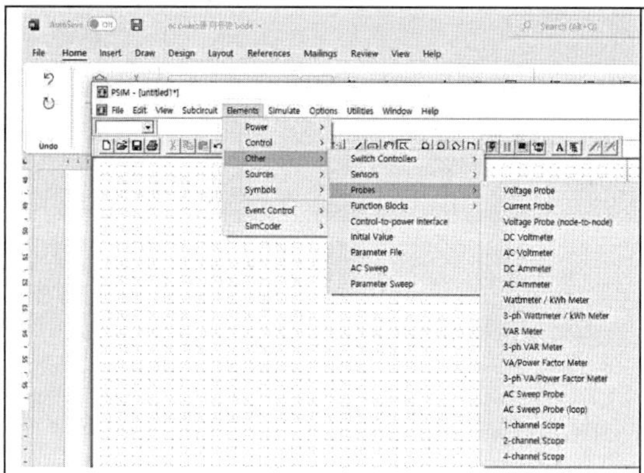

AC Sweep Probe	AC Sweep Probe(loop)
	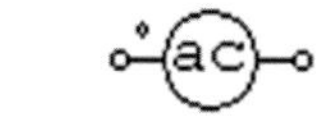
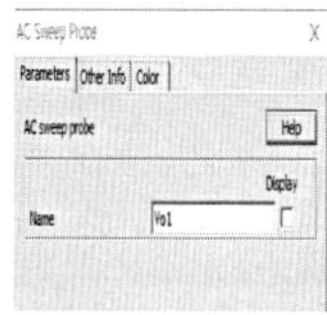	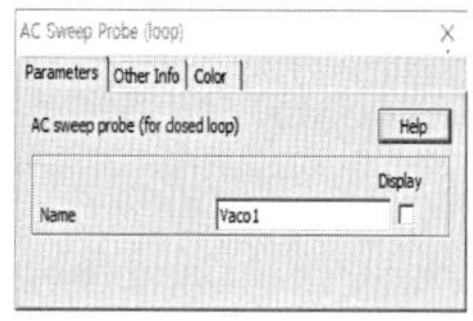
< Closed loop gain 측정>	<Open loop gain 측정>

PSIM Operation manual을 보면 AC analysis의 단계들이 다음과 같이 정의된다.

1. Identify a sinusoidal voltage source as the excitation source for the ac sweep.
2. Place the ac sweep probes ("AC Sweep Probe") at the desired output location. To measure the loop response of a closed control loop, use the node-to-node probe ("AC Sweep Probe (loop) ").
3. Place the AC Sweep element on the schematic, and define the parameters of the ac sweep.
4. Run PSIM

PSIM 에서 Open Loop, Close Loop bode 구현 방법에 대해 알아보자.

1. Open loop bode: 아래 그림 11.1에 open loop bode 선도를 그리는 구조가 나타나 있다. Open loop 이득을 구하기 위해 feedback loop 를 끊고 AC sweep signal을 연

결한 후 양 단에 loop 이득을 측정할 수 있는 Probe를 연결하는 것이다. AC sweep 신호는 정현파로서 시작주파수와 끝 주파수를 지정해야 한다. 그림에서 알 수 있듯이 T_1, T_2 사이에 AC sweep probe (loop)를 삽입하고 Vsweep을 이 사이에 연결하여 주파수 이득을 측정하면 하면 된다. Open loop gain To는 다음 수식으로 계산된다.

$$\mathrm{To(s)} = \frac{T_1}{T_2} = G_c(\mathrm{s})\mathrm{G(s)}$$

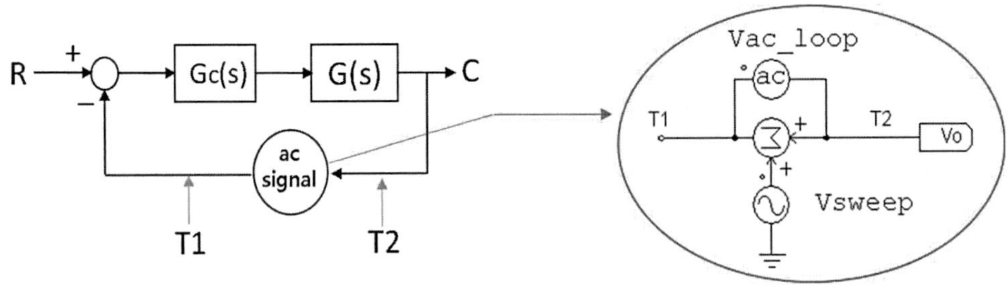

(a) configuration (b) AC sweep signal

Figure 17.1 The configuration of open loop gain simulation

2. Closed Loop bode: 아래 그림 17.2에 Closed loop bode 선도를 그리는 구조가 나타나 있다 기준입력 R에 직렬로 Vsweep을 삽입하고 출력 C에 ac sweep probe를 연결하여 페루프 이득 V_{o1}을 측정한다. 페루프의 이득은 다음과 같이 표현된다. Ac sweep의 magnitude는 reference 값의 1/20 ~1/50으로 결정한다.

$$\mathrm{T}_C(\mathrm{s}) = \frac{C}{R} = \frac{\mathrm{G}_C(\mathrm{s})G(s)}{1 + \mathrm{G}_C(\mathrm{s})G(s)}$$

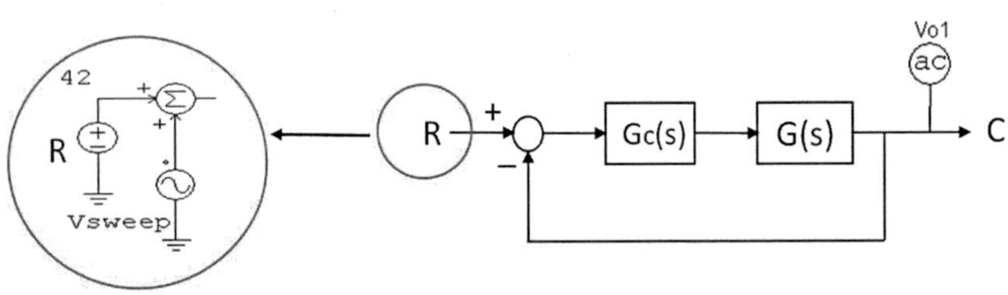

Figure 17.2 The configuration of closed loop gain simulation

17.2 Buck 주파수 해석

Buck 컨버터 상태평균화 방정식에서 라플라스 변환을 통해 얻어낸 전달함수를 다시 표시하였다.

$$\frac{I_L(s)}{d(s)} = C(sI - A)^{-1}B = \frac{(\frac{V_{in}}{L})(s + 1/RC)}{s^2 + (1/RC)s + 1/LC} = G_1(s)$$

$$\frac{V_C(s)}{d(s)} = C(sI - A)^{-1}B = \frac{V_{in}/LC}{s^2 + (1/RC)s + 1/LC} = G_2(s)$$

$$\frac{V_C(s)}{I_L(s)} == \frac{1/C}{s + (1/RC)} = G_3(s)$$

Buck converter 회로 파라미터는 다음과 같이 주어진다.

Parameters	Name	Value [Unit]
Vin	Input Voltage	100 [V]
d	Duty	0.3
R	Resistance	5 [Ω]
L	Inductor	2 [mH]
C	Capacitor	500 [uF]

$G_1(s)$ Bode 선도를 위한 m-file 과 AC Analysis를 위한 PSIM schematic은 아래와 같다.

```
s=tf('s');

Vin = 100;
L = 2e-3;      % L=2mh
C = 500e-6;    % C=500uf
R = 5;

Den = (s^2+s/(R*C)+1/(L*C);
G1 =(Vin/L)*(s+1/(R*C))/Den;%IL/d
G2 = Vin/(L*C)/Den;            % Vc/d
G3 = (1/C)/(s+1/(R*C));       % Vc/IL

bode(G1);
```

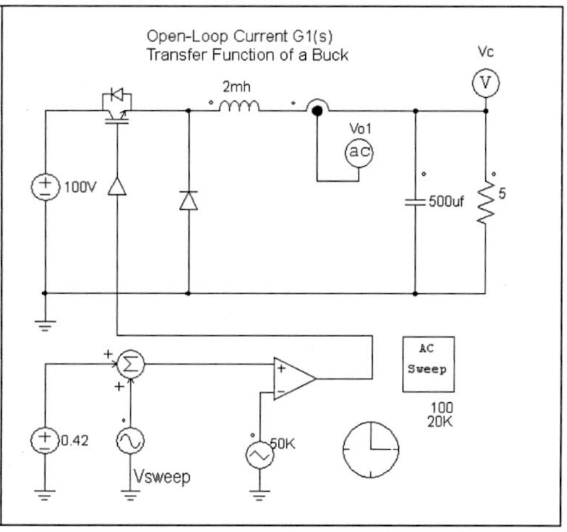

실행 결과를 그림 17.3에 나타내었다. 두 그래프를 비교해 보면 $G_1(s)$ Bode MATLAB의 그래프와 PSIM AC Sweep의 결과가 완벽히 일치하는 것을 알 수 있다. 이것으로 상태평균화 방정식을 이용한 $G_1(s)$ 전달함수가 옳게 계산되었다고 결론지을 수 있다.

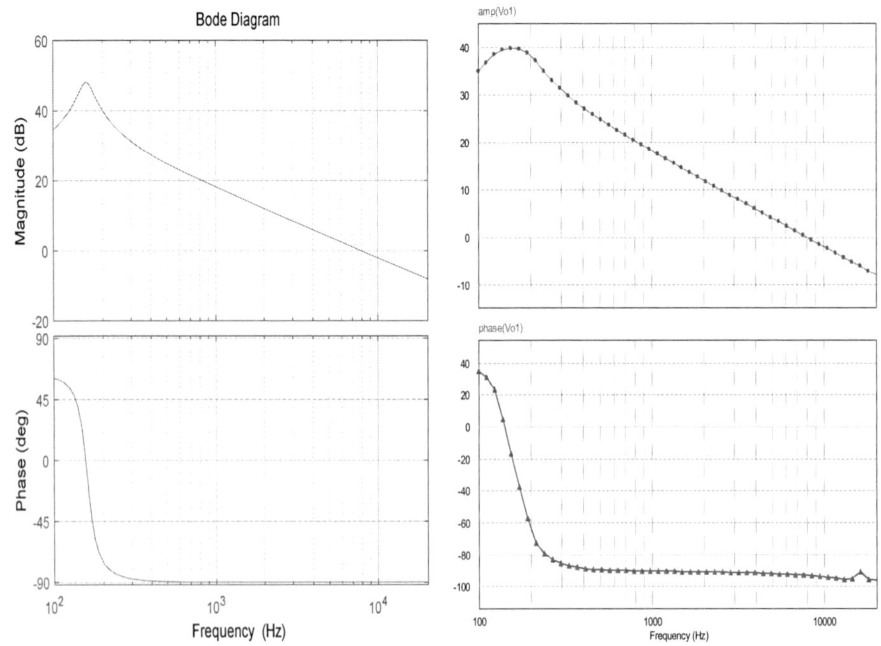

(a) MATLAB 그래프 (b) PSIM 그래프

Figure 17.3 $G_1(s)$ Bode plot comparison

다음으로 $G_2(s)$ Bode 선도 MATLAB과 PSIM으로 그려 보자. MATLAB m-file 과 AC Analysis를 위한 PSIM schematic은 아래와 같다.

```
s=tf('s');
Vin = 100;
L = 2e-3;      % L=2mh
C = 500e-6;    % C=500uf
R = 5;

Den = (s^2+s/(R*C)+1/(L*C);
G1 =(Vin/L)*(s+1/(R*C))/Den; %IL/d
G2 = Vin/(L*C)/Den;            % Vc/d
G3 = (1/C)/(s+1/(R*C));      % Vc/IL

bode(G2);
```

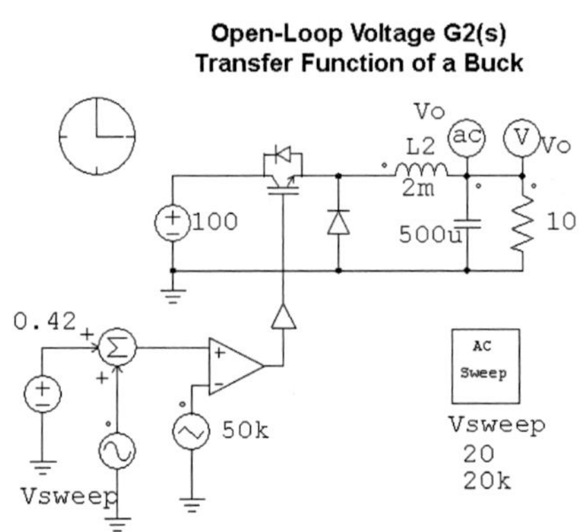

실행 결과를 아래 그림 17.4에 나타내었다. 두 그래프를 비교해 보면 $G_2(s)$ Bode MATLAB의 그래프와 PSIM AC Sweep의 결과가 완벽히 일치하는 것을 알 수 있다. 이것으로 상태평균화 방정식을 이용한 $G_2(s)$ 전달함수가 옳게 계산되었다고 결론지을 수 있다.

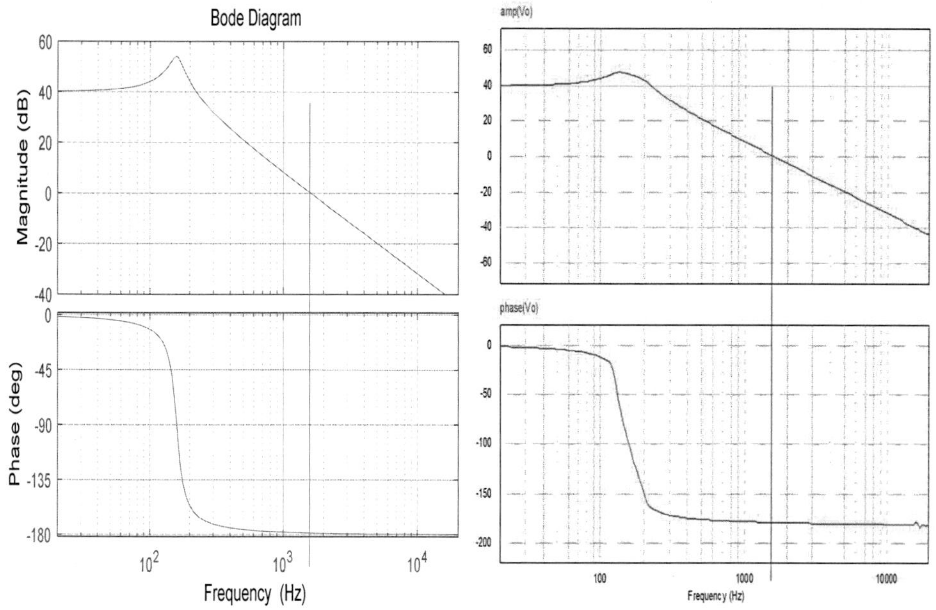

(a) MATLAB 그래프 (b) PSIM 그래프

Figure 17.4 $G_2(s)$ Bode plot comparison

다음으로 전류제어기 설계를 보자. 설계 파라미터가 다음과 같이 제시되었다.

- 차단 주파수 ω_c = 5000[rad/sec]= 796[Hz]
- 위상여유 P.M. = 60 [deg]

SISOTOOL을 이용하여 설계된 제어기 수식은 다음과 같이 주어진다.

$$G_{ci}(s) = \frac{K_{pi}(s + K_{ii})}{s} = \frac{0.083(s + 2900)}{s}$$

제어기를 포함한 Open loop 이득은 다음의 수식으로 주어진다.

Open loop gain : $T_{oi}(s) = \frac{T_1}{T_2} = G_{ci}(s)G_1(s)$

폐루프 이득(closed loop gain)은 다음 수식으로 계산된다.

Close loop gain $T_{ci}(s) = \frac{C(s)}{R(s)} = \frac{G_{ci}(s)G_1(s)}{1+G_{ci}(s)G_1(s)}$

MATLAB으로 $T_{oi}(s)$, $T_{ci}(s)$의 bode 선도를 그릴때의 m-file은 다음과 같다.

```
s=tf('s');
Gci = 0.083*(s+2900)/s;

Toi=Gci*G1;
bode(Toi);
```

```
s=tf('s');
Gci = 0.083*(s+2900)/s;

Tci=feedback(Gci*G1,1);
bode(Tci);
```

PSIM AC sweep으로 $T_{oi}(s)$, $T_{ci}(s)$의 bode 선도를 그리기 위한 회로는 다음과 같다.

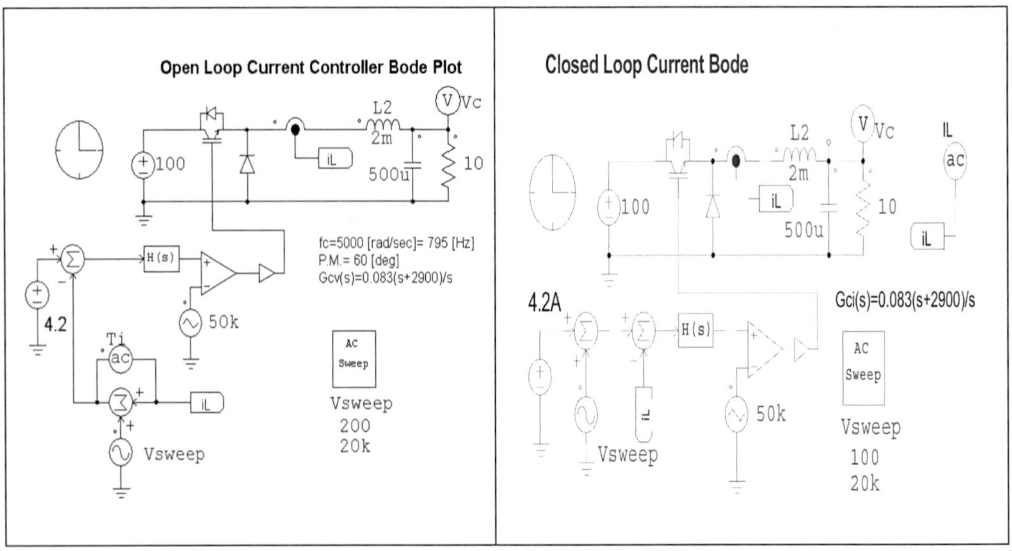

Open loop gain $T_{oi}(s)$ 에 대한 MATLAB과 PSIM의 bode 선도를 아래 그림 17.5에 비교하였다. 두 그래프가 완벽하게 일치한다는 것을 알 수 있다. 따라서 설계된 제어기가 실제 회로에서도 MATLAB 결과대로 동일하게 동작한다는 결론을 얻을 수 있다.

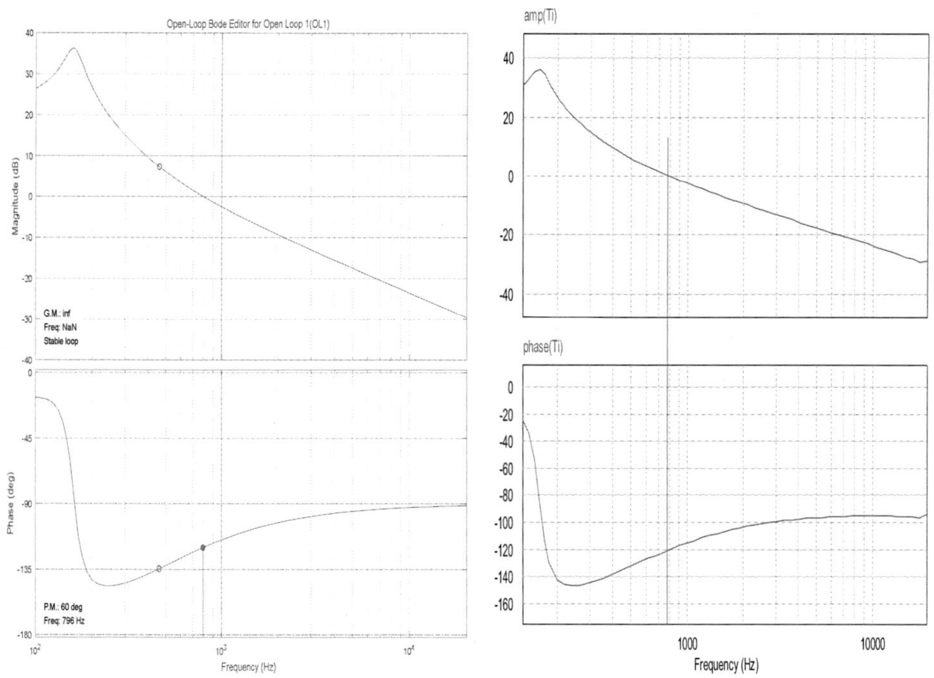

(a) MATLAB (b) PSIM

Figure 17.5 Open loop gain $T_{oi}(s)$ Bode plot comparison

Close loop gain $T_{ci}(s)$ 에 대한 MATLAB과 PSIM의 bode 선도를 아래 그림 17.6에 비교하였다. 두 그래프가 저주파 대역의 Magnitude의 시작값이 차이가 난다는 점을 제외하고는 일치한다는 것을 알 수 있다. 이것은 AC Sweep 신호의 크기를 저주파에서 약간 증가시키면 해결될 것으로 여겨진다. 따라서 설계된 제어기가 실제 회로에서도 MATLAB 결과대로 동일하게 동작한다는 결론을 얻을 수 있다.

전압제어기 설계를 보자. 설계 파라미터가 다음과 같이 제시되었다.

- 차단 주파수 ω_c = 100[rad/sec] = 16.1[Hz]
- 위상여유 P.M. = 90 [deg]

SISOTOOL을 이용하여 설계된 제어기 수식은 다음과 같이 주어진다.

$$G_{cv}(s) = \frac{K_{pv}(s + K_{iv})}{s} = \frac{0.0002(s + 5000)}{s}$$

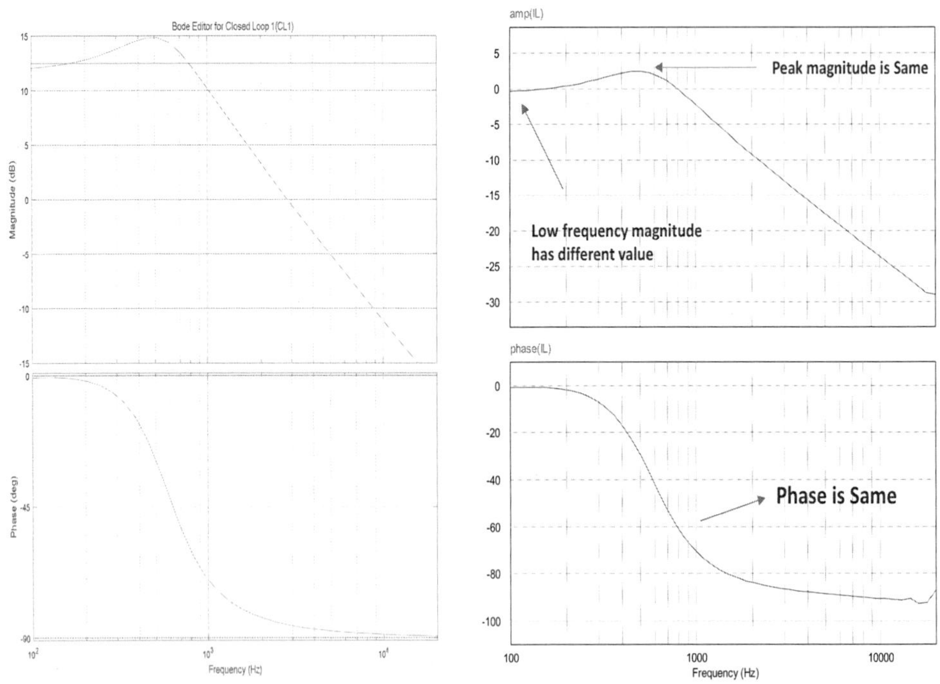

(a) MATLAB (b) PSIM

Figure 17.6 Closed loop gain $T_{ci}(s)$ Bode plot comparison

제어기를 포함한 Open loop 이득은 다음의 수식으로 주어진다.

Open loop gain : $T_{ov}(s) = \frac{T_1}{T_2} = G_{cv}(s)G_2(s)$

페루프 이득(closed loop gain)은 다음 수식으로 계산된다.

Close loop gain $T_{cv}(s) = \frac{C(s)}{R(s)} = \frac{G_{cv}(s)G_2(s)}{1+G_{cv}(s)G_2(s)}$

MATLAB으로 $T_{ov}(s)$, $T_{cv}(s)$의 bode 선도를 그릴때의 m-file은 다음과 같다.

```
s=tf('s');
Gcv = 0.0002*(s+5000)/s;

Tov=Gcv*G2;
bode(Tov);
```

```
s=tf('s');
Gcv = 0.0002*(s+5000)/s;

Tcv=feedback(Gcv*G2,1);
bode(Tov);
```

PSIM AC sweep으로 $T_{ov}(s), T_{cv}(s)$의 bode 선도를 그리기 위한 schematic은 다음과 같다.

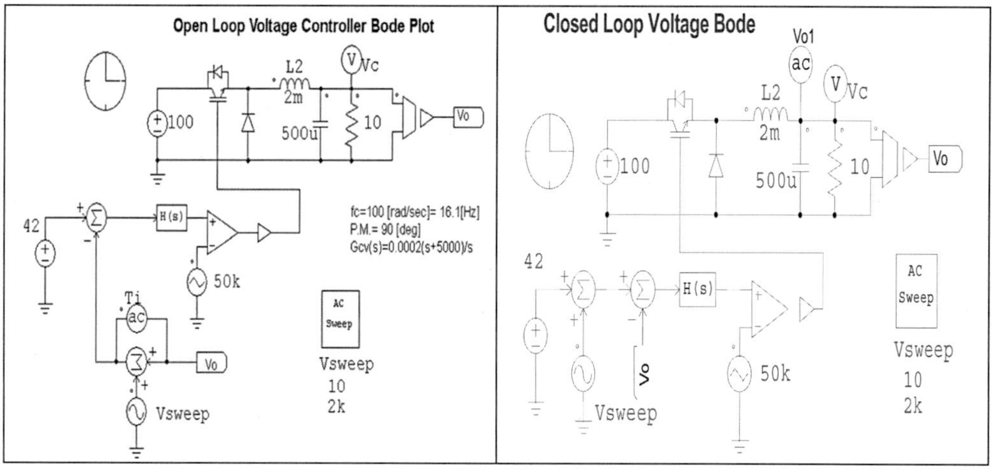

Open loop gain $T_{ov}(s)$ 에 대한 MATLAB과 PSIM의 bode 선도를 아래 그림 17.7에 비교하였다. 두 그래프가 완벽하게 일치한다는 것을 알 수 있다. 따라서 설계된 제어기가 실제 회로에서도 MATLAB 결과대로 동일하게 동작한다는 결론을 얻을 수 있다.

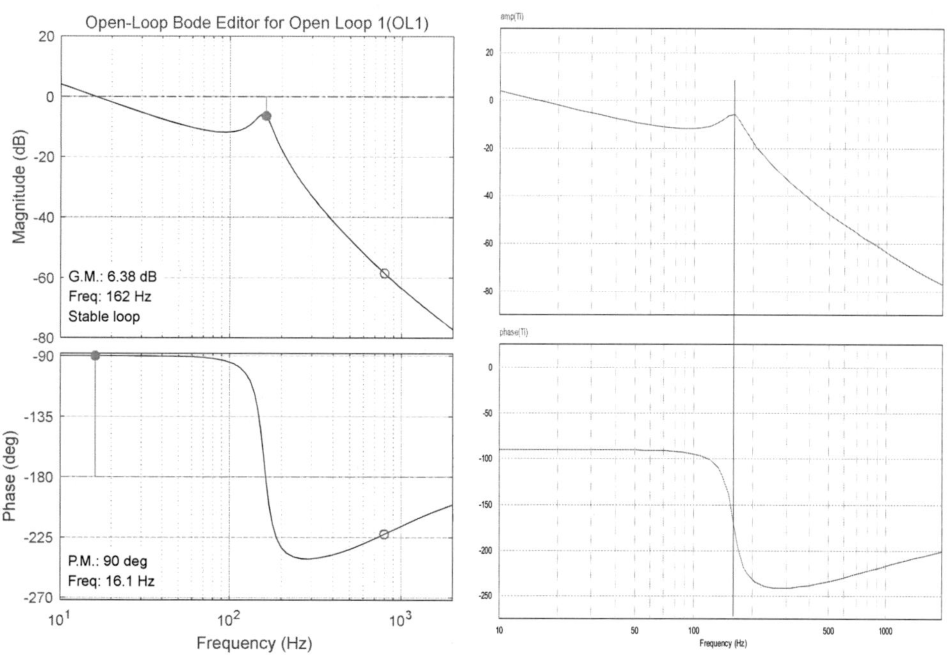

(a) MATLAB (b) PSIM

Figure 17.7 Open loop gain $T_{ov}(s)$ Bode plot comparison

Closed loop gain $T_{cv}(s)$ 에 대한 MATLAB과 PSIM의 bode 선도를 아래 그림 17.8에 비교하였다. 두 그래프가 완전히 일치한다는 것을 알 수 있다. 따라서 설계된 제어기가 실제 회로에서도 MATLAB 결과대로 동일하게 동작한다는 결론을 얻을 수 있다.

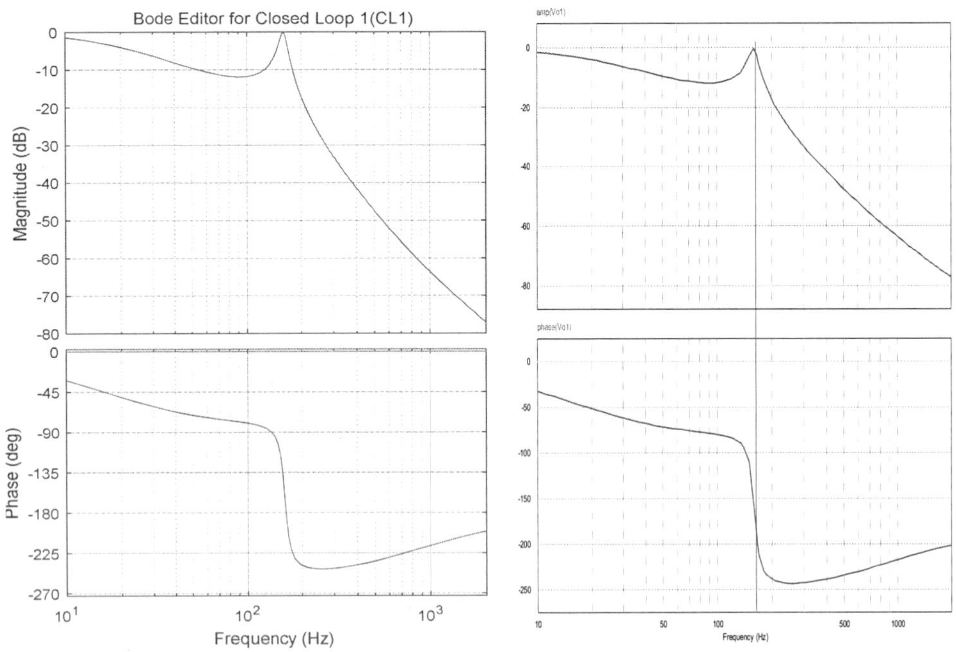

(a) MATLAB (b) PSIM

Figure 17.8 Closed loop gain $T_{cv}(s)$ Bode plot comparison

마지막으로 double loop 제어기에 대한 bode 선도를 그려보도록 하자. Outer loop 전압제어기 설계사양과 Inner loop 전류 제어기 설계사양이 표로 정리되어 있다.

	Voltage Controller	Current Controller
차단 주파수 ω_c	100[rad/sec]=16.1[Hz]	5000[rad/sec]=796[Hz]
위상 여유 P.M.	90 [deg]	60 [deg]

SISOTOOL의 Auto tuning을 실행하여 얻어진 전압제어기와 전류제어기의 표현식은 다음과 같다.

$$G_{cv}(s) = \frac{K_{pv}(s + K_{iv})}{s} = \frac{0.05427(s + 184)}{s}$$

$$G_{ci} = \frac{K_{pi}(s + K_{ii})}{s} = \frac{0.084(s + 2755)}{s}$$

```
s=tf('s');

Vin = 100;
L = 2e-3;     % L=2mh
C = 500e-6;   % C=500uf
R = 5;

Den = (s^2+s/(R*C)+1/(L*C);
G1 =(Vin/L)*(s+1/(R*C))/Den; %IL(s)/d(s)
G2 = Vin/(L*C)/Den;           % Vc(s)/d(s)
G3 = (1/C)/(s+1/(R*C));       % Vc(s)/IL(s)

Kpv = 0.0002; Kiv=5000;
Gcv = Kpv*(s+Kiv)/s;
```

```
Kpi = 0.083; Kii=2900;
Gci = Kpi*(s+Kii)/s;

Vd_ref = 42;

% sisotool two-loop configuration
 T=sisoinit(6);
 T.F.Value = Vd_ref;
 T.G1.Value = G1;   % G1= (iL/d)
 T.C2.Value = Gci; %current controller

 T.G2.Value = G3;  % G3 = (Vc/iL)
 T.C1.Value = Gcv; % voltage controller

 sisotool(T);
```

PSIM AC sweep으로 Voltage open loop bode 선도와 Current open loop bode 선도를 그리기 위한 schematic은 다음과 같다.

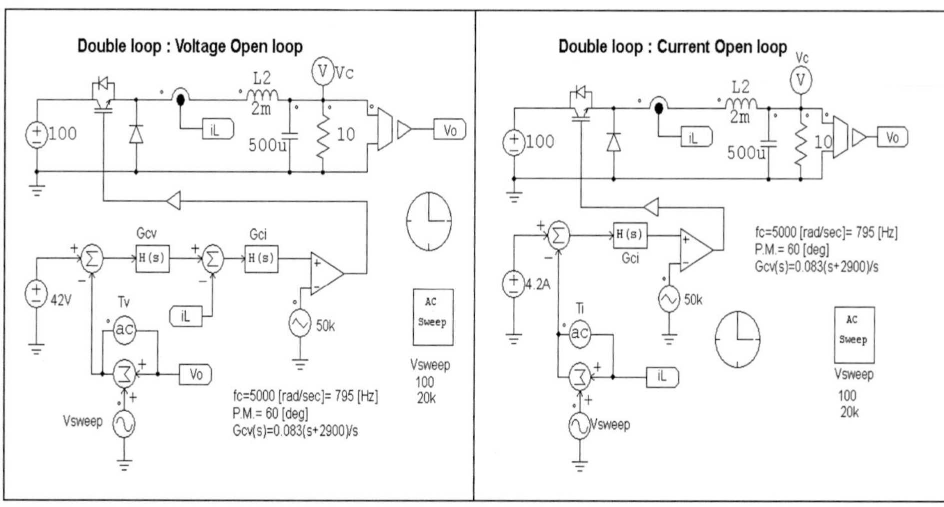

Voltage open loop에 대한 MATLAB과 PSIM의 bode 선도를 아래 그림 17.9에 비교하였다. 두 그래프가 완벽하게 일치한다는 것을 알 수 있다.

Current open loop에 대한 MATLAB과 PSIM의 bode 선도를 아래 그림 17.10에 비교하였다. 두 그래프가 완벽하게 일치한다는 것을 알 수 있다. 따라서 설계된 제어기가 실제 회로에서도 MATLAB 결과대로 동일하게 동작한다는 결론을 얻을 수 있다

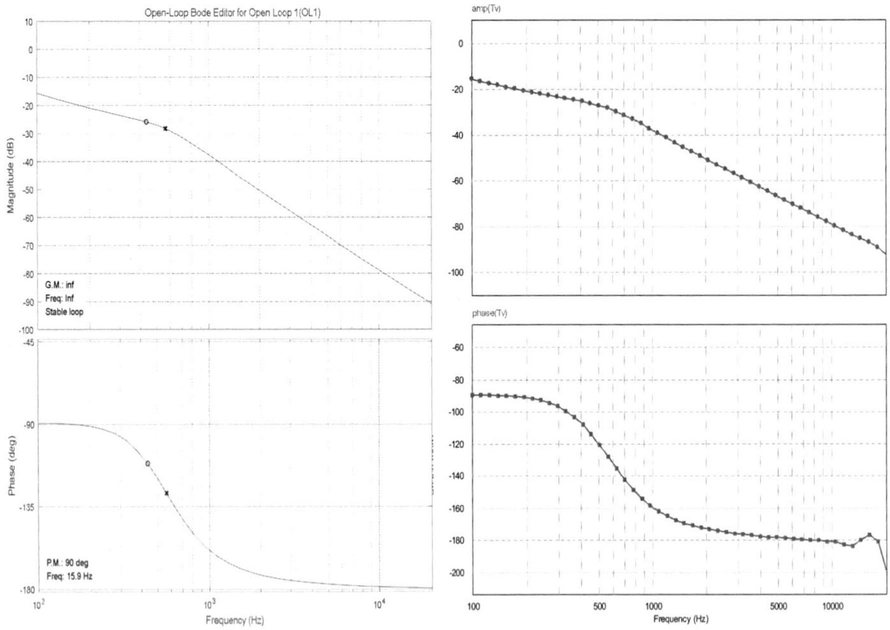

(a) MATLAB (b) PSIM

Figure 17.9 Voltage open loop Bode plot comparison

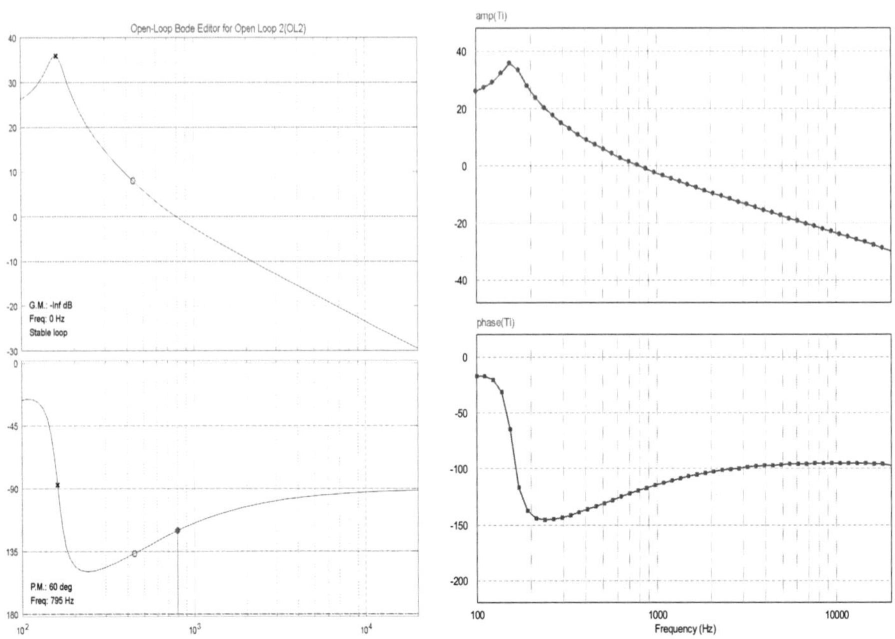

(a) MATLAB (b) PSIM

Figure 17.10 Current open loop Bode plot comparison

17.3 Boost 주파수해석

Boost 컨버터 상태평균화 방정식에서 라플라스 변환을 통해 얻어낸 Small-signal 전달 함수는 다음과 같다. 이것은 앞 장의 Boost 컨버터의 결과와 동일하다.

$$\frac{\hat{I}_L(s)}{\hat{d}(s)} = \frac{\frac{V_C}{L}S + \frac{1}{LC}\cdot\frac{V_C}{R} + \frac{(1-D)I_L}{LC}}{S^2 + \frac{1}{RC}S + \frac{(1-D)^2}{LC}} == \frac{\frac{V_C}{L}\left(S + \frac{1}{RC} + \frac{(1-D)\,I_L}{V_C\cdot C}\right)}{S^2 + \frac{1}{RC}S + \frac{(1-D)^2}{LC}} = G_1(s)$$

$$\frac{\hat{v}_C(s)}{\hat{d}(s)} = \frac{\frac{V_{in}}{LC}\left(1 - \frac{L}{R(1-D)^2}s\right)}{S^2 + \frac{1}{RC}S + \frac{(1-D)^2}{LC}} = G_2(s)$$

$$\frac{\hat{v}_C(s)}{\hat{\iota}_L(s)} = \left(\frac{I_L}{V_C}\right)\left(\frac{L}{C}\right)\frac{\left(-S + \frac{(1-D)\,V_C}{I_L\cdot L}\right)}{S + \frac{1}{RC} + \frac{(1-D)\cdot I_L}{V_C\cdot C}} = G_3(s)$$

정상상태값은 다음 수식으로 주어진다.

$$V_C = \frac{V_{in}}{(1-D)},\ \ I_L = \frac{V_{in}}{R(1-D)^2}$$

Boost converter 회로 파라미터는 다음과 같이 주어진다.

Parameters	Name	Value [Unit]
Vin	Input Voltage	100 [V]
D	Nominal Duty	0. 4
R	Resistance	25 [Ω]
L	Inductor	2.4 [mH]
C	Capacitor	2400 [uF]

주어진 파라미터로 얻어진 정상상태값은 다음과 같다.

$$V_C = \frac{V_{in}}{(1-D)} = 166[V],$$

$$I_L = \frac{V_{in}}{R(1-D)^2} = 11.1[A]$$

$G_1(s)$ Bode 선도를 위한 m-file 과 AC Analysis를 위한 PSIM 회로는 아래와 같다.

```
%%%%%%  Boost Converter %%%%%%%%%%
s=tf('s');
Vin = 100;
L = 2.4e-3;   % L=2.4mh
C = 2400e-6;  %C= 2400uf
R = 25;
D = 0.4;
D1= 1-D;
Vc = Vin/D1;
IL = Vc/(R*D1);

Den = s^2+s/(R*C)+(1-D)^2/(L*C);
G1=(Vc/L)*(s+1/(R*C)+(1-D)*IL/(Vc*C))/Den;
G2=(IL/C)*(-s+(1-D)*Vc/(L*IL))/ Den;
G3= (IL/Vc)*(L/C)*(-s+(1-D)*Vc/(L*IL)) /
     (s+1/(R*C)+(1-D)*IL/(Vc*C) );

bode(G1);
```

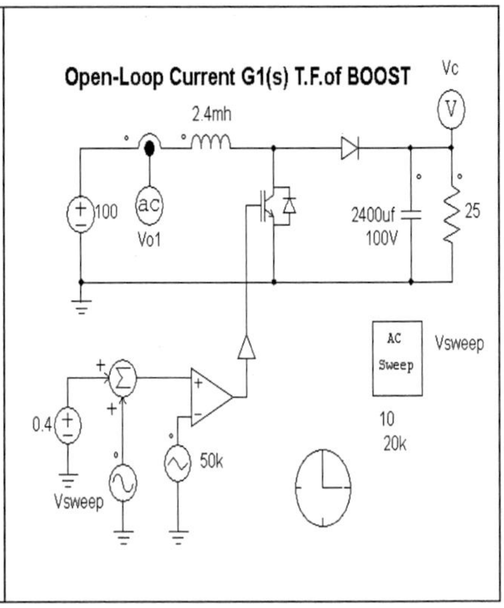

실행 결과를 아래 그림 17.11에 나타내었다. 두 그래프를 비교해 보면 $G_1(s)$ Bode MATLAB의 그래프와 PSIM AC Sweep의 결과가 완벽히 일치하는 것을 알 수 있다. 이것으로 상태평균화 방정식을 이용한 $G_1(s)$ 전달함수가 옳게 계산되었다고 결론지을 수 있다.

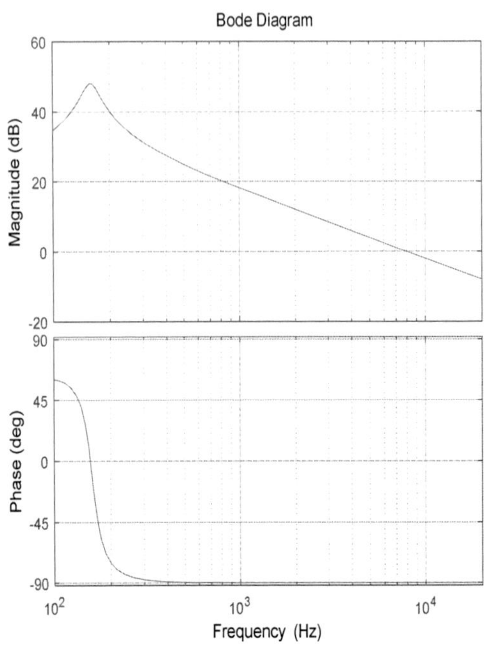

(a) MATLAB 그래프

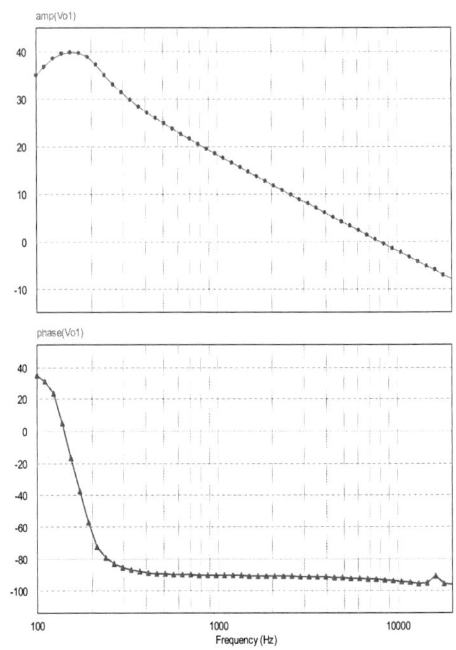

(b) PSIM 그래프

Figure 17.11 $G_1(s)$ Bode plot comparison

다음으로 $G_2(s)$ Bode 선도 MATLAB과 PSIM으로 그려 보자. MATLAB m-file 과 AC Analysis를 위한 PSIM schematic은 아래와 같다.

```
%%%%%%% Boost Converter %%%%%%%%%%
s=tf('s');
Vin = 100;
L = 2.4e-3;   % L=2.4mh
C = 2400e-6;  %C= 2400uf
R = 25;
D = 0.4;
D1= 1-D;
Vc = Vin/D1;
IL = Vc/(R*D1);

Den = s^2+s/(R*C)+(1-D)^2/(L*C);
G1=(Vc/L)*(s+1/(R*C)+(1-D)*IL/(Vc*C))/Den;
G2=(IL/C)*(-s+(1-D)*Vc/(L*IL))/ Den;
G3=(IL/Vc)*(L/C)*(-s+(1-D)*Vc/(L*IL)) /
     (s+1/(R*C)+(1-D)*IL/(Vc*C) );

bode(G2);
```

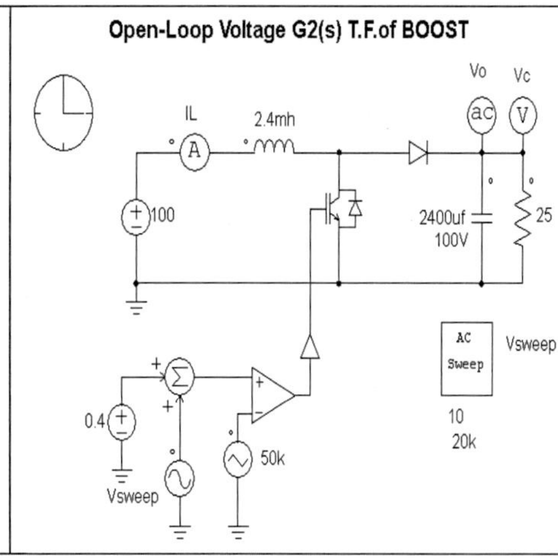

실행 결과를 그림 17.12에 나타내었다. 두 그래프를 비교해 보면 $G_2(s)$ Bode MATLAB의 그래프와 PSIM AC Sweep의 결과가 완벽히 일치하는 것을 알 수 있다. 이것으로 상태평균화 방정식을 이용한 $G_2(s)$ 전달함수가 옳게 계산되었다고 결론지을 수 있다.

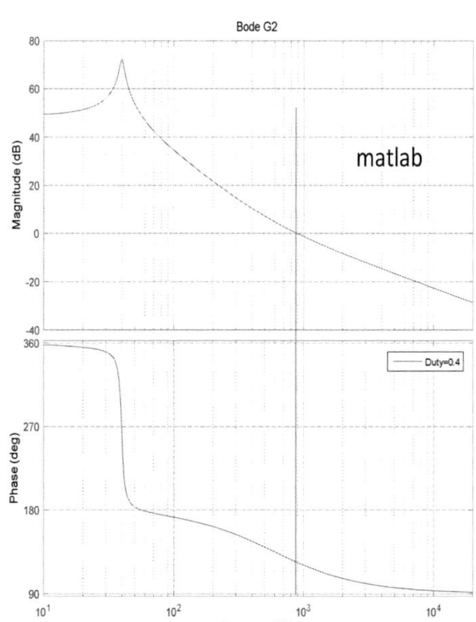

(a) MATLAB 그래프

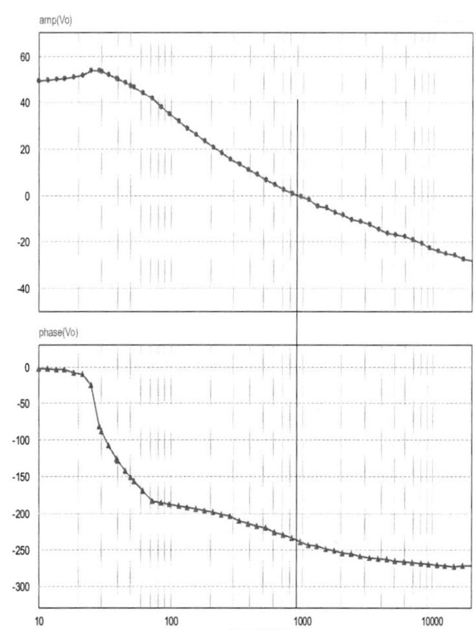

(b) PSIM 그래프

Figure 17.12 $G_2(s)$ Bode plot comparison

다음으로 전류제어기 설계를 보자. 설계 파라미터가 다음과 같이 제시되었다.

차단 주파수 ω_c = 2400[rad/sec]= 382[Hz]

위상여유 P.M. = 60 [deg]

SISOTOOL을 이용하여 설계된 제어기 수식은 다음과 같이 주어진다.

$$G_{ci}(s) = \frac{K_{pi}(s + K_{ii})}{s} = \frac{0.02972(s + 1364)}{s}$$

MATLAB으로 boost 컨버터의 $T_{oi}(s)$, $T_{ci}(s)$의 bode 선도 m-file은 다음과 같다.

s=tf('s');
Gci = 0.02972*(s+1364)/s;
 	
Toi=Gci*G1;
bode(Toi);
	s=tf('s');
	Gci = 0.02972*(s+1364)/s;
	
	Tci=feedback(Gci*G1,1);
	bode(Tci);

PSIM AC sweep으로 $T_{oi}(s)$, $T_{ci}(s)$의 bode 를 그리기 위한 schematic은 다음과 같다.

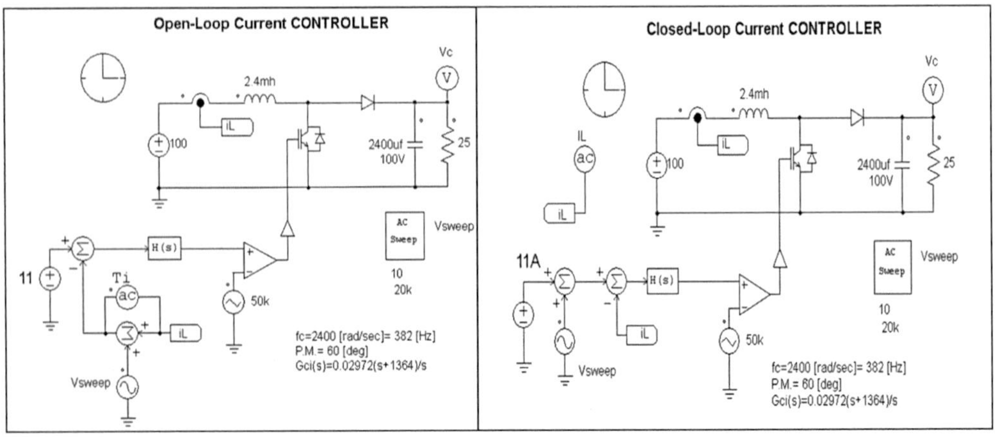

Open loop gain $T_{oi}(s)$ 에 대한 MATLAB과 PSIM의 bode 선도를 아래 그림 17.13에 비교하였다. 두 그래프가 완벽하게 일치한다는 것을 알 수 있다. 따라서 설계된 제어기가 실제 회로에서도 MATLAB 결과대로 동일하게 동작한다는 결론을 얻을 수 있다.

Closed loop gain $T_{ci}(s)$ 에 대한 MATLAB과 PSIM의 bode 선도를 아래 그림 17.14에 비교하였다. 두 그래프가 저주파 대역의 Magnitude의 시작값이 차이가 난다는 점을 제외하고는 일치한다는 것을 알 수 있다. 이것은 AC Sweep 신호의 크기를 저주파에서 약간 증가시키면 해결될 것으로 여겨진다. 따라서 설계된 제어기가 실제 회로에서도

MATLAB 결과대로 동일하게 동작한다는 결론을 얻을 수 있다.

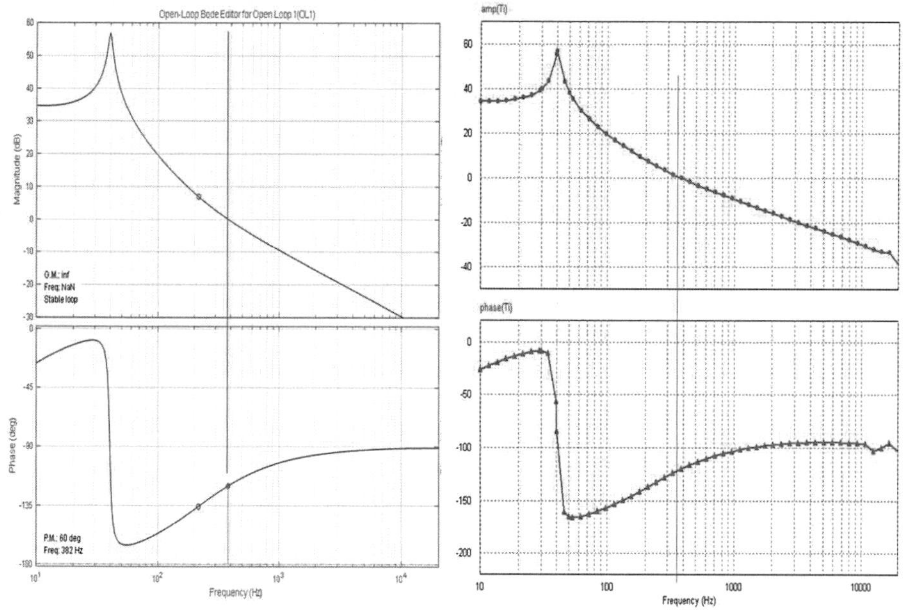

(a) MATLAB (b) PSIM

Figure 17.13 Open loop gain $T_{oi}(s)$ Bode plot comparison

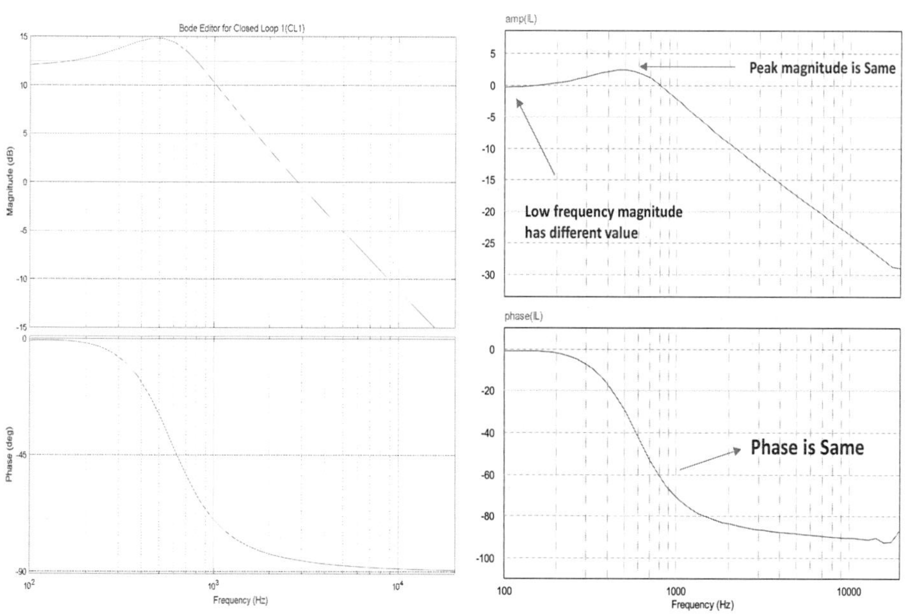

(a) MATLAB (b) PSIM

Figure 17.14 Closed loop gain $T_{ci}(s)$ Bode plot comparison

마지막으로 double loop 제어기에 대한 bode 선도를 그려보도록 하자. Outer loop 전압제어기 설계사양과 Inner loop 전류 제어기 설계사양이 표로 정리되어 있다.

	Voltage Controller	Current Controller
차단 주파수 ω_c	100[rad/sec]=16.1[Hz]	2400[rad/sec]=382[Hz]
위상 여유 P.M.	90 [deg]	60 [deg]

```
s=tf('s');

Vin = 100;
L = 2.4e-3;   % L=2.4mh
C = 2400e-6;  % C=2400uf
R = 25;
D= 0.4;
D1= 1-D;

Vc = Vin/D1;     % steady-state DC value
IL = Vc/(R*D1); % steady-state DC value

Den = s^2+s/(R*C)+(1-D)^2/(L*C);
G1 =(Vc/L)*(s+2/(R*C))/Den; %IL(s)/d(s)
G2 =(Vin/(L*C))*(1-s*L/(R*D1^2))/Den;
G3 =(D1/C)*(1-s*L/(R*D1^2))/(s+2/(R*C));
```

```
Kpv = 0.411; Kiv=30;
Gcv = Kpv*(s+Kiv)/s;

Kpi = 0.0312; Kii=1227;
Gci = Kpi*(s+Kii)/s;

Vref = Vin/D1;

% sisotool two-loop configuration
 T=sisoinit(6);
 T.F.Value = Vref;
 T.G1.Value = G1;   % G1= (iL/d)
 T.C2.Value = Gci; %current controller

 T.G2.Value = G3;  % G3 = (Vc/iL)
 T.C1.Value = Gcv; % voltage controller

 sisotool(T);
```

SISOTOOL의 Auto tuning을 실행하여 얻어진 전압제어기와 전류제어기의 표현식은 다음과 같다.

$$G_{cv}(s) = \frac{K_{pv}(s + K_{iv})}{s} = \frac{0.411(s + 30)}{s}$$

$$G_{ci} = \frac{K_{pi}(s + K_{ii})}{s} = \frac{0.0312(s + 1227)}{s}$$

PSIM AC sweep으로 Voltage open loop bode 선도와 Current open loop bode 선도를 그리기 위한 schematic은 다음과 같다.

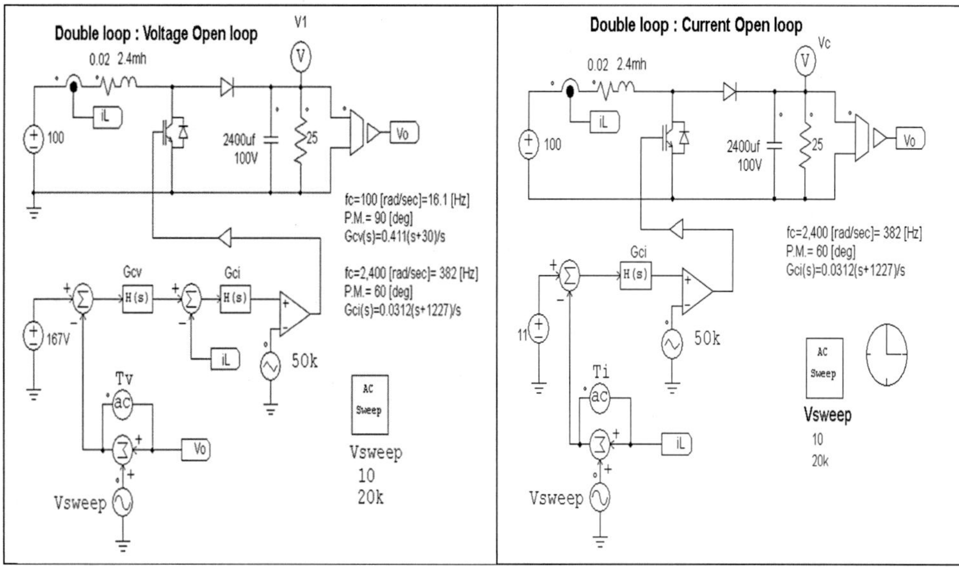

Voltage open loop에 대한 MATLAB과 PSIM의 bode 선도를 아래 그림 17.15에 비교하였다. 두 그래프가 완벽하게 일치한다는 것을 알 수 있다.

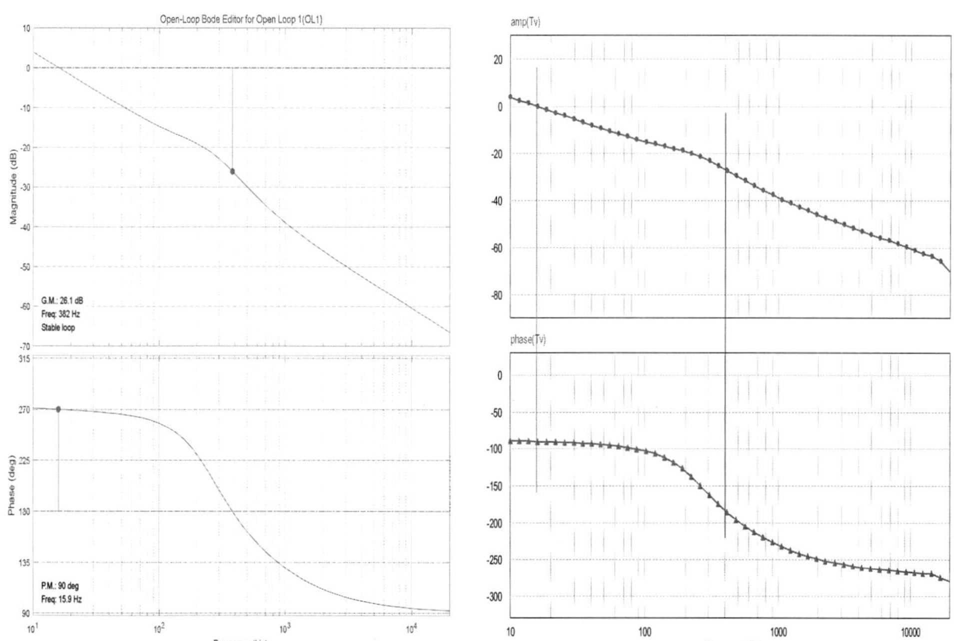

(a) MATLAB (b) PSIM

Figure 17.15 Voltage open loop Bode plot comparison

Current open loop에 대한 MATLAB과 PSIM의 bode 선도를 아래 그림 17.16에 비교하였다. 두 그래프가 완벽하게 일치한다는 것을 알 수 있다. 따라서 설계된 제어기가 실제 회로에서도 MATLAB 결과대로 동일하게 동작한다는 결론을 얻을 수 있다

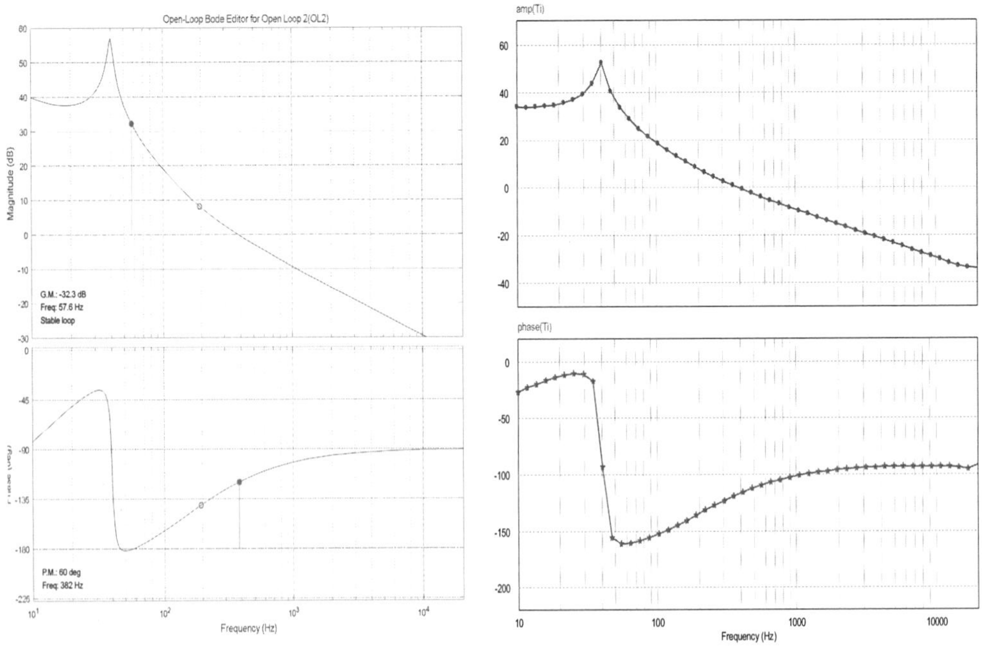

(a) MATLAB (b) PSIM

Figure 17.16. Current open loop Bode plot comparison

18. 멀티레벨 인버터(NPC)

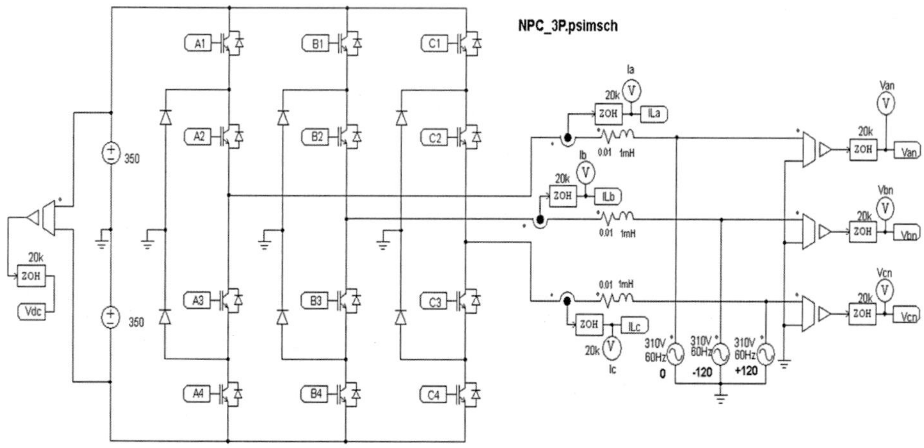

전력변환 장치는 대용량화, 고효율화를 향해 개발이 진행되고 있다. 최근 계통 연계형 인버터의 경우는 1MW급의 제품이 주류일 정도이다. 고효율화는 높은 스위칭 주파수를 가지는 WBN(Wide band GAN) 소자들의 적용도 필요하지만, 전압을 높이게 되면 손실이 줄어들기 때문에 고전압 사양의 방향으로도 진행하고 있다. 최근 태양광 인버터는 1500[V] 급 계통연계 기준이 나와 있고, ESS와 같은 에너지 저장장치들도 1000[V] 이상의 전압을 가지는 배터리들도 제품화 되고 있다. 이러한 높은 전압 사양에서 현실적으로 선택할 수 있는 가장 가격대비 성능이 우수한 IGBT 제품의 내압은 1200[V] 일 것이다. 물론 1700[V] 나 2400[V]도 가능하지만 가격이 너무 비싸기 때문에 1000~1500[V] 응용 분야에는 1200[V]급 IGBT를 적용하는 것이 가장 경제성 있는 제품을 만들 수 있다. 문제는 기존의 2-level 인버터 topology에는 1200[V] IGBT를 적용할 수 없으므로, 새로운 topology가 필요하다. 이는 스위치에 걸리는 전압을 분산 시키기 위해 여러 개의 스위치를 직렬로 연결하는 Multi-level inverter(MLI)의 연구로 이어졌다.

MLI는 현재 진행형으로 계속해서 새로운 토플로지가 개발되고 있다. 토플로지의 종류도 다양하고 이에 수반되는 제어 기법도 매우 복잡하다. 하지만 현 단계에서 제품에 적용가능한 기술은 3-level 기술일 것으로 판단된다. 그 이유로는 현재 가장 가성비 좋은 IGBT가 1200[V] 급이기 때문에, 1000~1500[V] 응용에 적용하기 위해서, IGBT 2 개 직렬로 연결해서 사용할 수 있기 때문이다. IGBT의 갯수는 2배 증가 되지만 한 단계 높은 IGBT를 사용하는 것 보다 가격 경쟁력이 있기 때문이다.

이번 장에서는 3-level inverter의 가장 일반적인 형태인 NPC(Neutral Point Clamped) inverter에 대해 다룬다. 기존 2-level 인버터는 입력전압의 $\pm \frac{V_{dc}}{2}$ 를 출력할 수 있는데 반해, NPC 인버터는 0[V]를 추가로 출력할 수 있기 때문에 3-level 이라 불리운다. NPC inverter의 동작은 기존 2-level 인버터와 동일하고 단지 PWM modulation 방식만 다르기 때문에 기존 2-level 인버터에서 사용되었던 제어기 설계 방법과 이득들을 그대로 사용할 수 있는 장점이 있다.

18.1 NPC 동작

앞 장에서 설명한 Inverter는 2-level을 가지고 있다. 그림 18.1 (a)에 3-phase 전압원 인버터 그림이 표시되어 있다. 그림 (b)에는 1-leg 에 대한 그림을 나타내었다.

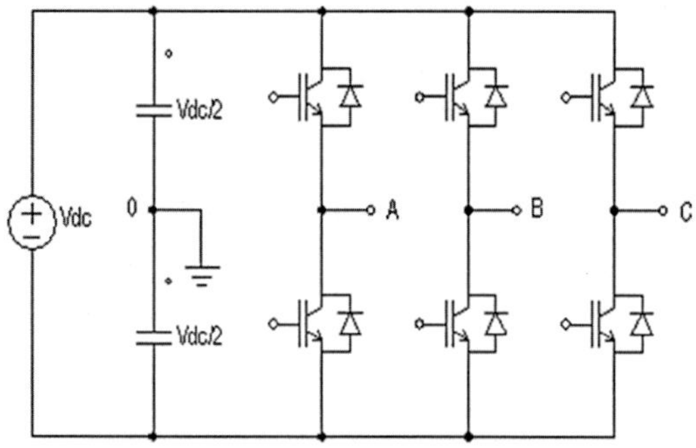

(a) Three leg(phase) expression

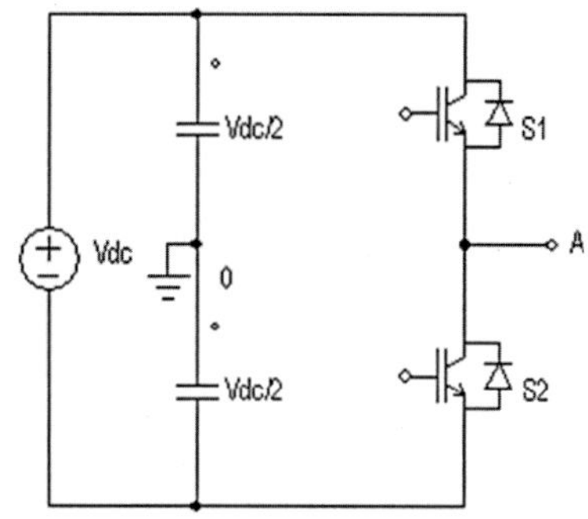

(b) One leg expression

Figure 18.1 2-level inverter schematic

그림 (b)를 보면 스위치 S_1, S_2 상태에 따라 상전압 V_{A0}는 아래와 같다.

S_1	S_2	V_{A0}
1	0	$+\frac{V_{dc}}{2}$
0	1	$-\frac{V_{dc}}{2}$

다른 leg의 경우에도 표현식은 동일함으로, 각 leg의 전압은 다음과 같다.

$$V_{A0} = \pm\frac{V_{dc}}{2},\ V_{B0} = \pm\frac{V_{dc}}{2},\ V_{C0} = \pm\frac{V_{dc}}{2}$$

Leg 간 전압(line-to line voltage) V_{AB} 는 다음과 같이 나타난다. V_{BC}, V_{CA}도 동일하다.

$$V_{AB} = V_{A0} - V_{B0} = \pm V_{dc},\ 0$$

중성점(N)에 대한 상전압은 다음과 같다. V_{BN}, V_{CN} 도 동일하다.

$$V_{AN} = \frac{V_{AB} - V_{CA}}{3} = \pm\frac{2V_{dc}}{3},\ \pm\frac{V_{dc}}{3}$$

지금까지 2-level 인버터의 전압 표현식들을 나타내었다. 이에 반해 3-level 인버터는 기존 2-level 전압표현식에 0[V] 레벨을 추가한 회로를 의미한다. 반도체 스위치를 기계식 스위치로 표현하면 좀 더 쉽게 이해할 수 있기 때문에 아래 그림 18.2에 2-level과 3-level 인버터의 회로를 표현하였다.

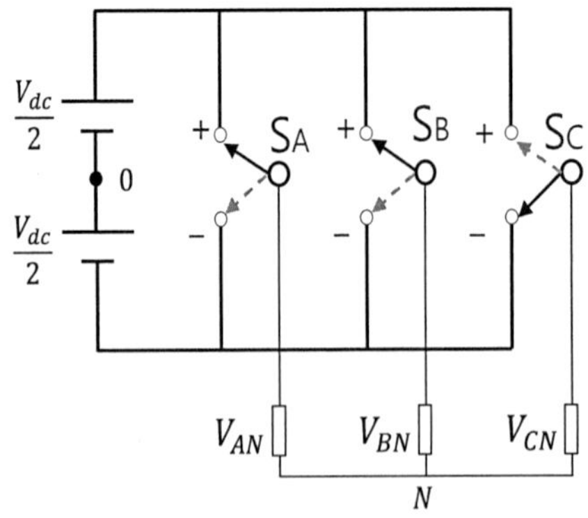

(a) 2-level 회로

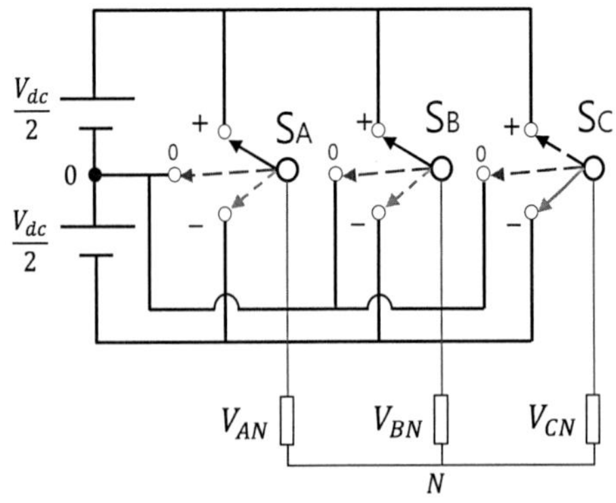

(b) 3-level 회로

Figure 18.2 Simple Circuit expression of 2 and 3 level inverter

3-level 인버터 각 leg의 상전압은 다음과 같다.

$$V_{A0} = 0, \pm \frac{V_{dc}}{2}, V_{B0} = 0, \pm \frac{V_{dc}}{2}, V_{C0} = 0, \pm \frac{V_{dc}}{2}$$

Leg 간 전압(line-to line voltage) V_{AB} 는 다음과 같이 나타난다. V_{BC}, V_{CA}도 동일하다.

$$V_{AB} = V_{A0} - V_{B0} = \pm V_{dc}, \pm \frac{V_{dc}}{2}, 0$$

중성점(N)에 대한 상전압은 다음과 같다. V_{BN}, V_{CN} 도 동일하다.

$$V_{AN} = \frac{V_{AB} - V_{CA}}{3} = = \pm \frac{2V_{dc}}{3}, \ \pm \frac{V_{dc}}{2}, \ \pm \frac{V_{dc}}{3}, \ 0$$

지금까지 설명한 2-level과 3-level의 중성점 전압 V_{AN}을 비교한 파형은 그림 18.3 (a)와 같다. 그림 (b)에는 3-level 인버터의 선전압(line-to-neutral voltage) 파형을 나타내었다.

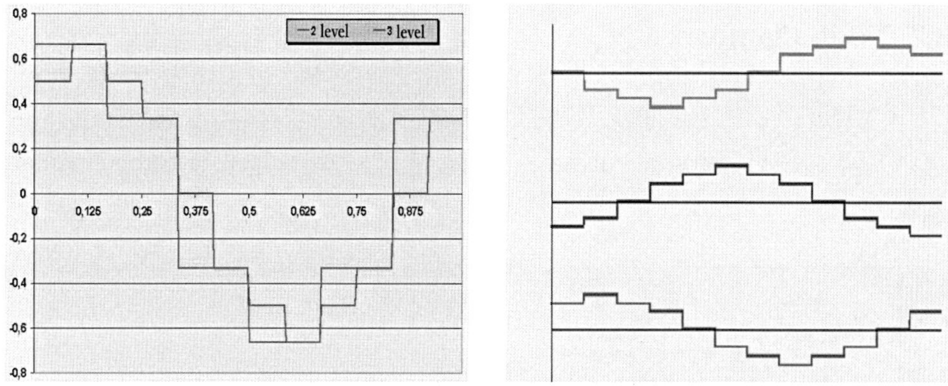

(a) Comparison of V_{AN} between 2 and 3 level (b) L-to-N Voltage for 3 level

Figure 18.3 Neutral and line voltage of the two and three level inverter

3-level 인버터는 파형에 0[V]를 포함하고 있기 때문에 일반적으로 NPC (Neutral Point Clamped) inverter라고 한다. NPC 인버터 topology는 여러 종류가 개발되었으나, 현재 상용화 되고 있는 방식은 diode clamped NPC와 T-type으로 나눌 수 있다. 그림 18.4에 회로를 나타내었다.

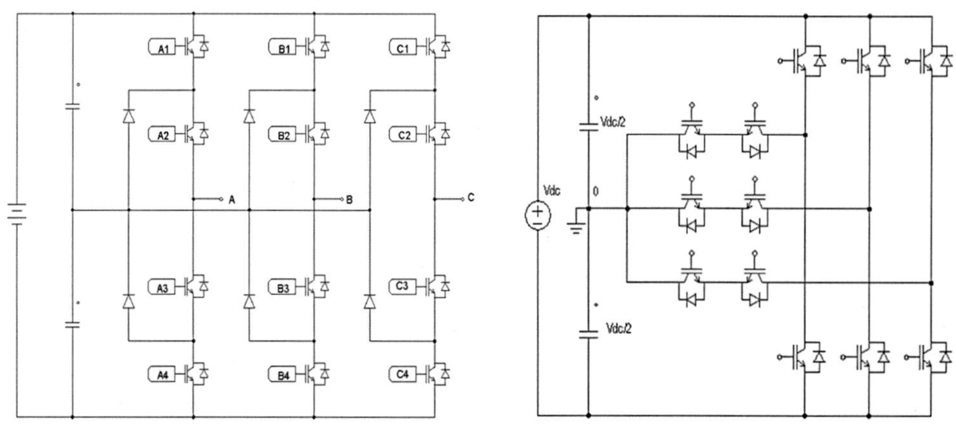

(a) Diode Clamped NPC (b) T-type NPC

Figure 18.4 Topology of the NPC inverter

18.2 Diode Clamped NPC

그림 18.5 (a)에 Diode Clamped NPC의 one leg 회로를 나타내었다. 스위치 S_1~S_4 동작에서 S_1과 S_3는 반대(complementary) 동작을 하고, S_2와 S_4가 반대(complementary) 동작을 한다.

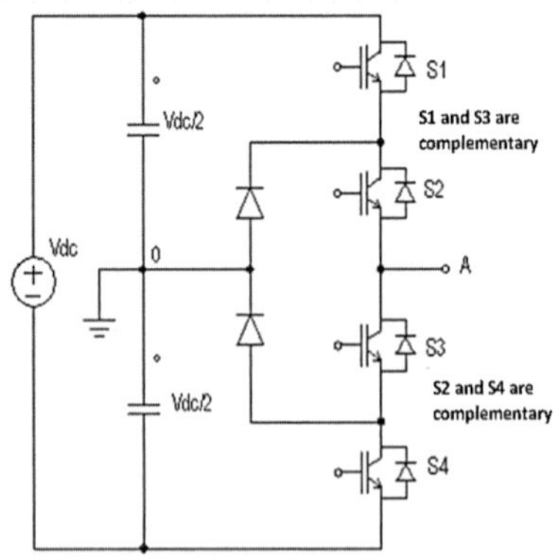

동작모드	S_1	S_2	S_3	S_4	V_{A0}
(a)	1	1	0	0	$+\frac{V_{dc}}{2}$
(b)	0	1	1	0	0
(c)	0	0	1	1	$-\frac{V_{dc}}{2}$

(a) One Leg of Diode Clamped NPC (b) Switch status for the operation mode

Figure 18.5 Diode NPC operation

각 동작모드에서의 등가회로 및 전압, 전류 파형은 다음과 같다.

1. 동작 모드 (a)

스위치 S_1, S_2는 ON, S_3, S_4는 OFF인 상태이다. 이때 출력 전류 I_o가 부하로 흐르는 경우와, 입력으로 흐르는 경우 두 가지 상태가 존재한다. 상전압은 $+\frac{V_{dc}}{2}$ 이다.

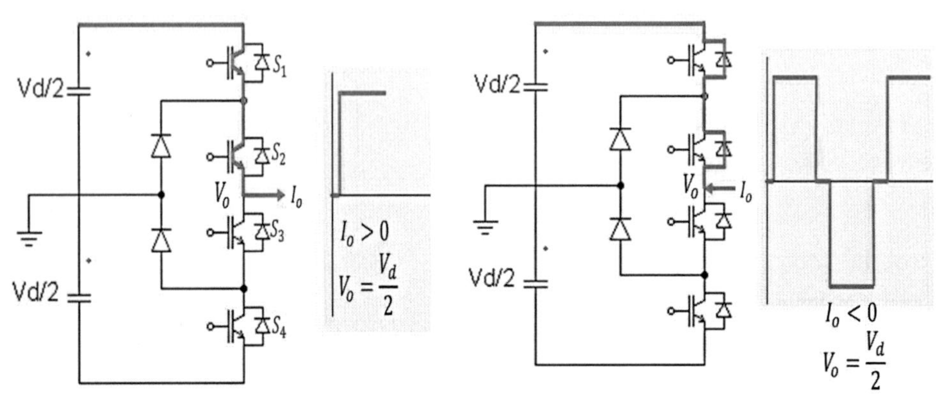

Operation during mode (a)

2. 동작 모드 (b)

스위치 S_2, S_3는 ON, S_1, S_4는 OFF인 상태이다. 이때도 역시 출력 전류 I_o가 부하로 흐르는 경우와, 입력으로 흐르는 경우 두 가지 상태가 존재한다. 상전압이 0점에 연결되기 때문에 0 이다.

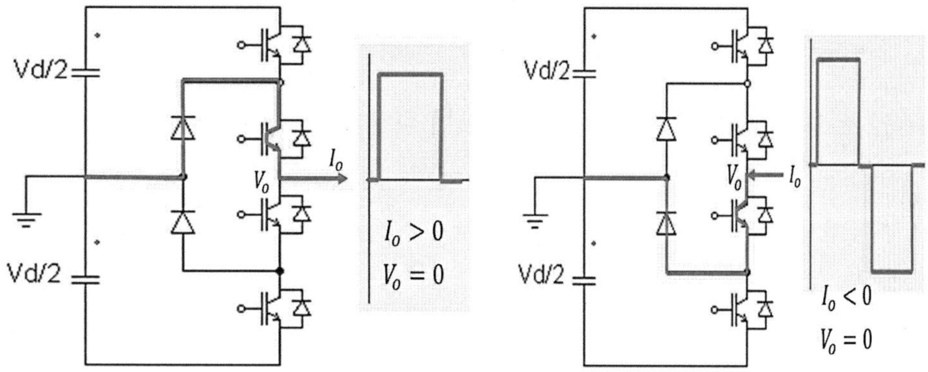

Operation during mode (b)

3. 동작 모드 (c)

스위치 S_3, S_4는 ON, S_1, S_2는 OFF인 상태이다. 이때도 역시 출력 전류 I_o가 부하로 흐르는 경우와, 입력으로 흐르는 경우 두 가지 상태가 존재한다. 상전압은 $-\frac{V_{dc}}{2}$ 이다.

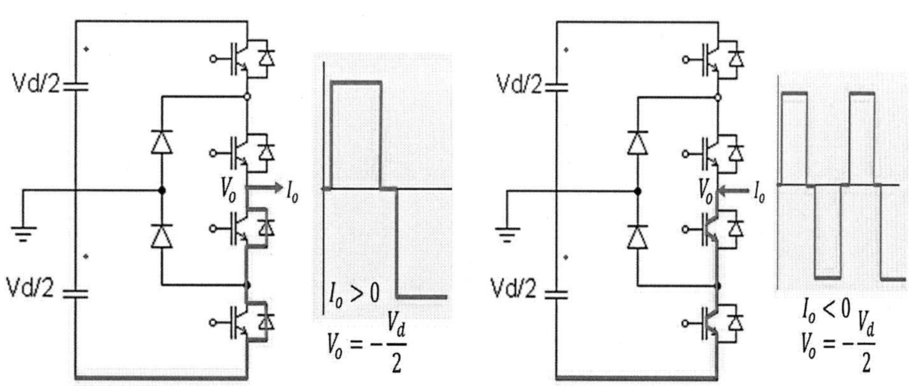

Operation during mode (c)

PWM Modulation Technique

Multi-level inverter에 적용할 수 있는 PWM modulation은 복잡하면서도 다양한 기법들이 제시되고 계속 연구되고 있다. 이들 중에서 3-level에 적용할 수 있는 가장 단순하면서도 쉽게 사용이 가능한 방법은 2-level에서 사용했던 Carrier based modulation을 확장한 것이다. 그림 18.6 (a)에 전형적인 2-level의 Sinusoidal Modulation 파형을 나타내었다. 오직 하나의 carrier를 사용하여 PWM을 발생시키는 방법이다.

이에 반해, 3-level에서는 multi-level carrier를 적용하여 PWM을 발생시킨다. 예를 들어 5-level에서는 4개의 carrier를 사용하고 3-level에서는 2개의 carrier를 사용한다. 3-level에서 High carrier는 high side 스위치 S_1, S_3를 동작시키고, Low carrier는 low side 스위치 S_2, S_4를 동작시킨다. 그림 (b)에 3-level의 modulation 파형을 나타내었다.

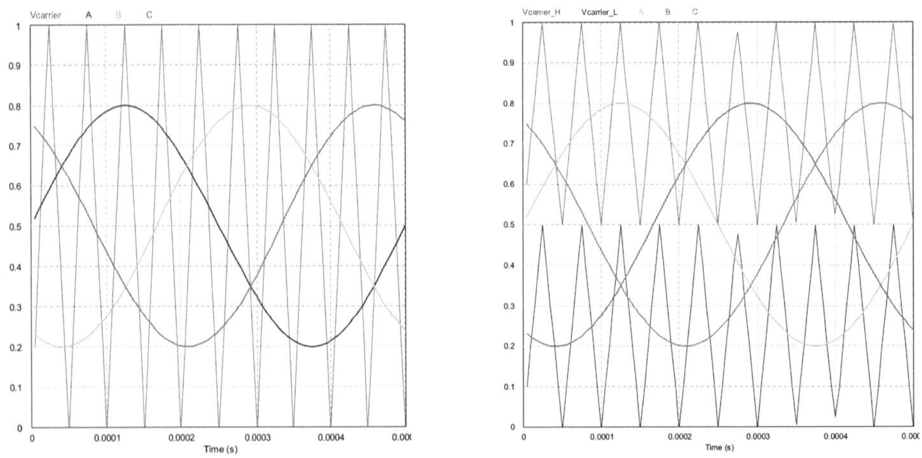

(a) 2-Level (b) 3-Level

Figure 18.6 Modulation technique

위의 파형을 발생시키기 위한 회로 구성은 아래 그림 18.7과 같다. 그림 (a)에 2-level, 그림 (b)에 3-level modulation 회로를 나타내었다. 여기에서 중요하게 관찰해야 할 부분은 (a), (b) 두 회로 모두 동일한 duty를 이용하여 서로 다른 PWM 파형을 만들어 내고 있다는 점이다. 즉 제어기에서 생성되는 control duty는 모두 동일하고 modulation 기법만 다르다는 것이다.

2-level carrier 크기(magnitude)는 1 이다. 3-level에서는 2개의 carrier를 사용하기 때문에 각각의 carrier 크기는 0.5이다. 그리고 High carrier에 offset 0.5를 더하여 Low carrier와 분리하여 PWM을 발생시킨다. 이러한 방식을 PD(Phase Disposition) level shifted PWM이라 한다. 이 외에 POD, APOD 방식들이 있으나, 여기서는 설명하지 않는다.

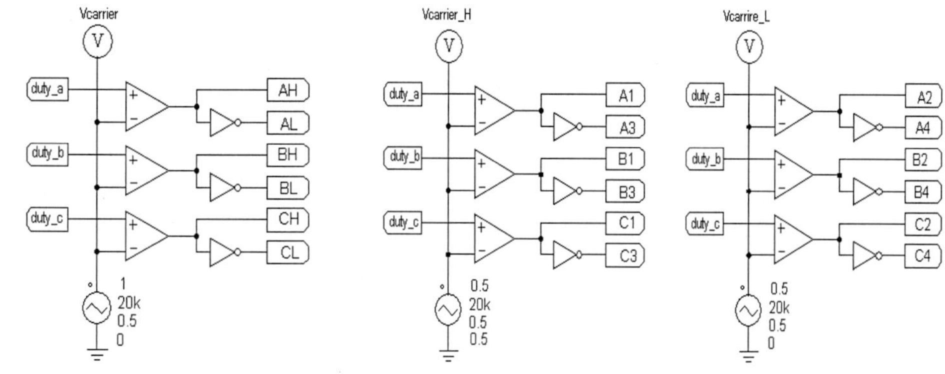

(a) 2-Level (b) 3-Level

Figure 18.7 PWM circuits for 2 and 3 level NPC

NPC 순시치 제어

Diode Clamped NPC에 순시치 제어 방식으로 3상 PCS 시스템으로 PSIM Simulation을 수행하였다. 그림 18.8에 시뮬레이션 schematic이 표시되어 있다. 3상 PCS에서 작성한 C-block (3P_PCS_AC) 을 그대로 사용하고, PWM 발생회로만 변경하였다.

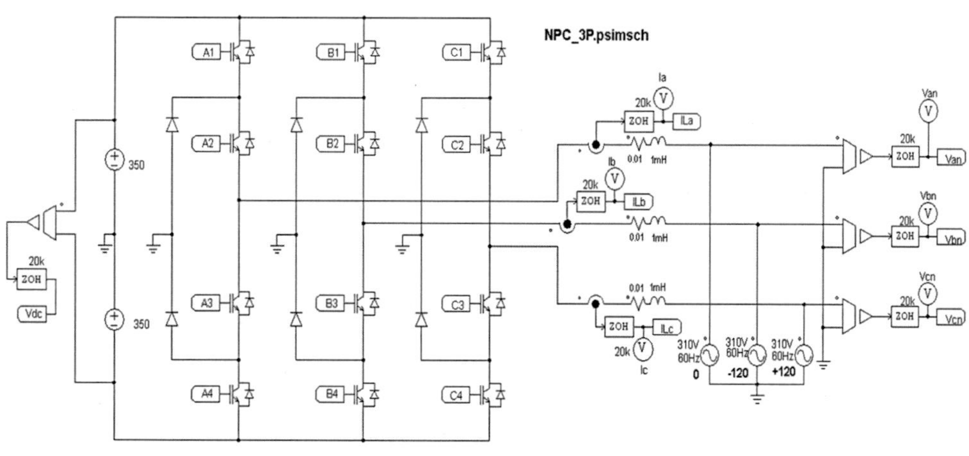

a. Diode NPC Power stage schematic

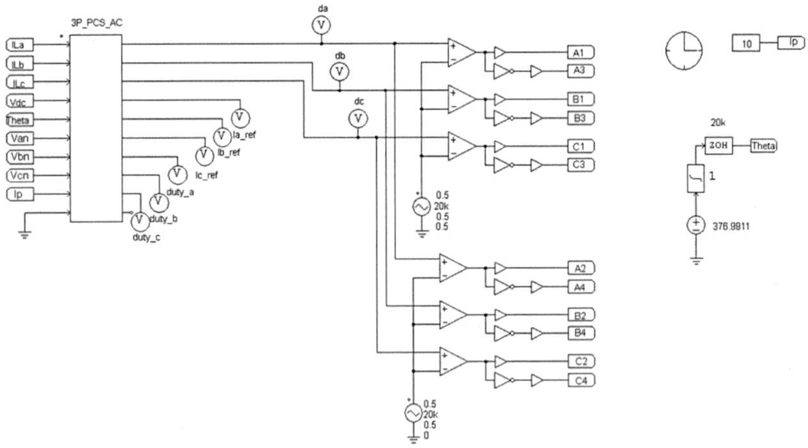

b. Controller schematic for an AC instantaneous control

Figure 18.8 Diode NPC schematic

이 회로는 Ip 의 부호에 따라 양방향으로 전력 전송이 가능하다. 시뮬레이션 결과를 그림 18.9에 나타내었다. 파형이 2레벨 인버터의 경우와 동일 하다는 것을 알 수 있다.

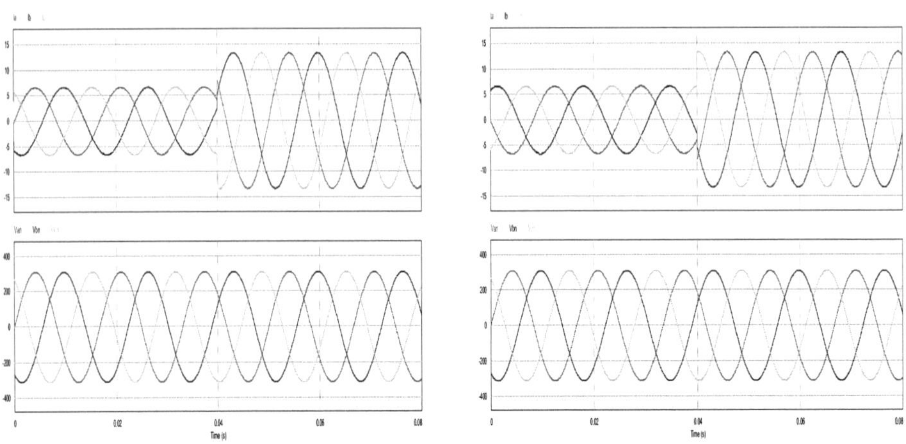

(a) Ip >0 인 경우 (b) Ip <0 인 경우

Figure 18.9 Waveforms of the AC current control in diode NPC

DQ Control

Diode Clamped NPC에 DQ 변환을 적용한 제어 방식으로 3상 PCS Simulation을 수행하였다. 그림 18.10에 시뮬레이션 schematic이 표시되어 있다. 3상 PCS에서 작성한 C-block (DQ_CURRENT) 을 그대로 사용하였다.

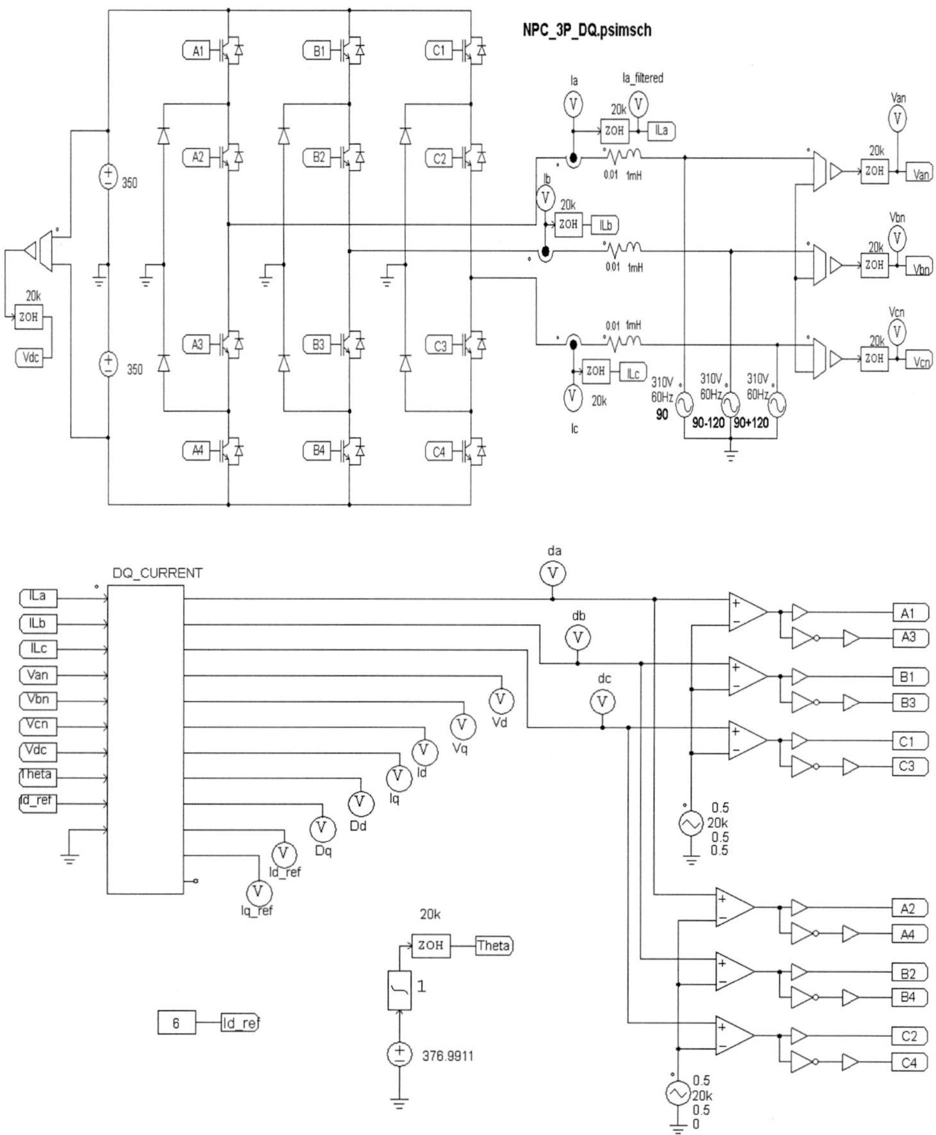

Figure 18.10 Diode clamped NPC schematic using DQ control

시뮬레이션 결과를 그림 18.11에 나타내었다. 설계값대로 제어되고 있다는 것을 알 수 있고, 결과 파형이 2레벨 인버터의 경우와 동일 하다는 것을 알 수 있다.

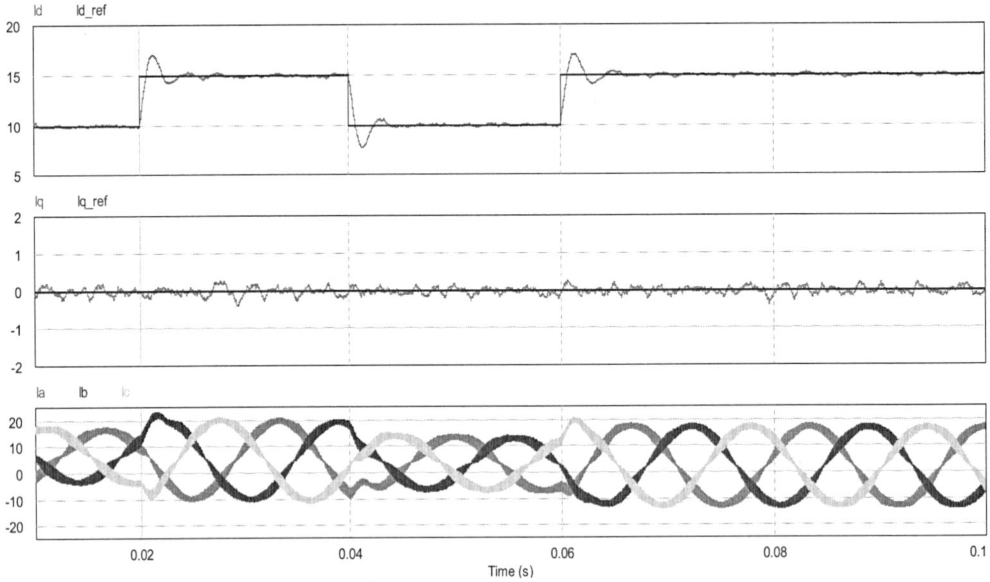

Figure 18.11 Waveforms of the DQ current control in diode NPC

18.3 T-type NPC

a. 순시치 제어

또 다른 형태의 3-level NPC 가 T-type NPC이다. 스위치를 직렬로 연결하는 대신, Ground path에 양방향 스위치가 위치하고 있다. 스위치의 개수는 Diode NPC와 동일하지만 Diode가 필요없기 때문에 경제적인 면에서 잇점이 있다. 아래 그림 18.12 에 T-type NPC simulation schematic을 나타내었다. (a)는 power stage schematic이고, (b)는 제어기 부분이다. 제어는 순시치 제어방식을 사용하고 있고 Diode clamped NPC에서 사용했던 C-block을 (3P_PCS_AC) 그대로 재사용하였다.

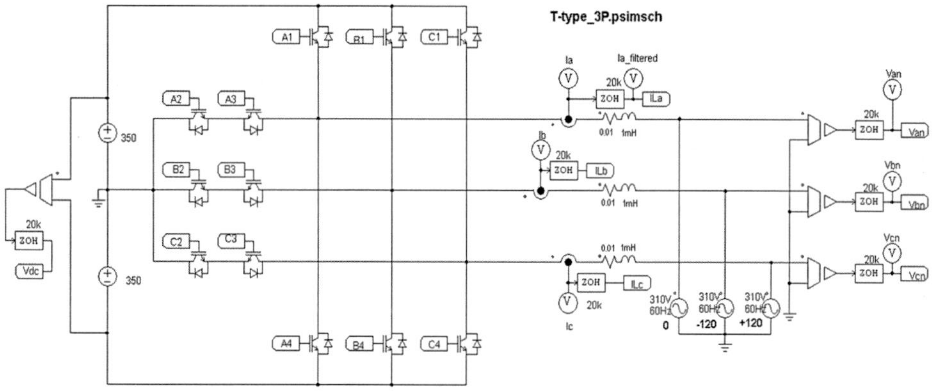

(a) Power stage schematic

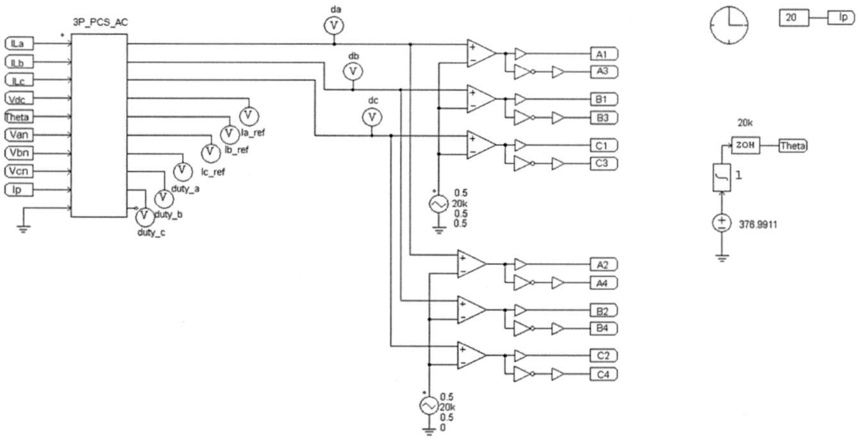

(b) Controller schematic

Figure 18.12 T-type NPC schematic

그림 18.13에 시뮬레이션 파형을 보여주고 있다. 기준전류 Ip의 부호에 따라 전력 전송의 방향을 바꿀 수 있는데 (a) Ip > 0 인 경우 입력에서 계통으로 전력이 전송되고, (b) Ip < 0 인 경우 계통에서 입력으로 전력전송이 이루어진다. 전류의 위상과 크기는 잘 제어되고 있으며, 계통과 동위상이거나 역위상으로 설계대로 잘 동작하고 있는 것을 알 수 있다.

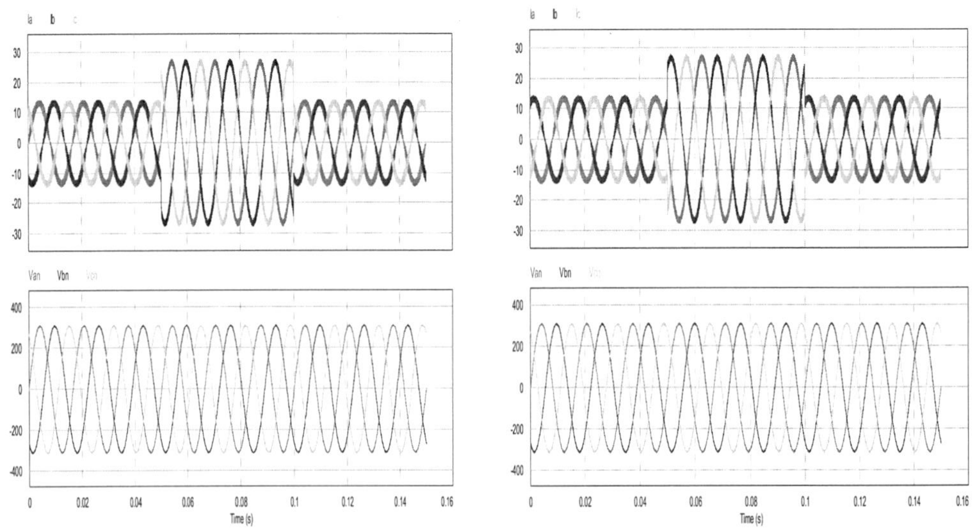

(a) Ip >0 인 경우 (b) Ip <0 인 경우

Figure 18.13 Waveforms of T-type NPC using ac instantaneous current control

T-type DQ 전류 제어의 경우도 diode clamped NPC의 코드를 그대로 재사용하여 구성할 수 있기 때문에 여기서는 생략하기로 한다. 학생들이 직접 해 보도록 독려하자.

18.4 Solar NPC

a. Solar Diode Clamped NPC

NPC 입력으로 태양전지가 연결된 경우의 PCS 동작을 알아보자. 먼저 diode NPC type을 그림 18.14에 나타내었다. 그림 (a)는 태양전지 입력의 power stage를 나타내었고, (b)의 제어기 C-block은 solar inverter의 Solar_PCS_3P 블록을 그대로 재사용 하였다.

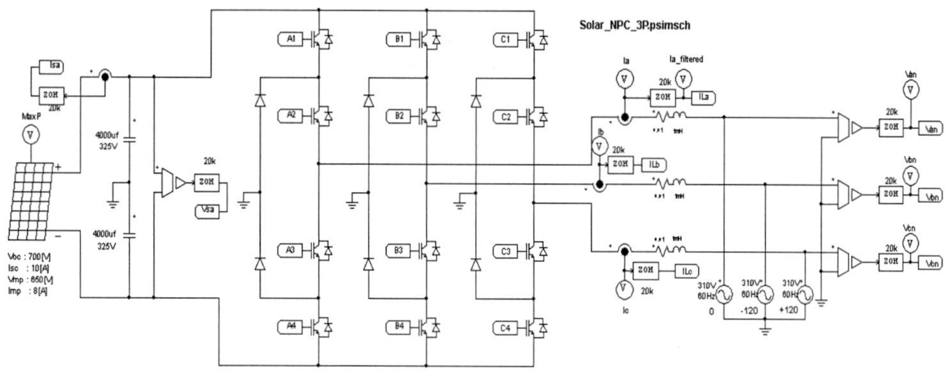

(a) Power stage schematic

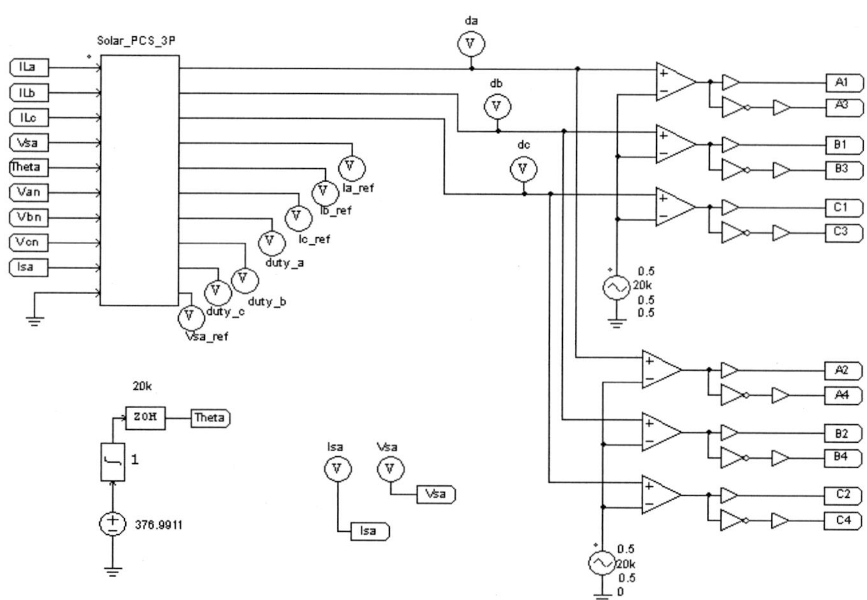

(b) Controller schematic

Figure 18.14 Schematic of Solar Diode NPC using AC instantaneous current control

시뮬레이션 파형이 그림 18.15에 나타나 있다. 태양전지 전압제어기와 전류제어기가 잘 동작하고 있고, 2-level solar PCS와 동일한 파형이 나오는 것을 알 수 있다.

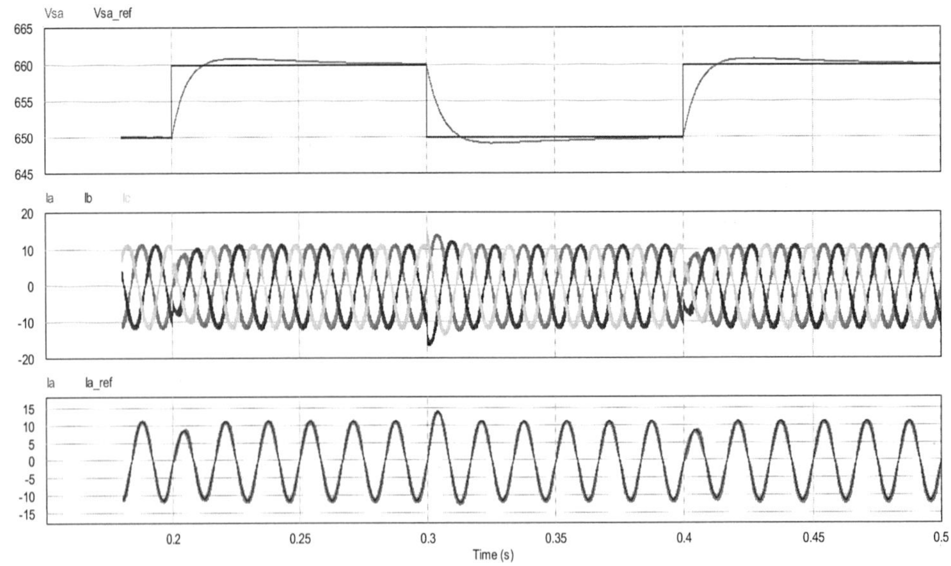

Figure 18.15 Waveforms of solar diode clamped NPC

b. Solar T-type NPC

Solar T-type NPC 회로가 그림 18.16에 나타나 있다. 입력으로 태양전지가 T-type NPC에 연결되고 출력이 3-상 계통에 연결된 구조이다. 제어기 부분은 앞 장과 동일함으로 표시하지 않았다.

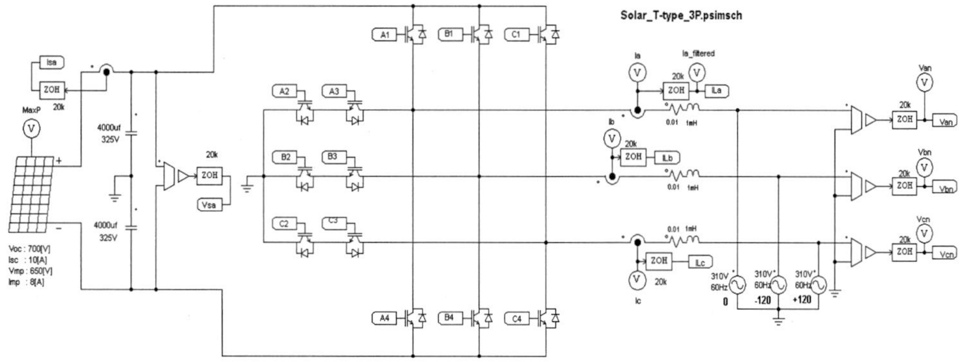

Figure 18.16 Schematic of Solar T-type NPC

시뮬레이션 결과 파형이 그림 18.17에 나타나 있다. 앞 장과 동일한 파형을 보여주고 있어서 설계 대로 제어되고 있음을 알 수 있다.

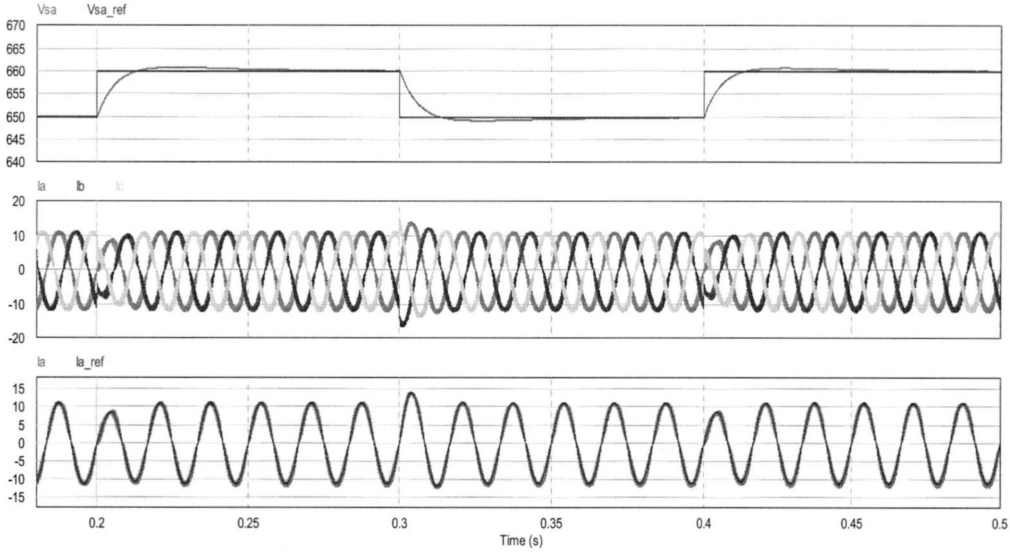

Figure 18.17 Waveforms of solar T-type NPC

19. 교류(PMSM) 모터

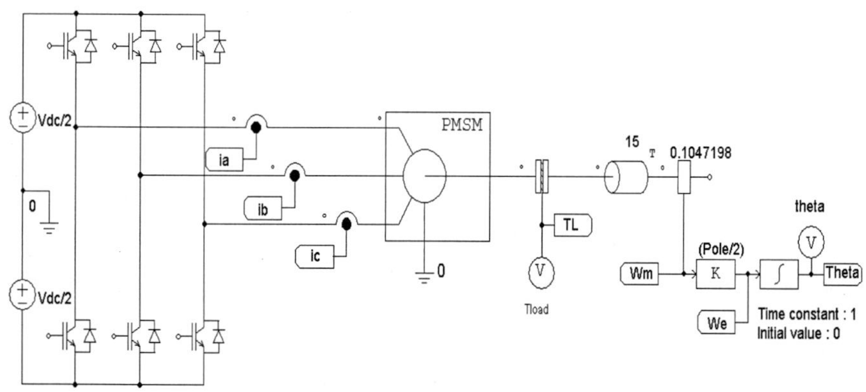
Vdc/2
0
Vdc/2
ia
ib
ic
PMSM
0
15
T
0.1047198
TL
Tload
theta
(Pole/2)
K
Wm
We
Theta
Time constant : 1
Initial value : 0

19.1 Modeling Parameter

모터는 전기기기(電氣機器)이다. 한자에서 의미하는 것처럼 전기로 움직이는 기계이다. 따라서 전기에서 사용되는 단위와 기계단위가 혼용되어 사용되기 때문에 주의가 필요하다. 모터는 자기력(magnetic force)을 이용하여 기계력(mechanical torque)을 발생시키는 도구이다. Faraday 전자기 유도 법칙에 의해서 전기에 의해 자기력이 발생됨으로 전기와 자기는 등가의 개념으로 생각할 수 있다. 이때 N-극에서 S 극을 지나 N-극까지의 각도를 자기각, 혹은 전기각(electric angle)이라 한다.

기계각(mechanical angle)은 회전자가 기계적으로 움직이는 각도를 말하며 한 바퀴를 돌아 제자리로 돌아오면 기계각은 360도이다. 기계각 θ_m은 한 바퀴, 즉 원이다.

자기력은 반드시 N극-S극 pair로 동작한다. 이 pair를 극(pole)이라 한다. 가장 단순한 모터는 N-극 1개, S-극 1개로 이루어진 2-pole 모터이다. 4-pole 모터는 N-극 2개, S-극 2개로 이루어져 있고, 8-pole 모터는 N-극 4개, S-극 4개로 이루어져 있다. 그림 19.1에 2, 4, 8-pole 모터의 구조를 나타내었다.

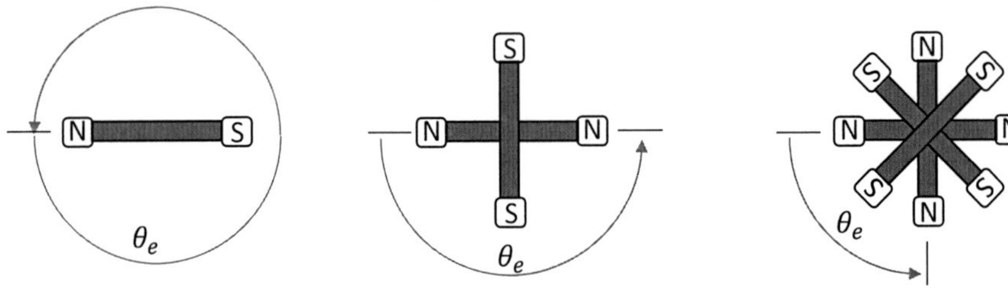

(a) 2 – pole (b) 4-pole (c) 8-pole

Figure 19.1 The mechanical angle for pole numbers

N-극에서 S 극을 지나 N-극까지의 각도를 전기각 θ_e 이고, 그림 (a), (b), (c)의 전기각 θ_e에 해당하는 각도는 원(360°), 반원(180°), 1/4원(90°)이다. 따라서 전기각과 기계각의 일반적인 표현식은 다음과 같이 나타난다.

$$\theta_e = \frac{P}{2}\theta_m \text{ , P: 극 수}$$

각속도의 표현식은 다음과 같다.

$$\omega_e = \frac{P}{2}\omega_m, \text{ P: 극 수}$$

모터의 각속도(ω_m)를 측정하기 위해 speed sensor를 사용하는데, 측정 단위는 rpm[revolution per minute]이다. ω_m의 단위는 $[rad/sec]$이다. 단위 간의 변환식은 다음과 같다.

$$\omega_m = \frac{2\pi}{60} \times\ [rpm] = 0.1047 \times\ [rpm]$$

$abc - to - dq$ 변환을 위해서는 전기각 θ_e 를 필요로 한다. 모터의 speed sensor 출력값은 rpm 이기 때문에 θ_e와 rpm 간의 변환식은 다음과 같다.

$$\theta_e = \frac{P}{2}\theta_m = \frac{P}{2}\int \omega_m\, dt = \frac{P}{2}\int (\frac{2\pi}{60} \cdot\ rpm)dt = \frac{P \cdot \pi \cdot\ rpm}{60}\int dt = \frac{P \cdot \pi \cdot\ rpm}{60} \cdot t$$

a. PMSM 등가 모델

PMSM 등가회로를 그림 19.2에 나타내었다. (a)는 상모델(phase model)이고 (b)는 d-q 모델을 나타내었다.

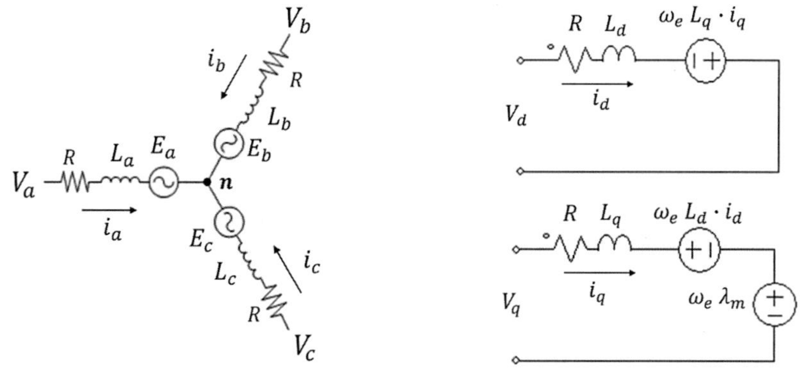

(a) Phase model (b) d-q model

Figure 19.2 Models for the PMSM

상모델(Phase model)의 변수는 다음과 같이 정의된다.

V_a, V_b, V_c : $Phase\ voltage$, E_a, E_b, E_c : $back\ EMF$,

L_a, L_b, L_c : $Inductance$, i_a, i_b, i_c : $Phase\ current$

전기회로의 수학적 표현식은 다음과 같이 주어진다.

$$v_{an} = Ri_a + L_a\frac{di_a}{dt} + E_a = Ri_a + L_a\frac{di_a}{dt} + \lambda_m cos(\theta_e)$$

$$v_{bn} = Ri_b + L_b\frac{di_b}{dt} + E_b = Ri_b + L_b\frac{di_b}{dt} + \lambda_m cos(\theta_e - 2\pi/3)$$

$$v_{cn} = Ri_c + L_c\frac{di_c}{dt} + E_c = Ri_c + L_c\frac{di_c}{dt} + \lambda_m cos(\theta_e + 2\pi/3)$$

표면착자형 영구자석형(Surface mounted PMSM : SPMSM) 동기 전동기 전기 모델은 L_a, L_b, L_c는 모두 동일한 값을 가진다. 따라서 d-q 모델에서는 $L_d = L_q$ 이다.

내부착자형 영구자석형(Interior mounted PMSM : IPMSM) 동기 전동기 전기 모델은 L_a, L_b, L_c가 정현적으로 변하는 값을 가진다. 따라서 d-q 모델에서는 $L_d \neq L_q$ 이다. 일반적으로 $L_d < L_q$ 이다.

DQ-변환 모델의 전기회로 수학적 표현식은 다음과 같다.

$$V_d = Ri_d + L_d\frac{di_d}{dt} - \omega_e L_q \cdot i_q$$

$$V_q = Ri_q + L_q\frac{di_q}{dt} + \omega_e L_d \cdot i_d + \omega_e\lambda_m$$

기계방정식은 SPMSM과 IPMSM 동일하게 다음과 같이 표현된다.

$$T_e = \left(\frac{3}{2}\right)\left(\frac{P}{2}\right)[\lambda_m i_q + (L_d - L_q)i_q i_d]$$

$$J_m\left(\frac{2}{P}\right)\frac{d\omega_e}{dt} + B_m\left(\frac{2}{P}\right)\omega_e = T_e - T_L$$

DC 모터 방정식과 비교해 보자.

	DC motor	BLDC(PMSM) motor
전기 방정식 계자 : 전기자 :	$V_f = R_f i_f + L_f\frac{di_f}{dt}$ $V_t = R_a i_a + L_a\frac{di_a}{dt} + K_\varphi \cdot \omega_m$	$V_d = Ri_d + L_d\frac{di_d}{dt} - \omega_e L_q \cdot i_q$ $V_q = Ri_q + L_q\frac{di_q}{dt} + \omega_e L_d \cdot i_d + \lambda_m \cdot \omega_e$
기계 방정식 기계토크 : 전기토크 :	$J_m\frac{d\omega_m}{dt} + B_m\omega_m = T_e - T_{load}$ $T_{em} = K_\varphi \cdot i_a$	$J_m\frac{d\omega_m}{dt} + B_m\omega_m = T_e - T_{load}$ $T_e = \left(\frac{3}{2}\right)\left(\frac{P}{2}\right)[\lambda_m i_q + (L_d - L_q)i_q i_d]$

전기방정식을 비교해 보자. 3상 인버터에서 설명한 바와 같이 Decoupling 모델을 위해 feedforward 계수 $\omega_e L_q i_q$가 필요한점을 제외하면 계자방정식은 DC와 BLDC 모두 동일하다. 전기자 방정식에서도 feedforward 계수 $\omega_e L_d i_d$ 와 back emf 상수 표기만 달라지는 점을 제외하면 모두 동일하다. 그리고 DC 모터에서는 전기각 속도와 기계각 속도가 동일하기 때문에 ω_m을 ω_e대신 사용하였으나, 원칙은 ω_e로 표기하는 것이 더 적합하다. 왜냐하면 전기방정식이므로 전기각을 사용하여야 하기 때문이다. BLDC 모터에서는 전기 각속도와 기계 각속도 관계식 $\omega_e = \frac{P}{2}\omega_m$을 적용하여 전기 각속도로 나타내었다.

기계방정식을 비교해 보자. 기계 토크 방정식은 동일하다. 전기토크 방정식을 보면 $\left(\frac{3}{2}\right) i_q$는 상전류의 크기와 동일하고, K_φ는 $\left(\frac{P}{2}\right)\lambda_m$과 동일하다.

이 책에서 사용되는 시뮬레이션 예제는 모두 PSIM에서 제공하는 PMSM Library를 사용하였다. *d-q* 모델의 파라미터가 그림 19.3에 나타나 있다. 수학적 모델의 역기전력 상수 λ_m은 V_{pk}/K_{rpm} 계수로부터 계산할 수 있다.

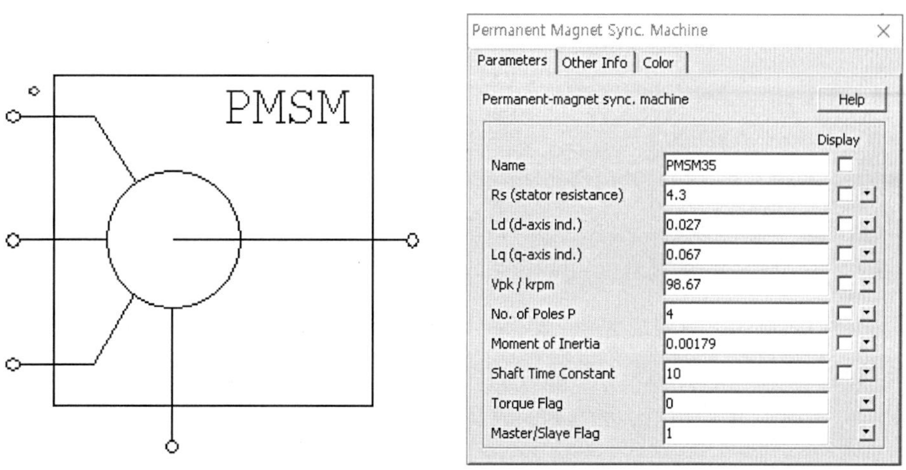

Figure 19.3 PSIM PMSM Library model

Help를 클릭하여 V_{pk}/K_{rpm} 설명을 보면 다음과 같다.

> *Peak line-to-line back emf constant, in V/K_{rpm} (mechanical speed). The value of V_{pk}/K_{rpm} should be available from the machine data sheet. If this data is not available, it can be obtained through an experiment by operating the machine as a generator at 1000 rpm and measuring the peak line-to-line voltage.*

V_{pk}/K_{rpm} 파라미터는 모터가 1000rpm으로 회전할 때, line-to-line 전압의 peak값을 의미한다. PSIM 모델의 기본값은 98.67이다.

그림 19.4에 전기 위치값과 역기전력 상수값 도출 시험을 위한 PSIM Schematic을 나타내었다. 모터에 고정속도 1000 [rpm]으로 회전하는 constant mechanical load를 연결한 후 고정자에 큰 저항을 연결하고 상전압(phase voltage), 선전압(line-to-line voltage)를 측정하였다. 10K의 저항을 연결하였기 때문에 전류는 거의 흐르지 않고 따라서 역기전력(back emf) 전압만 측정된다.

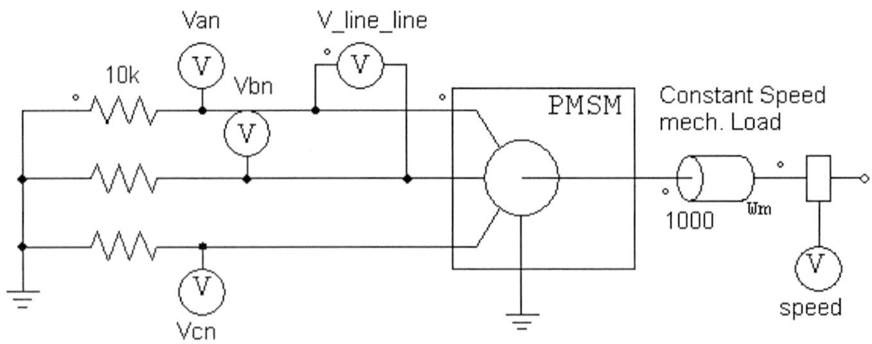

Figure 19.4 The schematic for measuring back emf constant

시뮬레이션 파형을 그림 19.5에 나타내었다. 선간전압의 peak 값은 98V이기 때문에 library에 제시된 대로 V_{pk}/K_{rpm}이 98임을 알 수 있다. 실제 실험에서도 동일한 방법으로 역기전력 상수를 측정하여 파라미터 값으로 입력하면 된다. 역기전력 a-상 전압은 0에서 시작하는 sin 파형임을 알 수 있다. 따라서 시작점의 전기위치(θ_e) 는 0도이다. 외부에서 모터를 돌려주었기 때문에 반대방향으로 회전하여 역기전력은 – 의 부호를 가지는 sin 함수가 된다. 만약 실험에서 측정된 파형이 $cosin$ 이면, 시작점의 전기위치가 +90도 이다.

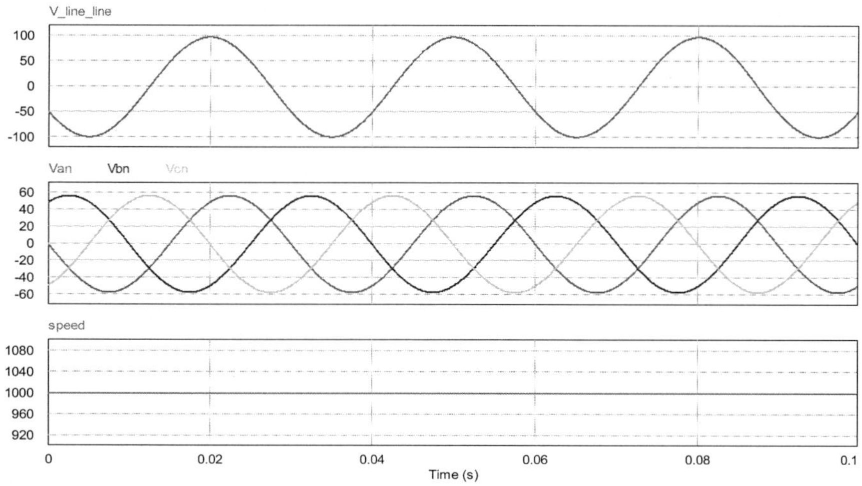

Figure 19.5 The waveforms of the back emf voltage for constant load

V_{pk}/K_{rpm} 에서 역기전력(Back Emf) 상수 λ_m을 계산해보자. 상모델의 역기전력은 상전압으로 표현되기 때문에 line-to-line 전압으로 표현된 V_{pk}/K_{rpm} 값을 상전압 값으로 변환하기 위해 $\sqrt{3}$ 으로 나누어 주어야 한다. a-상의 역기전력 $E_a = \lambda_m \cdot \omega_e$ 이다. 회전 rpm=1000 일때 $\omega_{e,1000}$을 계산해보면 다음과 같다. 이 때 Library의 default 극 수 P 는 4 로 주어져 있다.

$$\omega_{e,1000} = \frac{P}{2} \cdot \frac{2\pi}{60} \times 1000[rpm] = 209.44\ [\frac{rad}{sec}]$$

따라서 모델링 수식에서 사용하는 역기전력 상수 λ_m 를 계산한 결과는 다음과 같다.

$$\lambda_m = \frac{E_a}{\omega_{e,1000}} = \frac{V_{pk}/K_{rpm}}{\sqrt{3}} \cdot \frac{1}{\omega_{e,1000}} = \frac{98.67}{\sqrt{3}} \cdot \frac{1}{209.44} = 0.272$$

PSIM Schematic을 작성할 때 주의할 점 몇 가지를 알아보자. 전기 위치(θ_e)는 *a*-상 역기전력을 *cos* 에 동기화 시킨 경우와, *sin* 에 동기화 시킨 경우에 따라 다르게 서술 된다. PSIM에서 전기 위치값은 *sin* 값에 동기화 되어 있다. 참고로 matlab의 simulink에서의 PMSM은 역기전력을 *cos* 에 동기화 되어 있다. 이것을 정확하게 고려하지 않을 경우, dq-변환에 문제가 생길 수 있으므로, 꼭 간단한 테스트를 통해, 초기 위치 보상을 해줘야 한다.

PSIM 시뮬레이션 할 때 dq 변환시에 주의해야 할 점을 알아보자. dq 변환을 하기위해 PSIM schematic에 PSIM에서 제공하는 dq Library를 사용하거나 C-block으로 작성하게 된다. PSIM Library에 제공된 dq-변환과 3상 인버터 C-block에서 사용된 dq-변환식과의 차이점을 계산하는 과정을 다음 페이지에 나타내었다.

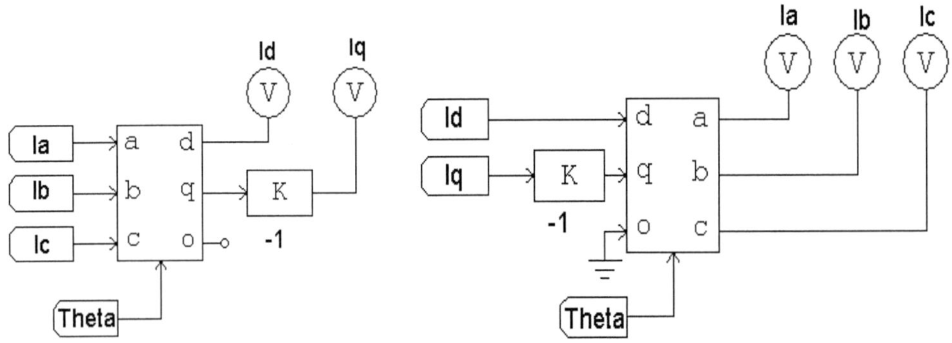

(a) $abc \rightarrow dq$ 변환시 (b) $dq \rightarrow abc$ 변환시

Figure 19.6 Schematic diagram using PSIM dq Library

결론적으로 PSIM dq Library의 q-축 입력이나 출력에 -1을 곱해주어야 C-block에서 사용하는 dq 변환값과 동일한 결과가 나오게 된다.

그림 19.6 에 PSIM Library $abc \rightarrow dq$, $dq \rightarrow abc$ 를 사용하는 schematic 을 나타내었다. 그림에서 알 수 있듯이 q축 입력이나 출력에 -1 을 곱하면 C-block 에서 사용하는 것과 동일한 좌표 변환 결과값을 얻을 수 있다. 자세한 계산 과정을 알아보자.

PSIM dq Library 변환 과정

<table>
<tr><td>$abc \rightarrow dq$</td><td>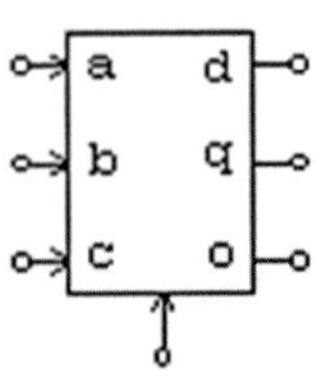</td><td>$$\begin{bmatrix} v_d \\ v_q \\ v_0 \end{bmatrix} = \frac{2}{3}\begin{bmatrix} \cos(\theta_e) & \cos(\theta_e - 2\pi/3) & \cos(\theta_e + 2\pi/3) \\ \sin(\theta_e) & \sin(\theta_e - 2\pi/3) & \sin(\theta_e + 2\pi/3) \\ 1/2 & 1/2 & 1/2 \end{bmatrix}\begin{bmatrix} v_a \\ v_b \\ v_c \end{bmatrix}$$</td></tr>
<tr><td>$dq \rightarrow abc$</td><td>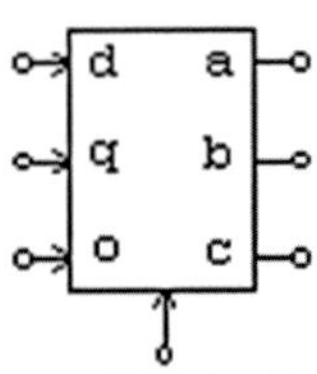</td><td>$$\begin{bmatrix} v_a \\ v_b \\ v_c \end{bmatrix} = \begin{bmatrix} \cos(\theta_e) & \sin(\theta_e) & 1 \\ \cos(\theta_e - 2\pi/3) & \sin(\theta_e - 2\pi/3) & 1 \\ \cos(\theta_e + 2\pi/3) & \sin(\theta_e + 2\pi/3) & 1 \end{bmatrix}\begin{bmatrix} v_d \\ v_q \\ v_0 \end{bmatrix}$$</td></tr>
</table>

3상 PCS/인버터에서 사용하는 C-block의 dq 변환식과는 차이가 있다. 아래에 중간 계산 과정을 나와 있다. 정리하면 d-축의 변환식은 동일하고, q-축의 부호가 반대이다. 따라서 PSIM dq Library를 사용할때는 q-축 입력값이나 출력값에 -1을 곱해주어야 한다. 먼저 삼각함수의 덧셈공식을 정리해 보자.

$\sin(\alpha \pm \beta) = sin\alpha \cdot cos\beta \ \pm cos\alpha \cdot sin\beta$

$\cos(\alpha \pm \beta) = cos\alpha \cdot cos\beta \ \mp sin\alpha \cdot sin\beta$

그리고 상수값은 다음과 같다. $\cos\left(\frac{2}{3}\pi\right) = -\frac{1}{2}, \ \sin\left(\frac{2}{3}\pi\right) = \frac{\sqrt{3}}{2}$

먼저 PSIM $abc \rightarrow dq$ Library 수식을 계산해 보자. PSIM 수식은 다음과 같이 주어진다.

$$V_d = \frac{2}{3}\{cos\theta \cdot V_a + \cos(\theta - \frac{2}{3}\pi) \cdot V_b + \cos(\theta + \frac{2}{3}\pi) \cdot V_c\}$$

$$= \frac{2}{3}\{cos\theta \cdot V_a + \cos\theta \cdot \cos(\frac{2}{3}\pi) \cdot V_b + sin\theta \cdot sin(\frac{2}{3}\pi) \cdot V_b + \cos\theta \cdot \cos(\frac{2}{3}\pi) \cdot V_c - sin\theta \cdot sin(\frac{2}{3}\pi) \cdot V_c\}$$

$$= \frac{2}{3}\{cos\theta \cdot V_a - \frac{1}{2} \cdot \cos\theta \cdot V_b + \frac{\sqrt{3}}{2} \cdot sin\theta \cdot V_b - \frac{1}{2} \cdot \cos\theta \cdot V_c - \frac{\sqrt{3}}{2} \cdot sin\theta \cdot V_c\}$$

$$= \frac{2}{3} \cdot cos\theta \cdot V_a - \frac{1}{3} \cdot \cos\theta \cdot V_b - \frac{1}{3} \cdot \cos\theta \cdot V_c + \frac{1}{\sqrt{3}} \cdot sin\theta \cdot V_b - \frac{1}{\sqrt{3}} \cdot sin\theta \cdot V_c\}$$

$$= (\frac{2}{3} \cdot V_a - \frac{1}{3} \cdot V_b - \frac{1}{3} \cdot V_c) \cdot \cos\theta + (\frac{1}{\sqrt{3}} \cdot V_b - \frac{1}{\sqrt{3}} \cdot V_c) \cdot sin\theta$$

$$= V_{alpha} \cdot \cos\theta + V_{beta} \cdot sin\theta$$

$$V_q = \frac{2}{3}\{sin\theta \cdot V_a + sin(\theta - \frac{2}{3}\pi) \cdot V_b + sin(\theta + \frac{2}{3}\pi) \cdot V_c\}$$

$$= \frac{2}{3}\{sin\theta \cdot V_a - \frac{1}{2} \cdot sin\theta \cdot V_b - \frac{\sqrt{3}}{2} \cdot cos\theta \cdot V_b - \frac{1}{2} \cdot \sin\theta \cdot V_c + \frac{\sqrt{3}}{2} \cdot cos\theta \cdot V_c\}$$

$$= \left(\frac{2}{3} \cdot V_a - \frac{1}{3} \cdot V_b - \frac{1}{3} \cdot V_c\right) \cdot \sin\theta - (\frac{1}{\sqrt{3}} \cdot V_b - \frac{1}{\sqrt{3}} \cdot V_c) \cdot cos\theta$$

$$= V_{alpha} \cdot \sin\theta - V_{beta} \cdot cos\theta$$

$V_{alpha} = \frac{2}{3} \cdot V_a - \frac{1}{3} \cdot V_b - \frac{1}{3} \cdot V_c, \ V_{beta} = \frac{1}{\sqrt{3}} \cdot V_b - \frac{1}{\sqrt{3}} \cdot V_c$ 으로 정리된다.

3상 인버터 C-block에서 사용한 $abc \rightarrow dq$ 공식은 다음과 같다.

$$V_d = V_{alpha} \cdot \cos\theta + V_{beta} \cdot sin\theta$$

$$V_q = -V_{alpha} \cdot \sin\theta + V_{beta} \cdot cos\theta$$

따라서 PSIM과 3상 인버터의 $abc \rightarrow dq$ 변환을 정리하면, V_d는 동일하고 V_q의 부호는 반대이다.

두번째로 PSIM $dq \rightarrow abc$ Library를 계산해 보자. PSIM 수식은 다음과 같이 주어진다.

$$V_a = cos\theta \cdot V_d + sin\theta \cdot V_q = V_{alpha}$$

$$V_b = \cos\left(\theta - \tfrac{2}{3}\pi\right) \cdot V_d + \sin\left(\theta - \tfrac{2}{3}\pi\right) \cdot V_q = \left(-\tfrac{1}{2} \cdot \cos\theta + \tfrac{\sqrt{3}}{2} \cdot sin\theta\right) \cdot V_d + \left(-\tfrac{1}{2} \cdot sin\theta - \tfrac{\sqrt{3}}{2} \cdot cos\theta\right) \cdot V_q$$

$$= -\frac{1}{2}\left(\cos\theta \cdot V_d + sin\theta \cdot V_q\right) + \frac{\sqrt{3}}{2}\left(sin\theta \cdot V_d - \ cos\theta \cdot V_q\right) = -\frac{1}{2} \cdot V_{alpha} + \frac{\sqrt{3}}{2} \cdot V_{beta}$$

$$V_c = \cos\left(\theta + \frac{2}{3}\pi\right) \cdot V_d + \sin\left(\theta + \frac{2}{3}\pi\right) \cdot V_q$$

$$= \left(-\frac{1}{2} \cdot \cos\theta - \frac{\sqrt{3}}{2} \cdot sin\theta\right) \cdot V_d + \left(-\frac{1}{2} \cdot sin\theta + \frac{\sqrt{3}}{2} \cdot cos\theta\right) \cdot V_q$$

$$= -\frac{1}{2}\left(\cos\theta \cdot V_d + sin\theta \cdot V_q\right) - \frac{\sqrt{3}}{2}\left(sin\theta \cdot V_d - \ cos\theta \cdot V_q\right) = -\frac{1}{2} \cdot V_{alpha} - \frac{\sqrt{3}}{2} \cdot V_{beta}$$

변환식을 정리하면

$$V_{alpha} = cos\theta \cdot V_d + sin\theta \cdot V_q$$

$$V_{beta} = sin\theta \cdot V_d - \ cos\theta \cdot V_q$$

3상 PCS/인버터 C-block에서 사용한 $dq \rightarrow abc$ 공식은 다음과 같다.

$$V_{alpha} = cos\theta \cdot V_d - sin\theta \cdot V_q$$

$$V_{beta} = sin\theta \cdot V_d + \ cos\theta \cdot V_q$$

정리하면 PSIM과 3상 인버터의 $dq \rightarrow abc$ 변환을 정리하면, V_d는 동일하고 V_q의 부호는 반대이다.

b. Modeling Parameter 값 검증

PSIM dq Library를 이용하여 계산값을 검증해 보자. 방법은 다음과 같다. PMSM 모터에 전압을 가한 후 시뮬레이션 파형의 정상상태값을 이용해서 rpm, i_d, i_q 을 측정한다.

모델링 수식에 측정값들을 대입하여, 정상상태의 T_e, V_d, V_q 값을 계산한다. 계산된 값들과 PSIM 회로의 값들이 일치하는지 확인한다. 이때 T_e 는 T_{load} 와 일치하여야 한다.

전기 위치(θ_e)는 속도센서를 통해 얻어진 기계각속도(ω_m)에 변환계수를 곱한 후 적분하여 얻어진다. PSIM에서 전기 위치값은 *sin* 값에 동기화 되어 있어서 각위치를 그대로 사용하면 되지만, 실험에서 back emf가 cosine 함수로 나타난다면 각위치에 +90 [deg]=$\frac{\pi}{2}[rad] = 1.57$ 을 더해주어야 한다. 이것은 적분기 초기값을 0 대신 $\frac{\pi}{2} = 1.57$을 입력하면 된다. 기계각속도(ω_m)에서 전기 위치(θ_e)를 계산하는 PSIM 회로를 그림 19.7에 나타내었다.

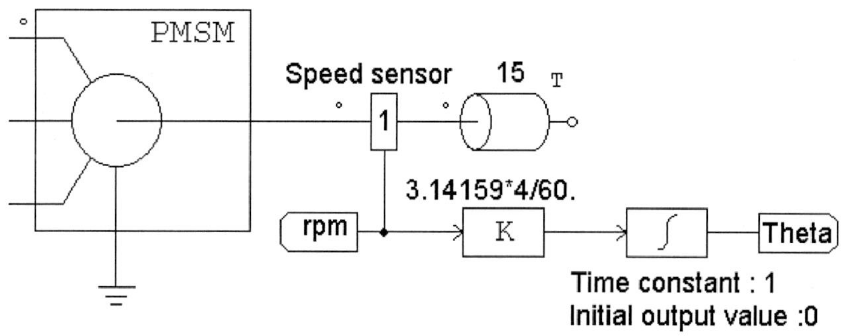

Figure 19.7 The Conversion diagram from rpm to electric angle θ_e

그림 19.8에 정상상태 값들을 얻기 위한 PSIM schematic을 나타내었다. 내부착자형 영구자석형 동기 전동기 전기 모델은 L_a, L_b, L_c가 정현적으로 변하는 값을 가짐으로 d-q 모델에서는 $L_d \neq L_q$ 이다. PMSM Library는 default 값들을 그대로 적용하여 $L_d = 0.027$, $L_d = 0.067$ 으로 주어져 있다.

모터 단자 전압 $V_q = 200[V]$, $V_d = 0[V]$를 인가하였다. 외란 토크 $T_L = 15[Nm]$를 인가하였다. 속도센서 WSEN을 이용하여 rpm을 측정하고 변환과정을 거쳐 전기위치(θ_e) $Theta$ 를 얻어낸다. 모터에 흐르는 전류를 d-q 변환하여 I_d, I_q 를 얻어낸다. 이 값들을 이용하여 전기토크 T_e를 계산할 수있다. 모터 파라미터가 정확하다면 $T_e = T_L = 15[Nm]$가 되어야 한다. 모터 수식에 정상상태값을 입력하여 V_q, V_d를 계산한다. 모터 파라미터나 상수가 정확하다면 $V_q = 200[V]$, $V_d = 0[V]$이 되어야 한다. 이러한 과정을 통해 시뮬레이션 파형과 모터 상태방정식의 정상상태값이 일치하다면 모터 파라미터와 상수가 맞게 계산되었다는 것을 확인할 수 있다. 그림 19.9에 시뮬레이션 결과 파형과 정상상태값을 계산하기 위한 m-file이 표시되어 있다.

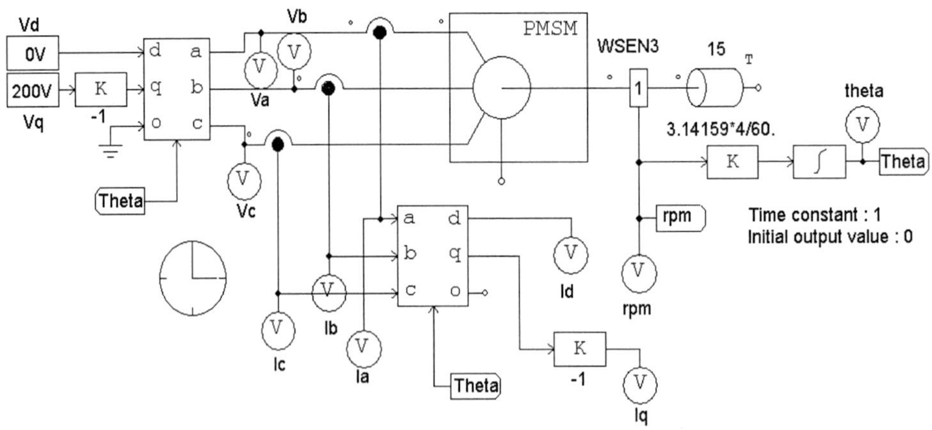

Figure 19.8 The schematic diagram for obtaining steady-state value

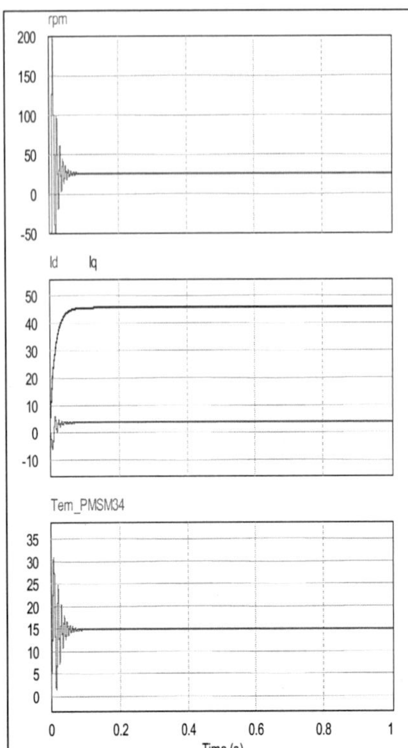


```
%%   PMSM Steady-State Calculation  %%

% Motor and Circuit Parameter
Rs = 4.3;           % Stator Resistance
Ld = 0.027;         % d-axis Inductance
Lq = 0.067;         % q-axis Inductance
Vpk_krpm = 98.67;   % Back-emf constant
P=4;                 % Number of Pole
Jm = 0.00179;       % Moment of Inertia
Tau_shaft = 10;     % Shaft time constant
Bm = Jm/Tau_shaft;  % Friction Constant
TL = 15;             % Load torque [Nm]

% Back-EMF Constant Calculation
We_1000 = (P/2)*(2*pi/60)*1000;
Lamda_m=Vpk_krpm/sqrt(3)/We_1000; %Lamda_m=0.272;

% Steady-State data from PSIM Simulation Waveform
rpm=27.2;
Iq = 46;
Id =4.08;

% Unit Conversion
Wm = (2*pi/60)*rpm;  % 0.1047 * rpm;
We= (P/2)*Wm;

% Step 1 : Electric Torque Equation : Te
Te = (3/2)*(P/2)*( (Lamda_m)*Iq + (Ld-Lq)*Iq*Id);
% Step 2 : Vd, Vq Calculation
Vd = Rs*Id - We*Lq*Iq;
Vq = Rs*Iq + We*Ld*Id + We*Lamda_m;
```

Figurer 19.9 Waveforms and m-file to obtain steady-state value

시뮬레이션 파형을 보면 정상상태에서 rpm=27.2이고 $I_q = 46$ [A], $I_d = 4.08$ [A] 이다. 이 값들을 모터 상태방정식에 입력하여 T_e, V_q, V_d를 계산하면 $T_e = 15.01\ [Nm]$, $V_q = 199.97\ [V]$, $V_d = -0.01[V]$이다. 계산값을 schematic 입력값과 비교해보면 정확히 일치하는 것을 알 수 있다.

조건을 변경하여 시뮬레이션 해 보자. 표면착자형 영구자석형 동기 전동기 모델을 위해 $L_d = L_q = 0.027[H]$로 설정하였다. 그리고 외란 토크 $T_L = 10[Nm]$으로 변경하였다. 그림 19.10에 시뮬레이션 결과 파형이 나타나 있다. 시뮬레이션 파형에서 정상상태값은 rpm=994이고 $I_q = 12.28$ [A], $I_d = 16.1$ [A], $T_{em\_PMSM} = 10[Nm]$ 이다. MATLAB m-file에 이 데이터를 입력하고 실행하면 $T_e = 10.02\ [Nm]$, $V_q = 199.93\ [V]$, $V_d = 0.20[V]$로 회로의 입력값과 일치하는 것을 알 수 있다. 따라서 back-emf 상수값 계산이나 단위 변환, 그리고 상태공간 표현식의 수식들이 정확하게 이루어졌다는 것을 알 수 있다.

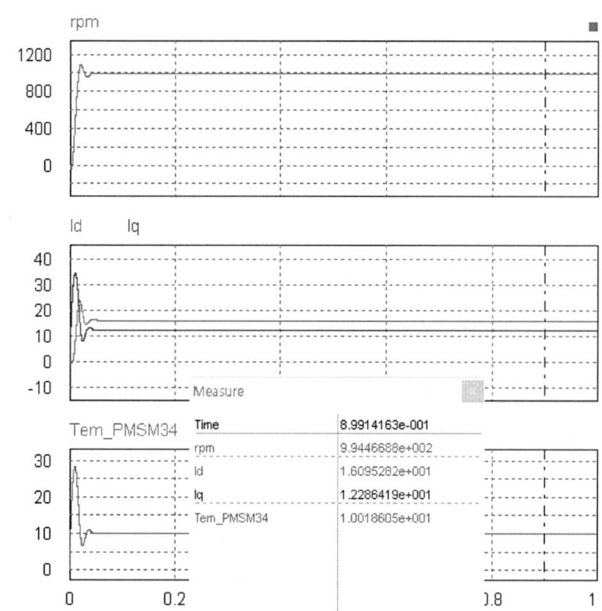

Figure 19.10 Waveforms of the Surface-mounted PMSM

19.2 상태평균화 방정식과 제어기설계

그림 19.11에 PMSM 구동을 위한 회로를 나타내었다. 전력회로는 3 개의 bridge로 이루어져 있고, 모터의 각속도를 측정하기 위한 속도센서와 외부 토크부하를 측정하기 위한 토크 센서가 연결되어 있다. 속도센서의 출력은 rpm 임으로 각속도 ω_m [rad/s]로 변환시키기 위해 변환계수 0.1047 이 적용되었다. 전기각 ω_e 와 적분기를 이용하여 위상각 θ를 얻을 수 있다.

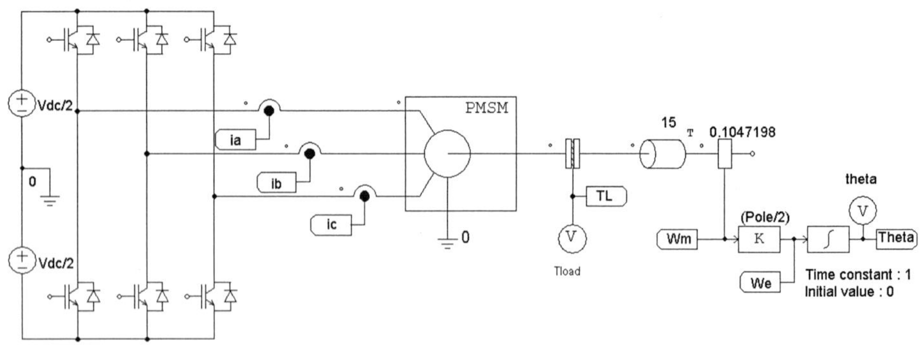

Figure 19.11 PMSM driving circuit schematic

PMSM 모터의 d-q 방정식은 다음과 같이 주어진다.

$$V_q = Ri_q + L_q \frac{di_q}{dt} + \omega_e L_d \cdot i_d + \omega_e \lambda_m$$

$$V_d = Ri_d + L_d \frac{di_d}{dt} - \omega_e L_q \cdot i_q$$

3상 인버터에서 사용했던 동일한 방법을 이용하여 상태평균화 방정식을 구해보자.

(a) q-축 상태평균화 표현식

인버터 상전압 V_q는 스위치가 ON 일때 $+(\frac{V_{dc}}{2})$ 이고, 스위치가 OFF 일때 $-(\frac{V_{dc}}{2})$이다. 지속 시간은 ON일때 d_q 이면 OFF일때 $(1-d_q)$이다. 각각을 정리하면

스위치 ON 인 경우 (d_q) $\quad : +(\frac{V_{dc}}{2}) = Ri_q + L_q \frac{di_q}{dt} + \omega_e L_d \cdot i_d + \omega_e \lambda_m$

스위치 OFF 인 경우 $(1-d_q)$: $-(\frac{V_{dc}}{2}) = Ri_q + L_q \frac{di_q}{dt} + \omega_e L_d \cdot i_d + \omega_e \lambda_m$

지속시간을 양변에 곱하여 각 변끼리 더해주면

$$+\left(\frac{V_{dc}}{2}\right)(d_q) - (\frac{V_{dc}}{2})(1-d_q) = Ri_q + L_q\frac{di_q}{dt} + \omega_e L_d \cdot i_d + \omega_e \lambda_m$$

$$V_{dc} \cdot d_q - \frac{V_{dc}}{2} = Ri_q + L_q\frac{di_q}{dt} + \omega_e L_d \cdot i_d + \omega_e \lambda_m$$

OFFSET 전압 $-\frac{V_{dc}}{2}$ 를 상쇄시키기 위해서 q-축 듀티에 +0.5를 나중에 더해주면 된다. 다음 선형 방정식을 만들기 위해, q-축 듀티 d_q를 feed-forward 항과 feed-back 항으로 분리하면 아래와 같이 나타낼 수 있다.

$$d_q = d_{q,ff} + d_{q,fb}$$

Feed-forward 듀티는 다음과 같이 표현된다.

$$d_{q,ff} = \frac{\omega_e L_d i_d}{V_{dc}}$$

따라서 최종적인 q-축 상태평균화 방정식은 다음과 같이 표현된다.

$$\frac{di_q}{dt} = -\frac{R}{L_q}i_q - \frac{\lambda_m}{L_q}\left(\frac{P}{2}\right)\omega_m + \frac{V_{dc}}{L_q}d_{q,fb}$$

(b) d-축 상태평균화 표현식

동일한 방법으로 d-축 상태평균화 방정식을 구할 수 있다. d-축 방정식은 다음과 같이 표현된다.

$$V_{dc} \cdot d_d - \frac{V_{dc}}{2} = Ri_d + L_d\frac{di_d}{dt} - \omega_e L_q \cdot i_q$$

OFFSET 전압 $-\frac{V_{dc}}{2}$ 를 상쇄시키기 위해서 d-축 듀티에 +0.5를 나중에 더해주고, d-축 듀티 d_d를 feed-forward 항과 feed-back 항으로 분리하면 다음과 같이 표현된다.

$$d_d = d_{d,ff} + d_{d,fb}$$

Feed-forward 듀티는 다음과 같이 표현된다.

$$d_{d,ff} = -\frac{\omega_e L_q \cdot i_q}{V_{dc}}$$

따라서 최종적인 d-축 상태평균화 방정식은 다음과 같이 표현된다.

$$\frac{di_d}{dt} = -\frac{R}{L_d} i_d + \frac{V_{dc}}{L_d} d_{d,fb}$$

c) 기계 변수 상태평균화 방정식

기계 변수의 상태평균화 방정식은 듀티와는 상관이 없으므로 다음과 같이 표현된다.

$$J_m \frac{d\omega_m}{dt} + B_m \omega_m = T_e - T_{load} \text{ -> } \frac{d\omega_m}{dt} = \left(\frac{3}{2}\right)\left(\frac{P}{2}\right)\frac{\lambda_m}{J_m} i_q - \frac{B_m}{J_m}\omega_m - \frac{1}{J_m} T_{load}$$

따라서 최종적인 BLDC 모터의 상태평균화 방정식의 행렬 표현식은 다음과 같다.

$$\begin{pmatrix} \frac{di_q}{dt} \\ \frac{d\omega_m}{dt} \end{pmatrix} = \begin{pmatrix} -\frac{R}{L_q} & -\frac{\lambda_m}{L_q}\left(\frac{P}{2}\right) \\ \left(\frac{3}{2}\right)\left(\frac{P}{2}\right)\frac{\lambda_m}{J_m} & -\frac{B_m}{J_m} \end{pmatrix} \begin{pmatrix} i_q \\ \omega_m \end{pmatrix} + \begin{pmatrix} \frac{V_{dc}}{L_q} \\ 0 \end{pmatrix} d_{q,fb} + \begin{pmatrix} 0 \\ -\frac{T_{load}}{J_m} \end{pmatrix}$$

$$\frac{di_d}{dt} = -\frac{R}{L_d} i_d + \frac{V_{dc}}{L_d} d_{d,fb}$$

각 상 듀티는 다음과 같다.

$$d_q = d_{q,ff} + d_{q,fb} = \frac{\omega_e L_q \cdot i_q}{V_{dc}} + d_{q,fb}$$

$$d_d = d_{d,ff} + d_{d,fb} = -\frac{\omega_e L_q \cdot i_q}{V_{dc}} + d_{d,fb}$$

$d_{q,fb}$와 $d_{d,fb}$ 는 제어기의 출력이다.

상태평균화 방정식을 적용한 전류제어 블록 다이어그램을 그림 19.12에 나타내었다.

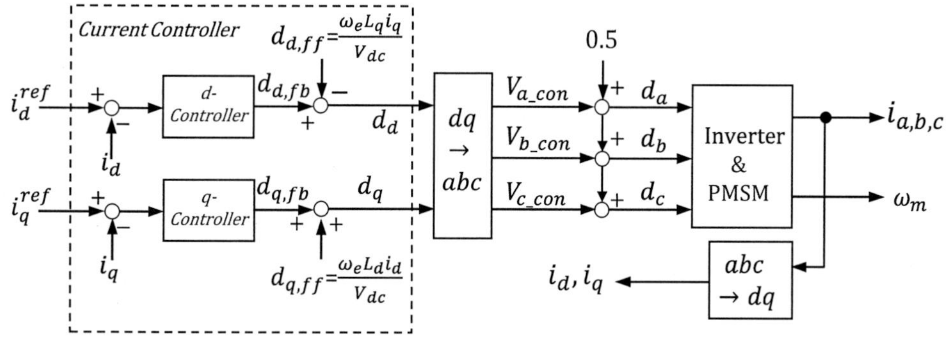

Figure 19.12 Current controller configuration using state averaging equation

참고로 DC motor 상태방정식을 아래에 다시 적어서 BLDC와 비교해 보면

$$\begin{pmatrix}\frac{di_a}{dt}\\ \frac{d\omega_m}{dt}\end{pmatrix}=\begin{pmatrix}-\frac{R_a}{L_a} & -\frac{K_\varphi}{L_a}\\ \frac{K_\varphi}{J_m} & -\frac{B_m}{J_m}\end{pmatrix}\begin{pmatrix}i_a\\ \omega_m\end{pmatrix}+\begin{pmatrix}\frac{V_t}{L_a}\\ 0\end{pmatrix}d+\begin{pmatrix}0\\ -\frac{T_{load}}{J_m}\end{pmatrix}$$

차이점은 시스템 행렬 A의 수치만 변화하고 동일한 형태를 유지하고 있다. 따라서 DC 모터에서 적용한 방법을 그대로 사용하여 전달함수를 계산할 수 있다.

시스템 행렬의 역행렬을 계산하면

$$(sI-A)^{-1}=\begin{pmatrix}s+\frac{R}{L_q} & \frac{\lambda_m}{L_q}\left(\frac{P}{2}\right)\\ -\left(\frac{3}{2}\right)\left(\frac{P}{2}\right)\frac{\lambda_m}{J_m} & s+\frac{B_m}{J_m}\end{pmatrix}^{-1}=\frac{\begin{pmatrix}s+\frac{B_m}{J_m} & -\frac{\lambda_m}{L_q}\left(\frac{P}{2}\right)\\ \left(\frac{3}{2}\right)\left(\frac{P}{2}\right)\frac{\lambda_m}{J_m} & s+\frac{R}{L_q}\end{pmatrix}}{s^2+(\frac{R}{L_q}+\frac{B_m}{J_m})s+(\frac{RB_m}{L_qJ_m}+\left(\frac{3}{2}\right)\left(\frac{P}{2}\right)^2\frac{\lambda_m^2}{L_qJ_m})}$$

전달함수를 계산하면 다음과 같이 표현된다. 편의상 각 상의 feedback duty $d_{d,fb}=d_d$ 로, $d_{q,fb}=d_q$로 표시하였다.

$$\frac{I_q(s)}{d_q(s)}=C(sI-A)^{-1}BU=\frac{\frac{V_{dc}}{L_q}(s+\frac{B_m}{J_m})}{s^2+(\frac{R}{L_q}+\frac{B_m}{J_m})s+(\frac{RB_m}{L_qJ_m}+\left(\frac{3}{2}\right)\left(\frac{P}{2}\right)^2\frac{\lambda_m^2}{L_qJ_m})}=G_{1q}(s)$$

$$\frac{\omega_m(s)}{d_q(s)}=C(sI-A)^{-1}BU=\frac{\left(\frac{3}{2}\right)\left(\frac{P}{2}\right)\frac{\lambda_m}{J_m}\frac{V_{dc}}{L_q}}{s^2+(\frac{R}{L_q}+\frac{B_m}{J_m})s+(\frac{RB_m}{L_qJ_m}+\left(\frac{3}{2}\right)\left(\frac{P}{2}\right)^2\frac{\lambda_m^2}{L_qJ_m})}=G_{2q}(s)$$

$$\frac{\omega_m(s)}{I_q(s)} = \frac{\left(\frac{3}{2}\right)\left(\frac{P}{2}\right)\frac{\lambda_m}{J_m}}{(s + \frac{B_m}{J_m})} = G_{3q}(s)$$

$$\frac{I_d(s)}{d_d(s)} = \frac{V_{dc}}{L_d s + R} = G_{1d}(s)$$

이 전달함수들을 이용한 Double loop Controller 구성을 그림 19.13 (a)에 나타내었다. 외부에 속도제어기가 내부에 q-축 전류제어기가 연결된 구조이며, DC 모터의 경우와 거의 같은 구조를 가지고 있다. d-축 전류는 single loop 구성(그림 (b))으로 되어 있고, 일반적으로 기준전류는 0 이다.

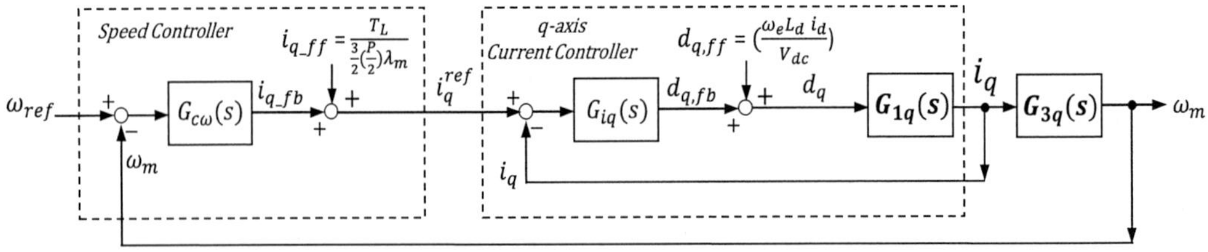

(a) Double loop controller (q-axis)

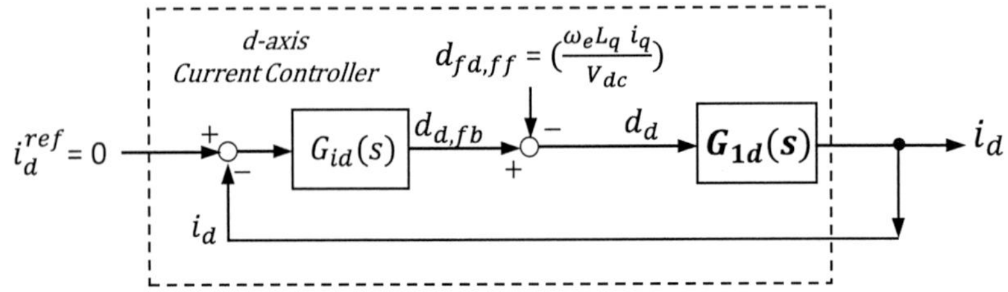

Single loop current controller (d-axis)

Figure 19.13 The controller configuration of the PMSM

Double loop 제어기 설계를 위한 m-file은 아래와 같다.

```
s=tf('s');
%%% PMSM Motor Parameter%%%
Vdc=500;
Vq=Vdc/2;
R = 4.3;
Ld = 0.027;
Lq = 0.027;
Vpk_krpm =98,67;
P=4;
Jm = 0.00179;
Tau_shaft=10;

%%%% Motor Constant Calculation %%%%
We_1000 = (P/2)*(2*pi/60)*1000
Lamda_m= Vpk_krpm / (sqrt(3)*We_1000)
Bm=Jm/Tau_shaft;
TL = 10;  % Load torque TL = 50 [Nm]

G1d= Vdc/(Ld*s +R);

Delta =s^2 + (R/Lq+Bm/Jm)*s + (R*Bm +
 (3/2)*(P/2)^2*Lamda_m^2 )/(Lq*Jm);

G1q=(Vdc/Lq)*(s+Bm/Jm)/Delta; % Ia/d
G2q=(3/2)*(P/2)*Lamda_m*Vdc/(Lq*Jm)/Delta;
G3q = (3/2)*(P/2)*Lamda_m/Jm/(s+Bm/Jm);

Kpw=1; Kiw=1;
Gcw=Kpw*(s+Kiw)/s;
```

```
Kpi=1; Kii=1;
Gci=Kpi*(s+Kii)/s;

Wref = 100;

%%%% Double loop %%%%
% Speed:Wc=10[rad/s]
P.M=90[deg]
% Current: Wc = 2400, P.M. =
60
% Gcw = 0.002215(s+ 0.0997)/s
% Gci = 0.21551(s+1610)/s

T=sisoinit(6);
T.F.Value = Wref;
T.G1.Value = G1q;
T.C2.Value = Gci;

T.G2.Value = G3q;
T.C1.Value = Gcw;
sisotool(T);

%%%% Single loop : Current-
id %%%%%
% Current: Wc = 2400, P.M. =
60
% Iref= 10;
% T=sisoinit(1);
% T.F.Value = Iref;

% T.G.Value = G1d;
% T.C.Value = Gci;
% sisotool(T);
```

속도제어기와 전류제어기의 주파수 설계 사양은 아래와 같다.

	Speed Controller (C_1)	Current Controller (C_2)
Band width	10 [rad/s]	2400 [rad/s]
Phase margin	90 [deg]	60 [deg]

Auto tuning을 실행하여 설계된 속도제어기, 전류제어기 표현식은 다음과 같다.

$$C_1 = G_{cw}(s) = \frac{0.0221(s+0.175)}{s}$$

$$C_2 = G_{ci}(s) = \frac{0.108(s+1500)}{s}$$

d-축과 q-축의 전류제어기 이득은 동일하게 설정하였다.

스위칭 주파수 $f_{sw} = 5[kHz]$를 적용한 디지털 표현식은 다음과 같다.

$$C_1 = G_{cw}(z) = \frac{0.0221(z - 0.99996)}{z - 1}$$

$$C_2 = G_{ci}(z) = \frac{0.13164(z - 0.838)}{z - 1}$$

속도제어기와 q-축 전류제어기에 SISOTOOL 설계 결과를 아래에 나타내었다. 속도제어기의 위상여유 목표가 90도 인데, 설계값은 89.5도로 0.5도의 설계 오차가 발생하는 것을 알 수 있다. 이것은 단위계단응답 그래프에서 미세하게 오버슈트가 발생하는 것이 관찰된다. 전류제어기는 설계 목표값대로 잘 설계되었다는 것을 알 수 있다.

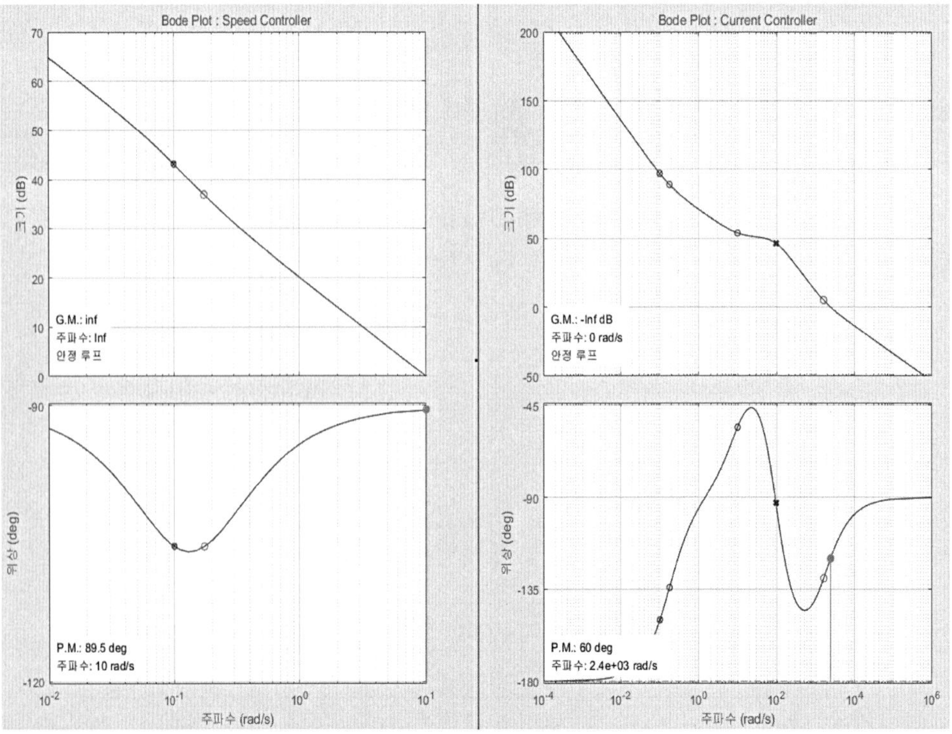

단위계단 응답 특성 그래프는 다음과 같이 주어진다. 약 0.22초 정도의 rising time을 보인다는 것을 알 수 있다.

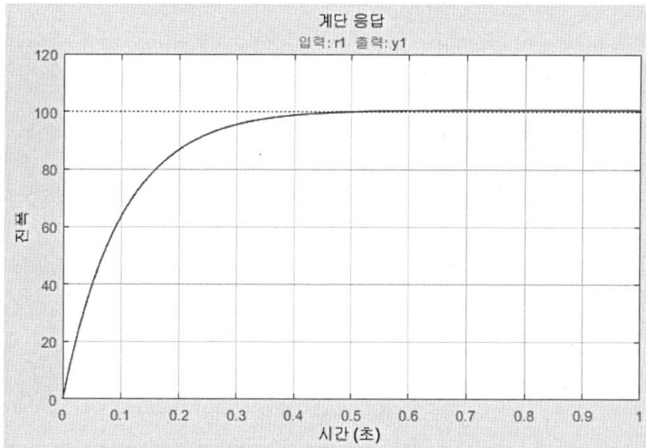

C-block을 사용한 Double loop 제어기 Schematic을 그림 19.14에 나타내었다. 시뮬레이션 결과 파형이 그림 19.15와 19.16에 나타나 있다. 모터의 속도가 기준 속도값에 오버슈트 없이 잘 되어 되고 있고, 전류 제어기도 잘 동작하고 있는 것을 알 수 있다. 세 번째 파형에 q-축 전류 오차를 나타내었다. 네 번째 파형에 각 상 듀티를, 다섯 번째 파형에 각 상 전류를 나타내었다.

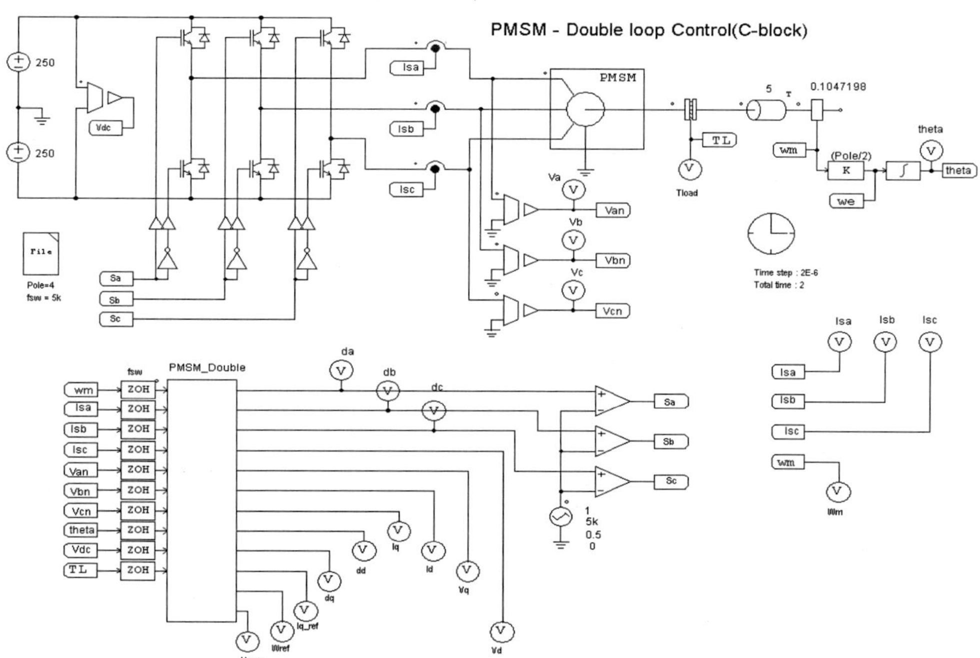

Figure 19.14 Double loop controller using C-block

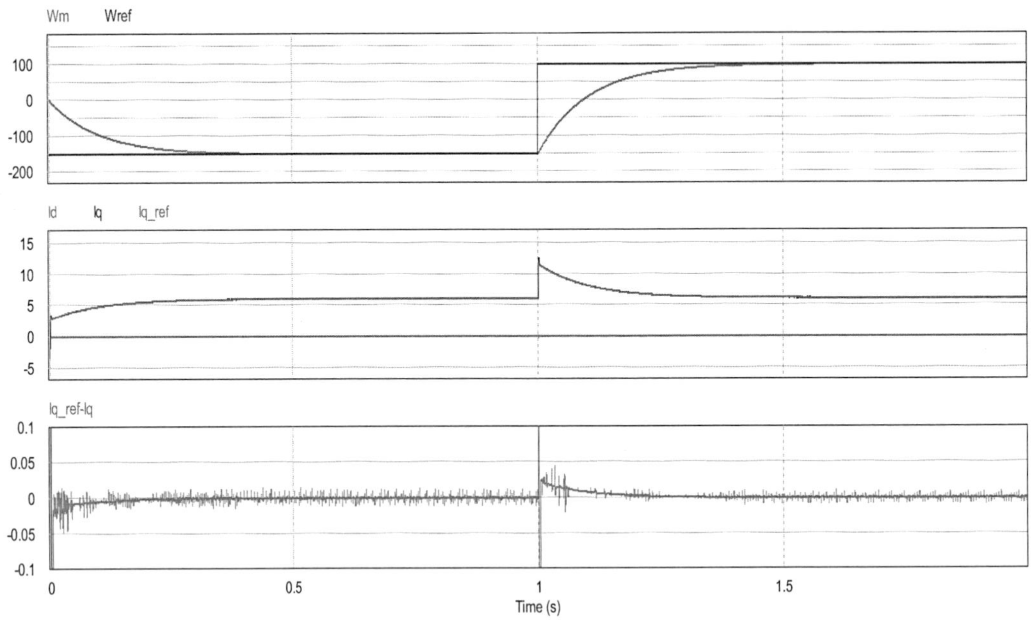

Figure 19.15 Waveforms of the double loop controller

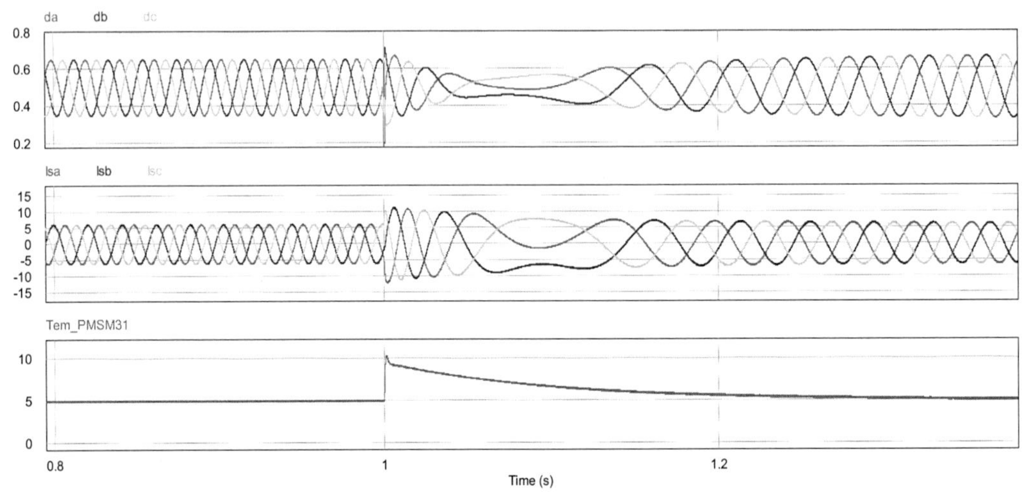

Figure 19.16 Waveforms of the double loop controller (Continued)

C-block의 코드를 아래 표에 나타내었다.

```
#define Ld        0.027 // d-axis Inductance
#define Lq        0.027 // q-axis Inductance
#define  Lamda_m  0.273 //  Back-emf constant
#define Pole      4     // 4-pole motor

#define KWp 0.02218 // Speed P :- BW: 10[rad]
#define KWi 0.99996 // Speed I : -90 [deg]

#define Kip_d 0.1317 // d-axis Current P
#define Kii_d 0.837  // d-axis Currentr I

#define Kip_q 0.1317 // q-axis Current P
#define Kii_q 0.837  // q-axis Currentr I

double Wm, Isa, Isb, Isc, Van, Vbn, Vcn,
theta, Vdc, TL;
double Valpha, Vbeta,  Ialpha, Ibeta, Vd, Vq,
Id, Iq, Id_ref, Iq_ref;
double We, Wm_ref, Wm_err, Iq_fb, Iq_ff;
double Id_err, Iq_err, dd, dq, dfb_d, dfb_q;
double Va_con, Vb_con, Vc_con, duty_a,
duty_b, duty_c, Vmag;

static double  Wm_err_old=0.0, Iq_fb_old=0.0,
 Id_err_old=0.0,  Iq_err_old=0.0;
static double dd_old=0.0, dq_old=0.0;

/**** Input Variable   ****/
Wm      = in[0];
Isa     = in[1];
Isb     = in[2];
Isc     = in[3];
Van     = in[4];
Vbn     = in[5];
Vcn     = in[6];
theta   = in[7];
Vdc     = in[8];
TL       = in[9];

if (t < 1.0) Wm_ref = -150;
else Wm_ref = 100;

Ialpha =(2./3.)*Isa-(1./3.)*Isb-(1./3.)*Isc;
Ibeta = (Isb-Isc)/sqrt(3);
Id =  Ialpha*cos(theta) + Ibeta*sin(theta);
Iq = -Ialpha*sin(theta) + Ibeta*cos(theta);

Valpha =(2./3.)*Van-(1./3.)*Vbn-(1./3.)*Vcn;
Vbeta = (Vbn-Vcn)/sqrt(3);
Vd =  Valpha*cos(theta) + Vbeta*sin(theta);
Vq = -Valpha*sin(theta) + Vbeta*cos(theta);

We = Wm*(Pole/2.);
```

```
/****** Speed Controller *******/
Wm_err = Wm_ref - Wm;
Iq_fb = Iq_fb_old + KWp*Wm_err
       -KWp*KWi*Wm_err_old;
Iq_fb_old=Iq_fb;
Wm_err_old=Wm_err;

Iq_ff =  TL/(3.* Lamda_m);
Iq_ref = Iq_fb + Iq_ff;

/****** Current controller dq ***/
Id_ref = 0.0;
Id_err = Id_ref - Id;
dd_fb = dd_fb_old + Kip_d*Id_err
        -Kip_d*Kii_d*Id_err_old;
dd_fb_old=dd_fb;
Id_err_old=Id_err;

Iq_err = Iq_ref - Iq;
dq_fb = dq_fb_old +Kip_q*Iq_err
        -Kip_q*Kii_q*Iq_err_old;
dq_fb_old=dq_fb;
Iq_err_old=Iq_err;

if (Vdc < 0.1) Vdc = 0.1;
dd =   dd_fb  - (We*Lq*Iq) / Vdc ;
dq =   dq_fb  + (We*Ld*Id) / Vdc;

Vmag=Vdc*sqrt(dd*dd+dq*dq);

Valpha=dd*cos(theta)-dq*sin(theta);
Vbeta =dd*sin(theta)+dq*cos(theta);

Va_con= Valpha;
Vb_con=-0.5*Valpha+sqrt(3)*Vbeta/2;
Vc_con=-0.5*Valpha-sqrt(3)*Vbeta/2;

// duty = dff + dfb = 0.5 + dfb
duty_a =  0.5 + Va_con;
duty_b =  0.5 + Vb_con;
duty_c =  0.5 + Vc_con;

out[0] = duty_a;    // Inverter R
out[1] = duty_b;    // Inverter S
out[2] = duty_c;    // Inverter T

out[3] = Vd;
out[4] = Vq;
out[5] = Id;
out[6] = Iq;
out[7] = dd;
out[8] = dq;
out[9]=Iq_ref;
out[10]=Wm_ref;
out[11]= Vmag;
```

그림 19.17은 Analog로 구현된 PSIM schematic이다. 전력회로는 동일하기 때문에 아날로그 제어기 부분만 표시하였다.

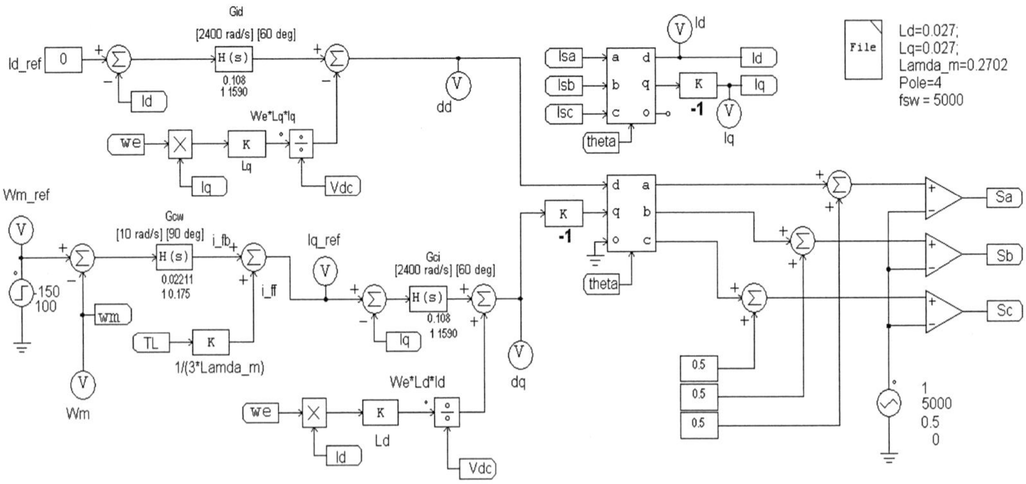

Figure 19.17 Double loop controller using analog circuits

시뮬레이션 파형을 보면 디지털 제어기와 동일한 파형이 나옴을 알 수 있다.

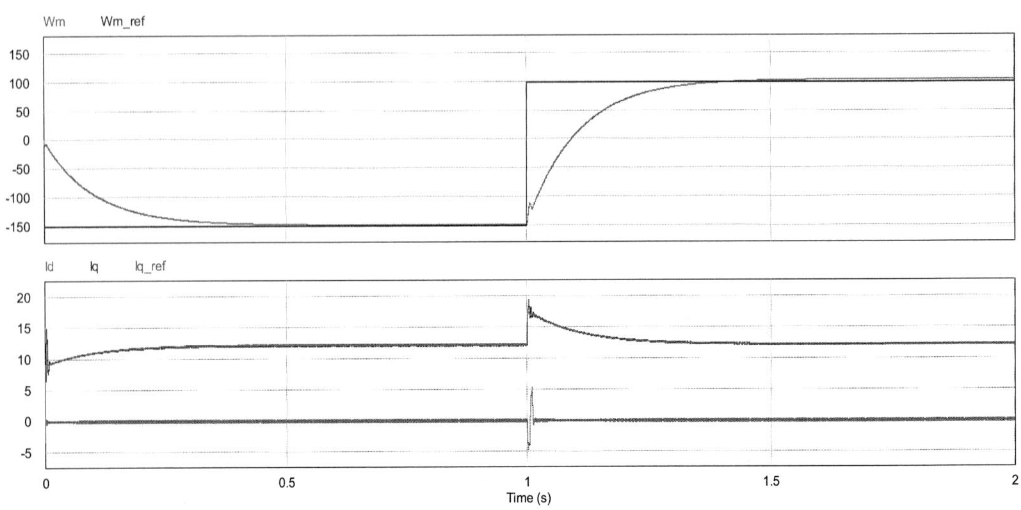

Figure 19.18 Waveforms of the analog double loop controller

19.3 MTPA

PMSM 전동기는 자석 매립 형태에 따라서 표면착자형(SPMSM : Surface-mounted PMSM)과 내부 착자형(IPMSM : Interior-mounted PMSM)으로 구분할 수 있다고 하였다. 이들의 차이점은 인덕턴스 차이에 있다. 즉 표면착자형은 $L_d = L_q$이고, 내부 착자형은 $L_d < L_q$이다.

아래에 PMSM 전동기의 토크 방정식을 다시 나타내었다.

$$T_e = \left(\frac{3}{2}\right)\left(\frac{P}{2}\right)\left[\lambda_m i_q + \left(L_d - L_q\right)i_q i_d\right]$$

따라서 내부 착자형에서는 영구자석의 토크 성분과 더불어 인덕턴스의 차이로 인한 릴럭턴스 토크도 함께 발생하게 된다. 토크 방정식을 보면, q 축 전류만을 이용해 토크를 내는 SPMSM 과는 다르게 IPMSM 은 토크를 발생시키기 위해서 q 축, d 축 전류 성분을 이용한다. $L_d < L_q$ 임으로 q 축 전류와 d 축 전류의 곱은 마이너스(-)가 되면 양(+)의 릴럭턴스 토크를 얻을 수 있다. 보통 q 축 전류의 부호는 (+) 이기 때문에 d 축 전류의 부호가 마이너스(-)가 되어야 한다.

IPMSM 의 토크는 위 수식과 같이 q 축, d 축 전류 성분을 모두 이용하는데, 어떤 조합으로 q 축 d 축 전류가 결정되는지 알아보자. y-축을 i_q, x-축을 i_d로 놓고 토크 방정식을 풀어보면 다음과 같이 정리된다.

$$i_q = \frac{\dfrac{T_e\left(\frac{2}{P}\right)\left(\frac{2}{3}\right)}{\left(L_d - L_q\right)}}{i_d + \dfrac{\lambda_m}{\left(L_d - L_q\right)}} = \frac{T_{e1}}{i_d + k}$$

따라서 일정한 토크 T_{e1}를 만들기 위한 q 축, d 축 전류 성분의 관계는 위 식과 같이 반비례 관계에 있다는 것을 알 수 있다. PSIM 모터 파라미터를 대입하고, i_d를 -20[A] 부터 +2[A] 까지 변화시켰을 때 i_q 값을 plotting 한 m-file 과 결과를 아래 그림에 나타내었다.

가장 위의 커브가 30[Nm]를 발생시키는 i_d, i_q 전류 그래프이고, 순서대로 20[Nm], 10[Nm]의 그래프이다. 이것은 어떤 일정한 토크를 생성하기 위해서는 곡선과 같이 무수히 많은 q 축, d 축 전류 조합이 나올 수 있다는 의미이다. 그리고 토크가 달라질 때마다 곡선의 위치는 바뀌게 된다.

```
P=4;
Lamda_m = 0.272;
Ld = 0.027;
Lq = 0.067;

for Te = 10:10:30    % Torque input
id = [-20:0.1:2];
num= Te*(2/P)*(2/3)/(Ld-Lq);
iq = num ./( id + Lamda_m/(Ld-Lq) );
plot(id,iq); grid on;
xlabel('Id');
ylabel('Iq');
hold on;
end

legend('10[Nm]','20[Nm]','30[Nm]');
```

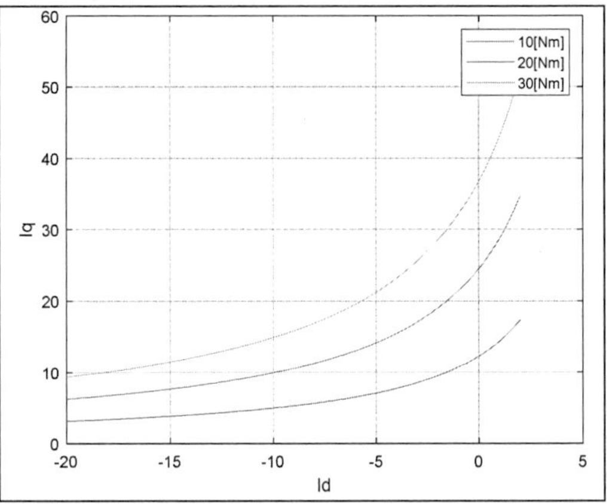

그래프를 해석해보자. 30[Nm]의 토크를 발생하기 위한 i_d, i_q의 조합을 예를 들어 표시해 보면 아래 표와 같이 무수히 많은 값들을 얻을 수 있다는 것을 알 수 있다. 이때 고정자 전류의 크기(amplitude) $I_m = \sqrt{i_d^2 + i_q^2}$ 값을 각각의 전류 조합에 따라 계산하였다.

i_d	$+2[A]$	$0[A]$	$-5[A]$	$-10[A]$	$-15[A]$	$-20[A]$
i_q	$+52[A]$	$36.7[A]$	$21.2[A]$	$14.9[A]$	$11.4[A]$	$9.3[A]$
I_m	$+52.1[A]$	$36.7[A]$	$21.9[A]$	$17.9[A]$	$18.9[A]$	$22[A]$

아래 그래프는 i_d 대비 I_m의 그래프를 각 토크에 대해 표시한 것이다. 그림 19.19 에서 보이는 것 처럼 각 토크를 생성하기 위한 최소의 I_m 값을 만들기 위한 i_d 값이 존재하는 것을 알 수 있다.

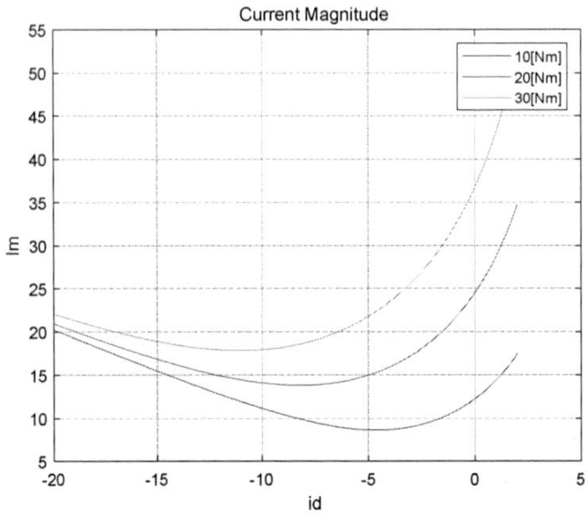

Figure 13.19 Current magnitude curves for motor torques

최소값($I_{m,min}$)을 얻기 위해 정리하면 i_d 값을 각 토크(T_e) 별로 정리하면 다음표를 얻을 수 있다.

T_e	$10[Nm]$	$20[Nm]$	$30[Nm]$
i_d	$-4.6[A]$	$-8.2[A]$	$-11[A]$
$I_{m,min}$	$8.6[A]$	$13.8[A]$	$17.8[A]$

즉, 각 토크 곡선마다 q 축, d 축 전류 조합으로 최소의 고정자 전류(i_m)를 이용하여 토크를 낼 수 있는 점이 존재한다는 것을 의미한다. 이 점을 MTPA (Maximum Torque Per Ampere)라고 하며, 이러한 q 축, d 축 전류 조합으로 모터를 제어하는 것을 MTPA 제어라고 한다.

지금까지는 off-line 으로 q 축, d 축 전류 대비 토크 커브를 이용하여 MTPA 점을 알아내는 개념에 대해서 설명하였고, 다음 장에서는 MTPA 제어를 위한 제어기 설계 방법에 대해 다루도록 한다.

MTPA 제어기 설계

그림 19.20 에 SPMSM 과 IPMSM 의 torque trajectory 를 나타내었다. SPMSM 은 $L_d = L_q$ 임으로 i_q 값에 의해서만 일정 토크가 생성된다. 반면에 IPMSM 은 $L_d < L_q$ 이기 때문에 i_d, i_q 조합에 의해서 토크가 결정되게 된다.

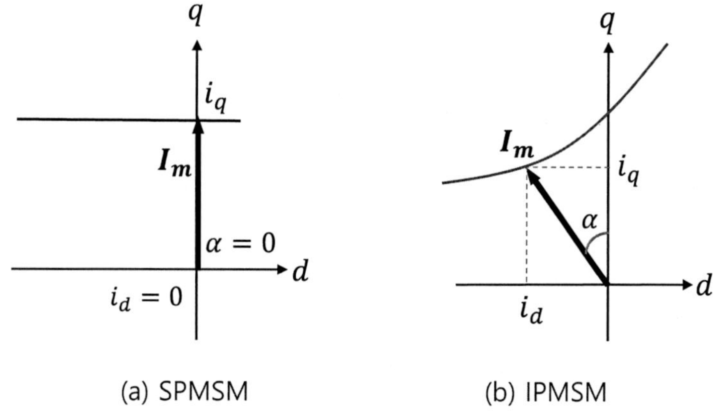

Figure 19.20 Torque Trajectory

MTPA 는 최소의 전류값으로 토크를 생성하는 방법으로 최소전류를 계산하는 수식은 아래와 같이 계산된다.

$$I_m = \sqrt{i_d^2 + i_q^2} \quad ,$$

$$sin2\alpha = 2sin\alpha \cdot cos\alpha$$

$$i_d = I_m sin\alpha, \quad i_q = I_m cos\alpha$$

$$T_e = \left(\frac{3}{2}\right)\left(\frac{P}{2}\right)\left[\lambda_m I_m cos\alpha + \left(L_d - L_q\right) I_m^2 sin\alpha cos\alpha\right] = \left(\frac{3}{2}\right)\left(\frac{P}{2}\right)\left[\lambda_m I_m cos\alpha + \frac{\left(L_d - L_q\right)}{2} I_m^2 sin2\alpha\right]$$

α 에 대해 미분하여 최대 토크를 낼 수 있는 α는 다음 수식으로 표현된다.

$$\frac{\partial T_e}{\partial \alpha} = \left(\frac{3}{2}\right)\left(\frac{P}{2}\right)\left[-\lambda_m I_m sin\alpha + \left(L_d - L_q\right) I_m^2 cos2\alpha\right]$$

$\frac{\partial T_e}{\partial \alpha} = 0$ 이 되는 α값이 최대 토크를 낼 수 있는 d, q 축의 고정자 전류 임으로 α값을 적용하면 MTPA 점이 된다. 삼각함수 공식($cos2\alpha = 1 - 2sin^2\alpha$)을 이용하고, $sin\alpha = x$로 치환하여 계산하면

$$-\lambda_m \cdot x + \left(L_d - L_q\right) I_m \cdot (1 - 2x^2) = 0 \rightarrow 2\left(L_d - L_q\right) I_m \cdot x^2 + \lambda_m \cdot x - \left(L_d - L_q\right) I_m = 0$$

$$x = \frac{-\lambda_m + \sqrt{\lambda_m^2 + 8 \cdot I_m^2 \cdot \left(L_d - L_q\right)^2}}{4\left(L_d - L_q\right) I_m} \qquad \rightarrow \alpha = sin^{-1}(x) = sin^{-1}\left(\frac{-\lambda_m + \sqrt{\lambda_m^2 + 8 \cdot I_m^2 \cdot \left(L_d - L_q\right)^2}}{4\left(L_d - L_q\right) I_m}\right)$$

IPMSM Library Parameter 를 적용하여 MTPA 그래프와 토크 그래프를 그림 19.21 에 표시하였다. (a) MTPA point for I_m [1~19A] 그래프이고 (b) T_e versus I_m 그래프이다. (c)는 α versus I_m 그래프, (d)는 α versus T_e 그래프, (e)는 MTPA point versus T_e 그래프이다.

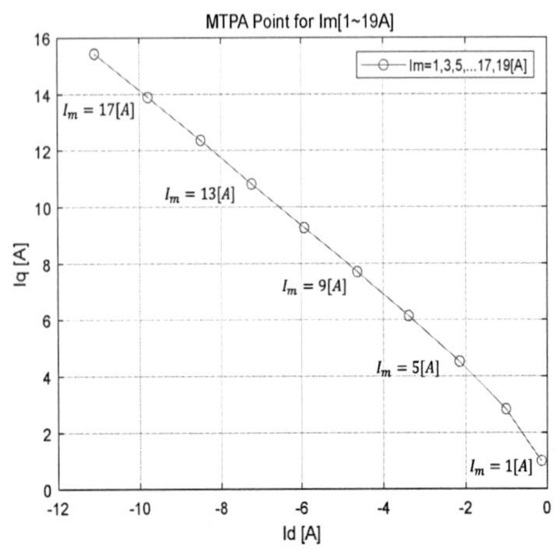

(a) MTPA point for I_m

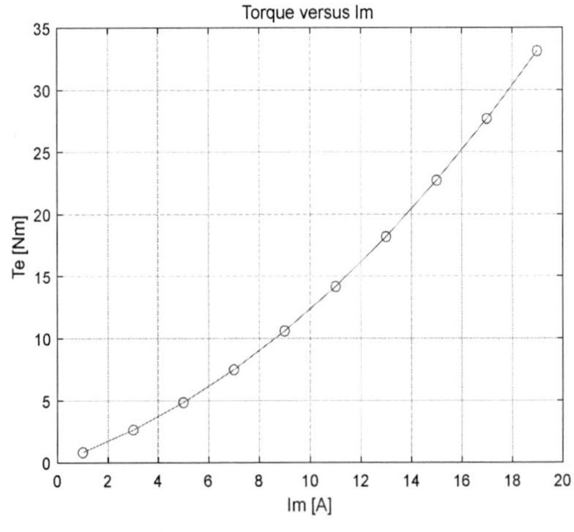

(b) Torque versus I_m

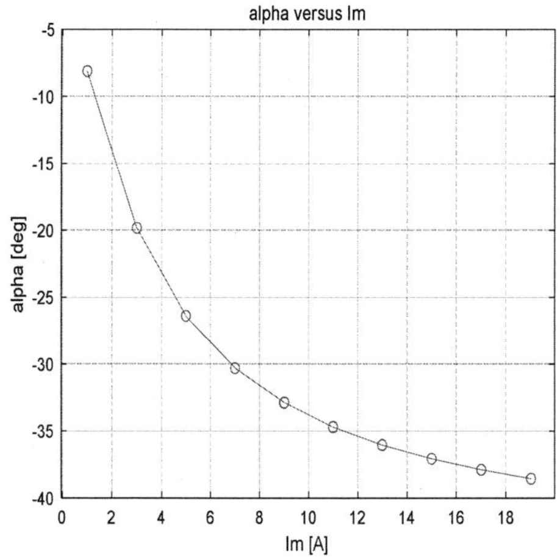

(c) α versus I_m

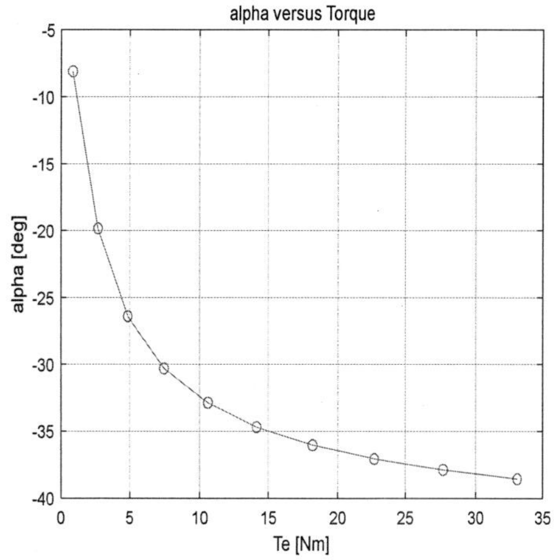

(d) α versus T_e

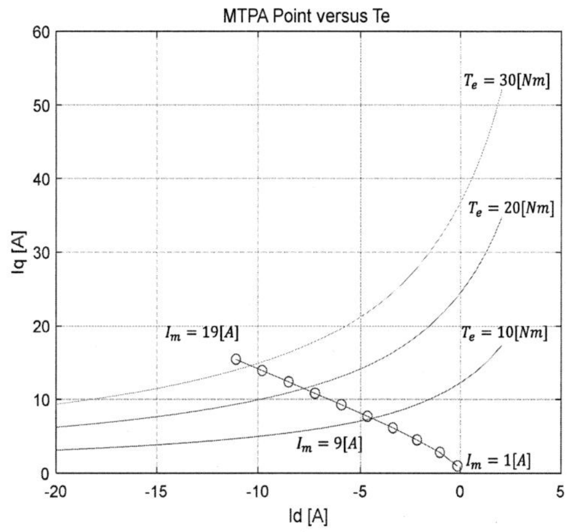

(e) MTPA point versus T_e

Figure 19.21 MTPA and Torque graphs

이 그래프들을 작성하기 위한 m-file 을 아래에 나타내었다.

```
%**** IPMSM Parameter ****/
P=4;
Lamda_m = 0.272;
Ld = 0.027;
Lq = 0.067;

IM = [1:2:20];
alpha=(-Lamda_m+sqrt(Lamda_m^2+8*(Ld-Lq)^2*IM.^2)) ./ (4*(Ld-Lq)*IM);
alpha_deg=asin(alpha)*180/pi;
Id = IM.*sin(alpha);
Iq = IM.*cos(alpha);

figure(1);
plot(Id,Iq, '-o'); grid on;
xlabel('Id [A]');
ylabel('Iq [A]');
title('MTPA Point for Im[1~19A]');
legend('Im=1,3,5,...17,19[A]');
```

```
figure(2);
Te=(3/2)*(P/2)*(Lamda_m*Iq + (Ld-Lq)*Iq.*Id);
plot(IM, Te,'-o'); grid on;
title('Torque versus Im');
xlabel('Im [A]');
ylabel('Te [Nm]');

figure(3);
plot(Te, alpha_deg,'-o'); grid on;
title('alpha versus Torque');
xlabel('Te [Nm]');
ylabel('alpha [deg]');

figure(4);
plot(IM, alpha_deg,'-o'); grid on;
title('alpha versus Im');
xlabel('Im [A]');
ylabel('alpha [deg]');
```

MTPA 제어기 블록도를 그림 19.22 에 표시하였다.

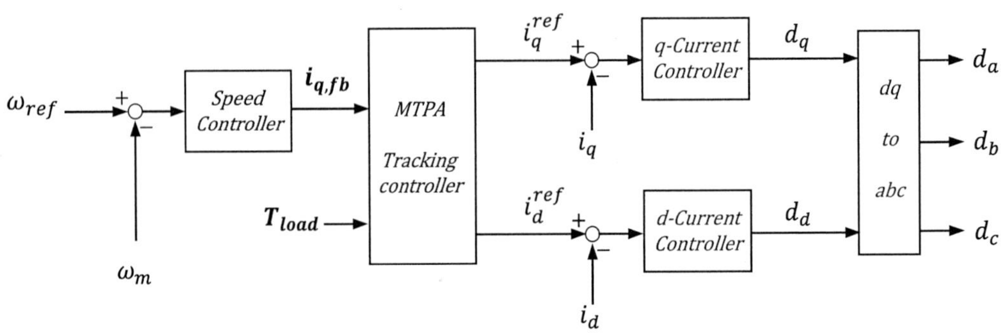

Figure 19.22 Block diagram of the MTPA controller

앞 장의 double loop 제어기에 MTPA 기능을 추가한 것으로 속도제어기와 전류제어기는 double loop gain 을 그대로 사용하였다. MTPA 제어기를 설계하는 방법은 크게 off-line 방식과 on-line 방식이 있다. Off-line 방식에서는 외부 토크값에 따라서 미리 계산된 look-up table 에서 I_m 값을 읽어 오는 것이고, On-line 방식은 실시간으로 외부토크를 측정하면서 설계된 알고리즘 대로 I_m값을 생성하는 것이다. 여기서는 간단히 Off-line 방식을 적용하여 외부 토크가 10 → 20 → 30 [Nm]일 때, $I_{q,ff}$ 값을 8.6 → 13.8 → 17.8[A] 값을 가지는 Table 을 적용하였다. $I_{q,fb}$는 속도제어기의 출력이다. $I_m = I_{q,fb} + I_{q,ff}$ 를 적용하여 공식대로 각도 α를 계산하여 기준 전류값을 얻어낸 후 전류제어기 입력으로 사용한다.

MTPA 시뮬레이션을 위해 PSIM schematic 은 동일하고, 기존 double loop C-block 의 코드에서 MTPA tracking controller 부분 코드만 추가해 주면 된다.

MTPA schematic 은 Double loop 회로와 동일함으로 생략하고, 제어기 부분에 추가된 부분만 아래에 나타내었다. 속도 제어기와 전류 제어기 사이에 MTPA 제어기를 추가하였다.

```
/****** Speed Controller *******/
---- 속도제어기 코드와 동일 ----
/**********  MTPA ******************/
 // from table : 10N -> 8.6A, 20N -> 13.8A, 30N -> 17.8A
if (TL > 21)      Iq_ff =  17.8; // TL=30
else if (TL > 11) Iq_ff = 13.8; // TL=20
else if (TL >  1) Iq_ff = 8.6;  // TL =10
else               Iq_ff = 8;

Im = Iq_fb + Iq_ff;

ang=(-Lamda_m+sqrt( Lamda_m*Lamda_m+8*Im*Im*(Ld-Lq)*(Ld-Lq)))/(4*(Ld-Lq)*Im);
alpha = asin(ang);

Iq_ref = Im*cos(alpha);
Id_ref = Im*sin(alpha);

/****** Current controller dq *******/
//Id_ref = 0.0;
-----전류제어기 코드와 동일 ----
```

부하가 10 [Nm]인 경우의 시뮬레이션 결과를 보자. 속도와 전류는 잘 제어되고 있는 것을 알 수 있다. $\alpha = -32.4[deg]$로 table 의 값과 일치하는 것을 알 수 있다.

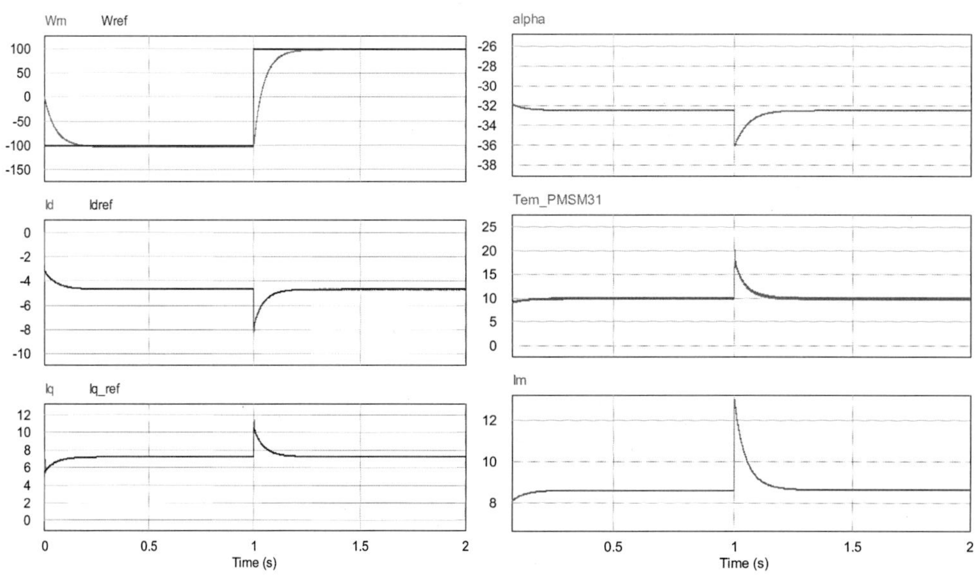

Figure 19.23 Waveform of the MTPA control (T_L=10[Nm])

부하를 30[Nm]으로 변경하여 시뮬레이션 한 결과를 그림 19.24 에 나타내었다. 앞의 경우와 마찬가지로 속도, 전류도 잘 제어되고 있으며, MTPA 각도도 설계값과 일치하는 것을 알 수 있다.

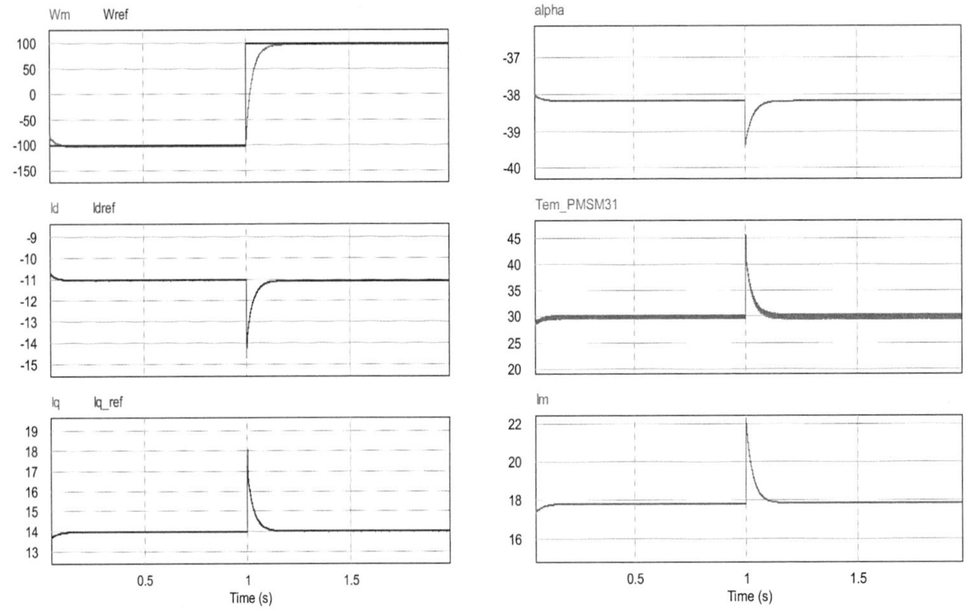

Figure 19.24 Waveform of the MTPA control (T_L=30[Nm])

19.4 Field Weakening Control

MTPA 운전 조건에서 얻어질 수 있는 모터의 최고 속도는 얼마일까? 그리고 이 속도보다 더 높은 속도로 운전하기 위해서는 어떻게 해야 할까? 라는 질문에 대해 알아보자.

PMSM 모터의 전기 모델링 수식을 다시 써보면

$$V_d = Ri_d + L_d\frac{di_d}{dt} - \omega_e L_q \cdot i_q$$

$$V_q = Ri_q + L_q\frac{di_q}{dt} + \omega_e L_d \cdot i_d + \omega_e \lambda_m$$

정상 상태에서의 전압 방정식 (저항값은 작아서 무시하면)은 다음과 같다.

$$V_d = -\omega_e L_q \cdot i_q$$

$$V_q = \omega_e L_d \cdot i_d + \omega_e \lambda_m$$

인가전압의 limit 값(Voltage Constraints)은 다음과 같이 표현된다.

$$V_d^2 + V_q^2 \le V_{max}^2$$

$$V_{max} = \frac{V_{dc}}{2} = 0.5 \cdot V_{dc} \cdot \eta, \quad \text{for sinusoidal PWM}$$

$$V_{max} = \frac{V_{dc}}{\sqrt{3}} = 0.577 \cdot V_{dc} \cdot \eta, \text{ for space vector PWM}$$

margin $\eta(0.9 \sim 0.95)$이 dead time이나 전류제어기의 제어전압 여유 등으로 필요하다.

$$V_{max} = \frac{V_{dc}}{2} \cdot \eta$$

전류방정식으로 표현하면

$$(\frac{L_q}{L_d})^2 \cdot i_q^2 + (i_d + \frac{\lambda_m}{L_d})^2 \le \frac{V_{max}^2}{\omega_e^2 \cdot L_d^2}$$

전류제한 값(Current Constraints)은 다음과 같이 표현된다.

$$i_q^2 + i_d^2 \le i_{max}^2$$

Field weakening 에서의 전류는 전류제한과 전압제한 방정식의 교점에서 계산된다.

$$\left(L_q^2 - L_d^2\right)i_d^2 - 2(L_d\lambda_m)i_d + \left(\frac{V_{max}}{\omega_e}\right)^2 - \left(L_q I_{max}\right)^2 - \lambda_m^2 = 0$$

이 식은 i_d 에 관한 2차 방정식임으로 근의 공식을 이용하여 구할 수 있다. 정리하면

$$i_d = \frac{1}{(L_d^2 - L_q^2)}[-(L_d\lambda_m) + \sqrt{(L_d\lambda_m)^2 - (L_d^2 - L_q^2)\cdot(\lambda_m^2 + \left(L_q I_{max}\right)^2 - \left(\frac{V_{max}}{\omega_e}\right)^2)}\,]$$

MTPA와 FW(Field Weakening) 영역의 경계속도(ω_b)는 위의 전류방정식에서 구할 수 있다.

$$\omega_b = \frac{V_{max}}{\sqrt{(L_q i_{q1})^2 + (\lambda_m + L_d i_{d1})^2}}$$

동작 전류 i_{q1}, i_{d1}은 부하토크와 MTPA 가 만나는 점의 전류이다.

PMSM Library 값을 그대로 사용하고 앞 장의 회로에 적용하여 전압 제한조건($V_{max} = 250\cdot 0.9 = 225[V]$)하에서의 속도 변화 $\omega_e = 200{\sim}600\ [rad/s]$와 MTPA 커브, 그리고 부하토크($T_L = 10[Nm]$)를 커브를 그림 19.25에 나타내었다. 속도가 증가할수록 전압 제한 타원의 크기가 감소하는 것을 알 수 있다.

정지 상태에서 가속을 시작하여 MTPA 커브를 따라서 부하토크와 만나는 점(a-point)까지 속도가 증가한다. 이 점에서의 속도를 경계속도(ω_b)라 하고 이 지점에서의 전류 i_d, i_q 값을 기준 전류로 사용한다. 그림에서 440 [rad/s] 정도이며, 이를 기계각으로 환산하면 220 [rad/s] 정도이다.

경계속도 보다 빠른 속도를 얻기 위해서는 MTPA 운전 조건에서 벗어나, Field weakening 운전으로 전환하여 부하토크 커브를 따라서 b → c로 운전점이 변화하여야 한다. 이 때 속도 ω_e는 250, 300 [rad/s]로 증가하게 된다. 즉 i_d 기준값을 – 방향으로 증가시키고(무효자속 증가), i_q 기준값을 감소시키는 방향(유효자속 감소)으로 속도를 증가시키기 때문에, 약자계 제어(Field weakening control)이라 한다.

여기서 중요하게 고려할 점은 전압제한 하에서의 속도라는 점이다. 즉 a, b, c 점에서의 속도는 인버터에 가해지는 전압이 V_{max}를 유지하고 있다는 점이다. 즉 a, b, c 에서의 인버터에 인가되는 전압은 설정한 V_{max} 이다.

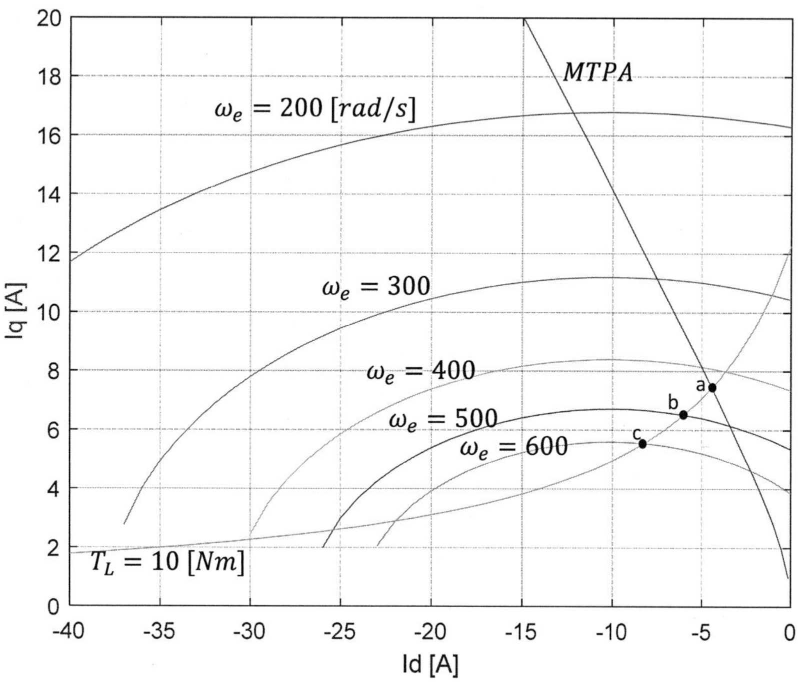

Figure 19.25 Curves for Various speed, MTPA and external torque

다음은 전압제한조건과 전류제한조건(Current constraints)이 적용되는 경우의 운전에 대해서 알아보자. 전류 limit 는 원점에 중심을 둔 원의 내부로 표현되며 전압 limit 는 고정자 저항 R 이 무시된다면 d-축에 장축이 놓인 타원으로 표현된다. 타원의 중심은 속도에 무관하며 항상 $(-\frac{\lambda_m}{L_d}, 0)$ 에 위치한다. 타원의 크기(장축과 단축의 길이)는 속도가 증가함에 따라 감소한다. 고정자 저항을 고려하면, 장축은 d-축에서 offset 을 가지며 타원의 중심이 속도에 따라 변동하게 된다.

그림 19.26의 전류 좌표계에서 가능한 동작 영역은 타원 내부와 원 내부가 서로 중첩되는 부분이 된다. 속도가 증가하면서 타원의 크기가 줄어들기 때문에(전압제한) 중첩되는 부분도 역시 감소하게 된다. 따라서 어떤 속도 이상에서는 중첩되는 부분이 존재하지 않게 되는데, 이 속도를 모터가 내는 것이 불가능하다는 것을 의미한다.

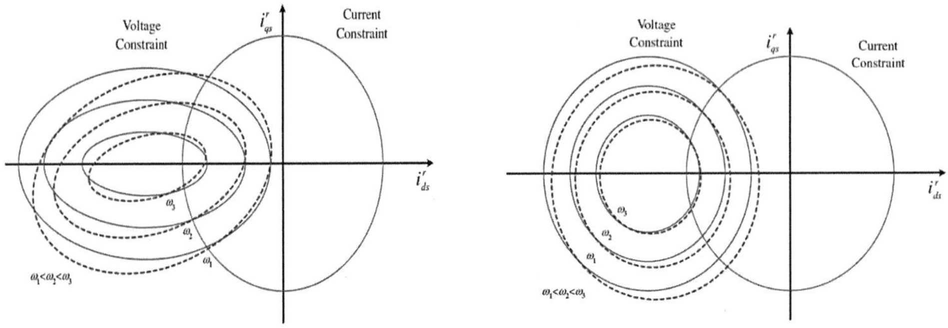

(a) IPMSM 의 전압 전류 limit (b) SPMSM 의 전압 전류 limit

Figure 19.26 Curves for voltage and current limit condition

모터 Parameter에 따른 동작 영역

PMSM의 출력특성은 타원의 중심(voltage constraint)과 원의 중심(current constraint)의 상대적인 위치에 따라 결정된다. 타원의 중심은 모터 파라미터에 의해 결정되며 $(-\frac{\lambda_m}{L_d}, 0)$으로 주어진다. 따라서 PMSM 구동시스템은 무한 속도(infinite speed driving) 시스템과 유한속도(finite speed driving)으로 분류된다.

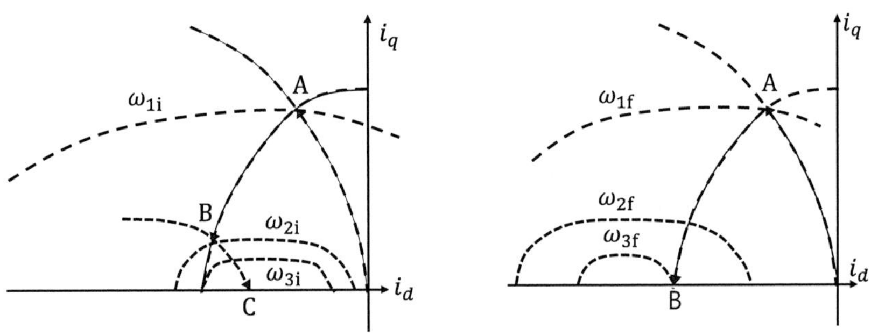

(a) Infinite driving system (b) Finite driving system

Figure 193.27 Operating regions of the IPMSM

그림 19.27을 보자. (a) 그림은 IPMSM의 전류 동작 궤적이다. 타원의 중심이 원 내부에 존재하며 최대 속도는 전기적인 제약을 받지 않으므로 infinite speed driving 시스템이며 $\lambda_m < L_d I_{sm}$을 만족한다.

전류의 동작점을 살펴보자. 먼저 모터의 속도가 0 부터 증가하여 ω_{1i} 까지, 전류는 OA 커브 위에서 움직인다. 이 커브는 MTPA(Maximum Torque per Ampere) 점에 해당한다. 따라서 A 점으로 향해 가면 d, q 전류가 증가하고 토크도 증가하게 된다. 따라서 고정자(Stator) 전압의 크기 V_d, V_q 값도 증가하게 된다.

속도가 ω_{2i} 로 증가되면, 전류는 전류제한 원의 경계선인 AB 커브를 따라서 B로 이동한다. 전류제한 원의 경계선을 따라가기 때문에 전류크기는 앞의 경우와 동일하지만, d-축 전류값이 커지면서 무효전력이 증가(field flux 감소)하기 때문에 토크는 감소하게 된다. 고정자 전압의 크기도 앞의 경우와 동일하다.

속도가 ω_{2i} 이상으로 증가하면, 전류는 전류제한 원의 경계선을 따라가지 않고 MTPV(Maximum Torque Per Voltage) 선인 B-C 커브를 따라서 이동하게 된다. 따라서 전류의 크기는 감소하고 고정자 전압의 크기도 역시 동일하다.

(b) 그림은 IPMSM의 finite speed driving 일 경우 전류 동작 궤적이다. 속도가 ω_{3f} 이상 증가되면 타원과 원 내부의 공통 면적이 존재하지 않아서 제어가 되지 않는다. 따라서 $\lambda_m > L_d I_{sm}$ 이면 finite speed driving 시스템이 된다. 속도 변화에 따른 전류와 전압의 변화는 (a)의 경우와 동일하며 속도의 최대값이 ω_{3f} 이고 동작점이 AB 커브를 따라서 이동하게 된다.

MTPV(Maximum Torque Per Voltage)

MTPV란 인버터에 입력되는 전압 대비 최대 토크를 얻을 수 있는 운전점을 의미하여 다음 공식에 의해서 계산된다.

$$V_{op} = \sqrt{V_d^2 + V_q^2} = \sqrt{(-\omega_e L_q i_q)^2 + (\omega_e L_d i_d + \omega_e \lambda_m)^2}$$

$$T_e = \left(\frac{3}{2}\right)\left(\frac{P}{2}\right)\left[\lambda_m i_q + \left(L_d - L_q\right) i_q i_d\right]$$

$\frac{\partial T_e}{\partial V_{op}} = 0$ 조건을 만족시키는 i_q 값을 계산하면 다음과 같다.

$$i_q = \frac{L_d}{L_q}\sqrt{(i_d - \frac{\lambda_m}{\left(L_q - L_d\right)})(i_d + \frac{\lambda_m}{L_d})}$$

그림 19.28에 10 [Nm] 부하토크, MTPA, MTPV 궤적 커브를 나타내었다. A점은 부하토크와 MTPA 교점이고, B점은 부하토크와 MTPV 교점이다. 즉 A 점에서 전압제한(V_{max})이 걸리는 경계속도까지 MTPA로 운전하다가 경계속도 이상에서는 전압제한 V_{max} 로 입력전압을 유지하고, 속도를 계속 증가시키면서 B 점까지 운전하다가 B에서 C 점까지는 MTPV 궤적을 따라서 전류를 감소시키면서 속도를 증가시키게 된다.

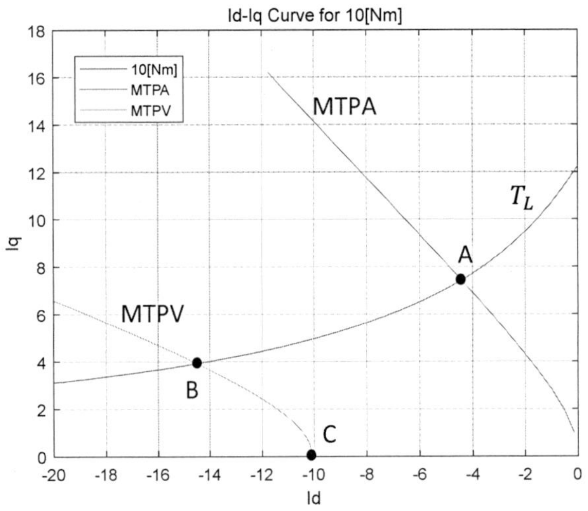

Figure 19.28 Trajectories for external torque, MTPA, MTPV

지금까지 설명한 내용을 PSIM 시뮬레이션을 통해 확인해 보자. PSIM schematic과 C-code는 앞장의 MTPA 예제를 그대로 사용하였다. 다만 기준 전류 $i_{dref}, i_{qref},$ 만 운전 조건에 따라서 변경하였다. 부하는 10 [Nm]로 모든 조건에 대해 동일하다.

(1) MTPA 동작(A 점)

A 점의 동작 전류는 다음과 같다.

$i_{d1} = -4.4238[A]$, $i_{q1} = 7.4248[A]$, 전류크기 $I_{m1} = 8.637[A]$,

$\alpha = -0.6382[rad/s] = -36.57[deg]$

$i_{dref} = I_{m1} sin\alpha,$, $i_{qref} = I_{m1} cos\alpha$

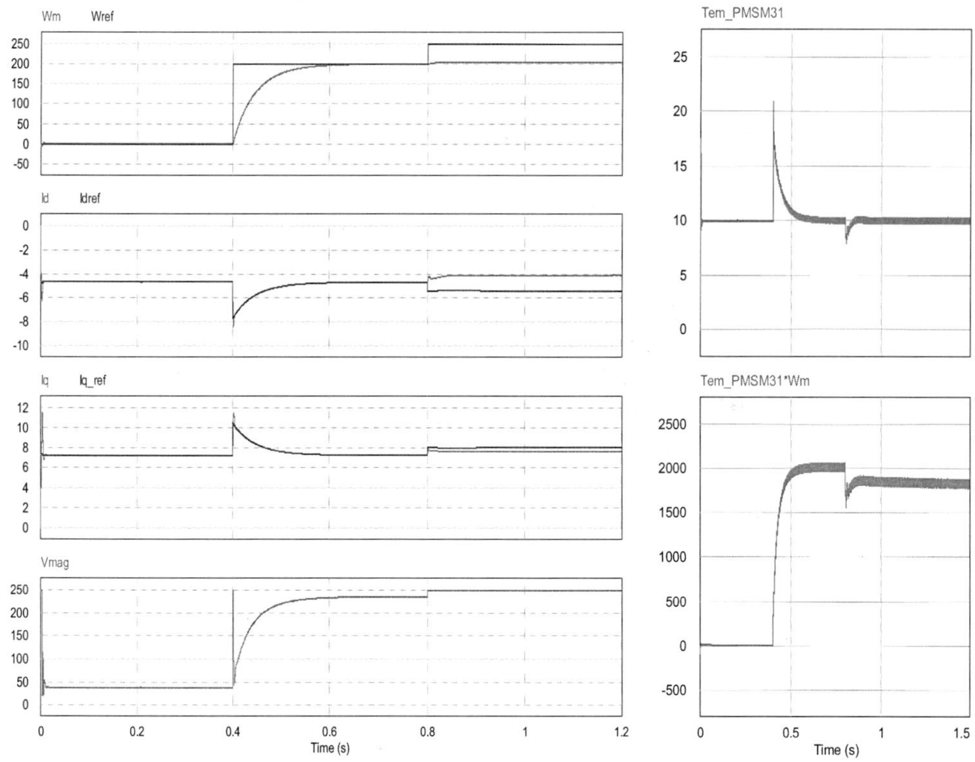

Figure 19.29 Waveforms of the MTPA operation

그림 19.29의 시뮬레이션 파형을 보면 MTPA 모드에서 전압제한(250V)이 걸릴 때의 최대 속도 $\omega_{m1} = 205[rad/s]$ 인 것을 알 수 있다. 전기속도로 변환하면 $\omega_{e1} = 410[rad/s]$이다.

PMSM Library의 고정자 저항(R_s)이 4.3[Ω] 임으로 정상상태에서 $V_{max} = 0.5 \cdot V_{dc} - R_s \cdot I_m$=250-37=213[V]이다. 앞 페이지의 경계속도(ω_b) 계산식에 대입하여 정리하면

$$\omega_b = \frac{V_{max}}{\sqrt{(L_q i_{q1})^2 + (\lambda_m + L_d i_{d1})^2}} = 409[rad/s]$$

이 값은 전기속도임으로 기계속도 $\omega_{bm} = 205[rad/s]$ 이다. 이론적인 계산값과 PSIM 시뮬레이션 파형의 결과값이 정확히 일치하는 것을 알 수 있다. 따라서 부하 10[Nm]를 인가하여 MTPA 모드 운전시의 최대 속도는 $\omega_{m1} = 205[rad/s]$ 이다.

오른쪽 그래프는 Torque와 Power를 보여주고 있다. 발생 토크는 부하토크와 일치하는 10 [Nm]이고, Torque에 회전속도를 곱하면 Power가 됨으로 모터 Power는 두번째 그

림처럼 나타남을 알 수 있다.

PSIM 에서 제공되는 PMSM 모터의 고정자 저항(R_s)이 4.3[Ω] 이다. 좀 더 작은 값을 위해 0.5[Ω]으로 변경하여 시뮬레이션 하였다. 모터에 인가할 수 있는 최대전압 $V_{max} = 0.5 \cdot V_{dc} - R_s \cdot I_m$ 이기 때문에 $V_{max} = 245$ [V] 로 놓고 MTPA 에서의 최고속도인 경계속도를 계산하면

$$\omega_b = \frac{V_{max}}{\sqrt{(L_q i_{q1})^2 + (\lambda_m + L_d i_{d1})^2}} = 470[rad/s]$$

이 값은 전기각에 해당함으로 기계각으로 환산하면 $\omega_{bm} = 235$ [rad/s]가 된다. 이 속도가 MTPA 운전 조건에서 얻을 수 있는 최대 속도가 된다.

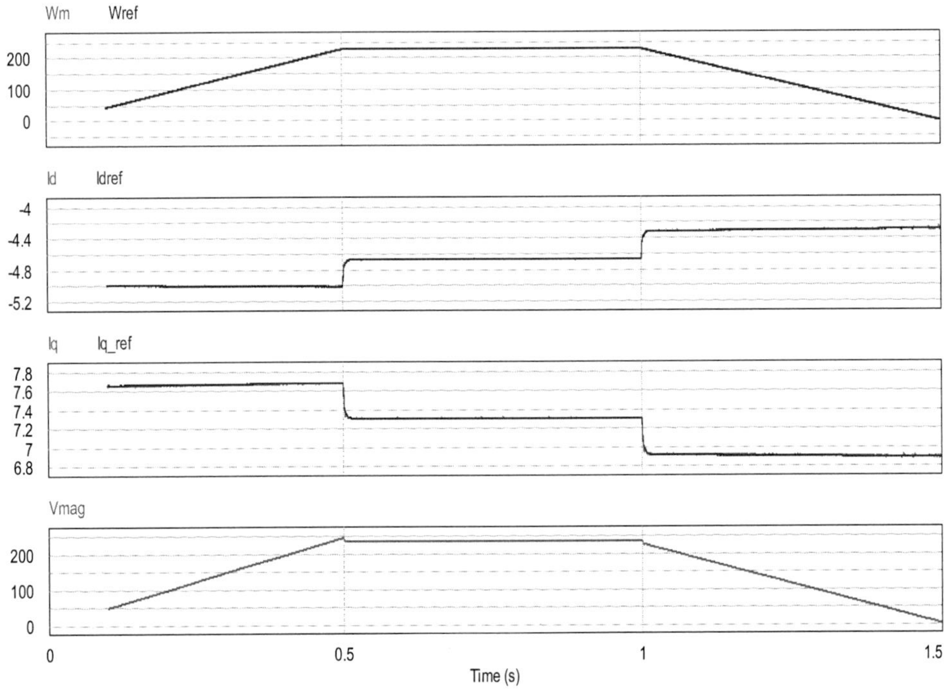

Figure 19.30 Waveforms of the pattern driving at MTPA region

기준속도를 가감속 패턴을 적용하여 시뮬레이션 한 결과를 그림 19.30 에 나타내었다. Ramp 입력의 형태임으로 정상상태오차를 줄이기 위해 속도제어기의 P-gain 을 0.5 로 증가시켰다. MTPA 운전 최고 속도를 230 [rad/s]로 설정하였다. 시뮬레이션 파형을 보면, 기준 속도에 잘 제어되고 있으며, 전류제어기도 잘 동작하고 있는 것을 알 수 있다. 인버터 입력전압은 전압 245[V]에서 230 [rad/s]에 도달한 것을 알 수 있다.

2. OFF MTPA, Field Weakening Region Operation

그림 19.28 에서 A 점과 B 점 사이 Field Weakening 영역에서 한 점을 선택하자.

$i_{d2} = -8.352[A]$, $i_{q2} = 5.5[A]$ => 전류 크기 $I_{m2} = 10[A]$ 일때, 각도 α 를 계산하면

$$\alpha = -0.9884[rad/s] = -56.63[deg]$$

그림 19.31의 시뮬레이션 파형을 보면 전압제한(250V)이 걸릴때의 최대 속도 $\omega_{m2} = 280\ [rad/s]$ 인 것을 알 수 있다. 전기속도로 변환하면 $\omega_{e2} = 560[rad/s]$이다.

경계속도 계산 식에 대입하면 $\omega_2 = 573\ [rad/s]$, $\omega_{m2} = 286\ [rad/s]$로 주어진다. 계산값과 시뮬레이션과의 기계속도 오차 $6\ [rad/s]$,가 발생한다는 것을 알 수 있다. 이것은 시뮬레이션 파형 0.82초 이후에 전류제어가 되지 않아서 오차가 발생한 것으로 해석할 수 있다.

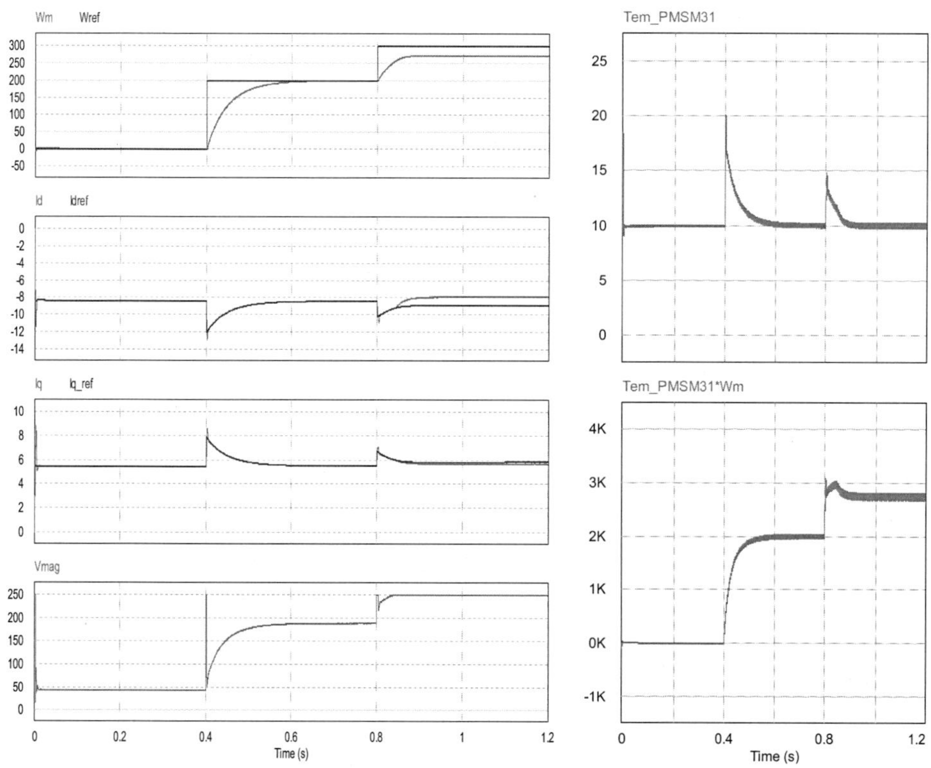

Figure 19.31 Waveforms of the Field weakening region

3) MTPV region

부하토크와 MPTV 교점 B 의 전류값은 다음과 같다.

$i_{d3} = -14.5[A],\ \ i_{q2} = 3.91[A],\ I_{m3} = 15.02[A],\ \alpha = -1.31[rad/s] = -74.88[deg]$

그림 19.32의 시뮬레이션 파형을 보면 최대 속도 $\omega_{m3} = 334\ [rad/s]$ 인 것을 알 수 있다. 전기속도로 변환하면 $\omega_{e2} = 668[rad/s]$이다.

경계속도 계산식에 대입하면 $\omega_3 = 740\ [rad/s]$, $\omega_{m3} = 370\ [rad/s]$로 주어진다. 계산값과 시뮬레이션과의 기계속도 오차 36 [rad/s]가 발생한다는 것을 알 수 있다. 이것은 시뮬레이션 파형에서 전류제어가 되지 않았다는 것을 확인할 수 있다.

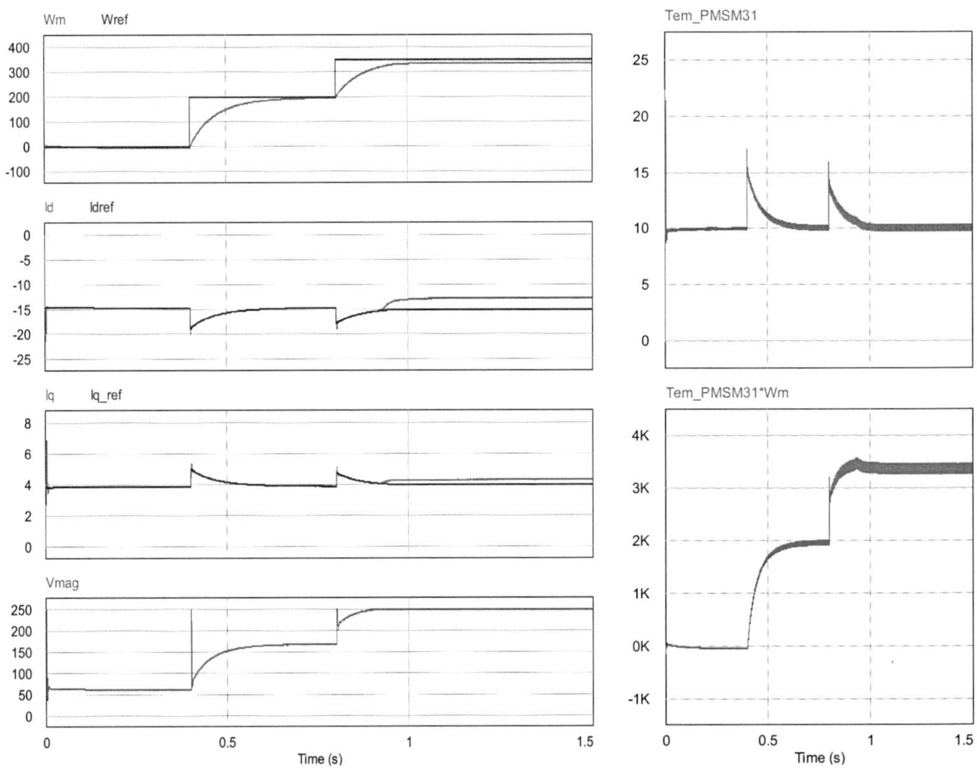

Figure 19.32 Waveforms of the MTPV point

4. 연속 운전

지금까지는 각 운전조건에 대해서 시뮬레이션 하였다. 그림 19.33의 시뮬레이션은 기준 속도를 400 [rad/s] 까지 증가시킬때의 파형이다. 최대 속도 $\omega_{m3} = 390\ [rad/s]$로 나타나고 전기속도는 780 $[rad/s]$ 이다. 이 시뮬레이션에서는 MTPA에서 Flux weakening 영역으로 이동되는 과정을 볼 수 있다.

경계속도(ω_{bm})는 230 $[rad/sec]$ 이고, 경계속도 미만에서는 MTPA, 이상에서는 Flux weakening 영역에서 동작하는 것을 알 수 있다. 전류제어기도 잘 제어되는 것을 알 수 있다.

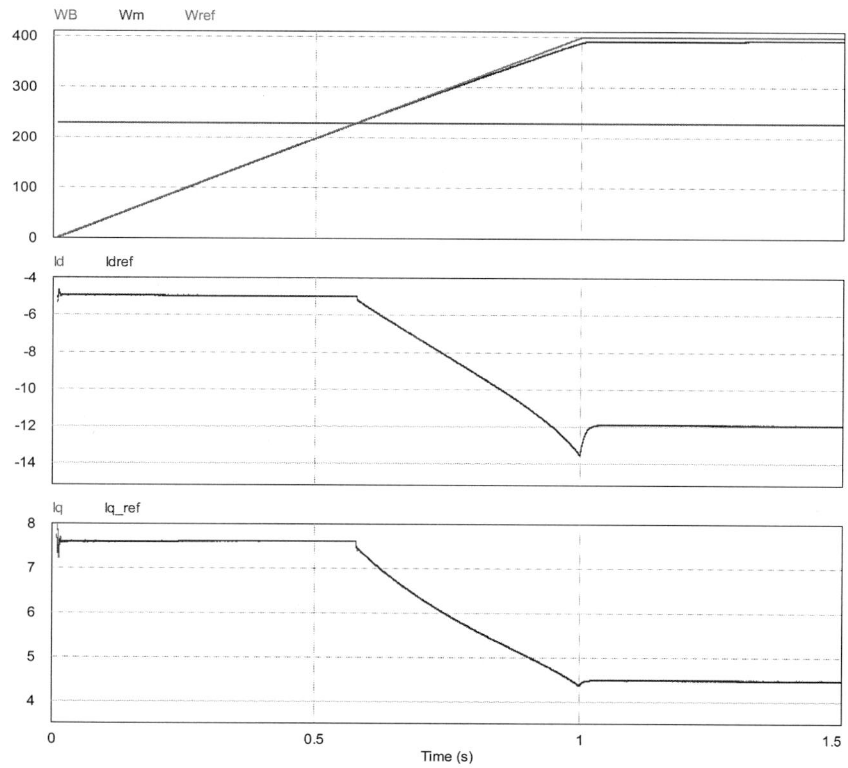

Figure 19.33 Waveforms of the operation region transition

PSIM schematic은 기존과 동일함으로 생략하고 C-code의 달라지는 부분만을 아래에 표시하였다.

```
    -    앞의 코드와 동일

#define KWp      0.5        // Speed  P-gain   변경
#define Vmax     240
#define Imax     9          // 8.642
#define Ido     -4.423
#define Iqo      7.4247

         - 변수 선언은 앞의 코드와 동일
         - Input Variable 은 앞의 코드와 동일

if (t<1.0)  W_ref = 400*t;
else         W_ref = 400;

         - DQ 변환은 앞의 코드와 동일

WB = Vmax / sqrt ( (Ld*Ido+Lamda_m)*(Ld*Ido+Lamda_m) + (Lq*Iqo)*(Lq*Iqo) );
WB=WB/2.0; // Convert W_elec to W_mech

         - 속도제어기는 앞의 코드와 동일

/**********  MTPA Operation **********/
Iq_ff = 8.659;   // TL =10
Im = Iq_fb + Iq_ff;
ang=(-Lamda_m+sqrt(Lamda_m*Lamda_m+8.*Im*Im*(Ld-Lq)*(Ld-Lq)))/(4.*(Ld-Lq)*Im);
alpha = asin(ang);
Iq_mtpa = Im*cos(alpha);
Id_mtpa = Im*sin(alpha);

/**** OFF MTPA ... FW Operation ****/
We = Wm*2;
if ( (Wm <= WB) ) {
    Id_ref = Id_mtpa;
    Iq_ref = Iq_mtpa;
}
else {
    var1 =  (Ld*Lamda_m)*(Ld*Lamda_m) - (Ld*Ld-Lq*Lq)*(Lamda_m*Lamda_m +
  Lq*Im*Lq*Im - Vmax*Vmax/(We*We) );

  Id_fw = (sqrt(var1) - Ld*Lamda_m)/(Ld*Ld-Lq*Lq);
  Iq_fw = sqrt(Im*Im - Id_fw*Id_fw);

  Id_ref = Id_fw;
  Iq_ref = Iq_fw;
}
Imag = sqrt(Id_ref*Id_ref + Iq_ref*Iq_ref);

         - 전류제어기는 앞의 코드와 동일
         - 뒷부분은 앞의 코드와 동일
```

마치는 글

전력변환 회로의 제어기 설계에 대한 내용으로 원고를 다 쓰고 나니 홀가분한 기분이 듭니다. 전력전자를 전공하는 석사과정 학생들이나 기업의 연구원들이 쉽게 이해할 수 있도록 많은 고민과 정성을 쏟았지만, 막상 책으로 출판하려니 두려운 마음도 생깁니다.

430 페이지라는 책의 분량으로 인해 실리지 못한 LLC 공진형 컨버터나 유도 전동기(Induction motor), 동기 발전기(Synchronous Generator), 이중여자 유도 발전기(Doubly Feed Induction Generator)등의 제어기 설계에 대한 내용은 기회가 된다면 추후에 추가하도록 하겠습니다.

이 책이 전력전자 시스템을 이해하는데 첫 발자국이 될 수 있기를 기원하면서 글을 마칩니다.

2022 년 12 월 충주 연구실에서